World Book 208

Rainer Maria Rilke

DIE AUFZEICHNUNGEN DES MALTE LAURIDS BRIGGE
BRIEFE AN EINEN JUNGEN DICHTER
말테의 수기/젊은 시인에게 보내는 편지

라이너 마리아 릴케/백정승 옮김

동서문화사

디자인 : 동서랑 미술팀

말테의 수기/젊은 시인에게 보내는 편지
차례

젊은 여인에게 보내는 편지

릴케의 생애 문학 사상

Die Aufzeichnungen des Malte Laurids Brigge

말테의 수기

제1부

9월 11일 튈르리 거리에서

사람들은 살기 위해서 이 도시로 모여드는데, 나는 오히려 사람들이 이곳에서 죽어간다는 생각이 든다. 나는 지금 막 외출했다가 돌아왔다. 내 눈에 띈 것은 이상하게도 병원뿐이었다. 한 사람이 비틀거리다가 쓰러지는 것을 보았다. 사람들이 그 사나이 주위로 몰려들었기에 그 뒤에 어떻게 되었는지는 모른다. 나는 또 아이를 가진 여자를 보았다. 그 여자는 햇빛이 비치는 높은 담길을 따라 힘겹게 걸음을 옮기다가 가끔 손을 뻗어 담벼락을 더듬었다. 마치 그 벽이 아직도 거기에 있는지 확인하려는 듯이 보였다. 물론 담벼락은 아직도 거기에 있었다. 담 너머에 무엇이 있는지 지도를 꺼내 찾아보았다. 시립 산부인과 병원이었다. 아, 그렇구나. 여자는 아이를 낳으러 가는 모양이다. 산부인과로. 거기서 좀 더 걸어가니 생 자크 거리가 나왔다. 둥근 지붕의 커다란 건물이 서 있었다. 지도를 살펴보니 발 드 그라스 육군병원이다. 물론 그걸 꼭 알아야 할 필요는 없지만, 안다고 해서 나쁠 것도 없다. 거리는 사방에서 냄새가 나기 시작했다. 요오드포름과 감자 튀기는 기름 냄새, 그리고 불안의 냄새를 분간할 수 있었다. 여름이 되면 모든 도시에서 냄새가 나기 시작한다. 그런 하잘것없는 생각을 하는데, 백내장이 낀 듯한 기이한 색의 집이 보였다. 지도에는 나오지 않았지만 현관문 위에 꽤 또렷하게 '간이숙박소'라고 적혀 있었다. 출입구 옆에는 요금표가 붙어 있는데 읽어보니 그렇게 비싸지는 않았다.

그 밖에 무엇을 보았을까? 서 있는 유모차 안의 아이였다. 살이 통통하고 피부는 장밋빛, 이마에 종기가 하나 툭 불거져 있었다. 종기는 이미 아물어서 전혀 아프지 않아 보였다. 아이는 잠들어 있었다. 입을 크게 벌리고 요오드포름과 감자튀김, 불안의 냄새를 아무렇지도 않게 들이마시고 있었다. 나는 감탄하면서 가만히 쳐다보았다─중요한 건 살아 있다는 것이다. 어쨌든 사는 것이 중요하다.

나는 창문을 열어놓지 않고는 잠을 잘 수 없다. 전차가 땡땡 종을 치면서 내 방을 가로질러 달려간다. 자동차들이 내 몸 위로 질주한다. 문이 쾅 닫히는 소리가 들린다. 어디선가 깨진 창문의 유리 조각이 쨍그랑 소리를 내며 바닥에 떨어진다. 큰 유리 조각이 낄낄거리며 웃고 작은 조각은 키득거리며 웃는 것만 같다. 갑자기 맞은편 집 안에서 뭔가 둔하고 억눌린 듯한 소리가 나직하게 들려온다. 누가 계단을 올라온다. 한 계단 한 계단, 또다시 한 계단 한 계단 쉬지 않고 올라오더니, 내 방 앞에서 한동안 서 있다가 지나간다. 거리 뒤편에서 어떤 여자애가 찢어지는 듯한 목소리로 외친다. "제발 그 입 좀 다물어!" 앞쪽에서 전차가 몹시 흥분한 듯 돌진해 온다. 그리고 모든 것을 덮치고 지나간다. 누군가가 부르고 있다. 수많은 사람이 앞다투어 달려간다. 개가 짖는다. 개 짖는 소리가 나에게는 얼마나 위안이 되는지 모른다. 가까스로 새벽이 다가오자, 다시 어디선가 닭이 울었다. 닭 울음소리를 듣는 건 둘도 없는 나의 기쁨이다. 멀리서 닭 울음소리가 들려오면, 나도 모르게 안심하고 맥없이 잠으로 빠져든다.

이것은 거리의 소음이다. 그러나 그보다 더 무서운 것은 거리의 정적이다. 이따금 큰불이 나면 극도로 긴장된 순간이 찾아온다. 펌프는 물을 뿜어 올리기를 멈추고, 소방관들은 더는 사다리를 기어오르지 않고, 아무것도 움직이지 않는 순간이. 지붕의 검은 테두리 장식이 소리도 없이 앞으로 밀려 나온다. 활활 타오르는 불꽃을 에워싼 높다란 벽이 조용히 기울어진다. 사람들은 그저 어깨를 잔뜩 움츠린 채 눈길을 고정하고는 무서운 일격을 기다린다. 나에게는 이 도시의 정적이 그런 무언의 공포와 조금도 다르지 않다.

나는 보는 법을 배우고 있다. 왜 그런지는 모르지만, 보이는 모든 것이 내 마음속 깊이 가라앉는다. 그것은 여느 때와는 달리 일정한 깊이에서 멈추지 않고 점점 더 깊은 곳으로 한없이 빠져 들어간다. 나에게는 내가 모르는 내면이 있다. 모든 것이 지금 그곳으로 흘러들어간다. 거기서 무슨 일이 일어날지 나는 전혀 모른다.

오늘 나는 편지를 썼다. 편지를 쓰는 동안 내가 이곳에 온 지 겨우 3주밖에 되지 않았다는 사실을 깨달았다. 다른 곳에서 3주라면, 이를테면 시골에서 지내는 3주일은 거의 하루나 다름없다. 그러나 이 도시의 3주일은 마치 몇 년처럼 느껴졌다. 이제 앞으로는 편지도 쓰지 않겠다. 내가 완전히 다른 사람이 된 것을 남에게 말할 필요가 있을까? 다른 사람이 되고 나면 나는 이미 옛날의 내가 아니다. 옛날의 나하고는 다르다. 나는 이제 아는 사람이 아무도 없다. 미지의 사람들, 나를 모르는 사람들에게 어떻게 편지를 쓸 수 있겠는가.

이미 말했듯이 나는 보는 법을 배우고 있다. 그렇다, 난 진정한 첫걸음을 내딛고 있다. 아무래도 아직은 서툴지만 나에게 주어진 시간을 잘 이용해 보려고 한다.

이를테면 나는 이 세상에 얼굴이 얼마나 많은지 의식적으로 생각해본 적이 한 번도 없었다. 수없이 많은 사람이 있지만 인간의 얼굴은 사람 수보다 훨씬 더 많다. 사람마다 반드시 얼굴을 몇 개씩 갖고 있기 때문이다. 오랫동안 하나의 얼굴만 하고 다니는 사람도 있다. 그 얼굴은 어느새 닳고 닳아서 지저분해지고 주름투성이가 되어 버린다. 여행하면서 줄곧 끼고 다녔던 장갑처럼 늘어져버리게 마련이다. 그런 사람들은 검소하고 수수한 사람들이다. 그들은 절대 얼굴을 바꾸지 않는다. 때를 씻지도 않는다. 그들은 지금 그대로가 좋다고 주장하기 때문에, 그렇지 않다고 그들에게 증명해 보일 수 있는 사람은 아무도 없다. 그러나 그들에게도 마찬가지로 여러 개의 얼굴이 있을 텐데, 그 나머지 얼굴들은 어떻게 할까? 그들은 그 얼굴들을 그냥 고이 넣어둔다. 어쩌면 자식들에게 넘겨줄지도 모를 일이다. 아니면 그들이 키우는 개가 그 얼굴을 쓰고 바깥을 돌아다니기도 한다. "왜 아니 될 터인가?" 얼굴은 그냥 얼굴일 뿐이다.

그와 반대로, 기분 나쁠 만큼 재빠르게 얼굴을 이것저것 바꿔 쓰는 사람들이 있다. 그들은 바꿔 쓸 얼굴이 얼마든지 있다고 생각하는 것 같지만, 마흔도 안 되어 어느새 마지막 얼굴 하나밖에 남지 않는다. 이것은 물론 비극이다. 그들은 얼굴을 소중히 할 줄 모르기 때문에, 마지막 남은 단 하나의 얼굴은 일주일도 채 안 되어 너덜너덜해지고 만다. 구멍이 숭숭 뚫리고 군데군데 종잇장처럼 얇아져서 이윽고 밑바탕이 드러난다. 그것은 이미 얼굴이라 부르기도 힘들다. 그들은 그런 얼굴을 쓰고 어쩔 수 없이 세상을 헤매고 다닌다.

그러나 그때 그 여인―그녀는 마치 몸을 둘로 접은 것처럼 허리를 구부린 채 양손에 얼굴을 폭 파묻고 있었다. 노트르담 드 샹 거리 모퉁이에서였다. 그 여인의 모습을 본 순간 나는 발소리를 죽이고 걷기 시작했다. 불쌍한 사람들이 생각에 잠겨 있을 때는 그들을 방해해서는 안 된다. 실이 툭 끊어지듯 생각이 그대로 중단되어 버릴 수 있으니.

거리는 텅 비어 있었다. 그 조용함을 더 이상 참을 수 없었던지, 거리는 내 발소리를 홱 낚아채서는 지루함을 달래려는 듯이 나막신처럼 달그락달그락 소리를 냈다. 그러자 여인은 화들짝 놀라서 몸을 일으켰다. 어찌나 빠르고 격하게 움직였던지 그녀의 얼굴은 여전히 두 손 안에 그대로 남아 있었다. 나는 그녀의 손 안에 남아 있는 거푸집처럼 오목한 얼굴을 보았다. 그 여인의 손에서 뜯겨 나온 얼굴을 보지 않으려고 손만 바라보았는데 말할 수 없이 힘겨웠다. 얼굴 안쪽에서 바라보는 것은 소름 끼치는 일이지만, 얼굴 없는, 아무것도 없는 머리를 쳐다볼 용기는 더더욱 없었다.

나는 두렵다. 이 공포를 물리치기 위해 뭔가 해야 한다. 어쩌다가 이곳에서 병이라도 걸리면 정말 큰일이다. 누가 나를 디외 병원에 입원시키는 날에는 보나마나 나는 거기서 죽어 버리고 말 것이다. 그 병원은 시설이 좋고 인기가 높아서 늘 많은 사람들로 북적거린다. 그곳에 서서 파리 대성당의 정면을 잠깐이라도 바라보려면, 광장을 쏜살같이 가로질러 달려오는 수많은 차량 행렬에 깔려 죽을 각오를 해야 한다. 작은 승합마차들은 끊임없이 종을 울려댄다. 아무리 하찮은 병자라도 그가 시립병원으로 곧장 달려가려고 마음먹는다면, 사강 공작이 타고 가던 자가용 마차라도 멈추게 할 수 있다. 죽어가는 사람들은 이상하게 막무가내다. 이를테면 마르티르 거리에 사는 고물상 르그랭의 마누라도 이곳에 올 때만은 온 파리의 교통을 마비시킬 수 있을 것이다. 이 저주받은 소형 마차에는 자세히 보면 묘하게 사람의 눈길을 끄는 젖빛 유리가 끼워진 창이 있어서, 그 창 안에 있는 슬픈 병자의 죽음의 고통을 상상하게 만든다. 그 정도야 현관에 멍하니 선 짐꾼의 상상력만으로도 얼마든지 가능하다. 좀 더 상상력이 풍부한 사람이라면, 그것을 조금 다른 방향으로 전개시켜 끝없이 여러 장면들을 그릴 수 있다. 그러나 얼핏 보니 덮개가 없는 삯마차를 타고 오는 병자도 있었다. 덮개를 뒤로 접은 채 길모퉁이에서 손님을 기다리는 마차인데, 보통 요금을 받았다. 죽어가는 한 시간이 단 2프랑이다.

이 유명한 디외 병원은 아주 오래된 병원으로서, 이미 클로비스 왕(프랑크 왕국을 세운 왕. 466~511.) 시대부터 몇 개 되지 않던 침대에서 환자들이 죽어나갔다. 지금은 559개의 병상에서 사람들이 숨을 거둔다. 마치 무슨 공장 같다. 이러한 거대한 대량생산 속에서 죽음 하나하나는 그다지 대수로운 일이 못 된다. 전혀 문제되지 않는다. 중요한 건 수량으로서의 죽음이다. 요즘 같은 세상에서는 이미 경건한 죽음 같은 건 한 푼어치의 가치도 없어진 지 오래다. 어느 누구 그런 것을 생각하는 사람조차 없다. 죽음을 정성스럽게 준비할 여유를 충분히 가진 부자들조차 이제는 무관심하고 냉담해지기 시작했다. 자기만의 특별한 죽음을 맞이하려는 욕망은 어느새 희미해지고 말았다. 이윽고 자신만의 죽음은 자신만의 삶과 마찬가지로 세상에서 자취를 감출 것이다. 모든 것이 기성품처럼 되어 간다. 우리는 이 세상에 태어나서 이미 준비되어 있는 생활을 찾아낸다. 다만 이미 만들어진 그 옷에 팔을 꿰기만 하면 된다. 그리고 원하건 원하지 않건, 머지않아 우리는 이 세상에서 사라져야 한다. 그러나 사람들은 아무것도 수고할 필요가 없다. "자, 여기 당신의 죽음이 있습니다, 선생." "아, 그래요?" 왔을 때와 마찬가지로 그대로 사라질 뿐이다. 당신이 죽을 때, 그 죽음은 당신이 아니라 당신이 걸린 질병의 차지다(세상의 모든 질병이 알려지면서, 각 질병에 따른 임종의 여러 모습도 환자가 아닌 질병의 문제에 속하게 되었다. 환자는 말 그대로 아무것도 할 일이 없다).
병원에서는 모두들 기쁜 마음으로 의사와 간호사들에게 감사하면서 죽어간다. 병원에는 그 시설에 대응하는 똑같은 죽음이 있을 뿐이다. 환자에게는 그것이 오히려 편안하다. 그러나 집에서 죽음을 맞이할 때는 누구나 훌륭한 가문에 걸맞은 경건한 죽음을 선택해야 한다. 병상에 눕는 동시에, 말하자면 이미 일등급의 호사스러운 장례식이 시작되는 것이다. 그리고 온갖 훌륭한 관례가 끝없이 이어진다. 그런 저택 앞에는 가난한 사람들이 모여들어 오래도록 싫증도 내지 않고 구경한다. 말할 것도 없이 이들의 죽음은 아무 격식도 없는 조악한 죽음이다. 그럭저럭 견딜 만한 죽음을 발견하면 그것만으로 만족한다. 옷이 조금 헐렁해도 불평하지 않는다. 사람은 죽은 뒤에도 조금은 자라는 법이라 생각하고 그냥 넘어간다. 다만 가슴 단추를 잠글 수 없거나 목이 너무 끼면 그들도 조금은 당황할 것이다.

지금은 아무도 모르는 고향을 떠올리면서 나는 옛날에는 달랐다고 생각한다. 옛날에는 누구나, 과일 속에 씨앗이 들어 있는 것처럼 죽음이 자기 안에 깃들어 있음을 알았다(아니면 어렴풋이 느끼고 있었을 뿐인지도 모른다). 아이들은 작은 죽음을, 어른들은 커다란 죽음을 자신 속에 지니고 있었다. 여자들은 배 속에, 남자들은 불룩 솟은 가슴속에 그것을 품고 있었다. 어쨌든 모두가 '죽음'을 지니고 있었고, 그 사실이 그들에게 고유의 위엄과 조용한 자부심을 주었다.

나의 할아버지인 늙은 시종장 브리게도 죽음을 품고 있었다. 게다가 그것은 얼마나 굉장한 '죽음'이었던가. 그의 '죽음'은 두 달이나 끊임없이 소리쳤기 때문에 그 커다란 목소리가 집 밖에서까지 들렸다.

오래된 저택도 그의 '죽음'에는 너무 좁았다. 시종장의 몸은 계속 불어가기만 해서, 집을 늘려야 하는 게 아닌가 생각했을 정도였다. 병자는 이 방에서 저 방으로, 차례차례 자신의 몸을 옮기게 했다. 아직 해가 지지도 않았는데 다시 옮겨갈 방이 없으면 몹시 화를 냈다. 그리고 자신을 에워싼 하인과 하녀, 개들의 행렬을 거느리고 계단을 올라가, 집사를 앞세워 그의 어머니가 마지막 숨을 거둔 이층방으로 들어갔다. 그 방은 23년이나 버려져 있었고 그동안 발을 들여놓은 사람은 아무도 없었다. 그러던 것이 한꺼번에 사냥개들까지 가세하여 무슨 폭도들처럼 우르르 몰려 들어간 것이다. 커튼이 젖혀지자 여름날 오후의 강렬한 햇살이, 겁을 먹은 듯한 가구들을 하나씩 쏘아보다가, 덮개를 벗긴 거울과 맞닥뜨리고는 허둥지둥 몸을 돌렸다. 사람들도 그런 난폭한 여름 햇살과 거의 다르지 않았다. 호기심이 발동한 하녀들은 어느 것부터 손대야 할지 몰라 그저 허둥대기만 했다. 젊은 하인들은 커다란 눈으로 방 안을 멍하니 바라보고만 있었다. 나이가 좀 든 하인들은 이리저리 돌아다니면서 자신이 방금 발을 들여놓은, 그동안 늘 잠겨있던 그 방에 대해

들었던 여러 가지 이야기들을 기억해내려고 애썼다.

그러나 모든 가구가 풀풀 풍기는 이상한 냄새는, 인간보다 개들을 훨씬 더 자극한 것 같았다. 크고 날씬한 보르조이종 개들은 안락의자 밑으로 바쁘게 돌아다니다가 춤을 추듯 몸을 흔들면서 방을 가로질렀다. 그러더니 방패의 문장에 그려진 개처럼 뒷발로 벌떡 일어서서 유연한 앞발을 밝게 빛나는 금빛 창턱에 턱 올려놓고, 긴장한 듯 영리한 표정으로 코를 높이 쳐들고 뜰 안을 좌우로 살펴보았다. 노란 장갑 같은 털을 가진 작은 닥스훈트들은 흠, 이만하면 됐어 하는 듯이 새침한 표정으로 창가에 놓인 큼직한 비단 소파에 앉아 있었다. 그리고 뚱한 표정에, 뻣뻣한 털을 가진 포인터는 금빛 책상 모서리에 자꾸만 등을 문질렀다. 아름답게 길이 든 그 책상 위에서는 세브르산 고급 찻잔이 바르르 떨었다.

방 안에서 멍하니 아무것도 모른 채 잠들어 있던 가구들에게는 끔찍한 공포의 시간이었다. 누군가가 성급하게 책을 펼친 책갈피에서는 장미 꽃잎이 나풀거리며 떨어져서 짓밟히기도 했다. 작고 깨지기 쉬운 물건들은 누군가의 손에 잡히기가 무섭게 깨져서는 재빨리 도로 제자리에 놓였다. 알 수 없는 온갖 도구들이 커튼 뒤에 숨겨지거나 벽난로의 금빛 창살 뒤로 던져졌다. 계속해서 뭔가가 바닥에 떨어졌다. 소리 없이 양탄자 위로 떨어지는 것도 있고, 딱딱한 마룻바닥 위로 떨어지면서 요란한 소리를 내는 것도 있었다. 곳곳에서 물건들이 깨졌다. 기세 좋게 깨지는 것도 있고 소리 없이 주저앉아버리는 것도 있었다. 평소에 워낙 소중하게 다뤄진 물건들이라 작은 충격도 견디지 못한 것이다.

지금까지 소중하게 주의를 기울여온 이 방에, 이런 대대적인 파괴를 가져온 원인은 무엇인지, 만약 누군가가 그런 것을 생각했다면 그 대답은 오직 하나뿐이리라. 그것은 곧 '죽음'이었다.

울스고르에 사는 시종장 크리스토프 데틀레프 브리게의 죽음. 이 죽음은 짙은 곤색 제복에서 가차없이 배어나와 방바닥 한가운데 기다랗게 누워서 꼼짝도 하지 않았다. 더는 아무도 알아보지 못하는 커다랗고 낯선 그의 얼굴은 눈이 움푹 꺼져 있었다. 그는 주위에서 일어나고 있는 일에는 눈길도 주지 않았다. 사람들이 그를 침대에 눕히려고 했지만 그는 그것을 거부했다. 병이 처음 악화되기 시작했을 때부터 그는 침대를 싫어했다. 게다가 그곳의 침대는 그에게는 너무 작아서 양탄자 위에 그대로 눕혀두는 수밖에 다른 방도가 없었다. 그는 아래층으로는 도무지 내려가려 하지 않았다.

시종장은 그대로 누워 있었다. 어쩌면 이미 숨을 거둔 게 아닌가 하는 생각이 들 정도였다. 서서히 어둠이 깃들기 시작하자 개들은 하나둘 문틈으로 빠져나갔고, 털이 뻣뻣하고 불쾌한 표정의 개 한 마리만 주인의 곁을 떠나지 않고 남았다. 개는 털이 덥수룩한 커다란 앞발 한쪽을 크리스토프 데틀레프의 커다란 잿빛 손 위에 얹어놓고 있었다. 하인들도 이제는 대부분 하얀 벽을 사이에 둔 복도로 나가버렸다. 복도가 방보다 더 밝았다. 아직 방 안에 남아 있던 하인들은 이따금 방 한가운데 놓인 시커멓고 커다란 물체를 멀리서 가만히 훔쳐 보았다. 그들은 남몰래, 그것이 썩은 물체에 덮여 있는 커다란 옷에 지나지 않기를 바랐다.

그런데 그것은 아직 '무언가'였다. 어떤 음성. 7주 전까지만 해도 누구도 알지 못했으며 시종장의 것이 아니었던 어떤 음성이었다. 크리스토프 데틀레프의 목소리가 아니었던 그것은 바로 크리스토프 데틀레프의 죽음이 내는 소리였다.

크리스토프 데틀레프의 '죽음'은 벌써 오래전부터 울스고르에 살면서 모든 사람들을 붙잡아 말을 걸고 가차없이 이것저것 명령을 내렸다. 자신을 짊어지고 가라고 했다. 푸른 방으로 가고 싶다고도 했다. 작은 응접실로 가자고 명령했고 그 다음에는 넓은 홀로 가자고 요구했다. 개를 데려오라고 했고, 웃어보라고 했으며, 이야기를 하라, 놀이를 해보라, 모두들 조용히 하라고 요구했다. 게다가 그 모든 것을 한꺼번에 말하는 것이었다. 친구들을 만나고 싶다고 하는가 하면, 여자들과 이미 저세상에 가버린 사람들의 이름을 대기도 했다. 그리고 어서 죽기를 원했다. 그의 죽음은 가차없이 명령하고, 명령하고, 호통쳤다.

밤이 깊어져서 당번이 아닌 하인들이 지칠 대로 지쳐서 눈을 붙이려 할 때면, 크리스토프 데틀레프의 '죽음'은 큰 소리를 질러대기 시작했다. 소리치고, 울부짖고, 잠시도 쉬지 않고 고래고래 소리를 질러대는 것이다. 처음에는 함께 짖어대던 개들도 입을 다물고 누울 엄두도 내지 못한 채, 길고 가느다란 다리를 떨면서 두려워했다. 그리고 덴마크의 광막한 은빛 여름밤 공기를 진동시키면서 그 목소리가 울려 퍼지면, 그 소리를 들은 마을 사람들은 폭풍우 치는 밤처럼 자리에서 일어나 옷을 챙겨 입고 아무 말 없이 등잔불 주위에 모여앉아, 그저 그 소리가 그치기만을 기다렸다. 해산을 앞둔 여자들은 구석진 방에 숨어서 튼튼한 칸막이 속에 누웠다. 그러나 그 고함 소리는 그녀들의 몸 속에 있기라도 한 듯 그녀들의 귀에서 떠나지 않았다. 그러면 그들은 자신들도 밖으로 나가게 해달라고 간청했고, 그렇게 흰색의 헐렁한 잠옷 차림으로 나와서는 눈물이 얼룩진 얼굴로 다른 사람들 곁에 앉았다. 그런 날 마침 새끼를 낳은 암소들은 어찌할 바를 모르고 불안에 떨었다. 암소 한 마리는 새끼가 도무지 나오려 하지 않아서, 사람들이 죽은 새끼를 강제로 꺼냈는데 내장까지 딸려나오고 말았다. 모두들 일이 손에 잡히지 않았다. 건초를 들이는 일도 잊어버렸다. 낮에는 밤이 오는 게 두려워서 견딜 수 없었다. 잠 못 이루는 밤이 몇 날이고 계속되어, 너무나 지쳐서 정신마저 멍한 상태가 이어졌다. 일요일에 평화로운 하얀 교회에 모여들면, 그들은 모두 이제 울스고르에 높은 양반들이 없게 해달라고 기도했다. 시종장이 무서웠기 때문이다. 그들이 남몰래 생각하고 기도한 것을 목사는 설교단에서 노골적으로 이야기했다. 목사도 제대로 잠을 잘 수 없었고 하느님의 뜻을 이해하지 못하고 있었다. 교회의 종도 슬픈 듯이 같은 말을 외쳤다. 그 종은 무시무시한 강적의 출현이 불안해서 견딜 수 없었으리라. 경쟁자가 밤새도록 울부짖어대는 통에 종이 아무리 힘껏 소리를 질러대도 상대가 되지 않았다. 마을 사람들은 너 나 할 것 없이 모두 그렇게 생각했다. 어떤 젊은이는 저택에 몰래 숨어들어 비료용 쇠스랑으로 시종장을 죽이는 꿈을 꾸기도 했다. 모두들 모두 격분했고, 인내의 한계를 느꼈으며, 초조했기에 그 젊은이의 꿈 이야기를 주의 깊게 들었다. 그러고는 무의식적으로 이 젊은이는 그렇게 할 수도 있으리라는 눈빛으로 그를 주시하기 시작했다. 불과 몇 주 전까지만 해도 시종장을 존경하고 동정했던 사람들이 하나같이 그렇게 느꼈고 그렇게 입 밖에 내어 말했다. 그러나 아무리 그런 말을 한다고 해도 바뀌는 것은 아무것도 없었다. 울스고르에 찾아온 크리스토프 데틀레프의 '죽음'은 꿈쩍도 하지 않았다. 그것은 10주 동안 이 마을에 눌러앉을 생각이었다. 그리고 실제로 온갖 횡포를 부린 10주 동안, 그것은 지금까지의 크리스토프 데틀레프와는 비교도 할 수 없는 위압적인 주인이었다. 후대에 이르기까지 두고두고 폭군으로 불린 왕과 조금도 다르지 않았다.

이 '죽음'은 부종에 걸린 사람이 시달리는 것과 같은 그런 평범한 '죽음'이 아니었다. 그것은 시종장이 평생 가슴에 품고 다니며 스스로 키워온 끔찍한 지배자의 '죽음'이었다. 평생 애써 자제해 온 오만과 고집, 지배욕 같은 것들이 그 '죽음'에 옮겨 타고 있었다. '죽음'은 울스고르에 군림하면서 마음껏 미쳐 날뛰었다.

시종장 브리게는 그에게서 이런 죽음과는 다른 죽음을 바랐던 사람들을 어떤 눈으로 보았을까. 그의 죽음은 끔찍스러운 죽음이었다.

내가 직접 보았거나 소문으로 들은 사람들의 죽음은, 모두 이와 같았다. 그들은 모두 자기만의 '죽음'을 가지고 있었다. 남자들은 갑옷 속 깊이 '죽음'을 넣어 두고 있었다. 죽음은 마치 포로처럼 보였다. 여자들은 늙어갈수록 몸이 작아졌다가 커다란 침상 위에서 마치 연극 무대에 오른 것처럼 온 가족과 하인들과 개들을 불러모아 주인답게 숨을 거두었다. 아이들, 심지어 말 그대로 어린아이들조차도, 그저 그런 평범한 아이의 죽음을 맞지는 않았다. 그들은 죽음에 스스로를 준비시켰고, 지금까지의 자신과 더불어 미래의 자신의 모습으로 죽었다.

해산할 날이 가까워진 여인이 가만히 서 있는 모습에는 얼마나 슬픈 아름다움이 깃들어 있는지. 자신도 모르게 가녀린 두 손을 살짝 올려놓은 그 부푼 배 속에는 두 개의 열매가 들어 있으니, 하나는 아기이고 또 하나는 '죽음'이다. 그녀의 정결한 얼굴에 함초롬한 미소가 짙게 번지는 것은, 이따금 그 두 개의 열매가 자라고 있음을 느끼는 희미한 안도 때문이 아닐까?

나는 공포와 싸워 보았다. 밤새도록 앉아서 펜을 움직였다. 그래서 지금은 울스고르 들판을 오래 걸어온 것처럼 피곤하다. 그러나 이 모든 것은 지나간 먼 옛일이고, 그 오래된 장원 저택에는 이제 내가 모르는 낯선 사람들이 살고 있다는 사실이 도저히 믿기지 않는다. 지금도 지붕 밑 하얀 방에는 어쩌면 하녀들이 잠을 자고 있을지도 모른다. 하녀들이 내 머리 위에서 초저녁부터 아침까지 이길 수 없는 무거운 잠에 깊이 빠져 있는 것 같은 기분이다.

그러나 나는 지금 외톨이이고 아무것도 가진 게 없다. 트렁크 하나와 책을 담은 상자 하나만 들고 아무런 호기심도 없이 세상을 떠돌 뿐이다. 이것은 도대체 무슨 삶이란 말인가. 집도 없고, 물려받은 물건도 없고, 개도 없다. 그저 추억만이 얼마간 남아 있을 뿐이다. 하지만 무슨 추억이란 말인가? 아직 유년기의 영역을 벗어나지 못한 이에게 추억은 땅속에 묻혀 있는 것과 같다. 추억을 되살리려면 사람은 먼저 나이를 먹어야 하는 건지도 모른다. 그래서 나는 나이 먹는 것이 좋다.

오늘은 아름답고 화창한 가을 아침이었다. 나는 튈르리 공원을 거닐었다. 동쪽으로 향해 놓인 것들은 모두 햇살을 받아 눈부시게 빛났다. 게다가 사방에 안개가 끼어 햇빛이 밝은 잿빛 커튼에 싸여 있는 것 같았다. 아직 다 베일을 벗지 않은 정원 곳곳의 조각들은 잿빛 안개 속에서 엷은 햇살을 쬐고 있었다. 길게 이어진 화단의 꽃들은 저마다 잠에서 깨어나 깜짝 놀란 목소리로 "빨강" 하고 소리쳤다. 이어서 키가 훌쩍 크고 마른 남자 하나가 샹젤리제 쪽 모퉁이를 돌아 나왔다. 그는 목발을 짚고 있었는데, 목발을 겨드랑이에 끼지 않고 살짝 앞으로 내밀어 때로는 전령관의 지팡이처럼 소리를 내며 올렸다 내렸다 했다. 그는 마음의 기쁨을 주체하지 못했다. 지나쳐 가는 모든 것들과 아침의 태양과 나무들을 향해 그는 미소를 보냈다. 그의 걸음걸이는 수줍은 어린아이처럼 조심스러웠지만, 그것엔 이상한 경쾌함이 깃들고 지난날의 산책에 대한 추억이 가득 담겨 있었다.

저토록 조그만 달 하나가 이렇게나 모든 걸 변화시키다니. 조그만 달 주위 모든 것들이 부드러운 빛을 받아, 정확하게 알아볼 수는 없으나 그럼에도 뚜렷한 존재로, 반짝이는 공기 속에 떠오른다. 바로 코앞에 있는 사물이 먼 곳의 색조에 녹아들어 비현실적인 윤곽을 띤다. 강과 다리, 멀리 뻗어 나간 긴 도로와 광장 모두가 아련한 모습으로 먼 곳과 기묘한 관계를 맺고 있다. 풍경은 어딘지 모르게 아득한 거리를 드러내며, 비단 화폭에 그려진 그림처럼 깊고 멀게 느껴진다. 이런 저녁이면 낡은 퐁네프 다리를 건너는 연초록빛 마차와 멀리서 가물거리는 붉은 그림자, 은회색 건물들의 방화벽에 붙어 있는 평범한 포스터가 뭐라 형용할 수 없는 풍물로 변한다. 모든 것이 단순화되어 마네가 그린 초상화 속 얼굴처럼 몇 개의 뚜렷한 밝은 선만 남을 뿐이다. 무엇 하나 모자라지 않고 무엇 하나 넘치지 않는다고 할까. 센 강의 헌책 장수들이 좌판을 펼쳐놓으면, 새 책들의 산뜻한 노랑이나 헌책들의 닳고 닳은 노랑, 전집물의 보랏빛이 감도는 갈색, 대형 화첩의 초록색. 이 모든 것이 서로 어울려 전체의 일부분을 이루면서 조금도 부족함 없는 하나의 완전성을 형성한다.

문득 창가에서 아래를 내려다보니 매우 재미있는 광경이 눈에 들어왔다. 한 여인이 조그만 손수레를 밀고 있다. 수레 앞쪽에는 오르골이 세로로 실려 있다. 그 뒤에는 아기 바구니가 조금 비스듬하게 놓여 있다. 바구니 속에 있는, 보닛을 쓴 작은 아기는 기쁜 듯이 바닥을 든든히 딛고 선 채 도무지 앉을 생각을 않는다. 여인은 이따금 오르골을 돌린다. 그러면 그 어린 꼬마는 바구니 속에서 일어선 채로 발을 동동 구른다. 수레에서 얼마쯤 떨어진 곳에서는 초록색 나들이옷을 입은 작은 여자아이가 춤을 추며 창문을 향해 쉬지 않고 탬버린을 친다.

나는 보는 법을 배우기 시작했으니까, 이제 무언가 나 자신의 일을 시작해야 한다고 생각했다. 나는 스물여덟 살이다. 그런데 스물여덟 살이 되도록 아무것도 해놓은 것이 없다. 뒤돌아보면 카르파초(이탈리아의 화가)에 대해 짧은 글을 하나 썼지만 거의 형편없었다. 〈결혼〉이라는 희곡도 썼는데 그릇된 관념을 애매한 수단으로 증명하려 한 것에 지나지 않았다. 시도 몇 편 썼다. 그러나 어린 나이에 쓴 시는 대단치가 못하다. 시를 쓰기 위해서는 오랫동안 기다려야 한다. 일생을 걸고, 되도록이면 70년이나 80년쯤 걸려서 벌꿀처럼 꿀과 의미를 모아야 한다. 그래야 겨우 마지막에 가서야 가까스로 열 줄의 훌륭한 시를 쓸 수 있을지도 모른다. 시는 사람들이 흔히 생각하는 것처럼 감정이 아니다. 시가 만약 감정이라면, 어린 나이에 이미 넘칠 만큼 많이 지니고 있을 터이니까. 시는 사실 경험이다. 한 줄의 시를 위해 많은 도시와 사람들, 그리고 사물들을 보아야 한다. 수많은 짐승과 새를 알아야 한다. 하늘을 나는 새의 날갯짓을 느끼고, 아침에 피어나는 조그만 풀꽃의 고개 숙인 수줍은 몸짓을 알아야 한다. 미지의 나라로 가는 길과 예기치 않았던 만남, 멀리서 다가오는 것이 보이는 이별, 아직 그 의미를 알지 못한 채 남아 있는 어린 시절의 추억, 자식에게 기쁨을 주려고 했건만, 자식을 제대로 이해하지 못해 모진 상처를 주고 만 부모(다른 아이 같았으면 틀림없이 뛸 듯이 기뻐했겠지만). 여러모로 깊고 중대한 변화와 함께 야릇한 발작으로 시작되는 소년 시절의 병, 조용하고 적막한 방에서 보낸 나날, 바닷가의 아침, 바다 그 자체의 모습, 그곳의 바다와 이곳의 바다, 하늘에 반짝이는 수많은 별과 함께 덧없이 사라진 여행지의 밤들. 시인은 그런 것들을 돌이켜 생각할 수 있어야 한다. 아니, 그저 그 모든 것을 떠올리는 것뿐이라면 실은 아직 아무것도 아니다. 하룻밤 하룻밤이 전날 밤과 조금도 닮지 않은 숱한 사랑의 밤들과 산고(産苦)의 외침. 하얀 옷 속에서 깊이 잠든 채 오로지 육체의 회복을 기다리는 산모. 시인은 그런 것들을 추억으로 지녀야 한다. 죽어가는 사람들의 머리맡을 지켜보아야 하고, 열어둔 창문이 바람에 덜컹거리는 방에서 죽은 이 곁을 지키며 밤을 보내기도 해야 한다. 그러나 그런 추억을 지니는 것만으로는 또한 아무것도 되지 않는다. 추억이 많이 쌓인 다음에는 그것을 망각할 수 있어야 한다. 그리고 다시 추억이 돌아오기를 기다리는 인내심이 필요하다. 추억이 우리의 피가 되고, 눈이 되고, 표정이 되고, 이름도 알 수 없는 것이 되어, 더 이상 우리 자신과 구별할 수 없게 되어야 비로소, 그 추억의 한복판, 추억의 그늘에서 불현듯 한 편의 시를 이루는 최초의 말이 떠오르는 것이다.

그러나 나의 시는 그렇게 태어난 것은 아니었다. 결국 그것은 시가 아니었던 셈이다. 나는 희곡을 쓸 때 끔찍한 잘못을 저질렀다. 서로를 불행하게 만드는 두 인물의 운명을 그리기 위해 제삼자를 등장시켰으니 나는 흉내쟁이이며 익살꾼에 지나지 않았다. 나는 어이없게도 함정에 걸려들고 말았다. 나는 모든 인생 속에, 그리고 모든 문학 속에 있는 이 제삼자, 그러나 사실은 결코 존재한 적이 없는 이 제삼자라는 '환영'이 무의미하다는 것을 알지 못했다. 그런 제삼자란 부정되어야 할 대상임을 아직 몰랐다. 그것은 언제나, 가장 깊은 비밀로부터 인간의 눈길을 돌리기 위해 심술궂게 왜곡하는 자연의 허구에 지나지 않는다. 그것은 진정한 드라마의 진행을 가리는 병풍에 지나지 않는다. 참된 갈등은 오히려 말없는 정적이며, 제삼자라는 이상하고 성가신 존재는 그 정적의 문턱에 놓인 소음에 지나지 않는다. 지금까지 작가들이 자신감을 가지고 중요한 두 사람에 대해서만 쓰기란 어려운 일이었다고 생각해야 한다. 제삼자는 결코 진실하지 않기 때문에 오히려 과제로서는 가장 쉬운 것이다. 그들의 희곡 첫머리에는, 대부분 이 제삼자가 어서 등장하기를 기다리는 초조한 마음만이 움직인다. 그러다 제삼자가 나타나면 그제야 겨우 매끄럽게 진행되기 시작한다. 이 제삼자의 등장이 늦어지면 모두들 얼마나 지루해하는지! 그가 나오지 않으면 아무 일도 일어나지 않는다. 모든 것이 멈추고 정체되어, 어쩔 줄 몰라 하면서 초조하게 기다린다. 이 정체와 지연이 그대로 이어진다면 도대체 어떻게 될까. 희곡작가 여러분, 그리고 친애하는 관객 여러분, 당신들은 인생에 대해 알고 있는 것처럼 말하지만, 만약 곁쇠처럼 어떤 '결혼'의 열쇠 구멍에도 들어맞는 넉살좋은 난봉꾼이나 자만심으로 가득한 청년이 없다면, 그 연극은 과연 어떻게 될까. 그러한 제삼자가 말 그대로 마귀에 홀려 사라져 버렸다면? 이런 일이 벌어졌다고 가정해 보라. 그러면 사람들은 먼저 극장의 예술적인 공허에 놀랄 것이다. 극장은 사방이 벽으로 막힌 위험스러운 구멍이 되어 오로지 쥐들만이 관람석 한쪽 끝에서 나타나 텅 빈 장내를 이리저리 날뛰고 다닐 것이다. 희곡작가들은 고급 전원주택에서의 안락한 생활을 포기해야 하리라. 그러면 대중의 온갖 사냥개들은 그 자체가 줄거리가 되는, 그 무엇으로도 대체될 수 없는 새로운 제삼자를 찾으려 혈안이 될 것이다.

그러나 세상 사람들 틈에 섞여서 살아가는 것은 그 제삼자가 아니라, 다만 이 두 사람이다. 이들에 대해 할 수 있는 이야기는 무궁무진하다. 그럼에도 지금까지 이들에 대한 작품은 단 한 편도 쓰이지 않았다. 이 두 사람은 고뇌하고 행동하며 서로를 어떻게 도와야 하는지 모른다.

이런 글을 쓰는 것은 아무래도 우스운 일이다. 나는 여기 좁은 내 방에 앉아 있다. 브리게는, 다시 말해 벌써 스물여덟 살이 된 나는 아직 누구에게도 알려지지 않았다. 나는 이런 곳에 홀로 앉아 있고 아무 이름 없는 존재이다. 그러나 이 이름 없고 한낱 보잘것없는 인간이 이제 생각하기 시작해, 잔뜩 흐린 파리의 어느 날 오후에 5층 방에서 이러한 생각을 펼친다.

사람들이 지금까지 정말 진실한 것, 중요한 것을 보지 못하고, 인식하지 못하고, 표현하지 못했다는 것이 가능할까? 보고, 생각하고, 기록할 몇천 년의 시간을 갖고 있었는데도, 사람들은 그 수천 년의 시간을 마치 버터빵과 사과 한 알을 먹는 학교의 점심시간처럼 헛되이 지나가게 해버렸단 말인가?

그래, 어쩌면 그럴 수 있을지도 모른다.

수많은 발명과 진보가 있었음에도, 문화와 종교 그리고 성현의 지혜가 있었음에도, 인간이 다만 삶의 표면에만 머물러 왔다는 것이 가능한 일인가? 무엇인가 의미 있을 수 있는 이 삶의 표면을 믿을 수 없을 만큼 지루한 천으로 덧씌워놓고, 여름 휴가철의 응접실 가구처럼 보이게 하는 일이 가능한 일인가?

그래, 그럴 수 있을지도 모른다.

세계의 모든 역사가 잘못 이해되는 일이 있을 수 있을까? 어떤 죽어가는 낯선 사람 주위에 사람들이 모여 있는데, 죽어가는 사람에 대해 말하지 않고 모여든 사람들에 대해서 말하는 것처럼, 역사는 항상 군중에 대해서만 말해 왔기 때문에 과거는 잘못되었다고 말할 수 있을까?

그래, 그런 어리석은 일이 있을 수도 있다.

태어나기 전의 일을 하나하나 되짚어서 체험해야 한다고 생각한다면, 그게 과연 가능한 일일까? 모든 사람이 저마다 자신의 존재가 지나간 모든 과거에서 비롯되었다는 것을 기억하며, 또한 이를 알고 있기에 다른 사람들의 이런저런 견해에도 흔들리지 않을 수 있을까?

그래, 그럴 수 있을지도 모른다.

그렇다면 그런 모든 사람이 있지도 않은 과거를 확실하게 안다는 일이 과연 가능할까? 오히려 모든 현실은 그에게 아무 소용이 없고, 그의 현실생활은 무엇과도 관계를 맺지 못한 채 빈 방의 시계처럼 그저 지나가 버리는 것이 과연 가능할까?

그래, 그럴 수 있을지도 모른다.

이 세상에 살면서 어린 소녀들에 대해 아무것도 모르는 것이 가능할까? '여자들' '아이들' '소년들' 같은 단어를 말하면서, 평생 단 한 번도 (그의 교양수준과는 관계없이) 이 단어들이 복수가 아니라 다만 셀 수 없이 많은 단수들을 뜻하는 게 아닐까 하고 의심해보지 않은 사람이 있을까?

그래, 그럴 수 있을지도 모른다.

자신이 말하는 '신'이 세상 모든 사람이 생각하는 것과 똑같은 신이라고 생각하는 사람이 있을 수 있을까? 두 아이가 있다고 하자. 한 아이가 칼을 산다. 다른 아이도 같은 날 똑같은 칼을 산다. 일주일 뒤 그들은 서로의 칼을 비교해 본다. 그러나 서로 다른 주인의 손에 있던 두 칼은 언뜻 비슷해 보이기만 할 뿐 전혀 다른 칼이 되어 있다(한 아이의 어머니는 이렇게 말할 것이다, 그야, 우리 아이 손에 들어가면 남아나는 물건이 없거든요). 그렇다면 신은 어떤가? 한 사람이 생각하는 신의 모습이 아이의 칼처럼 바뀌지 않으리라고 믿는다는 게 가능할까?

그래, 그럴 수 있을지도 모른다.

만약 이 모든 것이 가능하다면, 아니, 그럴 가능성이 조금이라도 있다면, 반드시 무언가 조치가 필요하다. 이런 불안한 생각을 해본 사람이라면 우리가 늘 놓쳐버리는 일을 되잡아 시작해야 한다. 설령 그가 그 일에 가장 적합한 사람이 아닐지라도 말이다. 그를 대신할 사람은 아무도 없다. 그래서 아직 어리고 보잘것없는 외국인인 브리게가 5층 꼭대기에 앉아 밤낮으로 쓰고 또 써야 하리라. 그렇다, 그는 써야만 하고, 결국 그렇게 되리라.

그때 나는 열두 살, 아니면 많아야 열세 살이었다. 아버지는 나를 우르네클로스터로 데려갔다. 아버지가 웬일로 외할아버지를 찾아갈 생각을 했는지 나는 모른다. 어머니가 세상을 떠난 뒤로 두 사람은 몇 년이나 만나지 않던 터였다. 게다가 아버지는 브라에 백작이 만년에 은거했던 그 고성(古城)에 한 번도 간 적이 없었다. 나는 백작이 세상을 떠나고 그 기묘한 건물은 남의 손에 넘어갔기에 그 뒤로 다시는 보지 못했다. 어린 시절의 기억 속에 남아 있는 그 집은 전혀 건물이라고 할 수 없는 것이었다. 그 집은 내 머릿속에서 하나하나 분해되어 있다. 이쪽에 방이 하나 있고, 저쪽에도 하나, 또 복도 하나, 뭐 이런 식이었다. 게다가 그 복도는 두 방을 연결해 주는 것이 아니라 복도만 하나의 조각처럼 툭 떨어져 있을 뿐이었다. 이런 식으로 내 머릿속에는 모든 게 흩어져 있다. 여러 방이 있고, 장엄한 앞쪽 계단이 있으며, 좁고 작은 나선형 계단이 있는데, 그 계단은 혈관에 피가 흐르듯이 신비한 어둠 속에 사람들이 오르내리는 것이었다. 다락방과 높은 발코니도 있었다. 작은 문을 밀고 밖으로 나가면 생각지도 못한 테라스가 나오기도 했다. 그 모든 것들이 아직도 내 머릿속에 남아 있다. 그것은 언제까지나 사라지지 않을 것이다. 이 성의 정경 하나하나는 까마득한 절벽에서 내 안으로 떨어져 내려 산산이 부서진 조각들과 같다.

다만 매일 저녁 만찬 시간에 모이던 커다란 응접실 풍경만이 옛날 그대로 지금도 부서지지 않고 내 머릿속에 남아 있다. 그것은 정확하게 저녁 7시였다. 나는 그 방을 낮에는 한 번도 본 적이 없었다. 그곳에 창문이 있었는지, 창문에서는 무엇이 보였는지 전혀 기억나지 않는다. 가족들이 그 방에 들어설 때마다 묵직한 촛대 위에서 언제나 촛불이 타고 있었고, 그 불빛을 보고 있노라면 어느새 시간도 잊어버리고 밖에서 무슨 일이 있었는지도 금방 잊어버리고 말았다. 천장이 높고 둥근 아치형이었던 것으로 기억하는 그 방은 신비로운 힘을 가지고 있었다. 어두운 천장과 한 번도 밝은 불빛을 받아보지 못한 구석의 어둠이 그곳에 있는 사람으로부터 모든 이미지를 빨아들이는 듯했다. 그렇다고 그 대신 새로운 이미지가 생겨나는 것도 아니었다. 사람들은 그저 멍하니 그곳에 앉아 있었다. 의지도, 지각도, 욕망도 잃어버린 채. 사람들은 그저 빈자리처럼 앉아 있었다. 나는 이 바닥 모를 무력감 때문에 처음에는 거의 속이 메스꺼웠고, 뱃멀미를 하는 듯한 기분에 사로잡혔다. 나는 다리를 뻗어 내 맞은편에 앉아 있는 아버지의 무릎 위에 발을 올려놓고서야 가까스로 그것을 극복할 수 있었다. 우리 부자 사이에는 거의 냉랭하다고 할 만한 거리가 있어서 그런 행동을 어떻게 설명해야 할지 몰랐지만, 아버지는 나의 그 이상한 태도를 이해한 것 같았다. 적어도 호의를 가지고 그것을 받아준 듯하다. 나는 나중에야 그 사실을 알았다. 어쨌든 그 긴 식사 시간을 견딜 힘을 준 것은 그 가벼운 접촉이었다. 하지만 그렇게 몇 주일 동안 주뼛거리며 견디고 나자, 나는 아이 특유의 무한한 적응력으로 그 만찬회의 불쾌한 분위기에 익숙해져서, 너끈하게 두 시간 남짓 식탁에 앉아 있을 수 있게 되었다. 오히려 그곳에 앉아 있는 사람들을 요모조모 관찰하기 시작하면서부터는 시간이 빨리 가는 듯했다.

외할아버지는 이 모임을 가족이라고 불렀다. 다른 사람들도 마찬가지로 그렇게 불렀는데, 그것은 전혀 어울리지 않았다. 이 자리에 있는 네 사람은 서로 먼 혈연관계가 있기는 했지만 결코 한 가족은 아니었다. 바로 내 옆에 앉은 백부는 노인이었는데, 햇볕에 그을린 경직된 얼굴에는 검버섯이 피어 있었다. 사람들 말로는 화약이 폭발하는 바람에 그렇게 됐다고 한다. 언제 봐도 불쾌하고 불만이 많아 보이는 노인으로, 소령으로 전역하여 그때는 내가 알지 못하는 그 성의 어느 방에서 연금술에 몰두하고 있었다. 하인들이 하는 말로는, 그는 감옥과 내통하여 그곳에서 1년에 한두 번씩 시체를 넘겨받아,

밤이고 낮이고 방에 틀어박혀서 시체를 절단하고 그것이 썩지 않도록 은밀한 방법으로 저장한다는 것이었다. 백부의 맞은편은 마틸데 브라에의 자리였다. 나는 그녀의 나이를 도무지 짐작할 수 없었다. 어머니의 먼 사촌으로, 그녀에 대해 알려진 것이라고는 놀데 남작이라고 하는 오스트리아의 한 심령술사와 자주 편지를 주고받는다는 것뿐이었다. 그녀는 그 심령술사에게 완전히 빠져 있어서 미리 그의 승낙을 얻거나 축복의 말을 듣기 전에는 아무것도 하려 들지 않았다. 그때 그녀는 지나치게 뚱뚱했다. 미련할 정도로 살이 뒤룩뒤룩 쩌서, 이를테면 헐렁하고 허연 옷 속에 뭔가를 아무렇게나 채워놓은 것 같은 모습이었다. 그녀의 몸놀림은 이상하게 지친 듯 부정확했고, 눈에는 언제나 눈물이 그렁그렁했다. 그러면서도 그녀에게는 다정하고 가녀린 나의 어머니를 연상시키는 무언가가 있었다. 자세히 보면 볼수록 얼굴의 미세한, 보일 듯 말 듯한 표정에서, 어머니가 돌아가신 뒤 제대로 떠올릴 수 없었던 인상을 다시 발견할 때가 있었다. 매일 마틸데 브라에와 얼굴을 마주하게 된 뒤로 나는 돌아가신 어머니의 모습이 어땠는지 다시 떠올릴 수 있었다. 어쩌면 그때 처음으로 어머니의 모습을 깨달은 것인지도 모른다. 나는 그제야 수많은 세세한 인상의 조각들을 한데 모아 돌아가신 어머니의 모습을 되살릴 수 있었다. 나는 어딜 가나 그 마음속의 초상화를 가지고 다녔다. 나중에 알고보니 브라에의 얼굴에는 정말로 어머니의 특징적인 표정들이 빠짐없이 다 들어 있었다. 다만 그 두 얼굴 사이에 낯선 얼굴이 끼어든 것처럼 두 얼굴이 서로 밀려나고 일그러지는 바람에 더는 관련을 갖지 않게 된 듯하다.

그 여성 바로 옆에는 어느 사촌누이의 아들이 앉아 있었다. 내 또래 소년이었지만 나보다 몸집이 작고 허약해 보였다. 주름 진 옷깃 사이로 가늘고 창백한 목덜미가 솟아나 좁고 긴 턱밑에서 사라지듯 숨어 있었다. 소년은 얇은 입술을 언제나 굳게 다문 채 콧방울은 가볍게 씰룩거리고, 아름다운 다갈색 눈동자는 한쪽밖에 움직이지 않았다. 그 눈동자는 이따금 조용히 그리고 슬픈 빛으로 나를 쳐다보았는데, 움직이지 않는 눈동자는 줄곧 한쪽 구석만 응시했다. 마치 이젠 누군가의 손에 넘어가 버렸으니 마음대로 사용할 수 없다는 듯이.

식탁 윗자리에는 할아버지의 엄청나게 큰 안락의자가 놓여 있었다. 그 의자 곁에는 할아버지가 의자에 앉을 때마다 의자를 밀어넣어 주는 일만 도맡아 하는 하인이 있었다. 할아버지는 노령의 자그마한 몸을 의자에 얹었다. 귀가 어두운 이 늙은 신사를 사람들은 각하며 의전관이라고 부르거나, 어떤 사람들은 장군이라고 부르기도 했다. 할아버지가 그 모든 지위에 올랐던 건 사실이지만, 관직에서 물러난 지 한참 지났기 때문에 그런 칭호는 거의 무의미했다. 대체적인 내 느낌만 말한다면, 어떤 순간에는 지극히 날카로운 사람으로 보이다가도, 금방 타고난 만사태평한 모습으로 돌아가 버리는 할아버지 같은 사람에게는 특정 호칭이 아무래도 적절치 않아 보였다. 할아버지는 나에게 몹시 다정할 때도 있었지만 나는 도저히 '할아버지'라는 말이 나오지가 않았다. 할아버지는 나를 옆에 두고는 내 이름을 재미있는 억양으로 부르며 놀리기도 했다. 하지만 가족들은 모두 이 백작에게 경외심과 두려움이 섞인 태도를 보였다. 에리크라는 소년만이 허물없는 친밀함을 유지했다. 소년이 한쪽 눈동자를 굴려 이따금 할아버지에게 재빨리 동의를 구하는 눈짓을 보내면, 할아버지도 마찬가지로 재빠른 눈짓으로 응답해 주었다. 때로는 기나긴 여름 오후, 기다란 회랑의 먼 끄트머리에 두 사람이 함께 있는 모습을 볼 수도 있었다. 두 사람은 손을 잡고 어두운 빛깔의 오래된 초상화를 보면서 걸었다. 말은 한 마디도 하지 않았지만, 마치 뭔가 다른 방법으로 서로 마음이 통하는 것 같았다.

나는 거의 하루 내내 넓은 정원, 또는 마을의 너도밤나무 숲이나 들녘에서 시간을 보냈다. 다행히도 우르네클로스터에는 개들이 있어 내 뒤를 따라다녔다. 군데군데 소작인의 집이나 목장이 있어서 나는 그곳에서 우유나 빵, 과일을 얻을 수 있었다. 적어도 마지막 몇 주 동안, 나는 누구의 눈치도 보지 않고 마음껏 자유를 누렸다. 저녁 식탁에서의 거북함도 어느새 잊어버리고 있었다. 나는 아무하고도 이야기하지 않았다. 혼자 있는 것이 즐거웠다. 마음이 내키면 개들하고만 가끔 짤막한 대화를 나누었다. 개들과는 마음이 아주 잘 통했다. 말수가 적은 것은 우리 집안 내력이었다. 아버지도 말이 없었다. 저녁식사를 하는 동안 거의 한마디 말도 오가지 않는 것을 나는 전혀 이상하게 생각하지 않았다.

우리가 도착하고서 며칠 동안 마틸데 브라에 혼자 말을 많이 했다. 아버지에게 외국 도시에 살던 옛날 지인들에 대해 묻거나, 오래전에 지나간 추억을 얘기하고, 세상을 뜬 친구와 어떤 청년에 대해 얘기하면서 눈물을 글썽이기도 했다. 청년은 그녀를 사랑했지만 그녀는 그 애절한 마음에 응답하지 않았다면서, 그 과정까지 암시하는 것이었다. 아버지는 예의를 차려 귀 기울여 들었다. 가끔 고개를 끄덕였고 꼭 필요한 대답만 했다. 윗자리에 앉은 백작은 줄곧 미소를 짓고 있었는데, 입술 한쪽을 비죽 올리고 있어서 그런지 얼굴이 평소보다 더 커 보였다. 가면을 쓰고 있는 게 아닌가 하는 생각이 들 정도였다. 그러나 가끔가다가 말을 하기도 했다. 딱히 누구에게랄 것도 없이. 매우 낮은 목소리였지만 응접실 구석구석까지 잘 들렸다. 그 목소리에는 규칙적으로 무관심하게 째깍거리는 시계와 비슷한 점이 있었다. 그의 목소리를 에워싸는 정적이 공허하고 특수한 공명을 일으켜, 음절 하나하나에서 저마다 울려나오는 듯한 느낌을 주었다.

브라에 백작은 아버지에게 세상을 떠난 어머니에 대한 이야기를 하는 것이 예의라고 생각한 듯하다. 할아버지는 어머니를 지빌레 부인이라고 불렀고, 뭔가 한 마디 할 때마다 말끝에 어머니에 대해 묻는 듯한 여운을 남겼다. 나는 왜 그런지 알 수 없었지만, 당장에라도 그 응접실로 들어설 것만 같은, 순백의 옷을 입은 어린 처녀에 대한 이야기를 듣고 있는 듯했다. 할아버지는 또 어머니에 대해 이야기할 때와 똑같은 말투로 "우리 안나 소피가 ……" 하면서 얘기했다. 그러던 어느 날 나는 할아버지에게 그가 그토록 애지중지하는 그 소녀가 누구인지 물어보았다. 그녀는 재상이었던 콘라드 레벤틀로우의 딸로, 프레데리크 4세의 두 번째 부인이 되었다가 지금은 로스킬데 교회에 묻힌 지 거의 150년 가까이 되는 사람이었다. 할아버지에겐 시간의 흐름 같은 건 전혀 중요하지 않았다. 그에겐 죽음도 아주 하찮은 우연일 뿐이었고, 그것을 그는 아무렇지도 않게 무시했다. 한번 그의 기억 속에 머문 사람은 그대로 계속 실재하는 것 같았다. 그 사람이 죽었다 해도 바뀌는 것은 아무것도 없었다. 마찬가지로, 그로부터 몇 년 뒤 할아버지가 세상을 떠났을 때, 사람들은 그가 자기 편리할 대로 미래를 마치 현재인 것처럼 여겼다고 얘기했다. 이를테면 그가 언젠가 한 젊은 부인에게 그녀의 자식들에 대해, 특히 그 가운데 한 아들의 여행에 대해 주절주절 이야기를 했던 모양이다. 그러나 그때 첫 임신을 한 지 고작 석 달밖에 되지 않았던 이 여인은, 쉬지 않고 이야기를 늘어놓는 할아버지 앞에서 놀라움과 두려움에 사로잡혀 거의 정신을 잃을 지경이었다고 한다.

한번은 내가 그 저녁 식탁에서 깔깔대고 웃는 일이 벌어졌다. 큰 소리로 웃음을 터뜨린 나는 도저히 멈출 수 없었다. 무슨 일인지 마틸데 브라에가 오지 않았던 어느 날 저녁의 일이었다. 거의 앞이 보이지 않는 늙은 하인이 그녀의 자리에 다가가 여느 때처럼 음식 그릇을 내밀었다. 그리고 잠시 그대로 기다리더니 이윽고 만족한 표정으로 모든 것이 잘 처리되었다는 듯이 점잖게 다음 자리로 걸음을 옮겼다. 나는 그 모습을 처음부터 지켜보고 있었는데, 보는 동안에는 특별히 우스꽝스럽게 여겨지지 않았다. 그러나 잠시 뒤 음식을 한 입 무는 순간, 느닷없이 웃음이 치밀어 올라왔다. 나는 당황해서 사레가 들렸고 큰 소리로 웃음을 터뜨리고 말았다. 그런 상황이 부담스러웠기 때문에 온갖 방법을 동원해서 진정하려고 했지만 웃음이 자꾸만 터져 나와 도무지 어찌할 수 없었다.

아버지는 내 행동을 감싸주려는 듯이 낮고 묵직한 목소리로 물었다. "마틸데는 어디 아픈가요?" 할아버지는 여느 때처럼 미소를 지으면서 대답했다. "아니야, 크리스티네와 마주치고 싶지 않아서겠지." 내 일에 정신이 팔려 주의 깊게 듣진 않았지만 대충 그런 내용이었던 것 같다. 그러자 그 말 때문은 아니겠지만, 내 옆에 앉아 있던 얼굴이 그을린 소령이 자리에서 일어나 뭔가 입속으로 중얼거리듯이 양해를 구하는 말을 하더니 백작에게 인사하고는 응접실에서 나갔다. 소령은 바로 할아버지 뒤에 있는 문 옆으로 가더니 이쪽을 돌아보면서 에리크에게 손짓하고는, 갑자기 나에게도 따라오라는 듯이 손짓을 하면서 고개를 끄덕였다. 나는 소스라치게 놀랐다. 그 바람에 내 웃음이 뚝 그치고 말았다. 나는 소령에게서 눈을 돌려 무시했다. 나는 그 소령을 좋아하지 않았다. 보아하니 에리크 또한 그를 거들떠보지도 않았다.

식사는 여느 때나 다름없이 느긋하게 진행되었다. 이윽고 후식을 들 순서가 되었을 때, 나는 응접실 안쪽의 어스름 속에서 뭔가 움직이는 것을 느끼고 가만히 응시했다. 그곳에는 언제나 닫혀 있는 문이 하나 있었다. 사람들 말로는 중간층으로 가는 문이라고 했다. 그것이 스르륵 열리기에 나는 호기심과 놀라움으로 더욱 골똘히 바라보았다. 그러자 깜깜한 문간에 밝은색 옷차림의 호리호리한 숙녀가 나타나 우리 쪽으로 걸어오기 시작하는 것이었다. 나는 무슨 행동을 하고 무슨 말을 했는지 기억나지 않는다. 어쩌면 아무 행동도 하지 않고 아무 말도 하지 않았는지도 모른다. 의자가 꽈당 넘어지는 소리가 나서, 나도 모르게 그 이상한 숙녀에게서 시선을 돌려 아버지 쪽을 쳐다보았다. 아버지는 일어나서 백지장처럼 창백해진 얼굴로 불끈 쥔 두 주먹을 허리에 올린 채 그 여인에게 다가갔다. 그러나 그녀는 아버지는 쳐다보지도 않고 우리 곁으로 한 발 한 발 다가왔다. 어느새 그녀는 할아버지 바로 뒤에 와 있었다. 할아버지는 자리에서 벌떡 일어나 아버지의 팔을 붙잡고는 다시 본디 있던 자리에 앉혔다. 그 낯선 여인은 그런 일에는 전혀 무관심한 표정으로 기묘한 정적 속에서, 이제는 아무도 막아서는 이가 없는 응접실을 한 걸음 한 걸음 느린 발걸음으로 가로질러 반대쪽 문으로 사라졌다. 어디선가 유리잔 하나가 쨍그렁 소리를 냈다. 그때, 부인이 나간 뒤에 에리크가 엄숙하게 인사하고 나서 그 문을 닫는 것을 보았다.

식탁 의자에 가만히 앉아 있는 사람은 나뿐이었다. 나는 의자에서 옴짝달싹할 수 없었다. 혼자 힘으로는 도저히 일어나지 못할 것만 같았다. 나는 한동안 주위를 둘러보았지만, 무엇을 보았는지 기억도 나지 않는다. 그때 아버지가 생각났다. 할아버지는 아직도 아버지의 팔을 붙잡고 있었다. 아버지의 얼굴은 분노한 듯이 벌겋게 달아올라 있었다. 그러나 할아버지는 매발톱 같은 하얀 손가락으로 아버지의 팔을 움켜잡고서 가면 같은 미소를 띠고 있었다. 이윽고 할아버지가 뭔가 한 음절씩 말했지만, 나는 그 말뜻을 이해할 수 없었다(그렇지만 그 말은 내 귓속 깊숙이 파고들었다. 2년 전쯤 나는 몇 년 만에 그 말을 기억해 냈다. 그때부터 그 말은 이상하게 하루도 내 기억에서 떠나지 않고 있다). 분명히 할아버지는 이렇게 말했다. "시종장 브리게, 자넨 너무 감정적이고 예의가 없어. 하고 싶은 대로 하게 내버려 두지 그러나?" 그러자 아버지가 소리를 버럭 질렀다. "도대체 누굽니까?" "이곳을 지나가도 될 만한 사람일세. 남이 아니야. 크리스티네 브라에를 모른다는 겐가?" 그 순간 그 기묘하고 괴괴한 정적이 되돌아왔다. 조금 전의 유리잔이 다시 떨리기 시작했다. 아버지는 팔을 흔들어 뿌리치고는 응접실에서 뛰쳐나갔다.

나는 아버지가 밤새도록 방에서 이리저리 서성대는 소리를 들었다. 나 또한 잠을 이룰 수 없었다. 그러다가 언제 잠이 들었는지, 새벽녘에 나는 선잠에서 번쩍 깨어났다. 내 침대에 하얀 옷을 입은 사람이 앉아 있는 것을 보고 나는 심장이 멎을 정도로 놀랐다. 어쩔 줄 몰라 안간힘을 쓰다가 이불 속에 머리를 밀어넣었다. 나는 불안과 당혹감 때문에 엉엉 울기 시작했다. 갑자기 울고 있던 내 눈 위가 차갑게 느껴지더니 점점 밝아졌다. 나는 아무것도 보지 않으려 눈을 질끈 감고 이불로 가렸다. 바로 귓전에서 나에게 말을 거는 목소리가 내 뺨에 따뜻하고 달콤하게 와 닿았다. 나는 그게 마틸데 브라에의 목소리라는 것을 알아차렸다. 나는 이내 안도했다. 그리고 곧 울음을 그쳤지만 그대로 가만히 있었다. 그녀의 친절이 좀 지나치다는 느낌은 있었지만 그래도 나는 그것을 즐기고 있었고 내게 뭔가 그럴 만한 자격이 있다는 생각이 들었다. "이모." 마침내 입을 연 나는 눈물이 얼룩진 눈으로 마틸데 브라에의 얼굴에서 어머니의 모습을 찾아보려고 애썼다. "이모, 아까 그 부인은 누구죠?"

"아아, 그 사람 말이니?" 마틸데 브라에는 한숨을 쉬면서 말했다. 그 한숨은 왠지 우스꽝스럽게 느껴졌다. "가엾은 여자란다, 애야. 아주 가엾은 여자."

그날 아침 나는 방에서 하인 몇이 바쁘게 짐을 꾸리고 있는 것을 목격했다. 이제 우리가 떠날 때가 되었는가 보다고 나는 생각했고, 떠나는 게 너무나 마땅하다고 생각했다. 아마 그건 아버지의 생각이었으리라. 그런데 그런 일이 있었는데도 왜 아버지가 우르네클로스터에 계속 머물렀는지는 도무지 알 수 없다. 우리는 결국 떠나지 않았다. 기묘한 중압감을 견디며 그렇게 그곳에 8주일인가 9주일인가를 더 머물렀다. 크리스티네 브라에는 그 뒤에도 세 번이나 더 보았다.

나는 그때만 해도 크리스티네 브라에에 대해 아무것도 몰랐다. 그녀는 오래전 이 저택에서 둘째 아이를 낳다가 죽었고, 그때 태어난 사내아이도 자라서 슬프고도 무서운 운명을 겪었다고 한다. 나는 크리스티네 브라에가 이미 죽은 여자라는 것을 몰랐다. 그러나 아버지는 그것을 알고 있었다. 열정적이고 매사에 논리적이고 명확한 사고에 따라 살고자 했던 아버지는 남에게 묻지 않고 자신만의 힘으로 그 괴이한 일을 어떻게든 파헤치려고 했던 것이 아닐까? 나는 그런 속사정은 모른 채, 아버지가 자기와의 싸움으로 괴로워하고 또 마침내 그 싸움에서 승리하는 모습을 모두 지켜보았다.

그것은 내가 크리스티네 브라에를 마지막으로 보았을 때의 일이었다. 그때는 마틸데도 저녁 식탁에 앉아 있었다. 그녀는 여느 때와 좀 달랐다. 우리가 그곳에 도착했던 첫날과 마찬가지로 그녀는 끊임없이 횡설수설 알 수 없는 말을 지껄여댔다. 그러면서 어딘가 불편한지 자꾸만 머리카락이며 옷을 매만졌다. 그러다가 느닷없이 비명을 지르면서 밖으로 뛰쳐나갔다.

그 순간 나의 눈길은 나도 모르게 그 문을 향했다. 크리스티네 브라에가 나타났다. 내 옆자리에 앉아 있던 소령은 소스라치게 놀라 가늘게 몸을 떨었는데, 그 떨림이 내 몸까지 전해졌다. 그는 일어설 기운조차 없어 보였다. 검버섯이 피고 검게 그을린 그의 늙은 얼굴은 응접실에 있는 사람들을 하나하나 바라보았다. 입은 헤벌어져 있었고, 썩은 이 사이로 혀가 말려 있었다. 그러더니 갑자기 그 얼굴은 사라지고 탁자에 쓰러진 그의 희끗희끗한 머리만이 보일 뿐이었다. 그의 팔은 마치 생명 없는 고깃덩이처럼 식탁 아래로 축 늘어졌다. 쭈글쭈글하고 반점투성이인 손은 가늘게 떨렸다.

바로 그때 크리스티네 브라에는 마치 병자처럼 한 걸음 한 걸음 느린 걸음으로 뭐라 형용할 수 없는 정적을 지나갔다. 들리는 건 오직 늙은 개의 신음하듯 낑낑거리는 소리뿐이었다. 그러자 수선화가 가득 꽂힌 백조 모양의 커다란 은빛 꽃병 왼쪽으로 외할아버지의 커다란 가면 같은 얼굴이 기운 없는 미소를 지으며 나타났다. 외할아버지는 아버지를 향해 포도주잔을 들어올렸다. 나는 아버지가 자신의 잔을 잡고 몹시도 무거운 듯이 식탁에서 두세 치 정도를 겨우 들어올리는 것을 보았다. 크리스티네 브라에가 아버지의 의자 뒤를 지나갔다.

우리는 그날 밤 바로 그곳을 떠났다.

국립도서관에서

나는 앉아서 한 시인의 작품을 읽고 있다. 열람실에는 많은 사람이 있지만 조금도 그런 기척을 느낄 수가 없다. 모두들 책 속에 파묻혀 있다. 그들은 이따금 책갈피 속에서 움직이곤 하는데 이것은 마치 사람이 잠을 자며 두 개의 꿈 사이에서 몸을 뒤척이는 것과 같다. 책 읽는 사람들 틈에 있으면 마음이 즐겁다. 어째서 인간은 늘 지금과 같을 수가 없는 것일까? 저들 가운데 아무한테나 다가가 어깨에 살며시 손을 올려보라. 그 사람은 전혀 알아채지 못할 것이다. 자리에서 일어나다가 옆 사람을 건드려 사과의 말을 해도 그 사람은 당신 목소리가 들리는 쪽으로 그냥 고개만 끄덕일 것이다. 얼굴은 당신을 향해 있지만 눈은 아무것도 보지 않는다. 그런 사람의 머리카락은 잠에 빠진 사람의 머리카락처럼 매우 부드럽다. 얼마나 즐거운지. 나는 이곳에 앉아 한 시인을 품고 있다. 얼마나 기이한 운명인가. 지금 열람실에는 어림잡아 3백 명 정도가 앉아서 책을 읽고 있다. 하지만 지금 그들 모두가 저마다 다른 시인을 읽고 있을 가능성은 없다(그들이 무엇을 읽고 있는지는 신만이 알겠지만). 진정한 시인은 3백 명이 채 안 되기 때문이다. 하지만 운명이란 참으로 신비롭다. 나는 이곳에서 책을 읽고 있는 사람 가운데 아마 가장 가난하리라. 게다가 외국에서 왔다. 그런 내가 한 시인을 품고 있다! 나는 가난하다. 날마다 입고 다니는 옷은 이미 해지기 시작했고 신고 다니는 신발도 구멍이 났다. 물론 내 옷깃은 더럽지 않다. 셔츠도 깨끗하다. 이대로 어딘가 큰길가의 찻집에 들어가서 당당하게 과자가 담긴 커다란 접시에 손을 뻗는다 한들 어떠하랴. 나를 가로막거나 욕하면서 내쫓는 사람은 아무도 없을 것이다. 어쨌든 이 손은 적어도 좋은 집안 출신임을 나타내고 있다. 하루에 너덧 번은 씻으니까. 그렇다, 손톱 밑도 깨끗하고 글씨를 쓰는 손가락에 잉크 자국도 없다. 특히 이 관절의 아름다움은 또 어떤가. 가난한 사람들은 그런 데까지 신경을 쓰지 않는다는 것쯤은 누구나 알고 있다. 사람들의 청결 상태에서 그런 식의 결론을 끌어낼 수 있다. 실제로 누구나 그런 결론을 이끌어낸다. 무엇보다도 상점에서는 언제나 그렇다. 그런데 생 미셸 거리나 라신 거리에 가면 그런 것에 결코 넘어가지 않는 인간이 있다. 손가락 관절이 어떻든 그들은 개의치 않는다. 그들은 나를 보자마자 한눈에 알아본다. 내가 그들과 마찬가지로 가난하다는 것을. 그들은 내가 지금 일종의 연기를 한다고 생각한다. 사육제의 가면놀음 같은 것이랄까? 그래서 그들은 결코 이쪽의 흥을 깨려고 하지 않는다. 그들은 보일 듯 말 듯 웃으면서 눈을 찡긋해 보인다. 다른 사람이 눈치채지 못하도록 말이다. 그러면서도 그들은 나에게 신사 대접을 해준다. 가까이에 누구라도 있는 기색이면 이상할 정도로 나에게 정중하게 고개를 숙이기도 한다. 내가 마치 훌륭한 모피 코트를 입고 뒤에 자가용 마차를 거느리고 있는 사람이라도 되는 듯이. 그럴 때면 나는 동전 두 닢을 팁으로 건네기도 한다. 그러면서 혹시라도 받지 않으면 어쩌나 걱정하며 손을 뗀다. 그러나 그들은 기분 좋게 그것을 받아준다. 다만 그러면서 보일 듯 말 듯 미소를 짓거나 눈을 찡긋거리지만 않는다면, 누가 봐도 아름답고 안온한 거리 풍경으로 보일 텐데. 도대체 그들은 어떤 인간들일까? 나에게 뭘 원하는 걸까? 나를 남몰래 기다렸던 걸까? 뭘 보고 내 정체를 간파한 거지? 내가 수염 손질을 하지 않은 것은 사실이다. 그것이 언제나 내 눈에 인상적이었던, 그들의 그 볼품없고 시들어 빠진 수염과 어딘지 모르게 닮았을지도 모른다. 하지만 내겐 수염을 다듬지 않을 권리조차 없다는 건가? 바쁜 사람들은 대개 수염 따위에는 신경 쓰지 않는다. 그런 사람이 수염을 덥수룩하게 기른다고 해서 그를 부랑자라고 생각하는 이는 아무도 없을 것이다. 어쨌든 확실히 부랑자는 부랑자다운 모습을 하고 있기 때문이다. 아니, 거지와는 다르다. 이 둘은 뚜렷이 구분할 필요가 있다. 그들은 인생의 떨거지, 운명의 신이 씹다 뱉어버린 열매 껍질과 같은 존재이다. 운명의 침에 후줄근하게 젖은 그들은 담장이나 가로등, 광고판 가까이 자리를 잡고서 움직일 생각을 않는가 하면, 어둡고 지저분한 자취를 뒤에 남기며 골목길을 느릿느릿 걸어가기도 한다. 대체 그 노파는 내게 뭘 원했던 걸까? 그녀는 어느 탁자에서 뽑아왔는지, 단추 몇 개와 바늘이 굴러다니는 서랍을 들고서 굴 같은 움집에서 기어나왔다. 왠지 그녀는 자꾸만 내 옆에 따라붙으면서 나를 뜯어보았다. 축축하게 짓무른 눈으로 나를 파악하려고 안간힘을 썼다. 벌겋게 썩은 눈꺼풀에 싸인 그 눈동자는 병자가 뱉어놓은 푸르뎅뎅한 가래와 조금도 다르지 않았다. 그 자그마한 백발의 노파는 왜 나와 나란히 쇼윈도 앞에 15분이나 서 있었던 것일까? 그녀는 나에게 기다랗고 낡은 연필 하나를 내밀었다. 그 연필은 꼭 움켜쥔 쇠약한 그녀의 손아귀 사이로 한없이 천천히 빠져나왔다. 나는 쇼윈도에 진열된 물건들을 들여다보면서 아무것도 모르는 척했다. 그러나 여자는 내가 그 연필을 보았다는 것을 알고 있었다. 내가 그 자리에 멍하니 서서 마음속으로 도대체 그녀가 뭘 하려는 것일까 생각하고 있음을 알았다. 단순히 연필을 사달라는 것만이 아님을 나는 금방 알 수 있었다. 그것은 일종의 신호로 느껴졌다. 같은 부류만이 아는 비밀스러운 신호. 그것은 부랑인들끼리 사용하는 신호인 것 같았다. 그런 데서 멍하니 있지 말고 뭔가 해야 한다고 여자는 알리는 것 같았다. 이런 신호를 정한, 어떤 약속 같은 것이 그녀와 나 사이에 있었던 것만 같은 생각이 들었다. 그리고 이런 장면은 언젠가 한번은 맞닥뜨릴 것이었다는 느낌을 이상하게 떨쳐버릴 수 없었다.

　벌써 2주나 지난 이야기다. 그러나 그 일이 있고부터 그런 장면과 마주치지 않는 날이 거의 없다. 어스름한 저녁뿐만 아니라 대낮의 인파 속에서도 느닷없이 조그만 남자나 노파가 눈앞에 나타나 고개를 끄덕이면서 뭔가를 흘깃 보여주고는, 마치 할 일을 다 끝냈다는 듯한 얼굴로 사라지곤 했다. 머지않아 그들이 내 하숙방까지 쳐들어올지도 모른다. 그들은 틀림없이 내가 어디 사는지 벌써 알고 있을 것이다. 그래서 관리인도 보기 좋게 속여 넘기고 올라올 것이 분명하다. 그러나 도서관에 있으면 그들이 쫓아올 걱정이 없었다. 이 열람실에 들어오려면 특별한 열람증이 있어야 한다. 열람증은 내게만 있고 그들에게는 없다. 나는 길을 걸을 때 조금 위축되는 편이다. 그러나 마침내 유리문 앞에 도착하게 되면 나는 마치 내 집 문을 열듯 유리문을 열고 들어가서는 다음 문 앞에서 내 열람증을 보여준다(이러한 행동은 그들이 길에서 내게 보인 손짓과 조금도 다르지 않다. 다만 내 행동의 경우, 상대방이 나의 의도를 파악할 수 있다는 점이 다를 뿐이다). 그리하여 나는 책 사이에 안전하게 숨는다. 아예 죽은 사람처럼 바깥 세상에 등을 돌린 채. 그렇게 나는 이곳에 앉아 한 시인의 작품을 읽고 있다.

　당신들은 시인이 뭘 하는 사람인지 전혀 모를 것이다. 이를테면 베를렌이라는 이름을 들어도 아마 아무것도 모를 테지. 알고 있는 다른 시인들과 그가 어떻게 다른지 당신들은 생각해보려 하지도 않을 것이다. 당신들에게 구별 같은 건 전혀 필요하지 않다는 것은 나도 알고 있다. 그러나 내가 지금 읽고 있는 것은 베를렌이 아니다. 파리의 시인이 아니다. 그런 종류의 시인과는 완전히 다른 작가이다. 나의 시인은 깊은 산속에 조용한 집을 가진 사람이다. 나의 시인은 맑은 대기 속에 울리는 종소리와 같다. 자기 집 창문에 대해 얘기하고, 고독한 먼 들판이 비치고 있는 책장의 유리문에 대해 노래하는 행복한 시인(아마 프랑시스 잠으로 추정됨)이다. 나는 바로 이 시인처럼 되고 싶다. 이 시인은 소녀들에 대해 잘 알고 있다. 나도 소녀들에 대해 많은 것을 알고 싶다. 그는 백 년 전에 살았던 소녀들에 대해서도 알고 있다. 그녀들이 이미 죽은 사람이라는 건 문제가 되지 않는다. 그는 모든 걸 알고 있기 때문이다. 중요한 건 바로 그것이다. 그는 그녀들의 이름을, 고풍스러운 필기체로 쓰인 부드럽고 우아한 그 긴 이름들을 읽는다. 그리고 소꿉친구들의, 결혼한 뒤 성이 바뀐 이름들을 읽는다. 그런 이름에는 어딘가 희미한 운명의 울림이 담겨 있고, 슬픈 환멸과 죽음의 냄새가 난다. 그의 마호가니 책상 서랍 속에는 지난날 소녀들의 누렇게 바랜 편지와 찢어낸 일기장 몇 쪽이 들어 있을지도 모를 일이다. 그리고 여러 사람의 생일과 여름에 머문 손님들의 이름도 남아 있을 것이다. 또 그의 침실 벽에는 커다란 옷장이 놓여 있고, 그 서랍 속에는 지난날 소녀들의 봄옷들이 소중하게 간직되어 있을지도 모른다. 부활절에 처음 입었던 순백의 드레스, 본디 여름옷이지만 그때까지 기다릴 수 없어서 입었던, 속이 비치는 망사 드레스 같은 것들.

조상 대대로 살아온 집의 고요한 방 안에서, 한결같이 자리를 지켜온 고요한 가구들에 둘러싸여, 창밖 초록빛 뜰에서 들려오는 박새의 지저귐에 귀 기울이며, 한가로이 먼 곳의 마을 시계탑을 바라보는 생활은 얼마나 복된가! 가만히 앉아 벽에 비치는 따뜻한 오후 햇살을 물끄러미 바라보는 시간. 과거의 소녀들에 대한 온갖 추억을 간직한 채 그렇게 한 사람의 시인이 된다는 것. 이 세상 어딘가에 나만의 집이 있었다면, 나 또한 그런 시인이 될 수 있었을 텐데. 아무도 신경 쓰지 않는, 흔히 볼 수 있는 수수하고 소박한 시골 집. 그런 집의 방 한 칸이면 충분하리라(다만 햇빛이 잘 들어오는 지붕 밑 방이면 좋겠다). 방 안엔 나의 오래된 물건들, 가족사진과 책, 팔걸이의자 하나와 꽃이 있으면 좋을 것이다. 그리고 동무가 되어줄 개 몇 마리와 자갈길을 걸을 때 쓸 튼튼한 지팡이 하나. 그 밖에 무엇이 더 필요하랴. 그래, 공책, 노란빛이 은은히 도는 상아색 가죽으로 장정된, 옛날 꽃무늬 면지가 들어간 공책이 한 권 있으면 좋겠다. 나는 거기다 글을 쓸 것이다. 내가 가진 온갖 생각과 기억을 다 적으려면 아주 긴 글이 될 테지.

그러나 현실은 내 뜻대로 되지 않는다. 왜 그런지는 신만이 알 것이다. 내 오래된 가구들은 따로 둘 데가 없어 헛간에서 썩고 있다. 그렇다, 나로 말하자면, 몸을 가릴 지붕 하나 없다. 빗물이 사정없이 내 눈에 스며든다.

나는 센 강변 거리의 작은 가게 앞을 자주 지나간다. 골동품, 헌책, 동판화 등을 파는 가게들이 진열장 가득 물건들을 늘어놓고 있다. 아무도 들어가는 사람이 없다. 얼핏 봐서는 장사하는 것 같지도 않다. 그러나 가게 안을 들여다보면, 사람들이 무심한 얼굴로 앉아서 책을 읽고 있다. 내일에 대한 걱정도 없고 성공해 보겠다고 안달하는 마음도 없다. 그들 발치엔 개 한 마리가 기분 좋은 표정으로 누워 있다. 아니면 고양이가 책 선반을 따라 마치 책등의 글자를 지우려는 것처럼 옆구리를 비비며 걷는다. 그런 고양이의 존재는 가게 안의 고요를 더욱 깊게 만든다.

그런 생활도 있다. 나는 그 가게를 통째로 사고 싶다. 개를 한 마리 데리고 그런 가게에서 20년쯤 살아보고 싶다. 문득 그런 마음이 들었다.

나는 크게 소리 내어 말해 본다. "아무 일도 아냐." 기분이 좀 나아지는 것 같다. 한 번 더. "아무 일도 아냐." 효과가 있나? 방의 난로에서 또다시 연기가 나기 시작했고 그래서 밖으로 나갈 수밖에 없었다는 것, 그건 그다지 불행한 일은 아니다. 그래서 지금 내가 녹초가 되도록 피곤하고 온몸이 으슬으슬 떨린다는 것, 그것도 대수로운 일은 아니다. 온종일 이 골목 저 골목 떠돌아다닌 내 탓이다. 루브르 박물관에 들어가 앉아 있을 수도 있었으니까. 아니, 난 아무래도 그곳에 앉으러 가지 않을 것이다. 그곳에는 몸을 녹이려는 사람들이 있다. 그들은 벨벳 천을 씌운 소파에 떼지어 앉아, 벗어놓은 커다란 장화 같은 몰골로 스팀이 나오는 격자 위에 발을 내밀고 있다. 그들은 매우 얌전하기만 하다. 검은 제복을 입고 훈장을 주렁주렁 매단 감시인들이 눈감아주는 것만으로도 감지덕지한다. 하지만 내가 들어서면 그들은 얼굴을 찡그린다. 얼굴을 찌푸리면서 희미하게 고개를 끄덕인다. 내가 그림을 구경하며 이리저리 발걸음을 옮기면 그들은 나를 눈으로 좇는다. 절대로 나한테서 눈을 떼지 않는다. 불안한 눈으로 일제히 나를 가만히 지켜보는 것이다. 루브르 박물관에 가지 않길 잘했다.

나는 하루 내내 돌아다녔다. 얼마나 많은 거리와 공동묘지와 다리와 골목길을 누볐는지! 어디선가 채소를 실은 수레를 밀고 있는 남자를 보았다. 그는 "꽃양배추우—꽃양배추우—" 소리쳤다. '추우—' 하며 끄는 소리가 유난히 구슬프게 들렸다. 남자 옆에는 못생기고 야윈 얼굴의 여자가 함께 걸어가면서 가끔 그의 옆구리를 툭툭 쳤다. 그 여자가 건드릴 때마다 그는 소리를 질렀다. 때로는 여자가 신호하지 않았는데도 소리를 질렀는데, 이는 괜한 짓이었다. 이제 그들은 물건을 사줄 고객의 집 앞에 다다랐고, 남자는 다시 소리쳐야 했기 때문이다. 그가 앞이 보이지 않는다는 사실을 내가 썼던가? 아니, 아직 쓰지 않은 것 같다. 그래, 그 남자는 앞을 볼 수 없었다. 앞 못 보는 남자가 큰 소리로 외쳤다. 그러나 장님이 소리쳤다고만 말한다면, 그 또한 거짓말하는 셈이 된다. 그 남자는 수레를 밀고 있었고, "꽃양배추우— 꽃양배추우—" 외치고 있었다. 하지만 그게 과연 중요한 일일까? 그렇다고 해도, 그게 나와 관계된 일일까? 나는 큰 소리로 외치며 거리를 걷는, 앞 못 보는 노인을 보았다. 그게 내가 본 것이다. 내가 본 것.

이런 집도 있다는 걸 사람들은 믿어줄까? 사람들은 틀림없이 내가 거짓말한다고 생각할 것이다. 그러나 이것은 더 보탤 것도 뺄 것도 없는 현실이다. 내가 무슨 수로 과장하겠는가? 사람들은 내가 가난하다는 것을 다 알고 있다. 과연 그것은 집일까? 정확히 말해서 그것은 더 이상 집이 아니었다. 꼭대기부터 밑바닥까지 완전히 무너져 내린 상태였기 때문이다. 그리고 그 옆에는 키 높은 다른 집들이 서 있었다. 하지만 타르를 칠한 높은 기둥 골조만이 배의 돛대처럼, 지반과 드러난 외벽 사이를 지탱하며 서 있는 그 집들 또한 곧 무너져 내릴 것처럼 위태로워 보였다. 내가 지금 외벽이라고 했던가? 그건 사실 아직 무너지지 않고 남아 있는 집의 첫 번째 벽이 아니라(이 점이 이해되어야 한다), 이미 허물어진 집의 마지막 벽이었다. 건물 안은 훤히 들여다보였다. 다른 층 벽에는 벽지가 붙어 있고, 건물 층수나 천장임을 알려 주는 표지판도 아직 남아 있었다. 내벽에 인접한, 집 전체를 감싸고 있는 더러운 흰 벽에는 말할 수 없이 역겨운, 마치 동물의 창자를 연상시키는 잔뜩 녹슨 변기 파이프가 가로질렀다. 천장 가장자리에는 가스관이 지나던 자리임을 알려 주는 먼지얼룩이 파이프의 길을 따라 일직선으로 나가다가 오른쪽으로 꺾여 무자비하게 뜯겨 벌어진 페인트 칠된 벽의 검은 구멍 속으로 이어졌다. 그러나 가장 인상적인 것은 아무래도 벽 그 자체였다. 그곳에는 삶의 집요한 흔적들이 여전히 사라지기를 거부하며 끈질기게 남아 있었다. 벽에 박힌 못들에도, 마룻바닥에 남은 널판 위에도, 건물 귀퉁이의 잔해에도 스멀거리는 삶의 흔적이 웅크리고 있었다. 벽의 색깔에도 그런 끈질긴 삶이 나타나 있었다. 푸른색은 곰팡이 슨 녹색으로, 녹색은 잿빛으로, 누런색은 낡고 퇴색한 흰색으로, 벽은 그렇게 서서히 해가 갈수록 변모를 거듭하면서 죽어갔다. 거울과 초상화와 찬장 뒤 아직 손을 타지 않은 벽에도 같은 세월의 변화가 보였다. 거기에는 서로 다른 여러 형태가 겹쳐져서 서툰 그림의 윤곽처럼 몇 번이고 다시 그려진 선이 남아 있었다. 빛 속에 드러난 가구 뒷면은 거미줄과 먼지로 가득했다. 페인트가 벗겨진 자리, 벽지 가장자리를 따라 축축하게 부푼 곳, 공중에 떠도는 먼지, 꽤 오래전에 생긴 듯한 더러운 얼룩, 푸른색, 녹색, 누런색 벽들로 둘러싸인 무너진 격벽. 이 모든 것들 위로는 삶에서 피어오르는 연기 같은 게 떠다니고 있었다. 이 집요하고 나른하고 숨 막히는 공기는 바람이 부는 정도로는 쉽사리 흩어지지 않는다. 그것엔 오후의 난잡함과 질병, 사람이 내뿜는 역한 숨결과 몇 년이나 쌓인 먼지들이 하나로 녹아 있었다. 옷의 겨드랑이 부위에 배어드는 *끈끈한 땀*, 입에서 나는 단내, 시큼하고 고린내가 나는 발에 감도는 퓨젤유의 악취도 섞여 있었다. 코를 찌르는 독한 오물 냄새, 불에 그슬린 누린내, 타버린 감자 냄새, 기름에서 나는 무겁고 탁한 냄새도 배어 있었다. 씻기지 않은 젖먹이의 달짝지근한 냄새, 학교를 가기 위해 집을 나서는 아이의 불안의 냄새, 사춘기 사내아이의 침대에서 나는 무겁고 후텁지근한 악취도 녹아 있었다. 또 아래 거리에서 피어오르는 온갖 냄새는 끊임없이 증발하여 다시 도시 하늘의 탁한 공기와 뒤섞여 비에 녹아 흘러내린다. 그리고 늘 이 거리만을 맴도는 길들여진 약한 바람에 실려 오는 냄새들, 어디서 왔는지는 신만이 알고 있을 정체 모를 온갖 냄새들.

건물 외벽은 마지막 한 겹만 남기고 모두 허물어졌다고 나는 이미 썼다. 나는 지금 이 외벽에 대해서만 계속 쓰고 있다. 사람들은 틀림없이 내가 꽤 오랫동안 그 집 앞에 멍하니 서 있었으리라 생각할 것이다. 그러나 사실 나는 그런 무너진 벽을 보면 약속이라도 한 듯 다리가 저절로 빨라져 거의 뛰다시피 했다. 그로부터 무어라 표현할 수 없는 두려움을 느꼈기 때문이다. 나는 단번에 모든 것을 알아버렸다. 적막하고 메마른 경치는 대번에 내 마음속에 뛰어들어왔다. 그것은 차라리 오롯한 내 마음의 내적인 풍경일지도 몰랐다.

그런 곳을 걸어오면 몹시 피곤해졌다. 거의 녹초가 되어 쓰러질 지경이었다. 그래서 그 남자를 다시 만나야 하는 것은 너무 가혹한 일이었다. 그 남자는 조그만 간이식당에서 나를 기다렸다. 그곳에서 나는 달걀부침 두 개를 먹을 참이었다. 나는 온종일 아무것도 먹지 못해서 배가 몹시 고팠다. 하지만 나는 뭐든 먹고 싶은 마음이 사라지고 말았다. 결국 달걀부침이 채 나오기도 전에 나는 거리로 뛰쳐나갔다. 거리는 사람들로 가득했고 그들은 모두 내 쪽으로 몰려왔다. 그날은 카니발이 있던 날인데다가 저녁이었다. 사람들은 너 나 할 것 없이 일을 마치고 거리로 뛰쳐나온 것 같았다. 서로 어깨를 부딪치며 밀치락거렸다. 사람들의 얼굴은 가설무대에서 새나오는 불빛에 붉게 물들었고, 그들의 입에서는 마치 벌어진 상처에서 고름이 흘러나오듯 웃음이 새나왔다. 내가 사람들을 헤치고 나아가려고 안간힘을 쓰면 쓸수록 그들은 더욱더 크게 웃었고 더욱더 거칠게 어깨를 밀쳐 댔다. 어쩌다가 어떤 여자의 숄이 내 옷에 걸렸는데, 내가 그것을 끌면서 걸었던 모양이다. 사람들은 나를 붙잡아 세우더니 깔깔대고 웃었다. 나도 함께 웃어야 하는 게 아닌가 하는 생각이 들었지만 도저히 웃음이 나오지 않았다. 누군가 내 눈을 향해 콩페티(사육제·축제 따위 때 던지는 색종이 조각) 한 뭉치를 던졌다. 채찍으로 맞은 것처럼 화끈거렸다. 겨우 모퉁이에 오자, 사람들은 마치 쐐기로 서로 단단하게 박아 넣은 것처럼 뭉쳐 있었다. 나는 완전히 군중 속에 끼인 꼴이 되어 옴짝달싹할 수 없었다. 선 채로 하나의 거대한 덩어리가 되어버린 것처럼, 느리고 조용한 물결처럼 조금씩 오르내리고 있을 뿐이었다. 아우성치는 군중 속에서 가까스로 찻길 끝 조그만 틈을 발견했다. 나는 그곳으로 무턱대고 헤치고 나아갔다. 그러나 실상 움직이는 건 그들일 뿐 나는 본디 있던 자리에서 조금도 벗어나지 못했다. 달라진 것은 아무것도 없었다. 눈을 들어 위를 보면 한쪽에는 언제나 똑같은 집들이 보이고 다른 쪽에는 가설무대가 있었다. 어쩌면 아무것도 움직이지 않고 있는데, 나와 군중의 눈이 착란을 일으켜 모든 것이 빙빙 도는 것처럼 보였는지도 모른다. 하지만 나는 그런 걸 따질 겨를조차 없었다. 땀에 젖어 머리가 무거웠다. 정신이 멍멍해지는 듯한 고통이 몸 안을 훑고 지나갔다. 마치 무언가 커다란 것이 핏속에 섞여 세차게 흐르면서 혈관을 팽창시키는 듯했다. 동시에 공기가 오래전에 고갈되어, 오직 내 폐가 뱉어낸 공기만을 허겁지겁 들이마시고 있는 것처럼 숨이 가빴다.

그러나 그 모든 것도 이제는 끝이 났다. 나는 가까스로 그곳을 빠져나왔다. 나는 내 방 등불 앞에 앉아 있다. 조금 으스스하다. 난로에 불을 지피는 것이 조금 겁이 난다. 다시 연기가 가득 차서 밖으로 뛰쳐나가야 하면 어쩐담? 나는 앉아서 생각해 본다. 이렇게 가난하지만 않았어도 나는 다른 방을 빌릴 수 있었을 것이다. 이렇게 다 낡아빠진 가구에 이전 세입자들의 흔적이 잔뜩 남아 있는 방에서 살지 않아도 됐을 것이다. 처음에는 이 안락의자에 머리를 기대는 것도 얼마나 께름칙했는지 모른다. 녹색 쿠션에는 누구의 머리든 다 들어맞을 듯한, 시커멓게 기름때에 쩐 자국이 옴폭 들어가 있어서 나는 꽤 오랫동안 머리 밑에 조심스럽게 손수건을 깔아야 했다. 하지만 이제 는 그렇게 하는 것도 지쳤다. 다른 사람들과 마찬가지로 나도 머리를 바로 기대고 만다. 작고 오목한 쿠션 자국은 자로 잰 듯이 신기하게 내 뒤통수에 딱 들어맞는다. 내가 가난하지 않았다면 무엇보다 먼저 좋은 난로를 하나 샀 을 텐데. 그리고 깊은 산속에서 베어온 아름답고 굵은 장작으로 불을 지필 것이다. 이렇게 귀찮은 조개탄 따위는 바로 갖다 버릴 테다. 이 연기는 숨쉬 기 힘들게 하고 머리를 아프게 한다. 그 다음에는 방해되지 않게 조용히 청 소하고 내가 원하는 대로 난롯불을 조절해 줄 하인이 한 사람 있어야 하리 라. 시도 때도 없이 난로 앞에 15분씩 꿇어앉아 불을 지피다 보면 불길에 이 마가 뜨거워지고 눈에 열기를 쬐어 그날 하루 쓸 힘을 모두 써버린 것처럼 녹초가 되고 만다. 그런 상태로 거리에 나가 사람을 만나면 상대는 나를 우 습게 보고 내게 이기려 들 것이다. 거리에 사람이 많을 땐 나도 마차를 타고 유유히 지나가고 싶다. 날마다 뒤발 같은 식당에서 식사하고 싶다……. 앞으 로는 간이식당에는 발도 들여놓지 않을 생각이다……. 설마 그 사내도 뒤발 에 오지는 않을 테지. 그 사내가 나보다 먼저 와서 앉아 있다니, 그럴 턱이 없지. 그렇게 죽어가는 사람을 식당에 들여보내 줄 리가 없어. 죽어가는 사 람? 나는 벌써 내 방에 돌아왔다. 오늘 내가 본 것에 대해 조용히 돌아보고 생각해 보려 한다. 무슨 일이든 명확하게 해두는 게 좋으니까. 그때 간이식 당 안에 들어간 나는 처음으로 누군가 다른 사람이 내가 평소에 앉던 자리를 차지하고 있는 것을 보았다. 나는 조그만 카운터가 있는 쪽을 향해 인사하고 주문을 한 뒤 가까운 탁자에 가서 앉았다. 그때 그 사내가 움직인 것도 아닌 데 나는 갑자기 그의 존재를 의식했다. 오히려 그런 그의 부동성이야말로 그 를 의식하게 한 가장 큰 요소였다. 나는 곧바로 그 부동성의 의미를 이해했 다. 우리 사이엔 일종의 교감이 생겨났다. 나는 그가 두려움으로 굳어 있다 는 걸 알았다. 그의 내면에서 벌어지는 어떤 것에 대한 공포가 그를 마비시 키고 있음을 알았다. 어딘가의 혈관이 터졌는지도 모른다. 오랫동안 두려워 해 온 어떤 독이 이제 막 그의 심장 속으로 스며들고 있는 건지도 모른다. 아니면 뇌에 커다란 종양이 마치 태양이 떠오르듯 생겨나 그가 바라보는 세 상을 완전히 바꿔놓았는지도 모른다. 나는 그에게서 눈길을 돌리지 않기 위해 엄청난 노력을 들여야 했다. 그 느낌이 다만 나의 상상에 지나지 않기를 바랐기 때문이다. 그러나 더 이상 버틸 수 없었다. 나는 자리를 박차고 밖으로 뛰쳐나왔다. 내 짐작이 틀리지 않았다. 그 사내는 두꺼운 검정색 겨울 외투를 입고 앉아 있었다. 그의 암울하고 긴장된 얼굴이 털목도리 속에 깊이 파묻혀 있었다. 그의 입술은 무거운 압력에 눌린 것처럼 굳게 다물어져 있었다. 눈은 보이는지 보이지 않는지 알 수 없었다. 다만 뿌연 잿빛 안경알이 그의 눈을 반쯤 가렸고 눈이 살짝 떨리는 것처럼 움직였다. 콧방울이 꽤 벌어져 있었다. 깎아낸 듯한 관자놀이를 덮은 긴 머리카락이 강한 열기를 �쬔 식물처럼 푸석푸석해 보였다. 누런색의 기다란 귀가 그 뒤에 커다란 그림자를 늘어뜨리고 있었다. 그렇다, 그는 사람뿐만 아니라 이 세상 모든 것들로부터 등을 돌리려 하는 자기 자신을 의식했다. 한 순간이 더 지나고 나면 모든 것은 그의 마음에서 사라져버릴 것이다. 탁자도, 컵도, 의자도. 그가 일상에서 마주치는 친숙한 모든 것이 낯설고 알아볼 수 없게 될 것이다. 그렇게 그는 자리에 앉아서 그 일이 벌어지기를 기다리고 있었다. 그는 아무런 저항도 하지 않았다.

그러나 나는 아직 싸우고 있다. 내 가슴은 이미 찢겨나가 저 너머 허공에 매달려 있을지라도, 나는 아직 굴복하지 않았다. 나를 괴롭히는 모든 것이 사라진다 해도 나는 이제 얼마 살지 못할 것이다. 그걸 잘 알면서도 나는 저항을 멈출 수 없다. 나는 스스로에게 말한다. '아직 아무 일도 일어나지 않았다'고. 하지만 내가 그 남자를 알아볼 수 있었던 것은 내 안에서도 무슨 일인가 벌어지고 있기 때문이다. 모든 것으로부터 멀어져 세상과 분리되는 일이 시작된 것이다. 임종이 다가온 병자가 이미 아무도 알아볼 수 없게 되었다는 말을 들을 때면, 얼마나 오싹했던가. 그러면 내게는 쓸쓸한 얼굴이 떠올랐다. 베개에서 머리를 조금 쳐들고 뭔가 익숙한 것이 없는지, 예전에 있었던 것이 보이지 않는지 둘러보지만 끝내 아무것도 찾지 못하는 병자의 쓸쓸한 얼굴을 떠올렸다. 만약 내 공포가 그렇게 크지 않다면, 모든 걸 다르게 바라봄으로써 어떻게든 살아갈 수 있으리라는 생각으로 내 마음을 위로할 수 있을 것이다. 그러나 나는 너무나 두렵다. 내 마음속에서 벌어지고 있는 이러한 변화가 이루 말할 수 없이 무섭다. 내겐 현실세계가 낯설다. 너무나 낯설다. 아름다워 보이는 이 세계조차도 말이다. 이런 내가 또 다른 낯선 세계에 적응할 수 있을까? 나는 친숙한 세계에 남고 싶다. 바뀐 세계에서 살아야 한다면, 하다못해 개들의 세상에서라도 살 수 있기를 바란다. 개들의 세상이라면 어느 정도는 우리의 세상과 비슷할 테니까.

아직은 내가 그 모든 것에 대해 쓰고 말할 수 있는 시간이 있다. 언젠가 내 손이 내게서 멀어질 그날이 오면, 그것은 더 이상 내 것이 아닌 말을 쓰게 될 것이다. 나의 생각이 전혀 다른 의미로 옮겨지는 순간이 올 것이다. 그때가 되면 단어들은 저마다 뿔뿔이 흩어지고 의미는 종잡을 수 없는 구름처럼 떠돌다 비처럼 쏟아질 것이다. 하지만 이런 두려움에도, 나는 내가 어떤 위대한 존재 앞에 선 인간이라는 느낌을 받는다. 그리고 이런 느낌은 내 기억으로는, 지금처럼 뭔가를 써보려는 생각을 갖기 전부터 자주 들었던 것 같다. 그러나 이제 써야 할 대상은 바로 나 자신이다. 나는 나 자신에 대한 인상을 글로 옮겨야 한다. 그 글을 내가 이해하고 또 받아들이는 데는 그리 많은 시간이 걸리지 않을 것이다. 단 한 걸음만 더 내디딜 수 있다면, 나의 이 절망적인 고통은 곧 축복이 될 것이다. 그런데 그 한 걸음을 내디딜 수 없다. 바닥에 쓰러진 나는 더 이상 일어설 수 없다. 나는 이미 산산조각 나버린 파편이기 때문이다. 그래도 언젠가는 도움을 받을 날이 올 거라 믿어왔다. 지금 내 앞에는 그동안 매일 밤 기도하면서 이런저런 책들에서 마음에 드는 구절을 손수 베껴 적어 둔 공책이 있다. 내 손으로 직접 써두면 마치 그것들이 나 자신의 말처럼 느껴질 것 같아서였다. 책상 앞에 무릎을 꿇고 앉아 나는 그것들을 다시 한 번 써보려고 한다. 이편이 눈으로 읽는 것보다 더 오랜 시간이 걸리고, 그런 만큼 한 단어 한 단어가 좀 더 오래 기억에 남기 때문이다.

"모든 것이 불만스럽고 나 자신에 대해서는 더욱 불만스럽지만, 이렇게 한밤의 고독과 적막 속에 혼자 있으면, 나는 기운을 되찾아 조금이나마 자긍심을 되살리고 싶어진다. 내가 사랑한 사람들의 영혼이여, 내가 찬미한 사람들의 영혼이여. 내 마음이 강해지도록 도와주오, 내게 힘을 주오, 이 세상의 모든 거짓과 더러운 악취로부터 나를 멀리 떼어 놓아주오. 그리고 그대, 나의 주, 나의 하느님이시여! 저에게 은총을 베푸시어 제 손으로 아름다운 시 몇 줄을 쓸 수 있게 해주소서. 적어도 제가 모든 인간 가운데 가장 형편없는 인간이 아님을, 제가 경멸하는 사람들보다 못하지 않은 인간임을 저 스스로에게 증명할 수 있는 몇 줄의 아름다운 시를 쓰게 해주소서 (보들레르의 시〈밤의
한때에〉에서 인용).”

"그들은 본디 미련한 자의 자식이요, 비천한 자의 자식으로 고토(故土)에서 쫓겨난 자니라. 이제는 그들이 나를 노래로 조롱하며 내가 그들의 놀림거리가 되었으며……나를 대적하여 길을 에워싸며 그들이 내 길을 헐고 내 재앙을 재촉하는 데도 도울 자가 없구나……이제는 내 생명이 내 속에서 녹으니 내 환난의 날이 나를 잡음이라. 밤이 되면 내 뼈가 쑤시니 나의 몸에 아픔이 쉬지 아니하는구나. 그가 큰 능력으로 나의 옷을 떨쳐 버리시며 나의 옷깃처럼 나를 휘어잡으시는구나. ……내 마음이 들끓어 고요함이 없구나. 환난의 날이 내게 임했구나……내 수금은 통곡이 되었고 내 피리는 애곡이 되었구나 (구약성서 욥기
제30장에서 인용).”

의사는 나를 이해하지 못했다. 하나도 이해하지 못했다. 사실 설명하기 매우 어려웠다. 그들은 전기충격 요법을 써보는 게 어떻겠냐고 권했다. 좋습니다. 나는 진단서를 받았다. 오후 1시까지 진료소에 가야 했다. 나는 그곳으로 갔다. 여러 임시 건물들을 한참 지나고 뜰을 몇 개 가로질러야 했다. 안마당 잎이 떨어진 나무 밑에는 흰 모자를 쓴 사람들이 마치 죄수처럼 드문드문 서 있었다. 마침내 나는 길쭉하고 어두운 복도 같은 곳에 들어섰다. 한쪽에는 불투명한 녹색 유리창 네 개가 나란히 달려 있었고, 창문과 창문 사이에는 검은색의 넓은 칸막이벽이 하나하나 세워져 있었다. 벽을 따라 나무 벤치가 있고, 그것이 길게 안으로 이어져 있었다. 벤치에는 나를 알고 있는 그들이 앉아서 기다리고 있었다. 그들은 모두 그곳에 모여 있었던 것이다. 그러나 내 눈이 복도의 어둠에 익숙해지고 나니 어깨를 맞대고 한없이 길게 늘어앉은 사람들 가운데 몇몇 다른 부류의 사람들이 섞여 있음을 알았다. 직공과 하녀, 마차꾼 같은 영세민들이었다. 구석진 복도의 좁은 끄트머리에 뚱뚱한 여자 둘이 특별해 보이는 의자에 앉아 수다를 떨고 있었다. 아마도 접수 창구 직원인 것 같았다. 나는 시계를 보았다. 정확하게 1시 5분 전이었다. 이제 5분만 있으면, 아니 넉넉잡아 10분만 있으면 내 차례. 안도의 한숨이 나왔다. 복도 안 공기는 무겁고 후덥지근했고 사람들의 옷 냄새와 숨결로 가득했다. 어디선가 문틈을 통해 바깥공기의 서늘한 기운이 흘러들었다. 나는 이리저리 서성거리기 시작했다. 그러다가 왜 하필이면 이런 부류의 사람들이 북적대는 일반 진료 시간에 날 오라고 한 것일까 하는 생각이 문득 들었다. 그것은 말하자면 내가 그들과 다를 것 없는 환영받지 못하는 자에 속한다는 최초의 공식적인 인정인 셈이었다. 의사의 눈에 내가 그렇게 비쳤던 것일까? 하지만 나는 그런대로 괜찮은 차림으로 병원을 찾았고, 게다가 명함까지 내밀었던 터이다. 그런데도 의사는 용케 내 정체를 알아차렸다. 아니면 나 자신이 스스로 그런 티를 냈는지도 모른다. 이미 알아버렸다면 나로서도 더 이상 고민할 것 없었다. 사람들은 말없이 앉아 있을 뿐 나 같은 건 전혀 거들떠보지도 않았다. 그 가운데 몇몇은 고통스러워하며 한쪽 다리를 살짝 흔들었다. 그렇게 해서 고통을 조금이라도 덜어보려는 것 같았다. 어떤 사람들은 손바닥에 얼굴을 묻고 있었고, 또 다른 이들은 숙인 얼굴을 숨긴 채 곤히 잠들어 있었다. 목이 벌겋게 부어오른 한 뚱뚱한 사내는 허리를 구부린 채 바닥을 가만히 바라보았다. 그리고 이따금 생각난 듯이 혀를 차면서 어느 한 곳을 겨냥하여 침을 뱉었다. 아이 하나가 구석에서 훌쩍거렸다. 아이는 비쩍 마른 긴 두 다리를 의자 위로 끌어올려 손으로 억지로 자기 몸에 갖다 붙이려 했다. 그것은 마치 막 이별하려는 사람을 끌어안는 듯한 모습이었다. 몸집이 자그마한 창백한 얼굴의 여자는 검은 조화를 꽂은 둥근 모자를 머리에 비스듬히 쓰고 마른 입술 언저리에 억지웃음을 짓고 있었지만, 짓무른 눈에서는 줄곧 눈물이 흘렀다. 거기서 좀 떨어진 곳에는 살결이 고운 동그란 얼굴의 여자애가 앉아 있었다. 소녀의 툭 튀어나온 눈에는 아무런 표정도 없었다. 헤벌어진 입에서는 허옇고 끈적끈적한 잇몸과 지저분한 누런 이가 내다보였다. 그리고 사방에 붕대를 감은 사람들이 있었다. 한쪽 눈만 빼고 머리를 온통 붕대로 감고 있는 사람, 붕대 안에 뭘 감추고 있는지 짐작이 안 가는 사람이 있는가 하면, 붕대를 벗기지 않아도 그 안이 어떨지 눈에 훤히 보이는 사람이 있었다. 벌어진 붕대 사이로 마치 더러운 침대에 누운 듯 드러나 있는, 더 이상 손이라 부를 수도 없는 손. 그리고 대열에서 불쑥 튀어나와 있는 듯한, 붕대에 칭칭 감긴, 사람만큼 커다란 다리 한 짝. 나는 서성거리면서 마음을 가라앉히려고 안간힘을 썼다. 그리고 정면의 벽을 한참이나 바라보았다. 그 벽에는 외짝문이 달린 입구가 여러 개 있는데, 옆방이

나 복도와의 칸막이가 완전치 않아서 널빤지가 천장까지 닿지 않는 것을 발견했다. 나는 다시 시계를 올려다보았다. 1시간이나 서성거렸던 모양이다. 조금 지나자 의사들이 나타났다. 처음에는 젊은 의사들이 무심한 얼굴로 그곳을 지나갔다. 내가 찾아갔던 의사가 마지막으로 왔다. 밝은색 장갑을 끼고 광택 나는 모자를 쓰고 말쑥한 외투를 입고 있었다. 그는 나를 보더니 모자를 살짝 들어올리며 의미 없는 미소를 지어보였다. 이제 곧 내 이름을 부르겠지 생각했지만 다시 1시간이 흘러갔다. 그 시간 동안 무엇을 하면서 시간을 보냈는지 기억이 나지 않는다. 어쨌든 또 1시간이 흘러갔다. 간호사인 듯한 나이 많은 남자가 얼룩진 앞치마 차림으로 나와서 내 어깨를 툭툭 쳤다. 나는 그 칸막이방 가운데 하나로 들어갔다. 그 의사를 비롯하여 젊은 의사들이 탁자에 둘러앉아 있었다. 그들은 한꺼번에 나를 쳐다보았다. 나는 의자에 앉았다. 나는 먼저 내 증세부터 그들에게 설명해야 했다. 그들은 될 수 있으면 짧게 말하라고 했다. 아무래도 바빠서 길게 얘기를 듣고 있을 시간이 없기 때문이란다. 이상한 기분이 들었다. 젊은 의사들은 앉은 채 얼마 전 막 배운 듯한 그 거만한 전문가다운 호기심 어린 눈빛으로 나를 쳐다보았다. 내가 아는 그 의사는 뾰족한 검은 수염을 쓰다듬으면서 다시 의미도 없이 미소를 지었다. 나는 금방이라도 울음이 터질 것만 같았다. 그러나 입만은 가까스로 프랑스어로 다음과 같이 말했다. "알려 드려야 할 것은 지난번에 선생님께 이미 다 말씀드렸습니다. 만약 여기 계시는 분들도 모두 알아야 한다고 생각하신다면 나중에 선생님이 간단하게 설명해 주셨으면 하는데요. 저로서는 말씀드리기가 힘들거든요." 의사는 정중한 미소를 지으며 자리에서 일어났다. 조수들을 데리고 창가로 가더니 손을 좌우로 연신 흔들면서 뭔가 몇 마디 속삭였다. 3분쯤 지나자, 청년들 가운데 근시에다 좀 주의가 산만해 보이는 한 친구가 탁자로 돌아와 나를 엄격한 시선으로 뜯어보면서 물었다. "잠은 잘 주무시나요?" "아뇨, 전혀 잠을 이룰 수 없어요." 그는 잽싸게 돌아갔다. 창가에서 한동안 회의가 이어졌다. 의사가 이윽고 나를 향해 다시 부르겠으니 그때까지 기다리라고 말했다. 나는 분명히 1시에 오라고 하지 않았느냐고 대답했다. 의사는 다시 씩 웃으면서 작고 하얀 손을 잽싸게 몇 번 내저었다. 굉장히 바쁘다는 눈치였다. 나는 하는 수 없이 복도로 되돌아왔다. 그사이 공기는 더 탁해져 있었다. 몸이 너무 피곤했지만 나는 다시 이리저리 왔다 갔다 하면서 끊임없이 서성거릴 수밖에 없었다. 축축하게 고인 냄새 때문에 나는 마침내 현기증을 느꼈다. 입구에 서서 가만히 문을 열어보았다. 바깥에는 아직 오후 햇살이 조금 남아 있었고, 그걸 보니 이루 말할 수 없이 큰 위안이 되었다. 그러나 그렇게 서 있은 지 채 1분도 지나지 않아 뒤에서 나를 부르는 소리가 들려왔다. 두 걸음쯤 떨어진 작은 책상 앞에 앉아 있던 여자가 나에게 뭐라 말했다. 누구 마음대로 문을 열고 그러느냐는 것이었다. 나는 복도 공기를 참을 수 없어서 그랬다고 말했다. "그건 내가 할 일이에요. 어쨌든 문을 닫아 주세요." "창문도 열어서는 안 됩니까?" "창문을 여는 건 안 돼요." 나는 다시 이리저리 서성거리는 수밖에 없었다. 결국 어슬렁어슬렁 걸어 다니는 것만이 나에게 허용된 유일한 기분전환거리였다. 작은 책상 앞에 앉은 여자는 끝내 그것도 마음에 들지 않는 모양이었다. "앉을 자리가 없나요?" "없어요." "그래도 그렇게 서성대면 다른 사람에게 방해가 돼요. 어디 자리가 하나쯤은 있을 테니까 찾아서 앉도록 하세요." 그 여자 말이 맞았다. 금붕어처럼 눈이 툭 튀어나온 소녀 옆에 정말 자리가 하나 비어 있었다. 그 자리에 앉은 나는 이 상황이 뭔가 끔찍한 일을 불러일으킬 것만 같은 불안한 예감이 들었다. 왼쪽에는 잇몸이 썩어가는 여자애가 앉아 있었다. 내 오른쪽에 어떤 사람이 있는지는 조금 지나서야 서서히 알아차렸다. 그것은 인간이라기보다 얼굴과 생기 없는 크고 무거운 손을 가진, 움직이지 않는 꺼림칙한 덩어리였다. 내가 본 그 옆얼굴은 텅 비어 있는 공허 그 자체였다. 그 얼굴에는 살아 있는 표정이 없는 것은 말할 것도 없고, 과거의 기억조차 남아 있지 않았다. 또한 묘하게도 그의 옷차림은 입관을 앞둔 시체에 입힌 옷을 연상시켰다. 마찬가지로 폭이 좁은 검은 넥타이는 살아 있는 인간의 것 같지 않게, 기묘할 정도로 허술하게 깃에 둘러져 있었다. 웃옷을 봐도 그것이 누군가가 이 아무런 의지도 없는 몸뚱어리 위에 씌워놓은 것임을 한눈에 알 수 있었다. 손은 바지 위에 올려져 있었는데, 그것도 누군가가 거기에 그렇게 올려둔 것처럼 보였다. 머리마저도 마치 장의사가 빗겨 놓은 듯 박제된 동물의 털처럼 뻣뻣하게 빗질되어 있었다. 나는 주의 깊게 관찰했다. 그러자 나는 갑자기 그 자리가 내가 앉을 장소라는 느낌이 들었다. 마침내 나는 내 인생 속에서 머물러야 하는 장소에 와 버렸다고 생각했다. 그래, 운명이란 참으로 기묘한 행로를 더듬어가는 법이다.

갑자기 아주 가까운 곳에서 어린아이가 겁을 먹고 악을 쓰면서 울부짖는 소리가 잇따라 터져 나왔다. 악악대는 거친 소리는 이윽고 억눌린 나직한 흐느낌으로 변해갔다. 어디서 나는 소리일까 궁금하여 주위를 살피는 동안 다시 그 억눌린 듯한 짧은 비명소리가 들려왔다. 이어서 이것저것 묻는 목소리와 저음으로 무언가를 지시하는 목소리도 들렸다. 그러더니 어떤 알 수 없는 기계가 윙윙거리며 인정사정없이 돌기 시작했다. 나는 그제야 그 불완전한 칸막이벽이 생각났다. 모든 소리는 그 문 너머에서 들려오는 것이 분명했다. 안에서는 사람들이 한창 일하는 중인 듯했다. 이따금 더러운 앞치마를 걸친 간호사가 얼굴을 내밀고 손짓을 했다. 나는 설마 그 남자 간호사가 나를 부르는 것이라고는 생각하지 않았다. 그런데 나를 부르는 건가? 아니다, 역시 내가 아니었다. 두 남자가 휠체어를 준비하고 서 있었다. 그리고 내 옆의 그 몸뚱어리가 실려갔다. 나는 비로소 그 덩어리가 반신불수의 노인이라는 것을 알았고, 아까 본 옆얼굴보다 더 쪼그라든, 세월에 허물어진 그의 나머지 얼굴 반쪽을 볼 수 있었다. 노인은 슬픈 듯한 흐린 눈을 가만히 뜨고 있었다. 노인이 불려 가자 내 옆 자리가 갑자기 넓어졌다. 나는 멍하니 앉아서 이번에는 옆자리의 백치 같은 소녀가 어떻게 될지 생각하기 시작했다. 소녀도 소리를 지를지 모른다. 문 안쪽의 기계는 공장기계처럼 경쾌한 소리를 내고 있었다. 이제 그 소리는 더 이상 내 마음을 불안하게 하지 않았다.

갑자기 주위가 조용해졌다. 그 고요함 속에서 전에 들은 적 있는, 우월감에 찬 거만한 목소리가 들려왔다.

"웃어 봐요!" 침묵. "웃어보라니까, 자, 웃어요!" 나는 그 소리를 듣고 나도 모르게 웃고 말았다. 문 저편의 사내가 왜 웃으려 하지 않는 건지 이해할 수 없었다. 기계가 돌아가기 시작하더니 이내 다시 멈췄다. 이야기 소리가 들려왔다. 그리고 다시 그 힘찬 목소리가 명령했다. "앞(avant)이라고 말해 보세요." 그리고 a-v-a-n-t 하고 철자를 하나씩 발음했다. 다시 침묵. "내 말이 전혀 안 들리나보군. 자, 다시 한 번……."

그런데 그 순간, 벽 저편에서 오그라든 혀로 뭔가 흐물흐물 말하는 소리가 들려오던 바로 그 순간에, 그것이, 오랜 세월 잊고 있던 그것이, 다시 생각났다. 어린 시절 열병에 걸려 누워 있을 때, 나에게 처음으로 바닥 모를 깊은 공포를 가르쳐 주었던, 그 정체를 알 수 없는 터무니없이 큰 어떤 것. 사람들이 내 침대에 둘러서서 맥을 짚어보며 무엇이 그렇게 무서우냐고 물으면 나는 그때마다 '그 커다란 것'이 무섭다고 말했다. 이윽고 의사가 불려와, 내 머리맡에 와서 뭔가 말을 걸면 나는 "'그 커다란 것'을 쫓아내 주세요, 그것이 무서워요" 말하곤 했다. 그러나 의사도 소용없었다. 그것을 쫓아낼 수 있는 사람은 아무도 없었다. 나는 아직 어린아이였고, 어린아이를 달래는 건 그리 어려운 일이 아니었을 텐데도, 끝내 그들은 아무것도 할 수 없었던 것이다. 지금 그 혀짤배기 같은 목소리를 듣고 있는데, 느닷없이 그 터무니없이 '커다란 것'이 내 앞에 다가왔다. 언젠가부터 그것은 더 이상 나타나지 않았다. 열병에 걸려 괴로워하던 밤에도 그것은 찾아오지 않았었다. 그런데 열도 전혀 없는 지금 느닷없이 다시 돌아왔다. 그것이 갑자기 나를 덮친 것이다. 내 몸 안에서 그것은 무슨 종양처럼 돋아나와, 마치 나의 또 다른 머리인 듯 자꾸자꾸 자라서 부풀기 시작했다. 그것은 너무도 큰 것이어서 도저히 내 몸의 일부일 리가 없지만, 아무래도 어딘가 내 몸과 연결되어 있는 게 틀림없었다. 살아 있는 동안은 아마 내 손이나 내 팔이었던 것이, 죽은 뒤에 갑자기 터무니없이 커다란 동물이 되어버린 건지도 몰랐다. 내 피는 내 몸속을 흐르는 동시에 그 커다란 것의 속을 순환했다. 같은 육체라는 것은 의심할 여지가 없었다. 나는 내 피를 그 '커다란 것'의 몸에 보내기 위해 심장을 혹사시켜야만 했다. 피가 모자랐다. 그것은 '커다란 것' 안으로 억지로 흘러들어갔다가 병들고 오염된 피가 되어 도로 흘러나왔다. '커다란 것'은 자꾸 자라나, 내 코끝에 뜨뜻미지근한 보라색 혹처럼 다가와서는 곧 입까지 뒤덮을 것만 같았다. 그리고 마지막 남은 내 눈 위에 어느새 그 거대한 그림자가 어른거리고 있었다.

　나는 어디를 어떻게 지나서 진료소를 빠져나왔는지 기억이 나지 않는다. 밤이었다. 나는 낯선 곳을 헤매고 돌아다녔다. 담이 끝없이 이어진 거리를 따라 한 방향으로 걸어갔다. 가도 가도 끝이 보이지 않아서, 나는 거꾸로 방향을 돌려 어느 광장까지 되돌아간 다음 거기서 다른 길을 골라 걷기 시작했다. 한 번도 본 적 없는 거리가 몇이나 있었다. 이따금 전차가 대낮처럼 환한 불을 매달고서 심하게 덜컹거리면서 스쳐 지나갔다. 행선지를 알리는 문자판에는 내가 모르는 지명이 적혀 있었다. 나는 도무지 알 수 없었다. 내가 어느 도시에 와 있는 건지, 어디에 내가 잘 집이 있는지, 이렇게 무작정 걸어다니는 것을 멈추려면 어떻게 해야 하는 건지.

　나의 기이한 병이 재발한 것이다. 사람들은 이러한 병에 대해 거의 무관심
하다. 그들이 다른 온갖 질병을 이상하게 과장하고 싶어 하는 것과 신기하게
도 대조적이다. 이 병에는 특별한 고유증상이 없다. 병에 걸린 사람의 성질
에 따라 증상도 다르게 나타난다. 그것은 이미 먼 옛날에 사라졌다고 생각했
던 내면의 깊은 두려움을, 마치 최면술사처럼 확실하게 *끄*집어내어 그 사람
의 바로 눈앞에 들이댄다. 이를테면 학창시절에 못된 짓을 저질렀던 사람이
과거와 똑같이, 꼬마 아이의 서툴고 거친 손에나 어울릴 법한 그 부*끄*러운
짓을 어느 순간 다시 저지르려는 자신을 깨닫게 된다. 또는 예전에 극복했다
여겼던 질병이나 버릇이 도지기도 한다. 이를테면 어린 시절 있었던 고개를
돌릴 때의 특이한 버릇 같은 것이 어느 순간 다시 나타나는 것이다. 게다가
그런 옛날의 것들과 함께, 한번 바다 속에 빠진 물건에는 젖은 해초가 뒤엉
켜 따라오듯이, 반드시 애매하게 뒤엉킨 기억의 찌꺼기가 딸려나오는 법이
다. 한 번도 경험한 적 없는 생활의 단편이 심연에서 솟아올라 실제 과거의
일들과 뒤섞인다. 그리하여 그것이 이제까지 확실하다고 믿었던 과거의 자
리를 대신 차지하게 된다. 왜냐하면 지금 머릿속에 처음 떠오르는 풍경은 푹
쉬고 난 뒤의 정신처럼 새로운 힘으로 넘치는 반면, 평소에 익숙했던 과거는
너무 자주 떠올린 까닭에 지쳐 버렸기 때문이다.

　나는 5층에 있는 내 방 침대에 누워 있다. 아무 일도 일어나지 않는 나의
하루는 바늘 없는 시계판과 같다. 오래전에 잃어버린 것이 어느 날 아침 문득
처음에 두었던 장소에서 발견되는 일이 있다. 옛날 그대로 말끔한 모습으로.
잃어버렸을 때보다 오히려 더 새로워진 것처럼 보이기도 한다. 누군가가 몰래
소중히 간직해둔 것인지도 모른다. 그런 물건처럼 내 이불 위에는, 어린 시절
에 잃어버렸던 추억들이 옛날처럼 생생하게 되돌아와 있다. 오래 잊고 있던
마음속 불안도 그대로 고스란히 돌아왔다.

　담요자락에서 삐져나온 작은 실오라기 하나가 어쩌면 철사처럼 단단하고
날카롭지 않을까 하는 두려움. 잠옷 단추가 어쩌면 내 머리보다 크고 무거워
지지 않을까 하는 두려움. 또는 내 침대에서 떨어진 빵 부스러기가 유리 조
각으로 변해 바닥에 닿으며 산산조각 나는 건 아닐까 하는 두려움. 그런 식

으로 현실의 모든 것이 산산이 부서져 영원히 돌이킬 수 없게 될 거라는 두려움. 누구도 보아서는 안 될 찢어진 봉투 속 편지, 또는 엄청난 귀중품을 마땅히 숨겨둘 장소가 없을 때의 두려움. 만약 잠들어버렸다가, 난로 앞 석탄덩어리를 모르고 삼키면 어쩌나 하는 두려움. 머릿속에서 어떤 숫자가 자꾸만 커져서 내 머릿속을 다 차지해 버릴 것만 같은 두려움. 화강암이 내가 누운 부분만 꺼림칙한 잿빛으로 변색하지 않을까 하는 두려움. 내가 무의식적으로 비명을 질러서, 사람들이 내 방 앞에 몰려와 문을 부수고 들어올 것 같은 두려움. 나도 모르게 말해서는 안 될 것을 말하게 될지도 모른다는 두려움. 또는 어떻게 말해야 할지 몰라 하고 싶은 말을 못하게 될지도 모른다는 두려움. 그 밖에 온갖 불안, 걱정, 염려……

나는 어린 시절을 갈구했고, 이제 그것은 다시 돌아왔다. 그리고 그것은 예전과 마찬가지로 힘겹게 느껴졌다. 이만큼 나이가 들었음에도 달라진 건 없다.

어제부터 열이 좀 내리기 시작했다. 그리고 오늘은 아침부터 봄날, 그림 속의 봄날 같았다. 오늘은 국립도서관에 가서 오랫동안 읽지 못했던 나의 시인을 만나자. 그러고 나서 천천히 공원을 산책하는 것도 좋으리라. 물이 가득 고인 연못 위로는 바람이 불고, 빨간 돛단배를 물에 띄워놓고 노는 아이들도 이미 와 있을지 모른다.

그것은 예상치 못한 일이었다. 나는 가장 자연스럽고 간단한 일인 것처럼 기운차게 집을 나섰다. 하지만 곧 뭔지 모르는 것의 손에 걸려들었고, 그것은 나를 종잇장처럼 마구 구겨서 무자비하게 내동댕이치고 말았다. 믿기지 않는 일이었다.

생 미셸 거리는 지나가는 사람도 적고 도로 폭도 넓찍했다. 그 완만한 길을 걷는 것은 꽤 기분 좋은 일이었다. 2, 3층의 유리창들이 덜커덕거리는 소리를 내면서 열리자, 거기에 반사된 빛이 하얀 새처럼 도로 위를 날아갔다. 바퀴를 새빨갛게 칠한 마차 한 대가 지나갔다. 더 멀리에는 연둣빛 옷차림의 사람이 보였다. 반짝반짝 빛나는 마구를 매단 말이 물에 말끔히 씻긴 검게 젖은 찻길을 달려갔다. 바람이 부드럽고 상쾌하게 불어왔다. 온 세상이 깨어나고 있었다. 온갖 냄새, 외치는 소리, 울려 퍼지는 종소리.

나는 한 카페 앞을 지나갔다. 저녁이면 접시처럼 붉은 옷을 차려입은 연주자들이 공연하는 가게였다. 겸연쩍은 듯 몰래 도망하는 사람처럼, 열린 창으로 밤새 고여 있던 공기가 빠져나오고 있었다. 머리를 말끔하게 빗은 종업원들이 문 앞을 청소했다. 그 가운데 하나는 허리를 구부리고 탁자 밑에다 노란 모래를 한 줌 뿌렸다. 그때 지나가던 사람이 종업원의 어깨를 툭툭 치더니 길 건너편을 가리켰다. 얼굴이 붉은 종업원은 한순간 그쪽을 노려보다가 갑자기 웃음을 터뜨렸다. 수염 없는 두 뺨에 웃음이 가득 번졌다. 그는 다른 종업원들에게도 알렸다. 그러고는 웃음기 가득한 얼굴을 재빨리 이리저리 돌리며 알려줄 사람이 더 없나 찾았다. 모든 종업원들이 모여 서서 그쪽을 주시했다. 한참 보는 데 열중해 있는 사람, 웃고 있는 사람, 뭐가 그리 재밌는지 아직 찾지 못해 얼굴을 찌푸린 사람도 있었다.

나는 마음속에서 불안이 슬며시 고개를 쳐들기 시작하는 것을 느꼈다. 나도 모르게 건너편 보도로 걸음을 옮길 수밖에 없었다. 나는 어느새 걸음을 서둘렀다. 내 앞에 있는 두세 사람을 무의식적으로 바라보았다. 그들에게 특별히 이상한 점은 아무것도 없었다. 그러나 곧 그 가운데 하나(감색 앞치마를 두르고 어깨에 빈 바구니를 걸친 심부름꾼 아이)가 누군가를 빤히 보고 있음을 알았다. 한참 바라보던 아이는 카페 쪽으로 몸을 돌리더니 웃고 있는 한 종업원을 향해 모두에게 친숙한, 이마 위로 손을 올려 빙글빙글 돌리는 동작을 해보였다. 그러고는 검은 눈을 반짝이며 만족스러운 듯 가볍게 건들거리면서 내 쪽으로 걸어왔다.

나는 시야가 트이면 틀림없이 어떤 기괴한 인물이 보일 거라고 기대했다. 그러나 내 앞을 걸어가는 이는 체격이 크고 마른 노인 한 사람뿐이었다. 검은 코트를 입고 검은 모자 밑으로 짧게 깎은 옅은 금발머리가 보였다. 노인의 옷차림이나 태도에서 우스꽝스러운 점은 전혀 찾아볼 수 없었다. 나는 노인한테서 눈을 돌려 거리 아래쪽을 보려고 했다. 바로 그때 노인의 발이 뭔가에 걸렸다. 나는 이미 노인 바로 뒤에 다가가 있었다. 나도 조심하면서 거기까지 걸어갔지만 발에 걸릴 만한 것은 아무것도 없었다. 나와 노인은 그대로 계속 걸어갔다. 우리 사이의 간격은 일정했다. 이번에는 건널목이 나왔다. 그때 내 앞에 가던 노인이 한쪽 다리를 살짝 들더니 마치 신이 난 아이가 앙감질하듯이 인도 턱을 껑충 뛰어내렸다. 그러고는 길게 한 걸음을 내디

더 맞은편 보도 위로 올라서더니 또다시 한쪽 발을 살짝 들어 올려 뛰어내렸다. 그렇게 잇따라 몇 번이나 되풀이했다. 언뜻 보면 과일 씨나 미끄러운 껍질 같은 것에 걸려 비틀거리는 모습처럼 보였다. 기묘하게도 노인은 실제로 그런 장애물이 있다고 믿는 것 같았다. 그도 그럴 것이 한쪽 발로 껑충거릴 때마다 노인은 매번 고개를 돌려 무형의 장애물이 있는 바닥 쪽을 바라보며 반은 짜증스럽고 반은 꾸짖는 듯한 표정을 지었던 것이다. 다시 한 번, 내 안에서 맞은편 보도로 건너가라고 외치는 경고의 목소리가 들려왔다. 그러나 나는 그 목소리에 따르지 않고 줄곧 노인의 다리에 온 신경을 집중하면서 그 뒤를 따라갔다. 스무 걸음쯤 더 쫓아갔지만 그의 그 껑충대는 동작은 더 이상 나오지 않았다. 나는 왠지 모르게 몹시 안도하는 기분이 들었다. 그러나 다시 눈을 들었을 때, 노인이 또 다른 골칫거리에 빠져 있음을 깨달았다. 노인이 입고 있는 코트의 깃이 위로 솟아 있었다. 그는 그걸 내리려고 한 손으로 당겨보기도 하고 두 손을 다 써보기도 하며 갖은 애를 썼으나, 그럴 때마다 코트 깃은 자꾸만 다시 위로 솟아올랐다. 나는 그 모습을 보고도 동요하지 않았다. 그러나 곧 노인의 바삐 움직이는 손길 속에 상반되는 두 가지 움직임이 있음을 깨닫고 몹시 놀랐다. 하나는 마치 철자 하나하나를 또박또박 쓰듯이 차근차근 고집스럽게 과장하다시피 코트 깃을 내리는 참을성 있는 동작이었다. 다른 하나는 반대로 은밀하고 재빠르게 코트 깃을 위로 올리는 감춰진 동작이었다. 나는 몹시 혼란스러웠다. 그래서인지 2분이 더 지나고 나서야 겨우, 나는 그 노인의 목과 구부정한 등의 움직임, 그리고 신경질적인 손동작이 아까 보도 턱을 깡충거리던 그 돌발 행동과 같은 성질의 것임을 깨달을 수 있었다. 그때부터 나는 그에게서 한시도 눈을 떼지 못했다. 그를 깡충거리며 뛰게 한 그 충동은 발산할 곳을 찾아 그의 몸속을 이리저리 떠돌고 있다고 말할 수 있었다. 그제야 그가 타인에 대해 느끼는 두려움을 알 것 같았다. 그러면서 나는 혹시 지나가는 사람들이 노인에게서 뭔가 낌새를 눈치채지 않았는지 살피기 시작했다. 갑자기 노인의 두 다리가 꿈틀하면서 작은 경련을 일으킨 순간, 내 등줄기에 식은땀이 흐르는 것 같았다. 그러나 노인의 다리를 본 사람은 아무도 없었다. 어쩌다 누가 그것을 눈치채기라도 하면 나도 덩달아서 조금쯤 비틀거리는 모습을 보여주리라는 마음까지 먹었다. 그러면 호기심을 갖고 쳐다보던 사람들도 길에 뭔가 눈에 잘 띄지 않는 조그만 장애물이 있어서, 우연히 우리 두 사람이 그것을 밟았다고 생각할 것이다. 그런 식으로 그를 도울 궁리를 하는 동안, 노인은 스스로 멋진 새 해결책을 찾아냈다. 미처 설명하기를 잊은 것이 있는데, 노인은 지팡이를 들고 있었다. 어두운 빛깔의 나무로 만든, 손잡이가 둥근 단순하고 평범한 지팡이였다. 그는 초조하게 뭔가를 생각하는 듯하더니 문득 무슨 방법이 떠올랐는지 먼저 한 손으로 (다른 한 손은 또 어디에 쓰일지 모르니까) 지팡이를 등 뒤 척추 가까이 대더니 단단히 누른 상태로 둥근 손잡이 부분을 코트 깃 안으로 밀어 넣었다. 그렇게 하니 경추와 제1척추골 사이에 튼튼한 받침대를 댄 꼴이었다. 그 자세는 그다지 사람들의 이목을 끌지 않을 게 분명했다. 기껏해야 어딘가 호기로운 인상을 줄 뿐이었다. 갑작스럽게 찾아온 봄날이 아닌가. 이런 날씨에 그 정도 호기는 자연스러운 것으로 받아들여질 것이다. 다행히 돌아보는 사람은 아무도 없었다. 모든 게 순조로웠다. 그럭저럭 껑충 뛰려는 충동이 두 번 왔다 가고, 이어서 반쯤 억제된 작은 경련이 두 번 찾아왔지만 크게 문제될 것은 없었다. 한 번은 실제로 눈에 띄게 껑충 뛰긴 했지만, 마침 길 위에 호스가 놓여 있어서 그걸 핑계로 적당히 넘길 수 있었다. 그렇다, 모든 게 순조롭게 지나갔다. 가끔은 남은 한쪽 손까지 동원하여 지팡이를 더욱 세게 몸에 밀착시킴으로써, 또 다른 위기를 넘기기도 했다. 하지만 점점 더 불안이 커져가는 것은 어쩔 수 없었다. 노인은 걸음을 옮기며 태연하게 보이기 위해 몹시 애썼지만, 그러는 동안 그 끔찍한 충동이 그의 몸 안에 쌓여가고 있음을 나는 알았다. 나 또한 그가 느끼는 것과 똑같은 고통을 느꼈고, 그 고통은 갈수록 커져만 갔다. 나는 노인이 내부에서 경련이 시작될 때마다 몸에 갖다 댄 지팡이에 힘을 주는 모습을 지켜보았다. 그 움켜쥔 손에는 필사적인 결의가 담겨 있었다. 나는 노인의 굳은 의지를 믿고 그것에 희망을 걸었다. 그러나 이런 지경에 의지 따위가 무슨 소용이란 말인가. 언젠가 노인의 힘이 다하는 순간이 다가올 것이다. 그 순간은 그리 머지않은 것 같았다. 두근두근 뛰는 심장을 느끼면서 나는 노인의 뒤를 따라갔다. 그리고 동전을 모으듯 힘을 그러모아, 노인의 손을 응시하면서 조금이라도 도움이 된다면 부디 이것을 받아달라고 간절하게 빌었다.

아마도 노인은 내 마음을 받아준 것 같았다. 그런 마음의 응원 말고 내가 도울 수 있는 건 아무것도 없었다.

생 미셸 광장은 수많은 탈것과 오가는 사람들로 분주했다. 우리는 마차 두 대 사이에 끼어 자주 발길을 멈추곤 했다. 그럴 때면 노인은 한숨 돌리면서 긴장을 살짝 늦추고, 잠시 펄쩍 뛰기도 하고 고개를 끄덕이기도 했다. 어쩌면 그것은 몸 안에 갇혀 있던 경련이 어떻게든 노인을 제압해 보려는 교활한 계책이었는지도 모른다. 노인의 의지는 다리와 목, 두 군데서 무너졌다. 이 작은 패배는 무도병(舞蹈病)에 걸린 모든 근육에 가벼운 자극을 주어, 마침내 그 2박자의 경련을 떠올리게 하고 말았다. 그러나 지팡이는 여전히 그의 등에 밀착되어 있었다. 노인의 손은 격렬한 분노로 떨리고 있는 듯했다. 그렇게 우리는 다리를 건넜다. 그리고 계속 걸어갔다. 잠시 뒤 노인의 걸음걸이에 불안한 기색이 뚜렷이 나타나기 시작했다. 노인은 재빨리 두 걸음을 떼어놓더니 그 자리에 멈춰 섰다. 지팡이를 잡고 있던 왼손이 지팡이를 스르르 놓고 천천히 머리 위로 올라갔다. 그 손이 허공에서 떨리는 것이 보였다. 그는 모자를 조금 뒤로 젖히고 이마를 문질렀다. 노인은 고개를 살짝 돌렸다. 노인의 눈길은 하늘과 집과 물 위를 미끄러져 갔으나 이미 아무것도 보지 않고 있었다. 노인은 마침내 굴복하고 말았다. 지팡이를 놓고 허공을 나는 듯이 두 팔을 활짝 벌렸다. 그러자 그동안 억눌렸던 자연스러운 힘이 한꺼번에 폭발했다. 그것은 노인의 몸을 앞으로 구부렸다가 뒤로 홱 젖히기도 하고 고개를 건들건들 흔들기도 했다. 그러더니 격렬한 춤으로 군중 속을 마구 휘저어 놓았다. 노인의 주변엔 이미 많은 사람이 모여들어 나의 시선을 가로막았다.

이제 내가 어디로 간들 무슨 의미가 있겠는가. 내 몸은 텅 비어 버린 것 같았다. 나는 빈 종잇조각처럼 무료하게 집들을 지나 아까 걸어왔던 대로를 다시 걷기 시작했다.

필연적이고 피할 수 없는 결별 뒤에는 아무것도 없음을 잘 알고 있음에도 나는 당신에게 편지를 쓰려고 합니다. 아무래도 그래야 할 것 같아서요. 팡테옹에 가서 성녀의 그림을 보고 갑자기 그런 생각이 들었습니다. 고독한 성녀, 지붕과 문, 그 안에서 고요한 빛을 던지는 등불, 잠든 도시와 강, 그리고 달빛에 젖은 아득히 먼 거리. 성녀가 잠든 도시를 지키고 있었습니다. 나는 눈물을 흘렸습니다. 모든 게 너무나 갑작스럽고 예기치 않게 내 앞에 다가왔기 때문입니다. 나는 그 앞에 서서 울었습니다. 흐르는 눈물을 참을 수 없었습니다.

나는 지금 파리에 와 있습니다. 이 말을 들으면 사람들은 기뻐하고, 대부분은 나를 부러워하겠지요. 충분히 그럴 만합니다. 파리는 대단한 도시입니다. 정말 대단한, 엄청난 유혹들로 가득한 곳이지요. 나 또한 어떤 의미에서는 그 유혹에 굴복했다는 걸 인정하지 않을 수 없군요. 그렇습니다, 굴복했다는 말밖에는 달리 표현할 방법이 없습니다. 나는 유혹에 지고 말았고 그 결과는 내 성격이나 세계관, 그 어느 쪽에든 내 삶에 변화를 가져왔습니다. 이런 변화 때문에 세상을 바라보는 나의 시각은 완전히 달라져 버렸습니다. 과거 그 어느 때보다 나와 다른 사람들 사이를 갈라놓는 뚜렷한 차이가 생겨났지요. 변해버린 세계. 의미로 가득한 새로운 삶. 내게는 이 모든 게 낯설고 힘겹게 느껴집니다. 나는 나만의 새로운 세상으로 첫걸음마를 뗀 아이와 같습니다.

언젠가는 바다를 보러갈 수도 있을까요?

그래요, 그냥 그런 생각을 해봅니다. 당신이 이곳에 오는 걸 상상해 봤지요. 그곳 의사를 당신이 좀 알아봐줄 수 있을까 생각한 적도 있었죠. 그걸 물어본다는 걸 잊고 있었군요. 하지만 이제 의사는 필요치 않습니다.

보들레르의 〈썩은 시체〉라는 놀라운 시를 기억하십니까? 이제야 난 그 시를 제대로 이해하게 된 것 같습니다. 마지막 연을 빼고는 보들레르가 옳았습니다. 그러한 일이 일어났을 때 그가 달리 무엇을 할 수 있었을까요? 무시무시하고 역겨워 보이는 것들 가운데서 모든 존재에 영향을 끼치는 어떤 본질을 바라보는 것, 그것이 바로 그에게 맡겨진 사명이었습니다. 자신의 사명을 거부하거나 다른 사명을 선택하는 일은 있을 수 없습니다. 플로베르가 《성(聖) 쥘리앵 수도사의 전설》을 쓴 것이 우연이라고 생각하십니까? 내가 보기에 그것은 당신이 오로지 순수한 선의만으로, 나환자 옆에 누워 연인의 온기로 그를 따뜻하게 안아줄 수 있느냐 없느냐에 달린 문제인 것 같습니다.

내가 파리에서 실의에 빠져 있을 거라고는 생각지 마십시오. 오히려 그 반대랍니다. 때로는 아무리 끔찍한 것이었다 해도 그동안 현실이라 믿어왔던 모든 것을 내가 이토록 쉽게 포기해 버렸다는 사실에 놀라곤 한답니다.

아, 내 현실의 일부분만이라도 다른 사람과 공유할 수 있다면 얼마나 좋을까요. 하지만 그런 현실이 과연 존재할까요? 아니, 그럴 순 없습니다. 자기만의 고유한 존재가치를 희생하지 않는 한 그것은 불가능한 바람일 것입니다.

(이것은 쓰다 만 편지이다)

공기 중의 모든 원자 속에는 끔찍한 존재가 들어 있다. 당신은 보이지 않는 그 존재를 들이마신다. 그것은 당신의 몸속 곳곳에 축적되고 응고되어 뾰족한 기하학적 형태를 이룬다. 처벌의 장소, 고문실, 정신병원, 수술실에서, 그리고 늦가을 다리 아래서 벌어지는 그 모든 고통과 공포는 자기 형태를 유지하려는 집요한 영속성을 가지며, 존재하는 모든 것을 질투하면서 그 자신만의 끔찍한 현실에 매달린다. 인간은 가능한 그런 것들을 빨리 잊어버리고 싶어 한다. 밤의 잠은 머릿속의 공포의 상흔을 조용히 깎아낸다. 그러나 악몽은 다시 잠을 몰아내고 그 무서운 상처의 선을 덧그린다. 사람들은 잠에서 깨어나 숨을 헐떡이면서 어둠 속에서 촛불을 켜고 그 어렴풋한 불빛에서 달콤한 설탕물처럼 서글픈 빛의 위안을 들이켠다. 그러나 그러한 위안이란 얼마나 비좁고 위태로운 절벽 위에 놓인 것인가. 아주 작은 변화만으로도, 바로 아까까지만 해도 그토록 평화롭고 또렷하게 다가오던 친숙하고 정다운 환영이 어느덧 윤곽을 잃고 공포의 날카로운 모서리를 드러낸다.

빈 공간을 더욱 공허하게 만드는 빛을 경계하라. 자리에 앉아 고개를 돌려 등 뒤에 뭐가 있는지 보려고 하지 마라. 그곳엔 당신의 그림자가 당신의 주인인 듯 서 있을 것이니. 차라리 어둠 속에 머물며 당신의 드넓은 마음을 어둠으로 가득 채우는 것이 나으리라. 그러면 차분히 가라앉은 정신으로 당신은 손 안에서 움직임을 멈춘 자신의 모습을 볼 수 있으리라. 가끔은 당신 자신의 얼굴을 거칠게나마 그려볼 수도 있을 것이다. 그리고 당신 내면에 있던 빈 공간은 거의 사라져, 그 덕에 당신은 평안을 얻을 것이다. 이제는 큰 것도 꽉 채워진 당신 안에 머물 수 있으며, 설령 아무리 큰 것이라 할지라도 알맞게 크기를 줄여 당신 내면의 것으로 만들 수 있을 것이다. 그러나 당신의 바깥—저 바깥은 경계가 없다. 바깥이 자라날 때, 당신의 내면에서도 그것은 성장한다. 부분적으로 당신의 의지에 따라 조절되는 혈관이나 평온한 기관의 분비물을 통해서가 아니라, 당신의 무한한 복잡성을 띤 존재 가장 바깥 가지로 양분을 빨아올리는 저 모세혈관들을 통해서, 그것은 확장된다. 그것은 떠오르고, 당신이 마지막 피난처인 듯 달아나 숨은 그곳, 당신의 숨결보다 더 높은 곳에서 당신을 굽어본다. 아, 그러면 이제 당신은 어디로 가려는가? 당신의 심장은 당신을 바깥으로 내몰고, 당신을 뒤쫓고, 벌써 당신은 거의 당신 바깥으로 내쫓겨 다시는 돌아올 수 없게 된다. 마치 짓밟힌 딱정벌레에서 터져나온 분비물처럼, 당신은 당신 자신에게서 터져나온다. 당신의 그 보잘것없는 딱딱한 껍질과 적응에의 노력은 무의미한 것이 된다.

목적 없는 밤. 아무것도 비치지 않는 창과 굳게 닫힌 문들. 까마득한 옛날부터 전해 내려온 맹목적인 믿음의 대상이며, 결코 이해된 적 없는 관습들. 계단의 정적, 옆방의 숨죽인 침묵, 천장 꼭대기의 고요. 아, 어린 시절, 이 모든 정적으로부터 나를 지켜준 것은 오직 한 사람 내 어머니뿐이었다. 어머니는 당신 몸으로 정적을 떠안으며 말했다. "두려워 마, 엄마야." 깊은 밤 정적에 겁을 먹고 무서워 떨고 있는 아이를 지키기 위해 어머니는 그에 맞설 용기를 가졌다. 어머니가 성냥을 긋는 소리, 그것은 이미 그녀 자신이다. 어머니는 내 앞에서 불붙은 성냥을 들고서 말한다. "엄마야. 겁낼 것 없단다." 그러고는 천천히 성냥불을 끈다. 두려움은 사라진다. 어머니는 어둠 속에서 오랜 세월 소박하고 단순하게 자리를 지키는 정답고 친숙한 물건들의 감춰진 의미를 밝혀주는 불빛이다. 벽이나 마룻바닥에서 무슨 소리가 날 때면 아이는 겁먹은 표정으로 어머니를 바라본다. 마치 모든 비밀을 알고 있는 사람을 바라보는 그런 표정으로. 그러면 어머니는 그저 아이를 향해 주위를 밝히는 불빛처럼 환하게 미소 짓는다. 지상의 그 어떤 권능이 어머니의 힘에 비길 수 있겠는가? 보라, 왕들은 어둠 속에 누워 응시한다. 이야기꾼의 그 어떤 재미있는 이야기로도 그들의 흥미를 끌지 못한다. 아끼는 애첩의 포근한 가슴에 안겨 있을지라도, 어느새 스멀스멀 기어드는 공포로 몸을 떨며 욕망마저 잃고 만다. 그러나 어머니는 내 앞에 서서 그 모든 두려운 것들을 가려준다. 여기저기서 쉽게 들어올릴 수 있는 흔한 커튼 같은 것이 아니다. 어머니는 아이의 입술에서 절박한 도움의 요청이 떨어지는 순간 곧바로 달려온다. 아이에게로 서둘러 가기 위해서는 그 어떤 장애라도 뛰어넘을 듯이, 등 뒤로는 영원한 사랑의 비행의 궤적을 그리며.

내가 매일 지나가는 석고 가게 입구 앞에는 두 개의 마스크가 걸려 있다. 하나는 시체 안치소에서 떠온 익사한 젊은 여자의 얼굴인데, 상당한 미인인데다 미소까지 짓고 있다. 자신의 아름다움을 의식하고 있는 듯한 가식의 미소였다. 그 마스크 아래에는 무언가에 골몰하는 한 남자의 얼굴이 있었다 (베토벤의 석고 / 얼굴 모형이다). 강하게 조인 단단한 의미의 매듭 같은 얼굴. 끊임없이 축적하고 발산하려는, 무섭도록 집중된 음악의 얼굴. 불분명하고 쓸모없는 소리에 방해받지 않도록, 그 자신의 소리만을 듣게 하려 신에 의해 귀가 막힌 자의 얼굴. 그의 마음에는 소리의 맑은 음색과 지속만이 있었다. 이제 소리를 잃어버린 그의 감각은 음악이 창조될 그 예기치 못한 순간을 고요히 기다리는 고도로 긴장된 세계 속에 그를 살게 했다.

세계의 완성자여—땅과 바다에 무심한 빗방울로 내리다 지상의 법칙에 따라 다시 즐거워하며 보이지 않는 수증기로 힘차게 솟아올라 공중을 떠돌며 천상을 형성하는 존재여. 그리하여 우리가 맞는 음률의 비는 모두 그대에게서 온 것. 그대는 대지를 온통 음악으로 뒤덮는다. 그대의 음악—그것이 우리의 음악일 뿐 아니라 전 세계의 음악이었으면! 테베의 사막에 그대를 위한 피아노가 마련되었으면! 그리하여 한 천사가 그대를 왕과 무희와 은자가 잠들어 있는 사막의 모래언덕을 가로질러 그 고독한 악기 곁으로 데려갔으면! 그러나 그대를 악기 곁으로 인도한 천사는 그대의 연주가 시작될까 두려워 얼른 하늘로 날아가 사라지리라.

그리하여 그대는 음악을 쏟아내기 시작하리. 아무도 듣지 못하는 그 음악은 다시 우주로 스며들 것이니, 그도 그럴 것이 우주만이 그대의 음악을 견뎌낼 수 있기에. 멀리 사냥 나온 베두인들은 초자연적인 두려움에 사로잡혀 꽁무니를 뺄 것이며, 상인들은 폭풍우라도 만난 듯 그대의 음악이 울려 퍼지는 변두리에서 바닥에 얼굴을 처박고 엎드려 전전긍긍하리. 오직 고독한 사자 몇 마리만이 피가 들끓어 스스로에게 두려움을 느끼며 밤새 그대 곁에 모여들리.

그 누가 그대를 음탕한 귀에게서 구해낼 것인가? 그 누가 연주회장에서 창조에 대해서 아무것도 모르는 천박한 속물들을 몰아낼 것인가? 그들은 마치 흩뿌려진 정액으로 희롱하는 창녀와 같으니, 그대의 음악은 욕망을 채우지 못한 채 누워 있는 그들에게 뿌려지는 오난(유다의 아들. 그의 형 엘이 죽은 뒤 형의 대를 이으라는 아버지의 명으로 형수와 / 동침하나 잉태를 피하기 위해 땅에 사정(射精)하여 신의 노여움을 받아 죽었다)

의 정액과 같은 것일 뿐.

그러나 그대 음악의 스승이여, 만일 순결한 젊은이가 있어 맑은 귀를 열고 그대의 음악을 듣는다면, 그는 기쁨에 겨워 죽을지도 모르리라. 아니면, 그대 음악의 무한성을 받아들임으로써 그 더없는 탄생을 견디지 못하여 그의 머리는 터져버리고 말리라.

나는 그게 쉬운 일이라고 생각하지 않는다. 그것은 용기를 필요로 하는 일이다. 아무튼 그런 용기—사치스러운 용기라고 불러야 할지도 모르겠다—를 가진 누군가가 실제로 그들을 쫓아다니기로 했다고 가정해보자. 그들이 마지막에 어디로 기어드는지, 하루의 나머지 시간을 무엇을 하며 보내는지, 밤에는 잠을 자는지 등에 대해 처음이자 마지막으로(하기야 절대 잊거나 다른 것과 혼동할 수 없을 그런 조사를 두 번이나 할 사람이 어디 있겠는가?) 알아보기 위해서 말이다. 특히 꼭 밝혀져야 할 것은 바로 그들이 밤에 잠을 자는지 여부이다. 하지만 그걸 알아내기 위해서는 용기 이상의 노력이 필요하다. 그들은 다른 사람 뒤를 밟듯이 그렇게 수월하게 따라다닐 수 있는 대상이 아니기 때문이다. 그들은 한순간 여기 있다 싶다가도 금세 어디론가 사라져 버린다. 장난감 병정처럼 세워졌다가 어느새 치워진다. 그들은 시내에서 조금 멀리 떨어진 곳에서 찾을 수 있다. 그렇다고 무슨 비밀스러운 장소에 있는 건 아니다. 숲 사이로 나 있는, 잔디를 따라 살짝 휘어진 길에 그들은 서 있다. 그들 주위에는 언제나 상당히 넓은 투명한 공간이 있어서, 마치 투명한 종 모양 덮개 아래 서 있는 것처럼 보인다. 남들 눈에 잘 띄지 않는 이 사람들은 작은 몸집에 자연스러운 행동거지만을 놓고 본다면 그저 평범한 산책자쯤으로밖에 보이지 않는다. 하지만 그렇지 않다. 그가 무언가를 꺼내려는 듯 낡은 외투 주머니 속에 집어넣은 저 왼손이 보이는가? 그러고는 마침내 어떤 조그만 물건을 찾아 꺼내들고는 어색한 동작으로 그것을 공중으로 치켜드는 모습이? 얼마 지나지 않아 참새 두세 마리가 호기심에 종종거리며 가까이 다가온다. 그는 새가 놀라지 않도록 미동도 않는다. 참새들은 안심하고 바로 옆까지 다가온다. 이윽고 한 마리가 날아올라, 바로 그의 치켜든 손 높이에서 망설이듯 빙빙 맴돈다. 바쳐진 제물인 듯 한없이 얌전해 보이는 그의 손가락들이 쥐고 있는 것은 틀림없이 빵 부스러기이리라. 사람들이 슬슬 그의 주위로, 물론 적당한 거리를 두고서 모여들자, 그는 더욱더 시치미 떼는 얼굴을 하고 있다. 그는 초가 다 타버린 촛대처럼 멍하니 서 있을 뿐이다. 초는 심지만 남은 채 아직 온기를 잃지 않고 희미하게 타고 있다. 그렇게 그는 가만히 서 있다. 멍청한 작은 새들은 그가 어떻게 사람들을 끌어모을 수 있었는지 이해하지 못한다. 만약 아무도 보지 않는 곳에 그를 오래도록 혼자 세워둔다면, 천사라도 날아와서 참지 못하고 이 사내의 오그라든 손에서 빵 부스러기를 집어먹으리라. 몰려든 사람들이 천사를 방해하고 있을 뿐이다. 그들은 새만 모여들어도 만족스러워한다. 또한 그가 그곳에 서 있는 것도 새를 불러모으는 것 말고 뭔가 다른 기대가 있어서가 아닐 거라 여긴다. 비에 흠뻑 젖은 인형 꼴을 한, 고향의 작은 정원에서 흔히 볼 수 있는 뱃머리에 다는 흉상 장식처럼 비스듬히 몸을 기울인 채 서 있는 이 사람이 또 무엇을 기대하겠는가. 어쩌면 그는 예전에 자신의 생명을 건 위대한 행동을 하기 위해 몸을 기울인 채로 서 있어본 적이 있기에, 여기서도 그렇게 서 있는 게 아닐까? 그의 행색이 이토록 빛바래 보이는 것도 과거 한때 그만큼 찬란했기 때문이 아닐까? 당신이라면 과연 그에게 이렇게 물어볼 수 있겠는가?

하지만 무엇보다 새에게 모이를 주는 여자를 보거든 반드시 아무것도 묻지 마라. 뒤를 밟는 건 괜찮다. 그들은 길을 따라 걸으면서 모이를 준다. 그들을 뒤쫓는 건 어렵지 않다. 하지만 그들을 방해해선 안 된다. 어떻게 이 모든 게 가능한지 그녀들 자신도 모른다. 갑자기 가방에서, 얇은 솔 아래에서 그녀들은 큼직한 빵 조각을 꺼낸다. 조금 먹다 만 것인지 침이 묻어 있다. 그들은 자신들의 침이 세상에 나온 것이 기쁘다. 빵 조각을 먹은 작은 새들이 그 조각의 존재를 거의 잊어갈 즈음, 하늘을 날며 느낄 그 뒷맛을 상상하며 재미를 느끼는 것이다.

고집쟁이 양반, 나는 앉아서 당신(헨리크 입센을 가리킨다)의 책을 읽었습니다. 그러면서 다른 사람들과 마찬가지로, 당신을 전체로 받아들이지 않고 내 입맛에 맞는 부분만을 취하려고 했습니다. 그때까지 난 명성이라는 것을 잘 이해하지 못했으니까요. 명성은 아직 형성되고 있는 인간을 공공연하게 파괴합니다. 그의 작업장은 대중이라는 이름의 폭도들에 의해 아수라장이 되고 맙니다.

젊은 영혼이여, 당신이 어디에 있든지 당신의 내면에 차오르는, 당신을 전율하게 만드는 어떤 것이 있습니다. 아무도 당신을 모른다는 사실에는 장점이 있습니다. 만약 당신을 평가절하하는 누군가가 당신을 반대한다면, 또는 당신과 교제하는 누군가가 당신에게서 등을 돌리고, 당신의 사상을 문제 삼아 당신을 매장시키려 든다면—이런 눈에 보이는 위협은 당신을 내적으로 강하게 만듭니다. 그것은 뒤에 찾아올 명성이라는 음험한 적에 비하면 아무것도 아닙니다. 명성은 당신을 온 세상에 흩뿌려 놓음으로써 당신을 무미건조한 대상으로 바꿔놓을 것입니다.

누구에게도 당신에 대해 말해달라 하지 마십시오. 찬사가 아닌 혹평을 바라는 것조차도 안 됩니다. 또한 세월이 흘러 당신 이름이 세상에 퍼져간다 해도 그것을 세상 사람들 입에서 나온 뜬소문 이상으로 진지하게 받아들여서는 안 됩니다. 당신 이름이 더럽혀졌다고 생각하고 그 이름을 버리십시오. 그리고 다른 이름을 택하십시오. 그 이름으로, 한밤에 신이 당신을 부를 수 있도록. 그 이름을 누구에게도 알리지 말고 고이 간직하십시오.

고독한 외톨이 작가여, 세상 사람들은 당신 명성 때문에 당신의 발목을 붙잡고 있습니다. 오래전에 사람들은 당신을 송두리째 경멸했지요. 그런데 이제 그들은 마치 당신이 그들과 한통속이라도 되는 것처럼 당신 곁으로 몰려들고 있습니다. 그리고 그들은 안전상의 이유로 당신의 언어를, 어두운 우리 속에 가두고 광장으로 가져가 조롱거리로 만듭니다.

당신 작품을 처음 읽었을 때 당신 책에서 빠져나온 그 맹수들이 나만의 사막에서 살던 내게로 맹렬하게 덮쳐왔습니다. 나만큼 당신은 막다른 길에 몰린 사람처럼 필사적이었고 당신의 길은 여전히 모든 지도에 잘못 표시된 채로 남아 있었습니다. 마치 어떤 균열처럼, 당신의 여정이 그리는 절망의 쌍곡선은 하늘을 가로지릅니다. 그것은 말할 수 없는 두려움으로 단 한 번 우리 곁을 스치며 지나갑니다. 누군가의 아내가 집에 남거나 떠나는 것, 누군가가 졸도하고, 누군가가 미쳐 버리고, 죽은 자가 살아나고, 산 자가 죽어간다는 것이 당신에겐 어떤 의미입니까? 당신에겐 그런 것들이 그저 너무나 자연스러운 일들에 지나지 않았습니다. 당신은 옆방으로 통하는 곁방을 지나가듯이 그런 것들을 무심히 지나쳐 갔습니다. 그러나 당신은 거기, 우리에게 벌어진 일들이 들끓고, 응결되고, 빛깔을 바꾸는 인간 내면의 영역에 내

내 머물렀습니다. 그 누구도 닿아본 적 없는 저 내면 깊은 곳이었습니다. 당신 앞에서 문이 벌컥 열리고, 드디어 당신은 그곳 화염이 타오르는 도가니 속으로 들어갔습니다. 의심 많은 작가여, 당신은 그 누구와도 동행하기를 거부하며 그곳에 홀로 앉아 내면의 변천을 관찰했습니다. 그리고—그 특성을 드러내는 것, 그것은 당신이 바라보는 방식이나 말하는 방식을 통해서가 아니라 당신의 핏속에서 이루어지는 것이기에—당신은 당신만의 고유한 방법으로, 이 작은 것(당신은 내면의 유리를 통해 빈틈없이 들여다본 끝에 그것을 알아본 최초의 사람입니다)을 많은 사람이 볼 수 있도록 크게 확대해 드러내기로 결심했습니다. 그렇게 당신의 연극이 탄생했습니다. 당신은 도저히 기다리고만 있을 수 없었습니다. 수 세기가 몇 방울로 압축된, 더할 수 없이 정제된 이 삶의 정수가 다른 예술장르를 통해 몇몇 사람들 사이에서 서서히 알려지고 공유되다가, 마침내 사람들이 그것을 연극이라는 은유를 통해 확인하기를 요구하는데 이르기까지 걸릴 오랜 시간. 당신은 거의 측정이 불가능한 것을 측정하는 작업을 해야 했습니다. 감정 온도의 0.5도 상승, 의지의 무게 감소에 따른 미묘한 낙차, 한 방울의 갈망 속에 깃든 우울의 크기, 자신감이라는 원자에서 나타나는 미세한 빛깔의 변화—이 모든 것이 당신이 해결해야 할 과제였습니다. 왜냐하면 우리가 살아온 삶, 우리 내면으로 미끄러져 들어간 삶, 우리 내면으로 너무나 깊숙이 파고들어가서 더 이상 우리가 떠올릴 수도 없을 만큼 멀어진 과거의 삶은 바로 이러한 미세한 변화들 속에서 재발견될 수 있기 때문입니다.

그대, 영원한 비극 시인이여, 당신은 드러냄이라는 목표에 충실했습니다. 이를 위해 모세관 활동에 비할 만한 내면의 움직임을 가장 뚜렷하고 생생한 동작과 대상으로 구체화해야 했습니다. 그리하여 당신은 내면에서 보았던 것에 상응하는 뚜렷한 대상을 찾기 위해 절박하고 처절한 탐색작업이라 할 수 있을, 유례없을 만큼 격렬한 창작활동을 시작했습니다. 그렇게 해서 당신이 찾아낸 대상이 바로 토끼와 다락방, 누군가가 서성이는 커다란 방, 옆방에서 들리는 유리 깨지는 소리, 창밖으로 보이는 불길, 태양, 교회, 사원을 닮은 바위 골짜기 같은 것들이었습니다. 하지만 그것만으로는 충분치 않았습니다. 급기야는 탑과 산맥이, 그리고 불가사의를 드러내기 위해 세상의 풍경을 뒤덮고 가시적인 대상들로 가득 채워진 무대를 하얗게 휩쓸 눈사태가 등장해야 했습니다. 이제 더 이상 당신이 할 수 있는 일은 없었습니다. 당신이 구부려 맞붙이고자 했던 지팡이의 양끝은 도로 튕겨나가 제자리로 돌아가고 말았습니다. 탄력 있는 지팡이에서 전해 오던 그 광기어린 힘도, 당신의 작업도, 결국 모두 물거품이 되고 말았습니다.

그토록 완고했던 당신이 인생의 막바지에 카페 창가를 떠나려 하지 않았던 마음을 누가 이해할 수 있겠습니까. 당신은 창밖으로 지나가는 사람들을 살펴보고자 했습니다. 언젠가 다시 작업을 시작할 때가 되면 지금의 관찰을 써먹을 때가 있으리라는 생각에서 말입니다.

그 무렵 나는 그녀에 대해서 무언가를 말한다는 것이 불가능하다는 사실을 처음으로 깨달았다. 사람들이 그녀에 대해 말하는 것을 듣고 있노라면 거기엔 늘 중요한 부분이 빠져 있다는 생각이 들었다. 그들은 그녀의 이름, 생김새, 주변 환경, 장소, 물건들에 대해 말했으며 그녀에 대해 알고 있는 온갖 목록을 읊어댔다. 그러나 그것은 언제나 어느 한계를 벗어나지 못했다. 그러고는 부드럽게, 다시 말해서 조심스럽게 말을 멈추는데, 마치 화가가 대상의 윤곽을 대강 스케치하는 선에서 손을 놓는 것과 같았다. "그래서 그녀가 어떻다는 거죠?" 나는 그렇게 묻곤 했다. "뭐, 너와 같은 금발이란다." 그들은 그렇게 말하고는 또다시 그녀에 대한 온갖 목록들을 늘어놓기 시작했지만, 아무리 들어도 애매하기만 했다. 그녀를 또렷하게 떠올릴 수 있었던 건 어머니가 들려준 이야기 속에서 뿐이었다. 그 이야기는 아무리 들어도 싫증이 나지 않았다. 나는 걸핏하면 그 얘기를 다시 해달라고 어머니를 조르곤 했다.

어머니는 그 이야기 가운데 개가 등장하는 대목에 이를 때면 어김없이 눈을 감고 자신의 차가운 손가락을 관자놀이에 대곤 했다. 그렇게 두 손에 감싸인, 고요하고 밝게 빛나는 얼굴로 어머니는 이렇게 말했다. "내가 봤단다, 말테야." 어머니는 진지했다. "정말 내 눈으로 봤어." 내가 그 이야기를 들은 건 어머니가 이미 만년에 이르렀던 무렵이었다. 그때 어머니는 아무와도 만나고 싶어 하지 않았다. 어머니는 늘 빛깔 고운 은제 여과기를 가지고 다녔는데, 심지어 여행 때도 꼭 그것으로 거른 음료만을 마셨다. 어머니는 딱딱한 음식을 먹지 못했다. 다만 혼자 있을 때, 아기가 먹을 때처럼 비스킷이나 빵을 잘게 부수어 조금씩 우물거리며 먹을 뿐이었다. 그때 이미 어머니는 바늘에 대한 두려움에 사로잡혀 있었다. 어머니는 다른 사람들에게 변명하듯 이렇게 말하곤 했다. "나는 아무것도 소화시키지를 못해요. 하지만 걱정 마시고 드세요. 나는 기분이 아주 좋거든요." 그러고는 갑자기 고개를 돌려 동의를 구하려는 듯 나를(내가 어느 정도 자란 무렵이었기에) 바라보며, 애써 힘겹게 미소 지으면서 말했다. "말테야, 바늘이 얼마나 많은지 곳곳에 바늘이라니까. 저게 위에서 떨어지는 날엔……." 어머니는 농담조로 해본 말이라는 듯 말끝을 흐리며 짐짓 태연한 척했지만, 실제로는 어디선가 느슨하게 박혀 있는 바늘들이 한꺼번에 떨어져 내리면 어쩌나 하는 생각이 들 때마다 공포로 몸을 떨곤 했다.

그러나 잉게보르크 이야기를 할 때면 어머니는 완전히 기운이 되살아났다. 목소리도 훨씬 커졌고 잉게보르크의 웃음을 떠올리며 웃기도 했다. 그런 어머니의 모습을 보고 있으면 잉게보르크가 얼마나 아름다웠을지 저절로 눈앞에 떠올랐다. "그 애는 우리 모두를 기쁘게 해주었어." 어머니가 말했다. "네 아버지까지도 무척 행복해하셨단다. 그런데 그 애가 약간 아픈 것 같았는데, 의사가 곧 죽을 거라는 진단을 내렸을 때 우리는 그 사실을 숨겨 버렸던 거야. 어느 날 그 애는 침대에서 일어나더니 아무렇지도 않게, 마치 자기 생각을 소리 내어 말하면 어떻게 들리는지 확인하려는 사람처럼 혼잣말로 이렇게 말하더구나. '그렇게 조심하실 필요 없어요. 모두 다 아는 사실인데요. 걱정 마세요. 이렇게 돼서 좋아요. 나는 더 이상 살고 싶지 않아요.' 그 모습을 상상해 보렴. 그 애는 이렇게 말했어. '더 이상 살고 싶지 않아요.' 우리 모두의 기쁨이었던 그 애가……. 말테야, 네가 커서 어른이 되면 이해할 수 있을까? 나중에 더 크면 돌이켜 보렴, 그러면 그게 어떤 의미였는지 다가올지도 모르지. 그런 일을 이해하는 누군가가 있다면 참 좋겠다."

혼자 있을 때면 언제나 어머니는 '그런 일'에 대한 생각에 사로잡혀 있었다. 그리고 마지막 몇 년 동안 어머니는 줄곧 혼자였다. "말테야, 아무래도 난 그 수수께끼를 풀 수 없을 것 같구나." 어머니는 누군가에게 보이기 위한 것이 아닌, 미소 짓는 것 그 자체가 목적인 그녀 특유의 대담한 미소를 지으며 말하곤 했다. "하지만 아무도 그 답을 찾고 싶어 하지 않는다니……. 내가 남자라면—그래, 정말 남자라면—그 일에 대해 생각해 볼 거야. 조리 있게 처음부터 차근차근 생각을 정리해 볼 거야. 아무튼 시작이 없는 일은 없을 테니까, 그것만 확실하게 파악한다면 이미 반도 넘게 알았다고 할 수 있지 않겠니? 오, 말테야, 우린 모두 아무 생각 없이 살아가고 있어. 다들 어딘가에 정신이 팔려 있거나 일에 쫓겨서 제대로 주의를 기울일 여력이 없는 거야. 그래서 별똥별이 떨어져도 아무도 쳐다보지 않고, 소원을 빌지도 않지. 하지만 말테야, 너는 마음에 소원을 품는 것을 잊어서는 안 된다. 소원 빌기를 포기하면 안 돼. 소원이라고 다 이루어지는 것은 아니겠지. 하지만 진정한 소원은 평생을 가기도 한단다. 평생을 품어도 충분치 않을 그런 소원이 있는 거야."

어머니는 잉게보르크의 작은 책상을 자신의 방으로 옮겨 놓았다. 나는 어머니 방에 마음대로 드나들 수 있었으므로 어머니가 그 책상 앞에 앉아 있는 모습을 자주 보곤 했다. 내 발소리는 양탄자에 묻혀 거의 들리지 않았지만, 어머니는 언제나 나의 기척을 느끼고 어깨 너머로 한쪽 손을 내밀어 주었다. 그 손은 무게가 전혀 없어서 그 손에 입을 맞출 때면 밤마다 잠자리에 들기 전에 입을 맞추는 상아 십자가가 떠올랐다. 뚜껑처럼 덮인 책상 상판을 열어 놓고 그 작은 책상 앞에 앉아 있는 어머니는 마치 피아노 앞에 앉아 있는 듯한 모습이었다. "이 안에는 햇빛이 가득하단다." 어머니의 말대로 책상 안쪽은 이상하리만큼 환했다. 고풍스러운 노란색으로 옻칠된 표면에는 붉은 꽃과 푸른 꽃이 쌍으로 그려져 있었다. 세 송이가 한데 붙은 것도 있었는데, 그 가운데 꽃이 보랏빛이었다. 이 꽃들과 가두리에 갸름하게 수평으로 뻗은 초록빛 덩굴무늬는 환한 바탕색에 가려져 오히려 침침하고 흐릿해 보였다. 마치 색과 색이 드러나지 않는 내적 친밀성으로 맺어져 있는 듯, 신비롭고 은은한 색조를 이루고 있었다.

어머니는 작은 서랍들을 열어 보았는데 하나같이 비어 있었다.

"아, 장미 향기." 희미하게 남아 있는 그 향기를 맡으려고 앞으로 살짝 몸을 기울이며 어머니는 말했다. 어머니는 늘 그 작은 책상 어딘가에 용수철 장치 같은 걸 누르면 열리는 비밀 서랍이 숨겨져 있지 않을까 생각했다. "어디선가 불쑥 튀어나올지도 몰라, 잘 보렴." 어머니는 진지하고도 불안한 목소리로 말하고는 서둘러 서랍들을 열어보기 시작했다. 그러나 서랍에 든 것은 어머니가 읽지도 않고 고이 접어 넣어둔 서류 뭉치들뿐이었다. "읽어도 무슨 소린지 도무지 알 수가 없어, 말테야, 나한테는 너무 어려운 얘기뿐이야." 어머니는 세상 모든 일들이 죄다 난해하고 복잡한 것뿐이라며 혼자 단정하고 있었다. "우리 인생에 인생 초보자를 위한 학교 같은 건 없어. 세상은 우리에게 늘 다짜고짜 가장 어려운 것만 내밀거든." 사람들 말로는 어머니의 여동생이 끔찍한 죽음을 당한 뒤로 어머니가 이렇게 되었다고 한다. 나의 이모인 욀레고르 스켈 백작부인은 무도회에 가기 전 촛불을 켜놓은 거울 앞에서 머리의 꽃을 손질하다가 그만 불에 타죽고 말았다. 그러나 말년에 어머니가 가장 이해하기 어려워했던 것은 바로 잉게보르크였다.

이제부터는 어머니를 졸라서 듣곤 하던 그 이야기를 어머니가 얘기한 내용 그대로 옮겨보겠다.

더위가 한창인 여름 무렵, 잉게보르크의 장례를 지내고 난 목요일이었지. 우리가 차를 마시곤 하던 테라스에서는 우람한 느릅나무 사이로 가족 묘지의 박공지붕이 보였어. 탁자에는 빈자리가 표 나지 않도록 저마다 널찍하게 자리 잡고 앉았단다. 우리는 오래도록 자리를 떠나지 않고 앉아 있었지. 모두들 책을 가져오거나 뜨개질 바구니를 들고 왔기 때문에 오히려 좀 비좁게 느껴질 정도였어. 아벨로네(어머니의 막내 여동생)는 사람들에게 차를 따랐고, 모두들 찻잔을 돌리느라 정신이 없었지. 네 외할아버지만 안락의자에 앉아서 집 쪽을 바라보고 계셨단다. 마침 우편물이 오는 시간이었거든. 대개는 잉게보르크가 우편물 가져오는 일을 맡았단다. 그 애는 식사 차리는 걸 구경하느라고 늘 집 안에 가장 늦게까지 남아 있었거든. 그 애가 아프고 나서는 어느샌가 그런 습관 같은 건 모두들 잊어버리고 말았지. 이제는 그 애가 올 수 없다는 걸 잘 알고 있었으니까. 그런데 이젠 정말 무슨 일이 있어도 그 애가 다시는 올 수 없게 된 그날 오후에, 잉게보르크가 테라스에 나타난 거야. 말테야, 그건 아무래도 우리 탓이었는지도 몰라. 우리가 그 애를 부른 것 같으니까 말이다. 난 그때 일을 지금도 똑똑히 기억해. 난 난생처음 그 탁자에 앉은 것처럼, 도대체 무엇이 이렇게 평소와는 다른 느낌을 자아내는 건지 생각해내려 애쓰고 있었어. 나는 '무엇'이 달라졌는지 얼른 말할 수 없었단다. 뭔지 까맣게 잊어버려서 아무것도 생각나지 않는 기분이었어. 나는 고개를 들었단다. 모두들 별로 이상한 기색도 없이 지극히 평온한 평소 표정으로 누가 오기를 기다리는 것처럼 집 쪽을 바라보고 있더구나. 그때 나는 무심코(지금도 그때 생각만 하면 오싹한 기분이 들어) "얘는 왜 이리 꾸물대고 있을까" 하고 말할 뻔했어. 그때 평소처럼 탁자 밑에 앉아 있던 카발리에가 쏜살같이 뛰쳐나오더니 그 애를 맞이하러 달려가는 거야. 난 정말로 봤단다, 말테야, 정말 내 눈으로 봤어. 물론 잉게보르크의 모습은 보일 리가 없었지만, 카발리에는 서둘러 그 애에게 달려간 거야. 그 개의 눈에는 그 애 모습이 보였던 거겠지. 우리 가운데 카발리에가 잉게보르크를 맞이하러 달려나갔단 것을 의심하는 사람은 아무도 없었어. 그 개는 뭔가 묻는 듯한 표정으로 우리 쪽을 두 번이나 돌아보았어. 그러더니 쏜살같이 달려갔단다, 말테야, 평소와 똑같았어. 여느 때와 조금도 다르지 않았어. 카발리에는 곧 그 애한테 이르렀던 것 같아. 왜냐하면 그 자리에서 빙글빙글 돌고는 혀로 핥듯이 똑바로 서기도 했으니까. 말테야, 아무도 없는 곳에서 말이다. 카발리에가 좋아서 낑낑대는 소리가 들리고 몇 번이고 계속해서 껑충껑충 뛰어오르자, 우리는 일어선 개 뒤에 잉게보르크가 숨어 있는 것 같은 느낌이 들었어. 하지만 개는 갑자기 컹컹 짖더니 허공으로 솟구친 힘을 스스로 이기지 못해 공중제비를 돌고 나자빠져서는 얼른 되돌아오는 거야. 그러고는 이상한 모습으로 납작하게 뻗은 채 꼼짝도 안 하더구나. 바로 그때 하인이 집 반대쪽에서 편지를 갖고 들어왔어. 하인은 머뭇거리는 눈치였어. 하긴 우리가 모두 자기를 쳐다보고 있었으니 편치는 않았겠지. 게다가 네 아버지가 손짓으로 그에게 가지 말고 남아 있으라고 했으니까. 말테야, 네 아버지는 동물을 싫어하시잖니. 그런데도 그이는 일부러 의자에서 일어나 내 눈에는 몹시 느린 걸음걸이로 개에게 몸을 구부렸어. 하인에게 무슨 말인가를 하시더구나, 짤막하게 한마디를. 나는 곧 하인이 카발리에를 일으키러 달려오는 것을 보았단다. 하지만 네 아버지가 손수 개를 끌어안더니 집 안으로 데리고 가셨어. 아주 자연스럽게, 당연한 듯이 말이야.

언제였던가 그 이야기를 듣다 보니 날이 저물어서 주위가 깜깜해진 적이 있었다. 나는 어머니에게 '손' 이야기를 털어놓아야겠다고 생각했다. 그때였더라면 그 이야기를 잘할 수 있었을 것이다. 나는 심호흡을 한 번 하고 이야기를 시작하려 했다. 그때 문득 우리에게 다가오기를 주저했던 하인의 심정이 너무나도 잘 이해되었다. 그리고 저녁 어둠 속에서 내가 본 것을 엄마가 알아차린다면 어떤 표정을 지을지 갑자기 두려워졌다. 나는 얼른 숨을 다시 삼켰다. 특별히 무슨 말을 하려는 게 아니었던 것처럼. 그로부터 몇 년 뒤, 우르네클로스터에서 그 기이한 밤을 겪고 나서 나는 에리크에게 내 속마음을 털어놓을까 말까 며칠 동안 마음을 졸였다. 그러나 그는 어느 날 밤 대화를 한 번 나눈 뒤 다시 원래의 서먹서먹한 태도로 돌아가서 이상하게 나를 피하기만 했다. 내 생각에 에리크는 나를 경멸하는 것 같았다. 그래서 나는 오히려 에리크에게 '손' 이야기를 들려주고 싶었던 것이다. 이 이야기가 내가 정말로 겪은 일이라는 것을 이해시킬 수만 있다면 그 애가 마음을 바꿀지도 모른다고 생각했다. 무슨 이유에선지 나는 그렇게 되기를 절실히 원했다. 그러나 에리크가 매우 교묘하게 나를 피했으므로 끝내 얘기하지 못하고 말았다. 그리하여 아주 이상야릇한 일이지만, 먼 옛날 소년시절의 사건을 얘기하는 것은 이번이 처음인 셈이다(결국 나 자신에게 들려주는 꼴이지만).

책상에서 그림을 그리려면 안락의자 위에 무릎을 꿇고 앉아야 했으니까 아직 어렸을 때였던 것 같다. 어느 겨울날 저녁이었다. 내 기억이 틀리지 않다면, 도시에 세를 얻어 이사 온 집에서 살 때였다. 책상은 내 방의 두 창문 사이에 놓여 있었다. 방에는 등불이 하나밖에 없었는데, 내 그림종이와 가정교사의 책을 비추고 있었다. 가정교사는 내 바로 옆에서 몸을 조금 뒤로 기대앉아 책을 읽고 있었다. 책을 읽을 때의 그녀를 보면 마치 어딘가 다른 세상에 가 있는 듯했다. 실제로 책을 읽고 있는 건지도 의심스러웠다. 몇 시간이고 앉아 있으면서도 책장을 거의 넘기지 않았기 때문이다. 그녀가 읽고 있는 책장의 글자가 자꾸만 불어나는 것은 아닐까, 아니면 필요한 어떤 구절을 찾는데 그 구절이 책 속에 없는 게 아닐까, 나는 그림을 그리면서 그런 상상을 했다. 나는 뭘 그려야겠다는 분명한 생각 없이 느릿느릿 그렸다. 그리다가 다음에 무엇을 그려야 할지 막막할 때는, 고개를 살짝 오른쪽으로 기울이고 주위를 둘러보았다. 그러면 이상하게도 뭘 그려야 할지 금방 알 수 있었다. 이를테면 말을 타고 싸우러 나가는 장교나 전쟁터에서 싸우고 있는 군인이라든가. 모든 것을 뒤덮은 자욱한 흙먼지만 그리면 되었기 때문에 그런 것은 매우 그리기 쉬웠다. 어머니는 언제나 내가 그리는 것이 섬이라고 우겼다. 커다란 나무가 있고, 성이 있고, 돌계단이 있고, 해안을 따라 핀 꽃들의 그림자가 수면에 비치는 그런 섬이라고. 하지만 그건 모두 엄마의 상상이었다고 나는 생각한다. 또는 훨씬 뒤에 내가 그린 그림이었을지도 모른다.

분명히 그날 저녁 나는 기사를 그리고 있었다. 누가 봐도 기사라 할 만한, 특이하게 치장한 말을 타고 있는 기사였다. 여러 가지 색깔이 필요했기 때문에 나는 크레용을 자주 바꿔가면서 그렸다. 하지만 내가 가장 좋아한 색깔은 빨간색이었으므로, 빨간 크레용을 늘 손이 닿는 곳에 두었다. 그런데 다시 필요해서 보니 갑자기 빨간색 크레용이 등불이 비추는 하얀 종이 위를 또르르 굴러가는 것이었다. 그러더니 얼른 손을 내밀 사이도 없이 책상 끝에서 밑으로 굴러떨어져 사라지고 말았다. 나는 지금도 그 크레용이 종이 위로 굴러가던 광경이 생생히 떠오른다. 어쨌든 나는 그것이 꼭 필요했고, 그걸 찾기 위해 의자 밑으로 내려가는 건 아주 귀찮은 일이었다. 몸놀림이 서툴렀던 어린 나에게는 그게 여간 어려운 일이 아니었다. 내 다리가 의자 폭에 비해 너무 길었는지 다리를 빼내는 것도 힘이 들었다. 게다가 그동안 무릎을 꿇고 있었던 탓에 어디까지가 내 다리고 어디까지가 의자인지도 모를 만큼 다리에 감각이 없었다. 나는 정신이 혼미해져서 바닥으로 내려갔다. 책상 밑에는 벽까지 모피가 깔려 있었다. 그곳에서 또 다른 어려움에 부딪쳤다. 그때까지 책상 위의 밝은 불빛에 익숙해진 데다 하얀 종이 위의 색채에 잔뜩 흥분되어 있던 내 눈에 책상 밑이 얼른 보이지가 않는 것이었다. 사방이 캄캄하여 금방 무엇에라도 부닥칠 것만 같았다. 나는 감각에 의지하여 왼손을 짚고 엎드린 뒤, 오른손을 뻗어 서늘하면서도 부드럽고 친밀한 감촉이 느껴지는 털이 긴 모피 깔개를 이리저리 더듬었다. 하지만 크레용은 어디에도 없었다. 시간이 꽤 흐른 것 같았고 나는 가정교사를 불러 등불을 가지고 와달라고 할까 생각했다. 그런데 그 순간, 어느덧 어둠에 익숙해졌는지 차츰 의자 밑 풍경이 눈에 들어온다는 걸 깨달았다. 이제는 뒤쪽 벽과 벽 밑의 약간 밝은 빛깔의 굽도리 장식 색깔을 분간할 수 있었다. 책상 다리도 어렴풋이 보이기 시작했고 손가락을 펼친 내 손도 잘 보였다. 내 손이 마치 한 마리 물고기처럼 혼자 모피 위를 헤엄치며 쉬지 않고 주변을 더듬고 있었다. 나는 호기심에서 그것을 바라보았다. 내 손은 그때까지 나 자신도 전혀 몰랐던 움직임으로 멋대로 그곳을 휘젓고 있었는데, 이윽고 내 손이 내가 가르쳐 주지도 않은 일을 할 것 같은 기분에 사로잡혔다. 나는 내 손의 움직임을 눈으로 좇았다.

특별한 호기심이 나를 사로잡기 시작했다. 이제부터는 아무리 신기한 일이 일어나도 놀라지 않을 것 같았다. 하지만 그렇더라도 갑자기 벽에서 또 다른 손이 나오리라고는 꿈에도 생각지 못했다. 한 번도 본 적이 없는 몹시 크고 여윈 손이었다. 누구의 손인지 모를 그 손이 내 손과 마찬가지로 손가락을 쫙 펼친 채 어둠 속을 더듬으며 맞은편에서 다가왔다. 내 호기심은 그대로 한동안 계속되었다. 그러나 이내 호기심은 사라지고 나는 덜컥 공포에 휩싸였다. 두 손 가운데 하나는 의심할 것도 없이 내 손이었고, 그것이 돌이킬 수 없는 어떤 기이한 사태 속에 끌려들어가 버렸음을 나는 느꼈다. 나는 머릿속에 떠오르는 온갖 말로 내 손에게 멈추라고 명령했고, 마침내 손바닥을 아래로 해서 천천히 손을 내 쪽으로 거두는 데 성공했다. 그러는 동안에도 움직임을 멈추지 않는 상대의 손에서 눈을 뗄 수 없었다. 나는 그 손이 언제까지나 움직일 거라고 생각했다. 어떻게 다시 의자로 돌아왔는지는 기억도 나지 않는다. 나는 의자에 몸을 깊숙이 파묻고 이를 악물었다. 얼굴에서는 핏기가 싹 가시고 눈동자마저 허옇게 바래고 만 것 같았다. 가정교사를 부르려고 했지만 입술이 움직이지 않았다. 그러나 무슨 생각을 했는지 가정교사가 갑자기 깜짝 놀라면서 책을 내던지더니 내 의자 옆으로 와서 나를 들여다보았다. 그리고 내 이름을 불렀다. 내 몸을 흔들었던 것도 같다. 나는 의식만은 이상할 정도로 또렷했다. 나는 몇 번이나 침을 삼키며 그녀에게 방금 전에 일어난 일에 대해 이야기해야겠다고 생각했다.

하지만 뭐라고 얘기해야 할지 몰랐다. 나는 필사적으로 정신을 가다듬었다. 그러나 상대가 이해할 수 있게 이야기할 수는 없었다. 그런 일을 표현하는 말이 있을지도 모르지만, 나 같은 어린아이가 그것을 알 리가 없었다. 갑자기 나는 다시 공포에 휩싸였다. 금방이라도 그런 말이 머릿속에 떠오를 것 같았고, 그래서 그 말을 해야 한다면 그보다 무서운 일은 없을 것 같았다. 조금 전 책상 밑에서 일어났던 일을 재현하거나, 아니면 처음부터 내 식대로 재구성하여 이야기해야 한다니, 더욱이 그것을 내 목소리로 들어야 한다니. 맙소사, 내겐 도저히 그럴 만한 힘이 남아 있지 않았다.

그때 이미 나는 무언가가 내 인생 속으로, 곧장 내 안으로 들어왔고, 그 뒤로도 그것이 영원히 나와 함께하게 되리라고 예감했던 것 같다. 물론 이건 지나친 상상일지도 모른다. 나는 아직도 작은 어린이용 침대에 누워 잠들지 못한 채 희미한 예감에 싸여 있는 어린 내 모습을 떠올릴 수 있다. 그때 나는 인생이란 오직 한 사람을 위해 정해진 일들로 가득 차 있으며, 그것들은 결코 말로 표현할 수 없는 특별한 것임을 막연히 예감했다. 조금씩 어떤 서글프고 무거운 자긍심이 생겨났다는 것이다. 어린 나는 내면에 비밀을 가득 품은 채 침묵으로 평생을 살아가는 인간을 상상했다. 그러자 불현듯 어른들에게 크나큰 연민을 느꼈다. 나는 어른들을 진심으로 훌륭하다고 생각했고, 나의 그 감탄을 그들에게 말해 주고 싶었다. 그래서 다음 기회에 꼭 가정교사에게 얘기해 보리라 결심했다.

그리고 이어서 병이 찾아왔다. 그 덕분에 나는 그 기이한 체험이 내게 처음 있는 일이 아니었다는 것을 알게 되었다. 열은 내 몸을 침범하여 어딘지 모르는 깊은 곳에서 내가 모르는 여러 가지 경험과 환영과 사실들을 끌어내기 시작했다. 나는 그런 나의 존재에 사로잡혀 가만히 누워 있었다. 그리고 그 모든 것들을 정확히 차곡차곡 쌓고 정리하여 다시 내 안으로 집어넣으라는 명령이 들릴 순간을 기다렸다. 드디어 나는 시작했다. 그러나 그것은 건드릴수록 더 커지며 내게 저항했다. 너무 많아서 어떻게 해야 할지 알 수 없었다. 결국 나는 화가 나서 아무렇게나 그것들을 내 안으로 집어넣고 억지로 닫아 버렸다. 하지만 아무리 해도 나 자신을 닫을 수 없었다. 그렇게 반쯤 열린 채로 나는 소리를 질렀다. 그저 미친 듯이 소리를 질렀다. 한참 뒤 가만히 눈을 떠보니, 사람들이 내 침대를 에워싸고 내 손을 잡고 있었다. 촛불이 켜져 있었다. 사람들의 그림자가 내 뒤에서 움직였다. 아버지는 나에게 무슨 일인지 말해 보라고 했다. 부드럽고 조용한 목소리였지만 틀림없는 명령이었다. 내가 대답하지 않자 아버지는 애를 태웠다.

어머니는 밤에는 한 번도 와주지 않았다. 아니, 딱 한 번 온 적이 있다. 나는 그때도 미친 듯이 소리를 지르고 있었다. 가정교사가 오고, 가정부 지베르젠이 오고, 마부 게오르그까지 달려왔지만, 그들도 어찌할 바를 몰랐다. 그래서 그들은 무도회에 간 부모님에게 마차를 보냈다. 황태자가 주최한 무도회였던 것 같다. 갑자기 나는 마차가 마당으로 들어오는 소리를 들었다. 나는 진정되어 침대에 앉아서 가만히 문을 쳐다보았다. 옆방에서 부스럭대는 소리가 들렸고, 어머니가 치렁치렁한 야회복 차림으로 방에 들어왔다. 어머니는 야회복 따위는 아랑곳하지 않고 거의 뛰다시피 와서는 새하얀 모피 외투를 뒤로 젖히고 맨살이 드러난 팔로 나를 안아주었다. 어머니의 머리카락이 내게 닿았다. 나는 여태껏 한 번도 느껴보지 못한 놀라움과 기쁨을 느꼈다. 화장을 한 작은 얼굴과 귀에 매달려 있는 차가운 보석, 비단 야회복의 어깨 가장자리가 내게 닿았다. 희미한 꽃향기가 났다. 우리는 그렇게 안고 다정하게 눈물을 흘리며 입을 맞추었다. 아버지가 옆에 온 것을 알고도 떨어지지 않았다. "열이 아주 높아요." 어머니가 조심스럽게 말하는 소리가 들렸다. 아버지가 내 손목을 잡고 맥박을 쟀다. 아버지는 수렵관 제복을 입고, 코끼리훈장(^{덴마크의}
최고 훈장)이 달린 아름답고 폭이 넓은 물결무늬 휘장을 두르고 있었다. "이 정도 가지고 멍청하게 우리를 부르다니." 아버지는 내 얼굴은 쳐다보지도 않고 방에 대고 말했다. 부모님은 대단한 일이 아니면 다시 돌아가겠다고 약속하고 온 모양이었다. 사실 뭐 대단한 일이라고 할 것도 없었다. 다시 혼자가 된 나는 이불 위에 놓인 어머니의 무도회 초대장과 흰 동백꽃을 보았다. 한 번도 본 적이 없는 꽃이었다. 나는 그것을 집어 들고 눈가에 갖다대었다. 눈꺼풀에 꽃의 차가움이 느껴졌다.

병에 걸려 누워 있는 오후는 한없이 길고 지루하다. 밤새 앓다가 새벽에야 겨우 잠들고는 다시 깨어나면, 아직 아침일 거라 생각하지만 이미 오후가 되어 있기 마련이다. 그리고 그때부터 오후는 한없이 계속된다. 깨끗하게 정돈된 침대에 누워 있으면 왠지 모르게 관절이 하룻밤 사이에 자란 것 같고, 온몸이 너무 피곤해서 아무것도 생각할 수 없게 된다. 알다시피 사과잼의 맛을 상상하고 있으면 자기도 모르게 그 맛이 입가에 오래 머물게 된다. 몸이 아플 땐 생각 대신 그렇게 사과잼의 상큼하고 시큼한 맛을 입가에 맴돌게 하는 편이 나을 것이다. 나중에 다시 기력이 돌아오면 높이 올린 베개에 몸을 기대앉아, 장난감 병정을 가지고 놀 수도 있으리라. 하지만 기울어진 침실용 탁자 위에서 장난감 병정은 쉽게 쓰러지고, 병정 하나가 쓰러지면 일렬로 선 나머지들도 차례대로 쓰러지기 마련이다. 하지만 다시 처음부터 같은 일을 되풀이하기에는 아직 힘이 모자라고, 그러면 갑자기 그런 장난감까지 싫증이 나서 금방 저쪽으로 치워달라고 말한다. 그리고 그저 얌전하게 앉아 아무것도 없는 이불 위에 다시 두 손을 올려놓고 그것을 멍하니 보고 있으면 이상하게 위안을 느끼는 것이다.

어머니는 가끔 찾아와 30분쯤 머물면서 내게 동화를 읽어주었다(제대로 오랜 시간 읽어주는 건 지베르젠이었다). 사실 동화는 핑곗거리에 지나지 않았다. 우리는 둘 다 동화를 좋아하지 않았기 때문이다. 우리가 가장 감탄한 것은 모든 것이 자연스럽게 흘러가는 모습이었다. 둘 다 하늘을 나는 것에는 별 관심이 없었다. 요정 얘기는 따분하기만 했다. 어떤 것이 다른 것으로 변신한다든가 하는 얘기는 너무 빤해보였다. 그래도 우리는 그것에 흠뻑 빠져 있는 것처럼 보이기 위해서라도 얼마쯤 동화를 읽었다. 그러면 누군가가 방에 들어왔을 때 우리가 지금 뭘 하고 있는지를 굳이 설명하지 않아도 됐기 때문이다. 아버지가 들어왔을 때는 특히 더 드러내 놓고 연기를 했다.

방해받지 않으리라는 확신이 들거나 땅거미가 질 무렵이 되어서야, 우리는 벌써 먼 옛날 일같이 느껴지는 추억들을 마음껏 이야기할 수 있었다. 우리는 지난 우리의 모습에 미소 지었다. 한때 어머니가 내가 아들이 아닌 딸이기를 바랐다는 걸 떠올렸다. 그런 어머니의 마음을 어떻게 헤아렸는지, 어린 나는 어머니의 방문을 두드리고는 누구냐고 물으면 "소피에요" 목구멍을 간질이는 앙증맞은 목소리로 외치는 걸 생각해 냈었다. 어머니의 방에 들어가면 (나는 아마 주름 잡힌 소매를 약간 걷어 올린 조그만 여자아이 옷을 입고 있었던 것 같다) 나는 소피가 되었다. 어머니의 귀여운 소피는 여자아이답게 자질구레한 일을 도와주었다. 어머니는 소피에게 갑자기 심술궂은 말테가 다시 돌아와도 혼동되지 않도록 일부러 머리를 땋아주었다. 아무튼 말테가 오는 건 곤란한 일이었다. 소피도 어머니도 말테가 오지 않기를 바랐다. 두 사람의 이야기는(소피는 높낮이 없는 새된 목소리로 말했다) 언제나 말테의 버릇없는 행동들을 하나하나 늘어놓고 둘이서 그것을 한탄하는 것이었다. "그래서 말이지, 이놈의 말테 녀석은……." 어머니는 한숨을 내쉬었다. 그러면 소피는 사내아이들이 저지르는 나쁜 짓들에 대해서 속속들이 꿰고 있는 것처럼 할 말이 많았다.

"그때의 소피는 도대체 어떻게 되었는지 궁금하구나." 어머니는 함께 옛날이야기를 하다가 갑자기 그렇게 말했다. 물론 그 말에 말테인 나는 뭐라고 대답해야 할지 알 수 없었다. 하지만 어머니가 소피는 죽은 것으로 치자고 말하면 나는 끝까지 반대하면서, 확실히 죽었다는 소식이 없는 한 그렇게 생각해서는 안 된다고 말했다.

　그때를 돌아보면, 어렸을 때의 내가 그 열병에 들뜬 세계로부터 빠져나와 서로를 이해하고 감정을 공유하기 바라는 친밀한 공동체의 세계로 어떻게 다시 돌아갈 수 있었을까 새삼 놀라울 때가 있다. 무언가 바라는 것이 있으면, 이루어지거나 이루어지지 않거나, 둘 중 하나였다. 슬플 땐 오직 슬픔뿐이었고, 또 기쁠 땐 온 세상이 기쁨이었다. 우리 가운데 누군가에게 기쁨이 주어지면, 그것은 이미 우리 모두의 기쁨이었다. 우리는 그 기쁨에 어울리는 태도를 보여야 했다. 어차피 그것은 매우 간단한 일이었다. 이해를 하고 나면 신경 쓸 필요도 없이 자연스럽게 흘러간다. 이를테면 어느 여름 오후의 길고 따분한 수업시간, 나중에 프랑스어로 소감을 얘기해야 하는 산책시간, 손님이 왔다고 불려 가면 외톨이 새의 슬픈 울음소리에 웃음을 터뜨리는 사람처럼 슬픈 날 보며 즐거운 줄 알고 웃어대는 방문객들. 그리고 잘 모르는 아이가 끼어 서로 어색해지거나, 난폭한 아이가 다른 아이의 얼굴을 할퀴고 방금 받은 생일선물을 박살내고 장난감 상자며 서랍을 온통 뒤엎어놓고는 갑자기 떠나버리는 생일파티 같은 것들. 하지만 혼자 놀다 보면, 내 경우가 늘 그랬는데, 이 모든 악의 없는 세상을 넘어서, 전혀 예측할 수 없는 완전히 다른 세상으로 들어설 때도 있었다.
　그 시절 나는 툭하면 몰래 사라지기 일쑤여서 가정교사는 이따금 편두통을 심하게 앓아야 했다. 아버지가 나를 부를 때마다 마부가 날 찾으러 정원으로 나가는 건 알았다. 물론 나는 그곳에 없었다. 나는 2층의 손님방에 숨어서 마부가 긴 가로수 길로 이어지는 정원 입구까지 걸어가 내 이름을 소리쳐 부르는 모습을 지켜보곤 했다. 이곳 울스고르 저택의 손님방은 박공지붕 아래 나란히 자리해 있었고, 저택에 손님을 들이는 경우가 거의 없었기 때문에 대부분은 비어 있었다. 손님방 옆에는 널찍한 모퉁이 방이 하나 있었는데, 나는 그 방에 무척 마음이 끌렸다. 그 방 안엔 낡은 흉상이 하나 덩그러니 서 있었는데, 아마도 주엘 제독의 흉상이었던 것 같다. 사방 벽은 어두운 잿빛의 붙박이장으로 둘러싸여 있고, 그 위로 비어 있는 하얀 공간에 창문이 나 있었다. 나는 붙박이장 열쇠를 하나 찾았는데, 그걸로 다른 붙박이장도 다 열 수 있었다. 그래서 모든 붙박이장을 조사하는 데는 그리 오랜 시간이 걸리지 않았다. 거기서 찾은 18세기 풍의 시종장 제복은 은사(銀絲)가 들어가 있어선지 촉감이 아주 차가웠다. 거기에 받쳐 입는 예쁜 수를 놓은 조끼도 있었다. 단네브로크훈장과 코끼리훈장이 달린 궁중제복도 있었는데, 화려하고 섬세한 장식에 안감도 무척 부드러워서 처음엔 여자 옷이 아닌가 생각이 들 정도였다. 이어서 진짜 여성용 가운도 찾아냈다. 숨겨진 고리에 걸려 있는 모습이 머리가 달아난 구식 마리오네트 인형 같았다. 어떤 붙박이장에는 목까지 단추가 채워진 제복들이 가득 들어차 있어 어두컴컴했는데, 그 옷들은 더는 옷장에 보관할 이유가 없을 만큼 무척 낡아보였다.

나는 찾아낸 모든 옷들을 꺼내어 밝은 빛 속에 늘어놓고는 차례대로 내 몸에 대보거나 걸쳐 보았다. 대충 내 몸에 맞을 듯한 의상이면 얼른 걸치고는 호기심으로 몸이 달아서 초록빛 유리 조각들을 끼워 만든 옆방의 벽면거울 앞으로 달려갔다. 아, 그렇게 거울 앞에 선 채로 나는 얼마나 몸을 떨었던가. 얼마나 신이 났던가. 거울에 비친 형상은 서서히 다가오며 조금씩 또렷해졌는데, 그 움직임은 나보다 느려보였다. 오랜 잠에 빠져 있던 거울은 자기 앞에 있는 형상을 믿으려 하지 않고, 또 곧바로 비추려고도 하지 않는 듯했다. 그리하여 마침내 내 앞에 선 거울 속 형상은 내가 상상했던 것과는 너무나 달랐다. 전혀 예상치 못한 생소하고 낯선 존재였다. 나는 재빨리 그 형상을 눈으로 훑고는 잠시 뒤 묘한 아이러니를 느끼며 그것이 나 자신의 모습임을 인정하지 않을 수 없었다. 하지만 그런 실망감 탓에 나의 즐거움이 줄어드는 법은 없었다. 나는 그 형상에게 말을 걸고, 옆으로 돌아서며 모호한 손짓을 보내기도 하고, 활기차고 단호한 태도로 뒤로 물러서기도 하면서 싫증이 날 때까지 마음껏 공상을 즐겼다.

나는 그때의 경험으로 어떤 옷에는 사람에게 직접적으로 영향을 미치는 힘이 있다는 것을 배웠다. 그런 옷을 입으면 그 힘이 나를 사로잡는 것을 느낄 수 있었다. 나의 움직임과 얼굴 표정, 마음속 생각까지 더 이상 내 마음대로 되지 않았다. 자꾸만 흘러내리는 레이스 소매에 덮인 내 손은 이미 평소의 내 손이 아니었다. 그 손은 마치 배우처럼 움직이기 시작했다. 내 손은 스스로 자신의 연기에 도취해 있다고 해도 결코 지나친 말이 아니었다. 하지만 그러한 연기가 나 자신을 완전히 잃어버리게 하는 것은 아니었다. 오히려 반대로, 내가 다양한 모습으로 변화하면 할수록, 오히려 나 자신이 더욱 명확하게 의식되었다. 나는 갈수록 대담해졌고 점점 더 높이 나를 던졌다. 어느 때라도 나 자신을 붙잡을 자신이 있었기 때문이다. 나는 그러한 자신감 가운데서 유혹이 걷잡을 수 없이 커져가고 있음을 몰랐다. 그리고 그날 마침내 일이 벌어지고 만 것이다. 나는 그때껏 열리지 않을 줄만 알았던 마지막 옷장을 마침내 열 수 있었다. 거기에는 지금까지 보아 온 것과는 다른 온갖 종류의 가장무도회 의상이 들어 있었다. 환상에 가까운 공상이 내 뺨을 흥분으로 물들였다. 어떤 것이 있었는지 하나하나 열거하기는 불가능하다. 바우타(변장을 위해 사용된 베네 치아 마스크의 한 종류)가 있었던 것이 기억난다. 다양한 색깔의 도미노(가장무도 회의 겉옷)와 장식 금단추를 달아 짤랑짤랑 소리가 나는 부인용 바지도 있었다. 광대 옷도 있었지만 그리 마음에 들지는 않았다. 주름이 진 터키풍 바지와 페르시아식 모자도 있었다. 작은 좀약 주머니도 나왔다. 광택 없는 돌을 박아넣은 관(冠) 같은 것도 있었다. 나는 그런 것들이 조금은 경멸스러웠다. 어딘가 비현실적인데다가 밝은 빛 속으로 끌려나와 맥없이 축 늘어져 있는 꼴이 벗겨낸 짐승가죽처럼 몹시 초라해 보였기 때문이다. 나를 열광시킨 건 큼직한 망토와 스카프, 베일 같은 것들이었다. 보들보들하고 커다란 천을 그대로 자른 것, 부드럽게 간질이는 듯한 감촉인 것이 있는가 하면, 손에 쥐고 있기가 힘들 만큼 매끄러운 것도 있었다. 미풍처럼 희미하게 살갗을 어루만지는 것이 있고, 묵직하게 무게가 느껴지는 것도 있었다. 나는 처음으로 그것들에게서 진정으로 자유롭고 무한한 변화의 가능성을 보았다. 그것만 있으면 팔려가는 노예 여자도 잔다르크도 늙은 왕도 마법사도 얼마든지 될 수 있었다. 게다가 커다란 험상궂은 얼굴, 깜짝 놀라는 얼굴, 수염을 기른 얼굴, 눈썹이 치켜 올라간 얼굴 등 여러 종류의 가면이 있었다. 그때까지 난 한 번도 가면을 본 적이 없었다. 하지만 이제 가면을 보니 그것이 꼭 필요하다는 생각이 들었다. 예전에 집에 마치 가면을 쓴 것 같은 얼굴의 개가 한 마리 있었던 게 떠올라 나도 모르게 웃음이 났다. 무성한 털에 파묻혀 언제나 뒤에 물러 앉아 앞을 바라보는 듯한 따뜻한 눈을 가진 개였다. 나는 가장무도회 옷을 걸치고서 맨 처음 무엇이 되려 했는지도 잊은 채 여전히 웃고 있었다. 그것은 새롭고도 흥분되는 일이었다. 이제 나는 거울 앞에 서기 전까지 내가 무엇이 되어 있을지 알 수 없었다. 내가 쓴 가면에서는 호기심을 자극하는 희미한 냄새가 났다. 가면은 빈틈없이 딱 들어맞았지만 눈구멍을 통해 쉽게 앞을 내다볼 수 있었다. 그렇게 가면을 쓴 채 나는 온갖 종류의 옷감을 뒤적거리며 마음에 드는 것들을 골라 마치 터번처럼 머리에 둘둘 감았다. 마스크는 아래쪽이 내가 걸친 노란색 망토에 닿을 정도로 컸는데, 이제 머리에 두른 천이 마스크의 위쪽과 옆쪽을 거의 뒤덮고 있었다. 더 이상 덧붙일 것이 없어 가장(假裝)은 이쯤에서 끝내기로 했다. 그러고는 커다란 지팡이를 쥐고 팔을 넓게 벌려서 힘겹게 몸을 끌며, 그러나 위엄 있게 손님방의 거울 앞으로 걸어갔다.

정말 근사했다. 기대 이상이었다. 거울은 내 모습을 바로 비춰 주었다. 흠 잡을 데가 없었다. 이리저리 동작을 취할 필요조차 없었다. 가만히 서 있어도 그 모습 그대로 완벽했다. 하지만 나는 내 모습을 좀 더 잘 보기 위해 몸을 살며시 비틀어보았다. 그러고는 마법사처럼 두 팔을 높이 쳐들었고, 그 모습은 더할 나위 없이 근사했다. 그런데 바로 그 엄숙한 순간, 아주 가까운 곳에서, 가면을 쓰고 있어서 소리가 약해졌을 텐데도 무언가가 와장창 깨지는 소리가 또렷하게 들려왔다. 나는 덜컥 겁이 났다. 이제 거울 속 내 모습 따위는 관심 밖이었다. 몹시 불안했다. 내가 조그만 둥근 탁자 위에 있던 뭔지 모를 물건을 건드려 떨어뜨린 모양이었다. 아마도 깨지기 쉬운 물건이었을 것이다. 나는 내 두려운 예감이 맞는지 확인하기 위해 최대한 몸을 굽히고 보았다. 한눈에 모든 게 박살이 났다는 걸 알 수 있었다. 초록빛 도는 보라색 앵무새 도자기 한 쌍이 무참히 깨져 있었다. 단지에 들어 있던 사탕은 바닥에 쏟아져 흩어져 있는 꼴이 꼭 누에고치를 연상시켰다. 단지 뚜껑은 멀리 날아가 동강난 반쪽만 보일 뿐, 나머지 반쪽은 어디에 있는지 보이지 않았다. 가장 골치 아픈 것은 향수병이 산산조각 나서 안에 남아 있던 향수가 흘러나와 버린 일이다. 반질반질 윤을 낸 마룻바닥에 사람 얼굴처럼 생긴 불쾌한 얼룩이 생겨 있었다. 나는 몸에 두르고 있던 천 끝자락으로 그것을 얼른 닦아보았으나, 얼룩은 오히려 더욱 거뭇거뭇하고 지저분해졌다. 뭘 어떻게 해야 할지 알 수 없었다. 일어나서 뭔가 쓸 만한 도구가 없는지 찾아보았다. 하지만 주위에는 아무것도 보이지 않았다. 게다가 눈으로 보는 것도 몸을 움직이는 것도 쉽지가 않은 내 우스꽝스러운 상태에 부아가 치밀었다. 몸에 걸친 것을 닥치는 대로 당겨 보았지만 점점 더 죄어올 뿐이었다. 망토 끈이 목을 조르고, 머리에 얹은 천은 갈수록 더 무겁게 내리눌렀다. 동시에 방

안 공기는 쏟아진 오래된 향수 때문인지 더욱더 후덥지근했다.

나는 덥고 답답한데다 화가 머리끝까지 나서 거울 앞으로 달려갔고, 가면을 벗으려 거울을 보며 고통스럽게 손을 놀렸다. 그런데 그것이 바로 거울이 바라던 바였던 것이다. 거울의 복수가 시작됐다. 점점 더 숨이 막혀오는 듯한 압박감에 시달리며 가장의상을 벗으려 몸부림치는 내게 거울은 어떤 알 수 없는 주문을 걸었고, 그리하여 나로 하여금 고개를 들어 자신을 바라보게 했다. 그러고는 내 눈앞에 어떤 허상을, 아니 허상이 아닌 실재하는 어떤 형상을, 마치 외계인 같은, 이해 불가능한 괴물 같은 형상을 비췄다. 그 형상은 내 의지와는 상관없이 내게로 스며들어 왔고 이제 그것은 나보다 더 강한 존재였으며, 나는 그것을 비추는 거울이었다. 나는 이 거대하고 무시무시한 낯선 존재를 응시했다. 나와 그 존재가 서로 마주 보는 그 상황이 도저히 믿기지 않았다. 그리고 바로 그때 최악의 상황이 찾아왔다—나의 마음은 텅 비어 버렸고 나는 더 이상 움직일 수 없게 된 것이다. 아주 짧은 순간 나는 사라져 버린 나 자신에 대한 몹시 고통스럽고 부질없는 갈망에 휩싸였다. 하지만 그 갈망도 어느새 사라져 버렸고 그곳엔 오직 그 낯선 존재만이 남아 있을 뿐이었다.

나는 도망치듯이 달려갔다. 그러나 이미 뛰고 있는 것은 내가 아니라 그였다. 그는 곳곳에서 부딪쳤다. 그는 이 집의 구조를 몰랐기 때문에 자기가 어디를 가고 있는 건지도 몰랐다. 그저 무턱대고 계단을 뛰어 내려가 복도를 지나가는 사람들에게 덤벼들었다. 불의의 습격을 당한 사람들은 비명을 질렀다. 문이 열리고 몇몇 사람들이 놀라서 뛰어나왔다. 아, 아는 사람의 얼굴을 보는 게 얼마나 큰 위안이 되던지. 지베르젠이 보였다. 늘 친절히 보살펴주는 지베르젠이다. 하녀도 있고, 은식기를 관리하는 집사도 있었다. 이제는 살았다 싶었다. 하지만 곧장 뛰어와 나를 구해주는 사람은 아무도 없었다. 그들은 그저 그 자리에 우뚝 선 채 웃고 있었다. 아주 태평스럽게 어깨를 나란히 하고 웃고 있을 뿐이었다. 나는 울기 시작했다. 하지만 가면 때문에 밖에서는 눈물이 보이지 않았고, 다만 가면 속에서 내 뺨을 타고 흘러내릴 뿐이었다. 눈물은 금방 말랐다가 다시 흐르고 또 마르기를 반복했다. 나는 마침내 그들 앞에 무릎을 꿇었다. 지금까지 그 누구도 이런 식으로 무릎을 꿇은 적은 없으리라. 나는 무릎을 꿇고 그들을 향해 팔을 쳐들며 애원했다.

"제발 날 좀 꺼내 줘." 그러나 그들은 듣지 못했다. 나의 애원은 목소리가 되어 나오지 못했기 때문이다.

아마도 지베르젠은 내가 어떻게 바닥에 쓰러졌고, 또 어떻게 그들이 그것을 장난이라고만 생각하고 웃었는지에 대해서 얘기하는 걸 죽을 때까지 멈추지 않을 것이다. 그들은 나의 장난에 익숙했던 터였다. 하지만 그때 나는 쓰러진 채 언제까지나 움직이지 않았다. 대답도 하지 않았다. 그제야 내가 정신을 잃은 것을 깨달은 사람들은 소스라치게 놀랐다. 나는 온몸에 천을 둘둘 감은 채 나무토막처럼 의식을 잃고 누워 있었던 것이다.

시간은 무섭도록 빨리 흘러갔다. 그리고 이제 이야기는 목사인 예스페르센 박사가 초대되어 손님으로 온 날로 넘어간다. 그가 오면 우리 모두에게는 몹시 지루하고 괴로운 아침식사가 기다렸다. 이웃의 독실한 교인들에게 익숙해져 있던 목사는 우리 집과는 전혀 어울리지 않는 사람이었다. 또한 그는 마치 마른 땅에 누운 물고기처럼 숨을 헐떡였다. 그 나름의 '아가미 호흡'은 몹시 힘겨워보였다. 입가엔 거품이 매달려 있어서 그와 대화하려면 언제나 그 거품에 당할 위험을 감수해야 했다. 말하자면, 언제나 대화 내용은 뒷전이 되고 만다는 얘기다. 예스페르센 박사는 우리 집에 왔으니 그저 평범한 한 개인으로서 처신해야 했지만 그는 한시도 목사가 아닌 인간이 될 수 없었다. 그는 아주 오래전부터 영혼의 전문가로 자처하며 살아왔다. 영혼은 이미 그에게는 하나의 공공기관이었고, 그는 그 기관의 대표자였다. 자신의 소임을 결코 저버리지 않으리라는 굳은 결의를 지닌 그는 라바터(1741~1801, 스위스의 프로테스탄트 신학자이자 문필가, 인상학자로 취리히 대판의 부정을 공격해 유명해졌다)의 표현을 빌리자면, '얌전하고 정숙하며 다산의 은총을 입은' 그의 아내 레베카와의 관계에 있어서도 마찬가지로 자신의 의무에 충실했다.

(아래 단락은 원고 여백에 적힌 글이다.)

덧붙여, 아버지에 대하여 : 신앙에 관한 한 아버지의 태도는 매우 똑바르고 그 정중함은 흠잡을 데가 없었다. 교회에서 아버지가 참을성 있게 기다리는 모습이나 다른 이들에게 고개 숙여 인사하는 모습을 보고 있노라면 아버지야말로 진정한 신의 수렵관이 아닐까 하는 생각이 들 정도였다. 반면에 어머니가 보기에 하느님 앞에서 그런 딱딱한 예의를 갖추는 태도는 거의 불경에 가까웠다. 어머니의 종교가 분명하고 세밀한 의식이나 예절을 갖췄다면 분명 몇 시간씩 무릎을 꿇거나 바닥에 엎드려 커다란 손동작으로 가슴과 어깨에 십자가를 긋는 것이 그녀에게도 즐거움으로 느껴졌을 것이다. 어머니는 내게 기도하는 법을 가르쳐 주지는 않았지만 내가 즐겨 무릎을 꿇고 두 손을 모아 가끔은 깍지를 끼고, 가끔은 손가락을 곧게 펴기도 하는 걸 보는 데서 위안을 느끼는 듯했다. 어릴 때부터 조용히 방 안에서 지내는 시간이 많았던 나는 먼 뒷날 절망에 빠지는 데 이를 때까지 신과의 연결고리를 잃어버린 숱한 시기를 지나왔다. 그 연결고리는 그 형태가 갖춰지기가 무섭게 산산이 부서질 정도로 격렬한 과정 속에서 만들어졌다. 다시 처음부터 시작해야 했음은 틀림없었다. 그리고 그 새로운 시작에는 어머니가 필요하다는 생각을 가끔 했다. 물론 홀로 그 길을 걷는 것이 가장 좋을 것은 분명하다. 더구나 그때 이미 어머니는 오래전에 세상을 떠나고 난 뒤였다.

예스페르센 박사와 마주 보고 앉아 있으면 어머니는 한시도 가만있지 못하고 안절부절못했다. 어머니는 그와 대화를 계속 이어가긴 했지만 그가 진지한 태도로 생각을 쏟아내며 자기 목소리에 심취해 있는 동안에도 이 정도면 충분하다는 생각이 들면 갑자기 이곳에 없는 사람인 듯, 그의 존재를 완전히 잊어버리고 말았다. 어머니는 가끔 이렇게 말했다. "저 양반은 어쩜 저리 죽어가는 환자 문병 다니듯 온 동네를 들쑤시고 다니는 걸까?"

그는 어머니의 임종에도 왔다. 하지만 어머니의 눈은 이미 그를 볼 수 없었다. 어머니의 감각은 하나둘 죽어갔다. 처음에는 눈이 보이지 않게 되었다. 마침 가을이어서 온 가족이 시내로 돌아가게 되었다. 어머니는 그때 병상에 누웠다. 어머니는 서서히, 쓸쓸하게, 몸의 표면 전체가 죽기 시작했다. 의사들이 불려왔다. 어느 날 의사들이 많이 몰려와서 온 집안을 점령한 적이 있었다. 몇 시간 동안 우리 집은 추밀원 의원과 그의 보좌관들 차지가 된 듯했고, 그들은 우리와는 더 이상 할 말이 없는 것처럼 굴었다. 하지만 그들은 곧 흥미를 잃은 기색으로 병실에서 나와 유유히 궐련을 피우고 포도주를 마셨다. 그저 의례적으로 그런 일을 하고 있는 것으로밖에 보이지 않았다. 그러는 사이에 어머니는 숨을 거두었다.

어머니의 하나뿐인 동생 크리스티안 브라에 백작이 오기를 모두 기다렸다. 그는 한동안 터키군에 복무했는데—이는 나중에 다시 언급될 것이다—사람들이 누누이 얘기하는 바로는 그곳에서 혁혁한 전공을 세웠다고 한다. 어느 날 아침 그가 이국적인 용모의 하인을 하나 데리고 찾아왔다. 백작은 아버지보다 키가 큰 데다 얼핏 보니 나이도 많아 보여서 깜짝 놀랐다. 두 사람은 곧 몇 마디를 주고받았다. 아무래도 어머니에 대한 얘기인 듯했다. 한동안 침묵이 흘렀다. 아버지가 말했다. "그 사람 이젠 너무 많이 상했어." 나는 그 말이 무슨 뜻인지 몰랐다. 하지만 그 말을 듣는 순간 등줄기가 서늘해지는 걸 느꼈다. 나는 아버지가 그 말을 하기까지는 틀림없이 큰 용기가 필요했을 거라는 인상을 받았다. 하지만 아버지의 자존심이 현실을 인정하는 데 따르는 괴로움을 이겨내고 그렇게 말하게 했을 것이다.

다시 크리스티안 백작의 이름을 듣게 된 건 그로부터 몇 년이 지난 뒤였다. 우르네클로스터에 갔을 때인데, 마틸데 브라에가 자주 그에 대한 이야기를 해주었다. 하지만 그 이야기는 그녀가 제멋대로 부풀리고 꾸민 이야기인 게 분명했다. 세상 사람들은 물론이고 심지어 우리 가족조차도 외삼촌에 대한 이야기는 오직 소문으로만 전해 들은 터였고, 외삼촌은 그런 소문에 대해서 긍정도 부정도 하지 않았으므로, 그런 이야기들에는 얼마든지 다른 이의 상상력이 개입될 수 있었다. 오늘날 우르네클로스터는 그의 소유지가 되었다. 하지만 그가 과연 그곳에 살고 있는지는 아무도 모른다. 아마 그는 늘 그래왔던 대로 지금도 어딘가를 여행하고 있을 가능성이 높다. 어쩌면 그가 죽었다는 소식이 지구 반대쪽에서 모국을 향해 배달되고 있는지도 모른다. 편지는 틀림없이 그 외국인 하인이 서투른 영어나, 아니면 아무도 모르는 외국의 문자로 쓴 것이리라. 아니, 그 사내는 저 혼자 남아도 소식 한 장 보내오지 않을지도 모른다. 어쩌면 두 사람 다 이미 이 세상 사람이 아닐 수도 있다. 또 어쩌면 조난당한 기선의 승객 명단에 마지막 이름이 남아 있을지도 모른다. 그것도 가명으로.

우르네클로스터에 머물던 시절, 들어오는 마차를 볼 때마다 백작이 돌아온 게 아닌가 싶어 가슴이 두근두근 뛰곤 했다. 전혀 생각도 하지 않고 있을 때 불쑥 돌아오곤 하는 것이 백작의 평소 버릇이라고 마틸데 브라에는 말했다. 하지만 그는 역시나 돌아오지 않았다. 나는 몇 주 동안 하루도 그에 대해 상상하지 않은 날이 없었다. 나중에는 나와 백작 사이에는 어떤 연결고리가 있는 게 틀림없다고 느낄 정도였다. 나는 그의 진짜 모습을 알고 싶어서 몸이 달았다.

그러나 내 관심사는 금세 다른 곳으로 향했다. 앞서 얘기한 그 사건이 있은 뒤, 내 머릿속은 오로지 크리스티네 브라에에 대한 생각뿐이었다. 그렇지만 이상하게도 굳이 애써서 그녀의 흔적을 찾으려는 마음은 없었다. 다만 화랑에 그녀의 초상화가 걸려 있으리라는 생각이 들자 그것을 확인하고 싶은 욕망이 고통스러울 정도로 커졌다. 나는 며칠이나 제대로 잠을 이루지 못했다. 마침내 나는 결심하고, 무엇에 홀린 것처럼 한밤중에 침대를 빠져나왔다. 그리고 겁에 질린 듯 바르르 떠는 촛불을 들고 계단을 올라갔다.

무서운 느낌은 전혀 들지 않았다. 아무 생각 없이 그냥 걸었다. 말없이 우뚝 서 있는 높은 문은 거짓말처럼 쉽게 열렸다. 괴괴한 정적에 싸인 방들을 지나갔다. 이윽고 저 아래서 풍겨오는 희미한 냄새를 통해 화랑에 들어섰음을 알았다. 오른쪽에는 검은 밤을 향해 열려 있는 창문이 있고 왼쪽에 그림이 걸려 있을 터였다. 나는 촛불을 가능한 한 높이 들었다. 예상대로 그림이 있었다.

처음에는 여자의 초상화만 볼 생각이었다. 그런데 곧 울스고르에 걸려 있던 것과 같은 인물인 듯한 그림을 두세 점 발견했다. 아래쪽에서 촛불을 비추자 화폭이 흔들리면서 불빛에 다가오려는 것처럼 보였다. 잠시도 걸음을 멈추지 않고 그 앞을 그냥 지나치는 건 너무 냉정한 처사라는 생각이 들었다. 완만하게 솟아오른 풍만한 뺨에 아름답게 땋은 머리를 늘어뜨린 크리스티안 4세 (덴마크의 왕으로, 처음에는 안네 카테리네와 결혼했으나,/ 그녀가 죽자 키르스티네 뭉크를 왕비로 맞았다) 의 초상이 있었다. 아마 그의 왕비나 후궁일 듯한 부인들의 초상도 있었다. 그들 가운데 내가 아는 건 키르스티네 뭉크뿐이었다. 느닷없이 엘렌 마르스빈 부인 (키르스티네/ 뭉크의 어머니) 이 미망인 차림으로 미심쩍다는 눈길로 나를 쳐다보았다. 높은 모자챙에 진주로 장식 끈을 단 것까지 똑같았다. 크리스티안 황제의 새 부인의 배에서 잇따라 태어난 왕자와 공주들의 초상도 있었다. '수려'하기로 이름난 엘레오노레 (크리스티안 4세와/ 키르스티네 뭉크의 딸) 가 백마를 타고 있는 그림도 있었다. 고난을 겪기 전 미모가 절정에 오른 시기의 그녀 모습을 그린 것이었다. 길덴레브 집안사람들 가운데는 스페인 여자들이 화장을 해준다는 소문이 돌 정도로 혈색이 좋은 한스 울리크와 잊으려도 잊을 수 없는 울리크 크리스티안, 이 두 사람의 초상이 있었다. 울펠트 집안사람들은 거의 모두 있었다. 그리고 눈가를 거무스름하게 칠한 이 인물은 아마 헨리크 홀크일 것이다. 33세에 백작이 되어 육군 원수까지 된 사람이다. 그는 힐레보르크 크라프세 양을 찾아가던 길에, 막상 도착하니 신부 대신 칼이 기다리고 있는 꿈을 꾸었다. 그 꿈이 못내 마음에 걸렸던 그는 끝내 걸음을 돌리고 말았다. 그러고는 갑자기 무모한 생활에 뛰어들었는데 곧 페스트에 걸려 죽었다는 소문이었다. 이런 사람들은 나도 이미 잘 알고 있었다. 울스고르에는 님베겐 회의에 모인 사절들의 초상도 걸려 있었다. 인물들은 동시에 그려서 그런 것인지 육감적인 입술에 가늘고 잘 다듬어진 콧수염을 기른 모습이 서로 닮아 있었다. 내가 울리히 공작을 알고 있음은 말할 나위도 없었다. 오토 브라에와 클라우스 다아, 그리고 그 가문의 마지막 사람이었던 스텐 로젠스파레도 잘 알고 있었다. 그들의 초상은 이미 울스고르의 응접실에서 본 적이 있고, 오래된 동판화 화첩에서도 본 적이 있었다.

하지만 내가 처음 보는 인물도 꽤 많았다. 부인들 쪽은 대부분 본 적이 있었지만 아이들 초상은 얼마 못 본 것들이었다. 이제 팔이 지쳐서 떨리기 시작했지만, 나는 아이들의 그림을 보기 위해 촛불을 몇 번이나 쳐들고 들여다보았다. 나는 손 위에 새를 올려둔 채, 그 새의 존재마저 까맣게 잊고 있는 듯한 그림 속 여자아이의 표정을 이해할 수 있을 것만 같았다. 그 그림에는 발밑에 개가 앉아 있고 공이 있었으며, 바로 옆 탁자에는 과일과 꽃다발이 놓여 있었다. 그리고 배경에 있는 둥근 기둥에는 작고 불규칙하게 그루베나 빌레, 그리고 로젠크란츠 가문들의 문장이 그려져 있었다. 무슨 보상이라도 하려는지 아이들 주위에는 온갖 물건들이 쌓여 있었다. 하지만 아이들은 그저 멋진 옷차림을 하고서 가만히 그곳에 서서 무언가를 끈질기게 기다리고 있는 듯했다. 나는 다시 부인들의 초상을 떠올렸다. 크리스티네 브라에의 초상을 찾아야 한다. 과연 그 그림을 알아볼 수 있을지 의문이었다.

나는 서둘러 저쪽 끝으로 가서 거기서부터 거꾸로 다시 찾아봐야겠다고 생각했다. 그때 몸이 무언가에 부딪쳤다. 나는 놀라서 뒤를 돌아보았다. 그러자 어린 에리크도 저쪽에서 뒤로 물러서면서 낮은 목소리로 속삭였다.

"촛불 조심해."

"너였니?" 나는 숨을 죽이면서 말했다. 좋은 일인지, 아니면 아주 나쁜 일인지 도무지 판단이 서지 않았다. 그는 그저 웃고만 있었다. 나는 그것밖에 알 수 없었다. 촛불이 바람에 흔들려 아무리 해도 그의 표정을 읽을 수 없었다. 그가 이곳에 온 것은 아마 좋은 징조는 아닌 것 같았다. 그가 내 옆에 와서 말했다. "여긴 그녀의 초상이 없어. 우리는 계속 위층에서 찾고 있어." 그는 낮은 목소리로 그렇게 말하고, 잘 움직이는 쪽 눈으로 위를 가리키는 시늉을 했다. 나는 그가 다락방을 가리킨다는 것을 알았다. 그때 순간적으로 내 머릿속에서 터무니없는 생각이 번쩍하고 지나갔다.

"어? 너, 방금 우리라고 말했니?" 내가 물었다. "그럼 그녀도 위층에 있단 말이야?"

"그래." 그가 나에게 몸을 붙였다.

"크리스티네도 너와 함께 찾고 있단 말이지?"

"응, 같이 찾고 있어."

"초상화는 누군가가 이미 그곳에서 떼어내 버린 것 같아, 틀림없어."

"아마 그럴 테지." 그는 화를 내며 말했다. 나는 그녀가 자신의 초상화를 찾아서 어떻게 할 건지 알 수 없었다.

"그녀도 자기 초상화를 한번 보고 싶대." 그가 내 귓가에 속삭였다.

"그래?" 나는 알아들은 듯 대답했다. 그때 그가 나의 촛불을 불어 껐다. 나는 그가 몸을 내밀어 밝은 빛 속에 얼굴을 드러내며 눈썹을 잔뜩 끌어올리는 것을 보았다. 다음 순간 주위가 깜깜해졌다. 나는 무심코 뒷걸음질쳤다.

"무슨 짓이야?" 억눌린 듯한 목소리가 바짝 마른 목구멍에서 새어나왔다. 그는 나에게 달려들더니 내 팔을 붙잡고 혼자 키득거리면서 웃었다.

"왜 그래?" 나는 소리를 지르면서 그를 뿌리치려 했지만 그는 기를 쓰고 매달려 떨어지려고 하지 않았다. 팔로 내 목을 휘감는 그를 어찌할 수 없었다.

"말해 줄까?" 그가 속삭였다. 내 귀에 침이 살짝 튀었다.

"그래, 어서 말해봐."

내가 무슨 말을 했는지는 기억나지 않는다. 그는 나를 완전히 끌어안고 몸을 쭉 폈다.

"오늘 밤 그 여자한테 거울을 갖다 줬어."

그가 다시 키득거렸다.

"거울을?"

"그래, 초상화를 찾을 수 없어서 그랬어."

"아, 그랬구나."

나도 더듬더듬 대답했다.

그는 느닷없이 나를 창 쪽으로 끌고 갔다. 그러더니 내 팔뚝을 세게 꼬집어서 나는 소리를 질렀다. "그 여자는 그쪽에 없어." 그는 입을 거의 내 귀에 붙이고 말했다.

나는 나도 모르게 그를 홱 밀쳐 버렸다. 그의 몸에서 뭔가 뚝 하는 소리가 났다. 그의 몸 어딘가가 부러진 게 아닌가 하는 생각이 들었다.

"말해 봐." 이제는 내가 웃을 차례였다. "그쪽에는 없다니, 그쪽이 어디야?"

"이런 멍청한 녀석." 그는 화가 나서 대꾸했다. 더 이상 속삭임이 아니었다. 그는 마치 그동안 쓰지 않던 새로운 목소리를 시험하는 것처럼 낮고 굵은 목소리로 말했다.

"저쪽에 있으면 이쪽에는 없어." 그는 어른스러운 엄격한 말투로 천천히 받아쓰기를 시키는 것처럼 말했다. "이쪽에 있으면 저쪽에는 없어. 어느 쪽이든 둘 중 하나야."

"당연하지." 나는 아무 생각 없이 곧바로 대답했다. 그가 나를 혼자 두고 저쪽으로 가버리지나 않을까 겁이 났다. 나는 그를 붙잡았다.

"우리 서로 친구 할까?" 내가 말하자 그는 잠자코 듣고 있었다. "좋을 대로 해." 그가 넉살 좋게 대답했다.

나는 친구가 되었다는 표시로 그를 선뜻 껴안지는 못했다. "에리크." 겨우 그의 이름만 부르고 그의 몸 어딘가를 슬쩍 건드렸을 뿐이다. 갑자기 피곤이 몰려왔다. 사방을 둘러보았다. 왜 여기까지 온 건지도 어느새 잊어버리고 말았다. 그런데 신기하게도 무섭다는 느낌은 전혀 들지 않았다. 어디가 창문이고 어디가 그림인지 알 수 없었다. 우리는 걷기 시작했는데, 에리크가 앞장서서 길을 안내해야 했다.

"유령이 해치거나 하진 않아." 그는 대범하게 그렇게 말하더니 또다시 키득거리며 웃었다.

에리크, 사랑하는 에리크. 아마도 넌 나의 유일한 친구였을 거야. 나에게는 다른 친구가 하나도 없었거든. 네가 우정을 완전히 무시했던 건 유감이었어. 안 그랬으면 너에게 많은 이야기를 했을 텐데. 어쩌면 우린 사이좋게 지낼 수 있었을지도 몰라. 물론 정말 어땠을지는 알 수 없는 일이지. 네 초상이 그려지던 때가 기억나. 할아버지는 널 그리게 하려고 어떤 화가를 불러왔지. 그리고 그 화가는 매일 아침 한 시간씩 널 그렸어. 그 화가의 얼굴은 기억나지 않는구나. 마틸데 브라에가 하루 내내 화가의 이름을 불러댔지만 그 이름도 잊어버렸어.

그 화가도 내가 이제까지 생생하게 떠올리고 있는 네 모습을 보았을까? 넌 헬리오트로프 꽃 같은 엷은 자줏빛 벨벳 옷을 입고 있었어. 마틸데 브라에도 그 옷을 무척 좋아했지. 하지만 그런 건 아무래도 상관없어. 내가 알고 싶은 건 그 화가가 너를 정말 보았는가 아닌가 하는 거야. 그는 틀림없이 전문 화가였고, 그 그림이 완성될 때까지 네가 죽을 수도 있다는 건 결코 생각해 보지 않았겠지. 그리고 아마추어어처럼 이상한 감상에 젖지도 않았을 거고. 다만 화가로서 해야 할 일을 한 것뿐이지. 너의 갈색 눈이 좌우가 몹시 달랐던 건 오히려 신비한 매력이었을 거야. 그 움직이지 않는 한쪽 눈 때문에 주저하지도 않았을걸. 살짝 기대는 듯이 탁자를 짚은 네 손 옆에 자질구레한 것을 늘어놓지 않는 세심함도 아마 가지고 있을 테지. 그 밖에 화가로서 더 필요한 게 있다면 뭐 그렇다고 치자. 어쨌든 그렇게 한 장의 초상화가 완성된 거야. 우르네클로스터 화랑의 마지막 초상화가 말이야.

(사람들은 그 화랑을 떠나며 마지막에 어떤 소년의 초상화 앞에 서게 되리라. 잠깐, 이 아이가 누구더라? 브라에 집안사람이군, 검은 바탕에 은빛 세로줄이 있는 문장과 공작 깃털이 그려져 있는 걸 보니. 게다가 에리크 브라에라고 이름까지 있지 않은가. 어쩌면 옛날에 처형된 에리크 브라에가 아닐까? 물론 그 사건은 모르는 사람이 없어. 하지만 아무리 봐도 그 인물과 관계가 있을 것 같지는 않은데. 초상화에 그려진 소년은, 언젠지는 모르지만 어쨌든 어렸을 때 죽었을 거야. 그림을 보면 알 수 있거든.)

집에 손님이 찾아와 에리크가 불려가면, 마틸데 브라에는 그때마다 입버릇처럼 에리크가 브라에 노(老) 백작부인을 쏙 빼닮았다고 말하곤 했다. 브라에 노 백작부인은 나의 외할머니이다. 여장부처럼 당당한 귀부인이었다고 한다. 나는 외할머니를 한 번도 본 적이 없다. 반면에 친할머니에 대해서는 뚜렷이 기억하고 있다. 울스고르의 '안주인'이었던 분이다. 어머니가 수렵관의 아내가 되어 이 집에 들어온 것에 대해 불만이 이만저만이 아니었던 할머니는 언제까지나 집안의 실권을 쥐고 있으려 했다. 어머니가 들어온 뒤로 겉으로는 언제나 뒤로 물러나 앉은 것처럼 행동하면서, 사소한 일은 하인들을 어머니에게 보내 처리하도록 했다. 그러나 정작 중요한 일이 생기면 누구에게도 말하지 않고 혼자 결정하여 자기 마음대로 처리해 버렸다. 어머니도 할머니의 그런 방식에 불만을 품었던 것 같지는 않다. 사실 어머니는 큰 살림을 꾸려나가는 데 아주 서툴렀다. 무엇이 중요하고 무엇이 중요하지 않은 일인지 구별하는 재주가 전혀 없었다. 사람들이 무슨 이야기를 하면 늘 그것만 머릿속에 가득 차서, 그 밖에 아직 처리되지 않은 중요한 일은 까맣게 잊어버렸다. 어머니는 시어머니인 할머니에 대해 한 번도 불평하지 않았다. 그런데 사실 누구를 붙잡고 불평을 늘어놓을 수 있었겠는가? 아버지는 아주 얌전하고 효심이 지극한 아들이었고, 할아버지는 말수가 아주 적은 분이었으니 말이다.

내가 기억하기로는, 친할머니 마르가레테 브리게는 키가 크고 언제 봐도 가까이 하기 어려운 노인이었다. 나에게는 할머니가 자기 남편인 시종장보다 훨씬 나이가 많아 보였다. 그녀는 우리와 함께 살면서도 아무도 배려하지 않고 당신 하고 싶은 대로 살았다. 우리 가운데 누구의 보살핌도 받지 않고, 이미 중년이 지났지만 독신을 고수하는 옥세 백작가의 딸을 말벗 삼아 함께 지냈다. 아마도 그녀에게 무슨 큰 은혜를 베풀었던 덕분에 헌신적인 보살핌을 받는 것 같았다. 할머니의 성향에는 좀처럼 없는 일로, 틀림없이 이것이 유일한 예외일 것이다. 할머니는 아이들을 좋아하지 않았고 개나 고양이를 가까이 두는 것도 허락하지 않았다. 할머니가 그 밖에 뭐라도 사랑하는 것이 있긴 있었는지 궁금하다. 들리는 얘기로는, 할머니가 아직 어린 처녀였을 때, 뒷날 프랑크푸르트에서 참혹한 최후를 마친 펠릭스 리히노프스키와 약혼한 적이 있었다고 한다. 그 소문은 아마 사실이었을 것이다. 할머니가 세상을 떠난 뒤 유품 가운데서 상당한 호남이었던 그 공작의 초상화가 나왔기 때문이다. 내 기억이 틀리지 않는다면, 그 그림은 그의 가족에게 되돌려 보내졌다. 이제 와서 생각해 보면, 그녀는 해가 갈수록 울스고르의 생활에 동화되어 고독한 시골 생활에 파묻혀 버린 뒤부터는, 다른 삶, 다시 말해 그녀의 성격에 어울리는 화려한 삶은 되돌아보지 못하게 되어버린 것이 아닌가 싶다. 그 때문에 그녀가 슬퍼했는지 아닌지는 간단히 말하기 어렵다. 그녀는 오히려 그런 삶 자체를 경멸했을지도 모른다. 끝내 화려한 삶은 찾아와 주지 않고 사회적인 수완과 재능을 발휘하며 즐거운 나날을 보낼 기회를 어느새 놓쳐 버린 까닭에. 그래서 그녀는 그것을 가슴속 깊이 묻어 두고, 그 위에 이상하게 냉랭한 금속성 광택을 지닌 껍데기를 몇 겹이나 껴입었던 것이다. 가장 바깥쪽 껍데기는 늘 새로 갈아입은 것처럼 차가운 광택을 유지하고 있었다. 물론 때로는 어린애처럼 토라져서, 자신이 소중하게 대접받지 못하는 것에 불만을 드러내는 적도 있었다. 내가 알기로는, 그럴 때면 식탁에서 느닷없이 요란스럽게 사레에 들리곤 했다. 적어도 그 순간에는 사람들의 주목을 끌어, 지난날 사교계에서 그녀가 얻고자 했던 주위의 이목과 긴장 속에서 교묘하게 자신이 주인공이 될 수 있었다. 그러나 나는 너무나 자주 벌어지던 그 소동에 진심 어린 걱정을 보인 건 아버지뿐이었다고 생각한다. 아버지는 공손하게 앞쪽으로 몸을 굽혀 할머니의 얼굴을 가만히 들여다보았다. 옆에서 보고 있으면, 아버지가 마치 자신의 건강한 기관지를 할머니 앞에 내밀며 마음껏 사용하시라고 권하는 것처럼 보였다. 할아버지는 함께 식사하던 손길을 멈추곤 그저 묵묵히 포도주 한 모금으로 목을 축일 뿐, 조언하기를 관두었다.

할아버지가 식사 자리에서 할머니에게 자기주장을 관철한 적이 단 한 번 있었다. 이미 꽤 오래전 일이다. 이 이야기는 요즘도 조금은 악의적으로 쉬쉬하며 떠돌고 있기는 하지만 아직 들어보지 못한 사람도 있을 것이다. 누군가의 실수로 식탁보에 포도주 얼룩이 진 것이 이야기의 발단이었다. 할머니의 눈은 어떤 얼룩이든 놓치는 법이 없었고, 거기엔 어김없이 심한 잔소리가 따랐다. 그런데 저명인사 여럿이 보는 앞에서 또 그런 거북한 장면이 연출되고 만 것이다. 할머니는 하찮은 식탁보 얼룩 몇 개를 심하게 과장하면서 흥분하여 잔소리를 늘어놓기 시작했다. 할아버지는 몰래 눈짓을 하거나 농담으로 얼버무리면서 할머니를 말렸지만, 그녀는 꿈쩍도 하지 않고 그 끔찍한 잔소리를 계속 퍼부어 댔다. 그러자 아무도 예상치 못한 일이 벌어졌다. 할

아버지가 식탁을 한 바퀴 돌고 있던 포도주를 손수 집어 들고 자신의 잔에 조심조심 따르기 시작했다. 그런데 어찌된 일인지 할아버지는 잔이 벌써 가득 찼는데도 멈추지 않고 계속 포도주를 따르는 것이었다. 주위가 갑자기 조용해졌다. 마침내 어머니가 참지 못하고 웃음을 터뜨렸다. 그것을 신호로 모두들 크게 웃기 시작했고 사태는 해결되었다. 모두가 안도하는 가운데 할아버지는 천천히 고개를 들고 하인에게 포도주병을 건넸다.

그 뒤 할머니는 또 다른 기묘한 버릇을 갖게 되었다. 할머니는 집안에서 누군가가 아픈 꼴을 보지 못했다. 어느 날 부엌에서 요리하는 하녀가 손을 다쳐 붕대를 감고 있는 것을 우연히 할머니가 보고 말았다. 그러자 온 집안에 요오드포름 냄새가 난다면서 난리를 치더니, 그런 일로 고용인을 해고할 수는 없다고 말려도 좀처럼 들으려 하지 않았다. 어쨌든 아프다는 말마저 조심해야 했다. 누군가가 깜박 잊고 할머니 앞에서 몸이 좀 안 좋다는 말만 해도 할머니는 심기가 불편해졌다. 그리고 그 하찮은 일을 오래도록 마음속에 담아 두었다.

어머니가 세상을 떠난 해 가을, 할머니는 소피 옥세와 둘이서 자신들의 방에 틀어박힌 채 우리와는 모든 접촉을 끊었다. 아들인 나의 아버지조차 찾아가는 것을 허락하지 않았다. 어머니가 죽은 시기가 좋지 않았던 것도 한 가지 이유였다. 방 안은 춥고 난로에서는 하루 내내 연기가 났다. 들쥐가 집안까지 들어와서 쥐가 출몰하지 않는 곳이 없었다. 하지만 그런 것 때문만이 아니었다. 무엇보다 어머니의 죽음이 할머니 마음에 들지 않았던 것이다. 죽음은 할머니가 입에 올리기를 거부하는 단어 가운데 하나였다. 할머니는 언제가 될지는 몰라도 아직은 자신이 갈 때가 아니라고 생각했다. 그런데 젊은 며느리가 주제넘게도 자기보다 먼저 간 것이다. 물론 할머니도 수시로 자신의 죽음을 생각하곤 했다. 하지만 남에게 떠밀리듯 서둘러 가고 싶지는 않았다. 언젠가 알맞은 때가 오면 그때 죽으리라, 그리고 아무도 자기보다 빨리 가는 꼴은 못 보겠으니 죽고 싶더라도 내가 죽은 다음에 죽으라는 생각이었다.

할머니는 어느새 어머니의 죽음을 우리 탓으로 돌리고 있었다. 그해 겨울에는 왠지 부쩍 더 늙어 보이는 모습이었다. 걸을 때는 전과 다름없이 키 큰 노부인이 틀림없었지만 안락의자에 앉아 있으면 수그러졌다. 귀도 멀어졌다. 마주 앉아서 한 시간 가까이 가만히 바라보고 있어도 할머니는 전혀 알지 못했다. 할머니는 자신의 마음속 어딘가에서 살고 있었다. 드물게 몇 번 인가 다시 감각의 세계로 돌아온 적도 있었지만 그 세계는 이제 생명 없는 공허한 빈집에 지나지 않았다. 그렇게 잠깐 정신이 돌아올 때면 할머니는 옥세 백작부인에게 무슨 말을 하곤 했는데, 그러면 백작부인은 할머니의 망토 깃을 펴주고 깨끗하게 씻은 커다란 손으로 할머니의 옷을 털어주었다. 마치 옷에 물을 쏟거나 다른 더러운 것이라도 묻어 있는 것처럼.

할머니는 이른 봄의 어느 날 밤 시내에서 죽었다. 옆방에 있던 소피 옥세 는 방문을 열어 두고 있었는데도 그것을 알아차리지 못했다. 아침이 되어 발 견했을 때 할머니의 몸은 이미 유리처럼 싸늘하게 식어 있었다.

그리고 이어서 할아버지의 그 무서운 병이 시작되었다. 어쩐지 할머니의 죽 음을 기다렸던 것만 같은 생각이 들었다. 아무런 여한 없이 죽을 수 있도록.

아벨로네가 처음으로 내 주의를 끈 것은 어머니가 세상을 떠난 이듬해였 다. 아벨로네는 언제나 우리 곁에 있었다. 그것은 그녀에게는 몹시 안된 일 이었다. 아벨로네의 첫인상은 좋지 않았다. 어떤 계기로 예전부터 그렇게 생 각해 왔지만 그것을 확실하게 따져볼 기회는 없었고, 아벨로네에게 무슨 사 정이 있는지 물어보는 것도 어쩐지 싱거운 일로 생각되었다. 어쨌든 아벨로 네는 이미 와 있었고, 우리는 모두 그녀를 마음껏 부려먹었다. 문득 나는 아 벨로네가 어떻게 이곳에 오게 되었는지 자문해 보았다. 이를테면 옥세 백작 부인의 경우처럼 명확치는 않더라도 우리가 이 집에서 살게 된 데는 저마다 나름의 이유가 있었다. 그렇다면 아벨로네가 이 집에 오게 된 사연은 무엇일 까? 한때 사람들은 그녀도 좀 쉬면서 즐길 줄도 알아야 한다고 말하곤 했 다. 하지만 그런 얘기는 금세 시들해졌고 사람들은 더 이상 아벨로네의 기분 전환 같은 것에 신경 쓰지 않았다. 어쨌든 그녀가 일밖에 모르는 여자로 비 쳤다는 건 분명한 사실이다.

하지만 그런 그녀에게도 한 가지 재주가 있었다. 그녀는 노래를 불렀다. 그 러니까, 노래를 부를 때가 있었다. 그녀 안에는 강하고 흔들리지 않는 음악이 있었다. 천사가 남자라는 게 사실이라면, 그녀의 목소리에는 바로 그와 같은 성스럽고 눈부신 천사의 남성성이 깃들어 있다고 할 수 있다. 나는, 그러니까 어린 시절의 나는 음악을 의심스럽게 여겼다(그것은 음악이 나를 강하게 우주 속으로 높이 끌어올려서가 아니라, 그런 다음 나를 다시 본디의 장소로 데리고 돌아오지 않고, 더욱 깊은, 어딘지 모를 혼돈의 땅속으로 밀어넣는다는 것을 깨달았기 때문이다). 하지만 그녀의 음악은 그렇지 않았다. 그 음악은 나를 날개에 태워 곧장 위로, 아마도 누군가 듣는다면 여기가 천상의 세계 아닌가 생각이 들 만큼 높은 곳으로 데려갔다. 하지만 그때는 내가 그녀의 노래를 통해 천상의 세계를 경험했다는 것을 까맣게 모르고 있었다.

처음에 우리 사이는 그녀가 어머니의 처녀 시절을 얘기해 주는 것으로 시작되었다. 그녀는 매우 진지하게 어머니가 얼마나 젊고 용감했는지 알려주려고 애썼다. 그 시절, 춤과 승마에서 어머니를 따라올 사람이 아무도 없었다고 맹세할 정도였다.

"누구보다 당차고 활기찬 아가씨였지요. 그런데 갑자기 결혼을 하시겠다는 거예요." 아벨로네는 수십 년이나 지난 옛일을 지금도 믿기지 않는다는 투로 말했다. "아무도 예상치 못한 일이어서 다들 어안이 벙벙했답니다."

나는 아벨로네가 아직 결혼하지 않은 것은 무엇 때문인지 알고 싶었다. 내 눈에 그녀는 이미 상당히 나이가 들어 보였다. 그래서 아벨로네가 지금이라도 결혼할 수 있을 거라고는 한 번도 생각해 보지 않았다.

"결혼할 사람이 없어서 그랬지요." 그렇게 털털하게 말하는 그녀의 얼굴이 갑자기 아름답게 빛났다. 아벨로네는 아름다운 여자일까? 나는 깜짝 놀라서 생각했다. 이윽고 나는 집을 떠나 귀족학교에 입학했다. 고통스럽고 불쾌한 시절이 시작되었다. 소뢰^(덴마크 동부에 위치한 소도시)의 학교에서는 다른 학생들과 떨어져서 혼자 창가에 서야만 시끄러운 소란에서 겨우 벗어날 수 있었다. 그렇게 창밖의 나무를 바라볼 때나 밤이 되어 침대에 가만히 누워 있을 때면 아벨로네가 아름다운 여자라는 확신이 내 가슴속에서 자라났다. 나는 그녀에게 편지를 쓰기 시작했다. 긴 편지, 짧은 편지, 비밀스러운 편지를. 나는 울스고르에 대해서, 그리고 불행한 생활에 대해서 썼다. 이제 와서 돌이켜 보면 그것은 아마 연애편지였나 보다. 이윽고 기다리고 기다리던 방학이 되었다. 우리는 마치 약속이라도 한 듯이 남들의 눈길이 있는 곳에서는 서로 만나려고 하지 않았다.

물론 우리 사이에 약속 같은 것이 있을 리가 없었다. 하지만 마차가 저택 정원으로 들어서자 어쩔 수 없이 마차에서 내릴 수밖에 없었다. 여느 방문객처럼 마차를 타고 들어가는 것이 싫어서였다. 벌써 한여름이었다. 나는 저만치 앞에 금사슬나무가 서 있는 길을 따라 뛰어갔다. 그리고 거기에 아벨로네가 있었다. 아름답고 사랑스러운 아벨로네.

당신이 눈을 들어 나를 본 그 순간을 어떻게 잊을 수 있을까요. 고개를 살짝 뒤로 젖히고, 마치 두 눈동자를 내게서 떼지 않으려 매어놓은 것만 같은 당신을.

난 우리 주위의 기후가 바뀐 게 아닐까 생각했지요. 울스고르 일대가 우리의 숨결로 인해 갑자기 온화한 피서지가 된 것이 아닐까 하고 말이에요. 지금도 그곳 정원의 장미꽃은 12월에 아름답게 피어날까요?

아벨로네, 난 당신에 대해 아무것도 쓰고 싶지 않아요. 그건 우리가 서로를 속이고 있었기 때문이 아니에요. 당신은 그때 평생 잊지 못할 단 한 사람을 사랑했지요. 당신은 사랑을 받는 여자가 아니라 '사랑을 주는 여자'였어요. 그리고 난 모든 여자를 사랑했지요. 왜냐하면 사랑을 말로 표현하는 것은 오직 해가 될 뿐이었으니까요.

지금 이곳 벽에 태피스트리(파리 중세박물관에 전시된〈여인과 일각수〉라는 양탄자를 의미한다)가 있어요. 아벨로네, 난 당신이 이곳에 있다고 상상하겠어요. 여섯 장의 태피스트리. 자, 이제부터 함께 하나하나 천천히 보도록 해요. 처음에는 뒤로 물러서서 한 번에 전체를 보는 것이 좋아요. 매우 조용한 느낌이군요. 변화는 거의 없어요. 거기엔 모두 달걀처럼 둥글고 푸른 섬이 떠 있는데 옅은 붉은색 땅에는 작은 들꽃이 가득 피어 있고, 작은 동물들이 흩어져 살고 있어요. 다만 저쪽 끝에 있는 마지막 한 장만은 그 섬이 좀 가벼운지 조금 솟아 있는 것처럼 보여요. 섬에는 어김없이 한 여자가 보이는군요. 입은 옷은 다르지만 모두 같은 여자가 분명해요. 시녀인 듯한 키 작은 여자가 그 옆에 있는 것도 더러 있군요. 그리고 섬 위에는 언제나 한 문장(紋章)을 받치고 있는 동물이 있어요. 왼쪽에는 사자, 오른쪽에는 밝은 빛깔의 일각수. 이들은 똑같은 깃발을 머리 위로 높이 들고 있는데, 그 깃발은 붉은 바탕에 푸른 띠가 그려져 있고, 이 푸른 띠에는 솟아오르는 세 개의 은빛 초승달이 그려져 있어요. 잘 봤나요? 그럼 이제 처음부터 다시 한 번 찬찬히 보기로 할까요?

여인은 매에게 먹이를 주고 있어요. 아름다운 옷을 입고 있군요. 그 새는 그녀의 장갑 낀 손에 앉아서 고개를 까딱거리고 있어요. 여인은 그걸 가만히 지켜보면서 시녀가 받쳐든 접시로 손을 뻗고 있고요. 오른쪽 아래에는 끌리는 긴 옷자락 위에 비단결 같은 털을 가진 작은 개 한 마리가 앉아 자기도 쳐다봐 달라는 듯이 여자를 올려다보고 있군요. 섬 뒤쪽에 장미 울타리가 낮게 쳐져 있는 걸 당신도 보았나요? 문장을 지닌 동물들은 하나 같이 앞다리를 들어올린 채 거만하게 서 있어요. 그리고 동물들을 감싼 망토에도 문장이 그려져 있군요. 그 망토는 아름다운 브로치로 고정된 채 바람에 펄럭이고 있네요.

저도 모르게 발소리를 죽이며 다음 태피스트리 쪽으로 걸음을 옮기면 한눈에 그 여인이 생각에 잠겨 있음을 알 수 있을 거예요. 그녀는 조그맣고 둥근 화관을 엮고 있군요. 얌전하게 고개를 숙이고 시녀가 받쳐 든 납작한 쟁반 속에서 다음에 쓸 카네이션을 무슨 색으로 고를까 망설이는 듯해요. 손으로 앞에 놓인 꽃을 하나하나 늘어놓으면서. 뒤쪽 벤치에는 장미꽃을 담은 바구니가 놓여 있고 그 옆에 원숭이 한 마리가 서 있네요. 이번에는 아무래도 카네이션을 쓸 차례인가 봐요. 사자는 무심한 듯 보이지만, 오른쪽의 일각수는 왠지 모르게 여자의 마음을 이해하는 듯한 표정이지요.

이 고요 속에는 음악이 있어야 하지 않을까요? 아니면 진작부터 은은히 흐르고 있었던가요? 여인은 두툼한 옷을 단아하게 차려입고 파이프오르간 옆에 가 있군요(그 느릿느릿하고 조용한 걸음걸이가 눈에 보이지 않나요?). 여인은 일어선 채 파이프오르간을 치고 있어요. 파이프 저편에서는 시녀가 풀무질을 하고 있고요. 여인은 그 어느 때보다 더 아름답네요. 머리를 땋은 모양이 무척 신기하군요. 두 갈래로 땋은 머리를 한 바퀴 감아 머리장식 위에서 합쳤어요. 머리끝이 투구의 깃털장식처럼 매듭 위로 솟아 있어요. 사자는 못마땅한 듯 포효를 억누른 채 마지못해 그 소리를 참아 내는 듯이 보여요. 하지만 일각수는 박자에 맞춰 몸을 흔들고 있는 것처럼 아름다운 모습이에요.

아까보다 섬이 더 넓어졌네요. 텐트가 쳐져 있군요. 푸른색 다마스크천에 수놓인 금실이 불꽃처럼 흐르고 있어요. 동물들이 텐트를 걷어올리고 있고요. 여인은 공주 같은 옷을 입고 어딘지 모르게 소박한 느낌으로 서 있군요. 여인에 비하면 아름다운 진주 장식도 왠지 모르게 빛을 잃는 듯해요. 시녀는 작은 보석함을 열고 목걸이를 하나 꺼내고 있어요. 오랫동안 잠들어 있던 묵직하고 예쁜 보석 목걸이를. 작은 개가 옆에서 몸을 한껏 늘이며 그것을 얌전하게 지켜보고 있어요. 당신도 텐트 맨 위에 적혀 있는 글귀를 읽었겠지요? '하나뿐인 내 사랑에게'라고 적혀 있군요.

이건 어찌된 일일까요? 저 작은 토끼는 왜 저 아래쪽에서 뛰어다니고, 당신은 왜 그 모습을 보고 있나요? 화면 전체가 왠지 모르게 어수선하군요. 사자는 멍하니 가만있을 뿐이고, 여인이 손수 깃발을 들고 있군요. 아니 깃발에 기대고 있는 건지도 모르지요. 다른 한 손으로는 일각수의 뿔을 잡고 있어요. 누군가의 죽음을 슬퍼하는 것처럼. 이렇게 고개를 꼿꼿이 쳐든 채 슬퍼할 수도 있을까요? 군데군데 색 바랜 천을 덧댄 저 초록빛 도는 검은 상복만큼 차분해 보이는 옷이 세상에 또 있을까요?

하지만 마지막 한 장은 다시 무슨 축제라도 벌어진 것 같군요. 그런데 초대받은 사람은 아무도 없어요. 이곳에는 어떠한 기대도 존재할 여지가 없어요. 모든 게 갖춰져 있으니까요. 모든 것이 영원히 충만하지요. 사자는 아무도 와서는 안 된다는 듯이 무서운 표정으로 사방을 노려보고 있어요. 여인은 피곤한 걸까요? 여인이 피곤해하는 모습은 이번이 처음이군요. 아니면 뭔가 무거운 것을 들고 있어서 주저앉아 버린 걸까요? 성체 현시대(사체가 하느님의 축복을 내릴 때 성스러운 빵과 포도주를 올려 놓는 대)같이 생긴 것을 들고 있는 것이 보이는군요. 하지만 한쪽 팔은 일각수 쪽으로 내밀고 있어요. 그리고 그 동물은 재롱이라도 부리는 것처럼 앞발을 들고서 그녀의 무릎에 기대고 있군요. 그녀가 들고 있는 것은 거울이 분명해요. 보세요, 그녀는 일각수의 모습을 거울에 비춰 주고 있어요.

아벨로네, 난 당신이 여기 있다고 상상해요. 아벨로네, 무슨 말인지 알겠어요? 당신이라면 분명히 내 마음을 이해할 거라고 믿어요.

제2부

〈여인과 일각수〉 태피스트리는 이제 더는 부사크 고성(古城)에 걸려 있지 않다(1882년 박물관으로 옮겨지기 전까지 부사크 고성에 걸려 있었다). 오늘날 유서 깊은 가문의 저택에는 아무것도 남아 있지 않다. 그들이 소장할 수 있는 물건은 아무것도 없다. 위험이 안전보다 더 신뢰를 얻는 세상이다. 델르비스트 집안은 이제 단 한 사람도 남아 있지 않고, 그 혈통을 핏속에 지닌 사람도 찾아볼 수 없다. 모두 먼 과거의 사람이 되어버린 것이다. 피에르 도뷔송이여, 유서 깊은 집안 출신의 위대한 기사단장이여, 이제 당신의 이름을 부르는 사람은 아무도 없다. 모든 것을 찬미하고 어느 것 하나 포기하지 않는 이 태피스트리는 당신의 뜻에 따라 만들어졌으리라. (아, 왜 시인들은 이 양탄자와는 다른 방식으로, 훨씬 적나라하게 여인들에 대해 써온 것일까? 그건 우리가 양탄자가 표현한 것보다 더 많은 것을 알아서는 안 되기 때문이리라.) 우리는 우연히 그 자리에 함께하게 된 다른 사람들과 이 태피스트리 앞에 서서, 문득 자신이 불청객이 된 듯한 기분을 느낀다. 그런데 오히려 어떤 사람들은 사람이 많이 몰리지 않는 곳에는 관심을 보이지 않는다. 젊은 사람들은 아예 발길을 멈추려는 기색조차 없다. 그것이 가진 이런저런 특징에 대해 한번 봐두는 것이 자신의 공부에 꼭 필요한 것이 아닌 한, 그들은 결코 눈을 돌리려 하지 않는다.

그러나 이따금 젊은 처녀들이 이 태피스트리 앞에 설 때가 있다. 자신의 집안에서 그런 물건들이 사라져 버려서, 박물관에 와서 그것을 바라보기 때문이다. 처녀들은 태피스트리 앞에 조용히 서서 잠시 자신을 잊고 열중한다. 그녀들은 그림이 알려주는 대로, 꼭 개화된 태도를 갖지 않더라도 느슨하고 조용한 삶이 있으리란 느낌에 잠긴다. 그리고 한때 그렇게 살아가리라 생각했던 것을 어렴풋이 떠올린다. 처녀들은 갑자기 스케치북을 꺼내 무엇이든 생각나는 대로 그리기 시작한다. 꽃도 좋고 행복한 작은 동물도 좋다. 무엇을 그리든 상관없다. 당신에게 귀뜸해 주리라. 그러니 무엇을 그리는가는 중요치 않다. 다만 그리는 일 자체, 그것이 중요하다. 어느 날 그녀들이 집을 뛰쳐나온 것도 바로 이를 위해서가 아니었던가. 그녀들은 좋은 집안 출신이다. 그런데 그림에 몰두하느라 팔을 치켜들다 보면 등 뒤 드레스 단추가 풀린다. 그런 옷에는 아무리 손을 뻗어도 닿지 않는 단추가 한두 개는 있기 마련이다. 옷을 지을 때 혼자 갑작스럽게 외출할 경우를 전혀 생각지 못한 탓이리라. 집에는 언제든지 단추를 채워줄 사람이 있다. 그러나 이런 대도시에 오면 그런 여유는 어디에도 없다. 그러려면 친구라도 만들어야 한다. 하지만 서로 똑같은 처지이기 때문에 자신이 도움을 받으려면 자신도 친구의 단추를 채워 주어야 한다. 그런 일은 왠지 우스꽝스러워 보이고 떠올리기도 지긋지긋한 가족들을 생각나게 한다.

그림을 그리다 보면, 문득 그냥 집에 가만히 남아 있을 걸 하는 생각이 들기도 한다. 다른 식구들처럼 독실하고 순종적인 사람이 될 수도 있었으리라. 하지만 다른 사람들과 똑같이 되려고 애쓰는 것도 어리석고 우스꽝스러워 보인다. 이제 길은 좁고 답답해져 가족이 다 함께 하느님을 향해 나아가는 것도 어려워졌다. 가족들이 그럭저럭 나눌 수 있는 것이라고는 여러 가지 물건들뿐이다. 게다가 나눔이 정직하게 이루어질 때 개인에게 돌아가는 몫은 말하기도 부끄러울 만큼 적을 뿐더러, 반대로 거기에 속임수라도 끼어들면 다툼이 생기기 마련이다. 그러니 이렇게 그림이나 그리는 것이 훨씬 낫다. 꾸준히 그리다 보면 언젠가는 실물과 똑 닮은 그림을 그릴 터이고, 더 나아가 남들이 시샘할 만큼 놀라운 성취를 거둘지도 모른다.

그렇게 그림에 집중하면, 처녀들은 더 이상 눈을 떼지 않게 된다. 이제 그림을 그리는 것은 자신들 앞에 서 있는 저 그림 속 존재가 눈부시게 드러내는, 자신의 내면에서부터 치밀어오르는 영원한 삶의 본능을 가까스로 억누르는 작업에 다름 아님을 그녀들은 알지 못한다. 아니, 믿으려 하지 않는다. 이미 세상이 너무나 많이 변해 버렸기에, 그녀들 스스로도 변화하고자 한다. 자신을 포기해 버리고, 남자들이 뒷공론으로 수군거릴 수 있는 그런 여자로 스스로를 바라보려고 한다. 그렇게 변하는 것이 마치 진보인 듯 생각한다. 삶이란 쾌락을 추구하는 것이고, 하나의 쾌락이 충족되면 또 다른 쾌락을, 그 다음엔 또다시 다른 쾌락을 추구하는 과정일 뿐이며, 욕망을 거부하는 건 바보짓일 뿐이라는 세상의 주장에 거의 설득당한 모습이다. 그녀들은 이미 주위를 두리번거리며 찾기 시작했다. 진정한 힘은 언제나 스스로의 내면에 존재해 왔음에도.

이런 자포자기에 이르게 된 것은 그녀들이 너무나 지쳤기 때문이리라. 오랜 세월 동안 여성들은 사랑을 인생의 전부로 알고 살아왔다. 여자는 연인 사이의 대화에서 남자 몫까지 대신 맡아 왔다. 남자는 그저 여자가 말한 것을 변변치 못하게 따라하는 데 그칠 뿐이었다. 남자들은 그 특유의 산만함과 무심함, 그리고 여자에 대한 질투심—질투심은 곧 무심함의 일종이기도 하다—으로 인해 이 사랑의 대화를 배우기 어려워한다. 반대로 여자들은 밤이나 낮이나 자신의 사랑을 소중히 품어 키워왔고, 그에 따라 자연스럽게 절망 또한 깊어졌다. 그리고 이런 여자들 가운데서 마침내 가스파라 스탐파(1523~1554, 이탈리아의 여류시인으로 콜랄티노 백작과의 사랑으로 유명해졌다. 릴케는 《두이노의 비가》에서 사랑을 대하는 그녀의 자주적인 태도를 찬탄한 바 있다)나 그 유명한 포르투갈 수녀(가브리엘 드 기유라그의 서간체 소설 《포르투갈 수녀의 편지》의 마리안 수녀를 가리킨다. 릴케는 이 작품을 독일어로 번역했다)와 같은 강인한 사랑의 여성들이 나타났다. 이들은 남자를 사랑하면서도 남자를 뛰어넘었고, 또한 떠나간 남자에게 미련을 품지 않았다. 이 두 여인은 그 고통이 더 이상 한정될 수 없는 어떤 혹독한 얼음 같은 아름다움으로 거듭날 때까지 사랑을 멈추지 않았다. 우리가 이 여인들의 존재를 알게 된 것은 기적적으로 발견된 편지와, 원망과 한탄의 시가 기록된 책과, 그리고 이들의 초상화—화가들이 진정한 의미를 알아보지 못했기에 오히려 그 실체를 포착해내는 데 성공한, 오늘날 미술관에 걸린 채 눈물이 그렁그렁한 눈으로 우리를 바라보고 있는—덕분이다. 그러나 이들과 같은 여성은 이 세상에 수없이 많이 존재했을 것이다. 다만 그들은 자신이 쓴 편지를 태워버렸거나, 아예 쓰지 않았을 뿐이다. 마음속 깊은 곳에 여전히 소중한 사랑의 불씨를 간직하고 있는 늙고 메마른 여자. 삶에 지쳐 여성다운 외모를 잃고 어느새 비대해져 버린, 하지만 그 내면의 어둠 속엔 여전히 생생한 사랑의 물줄기가 흐르는 여자. 원치 않는 아이를 임신하고 결국 여덟 번째 아이를 낳다가 죽었지만, 평생 사랑을 꿈꾸며 설레는 소녀의 마음과 몸짓을 간직했던 여자. 그리고 난폭한 술주정뱅이 남편과 살면서도 내적으로는 언제나 먼 거리를 유지할 수 있는 방법을 알고 있는, 그래서 언제나 성인들에 둘러싸인 듯 빛이 나는 여자. 이런 여자들이 이 세상에 얼마나 많이 존재해 왔을지 누가 알겠는가. 그녀들은 다만 다른 사람에게 자신의 삶을 알릴 만한 어떤 흔적도 남기지 않고 떠나갔을 뿐이다.

그러나 이제 모든 것이 너무나 빠르게 변해가고 있으니, 우리 남자들 또한 변해야 하지 않을까? 작은 일에서부터라도 조금씩 사랑이라는 과제에 우리의 힘을 보태야 하지 않을까? 우리는 모든 무거운 짐을 여성에게 떠넘겨 왔다. 아이의 장난감 상자 속에 떨어진 아름다운 레이스 조각은 처음엔 아이의 상상력을 자극하는 노리개로 쓰이다 이내 싫증이 나면 망가진 장난감들 가운데 내버려진다. 이처럼 사랑이 우리의 한낱 유희의 대상으로 전락하게 된 것도 바로 이러한 이유 때문이다. 겉보기엔 전문가처럼 보일지라도 우리는 경박한 쾌락에 물든 아마추어와 같다. 그러나 우리가 지금까지의 성공을 경멸하고 사랑이 어떻게 작용하는지 배우는 데서부터 다시 시작한다면, 우리가 완전한 초심자로 돌아간다면 참으로 많은 것이 달라질 것이다.

나는 어머니가 작은 레이스 조각들을 하나하나 펼치던 모습을 기억한다. 어머니는 언제나 잉게보르크의 책상 서랍 가운데 하나를 레이스를 넣어두는 데 사용했다.

"말테야, 이것 좀 보렴." 어머니는 이렇게 말하고 노란색 래커칠을 한 작은 서랍에 넣어둔 레이스가 방금 누구한테서 선물받은 물건이라도 되는 것처럼 바라보며 기뻐했다. 어머니는 마음이 설레 자기 손으로는 차마 얇은 종이 포장지를 뜯지 못했다. 그래서 언제나 포장지를 벗기는 건 내 몫이었다. 하지만 레이스가 보이기 시작하면 나도 똑같은 흥분에 사로잡히곤 했다. 레이스는 나무 막대에 감겨 있었는데, 나무 부분은 레이스에 가려서 전혀 보이지 않았다. 우리는 그것을 가능한 한 천천히 풀었다. 펼쳐지는 레이스 무늬를 가만히 보다가 레이스가 다 풀리면 언제나 살짝 놀라곤 했다. 그것은 언제나 갑작스럽게, 느닷없이 끝나 버렸기 때문이다.

맨 처음 나온 것은 농부의 정원같이 똑같은 무늬가 반복되는 튼튼한 이탈리아 수공예 셀비지 레이스였다. 그 다음으로는 베네치아식 그물코로 짠 레이스의 격자무늬가 마치 수도원이나 감옥에 우리를 가둘 듯 한가득 눈에 들어왔다. 하지만 격자의 장막은 이내 걷히고, 우리는 다시 따뜻한 온실처럼 촘촘하고 포근하게 가꿔진 인공 정원 깊은 곳으로 들어섰다. 난생처음 보는 아름다운 식물이 커다란 잎을 펼치고 덩굴이 현기증을 일으킬 듯 복잡하게 얽혀 있었으며, 활짝 핀 푸앵 달랑송 (프랑스의 알랑송에서 만들어져 17세기 이래로 유명해진 니들포인트 레이스. 이어 등장하는 발랑시엔, 뱅슈도 레이스의 일종이다) 꽃가루가 주위의 모든 것들을 뿌옇게 만들어 놓았다. 그러다 갑자기 우리는 잔뜩 지치고 어리둥절한 상태로 발랑시엔의 긴 도로로 걸어나왔다. 서리가 하얗게 내린 이른 겨울 아침이었다. 눈 내린 뱅슈의 관목 숲을 헤치고 나아가니 아무도 지나간 흔적이 없는 빈터가 나왔다. 나뭇가지가 신기한 모양으로 늘어져 있었고, 그 아래에 무덤이 있을지도 모른다는 생각이 들었다. 그렇지만 나도 어머니도 그에 대해서는 침묵을 지켰다. 추위는 갈수록 우리를 몰아붙였고 마침내 우리가 작고 섬세한 손뜨개 레이스에 이르렀을 때 어머니는 이렇게 말했다. "이러다간 속눈썹에 성에가 맺히겠어." 그 말을 듣자 나는 정말 속눈썹에 성에가 맺힌 듯한 느낌이 들기 시작했다. 그리고 몸 안쪽이 오히려 따뜻해지는 것이었다.

다시 레이스를 원래대로 감는 것은 지루한 일이어서 우리는 한숨이 나왔다. 시간이 많이 걸리는 귀찮은 일이지만 그래도 남에게 맡기고 싶지는 않았다.

"이 레이스를 우리가 짜야 한다고 생각해 보렴, 얼마나 힘들겠니?" 어머니는 질겁한 표정을 지어 보이며 말했다. 이것을 내 손으로 만든다는 건 생각도 할 수 없는 일이었다. 문득 그동안 나는 사람이 키우는 어떤 벌레가 부지런히 실을 뽑아서 레이스를 짜는 거라고 상상해 왔다는 걸 깨달았다. 물론 레이스를 짜는 건 여자들이었다.

"이런 레이스를 짠 여자는 틀림없이 아름다운 천국에 가 있을 거예요." 나는 경탄하는 목소리로 말했다. 그러고는 천국에 관해서 상당히 오랫동안 입에 올린 적이 없다는 사실을 문득 떠올렸다. 어머니는 안도의 한숨을 내쉬었다. 드디어 레이스를 도로 다 감은 것이다.

잠시 뒤, 내가 한 말을 잊어버렸을 무렵에야 어머니가 낮은 목소리로 대답했다. "그래, 틀림없이 천국에 갔을 거야. 이렇게 레이스를 펼쳐 보노라면 순수한 행복을 느낄 수 있으니 말이야. 하지만 우리가 어떻게 알 수 있겠니? 그 먼 세상의 일을."

이따금 손님이 와서, 슐린 씨 집안이 많이 쇠락했다는 얘기를 하곤 했다. 오래된 대저택이 2, 3년 전에 불에 타버려 지금은 양쪽에 있던 좁은 별채로 옮겨 비좁게 지낸다는 것이었다. 하지만 손님을 초대하는 것이 오랜 습관이었기 때문에 갑자기 그것을 그만둘 수는 없었던 모양이다. 누가 느닷없이 우리 집에 오면, 대개 슐린 씨 집에서 돌아오는 길에 들르는 것이었다. 또 우리 집 응접실에 있던 사람이 갑자기 시계를 보고 화들짝 놀라 나가면, 틀림없이 뤼스타거의 슐린 씨와 약속이 있는 것이었다.

어머니는 그즈음 바깥나들이를 전혀 하지 않고 있었다. 하지만 슐린 씨 집에서는 그런 사정을 전혀 몰랐다. 하는 수 없이 어머니도 그 집을 한 번 방문하기로 했다. 12월이어서 이미 두세 번 눈이 내린 뒤였다. 눈썰매는 3시에 올 예정이었다. 나도 가기로 했다. 하지만 우리 집에서는 정확하게 예정된 시간에 출발한 적이 한 번도 없었다. 어머니는 마차가 왔다고 전갈받는 것을 싫어해서 언제나 일찌감치 아래층에 내려가서 기다렸다. 그런데 거기에 아직 아무도 나와 있지 않으면, 어머니는 꼭 뭔가 해야 할 일을 생각해 낸다. 그러고는 다시 이층으로 돌아가서 어딘가를 뒤지거나 정리하느라 아무리 기다려도 나타나지 않는 것이다. 우리는 모두 아래층에 모여서 어머니를 기다렸다. 겨우 어머니가 내려와서 마차에 앉고 짐을 싣고 나면, 어김없이 다시 잊어버린 것이 생각난다. 지베르젠이 불려온다. 무엇이 어디에 있는지는 지베르젠이 아니면 모르기 때문이다. 하지만 지베르젠이 잊어버린 물건을 찾아 돌아오기도 전에 마차가 휑하니 출발해 버린다.

그날은 끝내 날씨가 개지 않았다. 나무들은 짙은 안개에 싸여 있었고, 우리는 어느 길로 가고 있는지도 알 수 없었다. 그렇게 깊은 안개를 뚫고 달려가는 것은 아무래도 무모한 짓이었다. 이윽고 소리 없이 눈이 내리기 시작했다. 눈이 모든 것을 삼켜 버리고 우리는 마치 새하얀 백지 속으로 나아가는 듯한 기분이 들었다. 다만 어디선가 종소리가 들려올 뿐, 도대체 어디를 지나가고 있는지 짐작조차 할 수 없었다. 문득 종소리가 뚝 끊겼다. 그러더니 잠시 뒤 여러 개의 종들이 한꺼번에 더욱 큰 소리로 울리기 시작했다. 나는 왼편에 교회탑이 있는 데까지 왔을 거라고 생각했다. 그러나 뜻밖에도 우리 머리 위로 정원의 나무가 보이기 시작했다. 우리는 긴 가로수길을 지나가고 있었다. 종소리가 완전히 사라지는 일은 없었다. 나는 길 양편의 나뭇가지에 포도송이처럼 종이 달려 있는 것이 아닐까 하고 생각했다. 이윽고 우리는 방향을 바꿔 빙글 한 바퀴 돈 뒤, 오른쪽에 무언가가 얼핏얼핏 보이는 순간 그 한복판에 멈춰섰다.

마부 게오르크는 그곳에 더 이상 건물이 없음을 잊고 있었다. 처음 얼마

동안은 우리도 마찬가지였다. 우리는 집 밖으로 이어진 계단을 올라가 예전에 테라스가 있던 쪽으로 걸어갔다. 그곳이 캄캄한 것을 의아하게 생각하면서. 그러자 갑자기 왼쪽 발아래에서 문이 열리더니 누군가가 "이쪽이에요" 하고 불렀다. 아버지가 침침한 등불을 치켜들어 흔들었다. 그가 웃으면서 말했다. "이런 곳을 헤매고 있으니 마치 유령이 된 기분이군." 아버지는 우리가 계단을 도로 내려가는 것을 도와주었다.

"분명히 여기 집이 있었는데." 여전히 얼떨떨한지 어머니는 친절하게 웃으며 마중 나온 베라 슐린에게 말을 걸지 않았다. 우리는 서둘러 안으로 들어가느라 그 집에 대해서는 더 이상 이러니저러니 말할 겨를이 없었다. 좁은 현관에서 외투를 벗고 방으로 들어서자 밝은 불빛과 발갛게 타오르는 난로가 우리를 맞이했다.

슐린 씨 집안은 대를 이어 자주적인 여성들을 배출한 놀라운 집안이다. 그 집에 아들이 있었는지 어떤지는 기억나지 않는다. 내가 기억하는 건 세 자매뿐이다. 큰딸은 나폴리의 어느 후작과 결혼했는데, 오랫동안 계속된 복잡한 소송 끝에 이혼하고 말았다. 둘째인 조에는 세상에 모르는 것이 없는 여자였다. 그리고 친절하고 온화한 베라가 바로 막내였다. 유감스럽게도 그때 이후로 그녀에 대한 소식은 전해 듣지 못했다. 슐린 백작부인은 나리쉬킨 집안에서 시집온 사람이었는데, 사실상 이 집안의 가장 막내딸 같았다. 백작부인은 아무것도 몰라서 늘 자식들한테서 배워야 했다. 사람 좋은 슐린 백작은 네 부인의 남편인 것처럼, 이 방 저 방 돌아다니면서 모두에게 입을 맞춰 주었다.

백작이 웃으면서 자상하게 인사말을 했다. 나는 곧 부인들에게 에워싸였고, 그녀들은 내 몸을 만지거나 뭔가를 묻기도 했다. 나는 그 순간이 지나면 어떻게든 방에서 몰래 빠져나갈 작정이었다. 아까 그 집이 있던 자리를 다시 살펴보고 싶었다. 그때 난 그 집이 아직도 그 자리에 있다고 굳게 믿었다. 밖으로 나가는 것은 생각만큼 어렵지 않았다. 나는 걸려 있는 옷가지들 밑으로 개처럼 살금살금 기어서 살짝 열려 있던 문을 통해 현관으로 빠져나갔다. 그러나 바깥문은 좀처럼 열리지 않았다. 사슬과 빗장들이 여럿 걸려 있었는데, 마음이 조급해선지 도무지 말을 듣지 않았다. 그러다가 갑자기 문이 열렸다. 하지만 요란한 소리가 나는 바람에 밖으로 나가기도 전에 잡혀 도로 끌려오고 말았다.

"잠깐, 어딜 나가려고 그래?" 베라 슐린이 사뭇 재미있다는 듯이 말했다. 그녀는 허리를 굽힌 채 나를 바라보았고 나는 이 친절한 사람에게는 아무 말도 하지 않기로 결심했다. 내가 아무 말도 하지 않자, 그녀는 단순하게 내가 화장실에 가고 싶어서 나가려고 한 걸로 믿었다. 그녀는 이내 내 손을 잡고 걷기 시작했다. 한편으로는 매우 스스럼없이, 또 한편으로는 조금 고압적으로 나를 어딘가로 데려가려고 했다. 이 은밀한 오해가 나를 몹시 난처하게 만들었다. 나는 몸을 흔들어 그 손을 뿌리치면서 화난 것처럼 그녀를 노려보았다. "난 그 집을 보러 가려는 거야." 하지만 그녀는 내 말뜻을 알아듣지 못했다.

"계단 위의 커다란 집 말이야."

"이런 바보!" 그녀는 재빨리 나를 붙잡았다. "거긴 이제 집 같은 것 없어."

그래도 나는 좀처럼 굽히지 않았다.

"그렇다면 밝은 낮에 같이 보러 가자." 그녀가 달래듯이 말했다. "지금은 어두워서 못 가. 위험한 웅덩이가 있는 데다 그 뒤편에는 아빠의 양어장이 있어. 그곳 물은 얼지 않으니 거기 빠졌다간 그대로 물고기가 되어 버릴걸."

그녀는 그렇게 말하고 나를 앞세워 밝은 방으로 돌아갔다. 모두 의자에 앉아서 얘기를 나누고 있었다. 나는 한 사람씩 그 얼굴을 쳐다보았다. 집이 불타서 사라지면 그저 없어졌구나 하고 아무렇지도 않게 생각하는 그들을 나는 경멸했다. 만약 어머니와 내가 이곳에 살고 있었다면, 그 집은 아직도 제자리에 남아 있을 거라고 생각했다. 저마다 신이 나서 얘기하고 있는데 어머니만 멍하니 있었다. 틀림없이 나처럼 불탄 집에 대해 생각하는 듯했다.

조에가 내 곁에 앉아 이것저것 물어보았다. 그녀의 얼굴은 아주 단정해 보였다. 이따금 뭔가를 가만히 응시하고 있으면, 그 눈길이 갑자기 활활 타오르는 것처럼 빛났다. 아버지는 오른쪽으로 비스듬하게 앉아서 이집 맏딸인 후작부인이 웃으며 하는 얘기에 귀를 기울였다. 슐린 백작은 어머니와 자기 아내 사이에 서서 무언가를 이야기했다. 그때 갑자기 백작부인이 남편의 말에 끼어들었다.

"그렇지 않아, 여보. 그건 당신의 상상일 뿐이야." 백작이 온화하게 말했다. 그러나 두 부인의 머리 위 그의 얼굴에도 불안한 빛이 어리는 듯했다.

백작부인은 그 상상을 거두려고 하지 않았다. 누가 자기 말을 방해하는 것이 싫은 듯이 몹시 열을 올렸다. 백작부인은 반지를 낀 가녀린 손으로 잠시 얘기를 중단하고 살짝 신호했다. 누군가가 "쉿!" 하고 말했다. 방 안이 갑자기 조용해졌다.

오래된 저택에서 사용했던 커다란 가구가 갑자기 사람들 뒤에서 가까이 다가오는 것 같은 생각이 들었다. 조상 대대로 사용해 온 묵직한 은그릇들이 아름답게 부풀어올라 반짝거렸다. 나는 그것이 마치 돋보기로 들여다본 세계처럼 느껴졌다. 아버지가 깜짝 놀라 주위를 둘러보았다.

"엄마가 냄새를 맡고 있어요." 베라가 아버지 뒤에서 말했다. "이럴 땐 조용히 하고 있어야 해요. 엄마는 귀로 냄새를 맡거든요." 그렇게 말하면서 그녀도 눈썹을 추어올리고, 온몸이 코가 되어버린 것처럼 온 신경을 집중하고 서 있었다.

한번 화재를 겪은 뒤, 슐린 집안사람들은 뭔가 타는 냄새에 대해 매우 유별난 반응을 보였다. 좁고 지나치게 따뜻한 방에서는 늘 무슨 냄새가 났다. 그러면 그것을 확인하고 온 가족이 저마다 의견을 말하는 것이었다. 조에는 난로를 살펴보았다. 침착하게 샅샅이 확인해 보았다. 백작은 여기저기 돌아다니다가 방구석마다 잠시 멈춰서서 가만히 기다렸다가는 "이곳은 아닌 것 같군" 하고 말했다. 백작부인도 일어섰지만 어디를 찾아보아야 할지 모르겠다는 눈치였다. 아버지는 자기 뒤에서 냄새가 난다고 생각했는지 천천히 몸을 틀어 돌아보았다. 후작부인은 갑자기 불쾌한 냄새가 난다고 단정하더니 손수건으로 코를 막았다. 한 사람 한 사람의 얼굴을 살피면서 가라앉기를 기다릴 생각인 듯했다. 베라는 "여기예요, 여기" 하고 냄새를 확인한 것처럼 가끔 소리쳤다. 그 말을 할 때마다, 한순간 이상한 정적이 온 방 안을 지배했다. 어느새 나도 모두와 같이 열심히 냄새를 맡고 있었다. 그러자 불현듯 (방의 따뜻한 공기 때문인지 가까이 늘어선 많은 등불 때문인지 모르겠지만) 나는 난생처음 유령에 대한 공포를 느꼈다. 지금 분명히 내 눈에 보이고 있는 어른들이, 아까까지는 아무런 거리낌 없이 떠들며 웃고 있었는데, 이제는 몸을 구부리고 온 방을 걸어다니며 뭔가 눈에 보이지 않는 것을 찾고 있었다. 모두가 누구에게도 보이지 않는 뭔가를 예감했다. 무엇보다 그 광경이 내 마음속에 생생하게 새겨졌다. 그 보이지 않는 것이 어른들보다 더 강하다는 사실은 정말 무서운 일이었다.

나의 불안은 갈수록 커져갔다. 모두가 찾고 있는 것이 갑자기 내게서 뾰루지처럼 튀어나올 것 같은 기분이 들었다. 누군가가 그걸 발견하고 나를 가리킬지도 모른다고 생각했다. 나는 견딜 수가 없어서 엄마를 쳐다보았다. 어머니는 자주 하던 버릇대로 허리를 곧게 편 자세로 앉아 있었다. 나를 기다리고 있는 듯했다. 그래서 나는 얼른 어머니 곁으로 다가가 앉았다. 어머니의 몸이 부르르 떨리는 게 느껴졌다. 그리고 그 순간 나는 그 저택이 다시 사라져가고 있음을 깨달았다.

"말테, 이 겁쟁이." 어디선가 웃는 소리가 들려왔다. 베라의 목소리였다. 하지만 어머니와 나는 서로의 곁을 떠나지 않은 채 견뎌냈다. 그렇게 우리는 그 저택이 완전히 사라질 때까지 부둥켜안고 있었다.

내게 있어서 생일은 불가사의에 가까운 체험으로 가득했다. 알다시피 인생은 하루하루를 구별하는 걸 좋아하지 않는다. 하지만 이날만큼은 잠에서 깨어 눈을 뜨면, 무엇이든 자기 마음대로 즐길 자격을 부여받은 것 같은 기분을 느끼게 된다. 이런 기분은 아주 어릴 때부터 생겨났다. 무엇이든 붙잡을 수 있고 무엇이든 가질 수 있었던, 확고한 상상력을 통해 새로운 욕망을 지배하는 처음과 똑같은 빛깔의 강도로 그 사물을 더욱 강렬하게 만들 수 있었던 유년시절부터.

하지만 그러한 생일은 언제나 상상도 하지 못한 기괴한 하루로 변해버린다. 자기만의 특별한 권리에 대한 의식은 이미 움직일 수 없는 믿음이 되어 있다. 우리는 그런 날이면 주위에 있는 어른들이 이상하게 미덥지 않아 보인다. 지나간 어린 시절처럼 엄마가 옷을 갈아입혀 주고 가족들이 선물을 주는 생일다운 하루가 기다릴 거라 기대하는데, 아침에 눈을 뜨기가 무섭게 방 밖에서 누군가가 "생일 케이크가 아직 오지 않았어" 하고 소리치는 것이 들린다. 그렇지 않으면 생일선물을 식탁에 늘어놓는 한편 뭔가 깨지는 소리가 들리고, 아니면 누군가 문을 열어두는 바람에 미리 봐서는 안 될 것을 어이없이 보게 되기도 한다. 그런 순간은 외과수술을 받을 때와 비슷하다. 살을 찔릴 때 순간적으로 파고드는 날카로운 고통. 그러나 의사의 손은 능수능란하고 확실하게 움직인다. 수술은 금세 끝난다. 끝날 즈음엔 이미 수술은 잊고 다른 생각에 정신이 팔려 있다. 어쨌거나 중요한 건 생일을 망치지 않는 것이다. 그러기 위해서는 생일을 준비하는 이들을 잘 지켜보고 실수가 일어나지 않도록 보살피고 격려해야 한다. 그럼에도 쉬운 일이 아니다. 그들이 움직이는 모습은 믿을 수 없을 만큼 서툴고 한심해 보인다. 그들은 남의 선물을 들고 오기도 하는데, 그걸 보고 그들을 맞으러 뛰어나갔다가 그것이 다른 사람에게 보낼 선물인 걸 깨닫고는 태연한 표정으로 운동 삼아 집안을 달리고 있는 척 연기를 해야 하는 경우도 생긴다. 당신을 깜짝 놀라게 해주려고 그들은 기대 어린 표정을 과장되게 지으며 정작 솜밖에 들어 있지 않은 선물상자의 속포장지를 들어올릴 때도 있다. 그러면 당신은 그들이 당황하지 않도록 무던히도 애를 써야 한다. 태엽장치 장난감을 선물로 가져와서는 시범을 보여준답시고 태엽을 너무 많이 감아서 고장을 내놓는 경우도 있다. 그러니 그들이 당혹스러워하지 않도록 배려하는 차원에서 미리 쥐 모양의 태엽 달린 장난감을 가지고서 아무도 눈치 못 채게 슬쩍 발로 차서 치우는 연습을 해두는 것이 좋다.

어쨌든 결국엔 필요한 모든 일을 해낼 것이다. 여기엔 무슨 특별한 재능이 요구되는 것도 아니다. 재능이란 온갖 수고로움에도 내게 기쁜 선물을 주려는, 그러나 정작 내게는 전혀 기쁘지 않은 그런 선물을 가져오는 때에나 필요한 것이다. 전혀 다른 아이에게나 어울릴, 완전히 낯선 선물이라는 걸 멀리서 보고 알아차린 아이라든지, 심지어 그 선물에 걸맞은 아이가 떠오르지 않을 만큼 생소한 선물이었다.

우리 시대엔 이야기하는 법을 제대로 아는 사람이 없다. 나 또한 다른 누군가에게서 이야기다운 이야기를 들어본 기억이 없다. 아벨로네가 내게 종종 들려주었던 어머니의 젊은 시절 이야기도 제대로 된 것이라고는 할 수 없었다. 어쩌면 할아버지 브라에 백작이 그나마 제대로 이야기할 줄 아는 마지막 사람이었을지도 모르겠다. 이제 아벨로네가 들려준 이야기를 여기에 기록해두고자 한다.

물론 아벨로네에게도 감수성이 풍부했던 젊은 시절이 있었다. 그때 브라에 집안은 시내 큰 거리에 거주하면서 사교계 활동에도 적극적이었다. 그녀는 다른 사람과 마찬가지로 밤늦게 위층 자기 방으로 올라갈 때면 완전히 녹초가 된 기분이 들었다. 그러던 어느 날 갑자기 그녀의 마음에 창문이 다가왔다. 그때부터 그녀는—내가 이해한 게 옳다면—몇 시간이고 밤의 창문 앞에 서서 하늘을 바라보곤 했다. 그것이 자신과 관계된 일이라고 생각했다는 것이다. 그녀는 말했다. "난 꼭 죄수가 된 기분으로 창가에 서 있었단다. 별들은 자유로운 존재였지." 그러고 나면 그녀는 쉽게 잠에 빠질 수 있었다. 사실 '잠에 빠진다'는 표현은 그 시절의 아벨로네에게는 어울리지 않는 말이다. 차라리 잠은 '솟아오르는' 어떤 것이라고 해야 했다. 이따금 눈을 떴다가 새로운 잠의 세계로 떠오르는 그런 것이었다. 가장 높은 세계까지는 한참이나 남았는데 아직 날이 새기도 전에 눈이 떠지곤 했다. 가족들이 느지막이 모두 졸린 얼굴로 늦은 아침식사를 하러 나오는 한겨울에도 그녀는 변함이 없었다. 날이 저물면 가족 모두를 위한 촛불이 켜졌다. 그러나 아직 채 밝지 않은 어둠속에 켜둔 두 개의 촛불은 오직 한 사람만을 위한 것이었다. 또다시 펼쳐질 하루를 품은 어두운 박명이 그 불빛을 감싸고 있었다. 낮은 쌍촛대에 켜져 있는 촛불은, 작은 타원형의 장미꽃이 그려진 망사 갓을 뚫고 조용하게 주위를 비추었다. 이따금 초가 타들어가는 것에 맞춰 갓을 내려야 했다. 하지만 그것도 전혀 번거롭지 않았다. 마음을 차분하게 가라앉히고 평소보다 정성 들인 수줍고 아름다운 필체로 편지나 일기를 적어 내려가노라면 이따금 거기서 눈을 떼고 생각을 정리할 시간이 필요했기 때문이다.

브라에 백작은 딸들과 완전히 동떨어져 생활했다. 그는 다른 사람과 함께하는 삶이란 망상에 불과한 것이라 여겼다('흥, 함께 사는 생활이라고?' 하고 그는 말했다). 그러나 사람들이 그의 딸들에 대해 얘기하는 것은 기분 나쁘지 않았다. 백작은 마치 딸들이 다른 도시에서 살고 있기라도 한 것처럼, 살짝 긴장하면서 사람들의 말에 귀를 곤두세웠다.

그러던 어느 날 아침식사가 끝난 뒤 백작이 아벨로네에게 곁에 오라고 눈짓을 했다. "우린 습관이 비슷한 것 같구나. 나도 이른 아침에 글을 쓰거든. 너라면 날 도와줄 수 있겠다." 그것은 아주 드문 일이었다. 아벨로네는 그 순간을 마치 어제 일처럼 생생히 기억했다.

바로 이튿날 아침, 그녀는 아버지의 별실로 불려갔다. 그곳은 아무도 들어가서는 안 되는 방이었다. 그러나 그 진기한 방을 둘러볼 여유는 주어지지 않았다. 그녀는 바로 백작 맞은편 책상 앞에 앉아야 했다. 커다란 책상이 그녀에게는 마치 광활한 들판처럼 보였고, 책상 위에 쌓여 있는 서류와 책들은 여기저기 흩어져 있는 마을 같았다.

백작은 그녀에게 자기가 말하는 것을 받아 적게 했다. 브라에 백작이 회고록을 쓰고 있다는 소문이 아주 틀린 것만은 아니었다. 그러나 세상 사람들이 기대한 것처럼 정치나 군사에 관한 회고록은 아니었다. 누가 그런 문제에 대해 백작에게 말을 꺼내면, 노인은 그저 퉁명스럽게 그런 건 이제 다 잊어버렸다고 대답하곤 했다. 반면 그가 잊고 싶어 하지 않았던 것은 어린 시절이었다. 그는 그 추억을 몹시 소중하게 여겼다. 먼 옛날 아득한 시절이 온통 그의 마음을 지배했다. 내면으로 눈을 돌리면 언제든 어린 시절 잠 이루지 못하던 북극의 여름밤이 펼쳐졌다. 그가 생각하기에, 이것은 너무나 자연스러운 일이었다.

이따금 백작은 의자에서 벌떡 일어나 촛불을 향해 말을 쏟아냈고, 그 바람에 촛불이 깜박깜박 흔들렸다. 그리고 나서는 다시 방금 쓴 글을 전부 지우게 하고, 발소리도 거칠게 방 안을 이리저리 걸어다녔다. 푸른기가 도는 엷은 녹색 비단 잠옷 자락이 펄럭거렸다. 옆에 또 한 사람이 있었는데, 스텐이라는 유틀란트 출신의 늙은 집사였다. 백작이 펄쩍 뛰듯 일어날 때 책상 위에 흩어진 종이들을 얼른 손으로 누르는 것이 그가 하는 일이었다. 그의 주인은 현대의 종이를 탐탁지 않게 여겼는데, 너무 가벼워서 걸핏하면 날아가 버린다고 생각했기 때문이다. 스텐은 백작과 똑같이 생각했다. 책상에 가려져 길쭉한 상반신만이 보이는 그의 모습은 대낮의 빛에 눈부셔하는 생긴 부엉이를 연상시켰는데, 그는 진지한 표정으로 종이를 잡기 위해 두 손을 벌리고 앉아 있었다.

스텐은 일요일 오후마다 스베덴보리(1688~1772. 스웨덴의 자연과학자, 철학자, 신비주의 신학자. 심령 체험을 겪은 뒤 과학적 방법의 한계를 깨닫고, 신비주의 신학 연구에 매진했다)를 읽었다. 다른 하인들은 누구도 그의 방에 들어가려 하지 않았는데, 들은 바로는 그가 방에서 죽은 이와 대화를 나눈다는 소문 때문이었다. 본디 스텐 집안사람들은 예전부터 영혼과 접촉해 왔다고 한다. 그 가운데서도 스텐은 이러한 종류의 소통을 위해 특별히 선택된 사람으로 여겨졌다. 그의 어머니는 스텐을 낳던 날 밤 유령을 보았다. 스텐이 그 커다란 눈을 둥그렇게 뜨고 누군가를 바라보고 있으면, 그 눈길이 마치 그 사람의 뒤쪽에 가닿는 느낌을 주었다. 아벨로네의 아버지는 그에게 가끔 친척의 안부를 묻듯이 영혼의 안

부를 물었다. "요새도 찾아오고 그러나, 스텐?" 백작은 다정한 말투로 묻곤 했다. "와주면 좋겠는데."

구술과 받아적기는 며칠이나 이어졌다. 그러던 어느 날 아벨로네는 '에케 른푀르데'의 철자를 제대로 쓸 수 없었다. 고유명사임이 분명했지만, 한 번 도 들어보지 못한 단어였다. 사실 백작은 말하는 속도보다 훨씬 느린 받아쓰 기가 답답하여, 벌써부터 그녀를 그만두게 할 핑계를 찾고 있던 차였다.

"그걸 쓸 줄 모른단 말이야?" 백작은 소리를 질렀다. "그럼 다른 사람들 도 그걸 읽을 수 없겠지. 이러니 사람들이 어떻게 내 글을 이해하겠어?" 백 작은 아벨로네를 노려보며 잔소리를 계속했다.

"생 제르맹이라고 쓰면 사람들이 어떻게 알아? 언제 우리가 생 제르맹이 라고 불렀느냐? 냉큼 지우고 벨마레 후작이라고 다시 써라."

아벨로네는 지우고 다시 썼다. 그러나 그 뒤에도 백작이 말하는 속도가 너 무 빨라서 도저히 따라갈 수 없었다.

"이 뛰어난 인물, 벨마레 후작은 보통 아이들이라면 질색했는데도 나를 무릎에 올려 안아 주곤 했지. 그때 난 아주 어린 아이였다. 나는 후작의 옷 에 달린 다이아몬드 단추를 깨물어보고 싶어 견딜 수 없었지. 후작은 내가 그러는 것을 무척 좋아했어. 그는 웃으면서 내 얼굴을 들게 했고 우리는 가 만히 눈과 눈을 맞췄지. '녀석, 아주 튼튼한 이를 가졌구나, 대단한 이를 가 졌어……' 하고 말하더구나. 나는 계속해서 후작의 눈을 빤히 들여다보았지. 그 뒤, 나는 곳곳을 다니면서 많은 사람의 눈을 보았지만 그런 눈은 다시 본 적이 없어. 모든 게 그 눈을 한 번 보는 걸로 충분했지. 구태여 따로 찾아가 볼 필요가 없었다. 이미 그 눈 속에 다 담겨 있으니까. 베네치아에 대해 들 어 보았니? 그래, 이를테면 베네치아 말이다, 후작의 눈은 그 베네치아를 이 방 안에 금방 옮겨올 수 있었단다. 저기 있는 책상처럼 아무렇지도 않게 몽땅 들어옮기는 거지. 후작이 아버지에게 페르시아에 대해 얘기하는 것을 들은 적이 있지. 난 지금도 이따금 내 손에서 페르시아의 냄새가 나는 것 같 단다. 아버지는 후작을 존경하셨지. 주장관인 영주 전하는 거의 후작에게 사 사했을 정도이고, 물론 그가 자신의 과거 경험에 지나치게 의존하는 경향이 있다고 못마땅해 하는 사람도 꽤 있었단다. 그들은 사람이 진정으로 이해할 수 있는 건 오직 제 안으로 받아들여 자신의 피와 살로 녹여낸 것뿐임을 몰랐던 거야."

"책은 헛된 물건에 불과해." 백작은 벽 쪽을 향해 분노가 치미는 듯한 몸짓을 하며 소리쳤다. "중요한 건 책이 아니라 피다. 피를 읽어야 해." 벨마레 후작은 뛰어난 삽화가 곁들여진 놀라운 이야기책을 자신의 핏속에 지니고 있었단다. 그는 마음 내키는 대로 아무 쪽이나 펴면 되었어. 거기에는 틀림없이 뭔가 재미있는 사건이 적혀 있었으니까. 그 피의 책장은 한 장이라도 건너뛰어서는 안 돼. 가끔 그는 방에 틀어박혀서 혼자 한 장 한 장 넘겨보곤 했어. 그러다 보면 연금술이나 보석, 색채학 같은 신기한 대목에 이르기도 했지. 그의 핏속에는 틀림없이 그런 진기한 이야기들이 적혀 있었던 거야. 이건 틀림없단다."

"후작은 혼자 살 수만 있었다면, 진실과 함께 아무 문제 없이 살아갔을 거야. 하지만 이런 진실과 한 지붕 밑에서 사는 건 결코 만만한 일이 아니지. 또 그는 사람들을 일부러 불러서 진실과 함께 살고 있는 자신의 삶을 보여줄 만큼 멋없고 아둔한 인물이 아니었어. 자신의 반려인 진실이 사람들의 소문거리가 되는 걸 원치 않았던 거야. 그런 점에서 보면 꽤 동양적인 데가 있었어. 그는 진실을 향해 진심을 담아 이렇게 말했지. '그럼, 잘 있어요, 부인. 언젠가 다시 만날 날이 있겠지요. 뭐 1천 년쯤 뒤에는 조금은 힘이 생겨 주위의 눈치를 보지 않고 사는 인간이 되어 있을지도 모르지 않소? 당신의 아름다움은 지금도 그 스스로를 드러내고 있지만 말이오.' 그는 단순한 인사치레로 그런 말을 한 것이 아니야. 후작은 그렇게 말하고는 그 집에서 뛰쳐나갔지. 그러고는 사람들을 위한 동물원을 지었지. 우리가 지금껏 본 적 없는 더 큰 거짓말을 위한 일종의 놀이공원을, 허풍을 위한 온실을, 거짓 비밀의 무화과 숲을 가꾸었던 거야. 그러자 사람들이 신기한 듯이 사방에서 모여들었지. 그는 다이아몬드 버클이 달린 신발을 신고서 어슬렁거리며 온종일 손님들의 시중을 들었어."

"껍데기뿐인 일상이 아니냐고? 어째서? 그건 그의 기나긴 인생에 주어진 선물일 뿐만 아니라 그의 여인에 대한 기사도 정신의 증표였어."

아까부터 노인은 아벨로네를 상대로 얘기하고 있는 것이 아니었다. 그는 흥분하여 앞으로 뒤로 빠르게 걸음을 옮기며 스텐을 노려보았다. 마치 스텐이 금방이라도 자기가 떠올린 후작의 모습으로 변하기라도 할 것처럼. 그러나 스텐은 그냥 평범한 집사일 뿐이었다.

"후작을 눈앞에서 직접 한번 봐야 하는데." 브라에 백작은 홀린 사람처럼 말을 이었다. "그가 여러 도시와 마을에서 받은 편지에는 봉투에 주소가 적혀 있을 뿐이었다네. 그 밖의 글자는 하나도 없고 받는 사람 이름조차 없었다고 하지만, 그 시절엔 그의 모습을 똑똑히 볼 수 있었지. 난 후작을 내 눈으로 보았어."

"그는 잘생긴 편은 아니었지." 백작은 특유의 짧은 웃음소리를 냈다. "세상 사람들이 고상하다, 기품이 있다고 말하는 것과는 달랐어. 후작 곁에는 언제나 그보다 세련되어 보이는 사람들이 모여 있었어. 그는 부자였지. 하지만 그에게 돈이란 믿고 의지할 만한 물건이 못 됐어. 다른 이들이 더 잘나긴 했지만, 그도 체격이 좋은 편이었지. 그때 난 너무 어려서 그가 지적인 흥미를 불러일으키는 사람인지, 또는 가치 있는 인간으로서 이러저러한 특징을 갖고 있는지 판단할 수 없었어. 하지만 그는 내 앞에 있었어."

백작은 부르르 몸을 떨더니 갑자기 팔을 내밀어 마치 진열장 물건을 다루듯이 보이지 않는 어떤 물건의 위치를 바로잡고는 조심스럽게 손을 뗐다. 그 순간 문득 그는 곁에 있는 아벨로네의 존재를 깨달았다.

"그가 보이니?" 백작이 그녀에게 소리쳤다. 그러고는 느닷없이 은촛대를 집어들어 그녀의 얼굴을 환하게 비췄다. 아벨로네는 그때 진짜로 후작을 봤다고 생각했다.

그 뒤로도 며칠인가를 아벨로네는 날마다 불려갔다. 그 일이 있고 나서부터 작업은 한결 수월하게 진행되었다. 온갖 기록을 통해 백작은 자신의 아버지가 중요한 역할을 맡았던 베른슈토르프 사교계에 대한 어린 시절의 기억을 정리했다. 아벨로네도 이제 자신의 특별 업무에 완전히 익숙해져서, 누구든 두 부녀가 일하는 모습을 본 사람이라면 그들이 정말 한마음으로 공동의 작업에 몰두하고 있다고 생각했을 것이다.

그러던 어느 날 아벨로네가 방에서 나가려는데 노 백작이 그녀 곁으로 다가왔다. 등 뒤에 깜짝 선물이라도 감추고 있는 듯한 모습이었다.

"내일은 율리 레벤틀로우에 대해 쓸 생각이다." 그는 이렇게 말하고는 잠시 그 이름을 음미하는 듯하더니, 한 마디 덧붙였다. "그녀는 성녀였단다."

아벨로네는 아마도 의심스러운 듯한 표정을 했을 것이다.

"그래, 이 세상에는 아직도 성녀가 존재해." 마치 명령하듯이 그가 말했다. "정말 그렇단다, 아벨로네."

그는 아벨로네의 손을 잡더니 책을 펴듯이 손바닥을 펼쳤다.

"그녀에게는 성흔(聖痕)이 있었어, 바로 여기, 그리고 여기도." 차가운 노인의 손가락이 그녀의 두 손바닥을 강하게 툭툭 쳤다.

아벨로네는 성흔이라는 말이 무슨 뜻인지 몰랐다. 그러나 곧 알게 될 거라고 생각했다. 그녀는 아버지가 실제로 보았다는 그 성녀에 대한 이야기가 못 견디게 궁금했다. 그러나 그날 이후 백작은 그녀를 부르지 않았다. 다음 날도, 또 그다음 날도.

내가 그 이야기를 더 해달라고 조르자, 아벨로네는 "레벤틀로우 백작부인에 대해서는 너희 집 가족들도 자주 얘기하곤 했어." 말하고는 이내 입을 닫았다. 그녀는 피곤해 보였다. 이미 그때 일은 대부분 잊어버렸다고 했다. "하지만 지금도 가끔씩 그 차가운 손가락의 감촉이 생각날 때가 있어." 그녀는 그렇게 말하면서 미소 지었다. 그러고는 자기 손바닥을 신기한 듯이 가만히 들여다보았다.

아버지가 세상을 떠나기 전부터 이미 모든 것이 변해가고 있었다. 울스고르는 더 이상 우리 땅이 아니었다. 아버지는 왠지 적대적이고 냉담한 분위기를 풍기는 시내의 한 아파트에서 돌아가셨다. 나는 그 무렵 이미 고향을 떠나 있어 서둘러 돌아갔지만 아버지의 임종을 지키지는 못했다.

아버지의 관은 안뜰을 향한 방에 안치되었는데 좌우에는 높은 촛대가 두 줄로 늘어서 있었다. 꽃들은 마치 여러 목소리가 한꺼번에 이야기할 때처럼 한데 뒤섞여 무언지 알 수 없는 향기를 뿜고 있었다. 눈을 감은 아름다운 아버지의 얼굴에는 희미한 추억을 회상하는 듯한 표정이 어려 있었다. 수렵관 제복이 입혀져 있었는데, 무슨 이유에선지 푸른 휘장이 새하얀 색으로 바뀌어 있었다. 두 손은 깍지를 끼지 않고 비스듬히 십자형으로 포개져 있었는데, 진짜 손이 아닌 것처럼 낯설어 보였다. 아버지는 임종 때 매우 괴로워했다고 하는데 그런 고통의 흔적은 남아 있지 않았다. 아버지의 얼굴은 손님이 비우고 떠난 객실의 가구처럼 깔끔했다. 나는 이런 아버지의 죽은 얼굴을 이미 여러 번 본 적이 있는 듯한 느낌이 들었다. 너무나 낯익은 얼굴이었다.

다만 주위에 보이는 모든 것들이 이상하게 낯설고 불쾌하게 느껴졌다. 마음을 무겁게 짓누르는 방 안 분위기는 생소했고 맞은편에 나 있는 창문은 꼭 남의 집 창문같이 보였다. 이따금 지베르젠이 방에 들어와서 아무것도 하지 않고 멍하니 서 있는 것도 한 번도 본 적 없는 모습이었다. 지베르젠은 무척 늙어 보였다. 나는 아침식사를 하지 않았다. 몇 번이나 식사준비가 되었다는 말을 들었지만, 이런 날 밥을 먹는 건 도저히 내키지 않았다. 나는 사람들이 나를 이 방에서 내보내려 한다는 사실을 몰랐다. 내가 계속 나가지 않자, 마침내 지베르젠이 의사가 와 있다고 넌지시 알려 주었다. 무엇 때문에 의사가 온 건지 짐작도 가지 않았다. 지베르젠은 뭔가 아직 일이 남아 있는 거겠지요, 하면서 빨갛게 충혈된 눈으로 내 얼굴을 가만히 바라보았다. 그때 조금 느닷없이 두 신사가 들어왔다. 의사였다. 앞에 들어온 의사가 홱 하니 턱을 당기고 머리를 수그렸는데, 그 모습이 뿔로 들이받으려는 소를 연상시켰다. 사실은 안경 너머로 처음엔 지베르젠을, 그 다음엔 내 얼굴을 들여다보려고 그런 것이었다.

그는 학생처럼 딱딱하게 인사했다. 그리고 들어올 때와 마찬가지로 느닷없이 이렇게 말했다. "수렵관 각하께서 한 가지 더 분부하신 게 있습니다." 나는 또다시 그가 뿔을 세워 내게로 달려들 것만 같은 느낌을 받았다. 나는 의사가 똑바로 나를 바라보게끔 하려고 애썼다. 다른 의사는 뚱뚱하고 피부가 얇아 보이는 금발의 남자였다. 이런 남자는 쉽게 얼굴이 붉어질 거라는 생각이 문득 들었다. 한동안 침묵이 흘렀다. 죽은 아버지의 당부가 남아 있다니, 이상한 기분이 들었다.

나도 모르게 다시 아름답게 균형 잡힌 아버지의 얼굴을 들여다보았다. 그러자 불현듯 아버지는 확실한 죽음을 원했다는 사실이 떠올랐다. 확실성이야말로 아버지가 평생 바라던 것이었다. 이제 아버지는 원하던 걸 얻게 될 것이었다.

"심장에 침을 꽂는 일로 오신 거군요. 그럼 그렇게 하십시오."

나는 고개를 숙여 인사하고 뒤로 몇 걸음 물러섰다. 두 의사도 동시에 내게 고개를 숙여보이고는 작업을 위해 의논을 시작했다. 누군가가 이미 촛대들을 한쪽으로 치워놓았다. 나이 많은 의사가 다시 몇 걸음 내게로 다가왔다. 그러고는 얼마쯤 떨어진 곳에 멈춰서서 몸을 앞으로 기울이더니 조금 화난 듯한 눈길로 나를 보았다.

"여기 계실 필요는 없습니다." 그가 말했다. "그러니까, 제 생각엔……."

그의 서두르는 듯한 몸짓은 어딘가 엉성하고 초라해 보였다. 나는 한 번 더 고개를 숙여 인사했다. 나도 모르게 그렇게 하고 말았다.

"고맙습니다." 나는 짤막하게 대답했다. "방해되지 않게 하겠습니다."

나는 그 일을 지켜볼 수 있으리라 생각했다. 달리 그 자리를 떠나야 할 이유도 없었다. 해야만 하는 일이었고 그로 인해 그곳에 존재하는 모든 것이 의미를 얻게 될 것이었다. 더구나 나는 이런 의식을 한 번도 본 적이 없었다. 자연스럽게 찾아온, 흔치 않은 경험을 할 수 있는 기회를 포기하고 싶지 않았다. 이미 그때 나는 더 이상 절망을 믿지 않았다. 그러니 두려워할 건 아무것도 없었다.

아니, 아니다, 우리의 상상력이 재현해낼 수 있는 건 이 세상에 아무것도 없다. 왜냐하면 모든 것은 보이지 않는 수많은 개별요소로 구성되어 있기 때문이다. 우리는 성급하게 상상력을 발휘하면서 그런 개별요소들의 존재를 놓칠 뿐만 아니라, 놓쳤다는 사실조차도 알지 못한다. 실재는 느리게 흐르며 말할 수 없이 섬세한 것들로 가득하다.

예컨대, 이렇게 저항에 부딪칠 줄 누가 알았겠는가? 아버지의 넓고 두꺼운 가슴이 드러나자 성급하고 위축된 의사가 곧바로 알맞은 지점을 찾아냈다. 그러나 재빨리 찔러넣은 침은 좀처럼 안으로 파고들지 못했다. 갑자기 방 안의 시간이 멈춘 듯한 기분이 들었다. 우리 모두가 어느 그림 속에 들어와 있는 듯했다. 그러다가 갑자기 무언가가 미끄러져 들어가는 작은 소리가 들렸고, 그와 더불어 한꺼번에 시간이, 우리가 쓸 수 있는 것보다 더 많은 시간이 봇물 터지듯 흘러들었다. 어디선가 무언가를 두드리는 소리가 났다. 전혀 들어본 적 없는 소리였다. 따뜻한, 그러나 감정을 드러내지 않는 이중의 울림이었다. 나는 열심히 귀를 기울였다. 그러면서 동시에 의사가 침을 가슴의 밑바닥까지 찔러넣는 것을 바라보았다. 이 두 가지 인상이 내 안에서 섞여드는 데는 얼마간 시간이 필요했다. 됐어, 끝났군, 나는 생각했다. 두드리는 소리는 마치 만족스럽게 박자를 타고 있는 것처럼 들렸다.

나는 이제는 아주 오랫동안 알고 지내온 사이인 것처럼 낯이 익은 의사를 바라보았다. 그는 참으로 침착해 보였다. 곧 떠나야 할 사람처럼 활기차고 차분한 손놀림이었다. 기쁘거나 만족스러운 기색은 전혀 보이지 않았다. 다만 왼쪽 관자놀이 위로 마치 오래된 본능처럼 머리카락 몇 가닥이 뻗쳐올라 있을 뿐이었다. 의사는 꽂았던 침을 조심스럽게 빼냈다. 그 자리는 사람의 입처럼 벌어졌고, 잠시 뒤 입술에서 알아들을 수 없는 말이 몇 마디 새어나오듯 끈적끈적한 피가 두 방울 배어나왔다. 금발의 젊은 의사가 솜으로 피를 닦았다. 상처는 마치 감긴 눈처럼 고요히 그곳에 있었다.

그때 나는 다시 한 번 인사를 한 것 같다. 무심코, 나도 모르게. 나는 나 혼자 남아 있는 것에 깜짝 놀랐다. 누가 그랬는지 아버지의 제복이 원래대로 단정하게 입혀져 있었다. 그 위에 순백의 휘장이 놓여 있는 것도 전과 조금도 다르지 않았다. 수렵관은 이제 정말로 죽었다. 수렵관뿐만 아니라 그 심장도 함께 죽어 버렸다. 우리의 심장, 우리 집안의 심장이 꿰뚫린 것이다. 이것으로 끝이었다. 글자 그대로 이 마지막 일격은 우리 집안의 투구를 박살냈다고 할 수 있었다. "오늘로 브리게 혈통은 사라졌다." 내 안의 목소리가 그렇게 말했다.

나는 나 자신의 심장에 대해서는 전혀 생각하지 않았다. 나중에 그것을 깨달았을 때, 나는 처음으로 내가 내 혈통과 아무런 연관이 없다고 확신하게 되었다. 그것은 나만의 심장이었다. 내 심장은 벌써 새롭게 태어난 것처럼 힘차게 뛰고 있었다.

그때 내가 바로 떠날 수 없으리라 생각했던 일이 기억난다. 먼저 모든 걸 질서 있게 정리해야 한다고 스스로에게 말했다. 구체적으로 무엇을 정리해야 하는지는 알지 못했다. 딱히 할 일이 떠오르지 않았다. 나는 시내 거리를 걸으며 모든 것이 변해 버렸다는 걸 알아차렸다. 호텔 밖에 나와 있는 것이 즐거웠다. 이제 그곳은 어른이 된 나를 위한 도시였다. 도시는 그곳을 처음 방문한 여행객을 위한 것처럼 내 앞에 가장 멋진 모습을 펼쳐 보이는 것 같았다. 모든 것이 조금씩 더 작아져 있었다. 나는 랑엘리니 산책로를 따라 등대가 있는 곳까지 걸어갔다가 돌아왔다. 이어서 아말링아데 지구로 들어섰을 때, 몇 년 전 보았던 어떤 낯익은 것이 눈에 들어왔다. 그것은 한 번 더 내게 영향력을 행사하려는 것 같았다. 그 구석 창문이나 아치길이며 가로등은 나에 대해 많은 것을 알고 있었고, 그것으로 나를 협박했다. 나는 시선을 피하지 않고 마주 봄으로써, 내가 피닉스 호텔에 머물고 있으며, 언제든 떠날 수 있는 여행객이라는 걸 알리고자 했다. 그러나 그 때문에 나는 양심의 가책을 느꼈다. 저 과거의 영향력과 그 연관관계로부터 내가 진정으로 자유로워진 게 아닐지도 모른다는 의심이 고개를 들었다. 비록 흐릿해 보일지라도 그것은 어느 날 내가 몰래 버려두고 떠나온 것들이 분명했다. 유년시절을 영원히 잃지 않으려면, 그것을 완성할 필요가 있었다. 나는 어떻게 내가 그 시기를 잃어버렸는지를 깨달았고, 동시에 그 빈 자리를 어떤 것으로도 채우지 못하리라는 걸 알았다.

　나는 날마다 드로닝엔스 트베르가데의 좁은 방에서 몇 시간을 보냈다. 누군가가 죽어나간 하숙방이 다 그렇듯이, 그 방은 어딘가 눈에 거슬렸다. 나는 책상과 불을 피워 놓은 큼직한 하얀색 타일 난로 사이를 오가며 수렵관의 서류를 태웠다. 맨 먼저 다발로 묶어 놓은 편지뭉치를 불속에 던졌다. 하지만 너무 꽁꽁 묶어 놓아선지 가장자리만 그을 뿐 타지 않았다. 할 수 없이 매듭을 푸느라고 애를 먹었다. 불붙은 편지뭉치는 강한 확신을 주는 냄새를 풍겼다. 그 냄새는 내 안으로 파고들어와 추억을 뒤흔들어 깨우려고 했다. 하지만 내겐 아무런 추억도 없었다. 이어서 편지 안에서 사진 몇 장이 미끄러져 나왔다. 다른 것들보다 훨씬 묵직해서 그런지, 사진이 타는 데는 믿을 수 없을 만큼 오랜 시간이 걸렸다. 왠지는 모르지만, 갑자기 저 가운데 잉게보르크의 사진이 있을지도 모른다는 생각이 들었다. 그러나 눈에 보이는 건 하나같이 성숙하고 아름다운 여인들의 사진뿐이었다. 그 사진들은 내 생각을 다른 곳으로 이끌었다. 그것은 내 안 어딘가에 여전히 추억이 남아 있다는 증거였다. 사진 속의 눈은 아직 소년이었던 내가 아버지와 함께 길을 건널 때면 마주치던 그 눈과 똑같았다. 아무리 애써도 떨칠 수 없었던 그 눈. 마차 안에서 나를 바라보던 그 눈들. 이제는 그 눈들이 나와 아버지를 비교하고 있었다는 걸 안다. 그 비교가 날 위한 게 아니었다는 사실도. 그도 그럴 것이 아버지는 누구와의 비교도 두려워할 필요가 없는 그런 사람이었기 때문이다.

　나는 비로소 아버지가 무엇을 두려워했는지 알 것 같았다. 이렇게 생각하게 된 이유를 이제부터 말해보겠다. 나는 아버지의 지갑 안쪽 깊숙한 곳에서 고이 접혀 있는 오래된 종이 쪼가리를 발견했다. 얼마나 오래되었는지 종이 전체가 너덜너덜했고 네 귀퉁이도 찢겨져 있었다. 나는 그것을 태우기 전에 읽어 보았다. 정성 들여 쓴 듯한 아버지의 아름답고 단정한 필체였다. 나는 보자마자 그것이 무언가를 베껴쓴 글이라는 걸 알았다.

'죽기 세 시간 전'이라는 구절로 시작되는 그 글은 크리스티안 4세에 대한 이야기였다. 나는 물론 그 문장을 글자 그대로 여기에 옮겨 쓰지는 않으련다. 죽기 세 시간 전, 크리스티안 4세는 자리에서 일어나고 싶어 했다. 시의(侍醫)와 시종 보르미우스가 왕을 부축했다. 그는 휘청거리면서도 어떻게든 가까스로 일어설 수 있었다. 두 사람이 서둘러 누비 잠옷을 입혀 주었다. 그러자 갑자기 왕이 침대 끄트머리에 앉더니 무어라 중얼거렸다. 알아들을 수 없는 소리였다. 시의는 왕의 몸이 침대 위로 쓰러지지 않도록 왼손을 붙잡았다. 그렇게 앉은 채 왕은 가끔 고통스럽고 갈라지는 목소리로 뭔가 알 수 없는 한 단어를 중얼거렸다. 결국 시의가 왕의 마음을 읽어내려 말을 걸기 시작했다. 잠시 뒤 갑자기 왕이 그의 말을 끊더니 매우 분명한 목소리로 물었다. "아, 시의여, 시의여, 이름이 무엇인가?" 의사는 잠시 고심하고는 대답했다. "슈페를링입니다, 폐하."

그러나 왕이 듣고자 한 것은 그의 이름이 아니었다. 왕은 두 사람이 그의 말을 알아들은 것을 보자 아직 멀지 않은 오른쪽 눈을 크게 뜨고 얼굴 전체를 일그러뜨리며 그의 혀가 몇 시간째 말하려 했던 그 한 단어를 발음했다. "죽음." 그가 말했다. "죽음."

종이에 적힌 건 그게 다였다. 나는 그것을 태우기 전에 여러 번 읽었다. 그러면서 아버지가 마지막 순간에 엄청나게 고통스러워했다는 것을 떠올렸다. 사람들에게서 전해 들은 얘기로는 그랬다.

그 뒤로 나는 죽음의 공포에 대해서 많이 생각해 보았고, 그때마다 나 자신의 경험을 떠올리지 않을 수 없었다. 나 또한 그런 공포를 느낀 적이 있다고 말할 수 있다. 그 감정은 사람들로 붐비는 시내 거리에서 느닷없이 엄습해오곤 했다. 물론 여러 이유가 있을 수 있다. 예컨대 누군가가 벤치에 앉아 있었는데 갑자기 벤치가 무너져내리고, 사람들이 그 주변을 빙 둘러싸며 그를 바라보았다. 벤치에 앉아 있던 사람은 이미 두려움의 감정을 느끼지도 못할 만큼 얼어붙어 있었다. 그를 대신하여 두려움을 느낀 건 나였다. 나폴리에서 지냈을 때인가는, 전차를 타고 가는데 내 맞은편에 앉아 있던 한 젊은 아가씨가 죽었다. 처음에는 그저 정신을 잃은 줄만 알았다. 전차는 그대로 한동안 계속 달렸다. 하지만 머지않아 정차해야 한다는 사실이 분명해졌다. 우리 전차 뒤에는 이미 전차가 몇 대나 오도 가도 못한 채 줄줄이 멈춰서 있었다. 그 창백한 얼굴의 뚱뚱한 아가씨는 옆자리 여자의 어깨에 기댄 채 평화로이 죽을 수도 있었을 것이다. 하지만 그녀의 어머니가 이를 허락하지 않았다. 그녀는 딸을 깨우기 위해 온갖 방법을 다 동원했다. 그녀는 딸의 옷을 마구 헤치고, 움직이지 않는 입에다 무슨 액체를 억지로 흘려넣었다. 누군가가 그녀에게 준 알 수 없는 약을 딸의 이마에 문지르기도 했다. 그 순간 희미하게 눈동자가 움직이는 듯하자 그녀는 딸의 몸을 마구 흔들어대기 시작했다. 위로 치뜬 동공이 다시 제자리로 돌아올지도 모른다고 생각한 모양이다. 그녀는 더 이상 아무것도 듣지 않는 딸의 눈동자에 대고 고함을 지르며 딸의 몸을 마치 인형인 듯 붙잡고 흔들어댔다. 그래도 소용이 없자 딸이 죽지 않도록 자신의 팔을 들어올려 있는 힘껏 그녀의 통통한 얼굴을 찰싹찰싹 때리기 시작했다. 그때 나는 공포를 느꼈다.

그러나 죽음의 공포는 그 이전에도 느낀 적이 있었다. 이를테면 내가 키우던 개가 죽었을 때도 그랬다. 그 개의 죽음은 내게 죄책감을 안겼다. 개는 몹시 아팠다. 나는 그날 하루 내내 그 옆에 웅크리고 앉아 있었다. 갑자기 개가 짧게 몇 번 짖었다. 낯선 사람이 방에 들어왔을 때 짖는 소리였다. 말하자면 그 소리는 낯선 존재가 나타났음을 알리는 신호였고, 그래서 나도 모르게 문 쪽을 돌아보았다. 그러나 '죽음'은 벌써 개의 내부에 숨어들어와 있었다. 나는 불안해져서 개를 빤히 바라보았고, 개도 나를 바라보았다. 하지만 그 눈은 마지막으로 작별을 고하는 눈이 아니었다. 개는 노여운 눈빛으로 나를 노려보았다. 그 눈은 '죽음'이 자신 안으로 들어오도록 내버려 둔 나를 탓하고 있었다. 주인인 내가 그것을 쫓아줄 수 있을 거라고 끝까지 믿고 있었던 것 같았다. 그러나 이제야 나를 과신하고 있었음을 안 것이다. 개에게 진실을 납득시킬 만한 시간은 남아 있지 않았다. 그렇게 숨을 거둘 때까지, 개는 암담하고 쓸쓸한 눈으로 줄곧 나를 바라보았다.

가을에도 나는 비슷한 두려움을 느꼈다. 첫서리가 찾아오자 파리들이 방 안으로 날아들었다. 파리들은 방 안의 온기 덕분에 다시 생명력을 얻은 것 같았다. 눈에 띄게 바싹 마른 파리들은 자신의 날갯소리에도 겁을 먹고 몸을 떨었다. 한눈에도 무엇을 해야 할지 모르는 듯했다. 몇 시간이고 가만히 머문 채 멍하니 미동도 않더니, 문득 자기가 아직 살아 있음을 떠올린 것처럼 소란을 피우기 시작했다. 그럴 때면 되는 대로 아무데나 몸을 던지듯 날아가 보지만, 거기서도 무엇을 해야 할지 몰라 당황하긴 마찬가지였다. 이윽고 여기저기서 파리가 툭툭 떨어지는 소리가 들렸다. 그렇게 며칠이 지나자, 파리들은 온 방 안을 기어다니며 천천히 죽어갔다.

게다가 나는 혼자 있을 때도 죽음의 공포를 느꼈다. 수치를 무릅쓰고 고백하건대, 불길한 죽음의 공포 때문에 한밤중에 침대 위에 일어나 앉은 적이 한두 번이 아니었다. 적어도 일어나 앉아 있다는 건 아직 살아 있다는 분명한 증거다, 죽은 사람은 이렇게 앉아 있을 수도 없지 않느냐는 덧없는 생각을 진지하게 하곤 했다. 그리고 이러한 공포는 대개 지금처럼 우연히 묵게 된 방으로 찾아왔다. 그 방들은 마치 모든 게 잘못 돌아가기만 하는 불길한 존재인 내게 휘말리기를 원치 않는다는 듯이, 사정없이 나를 고독으로 몰아넣었다. 나는 혼자 앉아 있었다. 그때 내 얼굴은 아마도 무섭게 일그러져 있었을 것이다. 방 안의 가구나 도구들은 나에게 친근하게 말을 걸 용기가 도저히 나지 않는 모양이었다. 일부러 켜둔 노란 등불마저 나를 모르는 척했다. 마치 빈방인 것처럼 그저 멍하니 주위를 엷은 노란색으로 비출 뿐이었다. 언제나 창문만이 마지막 희망이었다. 나는 죽음의 공포에 사로잡힌 채 절박한 마음으로 그래도 저 바깥에는 아직 내게 속한 어떤 것이 있으리라고 상상했다. 그러나 막상 창문을 바라보는 순간, 나는 왠지 모르게 창문이 벽처럼 막혀 있기를 바랐다. 왜냐하면 나는 창문 저편에도 마찬가지로 구원은 없으며 오로지 무한한 고독만이 계속될 뿐이라는 것을 똑똑히 알고 있었기 때문이다. 그것은 나 스스로 불러들인 고독이었고, 이미 그 고독의 크기를 잴 수 있는 건 아무것도 없었다. 나는 떠나온 사람들을 생각했다. 그리고 어떻게 그들을 버리고 떠나올 수 있었는지 이해가 되지 않았다.

신이시여, 신이시여, 앞으로도 그런 무서운 밤이 찾아올 운명이라면, 그 밤에 적어도 제가 평소에 할 수 있는 생각들 가운데 하나만이라도 품을 수 있도록 허락해 주소서. —이런 나의 바람이 그렇게 터무니없는 것만은 아닐 것이라 생각한다. 왜냐하면 그 밤들은 바로 나의 두려움, 그토록 큰 나의 두려움에서 비롯된 것이기 때문이다. 어린 시절부터 그 밤들은 수없이 나를 때리며 겁쟁이라고 놀렸다. 그건 내가 유난히도 겁이 많았기 때문이다. 그러나 그 뒤로 나는 진정한 공포란 그것을 낳는 내면의 힘이 커질 때만이 더 커질 수 있음을 깨달았다. 우리는 두려움 속에서가 아니라면, 이러한 힘의 정체를 결코 알아차리지 못한다. 그것은 절대 이해할 수 없으며, 너무나 완벽하게 대립되어 있어서, 그것에 대해 생각해 보려 하면 금세 우리의 의식은 혼란에 빠져들고 만다. 그럼에도 나는 이제 그것이 다름 아닌 우리의 내면, 우리 자신보다 더 강력한 내면이 가진 힘이라고 생각한다. 물론 우리는 그 정체가 정확히 무엇인지 모른다. 하지만 적어도 우리는 그것이 우리에게서 비롯된 어떤 것이라는 것만은 알고 있지 않은가? 때때로 나는 천국이 어떻게 생겨났고, 죽음은 또 어떻게 생겨난 것일까 생각해 보곤 한다. 그건 아마도 우리가 가장 소중한 것들로부터 스스로를 멀리 떨어뜨려 놓았기 때문이 아닐까. 다른 셀 수 없이 많은 부차적인 것들을 신경 쓰느라, 그것들을 잃지 않으려 노심초사하느라, 정작 가장 소중한 것들과는 멀어져 버렸기 때문이 아닐까. 세월의 흐름이 이러한 진실을 흐려놓았고, 그렇게 해서 우리는 인생에 덜 중요한 것들에만 익숙해져 버린 것이 아닐까. 우리는 더 이상 진정으로 우리에게 속한 것이 무엇인지 분간하지 못한다. 그리하여 그것의 엄청난 존재감을 느낄 때마다 우리는 그저 두려움에 떨게 된다. 이건 다만 나의 허튼 생각일까?

이제야 나는 아버지가 임종의 순간을 묘사한 쪽지를 수년째 자신의 지갑에 소중히 넣어 갖고 다닌 까닭을 알 것 같다. 그것은 특별하게 선별된 이색적인 임종의 순간이 아닐 것이다. 모든 임종에는 저마다 신비로운 속성이 있기 때문이다. 이를테면 펠릭스 아르베르(1806~1850. 프랑스 작가)의 임종에 대한 글을 베껴 쓴 사람을 상상해 볼 수 있지 않을까? 무대는 병원이었다. 그는 조용하고 침착하게 죽어가고 있었다. 수녀는 그가 이미 숨을 거두었다고 생각했지만, 아직 생명의 불씨가 희미하게 남아 있었던 모양이다. 그녀는 커다란 목소리로 어디어디에 무엇무엇이 있으니 가지고 와달라며 문가에 대고 소리쳤다. 어지간히 교양 없는 수녀였다. 그녀는 Korridor(복도)라는 단어를 써야 했는데 그때까지 그 단어의 철자를 본 적이 없었다. 그녀는 복도를 가리켜 Kollidor라고 말해 버렸다. 그러자 그것을 들은 아르베르는 자신의 죽음을 잠시 미루었다. 그 철자 문제를 명확히 하는 것이 먼저라고 생각한 모양이었다. 그는 갑자기 의식을 되찾아서 Korridor가 맞다고 그녀에게 가르쳐주고, 그런 다음 죽었다. 그는 작가였는지라 애매한 말을 싫어했다. 어쩌면 그는 그저 진실은 어디까지나 진실이어야 한다고 생각했을지 모른다. 아니면 마지막 기억으로서 세상 사람들이 이렇게까지 경솔하다고 생각해야 하는 것이 마음에 들지 않았을지도 모르겠다. 그 이유를 밝혀내는 것은 불가능에 가깝지만, 그것을 단순히 현학적 취미라고 여기는 것은 잘못된 해석이다. 만약 그런 것으로 치부해 버린다면, 우리는 성(聖) 장 드 디외^(1494~1550. 성 정 두 당하 교단을 창시한 포르투칼의 수도자)에게도 똑같은 비난을 해야 할 것이다. 죽어가던 장 드 디외는 어떻게 알았는지 벌떡 일어나 밖으로 나가더니 이제 막 정원에서 목을 매어 죽으려던 사람의 밧줄을 끊었다고 한다. 그 또한 다만 옳다고 생각한 일을 한 것뿐인지도 모른다.

겉보기에는 아무런 해도 되지 않는 존재가 있다. 거의 신경 쓸 일도 없으며, 또 그 존재를 의식한다 하더라도 금방 잊히고 마는 그런 존재다. 그러나 그것은 어떻게든 보이지 않게 당신의 귓속을 파고든다. 그것은 점점 더 커져서는, 말하자면 고치를 뚫고 나오는 벌레처럼 귓속을 이리저리 기어다니기 시작한다. 이윽고 그것은 뇌 속까지 파고들어가 증식하며, 개의 콧속으로 침입하는 폐렴균처럼 인체에 치명적인 영향을 끼친다.

그 존재란 바로 이웃이다.

나는 한 장소에 오래 머무는 법이 결코 없기에 지금까지 셀 수 없이 많은 이웃을 만났다. 내 위층과 아래층에 사는 사람들. 내 오른쪽 방, 왼쪽 방에 사는 사람들. 때로는 네 방향 모두. 이들 이웃에 대한 이야기는 얼마든지 쓸 수 있겠지만, 아마도 평생을 써도 다 쓰지 못하리라. 그 이야기는 아마도 내가 그들로 인해 겪은 증상의 역사라 할 만할 것이다. 그러나 몸의 특정 부위에 장애가 생길 때에야 비로소 병균의 존재를 의식하게 되듯이, 이웃도 마찬가지라 할 수 있다.

이웃 가운데는 행동을 예측할 수 없는 사람이 있는가 하면, 매우 규칙적인 사람도 있었다. 나는 전자에 해당하는 이웃들의 행동 유형을 알아내려고 애쓰곤 했다. 그들에게도 일정한 행동양식이 있을 게 분명했기 때문이다. 또

늘 시계처럼 정확하던 이웃이 어쩌다 밤이 이슥하도록 돌아오지 않으면, 밤 늦게까지 돌아오지 않는 남편을 기다리는 젊은 아내가 그러는 것처럼 촛불을 켜둔 채 무슨 일일까 온갖 상상의 나래를 펴며 걱정하기도 했다. 내가 겪은 이웃들 가운데는 서로 못 잡아먹어서 안달인 이도 있었고, 사랑의 열병에 빠진 이도 있었다. 또는 그 관계가 한밤중에 180도로 바뀌는 경우도 있었다. 그런 밤에 무사히 잠들기를 바라는 건 언감생심이었다. 사람들은 생각보다 잠을 자주 자지 않는다는 결론을 내릴 수 있을지도 모르겠다. 이를테면 상트페테르부르크에 있을 때 겪었던 두 이웃은 잠을 우습게 여겼다. 그중 한 명은 밤새 바이올린을 켰는데, 그는 그러면서 비현실적인 8월 밤하늘 아래 환하게 불 켜진 깨어 있는 집들을 바라보았으리라. 그러는 동안 내 오른쪽 방에 사는 이웃은 침대에 누운 채 결코 일어나는 법이 없었다. 눈도 감고 있었다. 그러나 결코 잠든 것은 아니었다. 그는 누운 채 푸시킨이나 네크라소프의 긴 시를 암송했다. 어린아이가 시를 읽을 때처럼 억양이 없는 목소리였다. 왼쪽 방에서 끊임없이 바이올린 소리가 울림에도, 실제 내 귓속에 고치를 튼 것은 바로 이 기묘한 시 낭송이었다. 가끔 그 사내를 찾아오던 대학생이 어느 날 문을 착각하여 내 방에 들어오지 않았더라면, 언젠가 그 고치에서 벌레가 스멀스멀 기어나왔을 게 분명했다. 그는 내게 그의 친구에 관해 이야기해 주었고, 어떤 면에서는 그 얘기 덕분에 적잖이 안심이 되었다고 할 수 있다. 머릿속 고치도 사라졌다.

옆방의 사내는 말단관리였다. 어느 일요일, 그는 문득 기묘한 과제를 생각해냈다. 그는 자신이 아주 오래 사는 경우를 상상해 보았다. 이를테면, 앞으로 50년은 더 살리라고 생각해 본 것이다. 그러자 기분이 무척 좋아졌다. 그러나 그는 여기서 그치지 않았다. 이번에는 햇수를 날로 환산하고, 다시 시간으로, 그 다음엔 분으로, 그리고 심지어는 초 단위로도 환산해 볼 수 있겠다고 생각했다. 그는 계산하고 또 계산했다. 그렇게 해서 나온 결과는 생각지도 못했던 어마어마하게 큰 숫자였다. 머리가 어지러웠다. 잠시 회복할 시간이 필요했다. 흔히들 시간은 금이라고 하지 않던가. 이렇게 어마어마한 시간을 가지고 있으면서도 그동안 아무런 보안 조치 없이 지내왔다는 것이 그는 놀랍기만 했다. 멍하니 있다가는 누가 내 소중한 재산을 훔쳐갈지 어떻게 알겠는가? 그러나 그는 금세 아까의 유쾌한 기분을 되찾았다. 그는 품이 넓고 위압적인 분위기를 풍기는 모피코트를 걸치고는 거만한 태도로 이 엄청난 재산을 자기 자신에게 수여하는 동작을 해보이며 스스로에게 말했다.

"니콜라이 쿠스미치." 그는 관대하게 말하면서, 또 다른 자신이 모피코트도 없이 비쩍 마르고 궁색해 보이는 모습으로 말털 소파에 앉아 있는 모습을 상상했다. "니콜라이 쿠스미치, 난 자네가 부자라고 해서 거만해지지 않았으면 좋겠네. 세상에서 가장 가치 있는 건 재산이 아니라는 걸 늘 명심하게. 가난한 사람들 가운데서도 존경할 만한 사람들이 있음을 알아야지. 거리에서 물건을 파는 행상 가운데는 몰락한 귀족이나 장군의 딸도 있을 수 있거든." 그러면서 이 자선가는 그 도시 사람이라면 누구나 알고 있는 온갖 사례를 늘어놓기 시작했다.

소파에 앉아 있는 니콜라이 쿠스미치(수취인)는 조금도 거만해 보이지 않았다. 아마도 다른 이들이 본다면 그가 아주 분별력 있는 사람이라고 생각할 것이다. 실제로 그날 이후로도 그의 겸손하고 규칙적인 생활방식은 조금도 달라지지 않았다. 다만 일요일마다 자기 자산을 결산하는 습관이 생겼을 뿐이다. 2, 3주일이 지나자, 그는 이미 어마어마하게 큰 지출을 한 것을 깨달았다. 그는 절약해야겠다고 생각했다. 아침에는 일찍부터 일어나서 세수도 하는 둥 마는 둥 하고, 차도 선 채로 마신 뒤 아직 시간이 이른데도 서둘러 사무실에 달려갔다. 그는 어떻게든 조금이라도 시간을 아껴 보려고 애썼다. 그러나 일요일에 결산을 해보면 지출이 조금도 줄어들지 않았다는 걸 깨달았다. 그제야 자신이 속았다는 걸 이해한 그는 스스로에게 말했다. '현물로 바꾸지 말았어야 했어. 이런 걸 1년 동안 모아봤자 얼마나 되겠어? 이런 자투리 시간들은 금세 어디론가 사라져 버리고 만다고.' 그리고 어느 끔찍한 날 오후에 그는 소파 가장자리에 걸터앉은 채 모피코트 입은 신사가 오기를 기다렸다. 시간의 반환을 요구할 참이었다. 순순히 응하지 않으면 문에 빗장을 걸고 자신의 요구를 들어줄 때까지 나가지 못하게 할 작정이었다. "어음으로 주시오." 그는 이렇게 말하려 했다. '상환기간은 10년으로. 10년짜리 4장, 5년짜리 1장. 나머지 5년은 그대로. 빌어먹을.' 그렇다, 거래를 원만히 해결할 수만 있다면 5년 정도는 그냥 그에게 사례로 줄 용의도 있었다. 그는 온종일 초조하게 소파에 앉아 기다렸지만, 신사는 끝내 나타나지 않았다. 니콜라이 쿠스미치는 2, 3주 전에 소파에 앉아 있는 자신의 모습을 쉽게 상상할 수 있었지만, 이제 위치가 바뀌어 소파에 앉아 있는 지금은 아무리 노력해도 모피외투를 입은 마음씨 좋은 또 다른 니콜라이 쿠스미치의 모습을 떠올릴 수 없었던 것이다. 대체 그 신사는 어떻게 된 것일까? 아마도 속임수가 발각되어 감옥에 갇혀 있을지도 모르지. 나처럼 그에게 당한 사람이 한둘은 아닐 테니까. 그런 부류의 사기꾼들은 사기를 쳐도 꼭 크게 한탕 치는 법이거든.

문득 그는 국가가 운영하는 일종의 시간 은행이 있어야 한다는 생각이 들었다. 적어도 그런 곳에서라면 아무리 적은 자투리 시간이라도 마지막 1초까지 다 돌려받을 수 있으리라. 아무리 적어도 어엿한 진짜 시간이니까. 하지만 그런 기관이 있다는 얘기는 아직 한 번도 들어본 적이 없었다. 주소록을 찾아보면 그런 이름이 있을지도 몰라. 시간 은행(Zeitbank)이니 Z를 찾으면 될까? 어쩌면 시간 취급 은행(Bank für Zeit)일지도 모르니까 B항목도 찾아보자. 그리고 K도. 제국(kaiserlich)이라는 말이 앞에 붙을지도 모르잖아. 이런 주요시설이면 마땅히 그런 말이 붙을 수 있지.

뒷날 니콜라이 쿠스미치가 사람들에게 주장한 바에 따르면, 너무나 침울했던 그 일요일 밤, 그는 술을 한 방울도 입에 대지 않았다고 한다. 따라서 뒤이어 그 사건(이런 걸 사건이라고 불러도 되는지 모르겠지만)이 일어났을 때도 정신이 말짱했다. 아마도 그는 소파 구석에서 잠깐 졸았던 것 같다. 그렇게 잠깐이라도 눈을 붙인 덕분에 머리가 아주 가벼워졌다. 그동안 너무 숫자놀음에 빠져 있었다고 혼잣말도 했다. 그는 숫자에는 정말 문외한이었다. 그런데도 숫자를 중요하게 생각한 것이 실수의 원인이라는 것을 그는 이해하게 되었다. 숫자란 건 말하자면, 정부가 도입한 체계에 지나지 않는다. 종이 위에서 말고 숫자를 실제로 본 사람이 어디 있겠는가. 이를테면 어떤 사교모임에서 '7'을 만난다거나 '25'를 만난다는 건 불가능하다. 말도 안 되는 얘기지. 그런데도 시간은 금이라느니 하면서 시간이 돈과 같다고 생각하는 건 어리석고 한심한 착각일 뿐이다. 니콜라이 쿠스미치는 웃음이 터져 나올 것만 같았다. 이제라도 함정에 빠진 것을 깨달았으니 다행이라고 생각했다. 게다가 더 손해를 보기 전에 제때 알아차렸으니 얼마나 운이 좋은가? 이제는 모든 게 달라질 것이다. 그래, 시간이란 참으로 당혹스러운 존재였다. 그런데 이런 일이 오직 나에게만 일어난 것일까? 다른 사람들에게도 시간은 내가 깨달은 그 방식대로, 초 단위로 흘러가지 않았을까? 사람들이 그 사실을 모르고 있더라도 말이다.

　니콜라이 쿠스미치 또한 남의 불행을 은근히 즐기는 심술궂은 기쁨을 느끼지 않을 수 없었다. 마음대로 흘러가라. 그러나 그가 이런 생각을 하고 있던 바로 그때, 무언가 기이한 일이 벌어졌다. 불현듯 그의 얼굴에 바람이 느껴졌다. 미풍이 귓가를 어루만지며 지나가는가 싶더니, 손에도 느껴졌다. 그는 자기도 모르게 눈을 번쩍 떴다. 창문은 닫혀 있었다. 깜깜한 방 안에서 혼자 크게 눈을 뜨고 앉아 있는 동안, 점점 방금 스치고 지나간 것이 바로 흘러가는 시간의 실체라는 생각이 들기 시작했다. 그는 실제로 모든 일 초 일 초를 느꼈다. 미지근하고, 한결같으며, 대단히 빠른, 순간순간들을. 무엇을 하려던 시간들이었는지는 하느님만이 아시리라. 바람이라면 왜 하필 어떤 종류든 닿는 것을 끔찍이 싫어하는 그에게 이런 일이 일어난 걸까? 이제 평생 그가 앉아 있을 때면 어김없이 시간이 바람처럼 그의 얼굴에 불어오리라. 그 탓에 그는 신경통이 도져 고생하게 될 것이 뻔했다. 이 생각에 이르자 그는 화가 치밀어 올랐다. 그는 벌떡 일어났다. 그런데 놀랄 일은 아직 끝난 게 아니었다. 발밑에서도 어떤 움직임이, 하나가 아닌 여러 종류의 힘이 얽혀 있는 듯한 기묘한 움직임이 느껴졌다. 그는 두려움으로 얼어붙었다. 내가 디디고 선 것이 땅이 확실한 걸까? 그래, 틀림없는 땅이다. 비록 움직이고 있지만. 학교에서 이런 걸 배웠던 기억은 있었다. 하지만 그때는 그저 호기심 차원의 애깃거리로밖에는 들리지 않았었다. 하지만 한층 예민해진 지금의 그는 그 움직임을 느낄 수 있었다. 다른 사람들도 느끼는 걸까? 그럴지도 몰라. 하지만 아무도 이에 대해서 얘기하질 않잖아? 그래, 선원들에게 이런 건 아무것도 아니겠지. 니콜라이 쿠스미치는 다른 사람들에 비해 이런 종류의 흔들림에 유독 민감했다. 그래서 전철도 잘 타지 않았다. 그는 방에서도 마치 갑판 위에 서 있는 사람처럼 걸음을 옮길 때마다 비틀거렸고, 왼쪽이나 오른쪽 무언가를 붙잡고 지탱해야 했다. 불행히도 이때 그는 지구의 자전축이 조금 기울어져 있다는 데까지 생각이 미쳤다. 그는 이런 식의 움직임을 도저히 견딜 수 없었다. 몸이 아픈 것만 같았다. 이럴 때는 누워서 안정을 취하라는 말을 어디선가 읽었던 것 같았다. 이렇게 해서 니콜라이 쿠스미치는 그날부터 쭉 침대에 누워 지내게 된 것이다.

　그는 누운 채 눈을 질끈 감았다. 가끔은 흔들림이 덜해서 그럭저럭 견딜 만한 날도 있었다. 그러다가 그는 시를 읽는 것을 생각해냈다. 그런데 놀랍게도 시 읽기가 큰 도움이 됐다. 각운에 강세를 두어 천천히 시를 낭송하는 것이 내적 이해를 도와 일종의 안정감을 찾는 데 뚜렷한 효과가 있었던 셈이다. 그가 많은 시를 알고 있었던 것은 다행이었다. 그는 전부터 문학에 특별한 관심을 두고 있었다. 그와 오랫동안 알고 지냈다는 대학생의 얘기로는, 그는 자신이 처한 상황에 대해서 누구에게도 불평하지 않았다. 다만 아무렇지 않게 집 밖을 걸어다니고 지구의 흔들림을 견뎌내는 대학생과 같은 사람들에게 날이 갈수록 더 감탄하는 마음이 커져 갔다고 한다.

　나는 여태껏 이 이야기를 또렷하게 기억하고 있다. 그것은 내 고독한 마음에 커다란 위로가 되었다. 나는 그 뒤로, 니콜라이 쿠스미치만큼 호감 가는 이웃을 다시는 만나 보지 못했다. 물론 그에게는 나도 다른 사람과 마찬가지로 감탄의 대상이었으리라.

　이러한 경험을 하고 난 다음부터, 나는 비슷한 상황을 맞게 되면 곧바로 있는 그대로의 사실들에 다가가기로 결심했다. 대개 사실들은 내 추정보다 훨씬 더 단순명료하다는 걸 깨달았기 때문이다. 이렇게 말하면 우리의 통찰력이란 결국 사건을 밝히는 와중에 재구성되는 것일 뿐, 그 이상도 이하도 아니라는 사실을 마치 내가 몰랐던 것처럼 보일 수도 있겠다. 완전히 새로운 페이지가 시작될 때, 기존에 갖고 있던 관념들은 아무런 도움도 되지 않는다. 지금 상황에서 내게 도움이 되는 것은 이야기를 풀어낼 때 써먹을, 아이들 장난에 지나지 않는 몇 가지 사실뿐이다. 그것들은 내가 현재 관심사를 남에게 설명해야 할 때에나 비로소 열거되리라. 그리고 가뜩이나 괴로운 내 현재 상황(나는 이를 인정할 수밖에 없다)의 무게를 더욱 더할 뿐인 것이다.

　나는 지난 며칠 동안 꽤 많은 글을 썼다. 마치 열병에 걸린 듯 써내려 갔다. 하지만 일단 외출하면 집으로 돌아가기 싫었다. 일부러 길을 조금 돌아와서 글쓰기를 위한 시간을 30분이나 허비한 적도 있었다. 이는 내 마음이 나약한 탓임을 인정한다. 하지만 방으로 돌아오고 나면 잡념은 사라졌다. 나는 글을 썼고, 그것이 나의 생활이었다. 내 옆방에 사는 사람은 나와는 전혀 다른 생활을 했다. 나와 그의 생활에는 어떠한 공통점도 없었다. 의학도인 그는 시험공부에 매진했고, 나는 시험이라는 걸 겪어본 적이 없었다. 그 밖의 다른 면을 보더라도 우리는 너무나 달랐다. 이 점은 내게 너무나 뚜렷한 사실이었다. 하지만 그것이 오리라는 사실을 안 순간부터 이야기는 달라졌다. 그와 내가 전혀 공통점이 없다는 생각 따위는 잊어버렸다. 내 심장 소리가 엄청 크게 들릴 정도로 나는 열심히 귀 기울였다. 하던 걸 모두 멈추고 말없이 귀 기울였다. 그러자 드디어 소리가 들렸다. 내 예감이 빗나간 적은 한 번도 없었다.

양철로 된 둥근 물건이 바닥에 떨어질 때 어떤 소리가 나는지 다들 잘 알고 있을 것이다. 대개 그것이 바닥에 닿을 때는 그리 큰 소리가 나지 않는다. 한 번 짤막하게 바닥과 부딪치는 소리를 내고는 바닥을 굴러가기 시작하는데, 이때까지는 그다지 귀에 거슬리지 않는다. 문제는 그것이 더 이상 굴러가지 않고 그 자리에서 요란스럽게 까불대다가 마침내 움직임을 멈출 때까지다. 나는 바로 그것을 기다렸다. 옆방에서 들려오는, 양철로 된 어떤 작은 물건이 떨어져 구르고, 맴돌다, 멈춰서는 소리. 반복적으로 들리는 소리들이 다 그렇듯이, 이 소리에도 나름의 내적인 질서가 있는지, 그때마다 소리가 달랐음에도 거기에는 어떤 일정한 규칙성이 엿보였다. 그 소리는 격렬할 때도 있었고, 부드럽거나 때로는 우울할 때도 있었다. 바람처럼 몰려가는 소리가 날 때가 있는 반면, 가볍게 미끄러져가는 듯한 소리가 날 때도 있었다. 이렇게 앞으로 굴러가기를 멈출 때까지 나는 소리는 수없이 다양했고, 또 그것이 마지막으로 제자리에서 몇 바퀴 돌 때에는 언제나 예기치 않은 소리를 냈다. 이와 대조적으로 마침내 움직임을 멈추는 순간에 들려오는 마지막 소리는 거의 기계적이라 할 수 있었다. 하지만 그 물건이 제자리에서 맴돌다 멈추는 과정은 매번 달랐고, 마치 바로 여기에 그것을 떨어뜨린 목적이 있는 듯했다. 나는 이제 이런 과정의 세세한 부분들을 보다 전체적인 관점에서 살필 수 있게 되었다. 현재 나의 옆방은 비어 있다. 의학도는 시골집으로 돌아가고 없다. 그곳에서 잠시 머리를 식히고 돌아올 것이다. 내 방은 꼭대기층에 있고, 내 오른편은 다른 건물이다. 내 방 아래층에는 아직 아무도 살고 있지 않다. 그러므로 현재 내겐 이웃이 없는 셈이다.

이런 상황에서도 내가 그 문제를 가벼이 생각지 않았다는 것은 거의 놀랄 만한 일이다. 줄곧 본능은 내게 조심하라는 경고를 보내왔다. 나는 그 목소리를 이용할 수도 있었다. 겁먹지 마, 이제 곧 시작될 거야, 그렇게 나는 스스로에게 말해야 했다. 나는 내 예감이 결코 틀리는 법이 없다는 걸 잘 알았다. 그러나 어쩌면 그건 내가 그에 대한 얘기를 들은 적이 있었기 때문인지도 모른다. 그 얘기를 듣고 난 뒤로 난 더더욱 신경이 날카로워졌다. 마침내는 앞서 말한 그 소리가 책을 읽고 있는 옆방 사내의, 저절로 내려와 감기는 오른쪽 눈꺼풀의 그 작고 느린 소리 없는 움직임에서 나온 건지도 모른다는 소름끼치는 생각이 떠올랐다. 사소하다면 사소하다고 할 수 있는 이런 사내의 특징이 이 이야기의 핵심이었다. 그는 이미 몇 번 시험에 떨어진 바 있었다. 그래서 더 신경이 예민해져 있었다. 아마 집에서도 그때마다 편지를 통해 그에게 압박을 주고 있는 듯했다. 그가 할 수 있는 것이라곤 그럴수록 더욱더 공부에 집중하는 것뿐이었다. 그러나 시험을 몇 달 앞두고서 그 증상이 나타났다. 몸이 허해져서 생겼을 이 사소하고 우스꽝스러운 증상은 아무리 들어올려도 자꾸만 떨어지는 창문의 블라인드를 연상시켰다. 처음에 그는 자신의 그런 증상을 극복할 수 있다고 생각했을 게 틀림없다. 그렇게 믿지 않았더라면 나는 내 의지를 그에게 보태주려는 생각도 하지 않았을 것이다. 그러던 어느 날, 그의 의지력이 마침내 바닥났음을 알 수 있었다. 그 뒤로, 그 순간이 오리라는 것이 느껴질 때마다 나는 방 벽에 붙어선 채 그가 나의 의지력까지 마음껏 빌려 쓰기를 바랐다. 그리고 시간이 지남에 따라 그가 실제로 이런 나의 호의를 받아들였다는 걸 알 수 있었다. 그렇지만 결국 그런 나의 호의도 소용없었던 것을 생각하면, 그는 오히려 처음부터 그것을 거절하는 편이 나았을지도 모른다. 우리 두 사람이 힘을 합쳐서 시간을 벌 수 있었다는 것은 인정한다 해도, 우리가 그렇게까지 싸워서 얻은 짧지만 귀중한 시간을 과연 그가 효과적으로 사용했는지는 의문이었다. 게다가 이는 어느새 내게 정신적인 부담으로 다가왔다. 이런 상황이 언제까지 계속될 수 있을지 자문하지 않을 수 없었다. 그 날 오후, 누가 우리가 살고 있는 층으로 올라왔다. 계단이 좁아서 누가 올라오면, 작은 여관 건물 전체에 불안이 번졌다. 잠시 뒤 누군가가 내 옆방으로 들어가는 것 같았다. 내 방과 옆방은 복도 끝에 있었는데, 비스듬히 각을 이룬 채 마주 보았다. 나는 그의 방에 가끔 친구가 찾아오는 것을 알고 있었지만, 그의 사생활에 대해서는 전혀 관심이 없었다. 하루에도 여러 번 옆방 문이 열리고 사람들이 들락날락하는 경우도 물론 있을 수 있었다. 어쨌거나 그런 건 내가 상관할 바 아니었다.

그날 밤 좀더 시간이 지났을 때다. 아직 늦은 밤은 아니었지만 나는 피곤해서 잠자리에 들어 있었다. 어렴풋이 잠에 빠져들다가 깜짝 놀라 일어났다. 무언가가 날 건드린 것 같았기 때문이다. 그리고 바로 그때, 그 소리가 들려왔다. 양철로 된 어떤 둥근 물건이 바닥에 떨어져 굴러가다가 무언가에 부딪쳐 주춤거리며 요란하게 쿵쾅거리는 소리. 그야말로 끔찍한 소리였다. 그러자 아래층 방에서 누군가가 난폭하게 천장을 두드리는 소리가 똑똑히 들려왔다. 새 입주자가 화가 난 모양이었다. 그가 문가로 가고 있었다. 새 입주자는 아주 조심스럽게 방문을 열었지만 나는 그 소리를 분명히 들을 수 있을 만큼 완전히 깨어 있었다. 그는 이쪽을 향해 점점 더 가까이 다가왔다. 소리의 진원지를 찾는 게 분명했다. 한 가지 불쾌했던 건, 지나치리만큼 조심스럽게 발소리를 죽이며 걸어온다는 점이다. 아무리 조심하며 발소리를 죽여도 이렇게 작고 조용한 건물 안에서는 그 소리마저 다 들린다는 것을 그도 알고 있었을 터이다. 그런데도 발소리를 죽이는 까닭은 대체 무얼까? 그는 잠시 내 방문 앞에 서 있더니—나는 그의 기척을 분명히 느낄 수 있었다—이어서 옆방으로 들어가는 소리가 들렸다. 그는 서슴없이 방 안으로 들어갔다.

그러자 (아, 이 느낌을 어떻게 설명해야 할까?) 갑자기 주위가 쥐 죽은 듯 고요해졌다. 마치 고통이 멎은 듯. 다 아문 상처처럼, 피부를 따끔거리게 만드는 기묘한 느낌의 정적이었다. 나는 곧바로 잠들 수도, 고르게 숨을 쉬며 자연스럽게 잠에 빠져들 수도 있었을 것이다. 다만 내가 느낀 놀라움이 그렇게 하는 걸 막았다. 옆방에서 누가 얘기하는 소리가 들렸다. 그러나 그 목소리조차도 이미 정적의 일부가 되어 있었다. 이러한 정적이 어떤 것인지는 경험한 사람이 아니면 모를 것이다. 도저히 글로 표현할 수 없다. 창밖의 모든 것들도 고요에 잠겨 있었다. 나는 일어나 앉아 가만히 귀 기울였다. 마치 시골의 밤 같았다. 오, 맙소사, 그의 어머니가 오신 거야, 나는 생각했다. 그의 어머니가 등불 옆에 앉아서 그에게 이야기했다. 아마 그는 어머니의 어깨에 머리를 살짝 기대고 있을 것이다. 그리고 이제 곧 어머니는 아들을 침대에 눕히고 토닥여 재우리라. 그제야 복도에서 들리던 발소리가 그토록 조용하고 부드러웠던 이유를 알 것 같았다. 아, 그런 발걸음을 위해서라면. 그런 존재 앞에서는, 문도 우리를 맞을 때와는 다른 방식으로 열릴 것이다. 그래, 비로소 우리는 평화로이 잠들 수 있었다.

나는 이웃을 어느새 거의 잊고 말았다. 내가 그에게 느꼈던 동정심은 진심에서 우러나온 것이 아님을 나는 잘 알고 있다. 가끔 외출할 때 아래층 사람에게 그 의학도에 대한 무슨 새로운 소식이 없는지 물어보기는 한다. 그리고 좋은 소식이 있으면 기뻐한다. 하지만 내 감정은 과장되어 있다. 나는 그런 걸 알 필요가 없으니까. 사실 가끔은 이제 그와 더 이상 관계가 없는 그 옆방 문을 열고 들어가 보고 싶은 갑작스러운 충동을 느낀다. 그 방은 내 방에서 겨우 한 걸음 거리에 있다. 게다가 잠겨 있지도 않다. 방이 어떻게 생겼는지 보는 건 흥미로우리라. 어떤 방의 실제 모습이 자신이 상상했던 것과 아주 다른 경우는 자주 있다. 내 옆방이 상상했던 것과는 전혀 다른 그런 곳이라면!

옆방을 들여다보고 싶은 건 이런 이유 때문이라고 말할 수 있다. 하지만 또한 나는 그곳에서 나를 기다리는 것은, 바로 그 양철로 된 물건이라는 걸 잘 알고 있다. 내 짐작에 그것은 양철뚜껑이 아닐까 싶다. 물론 아닐 수도 있다. 그런 건 그다지 문제가 아니다. 다만 그 양철뚜껑에 죄를 묻는 것이 내 기질에 맞아서다. 의학도가 떠날 때 양철뚜껑을 갖고 가지는 않았을 거라는 생각이 들었다. 아마 방을 청소하면서 본디 있던 자리인 통 위에 올려 두었을 것이다. 이 둘이 함께 있을 때라야 보통 우리가 잘 알고 있는 '통'의 개념이, 정확히 말하자면 '원통'의 개념이 완성된다. 원통을 생각하면 흔히 벽난로 곁에 서 있는, 통과 뚜껑을 한데 갖춘 물건을 떠올리게 된다. 그래, 그것이 거울 앞에 있다면, 그 원통 뒤에 또 다른 똑같은 모양의 가상의 원통이 생길 것이다. 그리고 예컨대 원숭이는 우리에겐 아무런 가치도 없는 그것을 붙잡으려 할 것이다. 그러면 거울에 원숭이가 비칠 것이므로 결국 두 마리의 원숭이가 그 가상의 원통을 움켜쥐려 하는 셈이다. 나를 기다리는 것이 바로 이와 같은 양철뚜껑이리라.

이렇게 한번 가정해 보자―온전한 상태의 뚜껑, 비틀리거나 휘어지지 않고 본디 모습을 보존하고 있는 그런 뚜껑이 가진 유일한 욕망은 오직 자신이 있어야 할 그 온전한 상태의 원통 위에 제대로 덮이는 것이라고. 왜냐하면 뚜껑으로서는 이보다 더 완벽한 모습을 상상할 수 없을 테고, 그것이야말로 뚜껑이 바랄 수 있는 가장 완벽한 자아실현일 테니까. 참을성 있게, 그리고 부드럽게 회전하면서 서서히 오목한 통 입구에 탄력적으로, 그리고 날카롭고 완벽하게 맞물려 들어가는 그런 뚜껑이야말로 뚜껑의 이상에 가깝다 할 것이다. 아, 하지만 이렇게 완벽하게 덮이는 것을 감사하는 뚜껑이 얼마나 될까. 인간과 관련된 사물들은 이처럼 자기 존재에 대한 혼란에 빠져 있다. 인간을 뚜껑과 비교하는 것이 가능하다면, 말하자면 인간은 자신이 깔고 앉은, 직업이라는 원통을 몹시 마뜩찮아 한다. 어떤 이는 너무 서둘러서 자신이 앉을 통을 고른 것일 수도 있다. 또 어떤 이는 누군가에 의해 억지로 그곳에 놓인 것일 수도 있다. 또는 가장자리가 찌그러진 통에 앉게 된 사람도 있을 것이다. 어쨌든 사연은 가지각색일 테니까. 하지만 솔직하게 말하기로 하자. 사람들은 어떻게든 현재 자신이 앉아 있는 통에서 굴러 떨어지자마자 요란한 소리를 내며 데굴데굴 굴러갈 생각만 한다. 그렇지 않고서야 우리네의 저 온갖 기분전환거리며 야단법석들이 생겨났을 리가 있겠는가?

수백 년 동안 사물들은 사람들의 이런 모습을 보아왔다. 그러니 어느새 타락하여 본디 자연스럽고 싶어했던 존재 의미를 잃어버리고, 주위 사람이 하는 방식대로 자신을 허비하게 된 것도 그다지 이상한 일은 아니다. 그것들은 자신의 본분을 회피하려 하며 게으르고 무기력해졌다. 사물들이 이렇게 제멋대로 구는데도 사람들은 전혀 놀라지 않는다. 자신의 경험을 통해 이러한 변화에 대해 너무나 잘 알고 있기 때문이다. 사람들은 자신이 더 강한 존재이고, 다른 것들을 변화시킬 권리를 갖고 있다고 믿어 왔다. 게다가 사물들이 자신들을 흉내 내고 있다고 느끼기 때문에 화를 낸다. 하지만 그뿐, 그저 사태가 흘러가는 대로 내버려둘 뿐이다. 그들 자신의 변화에 대해서도 무대응으로 일관했던 것처럼. 그러나 만약 깨어 있는 자, 이를테면 밤낮없이 자신의 내면에서 충만을 구하는 한 고독한 인간이 나타나면, 타락한 사물들은 곧 그에게 적의와 조소와 증오를 드러낸다. 더 이상 온전히 자기 존재에 뿌리내릴 수도, 자신의 존재 의미를 추구할 수도 없게 된 그것들은 한데 힘을 합쳐 그를 방해하고, 위협하고, 잘못된 길로 빠지도록 유혹한다. 그것들은 자신들에게 그럴 만한 힘이 있다는 걸 안다. 사물들이 서로 눈짓을 주고받으며 유혹을 시작하면, 그 강력한 힘은 끝도 없이 자라나 모든 생명체, 심지어 신조차 이 고독한 인간의 적으로 돌아서게 한다. 이 단 한 사람, 끝까지 유혹에 굴복하지 않을 고독한 성자를 무너뜨리기 위해.

이제야 나는 비로소 그 기괴한 몇 장의 그림을 이해한다. 거기에 그려진 다양한 사물들은 모두 본디의 제한적이고 일상적인 용도에서 해방되어, 하찮고 경박하며 어리석은 방탕에 몸을 떨며, 신기한 듯이, 음란하게, 서로를 유혹했다. 냄비는 넘어진 채 펄펄 끓고, 플라스크는 정체를 알 수 없는 온갖 방종한 생각들에 빠져 있었으며, 게으른 깔때기는 제멋대로 아무 구멍에나 제 몸을 쑤셔넣었다. 그리고 그 사물들 사이에는 질투가 심한 허무가 내던진 인간의 팔다리와 장기들이 굴러다니고, 그것들 사이에다 미지근한 액체를 게우는 얼굴과 아양을 떠는 잔뜩 부풀어오른 엉덩이도 있다.

그리고 그 곁에는 온몸이 오그라든 성자가 고통에 몸부림치고 있었다. 그의 눈에는 여전히 이런 광경이 실제일 수 있다고 믿는 표정이 어려 있었다. 그는 이미 예전에 그것을 봤던 것이다. 그리고 벌써 그의 갈망은 창백한 영혼의 침전물이 되어 가고 있었다. 이미 그의 기도는 잎을 떨어뜨리며 말라 죽어가는 나무처럼 앙상했다. 허물어진 그의 심장은 공허한 어둠이 되어가고 있었다. 자신을 매질하는 고행의 채찍이 이제는 파리를 쫓는 소의 꼬리처럼 연약해 보였다. 그의 사타구니 사이의 그 물건은 풍만한 가슴을 가진 벌거벗은 여인이 달려들 때도 미동 없이, 다만 축 처진 손가락처럼 그녀를 가리킬 뿐이었다.

때로는 이런 이미지들이 너무 구식이라고 느낀 적도 있었다. 그렇다고 그림의 진실성마저 의심했다는 얘기는 아니다. 나는 그림 속 상황이 어떤 대가를 치르더라도 신과 함께하는 삶을 살고자 하는 열광적이고 성미 급한 성자들에게 언제든 다시 일어날 수 있다고 생각한다. 그렇지만 우리 자신이 그런 길을 걸으리라고 기대하기는 어렵다. 우리는 성자의 삶이 너무나 힘든 길임을 예감한다. 그래서 우리는 그의 길과는 다른 우리만의 길을 걸을 필요가 있다. 하지만 이제 나는 우리의 길 또한 성자의 길만큼이나 쉽지 않다는 걸 알고 있다. 그 옛날 동굴이나 텅 빈 처소에서 홀로 살아가는 신의 제자를 에워싸던 그 모든 유혹이 고독한 모든 이들에게도 똑같이 찾아올 수 있기 때문이다.

세상 사람들은 고독한 인간에 대해서 너무 쉽게 속단한다. 마치 그에 대해서 모든 걸 알고 있다는 듯이. 아니, 사람들은 모른다. 그들은 고독한 인간을 만나본 적조차 없다. 고독한 인간에 대해 아무것도 모르면서 막연히 미워할 뿐이다. 그들은 고독한 인간을 괴롭히는 이웃이다. 고독한 인간을 유혹하는 옆방의 목소리다. 그들은 사물들을 부추겨 그에 맞서게 하고, 소음을 일으켜 그를 괴롭힌다. 그가 연약한 아이였을 때는, 다른 아이들이 떼로 몰려들어 그를 괴롭혔다. 고독한 인간은 자라나면서 세상 어른들에 대한 적대감을 키워 갔다. 그들은 마치 사냥감을 은신처 밖으로 내몰듯이 그를 몰아 댔다. 이런 사냥이 그의 기나긴 유년 시절 내내 계속되었다. 현실의 사냥과 달리 이런 사냥에는 금렵기(禁獵期)도 없었다. 그가 괴롭힘을 당하지 않으려고 멀리 피해 가면 그들은 그가 머물던 자리를 문제 삼으며 더럽다느니 의심스럽다느니 비난의 소리를 높였다. 그래도 모르는 척 상대해 주지 않으면 더욱 노골적으로 굴면서 그의 음식을 먹어치우고 그의 공기를 마시고 그의 가난에 침을 뱉었다. 고독한 인간이 자신의 가난을 역겨워하도록 하기 위해서 말이다. 그들은 그에게 역병을 옮기는 자라는 오명을 씌웠다. 그에게 돌을 던지고, 그를 마을에서 내몰았다. 어찌 보면 이들은 오랜 세월 뿌리내려온 본능에 충실히 따르고 있을 뿐이었다. 고독한 인간은 보통 사람들의 적이기 때문이다.

그럼에도 고독한 인간이 고개를 숙인 채 자신들을 상대하려 들지 않자, 사람들은 다시 궁리했다. 그들은 자신들의 행위가 오히려 고독한 인간의 의지를 북돋아주어, 그의 고독을 더욱 견고해지도록 만든 꼴이 아닌가 의심했다. 결국 그가 영원히 세상과 담쌓고 살도록 그들이 도와준 셈이었다. 그리하여 그들은 방식을 바꿔, 정반대 되는 접근방식을 취했다. 명성이 바로 그것이었다. 이 떠들썩한 유혹 앞에서는 누구든 반색하며 고개를 들기 마련이니까.

어젯밤 문득 어릴 적에 갖고 있던 작은 초록색 책이 생각났다. 그런데 왠지 모르게 그 책이 본디 마틸데 브라에의 것이었다는 생각이 들었다. 하지만 그 책이 처음 내 손에 들어왔을 때는 그다지 읽고 싶은 마음이 들지 않았다. 그 뒤 몇 년이 지나서야 비로소 읽었다. 아마 여름방학이라 울스고르에 돌아왔을 때였던 것 같다. 그 책을 처음 펼친 순간부터, 나는 그것이 내게 매우 소중한 책이 되리라는 걸 깨달았다. 책 속에는 여러 이야기들이 빼곡히 담겨 있었다. 초록색 표지만 봐도 그 안에 어떤 내용이 담겼을지 알 것 같다. 책을 펼치자 미리 정해져 있었다는 듯이 먼저 부드러운 물빛이 도는 하얀 속지가 나왔다. 그 다음으로는 무언가 비밀을 품고 있는 듯한 속표지가 나왔다. 삽화도 들어 있지 않을까 기대했지만 그림은 하나도 없었다. 조금 미련이 남았지만 오히려 그 편이 이 책에 어울린다는 생각이 들었다. 무심코 책장을 넘기다 보니, 책갈피 역할을 하는 가느다란 가름끈이 나왔다. 그것을 보니 마치 무슨 보상이라도 받는 기분이었다. 살짝 비스듬하게 끼워진 그 끈은 이미 몹시 낡았지만, 기특하게도 선명한 장밋빛을 간직하고 있었다. 이 책장에 끼워진 채 얼마나 세월이 흐른 것일까. 어쩌면 이 끈은 제본공이 빠르고 부지런한 손놀림으로 묶어 놓은 그 모습 그대로 한 번도 사용되지 않았는지도 모른다. 아니, 그런 단순한 우연이 아닐지도 모른다. 누군가가 거기까지 책을 읽다 멈추고는 다시 펼쳐보지 않았는지도. 그 대목을 읽던 순간, 운명이 그의 문을 두드리고는 그를 다시는 어느 책에게도 돌아오지 못할 만큼 바쁘게 지낼 어떤 곳으로 데려가 버리지 않았을까? 어쨌든 책이 곧 인생이 될 수는 없으니까. 물론 그 뒤로 한 번도 읽지 않았다는 증거는 어디에도 없다. 어쩌면 그는 늦은 밤에 가끔씩 그 대목을 다시 펼쳐 읽었는지도 모른다. 아무튼 나는 가름끈이 끼워진 그 두 페이지 앞에서 마치 거울 앞에 선 듯이 수줍음을 느꼈다. 나는 그 두 쪽을 일부러 읽지 않았다. 그 책을 끝까지 읽었는지 어땠는지도 기억이 나지 않는다. 책은 그리 두껍지 않았지만, 꽤 많은 이야기가 들어 있었다. 특히 오후에 그 책을 펼칠 때면 미처 읽어보지 못한 이야기가 어김없이 눈에 들어오곤 했다.

지금도 기억나는 이야기가 두 가지 있다. 그것은 그리샤 오트레퓨브의 최후[*1]와 용감한 샤를 대공의 몰락[*2]에 대한 이야기였다.

처음 읽었을 때 그 이야기들이 내 마음에 깊은 인상을 남겼는지 어땠는지

[*1] 러시아의 황제 이반 4세의 아들인 표도르 1세(1577~1598)가 죽은 뒤 그 처남인 보리스 고두노프가 통치를 맡았다. 표도르 황제의 이복동생인 드미트리 이바노비치는 1591년에 열 살의 나이로 살해당했었다. 이때 이미 사람들은 고두노프를 교사자로 보았다. 이후 벌어진 권력 투쟁에서 네 명의 사기꾼들이 잇달아 합법적인 왕위계승자 드미트리임을 자처했다. 그 사기꾼들 중 첫 번째가 그리샤 오트레퓨브였는데, 폴란드 쪽의 도움으로 왕위에 오를 수 있었으나 곧 반란으로 죽임을 당했다(1606).

[*2] 샤를 왕은 수많은 정복을 통해 부르고뉴 공국을 강화했다. 그러나 낭시 근교의 싸움에서 1477년 1월 5일에 전사했는데, 시체는 완전히 벌거벗겨진 채 빙설 속에 반쯤 묻혀 있었다고 한다.

는 신만이 아시리라. 하지만 그로부터 여러 해가 흐른 지금도, 가짜 황제 오트레표프의 시체가 민중 앞에 내던져져, 몸은 갈기갈기 찢기고 얼굴에는 가면을 쓴 채 사흘이나 버려진 모습을 그린 대목만큼은 아직도 생생히 기억난다. 아마 그 책이 다시 내 손에 들어올 일은 없을 테지만 그 내용은 지금 읽어도 틀림없이 인상 깊을 것이다. 또 가짜 황제인 그가 진짜 황제의 어머니를 만나는 장면도 꼭 다시 한 번 읽어 보고 싶다. 진짜 황제의 어머니를 일부러 모스크바까지 부른 걸 보면, 그는 자신의 지위가 이제 확고하다는 자신감을 갖고 있었던 것 같다. 나는 그가 그때 그녀를 실제 자기 어머니라고 생각했을 만큼 자기 자신을 믿고 있었음에 틀림없다고 생각한다. 시골의 가난한 수녀원에서 갑자기 불려온 황제의 어머니 마리 나고이는 그가 자신의 아들이라고 시인함으로써 바라는 모든 걸 얻어 냈다. 하지만 그녀가 그를 인정했다는 바로 그 사실로부터 그의 지위가 흔들리기 시작하게 된 것은 아닐까? 나는 그의 변신의 힘은 그때까지 그가 누구의 아들도 아니었다는 점에 있었다고 생각한다(그것은 결국 집을 떠나온 모든 젊은이들이 가진 힘의 원천이라고 할 수 있다—원고지 여백에 적힌 메모).

백성들이 그를 원했고, 또 그만을 자신들의 황제로 생각했기에 그는 좀 더 자유로울 수 있었다. 반면, 그녀의 거짓 인정은 의도된 계략이었음에도 오히려 그의 기반을 무너뜨리는 결과를 가져왔다. 그가 자신의 아들이라고 선언함으로써, 그녀는 풍요로운 가능성을 갖고 있던 그의 거짓 자아를 식상한 모조품으로 전락시켜 버렸던 것이다. 이 비범한 인간은 한낱 평범한 인간, 사기꾼이 되었다. 이에 더하여 나중에 밝혀지듯이, 그를 믿지 않았던 왕후 마리나 므니체크가 그녀만의 방식으로 그를 부인함으로써 소리 없이 그의 몰락에 힘을 보탰다. 실제 그 책 속 이야기가 이 모든 사건들을 얼마 만큼 다루고 있는지는 확실히 말할 수 없지만, 어쨌든 이야기는 이런 식으로 전개됐을 것이다.

하지만 이런 점을 제외하더라도, 이 사건은 여전히 생명력을 잃지 않고 있다. 오늘날 이 이야기의 마지막 부분을 다시 쓰려는 작가가 있다면 실수를 피하기 위해 아주 세심하게 주의를 기울여야 할 것이다. 여기서는 많은 일들이 일어난다. 깊은 잠에서 깬 가짜 황제가 벌떡 일어나 창문을 통해 근위병이 있는 궁전 안마당으로 뛰어내린다. 그는 혼자서 일어설 수 없다. 다리가 부러진 것 같다. 두 근위병의 부축을 받아 일어서면서 그는 그들이 여전히 자신을 믿고 있다고 느낀다. 그는 주위를 둘러본다. 그곳에 있는 근위병들 모두가 자신을 따르고 있다. 그들은 황제에게 연민을 느낀다. 얼마나 갑자기 모든 게 바뀌어 버렸는가! 그들은 이반 그로스니(이반)라는 인간의 참모습을 알고 있었지만, 이제는 그를 믿었다. 그는 그들에게 진실을 고백하고 싶었다. 하지만 입을 열면 먼저 비명부터 터져 나왔다. 부상 입은 다리의 통증이 너무나 극심하여 고통 말고는 아무것도 생각할 수 없었다. 이젠 시간이 없다. 적들이 밀려 들어오고 있었다. 그 선두에 슈이스키가 서 있는 것이 보인다. 모든 게 끝장이다. 하지만 근위병들이 그를 에워싼다. 그들은 끝까지 그를 지키려 한다. 그때 기적이 일어났다. 근위병들의 결연한 의지가 퍼져나갔는지, 갑자기 아무도 앞으로 나서려 하지 않는다. 그러자 절박해진 슈이스키는 그의 바로 앞까지 다가가 머리 위 창문을 향해 누군가를 소리쳐 부른다. 하지만 가짜 황제는 돌아보지 않는다. 저 위에 누가 서 있을지 알고 있기 때문이다. 이제 곧 그도 알고 있는 그 목소리가 정적을 깨고 들려올 것이다. 억지로 꾸며낸 듯한 높은 톤의 목소리가. 잠시 뒤, 그는 자신을 부인하는 태후의 목소리를 듣는다.

이제까지는 이야기가 자연스럽게 흘러왔지만, 남은 마지막 몇 줄은 온전히 작가의 몫이다. 왜냐하면 여기서부터는 모순마저 뛰어넘을 강력한 표현력이 필요하기 때문이다. 작가는 태후의 목소리와 총소리 사이의 지극히 짧은 순간에, 되살아난 가짜 황제의 의지와 욕망을 분명히 그려낼 수 있어야 한다. 그렇지 않으면 독자들은 결코 깨닫지 못하리라. 잠옷 차림의 가짜 황제를 마치 신체의 세기를 시험이라도 하는 듯 칼로 마구 찔러죽이는 장면이 앞선 장면들과 얼마나 놀라우리만큼 자연스럽게 연결되는지를. 또한 죽은 뒤에도 3일 내내 그가 얼굴에 썼던 가면의 상징성도 제대로 느낄 수 없으리라.

지금 생각해 보면 이 이야기와, 평생 화강암처럼 단단하고 고집스러웠으며 날이 갈수록 주변 사람들을 힘들게 했던 한 인물(부르고뉴의 샤를 대공을 말한다)의 최후 이야기가 같은 책에 실려 있다는 것이 이상하게 느껴지기도 한다. 디종에 그의 초상화가 있다. 어쨌거나 그는 땅딸막하고 신경질적이며 쉽게 자포자기하는 성격을 가진 인물로 알려져 있다. 그의 손을 주의해서 본 사람은 없을 것이다. 그의 손은 되도록 바람이 통하게 손가락을 활짝 펼치거나 차가운 물건에 올려 두고 식혀야 할 만큼 유별나게 뜨거웠다. 보통 사람의 경우 가끔 피가 머리로 몰릴 때가 있듯이, 그는 피가 손으로 몰린다고 볼 수 있었다. 주먹을 쥐면 그 손은 마치 온갖 미친 생각으로 가득한 미치광이의 머리통을 연상시켰다. 이렇게 들끓는 피를 가졌으니 그는 언제나 극도로 조심하며 살아야 했다. 그래서인지 샤를 대공은 늘 자기 안에 갇혀 살았고, 때때로 내면으로 굽이치는 어두운 피의 흐름을 느낄 때마다 겁에 질렸다. 그는 자신의 피가 끔찍하리만큼 낯설었고, 거기엔 그조차도 잘 모르는 어느 날쌘 포르투갈인의 혈통이 반쯤 섞여 있었다. 그는 자신이 잠들어 있는 동안 이 피가 자신을 갈기갈기 찢어놓을지도 모른다는 소름끼치는 생각에 자주 사로잡히곤 했다. 겉으로는 평온한 척했지만 그 공포는 늘 그를 따라다녔다. 그는 피가 질투에 사로잡힐까 두려워 감히 어떤 여자도 사랑하지 못했다. 평소에 포도주는 입에 대지도 않았다. 그 대신 피를 달래려고 장미잼을 먹었다. 그런 그가 딱 한 번 포도주를 마신 적이 있었다. 그랑송이 함락당하고 나서 로잔의 군영에 머물 때였다. 그는 병으로 몸져누웠는데도 희석하지 않은 독한 포도주를 벌컥벌컥 들이켰다. 하지만 그때는 그의 피가 잠들어 있을 때였다. 말년에 무기력해진 그는 때때로 이처럼 짐승의 잠을 연상시키는 깊고 혼곤한 잠에 빠져들곤 했다. 이는 그의 피가 평소에 그에게 얼마나 큰 힘을 미쳤었는지를 단적으로 보여준다. 피가 잠들자 그는 쓸모없는 존재에 불과했다. 이런 때에는 아무도 그의 곁에 얼씬하지 못했다. 이때 샤를 대공은 다른 사람의 말을 알아듣지 못했다. 자연히 외국 사절조차 직접 맞을 수 없었다. 그는 그저 가만히 앉아서 자신의 피가 깨어나기를 기다렸다. 그러다 보면 어느 순간 피가 꿈틀거리며 솟구쳐올라 심장에서 터져나오며 포효하는 것이었다.

이 피 때문에 그는 아무짝에도 쓸모없는 온갖 것들을 끌고다녀야 했다. 커다란 다이아몬드 3개와 여러 값비싼 보석들, 플랑드르산(産) 레이스와 아라스산(産) 태피스트리, 그리고 황금 장식못을 박은 비단 천막과 신하들이 머물 천막 400개, 목판화와 12사도의 은제조각상 같은 것들을. 또한 그는 항상 타렌트의 제후, 클레베 대공, 바덴의 필립, 샤토 기용의 영주를 대동하고 다녔다. 그는 자신의 피에게 그 자신이 무소불위의 황제처럼 보이기를 바랐다. 피가 그를 두려워하도록 하기 위해서였다. 하지만 이 모든 증거에도 피는 그를 믿지 않았다. 피는 의심이 많았다. 그 의심은 오랫동안 계속되었다. 그러다 우리의 뿔나팔 소리*¹가 진실을 드러냈다. 피는 자신이 패배자의 몸속에 갇혀 있음을 깨달았고, 그의 몸에서 빠져나오려 발버둥 쳤다.

내가 기억하는 이야기는 이와 같다. 하지만 이 이야기를 처음 읽었을 때 가장 인상 깊었던 부분은 사람들이 공현절*²에 샤를 대공을 찾기 위해 수색을 벌이는 대목이었다.

공현절 전날, 그날따라 유난히 서둘러 낭시 공격을 마무리하고 곧바로 군영으로 돌아온 로렌의 젊은 군주는 아직 자고 있던 수행원을 깨워 샤를 대공이 어디 계신지 물었다. 전령이 연달아 급파되었다. 젊은 군주는 불안하고 걱정스러운 표정으로 가끔씩 창가에 모습을 드러냈다. 수레나 들것에 실려 오는 병사들의 얼굴을 다 알아볼 수는 없었지만, 그 가운데 대공이 없다는 것만은 확실했다. 부상병 가운데서도, 끊임없이 밀려드는 포로병 가운데서도 없었다. 피난민들의 보고는 저마다 달라 혼란스럽기만 했고, 그들은 마치 샤를 대공과 마주칠까봐 두려워하는 사람들처럼 겁에 질려 있었다. 해가 졌는데도 대공의 행방은 여전히 오리무중이었다. 그 기나긴 겨울밤이 지나는 동안 대공이 사라졌다는 소식이 사방으로 퍼져갔다. 그럼에도 사람들은 대공이 어디엔가 꼭 살아 있을 거라고 호언장담했다. 그날 밤처럼 샤를 대공의 모습이 사람들의 마음속에 그토록 생생하게 떠올랐던 적은 없었으리라. 사람들은 집집마다 불을 밝힌 채 그가 자기 집 대문을 두드리는 것을 상상하며 밤새 그를 기다렸다. 끝내 문 두드리는 소리가 들리지 않으면 대공이 벌써 그곳을 지나간 것이라고 여기기로 했다.

그날 밤은 혹독하게 추웠다. 그럼에도 사람들은 그가 아직 살아 있을 것이라고 굳게 믿고 있었다. 세상이 얼어붙을수록 그 믿음도 얼음처럼 단단해지는 듯했다. 그렇게 한 해가 지나고 또 한 해가 지나도 사람들의 믿음에는 변함이 없었다. 이미 밝혀진 사실을 듣지 못한 사람들은 여전히 그가 살아 있

---

*1 우리Uri는 스위스에 속한 지방으로, 여기서 '우리의 뿔나팔'은 샤를 대공에 맞섰던 프랑스의 루이 11세가 고용한 스위스 용병대를 가리킨다. 샤를 대공은 이 싸움에서 패배를 거듭하다 낭시 전투에서 교전하던 가운데 사망했다.

*2 1월 6일. 예수가 세례를 받고 하나님의 아들로 공식적으로 인정받은 날을 기념하는 기독교의 축일.

다고 고집스럽게 믿고 있었다. 그들은 샤를 대공의 모습을 마음속에 그림으로써 그나마 그가 그들에게 가져다준 고된 운명을 감내할 수 있었다. 그의 생존을 믿기란 어려운 일이었지만, 일단 그런 이미지가 생기고 나면 그들은 그의 형상을 마음속에 잊지 않고 간직할 수 있었다.

한편 다음 날인 1월 7일 화요일, 이른 아침부터 수색작업이 재개되었다. 이번에는 길잡이가 있었다. 대공의 시종이었는데, 멀리서 주군이 말에서 떨어지는 것을 봤다고 했다. 그래서 그가 대공을 봤던 장소로 수색대를 안내하려는 것이었다. 소년은 말이 없었다. 그를 데려온 캄포바소 공작이 소년을 대신해 설명했다. 소년이 앞장서고 사람들은 그 뒤를 따랐다. 사람들은 천으로 얼굴을 가린 채 잔뜩 움츠린 이 소년이 사실은 아름답고 날씬한 몸매로 유명한 어린 시녀, 장 바티스타 콜로나인 줄은 꿈에도 알지 못했다. 소년은 추위에 몸을 떨고 있었다. 지난밤 내린 서리로 공기가 얼음장처럼 차가웠다. 발밑의 눈덩이가 뽀드득뽀드득 소리를 냈다. 다들 온몸이 꽁꽁 얼어붙었다. 대공을 섬기던 루이 옹스라는 어릿광대만이 혼자 부지런히 뛰어다녔다. 그는 개 흉내를 내어 갑자기 저만치 달려갔다가는 어느새 다시 돌아오기도 하고 소년 옆에서 한동안 네 발로 껑충껑충 뛰어다니기도 했다. 그러나 멀리서 시체를 발견하면, 얼른 달려가서 공손하게 절부터 한 뒤, 부디 정신을 차리고 우리가 찾고 있는 대공인지 아닌지 대답해달라고 시체를 향해 말을 걸었다. 그는 한동안 대답을 기다리다가 이윽고 실망한 얼굴로 돌아와서는 죽은 자들의 고집스러움과 게으름을 욕하고 저주하고 원망했다. 그렇게 그들은 끝도 없이 걸었다. 어느새 떠나온 도시는 까마득하게 멀어져 보일 듯 말 듯 했다. 날씨가 험악해지면서 잿빛 안개가 눈앞을 가렸다. 보이는 건 무심한 듯 끝없이 펼쳐진 들판뿐이었다. 수색대는 몇 명씩 바짝 붙어서 힘겹게 나아갔는데, 마치 길을 잃고 방황하는 무리를 연상시켰다. 다들 입을 굳게 닫고 있었다. 함께 따라온 한 노파만이 기도라도 하는 듯 머리를 흔들며 조용히 무슨 말인가를 중얼거렸다.

갑자기 맨 앞의 소년이 걸음을 멈추고 주위를 둘러보더니, 대공을 섬기는 루피라는 포르투갈인 시의를 돌아보며 손가락으로 앞쪽을 가리켰다. 몇 걸음 앞에 얼음 낀 웅덩이가 있었다. 그 속에 반쯤 처박힌 열 내지 열두 구의 시체가 있었다. 모두 옷이 거의 벗겨져 있었다. 루피는 쪼그리고 앉아서 시체를 한 구 한 구 주의 깊게 살펴보았다. 그러는 와중에 올리비에 드라마르셰와 종군 신부의 주검이 발견되었다. 그때 노파가 눈밭에 무릎을 꿇고 앉아서 어떤 시체의 손 위에 몸을 굽히고 하염없이 울기 시작했다. 한껏 벌어진 뻣뻣하게 굳은 손가락들이 그녀를 향해 있었다. 모두들 서둘러 그곳에 모여들었다. 루피는 몇몇 하인과 함께 엎드려 있는 시체를 바로 눕히려 했다. 그런데 얼굴이 빙판에 들러붙어 있어서 억지로 떼어내자 한쪽 뺨의 피부가 바삭거리며 얇게 벗겨지고 말았다. 다른 쪽 뺨도 자세히 보니, 개나 늑대가 뜯어먹은 흔적이 남아 있었다. 한쪽 귀에서 다른 쪽 귀에 걸친 커다란 상처도 나 있었다. 그야말로 더 이상 인간의 얼굴이라고 말할 수 없을 정도였다.

사람들은 시체의 신원을 알아낼 만한 것이 있을까 싶어서 저마다 주위를 두리번거리기 시작했다. 그러나 그들의 눈에 들어온 것은 얼굴에 피를 잔뜩 묻힌 채 화난 표정으로 앞으로 달려가는 광대의 모습뿐이었다. 광대는 바닥에 있던 망토를 집어 들고서 뭐라도 떨어지지 않을까 기대하며 흔들었다. 하지만 아무것도 나오지 않았다. 사람들은 시체에서 신원을 알리는 흔적을 찾기 시작했다. 몇 가지가 눈에 띄었다. 사람들은 불을 피워 따뜻한 물과 포도주로 시체를 씻겼다. 목의 흉터와 커다란 종기자국이 발견됐다. 시의에게는 이 증거만으로도 충분했다. 하지만 사람들은 계속해서 다른 증거를 찾으려 했다. 루이 옹스가 몇 걸음 떨어진 곳에서 대공이 낭시 전투에 타고 나갔던 거대한 흑마 모로의 주검을 발견했다. 대공이 이 말을 타고 있을 때면 그의 짧은 다리가 허공에 대롱거리곤 했었다. 시체의 코에서는 여전히 피가 흘러나와 입속으로 흘러들고 있었다. 마치 자신의 피를 마시는 것처럼 보였다. 맞은편에 있던 하인 하나가 대공의 왼쪽 발톱 가운데 하나가 살을 파고들었던 걸 기억해냈다. 모두가 발톱을 찾았다. 그러자 광대가 간지럼을 타는 듯 온몸을 비틀며 소리쳤다. "아이고, 전하, 무엄하게도 전하의 보기 흉한 곳을 드러내려고 하는 저 어리석은 것들을 용서하소서. 저들은 전하의 은덕을 입은 소인의 얼굴에 슬픈 표정이 어리는 것을 보고도 전하를 알아보지 못하옵니다."

(다음은 원고 여백에 적힌 글이다)

시신이 안치됐을 때 맨 처음 찾아간 것도 이 어릿광대였다. 시신이 안치된

곳은 게오르그 후작의 저택이었는데, 왜 그의 집에 시신을 두게 되었는지는 아무도 알지 못했다. 아직 관을 천으로 덮지 않아 대공의 온몸이 그대로 드러나 있었다. 대공이 입은 흰색 더블릿(15~17세기에 유럽에서 남자들이 많이 입던 윗옷. 허리가 잘록하며 몸에 꽉 끼는 모양)과 진홍빛 망토가 천장에 지붕처럼 늘어뜨린 검은 휘장이며 관대(棺臺) 색깔과 너무나 대조를 이루어 심지어 으스스한 느낌마저 풍겼다. 커다란 황금 박차가 달린 붉은색 장화가 앞코를 대공 쪽으로 향한 채 앞에 놓여 있었다. 왕관은 그 맞은편 대공의 머리—왕관으로 미루어보아 이 부분이 머리인 것이 분명했다—에 씌워져 있었다. 값비싼 보석들이 박힌 공작의 왕관이었다. 루이 옹스는 관 주위를 돌며 모든 걸 꼼꼼히 살폈다. 천에 대해서는 아무것도 모르지만 새틴 천을 직접 만져보기도 했다. 확실히 좋은 물건인 것 같긴 했지만 부르고뉴 왕가의 장례라는 걸 감안한다면 조금 조촐한 감도 없지 않았다. 그는 다시 한 번 전체적인 모습을 살피려고 뒤로 물러섰다. 눈 덮인 창밖에서 비쳐드는 빛 때문인지 색깔들이 저마다 따로 놀았다. 그는 모두 기억해 두려는 듯이 자잘한 부분들까지 하나하나 열심히 들여다보았다. "잘 준비됐군." 마침내 인정하듯이 그가 말했다. "마무리가 좀 튀는 것 같긴 하지만." 그가 느끼기에 죽음은 마치 대공의 갑작스러운 요청에 따라 찾아온 꼭두각시 놀이꾼 같았다.

바꿀 수 없는 사실이라면 그 일을 한탄하거나 옳고 그름을 판단하려 하는 것보다 순순히 인정하는 편이 현명하다. 예컨대 나는 결코 훌륭한 독서가가 아니라는 사실이 그러하다. 어렸을 때 나는 독서가가 앞으로 내가 선택할 수 있는 여러 직업 가운데 하나인 줄로만 알았다. 솔직히 말하자면, 내가 언제 독서가가 될 수 있을지에 대해서 구체적으로 생각해 본 적이 없었다. 다만 언젠가는 내 인생이 자연스럽게 방향을 틀어 독서가라는 직업을 향해 나아가리라고 어렴풋이 생각했을 뿐이었다. 예전에는 오로지 안에서부터 시작된 삶이, 방향을 바꿔 밖으로부터 시작될 것이었다. 그런 전환의 순간이 오면 모든 게 분명해져서 내 인생에는 오해를 불러일으킬 어떤 모호한 구석도 남지 않을 것이라고 믿었다. 그렇다고 단순하게만 생각했던 건 아니다. 오히려 반대로, 내게 있어 인생이란 너무나 많은 것을 요구하고, 복잡하며 어렵지만, 적어도 눈에 보이듯 분명했다. 그래서 이 불안정하고 예상할 수 없는, 어린 시절 특유의 자유로운 세계를 극복할 수 있게 될 거라고 생각했다. 사실 그런 날이 어떻게 올는지 전혀 짐작이 가지 않았다. 그도 그럴 것이 내 인생은 스스로를 사방의 벽에 가둔 채 갈수록 부풀어올랐고, 바깥세상을 바라보면 바라볼수록 오히려 나의 내면만이 더욱더 또렷하게 깨어났기 때문이다. 이게 어찌된 조화인지는 하느님만이 아시리라. 어쨌든 이런 상황이 언제까지나 계속되지는 않을 테고, 어느 순간 한계에 이르면 단번에 끝이 날 거라고 믿었다. 어른들을 보더라도 그랬다. 그들은 내적인 문제로 괴로움을 겪는 일이 거의 없는 듯 보였으니 말이다. 어른들은 언제든 척척 판단을 내리고 사건을 처리했으며, 어려움에 봉착한다 해도 그 대부분은 외적인 요인에서 비롯되었기 때문이다.

나는 다른 것들과 마찬가지로 독서를 인생의 전환이 시작될 때 할 일로 미뤄두고 있었다. 때가 되면 마치 친구를 대하듯이 책을 대하리라고, 또한 내 키는 만큼 매일 일정 시간을 할애하여 규칙적으로, 유쾌하게 책을 읽으리라고 생각했었다. 자연스럽게 다른 책보다 더 마음에 드는 책이 있을 것이고, 그러다 보면 예정보다 독서시간이 늘어나 산책시간을 30분이나 잡아먹는 바람에, 약속을 늦춘다거나 공연시간에 맞춰 극장에 서둘러 간다거나 급하게 편지를 써야 하는 일도 생길 테지. 하지만 적어도 자다 일어난 사람처럼 머리는 온통 헝클어진 채, 귀는 타는 듯이 뜨겁고 손은 금속처럼 차가운 상태로, 초가 다 타버려서 꺼지는 것도 모르고 책에 몰두하는 그런 일은 더 이상 없을 거라고.

이런 얘기를 하는 것은, 실제로 내가 갑자기 책에 빠져들던 울스고르에서 보낸 그 여름방학 동안 이처럼 꽤 유별난 독서 경험을 했기 때문이다. 그런 식으로 책을 읽을 수 없다는 건 금세 명백해졌다. 나는 본디 계획했던 시기보다 앞서 독서를 시작했다. 그러나 같은 해, 소뢰에 있는 학교에서 내 또래의 시끄러운 남자아이들과 함께 생활하면서 나는 이런 계산이 틀리지 않았나 의심이 들었다. 그곳에서 나는 너무나 갑작스럽고 예상치 못한 경험을 여러 번 겪었다. 다른 아이들은 나를 마치 어른처럼 취급했다. 그 경험은 인생만큼 크고 무거웠다. 그러나 그 무게만큼 나는 그것의 실제적인 진실을 이해했고, 동시에 내 어린 시절의 무한한 실재에 눈을 떴다. 나는 다른 생활이 시작됐다고 해서 그 시절이 끝나지는 않으리란 걸 알고 있었다. 모두가 자유로

이 인생의 단락을 나누지만, 그것을 꾸며낼 수는 없다고 나는 스스로에게 말했다. 하지만 난 이 문제를 혼자 힘으로 명확히 정리할 수 있을 만큼 똑똑하지는 못했다. 시도할 때마다 인생은 그 문제들에 대해 알지 못한다는 사실만 내게 일러주었다. 내가 만약 유년기는 끝났다고 주장한다면, 그 순간 내게 다가오던 모든 것이 전부 지나간 것이 돼버리는 셈이었다. 그렇게 되면 내 인생은 장난감 병정이 차지한 자리만큼이나 딛고 설 데가 좁아져 위태위태해질 것이었다.

이런 발견이 나를 더욱더 고립된 상태로 내몰았음은 쉽게 짐작이 가리라. 이 문제는 나의 내면을 온통 사로잡았고, 내 마음을 최후의 기쁨으로 가득 채웠다. 나는 이 기쁨을 슬픔이라 생각했는데, 왜냐하면 그것은 이제까지의 나의 삶과는 너무나 동떨어진 경험이었기 때문이다. 기억하건대, 그것은 또한 나를 불안하게 만드는 요인이 되기도 했다. 이런 불분명한 나날이 계속됨으로써 나도 모르게 수많은 것들을 놓치고 있는 건 아닐까 걱정했기 때문이다. 그리하여 울스고르로 돌아왔을 때 나는 옛 장서들을 보자마자 거의 양심의 가책이 느껴질 만큼 그것들을 허겁지겁 읽어치우기 시작했다. 그때 내겐 끝까지 다 읽을 생각이 아니면 아예 책을 펼쳐서도 안 된다는 강박관념이 생겼는데, 이런 강박관념은 그 뒤로도 종종 나타나곤 했다. 책을 한 줄 한 줄 읽어 내려갈 때마다 세계를 한 조각 한 조각 맛보는 듯했다. 책을 통해 바라본 세상은 아무런 흠도 없고 언제든 다시 조화로운 전체로 돌아갈 수 있는 세계였다. 하지만 제대로 읽을 줄도 모르는 내가 그 많은 책을 어떻게 소화할 수 있었겠는가? 그 소박한 서재에 있던 책들만 해도 내겐 너무나 벅찬 양이었다. 그럼에도 나는 필사적으로 이 책에서 저 책으로 용감하게 뛰어들었고, 벅찬 과업을 수행하는 사람처럼 책장 사이를 헤쳐 나갔다. 그 무렵 나는 실러와 바게센(1764~1826. 신고전주의에서 낭만주의로 넘어가는 과도기에 활약한 대표적인 덴마크 작가)을, 욀렌슐레게르(1779~1850. 덴마크의 시인이자 극작가. 북유럽 낭만주의의 토대를 마련했다)와 샤크 스타펠(1769~1826. 덴마크의 작가)을 읽었다. 또한 서재에 있는 월터 스콧(1771~1832. 영국의 역사소설가, 시인, 역사가)과 칼데론(1799~1867. 에스파냐의 시인이자 소설가로 〈안달루시아 풍물시〉가 유명하다)의 작품들을 전부 다 찾아서 읽었다. 그때 내가 읽은 것들 가운데 벌써 읽었어야 할 책도 있었고, 읽기엔 너무 일렀던 책도 있었다. 동시대 작가의 책은 거의 없었다. 난 그런 건 개의치 않고 계속 읽어나갔다.

뒷날 이따금 밤에 깨어날 때가 있었다. 그런 밤이면 창밖의 별들은 너무나 생생하고 의미심장해 보여서, 나는 이렇게 풍요로운 세상을 잊고 살아가는 사람들이 이해되지 않았다. 책에서 눈을 떼고 한여름 창밖에서 아벨로네가 나를 부르는 걸 내다볼 때마다 나는 바로 이와 비슷한 감정을 느꼈다. 그녀가 나를 소리쳐 불러 찾아야 하고 또 내가 그 부름에 응답하지 않는 상황은 나나 그녀 모두에게 있어서 굉장히 놀라운 사건이었다. 우리가 가장 행복했던 시기였다. 하지만 그땐 책이 내 마음을 온통 사로잡고 있었기에 나는 거기에 필사적으로 매달렸고, 또 거만한 기분에 취해 우리의 축제의 나날로부터 고집스레 몸을 숨겼다. 자연스러운 행복을 누릴 기회가 그토록 많았음에도 그런 데는 도무지 서툴렀던 나는, 불어나는 다툼은 언젠가 사라질 것이고, 그때가 되면 오래 미룬 만큼 우리의 화해가 더더욱 매력적으로 느껴지리라 생각했다.

이런 나의 기묘한 독서벽은 시작할 때와 마찬가지로 너무나 갑작스럽게 끝났다. 그때 나와 아벨로네는 서로에게 몹시 화가 나 있었다. 아벨로네는 나를 조롱하고 잘난 척하는데 열심이었다. 정자에서 만날 때마다 그녀는 무언가를 읽고 있었다. 어느 여름날 아침, 아벨로네 곁에는 책이 덮인 채 놓여 있었다. 그녀는 붉은까치밥나무 열매껍질을 포크로 벗기는 일에 몰두해 있었다.

그날은 분명 7월의 어느 이른 아침이었다. 온누리가 평화로운 휴식에 잠겨 있다. 어디서나 저절로 기쁨의 분위기가 솟아오른다. 억누를 수 없는 수많은 작은 움직임들이 한 신념에 찬 존재의 모자이크를 이룬다. 존재들이 저마다 뛰어오르고 파고들고 하늘로 높이 솟구친다. 존재의 서늘함이 또렷하게 그림자를 드리우고, 쏟아지는 햇빛에서는 영적인 신비로움이 느껴진다. 정원 전체가 완벽한 휴식 속에 있다. 전체의 충만을 느끼기 위해서는 그 안에 하나로 녹아들어야 하리라, 그 안에서 숨 쉬며 그 어떤 것도 놓쳐서는 안 되리라.

그 충만한 풍경은 아벨로네의 작고 자연스러운 움직임 속에서 다시 한 번 재현되었다. 그녀의 움직임이나 일하는 모습에서는 언제나 그녀만의 행복한 기운이 묻어나왔다. 그녀의 손이 그늘 속에서 희게 빛나며 매우 노련하고 솜씨 있게 움직였다. 포크가 움직일 때마다 둥근 열매들이 이슬에 젖은 포도나무 잎사귀가 깔린 그릇 속으로 떨어졌다. 그릇 안에는 벌써 빨갛고 하얀 열매들이 꽤 많이 담겨 있었다. 아름답게 반짝이는 조그만 열매들은 그 풍성한 과육 속에 씨앗을 품고 있었다. 나는 그저 하염없이 그 모습만을 바라보고 싶었다. 하지만 아무래도 그녀가 뭐라고 할 것 같아서, 일부러 관심 없는 척 책을 집어들고 탁자 반대쪽에 가서 앉았다. 나는 그녀와 마주보고 앉아서 책장을 팔랑팔랑 넘기다가 아무데나 펼쳐서 읽기 시작했다.

잠시 뒤 아벨로네가 말했다.

"기왕 읽는 거 큰 소리로 읽어보지 그래, 책벌레 씨."

그 목소리에는 조금도 시비를 거는 느낌이 없었다. 나는 지금이 화해할 기회다 싶어서 곧 큰 소리로 읽기 시작했다. 한 단락을 끝내고 다음 단락을 이어서 읽어내려갔다. '베티나에게'라는 소제목이 달려 있었다.

"됐어, 답장은 안 읽어도 돼." 아벨로네는 나를 가로막더니, 지친 듯이 갑자기 작은 포크를 내려놓았다. 내가 고개를 들자, 그녀는 내 표정이 우스운지 웃기 시작했다.

"아이고 참, 왜 그렇게 못 읽는 거니, 말테야."

나는 완전히 건성으로 읽고 있었던 것을 인정할 수밖에 없었다. "그래야 어서 그만 읽으라고 할 테니까." 난 그렇게 말하고는 얼굴을 붉히며 책 표지를 들여다보았다. 그제야 내가 읽은 책(괴테와 베티나 폰 아르님 / 사이에 오간 편지를 엮은 책)이 무엇인지 알았다. "답장은 왜 읽지 말라는 거야?" 나는 궁금해서 물었다.

아벨로네는 내 말을 못 들은 것 같았다. 그녀는 밝은색 옷차림으로 그곳에 앉아 있었지만, 내면에는 그녀의 짙은 눈동자처럼 어두운 그늘이 드리우는 듯했다.

"잠깐 이리 줘봐." 그녀는 갑자기 화난 듯이 말하더니 내 손에서 책을 낚아채서는 자기가 읽고 싶은 부분을 곧바로 펼쳤다. 그러고는 베티나의 편지를 한 편 읽기 시작했다.

내가 그 편지의 의미를 얼마나 이해했는지는 모르겠다. 하지만 언젠가는 그 의미를 모두 이해하게 되리라는 정식 약속을 받은 기분이었다. 그리고 아벨로네의 목소리가 노래할 때와 거의 비슷해진 무렵에는 내가 생각한 그녀와의 화해 계획이 얼마나 허무맹랑했던가를 깨달았다. 왜냐하면 그 순간 이미 우리의 화해는 이루어졌다는 걸 알았기 때문이다. 그러나 그것은 마치 우리 머리 위, 우리 손길이 닿지 않는 저 너머 어딘가에서 벌어지는 느낌이었다.

그 약속은 아직 이루어지는 중이다. 그 책은 언젠가부터 내가 늘 곁에 두고 보는 몇몇 책 가운데 하나가 되었다. 그리하여 이제 나 또한 읽고 싶은 단락을 곧바로 찾아 펼칠 수 있었다. 그렇게 책을 읽다 보면 내가 지금 베티나를 생각하고 있는 건지, 아벨로네를 생각하고 있는 건지 스스로도 알 수 없을 때가 있었다. 아니, 내 마음에 좀 더 뚜렷하게 다가오는 것은 분명 베티나이다. 아벨로네는 베티나를 맞아들이기 위한 준비과정이나 다름없었다. 이제 내 마음속에서 그녀는 베티나라는 존재 속으로 녹아 사라져 버렸다. 마치 그것이 그녀의 본디 자아이기라도 한 것처럼. 기묘한 베티나라는 여인은 그녀의 편지를 통해 무한한 공간을 창조했다. 그녀는 이미 죽은 사람처럼 처음부터 그녀의 온 존재를 한껏 펼쳤다. 그녀의 존재는 곳곳에 깊이 스며들어 그 일부가 되었으며, 그녀의 본성이 일으키는 모든 일은 마치 영원에서 비롯되는 듯했다. 이 영원의 세계야말로 그녀가 자기 자신을 알아보는 곳이었다. 영원과 분리될 때 그녀는 마치 돌아가는 길을 몰라 방황하는 불멸의 영혼처럼 고통스러운 듯했다.

베티나, 그대는 방금 전까지 이곳에 있었다. 나는 그대를 알아볼 수 있다. 땅에는 아직 그대의 온기가 남아 있지 않은가? 새들은 침묵하며 그대의 목소리가 울려 퍼질 공간을 남겨두고 있지 않은가? 오늘의 이슬은 어제의 이슬과 다르나, 별은 언제나 당신의 밤에 빛나던 것과 똑같은 별로 남아 있다. 아니, 온세상이 모두 그대의 것이 아니던가? 그대는 얼마나 자주 이 세계에 사랑의 불길을 옮겨붙였던가. 그리하여 그대는 세상이 스스로 찬란하게 빛나며 타오르는 모습을 바라보지 않았던가. 또한 그대는 얼마나 자주 모두가 잠든 밤에 비밀스레 이 세상을 완전히 다른 세상으로 바꿔 놓았던가. 그대는 신과의 완벽한 조화를 느꼈다. 그래서 그대는 매일 아침마다 신에게 당신의 피조물들을 위한 새로운 대지를 달라 청했다. 있던 것을 고쳐서 쓰는 건 그대의 성에 차지 않았으리라. 그대는 이 대지를 남김없이 쓰고는 곧 또 다른 세계를 달라 팔을 뻗었다. 그대의 사랑은 그토록 무한하게 사방으로 퍼져나가는 것이기에.

그런데도 어찌 사람들은 그대의 사랑에 대해 이야기하지 않는 것일까? 그대의 사랑보다 더 눈에 띄는 사건이 일어나기라도 했단 말인가? 사람들은 무슨 일로 그리도 바쁘단 말인가? 그대는 그대의 사랑이 지닌 가치를 스스로 잘 알고 있었다. 그대는 저 높은 꼭대기에서 그대의 가장 위대한 시인(괴테를 말 함. 릴케는 베타나의 사랑에 응하지 않은 괴테에 비판적 태도를 지님)에게 그대의 사랑을 소리쳐 알렸다. 그럼으로써 그가 아직 자연적인 물질 상태로 존재할 뿐인 그대의 사랑에 인간다운 형태를 부여할 수 있도록. 하지만 사람들은 그가 그대에게 답한 데에만 관심을 가졌다. 사람들은 그대보다는 시인의 응답을 더 믿었다. 그도 그럴 것이, 사람들에게는 자연의 말보다 시인의 말이 보다 쉽게 다가올 것이기에. 그러나 언젠가 시인의 위대성에도 한계가 있음을 깨닫게 되리라. 그대의 사랑은 그에게 주어진 무거운 과제였고, 그에겐 이를 감당할 능력이 없었다. 그런 위대한 시인마저 그대의 사랑에 답하지 못했다는 것은 무엇을 의미하는가? 그대의 사랑은 보답이 필요치 않으며, 부름인 동시에 그에 대한 응답이다. 그대의 사랑은 스스로 답한다. 그러므로 시인은 파트모스 섬의 세례 요한이 그대 앞에 무릎 꿇었듯이, 자신을 낮추고 의관을 정성스레 갖추고서 두 손으로 공손히 그대의 말을 받아적었어야 했다. '천사의 직분을 수행하는' 그대의 목소리는 어떤 선택의 여지도 허용하지 않는다. 그 목소리는 시인의 온 존재를 휘감아 절대적인 영원의 영역으로 데려가기에. 이처럼 화려한 승천을 이루어줄 마차가 준비되어 있었음에도, 불멸의 이름을 남기게 해줄 신비로운 전설이 준비되어 있었음에도, 시인은 끝내 그 기회를 외면하고 말았다.

운명은 갖가지 무늬와 패턴 만들어내는 것을 좋아한다. 운명의 난관은 바로 이 복잡성에서 오는 것이다. 반면 인생 자체가 힘든 이유는 그것이 단순하기 때문이다. 인생에서는 우리의 한계를 뛰어넘는 일들이 거의 생기지 않는다. 성자들은 자신의 운명을 거부하고, 신에게 닿기 위해 바로 이런 드문 일을 추구한다. 자신의 자연스러운 본성을 따르는 여자라면 남자에 대해서 성자들과 똑같은 선택을 한다. 이 사실은 모든 사랑의 관계에 내재한 불행을 떠올리게 한다. 여자는 연인의 변심 앞에서도 마치 불멸의 존재와도 같이 결연하고 굳건하게 물러서지 않는다. 사랑하는 여자는 언제나 사랑받는 남자보다 우월하다. 왜냐하면 인생은 운명보다 위대하기 때문이다. 여자의 헌신은 늘 더 거대해지기를 원한다. 여기에 여자의 행복이 있다. 여자가 말 없이 감내하는 사랑의 슬픔은 세상이 이러한 헌신을 일정하게 제한하는 데서 생겨난다.

여자들이 슬픔을 호소하는 데는 이 밖에 다른 이유가 없다. 엘로이즈($_{1164.}^{1101 \sim}$
파라클레 대수도원의 수녀원장을 지냈다. 그녀의 연인이며 당대 저명한
신학자였던 아벨라르와 주고받은 편지는 뛰어난 문학성으로 유명하다)가 처음에 쓴 두 통의 편지는 바로
이러한 슬픔을 담고 있으며, 그로부터 500년 뒤에 쓰인 포르투갈 수녀의 편
지도 마찬가지다. 이들을 생각하다 보니 문득, 사람들이 그녀의 운명에 대해
서만 관심을 갖느라 수 세기 동안 미처 깨닫지 못했던 사포($_{고의 여류시인으로, 그녀의 생애}^{BC. 612? \sim ?, 고대 그리스 최}$
및 죽음과 관련하여 여러 가지 전설이 있다)의 면면이 아련히 겹쳐 떠오른다.

나는 차마 그에게서 신문을 살 엄두가 나지 않았다. 밤늦도록 뤽상부르 공
원 바깥을 천천히 거닐고 있는 모습을 보고 있노라면, 과연 실제로 팔 신문
을 갖고 있는지도 의심스러웠다. 그는 울타리를 뒤로한 채 손으로 가로대 밑
돌벽을 쓰다듬는다. 그는 늘 너무나 평범한 모습을 하고 있어서 매일 그곳을
지나는 사람들마저 그의 존재를 의식하지 못한다. 그래도 그에게는 아직 목
소리라는 것이 남아 있었고, 실제로 그는 그 사실을 알리기라도 하려는 듯
호객을 했다. 그러나 그 소리는 전등이나 난로에서 나는 소리, 또는 동굴에
서 물방울이 불규칙적으로 떨어지는 소리와 다를 게 없었다. 세상 이치라는
것이 얼마나 얄궂은지 사람들은 그가 소리칠 때는 아무도 지나가지 않다가,
그가 째깍거리는 시곗바늘 소리보다 더 조용하게, 마치 그늘이나 시간처럼
움직이고 있을 때만 지나갔다.

그를 보기 꺼려했던 나의 태도는 얼마나 잘못된 것이었는지. 부끄럽게도
나 또한 그의 곁을 지나갈 때 다른 사람들과 똑같은 태도를 취했다. 곧 아예
그가 거기 없는 것처럼 굴었던 것이다. 그러나 그때 나는 그가 "신문이요"
하는 소리를 들었다. 그는 그 말을 쉬지 않고 세 번 내뱉었다. 내 옆에서 걷
던 사람이 어디서 나는 목소리인가 싶어 주위를 두리번거렸다. 나는 아무것
도 못 들은 사람처럼, 마치 무슨 중요한 생각에 몰두한 듯 빠른 걸음으로 서
둘러 그곳을 지나갔다.

사실 나는 마음속으로 그의 모습을 그리는 데 열중하고 있었다. 얼마나 골
몰했는지 땀이 다 흐를 정도였다. 그 작업은 말하자면, 어디에서도 살았던
자취를 찾을 수 없는 어떤 죽은 이의 모습을 복원하는 작업과도 비슷했다.
지금 와서 생각해 보니 골동품 가게에서 흔히 볼 수 있는, 상아를 깎아 만든
여러 예수상을 떠올려본 것이 조금은 도움이 됐다. 그의 모습을 그리는 동안

피에타 상이 자꾸만 머릿속에 어른거렸던 것이다. 그로부터 내가 떠올린 것은 분명 옆으로 기운 우울한 얼굴, 어둠에 가려진, 수염이 무성하게 돋아난 뺨, 고통스러운 절망이 어린 치켜뜬 눈동자 같은 것들이었다. 그럼에도 이런 이미지들이 적잖이 그와 겹치는 것이 사실이었다. 그의 모습에서 하찮은 구석을 하나도 찾아볼 수 없다고 말할 수 있을 정도였다. 목덜미 밑으로 한껏 처진 외투며, 얽은 자국이 있는 한껏 늘인 목 주변으로 손대지 않아도 둥글게 펼쳐진 옷깃이며, 느슨하게 맨 초록빛 도는 검은색 넥타이까지 어느 하나 범상치 않은 것이 없었다. 특히 맹인이 모자를 쓴 것처럼 서툴게 머리 위에 얹혀 있는, 춤이 높고 빳빳한 구식 펠트 모자는 그의 얼굴 생김새와 전혀 어울리지 않았다. 그렇다고 그 자체로 어떤 독특한 개성이 있는 것도 아닌, 어디서나 볼 수 있는 평범한 철 지난 모자였다. 하지만 어쩌면 나는 비겁하게도 그의 얼굴을 직접 바라볼 용기가 없는 까닭에 아무 근거 없이 그의 모습을 실제보다 더 초라하고 비참하게 그리고 있는 건지도 몰랐다. 생각이 여기에 이르자 더 이상 상상력이 지나치게 끼어들도록 해서는 안 되겠다는 결심이 섰다. 해거름이 내리고 저녁이 다가오고 있었다. 나는 이번에야말로 그의 곁을 지나가면서 제대로 그의 얼굴을 볼 생각이었다.

한 가지 알아둘 것은 요즘 봄기운이 서서히 느껴진다는 점이다. 그날 바람은 잠잠했고, 길게 뻗은 거리는 평화로웠다. 거리 끄트머리에 있는 집들이 깜짝 놀랄 정도로 가벼운 하얀 금속의 잘려진 단면처럼 신선한 빛을 발하고 있었다. 오가는 차량이 얼마 없어서인지 많은 사람이 저 끝까지 펼쳐진 널찍한 도로를 겁도 없이 걸어가고 있었다. 그날은 일요일이었을 것이다. 고요한 저녁 공기 속에 우뚝 솟은 생 쉴피스 교회 첨탑이 유난히 더 경쾌하고 높아 보였다. 로마풍의 좁은 거리를 걷노라면 어느덧 찾아온 봄기운을 느낄 수 있었다. 뤽상부르 공원 안에도, 공원 앞에도 사람들이 북적대서 그의 모습을 찾기란 쉽지 않았다. 어쩌면 이미 보았는데도 알아보지 못한 건지도 몰랐다.

나는 그의 이미지를 그리려던 그동안의 노력이 아무짝에도 쓸모없었음을 금세 깨달았다. 경계심 때문이라거나 거짓으로 흉내 내는 거라고는 도저히 생각할 수 없을, 거의 자포자기한 듯 보이는 그 초라한 행색은 내 예상을 훨씬 뛰어넘은 것이었다. 나는 그의 머리가 얼마 만큼 기울어져 있었는지, 그의 눈가에 얼마나 큰 두려움이 서려 있었는지 전혀 몰랐던 것이다. 게다가 난 그의 입이 배수구처럼 움푹 들어가 있으리라고는 생각지도 못했다. 어쩌면 그에게도 과거의 기억이 있을 것이다. 하지만 지금은 그의 영혼이 뒤편 담장을 어루만질 때의 그 형태 없는 촉감 말고는 아무것도 느끼지 못하리라는 생각이 들었다. 나는 그 자리에 멈춰섬과 거의 동시에 그 모든 것을 보았다. 그는 평소와 다른 모자와 넥타이 차림이었는데, 분명 그날이 일요일이었기 때문일 것이다. 노란색과 보라색이 비스듬히 들어간 체크무늬 넥타이에, 얼마 전에 산 듯한, 초록색 띠를 두른 싸구려 밀짚모자였다. 물론 그의 넥타이며 모자 색깔이 어땠는지는 그다지 중요하지 않다. 내가 그것을 기억하는 건 그런 사소한 것들에 예민한 내 성격 탓이다. 다만 내가 말하고 싶은 것은 그것들이 마치 새의 가슴 깃털처럼 무척 보드라워 보였다는 사실이다. 정작 그는 자신의 넥타이며 모자 색깔에는 아무 관심이 없었다. 사실 그가 그렇게 차려입은 것은 그 자신이 아니라 그곳을 지나가는 사람들을 위한 것이었다는 걸 (나는 주위를 둘러보았다) 그 누가 짐작이라도 했을까 (그가 장님임을 암시한다)?

오, 하느님, 그 순간만큼은 분명 당신이 존재한다는 확신이 들었습니다. 이 세상엔 당신의 존재를 입증하는 증거들이 있습니다. 그러나 저는 그 모든 증거를 잊어버렸고 또한 다시 알고 싶지도 않았습니다. 왜냐하면 당신이 존재한다는 확신 속에는 너무나 두려운 의무가 놓여 있기 때문입니다. 그러나 이제 바로 여기 당신의 존재를 가리키는 증거가 있습니다. 당신은 이를 통해 행복과 즐거움을 느낍니다. 저희가 배운, 다만 모든 걸 받아들이고 판단하려 들지 말라는 격언은 바로 이런 경우를 위한 것이었습니다. 무엇이 고통이며, 또 무엇이 축복입니까. 그 답은 오직 당신만이 알고 계십니다.

다시 겨울이 오고, 제게 새 외투가 필요해질 때―부디 저로 하여금 새 외투를 오래 새것으로 입을 수 있도록 하소서.

내가 다른 사람보다 더 좋은―본디 내 것이었던―옷을 입고서 산책하고, 또 늘 가는 곳만 가려고 하는 건, 결코 내가 남들과 다르다는 것을 강조하기 위함이 아니다. 오히려 내가 남들보다 모자라는 것이 있기 때문이다. 그들과 같은 방식으로 살아갈 용기가 없다는 것, 바로 이 때문이다. 만약 내가 팔을 못 쓰게 된다면 나는 그 팔을 감추려 할 것이다. 하지만 매일 카페테라스 앞에 모습을 드러내는 그 여자(그녀가 누구인지는 모르지만)는 혼자 힘으로는 무척 힘들 텐데도 수고를 마다치 않고 외투며 그 아래 겹쳐입은 흐릿하여 무늬를 알 수 없는 여러 옷가지들을 참을 수 없을 만큼 천천히 하나하나 벗는다. 그러고는 팔이 잘려나가 앙상하고 쇠약해진 자리를 거리낌 없이 드러낸 채 다소곳하게 우리 앞에 서는 것이었다.

아니, 난 결코 남보다 돋보이고 싶은 게 아니다. 오히려 내가 그들처럼 살려고 애쓰는 것이야말로 오만하고 주제넘은 발상일 것이다. 난 그렇지 않다. 난 다른 사람들만큼 강하지도 꿋꿋하지도 않다. 나는 지금껏 굶주림은 면하며 지내왔고, 어떻게 끼니를 해결하는지 구태여 감추려고 한 적도 없다. 반면 다른 사람들을 보면 어떻게 먹고사는지 도통 알 수 없으니, 혹시 먹고 마시지 않아도 살아가는 불사의 존재가 아닐까 싶을 정도다. 그네들은 힘든 일상을 꿋꿋하게 살아간다. 곧 겨울이 다가올 11월에도 근심 걱정으로 울고불고하지 않는다. 안개에 가려져 그들의 모습이 보이지 않는다 해도 그들은 분명 존재한다. 나는 오랜 여행을 계속해 왔다. 나는 참으로 많은 일을 겪었고 이렇게 병들어 버렸다. 하지만 이런 나와는 달리 그들은 여전히 건재를 과시한다.

(다음은 원고 여백에 적힌 글이다)
어떻게 그토록 한기가 스며드는 을씨년스러운 작은 방에서 그 어린아이들이 아무렇지도 않게 잠들고 깰 수 있는지 신기할 따름이다. 그 작고 왜소한 말라깽이 아이들에게 누가 힘을 주는 것일까요? 도대체 누가 힘을 주기에 그토록 신이 나서 어른들의 도시로, 칙칙한 밤의 잔해 속으로, 끝나지 않을 것만 같은 학교 수업 속으로, 여전히 어린 모습으로 언제나 예감에 가득 차서 그리고 언제나 지각을 하며 달려가는지 알 수 없다. 무슨 특별한 자선가의 도움이 있는 것 같지도 않은데 말이다.

이 도시는 이처럼 비참한 가난의 구렁텅이로 서서히 빠져 들어가는 사람들로 가득하다. 그들은 흔히 처음에는 그 상황에 반항한다. 하지만 머지않아 더 이상 저항을 포기하고 광기에 자신을 맡겨버리는, 늙고 시들어가는 여인들이 생겨난다. 내면 깊은 곳에 잠들어 있는 진정한 자아를 깨닫지 못한 누구의 사랑도 받아보지 못한, 거칠고 억센 여인들이다.

신이시여, 아마도 당신은 제가 이런 생각들을 모두 내려놓고 다만 그녀들을 사랑하기를 바라시겠지요. 그런 게 아니라면 제 곁을 지나가는 그녀들을 쫓아가고픈 충동을 억누르는 것이 이리도 힘든 까닭은 무엇이겠습니까? 이렇게 갑작스럽게 달콤하고 쓸쓸한 말들이 떠오르는 건 무엇 때문입니까? 목과 심장 사이에 자리 잡은 이 감미로운 목소리는 누구를 위한 것입니까? 그런 게 아니라면 운명이 갖고 노는 한낱 꼭두각시 인형일 뿐인 저 여인들, 봄이면 어깨를 펴고 양팔을 활짝 펼쳐 보지만 그 어디에도 닿지 못하는 저 불쌍한 여인들에게 조심스럽게 제 숨결을 불어넣어주고 싶은 이 마음은 무엇 때문이겠습니까? 그녀들은 결코 큰 희망을 품는 법이 없기에 그 희망이 꺾여 마음의 상처를 입을 일도 없습니다. 그녀들의 마음은 이미 돌이킬 수 없을 만큼 심하게 다쳐 있기 때문입니다. 오로지 집 없는 들고양이만이 밤이면 방으로 찾아와 남몰래 팔에 할퀸 자국을 남기고는 어느새 그녀들의 배 위에 웅크린 채 잠이 듭니다. 저는 가끔 그런 여자의 뒤를 두 골목쯤 따라가곤 합니다. 그녀는 집들이 늘어선 거리를 걸어가는데 행인에 가려 드문드문 보이더니 어느 순간엔가 완전히 사라져 버립니다.

그런 그녀들을 누군가 사랑하려고 하면, 그녀들은 오랫동안 걸어 지친 사람처럼 비로소 발걸음을 멈추고는 그에게 기대려 할 것입니다. 그리하여 저는 여전히 육체에 부활의 흔적을 간직하고 있는 예수만이 그들을 품을 수 있으리라고 믿습니다. 하지만 예수는 그녀들에게 관심이 없지요. 불 꺼진 등불 같은 보잘것없는 재주로 사랑받기를 바라는 여자가 아니라, 오직 진정으로 사랑을 베푸는 여자만이 그의 마음을 얻을 것이기 때문입니다.

만약 내가 가장 고귀한 존재가 될 운명을 타고났다면, 더 좋은 옷을 입어 나 자신을 치장하는 것은 그야말로 쓸데없는 짓이다. 그 왕(프랑스의 왕 샤를 6세(1368~1422)를 가리킨다. 1392년 프랑스와 영국 간의 종전을 협의하는 아미앵회담을 진행하던 가운데 발광하여 이후 영국의 헨리 5세에게 왕위계승권을 양도하는 트루아조약을 체결했다. 광인왕이라는 별명으로도 불린다.)은 자기 왕국에서 가장 비천한 신세로 전락하지 않았던가? 말 그대로 밑바닥으로 떨어졌던 것이다. 때때로 나는 다른 왕들의 이야기를 믿는다. 비록 그 왕들의 정원이 그들에 대해 더 이상 아무것도 알려주지 않는다 하더라도 말이다. 하지만 지금은 밤이고, 겨울이며, 온몸이 얼어붙을 듯이 춥다. 난 그래서 그 왕에 대해 전해오는 이야기를 믿는다. 영광은 한순간이지만 비참은 그 무엇보다 오래가는 법이다. 그리고 그 왕은 이런 비참을 견뎌내야 했을 것이다.

그는 유리덮개 안의 밀랍 꽃처럼 광기 속에서 자신을 보존한 유일한 왕이 아니던가? 사람들이 교회에서 다른 왕의 만수무강을 기원할 때, 오직 장 제르송(1363~1429. 프랑스의 신학자, 신비주의자. 가장 그리스도적인 박사라는 별명을 갖고 있으며, 로마 교황과 아비뇽 교황 사이에서 일어난 대분열을 종결짓기 위한 콘스탄티노플 공의회에서 주도적인 역할을 했다)만이 그의 영생을 위해 기도했다. 그는 아직 왕위를 유지하고 있었음에도 이미 질병과 비참한 가난으로 고통받고 있었다.

때로는 얼굴을 검게 칠한 이방인들이 침대에서 자고 있던 그를 급습했다. 종기에서 흐르는 고름이 들러붙어 이제는 거의 그의 일부나 다름없는 속옷을 찢어내기 위해서였다. 방 안은 칠흑같이 어두웠다. 그의 팔은 뻣뻣하게 굳어 있었고 침입자들은 악취가 진동하는 그의 넝마조각을 억지로 벗겨 냈다. 누군가가 등불을 비추자 가슴의 곪은 상처에 박혀 있는 쇠 부적이 불빛에 드러났다. 아마도 왕이 밤마다 힘껏 자신의 가슴에 내리누른 듯했다. 상처 속에 깊이 박힌 부적은 진주 같은 고름으로 둘러싸여 마치 성유물함(聖遺物函) 속에 들어 있는 신비로운 유물처럼 보였다. 억센 간병인들을 고용했지만, 그들조차 상처에 들끓는 구더기가 셔츠 주름 사이로 기어나와 바닥에 툭툭 떨어지는 광경에는 배겨내지 못했다. 젊고 똑똑한 '어린 왕비'가 줄곧 그의 옆에 누워 자겠다고 고집하던 때도 있었지만 그 뒤로 그의 상태는 더더욱 나빠지기만 했다. 왕비마저 죽고 난 지금으로서는 아무도 감히 이 썩어가는 산송장 곁에 가까이 다가가려고 하지 않았다. 그의 마음을 위로해 주던 왕비의 말과 살뜰한 손길을 대신할 만한 것은 어디에도 없었다. 어떤 목소리도 황무지 같은 그의 마음에 닿을 수 없었으며 그 누구도 영혼의 심연에서 그를 구해낼 수 없었다. 또한 그가 갑자기 풀밭을 찾아 헤매는 짐승 같은 눈을 하고서 앞으로 걸어나갈 때 그 심정을 이해하는 사람은 아무도 없었다. 어딘가에 정신이 팔려 있는 듯한 주베날(1388~1473. 프랑스의 역사학자, 연대기 저술가. 샤를 6세의 연대기를 남겼다)의 얼굴을 알아본 왕은 문득 자신의 왕국을 떠올렸고 그동안 내버려두었던 국정을 챙겨야겠다고 생각했다.

하지만 왕국의 상황은 더 이상 그가 어찌해 볼 수 있는 상태가 아니었다. 꼬리에 꼬리를 물고 중대한 사건들이 일어났다. 동생이 살해되었다는 사실을 알게 되었지만 이미 엎질러진 물이었다. * 왕이 늘 '사랑하는 나의 누이'라고 불렀던 발렌티나 비스콘티(오를레앙 공작부인)가 그의 앞에 무릎을 꿇고서 얼굴을 일그러뜨리며 비탄과 원망의 눈물을 쏟았다. 여기에서 무엇을 생략하겠는 가. 그리고 오늘은 집요하고 수다스러운 변호사가 와서 살해 혐의자 부르고 뉴 공작의 결백을 주장하며 늘어놓는 소리를 몇 시간이나 들어야 했는데, 그 의 주장대로라면 범죄의 얼룩은 차라리 천상의 빛처럼 투명해 보일 정도였 다. 하지만 정의는 모두를 동등하게 대하는 것을 의미한다. 오를레앙 부인은 왕에게서 반드시 복수하겠다는 다짐을 받아내고서도 끝내 슬픔을 이기지 못 해 죽고 말았다. 이제 와서 부르고뉴 공작을 용서한다고 해서 무슨 의미가 있겠는가. 부르고뉴 공작은 깊은 절망에 빠져 몇 주째 아르질리 숲 깊은 곳 의 천막에서 밤에 들려오는 사슴 울음소리를 위안으로 삼고 있었다.

모든 상황을 곰곰이 생각해 본 백성들은 왕의 모습을 직접 보려 했고 마침 내 그를 보았다. 왕은 곤혹스러워 했지만 백성들은 기뻐했다. 저 사람이 바로 왕이로구나, 백성들은 그렇게 여겼다. 저 말수 없고 참을성 있는 자가, 하느 님을 제외하고는 그 무엇에도 마음이 흔들리지 않을 것처럼 굳건해 보이는 저 사람이 왕이로구나. 잠깐씩 정신이 온전한 상태로 돌아왔을 때, 생 폴 궁전의 발코니에 선 왕은 아마도 자신의 비밀스런 발전을 예감했을 것이다. 그는 로 스베케의 날(1382년 샤를 6세가 반란군 지도자 필립 반 아 르테벨데를 격파한 로스베케 전투를 가리킨다)을 기억하고 있었으리라. 숙부인 베리 공 작이 그의 손을 잡고서 첫 승리의 장소로 그를 인도했었다. 그는 이상하게 해 가 길었던 11월 어느 날 기사단의 파상공격에 몰려 한데 깔려죽은 겐트 사람 들의 시신을 살폈다. 마구 뒤엉킨 시신들은 마치 주름이 가득 잡힌 거대한 인 간의 뇌를 연상시켰다. 질식해 죽은 시신의 얼굴을 보고 있으니 자기도 모르 게 숨이 가빠왔다. 이토록 많은 인간의 영혼이 갑작스럽게 한꺼번에 빠져나감 으로써 산처럼 쌓인 시체들 위로 공기가 빨려 올라가고 있는 게 아닐까 싶었 기 때문이다.

그는 이날을 자신의 영광의 시작으로 여겼으며, 실제로도 그러했다고 볼 수 있다. 그 전투를 죽음의 승리라고 부를 수 있다면, 이제 백성들의 눈길을 받으며 허약한 무릎으로 이렇게 꼿꼿이 지탱하고 서 있는 것은 사랑의 신비 라고 부를 수 있다. 전쟁터는 그렇듯 끔찍했지만, 어쨌든 이해 가능한 일임

---

* 샤를 6세의 발병으로 국정의 공백이 생겨났고 이를 계기로 부르고뉴 공작인 필리프 2세와 오를레앙 공작이 왕권을 두고 대립했다. 그 과정에서 오를레앙 공작이 1407년 파리의 거리 에서 살해당했다.

을 다른 이의 표정을 보고 알 수 있었다. 그러나 그가 백성들 앞에 이렇게 서 있음은 이해의 영역을 벗어나는 일이었다. 말하자면 이는 예전에 그가 상리스 숲에서 황금 목걸이를 두른 기이한 사슴을 봤던 일에 비견할 만큼 경이로운 일이었다. 다만 이번엔 기적의 대상이 왕 자신이고 목격자는 백성들이라는 점이 달랐다. 그는 젊은 시절 사냥터에서 덤불을 헤치고 나온 그 짐승이 고요한 눈길로 자신을 바라볼 때 그랬던 것처럼, 백성들도 숨이 멎을 듯한 놀라움과 두근거리는 기대감으로 자신을 바라보고 있으리라 확신했다. 그의 온화한 겉모습이 이 현현의 기적을 더욱더 부각시켰다. 그는 쓰러질지도 모른다는 두려움 때문에 미동조차 하지 않았다. 그의 넓고 이목구비가 시원시원한 얼굴에 떠올라 있는 엷은 미소 덕분에 그의 모습은 마치 성자의 석상처럼 움직임이 없어도 자연스럽고 편안해 보였다. 그는 그렇게 그 자세를 유지했고, 그 광경은 영원을 응축해 놓은 한순간이라 할 만했다. 군중은 더이상 자제하지 못하고 벅차오르는 감격에 겨워 기쁨의 환호를 터트렸다. 그러나 어느새 발코니에는 주베날 드 우르쟁만이 남아 있었다. 그는 환호가 잠잠해질 때까지 기다렸다가 왕이 생 드니 거리의 수난교단이 공연하는 성사극(聖史劇)을 관람하실 예정이라고 소리 높여 외쳤다.

이날 왕은 온화한 정신으로 충만해 있었다. 그즈음 천상의 존재를 그리려는 화가가 있었다면 루브르 궁의 높은 창가에 고요히 서 있는 그의 모습보다 더 완벽한 모델은 찾을 수 없었을 것이다. 그는 크리스틴 드 피장(1364~1430?. 프랑스의 여류시인 겸 소설가)이 그에게 헌정한 《오랜 배움의 길》이라는 소책자의 책장을 넘기고 있었다. 왕은 그 책 내용 가운데 가상의 의회에서 세상을 다스릴 자격이 있는 왕자를 찾기 위해 학구적인 토론을 펼치는 대목처럼 추상적인 부분은 건너뛰었다. 그가 펼쳐보는 대목은 언제나 가장 단순한 구절들이었다. 이를테면 '쓰디쓴 눈물마저 말라붙게 하는 고통의 불길에 13년 동안 달궈진 증류기와 같은 심장' 이런 표현이 나오는 구절들이었다. 그는 행복이 멀리 사라져 영원히 돌아오지 않게 되어서야 진정한 위안이 찾아온다는 것을 알고 있었다. 그에게 이런 위안보다 더 값진 건 없었다. 눈길은 멍하니 머나먼 다리 너머를 향한 채, 왕은 한 위대한 가나안 사람(예수를 가리킨다)에게 마음을 빼앗겨 천상에의 위대한 여정을 따라가는 크리스틴의 눈에 비친 세상을 보고 있었다. 그는 이처럼 고대세계를 상상하길 좋아했다. 그는 저 거친 모험의 바다, 아득히 먼 낯선 탑들의 도시, 산맥의 황홀한 고독, 두려운 의심에서 찾아낸 젖먹이의 두개골처럼 이제 겨우 닫히는 천체를 꿈꿨다.

하지만 누군가가 방으로 들어올 때마다 왕은 소스라치게 놀랐고, 그 탓에 마음이 위축되어 서서히 혼미한 상태로 되돌아갔다. 그럴 때면 왕은 순한 양처럼 다른 사람의 손에 이끌려 창가에서 물러났고, 시키는 대로 또 다른 소일거리, 책의 삽화를 몇 시간이고 들여다보는 데 몰두했다. 그는 이 소일거리에 만족했지만 책장을 넘길 때마다 한 장의 삽화만을 볼 뿐, 한꺼번에 여러 장을 볼 수 없다는 점이 불만이었다. 그러자 누군가가 오랫동안 잊고 있던 카드놀이를 떠올렸고, 이에 왕은 트럼프 카드 한 벌을 재빨리 바친 신하를 총애했다. 책과 달리 트럼프 카드는 화려한 색깔의 알록달록한 그림들을 자기 마음대로 늘어놓을 수 있다는 점이 마음에 쏙 들었다. 당시 카드놀이는 궁정 신하들이 즐겨 하던 오락이었지만 왕은 서재에서 혼자 즐겼다. 그는 카드를 뒤집어 킹 두 장이 연달아 나오면 이는 얼마 전 하느님이 그와 벤첼 황제(1361~1419, 독일과 보헤미아의 왕)를 만나게 하신 것을 상징한다고 생각했다. 또 이따금 퀸 카드가 죽으면 마치 비석을 세우듯이 그 위에 하트 에이스 카드를 올려놓곤 했다. 그는 교황 카드가 여러 장 있다는 사실에도 놀라지 않았다. 그는 탁자 가장자리 한쪽에 로마를 세웠다. 그리고 여기, 그의 오른편 아래에는 아비뇽을 세웠다. 로마는 어쩌다 생각이 난 것일 뿐 별 관심이 없었지만 아비뇽은 그가 잘 아는 도시였다. 아비뇽을 생각하자 금세 우뚝 솟아 범접하기 힘든 분위기를 풍기는 교황청 궁전이 떠올랐고, 그 기억만으로도 힘들었다. 그는 눈을 감고서 크게 심호흡을 해야 했다. 그날 밤에는 왠지 악몽을 꿀 것 같아서 두려웠다.

어쨌든 카드놀이는 그의 마음을 안정시키는 효과가 있었고, 그런 점에서 그에게 카드놀이를 권한 이들의 판단은 옳았다고 볼 수 있다. 그는 카드놀이를 통해 자신이 바로 프랑스의 왕 샤를 6세임을 확인했다. 그렇다고 그가 과대망상에 빠져들었다는 얘기는 결코 아니다. 오히려 그는 자신을 한 장의 트럼프 카드와 같은 존재로 여겼다. 다만 점점 더 확신하게 되는 것은 자신이 그 가운데서도 조금은 유별난—아마도 안 좋은 쪽으로—카드라는 점이었다. 도박꾼이라면 화가 나서 던져버리고 말, 번번이 패하는, 언제나 똑같은 그런 카드. 이런 생각을 품은 채 일주일이 지나자 구속감이 느껴지기 시작했다. 마치 자신을 둘러싼 너무 딱 맞는 윤곽이 생겨난 것처럼 이마와 뒷덜미가 뻣뻣하게 당겨지는 느낌이 들었다. 이런 때 성사극은 어찌 되었느냐며 어서 공연을 보게 해달라고 왕은 성화를 부리곤 했는데, 그가 어떤 마음의 유혹에 이끌리고 있는지를 이해한 이는 아무도 없었다. 왕이 생 폴 궁전에서보다 생 드니 거리에 머무는 시간이 많아진 것도 이때부터였다.

성사극이라는 극시(劇詩)는 계속해서 새로운 내용이 추가되어, 그냥 그렇게 내버려 뒀다가는 공연 시간이 실제 사건이 벌어진 시간과 똑같아질 만큼 한도 끝도 없이 늘어나는 경향이 있었다. 이는 지구와 똑같은 크기의 지구의를 만들려는 것과 같다. 무대가 되는 속이 빈 단 아래는 지옥을 의미했고, 단상 기둥 위에 얹혀 있는 난간 없는 발코니 구조물은 천국을 상징했다. 이런 무대구조는 오히려 작품에 대한 몰입을 방해하기만 할 뿐이었는데, 왜냐하면 이 세기는 실제로 지상에 천국과 지옥이 더불어 존재했기 때문이다. 천국과 지옥의 실재야말로 그 시대를 존속케 한 원동력이다.

그때는 아비뇽 유수(1309~1377년까지 7대에 걸쳐 로마 교황청을 남프랑스 론 강변의 도시 아비뇽으로 이전한 것을 이른다. 고대 유대인의 바빌론 강제 이주 사건에 빗대어 '교황의 바빌론 유수'라고도 한다) 시대로, 수많은 추종자들이 피난처를 찾아서 요한 22세(제3대 아비뇽 교황 (재위 1316~1334)으로서 재정·사법·행정개혁을 단행하여 아비뇽 교황청의 위상을 높였다) 주변에 몰려든지 한 세대밖에 지나지 않은 시기였다. 그가 교황의 직무를 수행할 장소인 아비뇽에 도착한 지 얼마 되지 않아서 길 잃은 영혼의 안식처가 되어줄 저 폐쇄적이고 육중해 보이는 교황청 궁전이 건설되었다. 그러나 교황은 교황청이 완성된 뒤에도 줄곧 바깥에서 기거하기를 고집했다. 교황은 왜소한 몸집의 고상한 노인이었다. 그는 아비뇽에 자리를 잡자마자 조금도 지체 없이 온갖 문제를 신속하게 척척 해결해 나가기 시작했다. 그러는 동안 그의 식탁에는 종종 독이 든 음식들이 올라왔다. 첫 번째 포도주 잔은 언제나 쏟아버려야 했다. 독이 들었는지 알아보기 위해 시종이 포도주 잔에 일각수의 뿔을 담갔다가 빼내면 어김없이 색깔이 바뀌었기 때문이다. 이 일흔 살의 노인은 적들이 그를 해칠 목적으로 그의 모습을 본떠 만들었다는 밀랍인형들을 찾느라 애를 먹었다. 그 인형에 꽂힌 긴 바늘에 긁힌 적도 있었다. 그것들이 언제 녹아내릴지는 알 수 없는 노릇이었다. 의지력 강한 교황조차도 그 인형이 녹으면 자신도 불 속에 든 밀랍처럼 사라지고 말리라는 생각에 자주 사로잡혔다. 그의 왜소한 몸은 두려움 때문에 더더욱 마르고 단단해졌다. 그러나 적들의 공격은 이번엔 그가 아닌 교황령을 향했다. 그러나

다의 유대인들이 기독교인을 몰살하자는 선동에 휩쓸려 끔찍한 용병단을 고용했다는 것이다. 용병단의 정체가 다름 아닌 문둥이라는 소문이 돌았고 사람들은 이를 덮어놓고 믿었다. 문둥이들이 마을 우물에 자신들의 오물 덩어리를 몰래 던져넣는 것을 봤다는 사람마저 생겨났다. 이런 근거 없는 소문이 널리 받아들여진 것은 사람들이 무엇이든 쉽게 믿을 정도로 순진해서가 아니라 종교적인 믿음이 그만큼 무거웠기 때문이다. 우물 속으로 떨어진 것은 오히려 그들이 손을 벌벌 떨다가 놓쳐버린 그 지나치게 무거운 믿음이었다. 그 탓에 늙은 교황은 독을 멀리하려 한층 더 노심초사해야 했다. 온갖 미신적인 생각에 시달린 끝에 그는 황혼의 악마들을 내쫓기 위한 삼종기도를 계획했다. 그리하여 매일 저녁 삼종기도 시간을 알리는 종소리가 불안에 휩싸인 온 세상에 울려 퍼졌다. 하지만 그 밖에 그가 내린 갖가지 교서와 서한들은 비유하자면 약용차(茶)라기보다는 향료 섞인 포도주에 더 가까웠다. 제국은 이런 교황의 처방에 별 관심을 보이지 않았으나 교황은 이에 굴하지 않고 제국이 병들었다는 증거를 줄기차게 제시했다. 그리하여 이 고압적인 의사에게 상담을 구하러 저 먼 동방에서 사람들이 찾아오기도 했다.

그러던 어느 날 놀라운 일이 벌어졌다. 만성절을 맞이하여 교황은 평소보다 열정적으로 더 길게 설교했다. 교황은 자신의 신앙을 돌아보고픈 갑작스러운 충동을 느꼈고, 그리하여 85년간 품어왔던 믿음을 설교단 위에서 열정적으로 고백했다. 그러자 청중이 그에게 야유를 퍼붓기 시작했다. 온 유럽이 이단이라며 그를 비난했다.

교황은 모습을 감췄다. 교황청에서는 며칠째 아무런 발표도 없었다. 그는 기도실에 틀어박혀 있었다. 무릎을 꿇은 채 스스로 자신의 영혼에 상처를 입히는 자들의 비밀에 대해 성찰했다. 마침내 그동안 괴로운 자기성찰로 인해 한껏 초췌해진 모습으로 교황이 다시 사람들 앞에 나타났다. 그는 지난번 신앙고백을 철회했다. 몇 번이고 철회한다는 뜻을 밝혔다. 그는 이를 통해 늙은 영혼의 마지막 열정을 불사르는 듯했다. 깊은 밤에 주교들을 깨워 자신의 회한을 털어놓기도 했다. 교황이 천수를 넘어서까지 목숨을 부지했던 것은 그를 싫어하고 다가오지도 않으려 했던 나폴레옹 오르시니(1263~1342. 로마의 추기경) 앞에 겸허히 무릎 꿇고자 하는 희망의 끈을 놓지 못했기 때문이었다.

카오르의 야곱(교황 요한 22세를 가리킨다)은 자신의 신념을 철회했다. 누군가는 하느님 자신이 교황의 믿음이 잘못된 것임을 입증하셨다고 생각했을지도 모른다. 왜냐하면 얼마 뒤에 하느님이 이제 막 성년을 앞둔 리뉘 백작의 아들을 하늘로 데려가셨기 때문이다. 그는 마치 천상의 정신적인 기쁨을 누리기 위해 어서 성년이 되길 기다린 듯했다. 많은 이들이 이 차분한 청년의 주교 시절을 아직도 기억했다. 그는 청년이 되자마자 벌써 대주교가 되었고, 열여덟 살 젊은 나이에 완성의 기쁨을 느끼면서 이 세상을 떠났다. 그의 무덤가에 부는 바람에는 자유롭게 풀려난 순수한 생명의 향기가 배어 있었다. 그래서인지 심지어는 그의 무덤가에서 죽은 사람들이 되살아나는 것을 보았다는 사람도 있었다. 하지만 이처럼 일찍 성자가 되어 버린 사실 자체가 무언가 그 시대의 절망을 말해 주는 것이 아닐까? 지상에 짧게 머물다 간 이 순수한 영혼을 보다 돋보이게 할 셈으로 그 시대의 자줏빛으로 물들이려는 건 결국 그 시대를 견뎌야 했던 다른 모든 이들에게는 너무 불공평한 것이 아닐까? 그래서 사람들은 이 젊은 왕자가 지상을 박차고 올라 저 찬란한 승천에 이르렀을 때 일종의 반발심을 느끼지 않았을까? 왜 광명의 사도들은 고뇌하는 양초 제작자들과 함께하지 않았을까? 교황 요한 22세가 최후의 심판 전에는 그 어느 곳에도, 천국에 있는 이들에게도 완전한 행복은 없다고 주장하도록 만든 것은 바로 이 세상의 어둠이 아니었던가? 세상은 이토록 혼돈으로 가득한데도, 저 천상에서 누군가는 천사와 사이좋게 몸을 기댄 채 하느님의 무한한 빛과 보살핌 아래 평화로이 살고 있으리라고 상상하기 위해서는 얼마나 지독한 아집이 필요할 것인가? *

추운 밤 나는 홀로 앉아 이 글을 쓰고 있다. 나는 이 모든 것을 알고 있는데, 아마 어렸을 때 그 남자를 만난 적이 있었기 때문인 듯하다. 그 남자는 엄청나게 키가 컸다. 언제 어디서든 눈에 띌 만큼 큰 키였다.

무슨 이유였는지 나는 해질 무렵 혼자 집을 빠져나왔다. 나는 달려가고

---

* 교황 요한 22세는 의인들의 영혼도 사망 뒤에 곧바로 하느님을 뵙지는 못하며, 최후의 심판의 날에야 비로소 진정한 지복직관(至福直觀)의 보상을 얻게 된다고 주장했다. 이러한 그의 주장은 신학자들의 반발을 불러왔고 결국 교황은 1334년 추기경 회의에서 자신의 견해를 철회하기에 이른다. 심판의 날이 오기 전까지는 그 누구도 피안에서마저 완전한 행복을 얻을 수 없다는 그의 견해는 공포와 고통으로 점철되었던 14세기 당시 사람들에게는 받아들이기 힘든 충격적인 메시지였을 것이다.

있었는데 모퉁이를 돌자마자, 걸어오는 남자와 정면으로 부닥치고 말았다. 아직도 난 그 모든 일이 불과 5초도 안 되는 사이에 벌어졌다는 것이 도저히 믿기지가 않는다. 그 사건에 대해 아무리 간략하게 설명한다 해도 그보다는 훨씬 오래 걸릴 것이다. 그때 나는 어렸고 그렇게 부딪쳤는데도 울음을 터트리지 않은 데 우쭐해 있었다. 나는 마땅히 그 남자가 다친 곳은 없냐며 내게 위안의 말을 해주리라 기대했다. 하지만 아무리 기다려도 반응이 없었고, 나는 그가 당황해서 그럴 거라고 생각했다. 그 상황에 맞는 재치 있는 농담이 얼른 떠오르지 않아서 그런 걸 거라고. 나는 흔쾌히 그의 어려움을 덜어주려고 했는데, 그러려면 우선 그의 얼굴부터 보아야 했다. 그는 키가 컸기에 당연히 나를 보려고 허리를 구부릴 거라 생각했지만, 그렇지 않았다. 그는 내 바로 앞에 장대같이 서 있을 뿐이었다. 나는 그의 얼굴을 보지 못했고 다만 그 남자가 입고 있던 옷의 유난히 뻣뻣한 감촉과 그 옷에서 풍기는 냄새만을 느낄 수 있었다. 그러다가 불쑥 그의 얼굴이 내 눈에 들어왔다. 어떤 얼굴이었냐고? 모르겠다. 굳이 알고 싶지도 않다. 분명한 건 친구가 아닌 적의 얼굴이었다는 점이다. 그 얼굴 바로 옆에는 무시무시한 그의 눈과 같은 높이로 치켜든, 마치 또 다른 얼굴 같은 주먹이 보였다. 나는 고개를 돌릴 새도 없이 정신없이 뛰기 시작했다. 왼편으로 그의 곁을 빠져나와 나는 달렸다. 그 어떤 실수도 눈감아 주지 않는 차가운 도시의, 무섭고 텅 빈 낯선 거리를.

돌이켜 보건대, 이때 내가 느꼈던 그 느낌이야말로 저 무겁고, 거대하고, 절망적인 중세시대의 분위기에 다름 아니었던 것이다. 화해의 키스가 곧 숨어 있는 암살자에게 보내는 비밀 신호였던 시대 말이다. 두 사람은 같은 잔을 쓰고, 모두가 보는 앞에서 같은 말을 타고, 밤이면 같은 침대에서 잔다는 소문이 나 있었다. 하지만 상대에게 닿거나 맥박이 뛰는 모습만 보아도 두꺼비를 본 것처럼 속이 메스꺼워지고 적의와 혐오감은 더욱더 맹렬해진다. 자기보다 더 많은 유산을 상속받았다는 이유로 형이 아우를 공격하고 감옥에 가두던 시대였다. 왕이 중재에 나서서 억울하게 감옥에 간 동생을 풀어주고 빼앗긴 재산을 되찾아 주었다. 먼 곳에서 다른 운명에 정신이 팔려 있던 형은 동생에게 지난날의 과오를 반성하며 화해를 청하는 편지를 보냈다. 하지만 동생은 다시 예전 모습으로 돌아가지 못한다. 그는 순례자 차림으로 이 교회 저 교회를 전전하며 이상스러운 서약을 한다. 목에는 부적 목걸이를 걸고 생 드니의 수도사에게 자신의 두려움을 고백한다. 그가 성 루이에게 100 파운드어치의 밀랍양초를 바친 일은 오랫동안 기록으로 남게 되리라. 그의 인생은 영원히 파괴되었다. 뒤틀린 별자리가 심장을 무겁게 내리누르기라도 하듯, 형의 질투와 분노는 그가 죽는 날까지 느껴질 것이었다. 모두가 경탄해 마지않았던 저 가스통 페뷔스 백작(1331~1391. 프랑스 푸아주(州)의 11대 백작. 당대 최고의 사상실력으로 명성이 높았다)도 영국 왕에 충성한 루르드(프랑스 서남부의 도시)의 대장이었던 사촌 에르노를 공공연하게 살해하지 않았던가? 하지만 이 뻔뻔한 살인 행위도, 그가 순간적으로 치밀어오르는 분노를 못 이겨 그 아름답기로 소문난 손을 들어 작고 날카로운 펜나이프로 잠든 아들의 목을 그은 끔찍한 사건에 비하자면 아무것도 아니다. 방은 어두웠다. 바닥의 피를 확인하기 위해서는 불을 켜야 했다. 여전히 피가 흘러나오고 있었다. 이제는 더 이상 명망 높은 페뷔스 가문의 일원이 아닌, 녹초가 된 소년의 목에 난 작은 상처에서.

이런 시대에 그 누가 살인을 막을 수 있을 것인가? 다가오는 파국을 피할 수 있는 사람은 아무도 없다는 걸 모르는 이도 있을까? 이상한 예감이 들어 돌아보다 대낮에 자신을 노려보는 암살자와 눈이 마주쳤다. 그는 곧 집으로 돌아가 문을 걸어잠그고 버들가지로 엮은 깔개와 첼레스티노 파의 수도복, 그리고 시신에 뿌릴 잿가루를 준비해 달라는 당부가 담긴 유언장을 썼다. 낯선 음유시인들이 성 앞에 찾아와 그의 모호한 예감과 묘하게 어울리는 노래를 불러 주면 후하게 사례한다. 이윽고 주인을 올려다보는 개의 눈동자에는 의혹의 그림자가 비치고, 또한 개들은 평소보다 주인의 의중을 파악하는데 애를 먹는다. 그동안 별 생각 없이 들어온 격언이 갑자기 새로운 의미로 다가오기 시작한다. 오랜 습관들이 갑자기 낯설게 느껴지지만, 그렇다고 이를 대신할 만한 것이 딱히 떠오르지도 않는다. 성공하리라는 기대도 없으면서 무언가 계획을 궁리하기도 한다. 반면 어떤 추억은 예상치 못한 최후로 다가온다. 저녁이면 불가에 앉아 그 추억에 빠져든다. 그러나 갑자기 창밖에서 밤의 소리가 유난히도 크게 들려온다. 자유롭거나 위험한 밤을 수많이 겪어온 그의 귀는 정적의 세밀한 차이를 구별할 줄 안다. 그럼에도 그날 밤은 그 어떤 밤과도 다르다. 어젯밤도, 오늘 밤도 아닌 밤. 밤. 하느님, 그리고 부활. 그런 밤에는 연인의 찬미조차 거의 귀에 들어오지 않는다. 지금의 그에게 여인이란 쓸데없이 기교만 화려한 오바드(새벽의 사랑노래, 또는 새벽에 멀리 떨어져 있는 연인들에 대한 시를 가리킨다. 밤의 사랑노래인 세레나데와 대비된다)나 음유

시인의 상투적인 노래 속 존재에 불과할 뿐. 성숙한 여인만큼이나 어둠에 가장 잘 어울리는 건, 자신을 빤히 올려다보는 사생아 아들의 눈길이다.

그리고 늦은 저녁을 먹기 전, 은제 세숫대야에 손을 담근 채 멍하니 생각에 잠긴다. 그 자신의 손. 이 두 손 사이에는 어떤 긴밀한 연관성이 있는 것일까? 또는 어떤 물건을 쥐거나 놓는 데 미리 정해진 순서가 있을까? 아니다. 모두가 협력하는 동시에 대립한다. 한 행동이 다른 행동을 상쇄한다. 정해진 질서란 없다.

유일한 예외는 수난교단의 수사들이었다. 그들의 성사극 공연을 관람하고 나서 왕(샤를)은 교단을 위한 특별 인가를 내렸다. 그는 교단 수사들을 '사랑하는 나의 형제'라고 불렀다. 일찍이 그 무엇도 왕에게 이토록 깊은 영향을 끼치진 못했다. 왕은 수난교단에게 어디서든 자유롭게 공연할 수 있는 권한을 부여했다. 그는 되도록 많은 이들이 그들의 열정과 질서정연한 행동양식에 감화되기를 바랐다. 왕 자신도 그들을 열렬히 본받고자 했다. 그가 수사들과 똑같은 옷을 입고 수사들이 달고다니는 것과 똑같은 의미심장한 뜻이 깃든 표식을 달고 다닌 것은 바로 이런 이유 때문이 아니었을까? 무대에 선 그들의 모습을 볼 때마다 왕은 자신도 그들처럼 걷고, 말하고, 그 누구의 의혹도 받지 않도록 확실하게 퇴장하는 법을 배울 수 있을 것만 같았다. 그의 가슴은 커다란 희망으로 부풀었다. 나날이 그는 어수선한 조명 아래 이상하게 어정쩡한 분위기를 풍기는 삼위일체병원 홀의 특별석을 차지하고 앉았다. 때로는 너무 흥분하여 어린 학생처럼 자리에서 벌떡 일어난 채로 넋을 놓고 무대를 바라볼 때도 있었다. 다른 이들은 흐느껴 울었다. 그러나 그는 마음속으로 반짝이는 눈물을 흘렸고 그 눈물이 밖으로 드러나지 않도록 차가운 두 손을 맞잡은 채 꼭 쥐고만 있었다. 때때로 절정의 순간에 배우 하나가 대사를 마치고 갑자기 그의 시야에서 사라질 때면 왕은 문득 고개를 들어 바라보다가 겁에 질렸다. 언제부터 그곳에 있었는지 은빛으로 번쩍이는 갑주를 입은 천사 성 미카엘이 저 무대 끄트머리에 서 있었다.

그런 순간이면 왕은 자리에서 벌떡 일어났다. 그러면서 마치 무슨 결단을 내리려고 애쓰는 사람처럼 주위를 돌아보았다. 그의 눈앞에는 무대 위 연극과 짝을 이루는 또 다른 한 편의 장대하고 불안스러운 불경한 수난극이 펼쳐졌다. 그리고 그 연극 속 배우는 바로 자기 자신이었다. 하지만 그것은 한순간에 끝이 났다. 모든 것이 의식 없이 움직였다. 횃불이 그에게 다가왔다. 둥근 천장에 형체 없는 그림자가 일렁였다. 낯선 이들이 그를 끌어당겼다. 그는 자기가 맡은 배역의 대사를 말하려 했지만 입이 움직이질 않았다. 아무리 애써도 배역에 맞는 몸짓을 할 수 없었다. 이상하게도 많은 사람이 그의 주위에 몰려들었다. 왕은 문득 자기가 십자가를 져야 한다는 생각이 떠올랐다. 그는 그 자리에 버티면서 그들이 십자가를 가져올 때까지 기다리려고 했다. 하지만 그보다 그들의 힘이 더 셌다. 그는 주춤주춤 밖으로 끌려나가기 시작했다.

바깥세상은 많은 것이 변했다. 무엇이 어떻게 변했는지는 말하기 어렵다. 하지만 우리의 내면, 늘 우리를 지켜보고 계시는 하느님 앞에 선 우리의 내면에는 조화로운 질서가 깃들어 있는가? 우리는 우리가 맡은 배역이 무엇인지 모른다. 우리는 거울을 찾고 있다. 거울을 찾아서 얼굴의 분장을 지우고 거짓의상을 벗어버리고 진짜가 되고 싶어 한다. 하지만 그런다고 해도 어딘가에는 우리가 잊어버리고 미처 지우지 못한 분장의 흔적이 반드시 남아 있다. 우리는 눈썹에 아직 남아 있는 분 자국을, 또는 일그러진 양쪽 입가를 눈치채지 못한다. 그런 꼴로 우리는 태연히 세상을 활보한다. 진실한 존재도, 그렇다고 배우도 아닌, 그런 한낱 반쪽짜리 웃음거리로서.

오랑주에 있는 원형극장 (프랑스 남부 아를 근처에 있는 로마시대의 원형극장 유적)에 갔을 때다. 나는 제대로 바라보지도 않고 다만 극장의 전면이 참담하게 무너져 있음을 의식하면서, 경비원이 지키는 유리문을 통해 안으로 들어갔다. 나는 어느새 쓰러져 있는 기둥들과 키 작은 양아욱 사이에 서 있었다. 처음엔 그것들에 시야가 가려 관객석이 눈에 들어오지 않았다. 벌어진 조개껍데기 같은 경사진 관객석은 오후의 그림자들로 나누어져서 거대한 오목렌즈의 해시계 같았다. 나는 걸음을 서둘러 그쪽으로 갔다. 좌석 사이의 계단을 올라가자 주변에 압도되어 내 몸이 한껏 작아진 느낌이 들었다. 좀 더 위쪽에는 몇몇 외국인 관광객들이 호기심 어린 표정으로 여기저기 한가로이 서 있었다. 시선을 확 끄는 그들의 옷차림은 눈살을 찌푸리게 했는데, 고상한 취향이라고 말하기는 어려웠다. 그들은 한동안 나를 똑바로 내려다보았다. 내 작은 키에 놀란 듯했다. 그 탓에 나는 몸을 돌렸다.

아, 그때 나는 전혀 예상하지 못했었다. 내 눈앞에서 연극이 상연되고 있었다. 거대하고 초인적인 드라마가 펼쳐지고 있었다. 그것은 바로 원형극장의 무대 뒤에 서 있는 압도적인 벽이 연출하는 연극이었다. 그 벽은 수직으로 세 부분으로 나뉘어 있었는데, 그 크기 때문에 진동하는 듯했고, 거의 짓누르는 듯했지만 갑자기 그 엄청난 크기가 적당해 보이는 것이었다.

나는 즐거운 놀라움에 빠져들었다. 우뚝 솟은 무대는 마치 인간의 얼굴을 연상시켰다. 중앙에 드리운 그늘은 인간의 입이었고, 그 위 무대를 경계 짓는 처마돌림띠는 곱슬머리 같은 장식을 얹고 있었다. 그것은 무엇으로든 변장할 수 있는 강력한 고대의 가면이었다. 그리고 그 가면 뒤에 숨은 맨얼굴은 다름 아닌 세계 그 자체였다. 안쪽으로 휘어드는 거대한 관객석의 공간은 어떤 기대에 찬, 텅 빈, 모든 걸 빨아들일 듯한 실체로 가득했다. 모든 것이 그 위에서 벌어졌다. 신과 운명, 그 모든 것이 거기에 있었다. 그리고 극장의 벽 꼭대기 너머로는—나는 고개를 들어 바라보았다—경쾌하게 끝없는 하늘이 펼쳐지고 있었다.

이제야 비로소 깨달은 바이지만, 내가 요즘 극장에 영원히 등을 돌리게 된 건 그 순간에 느꼈던 감동 때문이라고 할 수 있다. 요즘 극장 같은 곳에서 무엇을 할 수 있겠는가? 다 허물어져가는 이런 무대 벽(성지를 그린 러시아 교회의 벽)은 공기처럼 가벼운 플롯에서 굵고 묵직한 기름방울을 짜낼 수 있을 만큼 단단하지 못하다. 오늘날 연극은 무대라는 성글고 찢어진 체에 걸러져, 쌓이다 버려지고 쌓이다 버려지기를 반복하는 부스러기 더미에 불과하다. 그것은 거리나 집에서 얼마든지 마주칠 수 있는 날것 그대로의 현실과 전혀 다를 게 없다. 다만 그것은 보통 우리가 하룻밤에 겪는 양보다 더 많은 양의 현실들을 긁어모아 놓은 것이라는 점만이 다를 뿐이다.

(다음은 원고 여백에 적힌 글이다)
솔직히 말하자면 우리에게 신이 없는 것처럼, 극장 또한 없다. 그것은 우리가 공통점을 가지고 있지 않기 때문이다. 사람들은 저마다 자기 자신에 대한 특별한 생각이나 두려움을 갖고 있지만, 자신에게 도움이 되고 필요할 때에만 그것을 다른 사람들에게 보여준다. 우리는 공동의 고난이라는 벽을 향해 외치는 대신에, 우리의 이해력이 부족하지 않도록 끊임없이 묽게 희석시키고 있다. 고난의 벽 뒤에는 이해할 수 없는 것이 모여들어 힘을 모으고 있는데도.

비극의 여인이여, 만약 우리에게 극장이 있다면 그래도 그대는 그대가 보여주는 고통에 허겁지겁 호기심을 채우는 사람들 앞에서 계속 그토록 가냘프고 적나라하게, 가면도 없이—몇 번이라도 다시 무대에 서겠습니까? 감동스러운 그대여, 아직 어린아이나 다름없었던 그대가 옛날 베로나에서 연기를 하면서, 자신을 감추는 가면처럼 장미꽃을 서서히 앞으로 들어올렸을 때, 이미 그대는 고뇌의 실체를 예감하지 않았습니까.

그래요, 그대는 배우의 자식이었습니다. 그대의 가족들은 관객들에게 보여주기 위한 연기를 했지요. 하지만 그대는 달랐습니다. 마리안나 알코포라도 (앞에서 언급했던 가브리엘 드 기유라그의 서간체 소설 《포르투갈 수녀의 편지》의 수녀)에게 수녀생활이 스스로 예감하지는 못했지만 어쨌든 변장이었던 것처럼, 그대에게도 배우라는 직업은 변장일 뿐이었습니다. 그 변장은 아주 치밀하고 영속적이어서 그 속에서 그대는, 눈에 보이지 않는 천국의 사람들이 행복한 것처럼 한없이 그대의 고뇌에 몰두할 수 있었습니다. 들르는 도시마다 사람들은 그대에게 열광했고 그대의 몸짓을 묘사하려 했습니다. 하지만 그대가 절망의 나날 가운데서도 그대의 존재를 가려주리라는 희망으로 그대 앞에 시(詩)를 세우려 했다는 것을 이해하는 사람은 아무도 없었습니다. 그대는 조명 앞에서 그대의 손이나 머리카락으로, 또는 가릴 수 있는 것이라면 무엇으로든 그대의 어렴풋한 얼굴을 가렸지요. 입김을 불어 그대 앞을 뿌옇게 만들기도 했습니다. 되도록 그대 자신을 조그맣게 보이게 만들려 했지요. 아이들이 숨을 때처럼 그렇게 몸을 숨기려 했습니다. 그리고 나서 그대는 짤막한 행복의 탄성을 내뱉었지요. 이제는 천사 말고는 그 누구도 그대를 보지 못할 거라고 생각하면서 말입니다. 하지만 조심스럽게 고개를 들자마자 그들이 쭉 그대만을 지켜보고 있다는 걸 깨달았습니다. 그 추악하고 공허한 공간을 채운 관객들의 눈동자에는 바로 그대, 오직 그대만이 비쳤던 것입니다.

그리하여 그대는 관객들의 심술궂은 눈길에 대항하듯이 손짓하며 팔을 내저어 끈질기게 들러붙는 눈길의 거미줄을 떼어냈습니다. 그렇게 그대는 그대 자신으로 돌아가려 했습니다. 다른 배우들은 마치 암표범과 한 우리에 갇히기라도 한 것처럼 겁을 먹고서 그대를 자극하지 않도록 조심하면서 무대 가장자리를 서성이며 자기 대사를 외우는 데만 급급했습니다. 하지만 그대는 가차없이 그들을 무대 앞으로 이끌었습니다. 그대는 모든 걸 연극이 아닌 현실로 대했지요. 날림으로 세운 문이나 커튼이 붙은 가짜 창문 그림, 뒷면 없는 소품들은 그런 그대에게 모순으로 다가왔습니다. 그대는 그대의 심장이 끊임없이 거대한 현실로 빠져들어가는 것을 느꼈지요. 그대는 깜짝 놀라며 다시 한 번 화창한 늦여름 날 긴 거미줄을 걷어내듯이 관객의 눈길을 떨쳐내려고 했습니다. 그러자 극단적인 걸 보는 것을 두려워하는 관객들의 박수갈채가 터져나왔지요. 그들은 불안에 휩싸여 있었습니다. 그들은 자신들의 삶을 바꿔 놓을지도 모르는 순간과 마주치길 피하기 위해서 그렇게 손뼉을 쳤던 것입니다.

사랑을 받기만 하는 삶은 별 가치가 없다. 그것은 차라리 위험한 삶이라고 할 수 있다. 사랑받는 사람은 스스로를 극복하여 사랑하는 사람으로 변모한다면 좋으련만. 사랑하는 사람에게는 흔들림 없는 확신이 있다. 아무도 그들을 의심하지 않는다. 그들은 결코 자신의 비밀을 일부러 드러내는 법도 없다. 그들은 나이팅게일처럼 노래한다. 그 슬픈 울음소리는 오직 한 사람을 향한 부름이지만, 온 자연이 화음을 맞추어준다. 그 소리는 영원을 향한 부름이 된다. 잃어버린 사랑을 쫓는 그들의 발걸음은 한두 걸음 만에 그 대상을 추월해 버린다. 그들 앞에는 이제 신만이 있을 뿐이다. 그들의 전설은 리키아까지 카우노스를 따라간 비블리스의 이야기*를 떠올리게 한다. 간절한 사랑의 마음이 끝까지 카우노스를 쫓도록 그녀를 이끌었고 결국 기력이 다한 그녀는 죽고 말았다. 하지만 그녀는 죽음의 피안을 뚫고 끊임없이 솟아나는 샘물로 다시 태어났던 것이다.

＊그리스 신화. 밀레토스의 딸 비블리스는 쌍둥이 오빠인 카우노스를 사랑하여 그 마음을 고백하는 편지를 전했다. 놀란 카우노스는 비블리스를 피해 남쪽으로 도망쳤다. 비블리스는 카우노스를 찾아 여러 지역을 헤매고 다니다 뜻을 이루지 못하고 리키아 부근에서 탈진하여 쓰러졌다. 이에 그곳 요정들이 하염없이 눈물을 흘리는 그녀를 마르지 않는 샘이 되게 하고 그 이름을 비블리스 샘이라고 했다.

그 포르투갈 수녀의 마음이, 그리고 엘로이즈의 마음이 바로 이 샘과 같지 않았을까? 우리의 가슴을 아프게 하는 슬픈 사랑의 여인들—가스파라 스탐파, 디에 백작부인, 클라라 당두즈(12세기에 활동한 프랑스 여류시인), 루이제 라베(1526~1566. 프랑스 여류시인. 릴케는 이 시인의 소네트를 번역한 바 있다), 마르셀린 데보르드, 엘리자 메르쾨르(마르셀린 데보르드, 엘리자 메르쾨르 모두 19세기 전반기에 활약한 프랑스 여류시인이다) 같은 여인들의 마음도 이와 같지 않았을까? 가련하고 불행한 여인 아이세는 그만 주저하다가 굴복하고 말았다. 줄리 레피나스는 지쳐 쓰러졌고, 마리안느 드 클레르몽은 행복한 정원의 안타까운 전설로 남고 말았다(아이세, 줄리 레피나스는 18세기 프랑스 사교계에서 유명했던 여인들, 마리안느 드 클레르몽은 마담 장리의 소설 속 등장인물로 보인다).

오래전 집에서 우연히 찾아낸 보석함이 지금도 생생하게 기억난다. 두 뼘 크기에 부채꼴 모양으로, 진초록빛 모로코가죽에 가장자리가 꽃무늬로 장식된 물건이었다. 열어보니 안에는 아무것도 들어 있지 않았다. 정말 오래전에 있던 일이지만, 나는 아직도 똑똑하게 기억한다. 보석함을 열었을 때 본 텅 빈 내부에는 깨끗하다고는 할 수 없는 벨벳 천이 조그만 둔덕처럼 깔려 있었다. 이제는 비어 있는, 반지를 꽂아두는 오목한 홈에는 우울한 느낌이 감돌았다. 그 안을 잠깐 들여다보는 것은 누구든 감당할 만하다. 하지만 사랑하는 이에게서 버려진 사람은 언제나 이와 같은 텅 빈 보석함을 들여다보고 있는 셈이다.

오래전에 썼던 일기를 다시 읽어 보라. 이른 봄, 다가오는 봄기운이 마치 자신에 대한 비난처럼 가슴을 찔렀던 적이 없었는가? 행복을 바라며 설레는 마음으로 탁 트인 바깥으로 나섰지만 왠지 기분이 불쾌해지고 마치 배 갑판 위에 서 있는 것처럼 불안정한 느낌을 받은 적이 누구나 있을 것이다. 정원은 이미 새봄을 맞을 준비를 하고 있는데 당신은 아직도 지난겨울을 질질 끌고 다녔던 것이다. 당신은 여전히 겨울 속에 살고 있었다. 당신의 영혼이 새봄에 녹아드는 사이에 갑자기 육신의 무게가 그토록 무겁게 느껴지는 것이었다. 그리고 어느새 병의 전조 같은 피로감이 봄에 대한 부푼 기대감 속으로 스며드는 것이 느껴졌다. 당신은 그저 너무 얇게 입고 나온 탓이라 생각하고는 어깨에 숄을 걸치거나 아니면 가로수길을 저 끝까지 달려가 멈춰서서 숨을 헐떡거리며 몸을 크게 한 바퀴 돌리고는 이제는 봄과 하나가 되리라 굳게 마음을 먹는 것이었다. 하지만 어디선가 새 한 마리가 울고 있을 뿐,

그 무엇도 당신에 대해 아랑곳하지 않았다. 그때 당신은 생각했으리라, 아 나는 이미 죽어 버린 존재란 말인가?

아마도, 그나마 새로운 점이 있다면, 우리가 세월이나 사랑보다 더 오래 견딘다는 사실일 것이다. 꽃과 열매는 자연스럽게 피고 자연스럽게 익어 떨어진다. 짐승들은 본능에 따라 서로를 찾아 어울리고 그에 만족한다. 하지만 신을 갖기로 선택한 우리 인간들은 영원히 만족하지 못한다. 우리는 우리의 본성을 내팽개쳐 버렸다. 우리에게는 더 많은 시간이 필요하다. 1년을 무엇에 쓴단 말인가? 그 모든 것이 무슨 대수인가? 우리는 신을 제대로 알기도 전에 벌써 밤을 극복할 수 있게 해달라고 신에게 기도한다. 그리고 병을, 그리고 사랑을 극복하게 해달라고 기도한다.

이제 막 인생에 눈뜰 시기에 죽어야만 했던 클레망스 드 부르주(프랑스의 여류 시인, 음악가). 그녀는 견줄 이가 없을 만큼 비범했었다. 목소리만으로 그 어떤 연주자도 따를 수 없는, 영원히 잊지 못할 아름다운 음악을 연주할 수 있었던 여인이었다. 사랑에 빠진 한 여인(16세기 프랑스 여류시인 루이스 라베를 이른다. 그녀는 클레망스 드 부르주에게 자신의 시집을 헌정했다)이 그 부풀어 오르는 가슴의 소녀에게 매 행이 미완성으로 끝나는 소네트 시집을 헌정하게끔 만든 까닭은 클레망스의 소녀다움이었다. 루이스 라베는 자신의 슬픈 사랑 이야기가 아이 같은 그 소녀를 겁먹게 할지도 모른다는 점에는 조금도 아랑곳하지 않았다. 루이스는 밤이 깊어갈수록 차오르는 그리움의 감정을 토로했다. 또 더 넓은 우주와도 같은 고통을 약속했다. 그러면서도 자신이 겪어온 슬픔이 그 뒤에 남겨진 소녀의 앞길에 어둡게 드리운 슬픔이 되어, 그 소녀에게 아름다움을 더해 줄 것임을 예감했다.

내 고향의 소녀들이여. 너희 가운데 가장 아름다운 소녀가 어느 여름날 오후 어둑어둑한 서재에 들어가 장 드 투르네(루이스 라베의 책을 간행한 출판업자)가 1556년에 발행한 조그만 책자를 찾았다고 하자. 그리하여 그녀가 서늘한 감촉이 느껴지는 반질반질한 가죽으로 장정한 그 책을 들고 벌들이 윙윙대는 과수원으로, 더러는 저 너머 너무나 달콤하고 순수한 향기를 내뿜는 패랭이꽃이 피어 있는 곳으로 간다고 치자. 그리고 그 소녀는 그 책을 읽기에는 아직 이른 나이라고 하자. 눈은 책 내용을 따라가고 있지만 여전히 어린아이다운 입은 큼지막한 사과를 두 볼이 터지도록 연신 베어 먹을 그런 나이의 소녀라고.

그러다가 보다 열정적인 우정을 맺는 시기에 이르면 너희 소녀들은 마치 너희만의 비밀이라도 되는 듯 서로를 디카, 아낙토리아, 규리노, 아티스 (그리스 시인 사포의 여자친구와 여제자들의 이름) 같은 이름으로 부르리라. 젊은 시절 세상 곳곳을 여행했고 마을 사람들에게 괴짜로 통하는 늙은 이웃이 있어 그 이름들을 너희에게 가르쳐준 것이겠지. 그는 가끔씩 너희를 자기 집으로 초대했으리라. 자신의 과수원에서 딴 맛있기로 소문난 복숭아를 맛보게 해줄 양으로, 아니면 늘 꼭 한 번은 봐야 한다고 입버릇처럼 말하던, 그의 집 이층 하얀 복도에 걸린 리딩어(1698~1767, 독일의 동판화가. 동물 및 사냥 장면 묘사에 특히 뛰어났다)의 동판화를 보여주기 위해서. 아마 너희는 그에게 이야기를 들려달라고 조를 것이다. 또는 기어이 그가 여행할 때 썼던 일기장을 꺼내오도록 만들 수도 있을 것이다. 누가 알겠는가, 언젠가 그에게서 오늘날까지 전해 내려오는 사포의 시 몇 구절을 얻어들을 수 있을지도. 너희는 그의 비밀을 알아내려고 안달할 것이다. 이를테면 조용히 은거하는 그 늙은 이가 한때는 심심풀이로 사포의 시편들을 번역하길 즐겼다는 사실 말이다. 그는 오랫동안 그것들을 잊고 살아왔으며 그나마 지금 남아 있는 원고도 시답지 않은 것일 뿐이라고 말하리라. 그런데도 계속 들려달라 청한다면 그는 즐거운 마음으로 순수한 너희에게 사포의 시구를 낭송해 주리라. 심지어는 그리스어 원문을 문득 떠올리고는 그걸 함께 들려주려 할 것이다. 번역으로는 원시의 모든 의미를 담아낼 수 없는 데다, 그의 어린 친구들이 뜨거운 불길 속에서 단련된 이 거대하고 풍성하게 장식된 언어의 아름다움을 단편적으로나마 느끼게 되기를 바라기 때문에.

그리고 이를 계기로 그의 마음속에는 다시 한 번 번역에의 열정이 불타오르리. 그리하여 젊은 시절 평화로운 밤의 서곡처럼 찾아오던 가을날 저녁과 다름없는 아름다운 저녁이 찾아오리라. 촛불이 오랫동안 그의 책상 위를 밝히리라. 그렇게 작업하는 동안 그는 자주 고개를 들고 몸을 뒤로 기댄 채 눈을 감고서, 하나의 시구를 여러 번 음미하며 그 의미가 자신의 핏속으로 스며들도록 하겠지. 그동안 고대 세계가 이처럼 생생하게 다가온 적은 없었으리라. 역사의 망각 속에 묻혀 버린 고대 희곡작품들을 애석하게 여겼던 지난 세대를 떠올리며 빙그레 웃음 지을지도 모를 일이다. 이제 그는 고대 세계가 지닌 역동적인 단일성이 모든 인간 노동의 새롭고 동시적인 결합과정과 같은 것임을 이해하게 된다. 완벽한 개방성과 통일성을 가진 고대 문화가 예전부터 많은 이의 눈에는 그저 과거의 유산으로만 비칠 뿐이라는 사실에 그는 전혀 얽매이지 않는다. 그 시대에는 확실히 삶을 이루는 천상의 영역과 지상의 영역이 존재라는 잔에 꼭 들어맞았다. 마치 두 개의 반구가 완벽하게 합쳐져 하나의 황금빛 공을 이루듯이. 하지만 합일이 이루어지기가 무섭게 그 안에 갇힌 정신은 그 실현이 그저 비유에 불과하다고 느꼈다. 그러자 거대한 구는 무게를 잃고 허공으로 떠올랐고, 그 황금빛 곡선은 다만 이룰 수 없는 모든 것에 대한 슬픔을 조심스레 비출 뿐이었다.

늦은 밤, 그는 이런 생각에 골몰한다. 그러다 문득 창가 의자 위의 과일 접시가 눈에 들어온다. 그는 무심코 사과를 하나 집어들어 바로 앞 탁자에 내려놓는다. 그러고는 나라는 존재는 어떻게 이 과일 곁에 존재하는 걸까, 하고 생각한다. 이미 완성되어 가는 사물들 곁에 완성된 상태이면서 동시에 계속해서 더해지는 존재로 있다는 것을.

그러자 문득 그의 눈앞에, 완성되지 않은 것을 넘어 무한에로 가닿는 작은 형상이 나타난다. 바로 (갈레노스의 증언을 따르자면) 여류시인이라고 하면 누구나 자연스럽게 떠올렸다고 하는 그 여인의 형상(사포를 가리킨다)이다. 헤라클레스가 열두 가지 과업을 완수한 뒤 세상이 파괴와 개조를 열망하며 일어선 것처럼, 다가올 시대를 위해 준비된 환희와 절망이 그녀의 심장이 이룬 성취물에게로 몰려들어 새로이 생명력을 얻기 시작한다.

그러자 문득 마지막까지 사랑을 지키려 했던 그녀의 굳은 결심이 생생하게 느껴진다. 사람들이 그녀를 이해하지 못한 것도 놀라운 일은 아니다. 사랑에 빠진 이 여인에게서 사람들이 본 것은 사랑과 슬픔의 새로운 기준이 아니라 오직 과잉된 열정뿐이었다. 그들은 그녀 존재의 비명(碑銘)을 당시 통념대로만 해석했고, 결국 그녀의 죽음도 신의 부추김에 따라 보답 없는 사랑에 모든 것을 걸었던 여인들의 어리석은 죽음과 다를 게 없다고 생각했다. 아마 그녀에게서 배운, 그녀와 가까웠던 소녀들조차 그녀를 이해하지 못했을 것이다. 사포가 그 사랑의 절정에서 탄식한 것은, 그녀의 품을 채우지 않고 떠나간 사람 때문이 아니라 이미 이 세상에는 그녀와의 사랑을 키워 나갈 사람이 없었기 때문이다.

그는 생각에 잠겨 있다가 일어나 창문 쪽으로 걸어간다. 높다란 방이 그에게는 너무 낮게 느껴진다. 하늘을 우러러 별을 보고 싶어진다. 그는 자신의 마음속을 환히 들여다보고 있다. 이처럼 가슴이 벅차오르는 것은, 이웃의 소녀들 가운데 자신의 마음을 끄는 소녀가 있기 때문임을 그 자신도 알고 있다. 그는 몇 가지 희망을 품고 있다(그것은 자신이 아니라 그 소녀를 위한 희망이었다). 그는 깊어가는 밤의 정적 속에서 진실한 사랑이 요구하는 것이 무엇인지를 깨닫는다. 그리하여 자신의 사랑을 아무에게도 말하지 않겠다고 다짐한다. 잠 못 이루는 밤 홀로 깨어 그녀를 위해 생각하는 것이야말로 가장 훌륭한 사랑이라고 그는 생각한다. 성적인 결합은 오히려 서로를 더욱더 고독하게 만들 뿐이라고 보았던 사포의 생각은 얼마나 올바른가. 그녀는 성(性)이라는 덧없는 목적을 초월하여 무한을 향했다. 그녀는 포옹의 어둠 속에서 만족이 아닌 동경을 구했다. 그녀는 사랑하는 자와 사랑받는 자 따위의 개념을 경멸했다. 그녀는 허약하기만 한 사랑받는 자를 자신의 침상으로 데려가 연인의 향기로 가득 채워 돌려보냈다. 그러한 고결한 이별을 통해 그녀의 가슴은 자연의 일부가 되었다. 그녀는 운명에 관한 축가를 부르며 자신이 아끼는 성숙한 이들의 결혼을 축복해 주었으며, 마치 신을 위해 스스로 준비하듯이 신랑이 겉모습의 아름다움보다 오래갈 내면의 자질을 키워갈 수 있도록 일부러 그의 자질을 과장되게 찬미했다.

아벨로네, 오랫동안 당신을 생각한 적이 없었는데 놀랍게도 몇 년 전부터 당신의 존재를 가까이 느끼고 당신을 이해하게 되었습니다.

가을에, 베네치아에서 있었던 일입니다. 외국 여행객들이 많이 모이는 어느 살롱이었지요. 그 살롱의 여주인도 외국인이었습니다. 살롱 안에는 찻잔을 든 사람들이 여기저기 서 있었습니다. 사람들은 그곳 사정에 밝은 듯한 한 손님을 따라 재빠르면서도 조심스럽게 문 쪽을 돌아보면서 그 손님이 베네치아식으로 들리는 어떤 이름을 속삭일 때마다 무척 즐거워하더군요. 이국풍의 이름일수록 환영받았지요. 그 어떤 것도 그들을 놀라게 할 수는 없으니까요. 이 도시에서는 견문이 넓지 않은 사람도 무언가 놀라운 것과 마주치기를 고대하는 듯합니다. 평소 살던 곳에서는 늘 비범한 것과 금기시해야 할 것을 혼동하던 사람들도 여기서는 아무 거리낌 없이 무언가 근사한 일이, 말하자면 그들의 얼굴에 뻔뻔스럽고 음탕한 표정이 떠오르게 할 만한 그런 일이 벌어지기를 기대한답니다. 평소에는 그저 연주회에 갔을 때나 책을 읽을 때 잠깐씩 고개를 들던 충동이 분위기에 이끌려 무슨 허가라도 받은 것처럼 노골적으로 모습을 드러낸다고나 할까요. 이곳에서 여행객들은 육체적인 쾌락에 굴복하듯이 독약처럼 치명적인 음악에 무방비로 빠져들지요. 그래서 그들은 베네치아의 실제 생활을 경험하려 하기보다는 그저 곤돌라의 나른한 흔들림에 몸을 맡기기를 원한답니다. 더 이상 신혼이라고 할 수 없는, 여행 내내 티격태격했던 부부들조차 이곳에서는 달콤한 침묵에 빠져들지요. 이상 (理想)에 지친 남편이 기분 좋은 피로감을 즐기는 동안, 아내는 처녀시절로 돌아가기라도 한 것처럼 쾌활해져서는 한가로워 보이는 현지인들에게 고개를 끄덕여 인사하거나 녹아드는 설탕처럼 하얀 치아가 다 드러나도록 활짝 미소 짓는답니다. 그들이 하는 얘기를 가만히 들어보면 내일이나 모레, 아니면 이번 주말에는 떠날 예정이라는 걸 알 수 있지요.

나는 그런 사람들 속에 섞여 있었습니다. 나 자신은 다른 여행객들과 달리 이곳을 곧 떠나지 않아도 된다는 사실에 기뻐했지요. 머지않아 이곳도 추워질 겁니다. 그러면 관광객들이 꿈꾸고 욕망하던 나긋나긋하고 나른한 베네치아의 모습은 취기로 몽롱해진 여행객들과 더불어 사라질 것입니다. 그리고 어느 날 아침 갑자기 또 다른 베네치아가, 금방이라도 깨질 듯 얇은 유리처럼 또렷하게 깨어 있는 진짜 베네치아가 모습을 드러낼 것입니다. 물속으로 가라앉은 숲 위, 그 아무것도 없는 곳에 서길 원하여 강제로 물을 밀어내고 마침내 현실로 돌아온 베네치아가 다가와 있을 것입니다. 비본질적인 모든 것을 벗어 버린, 밤새도록 깨어 있는 병기창으로부터 노동의 피를 공급받는 강철같이 단련된 도시. 갈수록 예리해지고 끊임없이 성장하는 이 도시의 정신은 땅에 감도는 짙은 향기보다 더 강력합니다. 부족한 소금과 유리를 팔아 재정을 비축한 강대국. 그 화려한 겉모습 뒤에 신경망처럼 섬세하게 뻗어나가는 충만한 에너지를 숨기고 있는, 세계의 아름다운 균형추. 그것이 바로 베네치아입니다.

모두들 베네치아에 대한 환상에 젖어 있지만 나만큼은 이 도시의 참모습을 알고 있다는 생각이 들자, 이런 내 생각을 나눌 사람을 찾고 싶었습니다. 이 살롱에 있는 사람들 가운데 남몰래 베네치아의 본질에 대해 듣고 싶어 하는 사람이 한 명쯤은 있지 않을까? 이 도시가 우리에게 베푸는 것은 즐거움이 아니라 강인하고 엄격한 의지의 표본이라는 것을 단박에 이해할 만한 젊은 친구가 어딘가에 있지 않을까? 나는 이리저리 돌아다녔습니다. 그 진실을 나만이 알고 있다는 생각이 들자 마음이 초조해졌지요. 진실이 저 많은 사람들 가운데 나를 선택했기에, 나는 그것을 다른 이에게 표현하고 변호하고 증명하고 싶었던 것입니다. 사람들이 함부로 잘못된 이야기를 떠벌이는 것에 대한 반감 때문에 나는 금방이라도 나 자신이 마구 손뼉을 쳐서 그들의 이야기를 중단시키려 들지도 모른다는 이상한 생각에 사로잡혔지요.

그런 우스꽝스러운 기분에 잠겨 있는데 문득 그녀의 모습이 내 눈에 들어왔습니다. 그녀는 햇살이 환하게 비치는 창가에 홀로 서서 나를 쳐다보았지요. 진지하고 사려 깊어 보이는 눈이더군요. 하지만 그런 눈과는 달리 그녀의 입술은 나의 짜증스러워하는 표정을 반어적으로 흉내내고 있었습니다. 나는 그제야 조바심 어린 내 표정을 깨닫고는 억지로 차분한 표정을 지었지요. 그랬더니 그녀의 입술도 자연스럽게 본디의 새침한 모습으로 돌아가더군요. 잠시 생각에 잠겼던 우리는 서로 바라보며 미소 지었지요.

그녀의 모습은 바게센(1764~1826. 덴마크 시인)의 삶에 중요한 역할을 했던 아름다운 여인 베네딕테 폰 크발렌의 젊은 시절 초상화를 떠올리게 했습니다. 그녀의 눈에 깃든 깊은 고요를 보고 있으려니 그녀의 목소리도 분명 깊고 맑을 거라는 생각이 들었지요. 게다가 머리를 땋은 모양새나 드레스의 목선 스타일이 확실히 코펜하겐풍이더군요. 그래서 덴마크어로 말을 걸어보기로 했지요.

하지만 내가 다가가기도 전에 방 건너편에서 한 무리의 사람들이 그녀 쪽으로 몰려가는 것이 보이더군요. 그 가운데 사람 좋은 백작부인이 즐거운 표정으로 그녀에게 쏜살같이 달려가서는 그녀를 한쪽으로 데려갔습니다. 그녀에게 노래를 불러달라고 청하더군요. 나는 보나마나 그 젊은 아가씨가 이 살롱에서 덴마크 노래를 듣고 싶어 하는 사람은 아무도 없을 거라며 거절하리라고 생각했지요. 과연 그녀는 내가 예상했던 그대로 말하더군요. 하지만 이 반짝반짝 빛이 나는 아가씨 주위에 모여든 사람들은 더욱더 성화를 부렸습니다. 그 가운데 몇몇은 그녀가 독일 노래도 부를 줄 안다는 걸 알고 있었지요. "이탈리아 노래도 할 줄 안다니까." 누군가가 짓궂게 웃으며 덧붙이더군요. 이번에는 어떤 핑계를 댈지는 모르지만 아무튼 그녀가 틀림없이 거절하리라고 믿었어요. 마침내 사람들의 얼굴에서 웃음기가 사라지고 흥이 깨진 듯 어색함이 번져 가고, 사람 좋은 백작부인도 더 이상 조르기가 미안한지

기품 있게 한 걸음 뒤로 물러섰을 때였습니다. 이젠 됐다고 생각한 그 순간에 그녀가 고개를 끄덕이고 만 겁니다. 나는 실망감에 얼굴이 창백해지는 것을 느꼈지요. 비난의 감정이 내 얼굴에 그대로 드러나 있었을 겁니다. 나는 그녀가 이런 내 얼굴을 보지 못하도록 고개를 돌렸지요. 그런데 그녀가 그들 곁에서 빠져나와 어느새 내 곁에 와 있는 게 아니겠어요. 그녀의 드레스가 밝게 빛나고, 그녀의 숨결에서는 꽃향기가 감돌더군요.

"정말 부르고 싶어서 그래요." 덴마크어로 그녀가 내 뺨에 대고 말했습니다. "저들이 원해서 부르는 게 아니에요. 남에게 보여주기 위한 게 아니라고요. 지금 나 자신이 부르고 싶어졌기 때문이에요."

그녀의 말투에는 조금 전 내가 그랬던 것처럼 어딘가 초조해하는 기색이 묻어났습니다.

그녀는 사람들에게 에워싸여 저쪽으로 걸어갔습니다. 나는 천천히 그 뒤를 따라갔지요. 사람들이 부산스레 움직이며 자리를 잡는 동안 나는 혼자 떨어져 뒤쪽의 짙은 색으로 반들거리는 문 곁에 서 있었습니다. 무슨 일이냐고, 혹시 누가 노래를 하느냐고 어떤 사람이 묻더군요. 나는 잘 모른다고 무뚝뚝하게 대답했어요. 내 거짓말이 끝나기도 전에 벌써 노래가 시작되었지요.

내가 있는 곳에서는 그녀의 모습이 전혀 보이지 않았습니다. 그녀의 이탈리아 노래를 듣기 위해서 그녀 주위로 차츰 둥그렇게 공간이 만들어졌습니다. 외국인들은 있는 그대로의 전통을 따르는 이탈리아 노래야말로 진짜 노래라고 생각했지요. 하지만 정작 노래를 부르는 그녀는 그렇게 생각지 않는 듯했습니다. 숨을 가빠하며 무척 힘겹게 노래를 불렀으니까요. 앞에서 들려오는 박수 소리로 겨우 노래가 끝났다는 걸 알았습니다. 나는 왠지 슬프고 수치스러운 기분이 들었습니다. 사람들이 흩어지기 시작했고 나 또한 자리를 떠나려고 했지요.

그런데 그때 갑자기 주위가 조용해졌습니다. 아무도 예상치 못한, 긴장감이 감도는 정적이 이어졌지요. 그리고 어느 순간 그 정적 속에서 그녀의 목소리가 솟아올랐습니다. (아벨로네, 나는 생각했지요, 저건 아벨로네야.) 아까와는 달리 그녀의 목소리에 충만한 힘이 느껴졌습니다. 아까처럼 무겁게 느껴지지도 않았지요. 노래는 조금도 끊기거나 막히지 않고 자연스럽게 흘러나왔습니다. 알려지지 않은 독일 노래였습니다. 그녀는 단순하면서도 어딘가 낯선 방식으로 노래를 불렀는데, 그 노래는 그녀에게 어떤 특별한 의미가 있는 듯했지요. 그녀는 다음과 같이 노래했습니다.

> 그대여, 말하지 않겠어요,
> 나 이렇게 누워 눈물 흘리고 있음을
> 요람을 흔들듯
> 그대의 존재가 나를 흔들어 지치게 하네요
> 그대여, 그대 또한 말하지 않는군요
> 나 때문에 그대가 잠 못 이룸을
> 이 찬란한 마음을 언제까지나
> 그대와 내 가슴에 숨겨둘 수 있을까요?

> (짧은 침묵, 이어서 망설이듯이)

> 저 연인들을 보세요,
> 사랑을 고백하는 듯싶더니
> 어느새 거짓말을 하네요.

다시 깊은 정적이 흘렀습니다. 어디서부터 이런 정적이 생겨난 건지 알 수 없었지요. 잠시 뒤에야 사람들은 술렁이기 시작했습니다. 다른 사람에게 몸이 부딪쳐 사과하는 사람이 있는가 하면, 기침하는 사람도 있었지요. 조심스럽게 웅성거리던 사람들이 본격적으로 이야기를 나누려던 순간이었습니다. 그녀의 목소리가 다시 울려 퍼졌습니다. 결의에 찬 듯이 폭넓고 절박한 목소리였지요.

> 그대는 날 홀로 두고 떠났지요
> 하지만 나는 그대를 무엇으로든 바꿀 수 있어요
> 그대는 잠시 그대의 모습이었다가
> 곧 산들바람 소리로 스치고
> 혹은 남김없이 타오른 향기가 되지요

아, 내 품 안의 모든 것을 잃어버렸지만
그대만은 항상 새로이 태어나리라
한 번도 나 그대를 붙잡지 않았으므로
그대는 영원한 나의 것.

누가 이런 노래를 예상이나 했을까요? 사람들은 노랫소리에 포로가 된 듯 한동안 가만히 서 있었지요. 노래가 끝났을 때, 그녀는 마치 수년 전부터 이런 순간이 올 것을 알고 있었다는 듯한 표정이었습니다.

예전부터 난 왜 아벨로네가 하느님에게 열정을 바치지 않았을까 생각하곤 했다. 나는 그녀가 자신의 사랑에서 모든 수동적인 면을 없애 버리기를 몹시 갈망했음을 안다. 하지만 그토록 진실했던 그녀는 신이 사랑의 대상이 아니라 오직 사랑의 방향일 뿐이라는 걸 몰랐단 말인가? 신에 대한 사랑의 보답은 두려워하지 않아도 된다는 것을 몰랐던 것일까? 언제나 행동이 굼뜬 우리 평범한 인간들이 마음을 다해 그를 사랑하게 될 때까지, 신은 조용히 인내하며 사랑을 주는 즐거움을 자제하고 있음을 모른단 말인가? 아니면 그저 그리스도를 피하려 한 것일까? 그의 사랑을 받는 것이, 그로 인해 신에게로 가는 길이 중단될까봐 두려웠던 것일까? 그래서 그녀는 율리 레벤틀로우를 좋아하지 않았던 것일까?

아마도 그랬을 것이다. 메히틸트(1207~1270. 독일 마그데부르크의 수녀)처럼 순수하고, 아빌라의 테레사(1515~1582. 에스파냐의 성녀)처럼 열정적이고 리마의 로사(1586~1617. 페루의 성녀)처럼 축복받은 여인들이 자신이 신의 사랑을 받고 있음을 알고부터 그저 그것에 안주해 버렸다는 사실을 생각해 본다면 충분히 가능한 일이다. 약자들의 구원자였던 그가 오히려 그녀처럼 강인한 여인들에게는 부당한 존재였던 것이다. 말하자면, 그리스도는 신에게 가는 길만을 생각해 온 그녀들을 길 밖으로 벗어나도록 꾀는 유혹자였다. 천국의 입구를 바로 앞에 두고서, 그리스도의 남성성에 끌려 유혹에 넘어간 여인들은 그가 베푸는 쉼터에서 쉬며 본디의 길을 잊어버리고 마는 것이다. 강력한 렌즈와도 같은 그의 가슴은 평행하게 뻗어가던 그녀들의 마음의 빛을 한 점에 모을 것이다. 그리하여 천사들이 오로지 신을 위해 간직해 온 것이기를 바랐던 그녀들의 영혼은 불타오르고 신에 대한 갈망의 샘은 말라버리고 말리라.

(다음은 원고지 여백에 적힌 글이다)
사랑받음은 불타오르는 것이다. 사랑함은 영원히 마르지 않는 기름으로부터 피워 올린 불꽃이다. 사랑받음은 소멸하는 것, 사랑함은 영원히 지속하는 것이다.

물론 뒷날 아벨로네는 온 마음을 다해 하느님과 직접적이고 조심스러운 관계를 맺고자 노력했을지도 모른다. 어쩌면 그녀는 아말리 갈리친 공작부인 (1748~1806. 당대 독일 지식인 사회의 중심인물로서 처음엔 종교에 회의적이었으나 뒷날 회심하여 열렬한 가톨릭 신자가 된다)과 같이 뛰어난 통찰력이 담긴 편지들을 남겼을지도 모른다. 하지만 그녀와 오랫동안 알고 지낸 절친한 사이라면, 그 편지를 받은 사람은 그런 그녀의 변화된 모습을 받아들이기가 쉽지 않았을 것이다. 한편 아벨로네가 유일하게 두려워한 것은 너무나 이질적이어서 그만 놓치기 십상인 자기도 모르는 은연중의 변화뿐이었다.

나는 성경의 '돌아온 탕아 이야기'가 사랑받기를 거부한 자에 대한 전설이라고 굳게 믿는다. 어렸을 때부터 그는 온 식구의 사랑을 받았다. 그래서 사랑받는 것을 당연한 것으로 여기며 자라났다. 하지만 소년이 되면서 그는 익숙한 모든 걸 떨쳐버리고 싶었다. 그런 뜻을 말로 표현하지는 못했지만, 소년은 온종일 집 밖에서 놀 때에도 늘 그를 따라다니던 개들과 더 이상 함께 하려 하지 않았다. 집에서 키우는 개들조차 그를 사랑했기 때문이다. 그는 개의 눈에서 자신에 대한 관심과 염려, 기대의 감정을 읽을 수 있었다. 그래서 개들과 함께 있을 때 그가 할 수 있는 일이라고는 개들을 기쁘게 하거나 마음 아프게 하는 것뿐이었다. 그때 소년이 바랐던 것은 이른 아침 들판에 나설 때면 그런 순수함으로 종종 그의 내면을 사로잡곤 하던 무심함이었다. 갑자기 시간을 잊고 달리게 만들거나, 아침이 오는 순간처럼 새털같이 가볍게 숨 쉬도록 만드는.
아직 오지 않은 앞날의 신비가 눈앞에 펼쳐졌다. 소년은 마치 그렇게 하면 한 번에 여러 방향으로 달려갈 수 있기라도 한 것처럼 팔을 활짝 펼친 채 들판을 가로질러 달려갔다. 그렇게 달리다가 사람들의 눈길이 닿지 않을 풀숲 어딘가에 몸을 던졌다. 이젠 아무도 그를 방해할 수 없었다. 소년은 나무껍질을 벗겨 피리를 만들어 불기도 하고, 작은 짐승을 겨냥하여 돌을 던지기도 하고, 바닥에 웅크려 손으로 딱정벌레의 앞길을 막아 다른 길로 돌아가게 만들기도 했다. 이 모든 무심한 놀이는 인간의 운명과는 관계가 없었다. 하늘이 자연 만물 위로 흘러가듯이 소년의 머리 위로 흘러갔다. 오후가 되자 소년은 공상의 나래를 펼쳤다. 토르투가 섬의 버커니어(17세기 후반에 서인도제도 해역을 휩쓴 해적단)가 되었다. 해적은 무엇이든 할 수 있었다. 캄페체(멕시코 만의 항구도시)를 포위하고 베라크루스(멕시코 중동부에 있는 주)를 함락시켰다. 소년은 해적 무리 전체이면서 말을 탄 장군이기도 했고 바다 위 해적선이기도 했다. 무엇이든 마음대로 될 수 있었다. 상상 속에서 무릎을 꿇기가 무섭게 소년은 기사(騎士) 데오다 드 고존으로 변신하여 용을 물리쳤다. 그 전투의 열기가 채 가시기도 전에 어디선가 그의 영웅적인 행동이 너무 거만하다며 비난하는 소리가 들려왔다. 이렇듯 공상은 아무리 사소한 것이라도 생략하는 법이 없었다. 또한 상상력을 아무리 잘 통제한다 해도 공상과 공상 사이에 자신도 모르게 어떤 특정한 새가 아닌, 그저 한 마리 새가 되어 버리는 순간이 있었다. 그러다 보면 어느새 집에 갈 시간이 되었다.

오, 하느님! 집으로 돌아가기 전까지 마음속에서 털어내고 잊어버려야 할 것들이 얼마나 많았는지! 소년은 혼자 보낸 시간 동안에 있었던 일을 어떻게든 잊어버려야 했다. 그러지 않으면 어디서 무얼 했느냐 꼬치꼬치 캐묻는 말에 죄다 털어놓고 말 것이었다. 소년은 되도록 한눈을 팔면서 천천히 걸어서 돌아갔다. 하지만 마침내 집의 박공지붕이 보이기 시작했다. 맨 꼭대기층 창문이 그를 내려다보고 있었다. 창가에 누군가 서 있는 것 같았다. 온종일 어린 주인이 돌아오기만을 기다리던 개들이 수풀을 헤치고 달려왔다. 개들은 그들의 기억 속 주인의 모습으로 돌아오라고 소년을 재촉했다. 그리고 나머지는 집의 몫이었다. 마땅히 그러해야 할 모습으로 돌아가는 데는 집안에 풍기는 그 특유의 냄새 속으로 한 걸음 들어서는 것만으로도 충분했다. 물론 사소한 부분은 달라질 수 있었다. 하지만 전체적으로 보면 오래전에 가족들이 그들의 얄팍한 기억과 그들만의 소망에서 만들어낸 그 모습 그대로였다. 소년은 가족 모두가 공유하는 존재로서 밤이든 낮이든 희망과 의심 사이에서, 비난과 칭찬에 앞서 그들의 사랑의 영향력 아래 있어야만 했다.

계단을 아무리 조심스럽게 올라간다 해도 소용없는 일이었다. 모두 거실에 모여 있다가 문이 열리기만 하면 하나같이 고개를 돌려 그쪽을 바라볼 것이다. 소년은 가족들의 질문을 기다리며 어둠 속에 서 있다. 하지만 급기야 최악의 상황이 벌어진다. 그들은 그의 두 팔을 붙잡고 식탁으로 데려간다. 그러고는 다들 호기심 어린 눈빛으로 등잔 앞에 늘어앉아 그를 바라본다. 그들에게는 무척 유리한 위치라고 할 수 있다. 가족들은 어둠 속에 있고 오직 소년만이 부끄럼을 느끼며 얼굴을 불빛에 드러내고 있기 때문이다.

그는 언제까지 그 집에 머물며 가족들이 정한 대강의 삶을 거짓으로 살까? 얼굴 표정 하나하나까지도 그들과 똑같이 닮아가면서. 그리하여 그는 연약한 진실과 결국 자신을 망쳐 버릴 천박한 기만 사이에서 둘로 분열하고 말 것인가? 가진 것은 허약한 심장뿐인 가족들에게 상처를 입히는 것이 두려워 그저 체념하며 살아야 하는가?

아니, 그는 그 집을 떠나야 했다. 그들이 그의 생일상을 차리고, 모든 걸 다시 바로잡기 위해서 준비한 우스꽝스러운 선물들을 이리저리 ·배열하고 장식하는 동안 떠날 수도 있었다. 영원히 그 집을 떠나는 것이다. 그리하여 그는 먼 뒷날 이때를 돌이켜보며 그 누구도 사랑하지 않겠다던 그때의 결심이 얼마나 간절한 것이었는지를 새삼 알게 되리라. 그것은 그 누구에게도 자신이 겪은 바 있는, 사랑받는 것과 같은 끔찍한 불행을 겪게 하지 않기 위해서였다. 그로부터 몇 년 뒤 그는 다른 결심들이 그러하듯이, 그 결심을 지켜나가기란 불가능하다는 것을 깨달았다. 그도 그럴 것이 그는 고독 속에서 사랑하고 또 사랑했기 때문이다. 그리고 그때마다 매번 자신의 본성을 억누르며 자기가 다른 사람의 자유를 빼앗지는 않을까 몹시 두려워했다. 그는 천천히 사랑하는 이를 감정의 불길로 태우는 것이 아니라 애정의 빛으로 비추는 법을 배워 나갔다. 그리하여 언제나 투명하게 빛나는 연인의 모습을 통해서 그는 자신의 한없는 소유욕 앞에 그녀가 펼쳐 보인 아름다운 풍경을 바라보며 행복해했다.

자신도 그러한 빛으로 채워지기를 갈망하며 그는 얼마나 많은 밤을 눈물로 지새웠던가? 하지만 '사랑을 받는' 여인, 다시 말해 사랑받는 것에 관대한 여인은 '사랑을 주는' 여인과는 너무나 거리가 멀었다. 그의 넘치는 마음에서 쏟아진 사랑의 선물들이 시간의 흐름에 따라 무거워지고 산산조각이 난 채로 그에게로 되돌아오던 그 수많은 황량한 밤들. 그럴 때마다 그는 얼마나 자주 자신들의 소망이 이루어질까 두려워했던 음유시인을 떠올렸던가. 애써 모은 돈을 흥청망청 써버린 것도 다시는 그와 같은 경험을 하고 싶지 않아서였다. 그는 일부러 무례한 태도로 돈을 뿌리며 여자의 마음에 상처를 주었다. 날이 갈수록 그녀가 자신의 사랑에 응답할지도 모른다는 두려움이 커졌기 때문이었다. 그의 내면을 꿰뚫을 연인을 만날 수 있으리라는 희망은 이미 버린 지 오래였다.

매일같이 가난에 시달리며 비참의 노리개가 되어도, 온몸에 종기가 퍼져 절박한 눈으로 고통의 어둠 속을 더듬을 때도, 오물처럼 썩어서 버림받은 스스로의 더러움에 경악할 때조차도, 그가 가장 두려워했던 건 누군가가 자신의 사랑에 응답하는 일이었다. 그 어떤 불행이 그에게서 모든 걸 앗아간 저 포옹의 순간에 느낀 깊은 슬픔에 비할 수 있으랴. 아침에 눈을 뜨자마자 느끼는 건 오직 앞날이 막막한 절망뿐이지 않았던가? 정신 나간 사람처럼, 어떤 위험에도 아랑곳하지 않으며, 정처 없이 거리를 헤매고 다니지 않았던가? 죽지 않겠다고 스스로에게 수백 번이나 다짐하지 않았던가? 그가 절망 속에서도 목숨을 버리지 않았던 것은 그의 마음에 집요하게 들러붙어 떨어지지 않는 이 끔찍한 기억의 고집 때문이었을 것이다. 마침내 그는 다시 자기 자신을 되찾았다. 그때서야 머릿속에 들끓던 과거의 기억들도 잠잠해졌다.

그때 그에게 있었던 일들을 그 누가 묘사할 수 있으랴? 그 어떤 시인이 찰나의 인생과 그가 견뎌내야 했던 그 기나긴 나날을 조화롭게 엮어낼 수 있는가? 얇은 망토로 감싸인 그의 초라한 몰골과 그의 등 뒤로 펼쳐진 광막한 밤의 공간을 동시에 조망할 수 있는 예술이 이 세상 어디에 있겠는가?

그 시절 그는 회복기 환자처럼 서서히 이름 없는 평범한 보통사람으로서의 감정을 배워가기 시작했다. 그는 누구도 사랑하지 않았다. 다만 삶에 대한 사랑이라 부를 감정만 갖고 있었을 뿐이다. 양들에 대한 단순한 애정은 그에게 아무런 영향도 끼치지 못했다. 양들은 구름 사이로 비치는 햇빛처럼 들판 여기저기에 흩어진 채 부드러운 하얀빛으로 가물거렸다. 배고픈 양 떼의 순진무구한 행로를 따라 그는 조용히 이 세상의 초원을 걸었다. 아크로폴리스에서 그를 본 사람도 있었다. 그는 한때 레보(프랑스 남부 프로방스
지방의 작은 마을)의 양치기로 오랫동안 일하며 성스러운 숫자인 7과 3 아래 힘겹게 전투에서 승리했으나 정작 자기 가문 문장(紋章)의 16 빛줄기의 별 문양을 꺾을 수는 없었던, 이제는 세상에 없는 그 고귀한 가문의 유적을 지나가며 보곤 했다. * 어쩌면 오랑주의 어느 투박한 개선문에 등을 기댄 채 서 있는 그의 모습을 그려보아야 할까? 알리스캉 묘지 (로마 시대에 건설된 공동묘지로 '죽은 자들의 왕국'이라 불리기도 / 한다. 중세 시대를 거치면서 더욱 커지고 기독교화 되었다)의 그늘진 곳, 부활한 자의 무덤처럼 입을 벌린 무덤들 사이에 서서 날아다니는 잠자리를 눈으로 쫓고 있는 그의 모습을?

그건 아무래도 좋다. 나는 그에게서 그의 모습 이상을 본다. 그 시절부터 시작된 신에 대한 머나먼 사랑을, 그 고요하고 목적 없는 노역을 떠안은 그의 존재 전체를 본다. 영원히 스스로를 사랑의 욕망으로부터 격리시키고자 했던 그의 의지는, 그와 반대로 나날이 커져가는 마음의 갈망 때문에 결국 다시 한 번 꺾이고 말았다. 이제 그는 자신의 소망이 이루어지기를 바란다. 오랜 고독을 통해 통찰력과 평정심을 얻고 자신의 생각을 통제할 수 있게 된 그는 눈부신 빛처럼 내면을 뚫고 들어오는 신의 존재를 사랑하는 법을 깨우치게 되리라. 하지만 그렇게 사랑받기를 바라면서도, 언제나 멀리 떨어져 있는 관계에 익숙한 그의 감정은 신과의 무한한 거리를 인식했다. 신을 향해 저 허공 속으로 자신을 던지고 싶은 충동을 느끼는 밤도 있었다. 다시 지상으로 떨어진다 해도 풍랑 이는 마음의 물결 위로 언제든 자신을 끌어올릴 수 있으리라 확신할 만큼, 깨달음으로 충만한 순간들이었다. 그는 어떤 아름다운 언어를 듣고는 열정에 불타 그 언어로 시를 쓰고자 하는 사람 같았다. 그러나 곧 그 언어가 얼마나 어려운지 실감하고 경악할 순간이 올 것이다. 처음에 그는 말이 안 되는 짧은 문장을 연습 삼아 하나 쓰는 데만도 평생이 걸릴 수 있다는 사실을 믿지 않으려 했다. 그는 경주에 참가한 달리기 선수처럼 배움에 뛰어들었지만, 뛰어넘어야 할 수많은 난관이 그의 앞을 가로막았다. 이런 배움의 길만큼 사람을 겸허하게 만드는 것은 다시없다. 그것은 현자의 돌을 얻은 자가 그것으로 자신이 가진 모든 황금을 인내의 납덩이로 변환하는 작업을 하는 것과 비슷하다고 할 수 있었다. 탁 트인 공간에 길들여져 있던 그는 이제 어느 쪽으로 가야 하는지, 어느 지점을 지나고 있는지도

---

* 14세기 강력한 세력이었던 보(Baux) 가문은 프랑스에 속하지 않고 독립된 나라를 이루고 있었다. 가문의 문장이 16줄기의 빛으로 이루어진 별이었는데 7:3의 비율로 마을을 소유했다고 한다. 그러나 17세기 개신교에 대한 공격과 중앙집권화로 무너진 성채만 남긴 채 멸망했다.

알지 못한 채, 구불구불한 좁은 통로를 벌레처럼 기어가야 했다. 이렇게 온 갖 어려움과 고뇌를 견디며 사랑을 배워가는 과정에서 그는 비로소 자신이 지금까지 성취했다고 믿은 모든 사랑이 얼마나 무심하고 보잘것없었는지를 깨달았다. 지속적인 노력이 결여된, 실체 없는 사랑의 감정이 무엇을 낳을 수 있었겠는가?

이 시기에 그의 내면에서는 커다란 변화가 일어났다. 신에게 가까이 다가 가려는 그의 노력은 오히려 그로 인해 신의 존재를 거의 잊어버리게 할 만큼 고되고 치열했다. 어쩌면 결국 그가 얻고자 했던 것은 '영혼의 무게를 견뎌 낼 인내심'인지도 모른다. 사람들이 중요하게 여기는 운명적인 사건은 이미 오래전부터 그에게는 아무런 의미가 없었다. 인생의 즐거움과 괴로움도 그 신선한 맛을 잃고 내면의 순수한 자양분으로 변화했다. 그의 존재의 뿌리로 부터 자라난 강인한 식물은 겨울을 이겨내고 기쁨의 열매를 맺었다. 그는 내 적인 삶을 일구는 데에 온 정신을 집중했다. 또한 내면의 그 어떤 것도 놓치 지 않기를 바랐다. 사랑은 그 모든 것에 깃들어 자라나고 있음을 확신했기 때문이다. 그에게 가장 중요한 일이지만 이제껏 마음에 담아오기만 했던 기 억들을 복원하고자 결심할 만큼 그의 내면의 고요는 깊어졌다. 그는 주로 자 신의 유년시절을 생각했다. 하지만 차분한 마음으로 기억을 더듬어 갈수록 그 시절은 오히려 더 불완전한 그림으로만 떠올랐다. 그 시기의 기억은 하나 같이 모호한 예감에 싸여 있었고, 과거의 일임에도 마치 먼 미래처럼 느껴졌 다. 그가 다시 고향으로 돌아가게 된 것은 바로 이 때문이었다. 그가 고향에 계속 머물렀는지는 알 수 없다. 우리가 아는 건 어쨌든 그가 고향으로 갔다 는 사실뿐이다.

이 탕아의 전설을 이야기하는 사람들은 그가 집을 떠났다가 다시 돌아오 기까지는 그리 오랜 시간이 걸리지 않았다는 점을 상기시킨다. 그의 가족 모 두가 그가 집을 떠나 있었던 기간을 정확히 헤아릴 수 있을 만큼 짧은 세월 에 불과했다. 개들은 늙었지만 아직 살아 있었다. 알려진 바로는, 그 개들 가운데 한 마리가 짖었다. 그러자 집안 식구 모두가 하던 일을 멈춘다. 얼굴 들이 창가에 나타난다. 가슴이 뭉클해지도록 똑 닮은 늙은이의 얼굴과 성장 한 어른의 얼굴, 그리고 그 가운데 가장 늙은 얼굴이 그를 알아본다. 단순히 알아본 것에 지나지 않을까? 아니, 그것은 용서였다. 무엇 때문에 용서를 한단 말인가? 사랑. 그렇다, 그를 사랑하기 때문에.

　가족들이 알아본, 자신의 내면에 완전히 몰두해 있던 이 돌아온 탕아는 세상에 아직도 사랑이 존재하리라고는 생각지 않았다. 그때 있었던 일들 가운데 지금 우리가 유일하게 알고 있는 이야기는 재회의 순간에 그가 했던 그들도 보도 못한 기이한 행동에 대한 것이다. 그도 그럴 것이, 그는 가족들의 발아래 엎드려 자신을 사랑하지 말아달라고 애원했던 것이다. 가족들은 이런 그의 모습에 충격을 받아 부르르 몸을 떨면서도 그를 바닥에서 일으켰다. 그들은 그의 이런 충동적인 행동을 그들 나름대로 해석하여 받아들이는 한편 그를 용서했다. 그는 그들이 그런 절박하고도 노골적인 고백을 듣고도 자신의 뜻을 오해하고 있음을 깨닫고 분명 말할 수 없는 해방감을 느꼈으리라. 가족들은 그가 집에 머물도록 허락했을 것이다. 시간이 갈수록 그는 은연중에 서로에게 강요하는 듯한 그들의 사랑이 얼마나 피상적인지를 점점 더 뚜렷하게 깨달아 갔다. 그들의 그런 사랑은 그에게 아무런 영향도 끼칠 수 없었다. 그는 그들이 애쓰는 모습에 거의 실소를 터뜨릴 뻔했다. 그에 대한 가족들의 염려는 아무짝에도 쓸모가 없다는 것이 명백해졌다.

　가족들은 돌아온 그에 대해서 무엇을 알았을까? 이제 그를 사랑하기란 너무나도 어려운 일이었다. 그는 오직 신만이 자신을 사랑할 수 있으리라 느꼈다. 하지만 신은 여전히 그를 사랑할 생각이 없는 것 같았다.

　(원고는 여기서 끝이 난다)

Duineser Elegien

두이노의 비가

제1비가

아, 내가 아무리 소리를 친들, 천사의 계열 가운데 그 누가
내 목소리를 들어줄 것인가? 한 천사가
느닷없이 나를 가슴에 품어안은들, 나보다 강한 그의
존재로 말미암아 나 스러지고 말 터인데. 아름다움은
우리가 가까스로 견뎌내는 두려움의 시작일 뿐이므로.
우리 이처럼 아름다움에 찬탄하는 까닭은,
그것이 우리를 파괴시키는 짓을 거부하기 때문이라네. 모든 천사는 무섭다.
나 이러한 심정으로 터져 나오려는 어두운 흐느낌을 유혹하는 소리를
가까스로 집어삼킨다. 아, 우리는 누구를
이용한단 말인가? 천사도 아니고 인간도 아니다.
영리한 짐승들은 해석된 세계*¹ 속에 사는 우리가
마음 편치 않음을
이미 느끼고 있다. 우리에게 아마 산등성이의 나무 한 그루
남아 있어 날마다 보게 되겠지.
우리에게 남는 것은 어제의 거리와
우리 마음에 들었던 습관에 대한
일그러진 충성, 그 습관은 남아서 떠나지 않는다.
아, 그리고 밤, 우주에 가득 들어찬 바람이
우리들의 얼굴을 파먹어 들어가면, 누구에겐들 그 밤이 남지 않으랴.
그리워하던 밤, 사람마다의 가슴에
힙겹게 다가오는 가벼운 환멸을 가져다주는 밤. 그런 밤도 연인들한테는
편할까?

---

*¹ 인간의 의식으로 모든 사물을 판단하는 세계. 삶과 죽음을 이원론적으로 나누어 늘 죽음의 공포
에 시달리는 인간의 존재 상황을 말함.

아, 그들은 그저 함께 끌어안고 서로의 운명을 가리고 있다.
아직도 모르겠는가? 너의 공허를
우리가 숨 쉬는 공간으로 내던져라. 그러면 새들은
넓어진 대기를 느끼고 더욱 힘차게 날갯짓하리라.

그렇다, 봄은 너를 간절히 필요로 할지도 모르지. 많은 별들이
네가 자신들을 느껴주기를 바랐다네. 물결이
과거로부터 너에게로 솟아올랐다, 혹은, 네가 열린 창문 곁을
지날 때, 바이올린 소리가
들려왔다. 그 모든 것이 사명이었다.
하지만 너는 그것을 감당할 수 있었는가? 너는 언제나,
네가 느끼는 모든 것이 네게 애인을 예고해주리라는
헛된 기대에 정신이 팔려 있지 않았는가? (거대하고 낯선 생각들이
네 안을 들락거리며 밤이면 곧잘 머무르는데
어디에 그녀를 숨기겠는가)
꼭 그리 하려거든, 위대한 사랑의 여인들*²을 노래하라,
하지만 그녀들의 그 명성 높은 감정도 영원하지는 않으리.
네가 시기할 정도로 버림받은 저 여인들, 너는
그들이 사랑에 만족한 이들보다 훨씬 더 사랑스러운 존재임을 깨달았으리
라. 결코 다할 수 없는 칭송을 항상 새롭게 시작하라.
생각하라, 영웅은 영원히 유지되는 법, 몰락도 그에겐
존재하기 위한 구실이었음을, 궁극적인 탄생이었음을.
그러나 지친 자연은 그 사랑하는 이들을,
두 번 다시는 그렇게 할 힘이 없는듯이
제 몸속으로 도로 받아들인다. 너는 가스파라 스탐파*³를

---

*2 소유하지 않는 사랑, 사랑의 대상에 의존하지 않는 그 자체로 완전한 사랑의 여인들. 가스파라
스탐파가 대표적이다.

*3 가스파라 스탐파 Gaspara Stampa(1523~1554) : 이탈리아 파도바의 명문가에서 태어나 베네
치아에서 생을 마감한 여류시인. 베네치아의 콜라토 백작과의 불행한 사랑을 시로 썼다. 마리안
알코포라도, 베티나 폰 아르님, 루이스 라베 등과 함께 《말테의 수기》에 등장하는 위대한 사랑의
여인들을 대표하는 인물이다.

깊이 생각해 보았는가, 사랑하는 남자에게 버림받은
한 처녀가 그 여인을 본받아
그녀처럼 되기를 바라는 것처럼.
그 오랜 고통은 언젠가 우리를 위해
결실을 맺지 않겠는가. 지금은 우리가 사랑을 품은 채,
사랑하는 이에게서 떠나 전율하며 견뎌야 할 때가 아닌가.
보다 나은 존재로 날아오르기 위해 팽팽하게 당겨진 활시위를 견디는
화살처럼. 머무름이란 그 어디에도 없기에.

목소리, 목소리들. 들어라, 내 심장아, 지난날 성자들만이
들었던 그 소리를. 거대한 부름이
성자들을 땅에서 들어 올렸나니. 그러나 성자들은
아, 불가사의한 이들이여, 여전히 무릎 꿇고 아랑곳하지 않았다.
그토록 그들은 귀 기울였다. 너도 신의 목소리는
견디기 어려우리. 그러나 바람결에 스치는 그 목소리를 들어라,
정적 속에서 끊임없이 만들어지는 그 소식을.
그것은 젊어서 죽은 자들이 너를 향해 소곤대는 소리이다.
일찍이 로마와 나폴리에서 교회에 들어설 때마다
그들의 운명이 조용히 네게 말을 건네오지 않았던가?
또한 얼마 전 산타 마리아 포르모사 성당*4에서처럼
죽은 이의 비문*5이 네게 장엄하게 자신을 맡기지 않았던가?
그들은 내게 무엇을 바라는가? 그들 영혼의
순수한 움직임을 때때로 이따금 방해하는
불의의 외관을 조용히 벗어야 하리.

---

*4 베네치아에 있는 성당.

*5 "나는 다른 이들을 위해 살았다, 내 인생은 그렇게 오래 계속되었다. 하지만 내가 죽은 뒤에도
나는 꺼지지 않았다. 오히려 나는 차가운 대리석 속에서 나를 위해 살고 있다. 나는 헬마누스 그
리엘무스이다. 플란드리아는 나를 그리워하고 하드리아는 탄식한다, 가난한 이가 나를 부른다.
1593년 9월 16일에 죽다."

이 세상에 더 이상 살지 못함은 참으로 이상하도다,
겨우 익힌 관습을 버리고,
장미와, 나름대로 기대케하는 다른 여러 사물에
인간의 미래의 의미를 부여할 수 없다는 것은,
한없이 걱정스러운 두 손 안에 더 이상 있지 않다는 것,
이름까지도
망가진 장난감처럼 버리는 것은.
이 세상의 소망을 더는 바라지 못하는 것은 이상하다.
서로 이어져 있던 모든 것이 낙엽처럼
허공에 흩날리는 모습을 보는 것은 이상하다.
그리고 죽음은 힘겹고, 점점 약간의 영원을 느끼는 것은 커다란 만회이다.
—그러나 살아 있는 자들은
너무나 뚜렷하게 구별하는 실수를 저지른다.
천사들은(사람들 말로는) 종종 그들이 산 자들 사이를 지나는지, 죽은 자
들 사이를 지나는지 알지 못한다. 영원한 흐름은
삶과 죽음을 가로질러 모든 세대를 휩쓸어 가니, 그 메아리가
삶과 죽음 위로 영원히 울려 퍼진다.

일찍 떠난 자들은 더 이상 우리를 필요로 하지 않으니,
어느덧 갓난아기가 자라 어머니의 젖가슴을 떠나듯
죽은 이들도 조용히 대지의 품을 떠난다. 그러나 우리는,
그토록 큰 비밀을 원하고, 슬픔에서 곧잘
복된 진보를 일구어내는 우리는—과연 그 죽은 이들 없이 존재할 수 있을까?
옛날 리노스*6를 잃은 슬픔에서 튀어나온 첫 음악이
메마른 침묵을 꿰뚫었다는 전설은 의미가 없는 것인가,
신에 가까운 한 젊은이가 갑작스레 영원히 떠나버리자
깜짝 놀란 공허 속에서, 그 공허의 전율감이 이제
우리를 매혹시키고, 위로하며, 돕기 시작했다는 것은.

---

*6 그리스 신화에 나오는 인물로 꽃다운 나이에 죽음의 세계로 떨어진 운명을 대변한다. 전설에서는
  봄에 싹트는 자연의 힘을 인격화하거나 올포이스와 같은 신화적인 시인으로 여겨지기도 한다.

제2비가

모든 천사는 무섭다. 하지만 슬프게도,
아, 치명적인 영혼의 새들이여, 나 그대들을
알기에 노래로 찬양했노라. 토비아*¹의 시절은 어디로 갔는가,
가장 찬란한 천사들 가운데 하나가 길 떠날 채비를 하고
위엄을 숨긴 채 수수한 사립문 옆에 서 있던 그 시절은.
(호기심 많은 그 젊은이의 눈에도 그는 평범한 젊은이로 보였다)
이제는 대천사가, 그 위험스런 존재가 별들 뒤에 있다가
우리를 향해 한 걸음만 내디뎌도, 무섭게 고동치는
우리의 심장이 우리를 산산이 부수어버리리라. *² 천사여, 그대들은 누구인가?

그대들은 창세의 걸작, 조화의 총아,
창조의 산맥들, 아침노을 드리운
산마루, 흐드러지게 핀 신성한 꽃의 꽃가루, *³

---

*1 성서 외경인 '토비트서'에 인간과 천사의 절친한 교우관계 이야기가 나온다. 토비아는 아버지의 심부름을 하기 위해 길을 떠나려던 참이었다. 그때 천사 라파엘이 젊은이의 모습으로 나타나 토비아에게 길을 안내해주고 무사히 여행을 마치도록 그를 보호한다. 라파엘은 토비아 가족의 행복을 지켜주고 마지막에 천사의 모습으로 나타났다가 사라진다. "그리하여 토비아가 길을 떠나려는데 한 아름다운 젊은이가 이미 옷을 차려 입고 여행을 떠날 준비를 마친 채 서 있는 것을 보았다. 토비아는 그가 신이 보낸 천사인 줄도 모르고 인사를 하며 물었다. 언제부터 여기 있었지, 멋진 친구?"(5장 5, 6절).

*2 릴케는 12년 11월 2일자 《말테의 수기》에 대한 편지에 이렇게 적었다. "그(말테)의 내면에 있는 힘들이 바깥으로 나온다 해도 그다지 파괴적이지는 않습니다. 물론 그런 힘들이 가끔 파괴를 불러일으키기는 하지요, 모든 위대한 힘이 다 그렇듯이, 구약성경에서도 천사의 손에 죽어야만 천사의 모습을 볼 수 있다고 하지 않습니까."

*3 성적인 것에 대한 환유인 '꽃가루' 같은 낱말과 전통적으로 정신을 뜻하는 '빛'이나 '본질' 같은 낱말의 직접적인 결합은 릴케의 반이원론적인 세계관을 잘 보여준다.

빛의 뼈마디, 복도, 계단, 왕좌,
본질의 전당, 환희로 빛나는 방패, 황홀한
감각의 폭풍, 그리고 갑자기 하나씩 나타나는,
몸에서 흘러나온 아름다움을
다시 제 얼굴로 모으는 거울들.

그러나 우리 인간은 느낄 때마다 증발하여 사라진다. 아, 우리는
숨을 내쉴 때마다 사그라진다, 잉걸불에서 잉걸불로 옮겨 갈수록
옅어지는 향기 뿜으며. 그때 누군가 말하리라.
"너 내 핏속으로 들어오라, 이 방과 봄은
너로 가득 찼으니……" 그러나 무슨 소용 있으랴. 그들도 우리를 영원히
붙잡지 못하는 것을.
우리는 그 속, 그 언저리에서 사라진다. 아름다운 여인들도,
아, 누가 그들을 잡아두랴. 외양은 그들의 얼굴에 끊임없이 떠오르고
사라진다. 풀잎에 맺힌 새벽 이슬이 증발하듯이,
우리의 것이 우리에게서 떠난다, 뜨거운 요리에서
열기가 떠나듯이. 아, 상냥한 미소여, 어디로 달려가는가? 그 우러러보는
눈과,
끊임없이 솟구쳤다 무너지는 뜨거운 심장의 파도여—
슬프다, 우리는 그러한 존재들. 우리가 녹아든
우주공간에서는 우리의 맛이 느껴질까? 천사들은
정말로 저희들 것만, 제 몸에서 흘러나간 것만 거두는 것일까,
아니면, 가끔 실수로 우리의 본질이 조금씩
섞여 들어갈까? 임신한 여인들의 얼굴에 모호함이 떠오르듯이
우리도 그들 표정 속으로 섞여 들어갈까? 그들은 제 자신으로 돌아가는
소용돌이 속에서 그것을 보지 않는다(천사들이 어찌 그런 사소한 것에 마
음을 쓰랴).

연인들은, 할 수만 있다면, 고요한 밤공기 속에서
무언가 낯선 것을 이야기할 수도 있으리라. 모든 것이

우리의 존재를 숨기고 있는 듯 보인다. 보라, 나무들이 있고,
우리 사는 집들도 여전히 서 있다. 오직 우리만
들고나는 바람처럼 만물의 곁을 스쳐지나갈 뿐이다.
그리고 모두가 하나같이 쉬쉬하며 우리를 숨기려든다, 우리를 수치스러워
하고,
한편으로는 말할 수 없는 희망으로 여기면서.

서로에게 만족하는 연인들이여, 너희에게
우리에 대해 묻노라. 너희들은 서로를 단단히 붙잡고 있다. 증거가 있는가?
보라, 때로 내 두 손은 서로를 의식한다, 내 닳고닳은 얼굴이
그 속에 숨어들 때도 있다. 이를 통해 내가 존재한다고는 어렴풋이
느낀다. 그러나 누가 감히 그것만으로 자신이 존재한다 확신할 수 있으랴?
그러나 너희, 황홀해하며 '그만 하라' 간청할 때까지 서로의
기쁨 속에서 성장하는 이들이여, 너희가 돌보는
포도나무보다 더 알차게 무르익은 너희들, 때로 상대가 우위에 서기만 해도
한순간에 사라져버리는 너희들, 내 너희에게 우리에 대해 묻노라, 나는 안다,
너희가 그처럼 행복하게 서로를 어루만지는 까닭은 애무가 시간을 멈추기
때문임을,
사랑에 빠진 너희들을 맺어준 장소가 사라지지 않기 때문임을,
너희가 거기서 순수한 영속을 느끼기 때문임을.
그리하여 너희는 서로 얼싸안고 영원을
약속한다. 하지만 너희가 사랑이 싹트는
첫 눈빛의 놀라움을 견디고, 창가에 기대어 그리움을 견디고,
단 한 번 정원을 걸었던 너희의 첫 산책을 견디며 그러한 시간을 보낸 뒤,
연인들이여, 그래도 너희는 여전히 영원의 지속을 느끼는가?
너희는 입술에 입술을 댄 채,
서로의 입 안으로 음료수를 흘려 넣는다.
아, 그런 뒤 몸을 빼낼 때는 얼마나 낯설어 보이는지.

아티카의 묘석*4 위에 그려진 인간의 조심스러운 몸짓에

너희는 놀라지 않았는가? 사랑과 이별이,
우리와는 다른 소재로 만들어진 듯,
그토록 가볍게 얹혀 있는 두 사람의 손을 떠올려보라.
그들의 몸에는 힘이 충만하나, 그 손은 조금도 강요하는 기색 없이 서로의
몸에 올려져 있다.
스스로를 제어하는 이들은, 그 자태를 보고 그것이 우리 인간이 할 수 있
는 최대한임을 안다.
그렇게 서로를 어루만지는 것이 우리의 몫임을.
신들은 그보다 무겁게 우리를 내리누를 것이나, 그것은 신의 일일 뿐.

우리도 순수하고 절제된 인간의 장소를
찾을 수 있다면! 강과 암벽 사이
기름진 땅 한 뙈기를 가질 수 있다면! 왜냐하면 우리의 심장은,
그들의 심장처럼, 언제나 우리를 넘어서기 마련이기에. 그리고 더는
우리의 심장을, 위안을 주는 형상으로 바라보지 못하고, 보다 완벽하게
스스로를 통제하는 신과 같은 육체로 감쌀 수도 없기에.

＊4 고대 아테네에 있는 묘석.

제3비가

사랑하는 여인을 노래하는 것과, 오, 저 숨겨진
죄 많은 피의 하신(河神)*¹을 노래하는 것은 다른 일.
그녀가 멀리서도 알아보는 그녀의 젊은 애인은 그 욕망의
신에 대해 무엇을 알고 있을까? 그녀가 위안해주기 전에,
마치 그녀가 존재하지 않는 것처럼, 욕망의 신은 그토록 자주 그의
고독에서, 깊이를 알 수 없는 심연에서 그 거대한 머리*²를 치켜들었다,
무언가를 뚝뚝 흘리며, 밤을 끝없는 소란으로 몰고 가면서.
아, 피의 넵튠*³이여, 무시무시한 삼지창이여.
아, 그의 가슴에서, 나선형의 소라고둥에서 불어오는 시커먼 폭풍이여!
들어라, 스스로를 퍼내고 도려내는 밤의 소리를. 아, 별들이여,
사랑에 빠진 젊은이가 애인의 미소에서 느끼는 기쁨은
지순한 너희들에게서 온 것이 아닌가? 그가 그녀의 순수한 얼굴을
넋을 잃고 바라보는 것은 저 순수한 별자리의 선물이 아닌가?

그러나 그 젊은이가 그토록 기대에 부풀어 눈썹을 활처럼 구부린 것은,
처녀여, 그대 때문이 아니고, 아, 그의 어머니 때문도 아니었다.
그대 때문에―그의 존재를 느끼는 처녀여―그대와의 접촉 때문에
그의 입술에 이토록 풍요로운 표정이 떠오른 것이 아니었다.
그대는 정말로 그대의 부드러운 접근이 그를 그토록
뒤흔들어 놓았다고 생각하는가, 새벽바람처럼 가볍게 거니는 그대여?

---

*¹ 성(性)의 상징
*² 남근을 상징한다.
*³ 로마 신화에 나오는 바다의 신으로, 그리스 신화의 포세이돈에 해당한다. 사랑에 빠진 자아를
   조종하는 에로틱한 무의식의 힘을 상징한다.

물론 그대가 그의 가슴을 놀라게 만들기는 했다. 그러나 그보다 더 오래된 두려움이

그대와의 접촉을 계기로 한꺼번에 밀려들었다.

그를 불러보라…… 그대의 부름으로는 그를 저 어둠과의 교제에서 완전히 벗어나게 할 수 없다.

물론 그는 도망치고 싶어 한다. 무거운 쇠사슬을 끊고

그대의 사랑스런 가슴에 기대어 그곳을 은신처 삼아 자신을 되찾기 시작한다.

그러나 일찍이 그가 그 자신이 되었던 적이 있는가?

어머니여, 당신이 그를 작게 만들었다, 당신이 그의 삶을 시작시켰다.

새로운 존재인 그는 당신에게 보호받았고, 당신은 그의 새로운 눈 위에 친근한 세계로서

몸을 드리워 낯선 세계가 다가오지 못하게 했다.

아, 당신의 그 호리호리한 몸만으로

밀려오는 혼란의 파도를 막아내던 그 시절은 어디로 갔는가?

이처럼 당신은 그에게서 많은 것들을 숨겼다. 밤이면 수상하기 짝이 없는 방들을

아무렇지 않은 것으로 만들고, 당신 가슴의 은신처에서 보다 인간적인 공간을 꺼내어 그의 밤 공간에 섞어 넣었다.

당신이 촛대에 불을 밝혀 가지고오면, 어둠 속에서 촛불이 아니라

그의 곁에서 당신의 존재가 빛을 밝히고 그 불은 다정하게 계속 빛을 던졌다.

집 어딘가에서 삐걱거리는 소리가 나면 당신은 미소 지으며 그 까닭을 설명해 주었다,

천장에서 언제 바스락 소리가 날지 미리 알고 있었던 것처럼……

그는 당신의 말을 듣고 마음을 놓았다. 당신의 사랑스런 보살핌은

많은 일을 해낼 수 있었다. 그에게 다가서는 운명의 검은 그림자는

망토를 뒤집어쓰고 옷장 뒤로 숨었다. 그리고 쉽사리 미뤄지던 그의 불안한 미래는

커튼 주름 사이로 사라져 버렸다.

그리고 그가 이제 안심하며 눈을 감고
무거운 눈꺼풀 밑으로 당신의 부드러운 모습이 주는
달콤함을 녹이면서 서서히 잠들 때면,
그는 자신이 안전하게 보호받고 있음을 느꼈다…… 그러나 그의 내면에서는
어느 누가 그의 내면에서 굽이치는 태초의 홍수를 막을 수 있으랴.
아, 잠든 그의 내면에는 파수꾼이 없었다. 자면서,
꿈을 꾸고, 열에 들뜬다. 무슨 일에 말려드는 것일까.
초보자인 그는 두려움에 떨면서도 끝없이 뻗어 가는
내면의 사건에서 뻗어나오는 덩굴손에 얽혀든다.
그것은 숨 쉴 틈 없이 자라나 배회하는 짐승의 형태를 띠더니 어느새
일정하게 반복되는 일그러진 형상을 이루었다. 그는 얼마나 몰두했던가—
그는 사랑했다.
자신의 내면을, 내면의 황야를,
그 원시림을, 그의 마음은 그곳에, 소리 없이 쓰러진
거대한 나무들 위로 돋아난 푸른 새싹처럼 서 있었다. 그는 사랑했다. 그
는 그것을 떠나, 계속해서,
자신의 뿌리를 타고 내려가, 그의 보잘것없는 출생 이전의,
거대한 근원으로 나아갔다. 사랑하는 마음으로,
더욱 오래된 피의 강을 따라, 그의 선조들을 먹어치운
공포가 도사리고 있는 계곡으로 내려갔다. 그러자 그곳에 있는
모든 공포가 그를 알아보고, 마치 다 알고 있다는 듯이, 그에게 눈짓했다.
그렇다, 공포가 미소를 지었다…… 어머니,
당신은 그토록 다정한 미소를 지은 적이 없다. 그 미소를
어찌 사랑하지 않겠는가. 당신을 사랑하기 전에
그는 그것을 사랑했다. 당신이 그를 가졌을 때부터
이미 그 괴물은 태아인 그가 잠들어 있는 양수 속에 녹아 있었다.
보라, 우리는 들에 핀 꽃처럼 단 한 해만
사랑하지 않는다. 우리가 사랑할 때 우리 몸에는
까마득한 태곳적 수액이 차오른다. 아, 처녀여,
이것이다. 우리의 내면이 사랑한 것은, 다가오는 유일한 존재가 아니라,

들끓어 오르는 수많은 것들이다. 한 아이가 아니라,
우리 내면 깊은 곳에 산맥의 잔해처럼 남아 있는
수많은 아버지들. 지난날 어머니였던
존재들의 메마른 강바닥—. 구름 낀,
또는 맑게 갠 숙명의 하늘 아래
소리 없이 펼쳐진 모든 자연풍경을 사랑하는 것이다. 이것이, 처녀여, 그
대의 사랑보다 앞서 왔다.

그리고 그대는 자신도 모르게—어찌 알 수 있겠는가—그대의 연인의 내
면에
잠들어 있는 태고의 시간을 휘저어 깨웠다. 이미 이 세상을 떠난
자들의 감정이 얼마나 격렬하게 솟구쳐 올라왔던가. 여인들이 얼마나
그대를 질투했던가. 그대는 그 젊은이의 핏줄 속에서
얼마나 사악한 존재들을 일깨웠던가. 죽은 아이들조차
그대 안에 깃들고자 한다…… 아, 은밀히, 은밀히
그를 위해 사랑의 하루를 시작하라, 믿음직한 하루를.
그를 정원으로 이끌어 캄캄한 밤의 무게를
이겨낼 힘을 베풀어라……
그를 자제시켜라……

제4비가

아, 생명의 나무들이여, 너희들의 겨울은 언제인가?
우리는 하나가 되지 못했다. 우리는 철새 떼보다도
마음이 통하지 않는다. 앞서거니 뒤서거니 하다
별안간 바람 위로 치솟다가
어느 무심한 호수 속으로 곤두박질친다.
피어남과 시듦을 우리는 동시에 알고 있다.
그러나 지금도 어딘가를 어슬렁거리고 있을 사자(獅子)는
위엄이 살아 있는 한 노쇠하지 않는다.

우리는 한 가지 일에 몰두할 때
이미 다른 일의 손실을 느낀다. 갈등과 대립은
늘 우리 곁에 있다. 연인들은
서로에게 넓은 세상과 사냥과 보금자리를 약속하지만
끝내는 상대에게서 경계를 발견하지 않는가?
우리는 즉석 스케치조차
뚜렷하게 대비되는 뒷배경이 그려져 있어야만
알아볼 수 있다. 그래야 모든 것이
선명하게 보인다. 우리는 감정의 윤곽을 알지 못한다. 다만
그것을 만들어내는 외부의 원인만을 어렴풋이 알 뿐.
자기 마음의 장막 앞에 앉아 두려움에 떨지 않은 자 누구인가?
장막이 올라갔다. 이별 장면이 펼쳐졌다.
뻔한 이야기. 낯익은 정원이
바람에 조금 흔들리고 있었다. 곧이어 무용수가 나타났다.
저런 배우로는 안 된다. 그만! 무대의상을 입고

아무리 가볍게 움직인다 해도 결국엔 평범한 시민으로 돌아가
부엌문을 통해 자기 집으로 들어가 버릴 것이다.
나는 이런 어중간한 가면들을 원치 않는다,
차라리 인형이 낫다. 인형은 가득 차 있다. 그 꼴사나운 몸통도
그것을 조종하는 철사줄도 그리고 껍데기뿐인 얼굴도
나는 참을 수 있다. 여기, 나는 인형극 무대 앞에서 기다린다.
조명이 완전히 꺼져도, 누가 '끝났어요'라고
말해도, 무대 위의 공허가
한줄기 잿빛 바람이 되어 불어와도,
말없는 내 조상들도 모두 떠나고,
여자들, 심지어 갈색 사팔뜨기 눈을 한
그 소년*¹마저 객석을 떠나도,
나는 이 자리에 앉아 있으리라. 무대를 응시한 채.

제가 옳지 않나요? 당신, 내 인생을 맛본 뒤로
나 때문에 인생의 쓴맛을 본 아버지,
내가 해야 할 일들로 우려낸 그 텁텁한 수프를
언제나 제일 먼저 맛보면서, 내가 성장해 가는 동안,
알 수 없는 내 미래의 뒷맛에 골치를 썩이면서
당신은 내 흐릿한 눈빛을 살피셨습니다.
아버지, 당신은 돌아가신 뒤에도 내 마음속에서
내가 앞으로 어떻게 살아갈지 늘 근심하시며,
죽은 자들이 누리는 안식, 그 평온함의 왕국을
보잘것없는 저의 운명을 위해 포기하셨습니다.
제가 옳지 않나요? 그리고 당신들, 내가 옳지 않은가,
당신들에 대한 내 사랑의 조그만 시작의 대가로
당신들은 나를 사랑했고, 나는 그 사랑에서 자꾸만 멀어져갔다,
왜냐하면 내가 사랑할 때, 당신들의 얼굴은

---

*1 릴케의 사촌인 에곤 폰 릴케(1873~1880). 릴케의 삼촌 야로슬라브의 막내아들로 어린 나이에
죽었다. 《말테의 수기》에서 에리크 브라에라는 이름으로 등장한다.

광막한 우주와도 같이 변해버렸고, 당신들은
그곳에 더 이상 존재하지 않았기에……. 내가
인형극 무대 앞에서 기다릴 때, 아니,
무대를 뚫어져라 응시할 때, 마침내
내 눈길과 균형을 맞추기 위해, 천사가 높은 곳에서
인형들을 질질 끌고 무대에 나타나리라.
천사와 인형, *2 마침내 연극이 시작된다.
그러면 끊임없이 우리가 우리의 존재 자체로 인해
둘로 나누었던 것이 합쳐진다. 그러면 비로소 모든
변화가 우리 인생의 계절들 속에서 그 첫 궤도를
찾게 되리라. 그때 우리 머리 위에서
천사가 연기를 한다. 보라, 죽어 가는 자들을,
그들은 우리가 이곳에서 하는 일들이
한낱 의미 없는 핑계거리에 지나지 않음을
깨달으리라. 아, 어린 시절의 나날들이여.
그 시절, 우리가 바라보는 형상들 뒤편엔 과거 이상의 것이
자리 잡고 있었고, 우리 앞에는 그 어떤 미래도 없었다.
물론, 우리는 자라나고 있었다, 때로는 더 빨리 성장하기를
열망했다, 반쯤은, 이미 다 자랐다는 것밖에
내세울 것이 없는 어른들을 기쁘게 하려는 것이었다.
그러나 우리는, 우리만의 방식으로 시간이 없는 영원 속에서
행복했으며, 세계와 장난감 사이,
첫 시작으로부터 얼마 떨어지지 않은,
순수한 사건을 위해 표시된 어떤 지점에 서 있었다.

그 누가 아이에게 있는 그대로의 세상을 보여주는가? 그 누가
아이를 별자리에 앉히고 손에 거리를 재는 자를
쥐어 주는가? 딱딱해진 잿빛 빵으로 아이의 죽음을 만드는 이는

---

*2 천사는 순수한 내면을, 인형은 순수한 외면을 나타낸다. 즉 순수한 의식과 순수한 비의식을 뜻한다.

누구인가? 그 잿빛 빵을 빛나는 사과의 속살 같은
아이의 동그란 입 안에 쑤셔 넣는 자는 누구인가? 살인자들은
이해하기 쉽다. 그러나 죽음,
삶 이전의 죽음, 그 완전한 죽음을
그토록 살포시 품고서 화내지 않고 살아가는 것,
그것은 말로 설명할 수 없다.

제5비가
헤르타 폰 쾨니히 부인*1에게 바침

그러나 말해다오, 저들은 누구인가, 우리보다도 더 짧게
머물다 떠나는 떠돌이들, 아주 어린 시절부터, 언제나 급박하게,
결코 만족할 줄 모르는 의지에 휘둘려, 누군가를 위해, 누군가를 즐겁게
하기 위해
혹사당하는 저들은? 그 의지는
그들을 쥐어짜고, 구부리고, 비틀고, 흔들어대고,
공중에 던져 올렸다 다시 받는다. 그들은 떨어져 내린다, 마치
기름 묻은 미끌미끌한 하늘에서 떨어지는 듯,
거듭된 도약과 착지로 인해
닳고 닳아 올이 풀린 낡은 양탄자,
우주 속에 버려진 이 양탄자 위로.
교외의 하늘이 땅을 상처 입히기라도 한 듯이,
그곳에 회반죽처럼 붙어 있다.
그곳에 간신히 서서
현존재의 첫 대문자*2를 그려낸다…… 그러나 어느새 어김없이 돌아오는
의지의 손아귀는 희롱하듯이, 또다시 그들 가운데 가장 힘센 자를 잡아 굴
린다,
마치 저 힘센 아우구스트 왕*3이 식탁에 놓인 주석 접시를

---

*1 Herta von König. 릴케는 1914년 여름에 그녀 집에 잠시 머물면서 그곳에 걸려 있던 피카소의
그림 〈곡예사 가족〉을 보았다. 그 그림이 이 시를 쓰게 된 동기가 되었으므로 릴케는 이 비가를
그녀에게 헌정했다.

*2 피카소의 그림을 보면 다섯 곡예사가 'D'자 형태를 만들고 있다. '현존재'는 독일어로 'Dasein'이
다.

*3 프리드리히 아우구스트 1세(1670~1733). 작센의 선제후이며 폴란드의 왕. 힘이 세서 '강건한

우그러뜨린 것처럼.

아, 그리고 무대를 둘러싸고
구경하는, 피고 지는
장미들. 곡예사를 둘러싸고
자신의 꽃가루를 뒤집어 쓴
이 암술은 무관심의 거짓 열매를 맺는다.
전혀 의식하지 못하는, 웃음 짓는 듯한,
환하게 빛나는 얇은 표피를 가진,
무관심한 표정의
장미들.

보라, 저기 서 있는 늙고 주름진 장사(壯士),
이제는 겨우 북이나 두드릴 뿐이니,
거대한 살갗이 쪼그라든 모습, 마치 그 살갗 속에
예전에는 두 사내가 살았으나, 한 명은 죽어
이미 무덤 속에 누워 있고, 다른 한 명만 홀로 살아남은 듯,
이제는 귀까지 먹어, 이따금 짝 잃은
제 살갗을 낯설어 한다.

그리고 젊은이, 그는 마치 한 목덜미와
수녀 사이에 난 자식인 양, 근육질의 탄탄하고 쭉 뻗은 몸과
순박한 마음을 지녔다.

아, 그대여,
그대는 아직 어린 한 슬픔에게
기나긴 회복기의 어느 날에
주어진 노리개.

아우구스트 August der Starke'라는 별칭으로 불렸다. 사람들 앞에서 말편자를 맨손으로 구부리
는 등 힘자랑하기를 좋아했다고 한다.

그대는 하루에도 수백 번
여럿이 함께 쌓아올린 곡예의 나무에서
떨어지면서(분수보다도 빠르게,
한 순간에 봄, 여름, 가을을 펼쳐 보이며), 오직 설익은
과일들만이 아는 둔탁한 소리를 내어
그 소리가 무덤에 울려 퍼지게 한다.
이따금 반쯤 움직임을 멈춘 짧은 시간에
다정한 적이 거의 없던 어머니를 그리는 애정 어린 표정이
그대의 얼굴에 떠오르기도 한다. 그러나 수줍어하며
어렵사리 지어 본 그 표정은 이내 그 자신의 몸속으로 흡수되어 사라진다
…… 그리고 다시
그 남자가 그대에게 어서 뛰어오르라고 손뼉을 친다, 그러면
쉬지 않고 고동치는 그대의 심장 가까이 찾아오는 고통을 느끼기도 전에,
타는 듯한 뜨거운 발바닥의 통증을 먼저 느낀다, 그 고통의 원천, 왈칵 솟구치는
눈물이 눈에 고이기도 전에.
그래도 얼굴엔 맹목적인
미소를 띤 채……

천사여! 오, 잡아라, 꺾어라, 작은 꽃이 피어 있는 그 약초를.
꽃병을 구하여 안전하게 꽂아두어라! 아직 우리에게 열리지 않은
저 기쁨들 사이에 두어라. 그 아름다운 꽃병에
화사하고 생동하는 글씨를 써서 찬미하라 :
'곡예사의 미소'
그리고 너, 사랑스런 소녀여,
소녀여, 더없이 달콤한 기쁨들이
소리 없이 너의 머리를 뛰어넘는다.
네 옷의 주름장식들은 너로 인해 행복하리라—
또는 너의 젊고

탄력 있는 젖가슴을 감싸고 있는 금속처럼 반짝이는 초록 비단은
한없는 호강을 누리며 부족함을 모른다.
너,
사람들의 어깨 밑에서
눈길을 받으며, 끊임없이 흔들리는 저울 눈금 위에
놓인 무심한 시장 과일 같은 소녀여.

어디에, 아 그곳은 어디에 있는가—그곳은 내 가슴속에 있다—
서툴고, 맺어졌으나 아직 짝짓기 준비가
되어 있지 않은 동물들처럼,
서로 멀리 떨어져 있던 그곳은—
무게가 아직도 무겁고
서툰 작대기 놀림에
접시들이 여전히 비틀거리며
떨어지는 그곳은……

그러다가 느닷없이 이 골칫거리 장소의
말로 설명할 수 없는 어느 한 지점에서,
갑작스럽게, 이해할 수 없는 순수하고 미세한 변화가
일어난다. 그 지점은
텅 빈 진공으로 변화하여, 그곳에서
자릿수 많은 계산이 척척 맞아떨어진다.

광장들, 아 파리의 광장이여, 끝없는 눈요깃거리를 주는 곳이여,
그곳에선 잡화상 주인 마담 라모르*4가
끝없는 리본과 이 세상의 쉼 없이 이어지는 크고 작은 길들을,
말고 얽고 뭉쳐서 새로운 매듭을 발명한다, 또한
새 주름 장식, 꽃, 모자 장식, 모조 과일을 만들어 낸다—모두

---

*4 Madame Lamort. '죽음 부인'이라는 뜻. 비본질적이고 소외된 죽음을 의인화했다. '고유한 죽음'
과 '낯선 죽음'을 말한 《말테의 수기》 첫머리 참조.

거짓 색깔로 칠해져 있으니—운명의 겨울을 넘길
값싼 모자에나 어울리는 것들이다.

천사여! 우리가 모르는 장소가 있다면, 그곳에서는
연인들이 말로 표현할 수 없는 양탄자 위에서,
이곳에서는 결코 조절할 수 없는, 그 심장의
드높고 대담한 박동을 드러내리라.
그들의 욕망의 탑들, 오래 전부터
바닥없는 곳에 서로 기대어 떠는
사다리들을. 그리고 그들은 저 구경꾼들,
소리 없이 지켜보는 수많은 망자들 앞에서
이 모두를 능숙하게 다루리라.
그리하면 망자들은 마지막까지 아끼며 품속에 숨겨둔,
우리가 알지 못하는 영원히 통용될 행복의 동전을
이제 고요해진 양탄자 위에서
진실로 미소 짓고 있는 연인들의 발치에
던져주지 않으랴?

제6비가

무화과나무여, 오랫동안 너는 내게 의미 깊었다,
너는 개화(開花)의 단계를 거의 통째로 건너뛰어
아무도 모르게, 너의 순수한 비밀을
무르익은 확고한 열매 속으로 몰아넣는다.
너의 굽은 가지는 분수의 수관처럼 위아래로
수액을 나르고, 잠에서 깨어난 수액은
여전히 몽롱한 상태로, 가장 달콤한 성취의 행복 속으로 뛰어든다,
보라, 백조로 둔갑한 신이 그녀에게 뛰어들던 것처럼*1……그러나 우리는
머뭇거린다, 아, 우리의 자랑은 꽃 피우는 데 있으니, 마지막 열매의 핵 속으로
들어서기도 전에 이미 그 실체를 드러내고 만다.
꽃피움에의 유혹이, 부드러운 밤공기처럼
여린 입술과, 눈꺼풀에 와 닿을 때,
행동에 대한 열망에 사로잡혀 벌써부터 고대하며, 충만한 심장으로
타오르는 자는 소수에 불과하다.
이들은 영웅이거나 일찍 세상을 떠날 운명을 부여받은 자,
죽음이라는 정원사는 그들의 혈관을 우리와는 다르게 비틀어놓았다.
그들은 앞으로 돌진한다, 자신들의 미소를
앞지르며. 마치 카르나크 신전*2의 얕게 파인 부조(浮彫)에서
마차를 끄는 말들이 개선하는 왕보다 앞서 달리듯이.

---

*1 그리스 신화. 제우스는 백조로 변신하여 아름다운 레다에게 접근했다. 릴케의 《신시집》에 레다에 관한 시가 있다.
*2 이집트 테베의 카르나크에 있는 신전. 1911년 1월부터 3월 11일까지 릴케는 이집트를 방문했다.

영웅은 기이하게도 젊어서 죽은 자들과 닮았다. 영웅은
영속 따위에 관심이 없다. 그에게는 현존이 곧 상승이다. 그는
끊임없이 위험천만한 뒤바뀐 별자리로
걸음을 옮긴다. 그곳에는 그를 알아보는 사람이 거의 없다. 그러나
우리를 어두운 곳에 숨겨 두던 운명은 갑작스럽게 고양되어
끝없는 폭풍우의 세계로 들어서는 그를 노래한다.
나는 지금껏 그와 같은 목소리를 들어본 적 없나니, 흘러가는
공기에 실려 오는 그의 어두운 음성이 나를 꿰뚫고 지나간다.

아, 참으로 기꺼이 그 열망에서 벗어날 수 있으련만, 내가 만일,
내가 만일 소년이라면, 고요히 앉아
미래의 팔을 괴고서 삼손 이야기를 읽을 수 있다면,
그의 어머니가 처음엔 아무것도 낳지 못하다가 나중에 모든 것을 낳은 이
야기를.

아, 어머니여, 그는 당신 뱃속에 있을 때부터 이미 영웅이 아니었던가, 당
신 뱃속에 있을 때부터
그의 영웅다운 선택은 이미 시작되지 않았던가?
수많은 생명이 자궁 속에서 들끓으며 그가 되고 싶어 했다.
그러나 보라, 오직 그만이 붙잡을 것을 붙잡고 버릴 것을 버리며, 선택하
고 성취했다.
그리고 그가 기둥들을 산산이 부서뜨릴 때, 그는 당신의 뱃속 세계에서
더욱 비좁은 세계로 뛰쳐나온다, 그리고 이곳에서도 여전히
그는 계속 선택하고 성취할 것이다. 아, 영웅들의 어머니들이여,
탐욕스러운 강의 원천이여! 당신은 당신의 아들에게 바쳐질
미래의 제물인 소녀들이 높은 마음의 절벽에서 흐느끼며
뛰어내릴 골짜기.

왜냐하면, 영웅이 사랑의 정거장들을 폭풍처럼 휩쓸고 지날 때마다,

그 순간의 심장 박동 하나 하나가 그를 높이 들어 올릴 때마다,
그는 어느새 돌아서서 저 미소들의 끄트머리에 서 있을 것이기에—홀로
다른 존재로서.

제7비가

더는 구애하지 마라. 저절로 터져 나온 목소리여, 네 외침이
구애의 외침이 되지 않게 하라. 그래, 너는 새처럼 순수하게 외칠지도 모른다,
그러나 상승하는 계절이 새를 들어 올릴 때, 계절은 그 새 역시 근심하는 짐
승에 지나지 않음을,
밝음으로, 친근한 천상으로 쏜살같이 날아오르는 온전히 고독한 가슴만은
아님을
잊고 있나니. 그 새처럼 너 또한 구애하고 싶어 하리라. 그리하여 아직 보이
지 않는,
고요한 소녀가 너의 존재를 느끼고 너에게 귀 기울일 때,
너의 구애에 대한 응답이 서서히 눈을 뜨며 열기를 띠고
마침내 너의 대담한 감정과 짝을 이룰 불타는 감정이 되리.

아, 봄은 이해하리라—그 선언하는 목소리는
사방에 메아리치나니. 처음엔, 순수한 긍정의 날, 한껏 고양된 정적에 싸여
더욱 또렷이 들려오는, 속삭이듯 질문하는 피리소리로,
이어서 계단, 꿈 속 미래의 사원으로 뻗은 계단의 부름—새들의 지저귐, 솟
구침 속에서
이미 추락을 예감하는 분수의 물줄기,
약속된 놀이…… 그리고 여름이 온다.

아, 그 모든 여름 아침들, 서서히 밝아오는
하늘, 새아침의 빛,
그뿐이랴, 꽃처럼 부드럽고
우뚝 솟은 나무들처럼 힘찬 여름의 한낮,

펼쳐진 힘들의 헌신,
길들, 저물어가는 들판,
때늦은 폭풍우가 지나간 뒤의 투명한 공기,
다가오는 잠과 예감, 여름 저녁들……
그뿐이랴, 많은 밤들! 그 드높은 여름밤들,
그리고 별들, 지상의 별들!
아, 언젠가는 죽어 저들을 영원히 안다는 것,
그 모든 별들을—아아, 어찌 잊을 수 있으랴!

보라, 나는 나의 연인을 불렀거늘, 나타난 이는
그녀만이 아니니…… 무른 무덤들을 헤치고 나온
소녀들도 내 곁에 모이리라…… 내 어찌 이미 입에서 떠나간 부름을
제한할 수 있으랴. 매장된 자는 언제나
지상을 추구하는 법이니—너희, 어린 소녀들이여, 이곳에서
그러쥔 물건은 수많은 물건의 값어치를 가지리라.
운명이 어린 시절의 밀도보다 진하다고 생각지 마라.
얼마나 자주 너희들은 사랑하는 남자를 앞질러, 가쁜 숨을 몰아쉬며,
무(無)를 쫓아, 자유로움 속으로 달려 갔던가.

이 세상에 존재한다는 것은 멋진 일.* 소녀들이여, 너희들도 그 사실을 알고
있었다,
아무런 관심도 받지 못하고 버림 받은 너희들, 도시의
썩어가는 비참한 거리, 그 쓰레기더미 속에서 살던
너희들조차. 왜냐하면 너희에게도 시간은 주어졌기에—아니, 시간이라고 할
수 없는,
시간의 척도로 잴 수 없는, 너희들이 존재하던 순간과 순간 사이의
그 어떤 것이. 모든 것이. 혈관을 가득 채우는 현존이.
그러나 우리는 우리의 즐거운 이웃들이 인정하거나 질투하지 않는 것은

---

* Hiersein ist herrlich. 릴케의 중심 사상 가운데 하나.

너무나 쉬이 잊어버린다. 우리는 어떻게든
남의 눈앞에 그것을 드러내 보이려 한다, 분명한 기쁨의 감정조차 마음속에서
조작되지 않고는 겉으로 나타내지 못하는 법인데도.

사랑하는 이여, 세계는 우리의 마음속 말고는 어디에도 없다.
우리 인생은 시시각각 변화하며 흘러가고, 바깥세상은 점점 더
쪼그라들어 사라진다. 한때 튼튼한 집이 서 있던 곳에
추상적인 구조물이 세워진다, 우리를 가로질러, 개념들 사이에
굳건히 자리 잡는다, 마치 우리의 뇌 속에 서 있는 듯.
거대한 힘의 저수지는 시대정신에 의해 창조된다, 형태 없는
그것은 세상의 모든 것들로부터 얻은 긴장된 열망과 같은 것.
사원은 이제 잊혀졌다. 우리는 이러한 마음의 사치를
보다 은밀하게 간직한다. 그렇다, 일찍이 우리가 기도하고,
예배하고, 그 앞에 무릎 꿇던 사원이 아직 남아 있다 해도,
그것은, 그 모습 그대로, 이미 보이지 않는 세계에 서 있다.
많은 이들이 이제 그것을 보지 못하고, 그들의 내면에
그것을 세울 기회를 잃었다, 그 장려한 기둥과 조각상으로 된 사원을!

세계가 모호하게 방향을 틀 때마다, 이처럼 과거에도, 미래에도
속하지 못한 폐적(廢嫡)된 존재들이 생겨난다.
가까운 미래조차 인류에게는 너무나도 멀기에. 허나
우리는 이를 혼란이 아닌, 우리가 아직 인식할 수 있는 형상들을
지키는 수단으로 삼아야 하리라. 한때 그것은 사람들 사이에,
파괴자인 운명의 한복판에 서 있었다, 나아갈 방향—정말로 그런 것이
존재하기라도 하는 양—을 알지 못한 채, 천상의 별들을
제 쪽으로 끌어당기며. 천사여,
그대에게도 보여주리라. 자, 보라! 그것은 그대의
눈길 속에서 구원받아 마침내 우뚝 서리라.
그 기둥과 탑문들, 스핑크스, 사라져가는 도시,
낯선 이국의 도시 위로 하늘을 찌를 듯 치솟은 잿빛 대성당.

오, 천사여, 경탄하라, 이것이 바로 우리다,

오, 그들에게 말해다오, 그대 위대한 존재여, 우리가 이것을 이루었노라고. 이것을

찬미하기에는 나의 호흡이 너무나 가쁘나니. 우리는 이 공간, 너그러운 대지를 현명하게 일구어 왔다. (그렇게 수천 년이 흐른 뒤에도 인간의 감정에 물들지 않은 대지는 얼마나 놀랍도록 광대한가.)

우리의 탑은 위대했다, 그렇지 않은가? 오, 천사여, 그대와 견준들

무엇이 부끄러우랴? 사르트르 대성당은 위대했다—그보다 더욱 높이 솟은

음악은 우리의 영역을 초월한 곳까지 뻗어갔다. 사랑에 빠진 한 소녀,

오, 한밤의 창가에 홀로 앉아 있던 그녀조차도

그대의 무릎에 닿지 않았던가?

내가 구애한다고 생각지 말라.

천사여, 설사 구애한들, 그대는 오지 않으리니! 나의 부름은

언제나 터져 나오는 물결과 같기에—그대는 그 거센 흐름을

거슬러오를 수 없으리라. 나의 부름은

쭉 뻗은 팔과 같다. 그리고 움켜잡기 위해

위로 벌려진 그 손은 그대를 향하고 있다,

활짝 펼쳐진, 그러나 마치 방어하고 경고하는 듯한,

이해하기 어려운 모습으로.

제8비가

루돌프 카스너[*1]에게 바침

짐승들은 그들의 눈으로
열린 세계[*2]를 바라본다. 그러나 우리의 눈은
거꾸로 되어 있는 듯, 겹겹이 그들을
에워싼다, 울타리를 쌓아 그들의 자유로운 통행을 막으려는 것처럼.
우리는 오직 짐승의 표정을 통해서만
바깥 세계를 안다. 왜냐하면 우리는
아주 어릴 때부터 짐승의 시야에 그토록 깊이
새겨져 있는, 죽음에서 자유로운,
정면의 열린 세계를 보는 대신에
억지로 등을 돌려 뒤쪽의 해석된 세계를
보도록 강요당하기 때문이다.
인간만이 죽음을 본다—자유로운 짐승은
언제나 자신이 지나온 길을 뒤에 두고
그 앞에는 신을 둔다. 흐르는 냇물처럼, 그들은
영원 속을 걷듯이 길을 걷는다.
우리는 단 하루도 꽃들이 끊임없이 제 몸을 열어 보이는
순수한 공간을 우리 앞에 둔 적이
없다. 우리에겐 언제나 세계가 있고,

＊1 Rudolf Kassner(1873~1959). 문화철학자로 1907년경부터 릴케와 교우관계를 맺음. 릴케와 상
　반된 견해를 가진 카스너의 사상과 말이 릴케의 세계를 더욱 심화시키는 데에 기여했으므로, 감
　사의 뜻을 담아 이 비가를 그에게 헌정했다. 그러나 결과적으로는 릴케의 독자적인 세계를 카스
　너에게 피력한 셈이 되었다.
＊2 das Offene. 이 시의 주제로, 모든 구속에서 벗어난 세계·상태·태도를 말한다.

'아니오'가 없는 '그 무엇도 아닌 곳', 순수하고,
다른 이의 눈길을 받지 않으며, 숨 쉴 수 있고,
욕망하지 않아도 끊임없이 앎에 이르는 공간은 없다. 어린아이가
이따금 정적에 사로잡혀 제 존재를 잊고 있다가 소스라치게 놀라
깨어날 때, 또는 누군가가 죽음을 맞을 때, 그곳에 그것이 있다.
죽음 가까이 있는 자는 더는 죽음을 보지 않고,
오직 앞만을 응시하기에—아마도 짐승과 같이 커다란 눈길로.
연인들도 경이로움을 느낄 때, 그것 가까이 있다,
서로가 상대방의 눈길을 가리지만 않는다면……
그 공간은 무심코 열린다,
사랑하는 이의 어깨 너머로…… 그러나 그곳으로 건너가는 길은
없다, 결국 이 세계로 돌아올 뿐,
언제나 피조물 쪽으로 쉽게 눈길을 돌리고 마는 우리는 다만
우리가 만든 침침한 거울에 비친 자유의 허상을 볼 뿐. 또는
한 동물이 말없이 고요히 우리의 내면을 꿰뚫어 본다.
이것이 우리의 운명이다—마주 서는 것.
우리에게 주어진 것은 오직 이것뿐, 마주 서는 것. 영원히.

만약 반대 방향에서 우리를 향해
똑바로 다가오는 짐승에게 우리와 같은 의식이
있다면, 그 짐승은 그들이 나아가는 곳으로
우리를 이끌어주리라. 하지만 그 존재는
경계를 모르고, 무한히 깊으며, 스스로를 걱정하지 않고, 바깥을 바라보는
그 눈길처럼 순수하다.
우리가 미래를 보는 곳에서, 그들은 모든 것을 본다,
또한 모든 것에서 자신을 보고, 언제나 그로부터 치유 받는다.

그러나 이처럼 생기롭고 깨어있는 짐승의 내면에도
커다란 슬픔의 무게와 근심이 존재한다.
왜냐하면 그들도 그토록 자주 우리를 압도하는

그것─바로 기억을 갖고 있기에.
마치 지금 우리가 간절히 바라는 것이 예전에는
좀더 우리와 가까웠던 것처럼, 보다 참되고 보다
따스했던 것처럼. 지금은 모든 것이 멀리 떨어져 있으나
예전에는 모든 것이 숨결처럼 가까이 있었다. 최초의 보금자리에 비하면
두 번째 보금자리는 모호하고 불안정해 보인다.
아, 작은 생물들의 행복이여.
그들은 언제나 자궁 속에 있다, *3 그들을 낳아준 어미의 자궁 속에.
아, 모기의 행복이여, 그들은 교미할 때조차
어머니의 자궁 속에서 뛰어노는구나, 그들에겐 모든 것이 자궁이다.
그러나 보라, 새의 불완전한 안정감을.
새는 태어날 때부터 이 두 세계를 알고 있다.
관 뚜껑에 비스듬히 누운 죽은 이의 모습을 새겨놓은,
에트루리아인*4의 주검에서 태어난 영혼처럼.
자궁에서 태어났음에도 하늘을 날 운명을 짊어진 생물은
얼마나 당혹스러우랴. 제 자신한테 놀란 듯
새는 지그재그로 허공을 가른다. 마치 찻잔에
금이 가듯이. 박쥐가
도자기 같은 저녁하늘을 가르고 지나듯이.

그리고 우리, 언제나 구경꾼인 우리는,
그 모든 것을 밖에서 들여다볼 뿐, 결코 안에서 바깥을 내다보지는 못한다.
그것들은 우리를 가득 채운다. 우리는 그것을 정리한다. 그것은 무너진다.
우리는 다시 정리한다, 그러자 우리가 무너진다.

누가 우리의 방향을 이렇게 돌려놓았기에,

---

*3 릴케는 모태 속에 있다가 바깥세상으로 나온 생물과 이 우주 전체가 원래부터 모태인 생물을 구
분했다.
*4 에트루리아인의 석관에는 뚜껑에 죽은 사람의 모습이 새겨져 있다. 따라서 죽은 사람의 반은 안
쪽에, 반은 바깥쪽에 있게 된다.

무슨 일을 하건 우리는 항상 떠나는 자의
모습을 갖게 되었는가? 계곡이 한눈에 내려다보이는
마지막 언덕 위에서, 또 다시 돌아보며 머뭇거리는 사람처럼,
우리는 그렇게 살고 있다, 언제나 작별을 고하는 모습으로.

제9비가

현존의 이 순간을
주변의 초록빛보다 좀더 짙고, 미풍의 미소처럼,
잎새 가장자리마다 가볍게 물결치는 저 월계수처럼 보낼 수 있다면,*
왜 꼭 인간으로 존재해야 하는가—운명을 피하고,
동시에 그토록 갈구하면서? ……

           오, 행복이 있기 때문이 아니다,
행복이란 다가올 상실에 앞서 성급하게 누리는 이득일 뿐.
호기심 때문도 아니고, 마음을 단련하기 위함도 아니다,
월계수에도 그런 마음이 있으면 좋으련만……
그 까닭은 이곳에 있음이 의미가 있기 때문이다. 그리고 이곳에 있는 모든 것이,
덧없이 사라질 이 모든 것들이 우리 인간들을 필요로 하고,
우리에게 관여하고자 하기 때문이다. 세상에서 가장 덧없는 존재인 우리에게.
모든 존재는 한 번뿐이다, 단 한 번뿐. 한 번, 그 이상은 없다. 그리고 우리도
한 번뿐이다. 되풀이할 수 없다. 그러나
한 번 있었다는 사실, 비록 단 한 번뿐이지만,
이 땅에 존재했다는 사실은 사라지지 않는다.

그래서 우리는 계속해서 나아가고, 그것을 성취하려 노력한다,

---

* 그리스 신화에서 다프네가 자꾸 치근덕대며 달려드는 아폴로를 피해 월계수로 변해서 위기를 모면한 것을 암시.

우리의 맨손으로 움켜쥐고, 넘쳐흐르는
눈길과 말을 잃은 심장 속에 그것을 품으려 한다.
그것이 되고자 한다. ―누군가에게 주려고? 아니다,
영원히 간직하기 위해서…… 아아, 저 다른 존재의 영역으로
갈 때 우리는 무엇을 가지고 갈 것인가? 우리가 여기서 더디게 익힌
관조(觀照)도 여기서 이룩한 일도 가지고 가지 못한다. 그 무엇도.
우리는 고통과 슬픔을 가져간다. 무엇보다 존재의 무거움을,
오랜 사랑의 경험을 가져간다, ―그렇다,
말로는 결코 표현할 수 없는 것들을. 그러나 훗날,
별들 사이에 이를 때, 그런 것이 무슨 소용이랴, 그것은 더더욱 표현될 수
없는 것.
여행자가 산비탈에서 계곡으로 내려올 때 가지고 오는 것은
다른 이에게 설명할 수 없는 한줌의 흙이 아니라,
그곳에서 얻은 언어, 노랗고 푸른
순수한 용담 꽃이다. 어쩌면 우리는 말하기 위해 이곳에 있는 것이다―집,
다리, 우물, 성문, 항아리, 과일나무, 창문―
기껏해야―기둥, 탑…… 그러나 스스로에 대해 결코 심오하게 말해본 적
없는
사물들―이를 깨달으라―을 말하기 위해. 연인들을 끌어당겨
그들의 감정을 통해 세상 모든 것이 기쁨을 느끼도록 하는 것이 바로 대지의
은밀한 의도가 아닌가?
문턱―그것은 두 연인에게 무엇인가,
그들이 앞서 간 많은 이들과 뒤에 올 또 다른 이들과 마찬가지로
그들의 오래된 문턱을 조금 더 닳게 만든다는 것은…… 그것은 쉽다.
이 땅은 표현될 수 있는 것들을 위한 곳, 이곳이 그들의 고향이다.
말하라, 그리고 증인이 되어라. 경험 속 사물들이 점점 우리 곁에서
사라져가고, 형상 없는 행위가 그 자리를 차지하고 있다.
그 행위를 감싸고 있는 것은 알맹이가 커져감에 따라 곧 부서져버릴,
그리고 다른 크기로 새로이 생겨날 한갓 껍질일 뿐.
내려치는 망치질 사이에서 우리의 심장은

살아간다, 혀가
이빨과 이빨 사이에 끼어있어도
찬미의 노래 그치지 않듯이.

천사가 들을 수 있도록 이 세상을 찬미하라, 말로 표현할 수 없는 세상이
아니다—찬란한 아름다움을
노래해서는 천사를 감동시킬 수 없나니, 우주 안에서
천사는 그보다 더 깊게 느끼며, 그에 비하면 우리는 풋내기에 지나지 않는
다. 그러니
소박한 것을 보여주라, 오랜 세월에 걸쳐 이루어진 것,
우리 주변에서 쉽게 보고 만질 수 있는 사물들을.
사물들에 대해 말하라, 천사는 그런 것들에 더 놀라워하리라—그대가
로마의 밧줄장인이나 나일 강가의 도공을 보고 감탄하는 것처럼.
천사에게 말하라, 그것들이 얼마나 행복한 것인지, 얼마나 순수하며, 얼마
나 우리만의 것인지를,
그리고 심지어 비통한 울음이 어떻게 순수한 형태를 이루어 하나의 사물
로 작용하거나
사물 그 자체가 되는지, 그리하여 바이올린으로도 다시 불러들일 수 없는
영역 속으로 어떻게 들어가는지를—우리가 그들을 칭송한다는 것을
그들은 알고 있다, 덧없는 사물들,
그들은 가장 덧없는 존재인 우리에게서 구원을 바란다.
그들은 원한다, 우리가 마음속에서 그들을 완전히 다른 모습으로 변화시
켜주기를,
우리 자신의 모습으로, 오, 끊임없이, 우리 자신의 모습으로! 우리가 어
떤 존재든지 간에.

대지여, 그대가 원하는 바가 이것 아닌가? 우리 안에서
보이지 않게 솟아오르는 것—언젠가는 보이지 않게 되는 것,
그것이 그대가 꿈꾸던 것 아니던가? —대지! 보이지 않는 대지!
변신이 아니라면 무엇이 그대의 절박한 명령이랴?

사랑하는 대지여, 내가 이루어 주리라. 오, 나를 믿으라, 나를
얻기 위해 또 다른 봄날을 준비할 필요는 없다, 단 한 번,
아, 단 한 번의 봄만으로도 내 피에겐 벅차도다.
무어라 설명할 수 없을 만큼, 나는 처음부터 이미 그대의 것이었다.
그대는 언제나 옳았다. 그리고 그대의 가장 신성한 영감은
저 친숙한 죽음이다.

보라, 나는 살고 있다. 무엇으로? 어린 시절도 미래도
조금도 줄지 않았다…… 넘쳐 오르는 현존이
내 가슴 속에서 샘물처럼 솟아난다.

제10비가

아, 언젠가 이 격렬한 인식의 끝에서
화답하는 천사들을 향해 환희와 찬양의 노래를 부르리라.
깨끗하게 내리치는 내 심장의 망치들이 늘어졌거나,
의심스럽거나 끊어질 듯한 현과 만난다 해도
그 소리가 나를 배신하지 않도록 하리라. 흐르는 눈물이
내 얼굴을 더욱 빛나게 하리라. 내 은밀한 흐느낌이
꽃을 피우리라. 아, 너희 비탄에 잠긴 밤들이여, 그럴 때 너희는 얼마나
사랑스러우랴.
너희 슬픔의 자매여, 나는 왜 좀더 너희들에게 무릎 꿇고
너희들의 풀어헤친 머리카락 속에 몸을 맡기지 않았던가? 우리는 고통의
낭비자들이다.
우리가 어떻게 슬픔 너머를 응시할 수 있을까,
슬픔이 지속되는 가운데 언젠가 그것이 끝나기를 바라면서. 그러나 그것은
우리의 겨울 나뭇잎, 우리의 어두운 상록수,
우리 내면의 한 계절―계절일 뿐만 아니라
―우리가 머물 장소, 정착지, 야영지, 흙, 주거지.

아아, 슬픔의 도시의 낯선 거리들,
숨죽인 인공의 거짓 고요 속을
공허의 거푸집에서 빠져나온 동상이 대담하게
건들거리며 걷는다―금박 입힌 소음, 파열된 기념비.
아, 천사가 있다면 흔적도 없이 짓밟아버리리라,
일요일의 우체국처럼 문이 닫혀 있는, 아직 누구의 손길도 타지 않은 번지
르르한

완제품으로 사들인 교회 건물과 이웃한 저 위안의 시장을.
그러나 그 너머, 교외지역은 장이 열려 언제나 시끌벅적하다.
자유의 그네! 열정의 곡예사들과 잠수부들!
그리고 손쉬운 행운의 사격장에 진열되어 있는 인형들,
솜씨 좋은 자가 하나를 명중시킬 때마다 덜커덩거리는
표적들. 쏟아지는 박수에 으쓱해진 그는
거들먹거리며 걸음을 옮긴다. 각양각색의 점포들이
북을 치고 고함을 지르며 그를 유혹한다. 오직 성인만을 위한
특별한 볼거리도 있다—돈은 어떻게 버는가, 전격해부,
단순한 흥밋거리 아님—돈의 은밀한 부위,
그 모든 것을, 모조리, 공개한다—교육적이고
효과적인…… 아, 그러나 그 바로 너머,
술꾼들에게는 신선한 심심풀이를 곁들여 씹으면
그저 달콤하게만 느껴지는…… 쓰디쓴 맥주
'영생불사' 광고문이 붙은 마지막 판자벽,
그 너머, 그 바로 뒤편에는 현실이 있다.
아이들이 놀고 있다, 한쪽에서는 연인이 껴안고 있다,
풀이 듬성듬성 자란 곳에서 진지하게, 그리고 개들은 그들의 본능을 충실
히 따르고 있다.
여기까지 온 젊은이는 이끌리듯 걸어간다. 아마도 그가 사랑하는 상대는
'비탄'이라는 여인…… 그녀를 좇아 들판으로 나선다. 그녀는 말한다—
'여기서 멀어요. 우리는 저 너머에 살아요.'
'어디요?' 그러면서 젊은이는 계속 따라간다.
젊은이는 그녀의 우아한 행동거지에 매료된다. 그녀의 어깨, 그녀의 목—
아마도
고귀한 가문 출신이리라. 하지만 그는 그녀를 떠난다, 주위를 둘러본다,
뒤를 돌아본다, 손을 흔든다…… 무슨 소용이랴. 그녀는 '비탄'인 것을.

다만 어려서 죽은, 시간을 초월한
평온함의 첫 상태에 있는 아이들만이

사랑으로 그녀를 따른다. 그녀는
소녀들을 기다리고, 그녀들과 친구가 된다. 그녀들에게 다정하게 자신이
가진 것들을 보여준다. 슬픔의 진주와 고뇌의
섬세한 베일을—그녀는 침묵 속에서
그녀들과 함께 걷는다.

그러나 그곳, 비탄의 여인이 사는 계곡의 늙은
또 다른 비탄의 여인이 그 아이[1]의 질문을 받고 대답한다—우리 가문은
한때 대단했지, 우리 비탄의 집안은. 우리 조상은
저 산에서 광맥을 캐는 일을 했지. 인간세계에서 가끔
매끄럽게 연마된 태고의 슬픔이나 오래된 화산에서 나온
분노의 용암덩어리를 보았을 거야.
그래, 그게 다 저 산에서 나왔지. 옛날에 우린 부자였어.

그리고 그녀는 가벼운 발걸음으로 앞장서서 아이를 비탄의 나라의 드넓은
풍경 속으로 이끌었다, 수많은 사원의 기둥과, 일찍이
어진 정치를 베풀었던 비탄의 왕족이 살았던 성터를
보여주었다. 그리고 우람하게 자란
눈물의 나무들과 꽃 핀 우수의 들판을,
(산 자들은 이것을 부드러운 나뭇잎으로만 알고 있다.)
그리고 풀을 뜯고 있는 슬픔의 짐승들을 보여주었다—이따금
새가 푸드덕 날아올라, 올려다보는 두 사람의 눈길을 가로지르며 낮게 날
아간다,
저 멀리 외로운 울음의 문자를 새기며—
날이 저물자 그녀는 그를 비탄 가문의
조상들이 잠든 무덤으로 안내한다, 그들은 여자 무당과 예언자들이다.
밤이 다가오자 그들의 발소리가 더욱 잦아든다. 이윽고
달이 떠오른다, 모든 것을 감시하는

---

[1] '어려서 죽은 자들' 가운데 하나. 앞에서 나온 '젊은이'와는 구별된다.

묘비가. 나일 강가에 있는 것의 쌍둥이 형제,
엄숙한 스핑크스. 말없는 무덤의
얼굴.
그들은 왕관을 쓴 머리를 보고 놀라며 감탄한다, 그 머리는
별들의 저울에 인간의 얼굴을 올리고 있다,
영원히, 그리고 말없이.

아이의 눈길은 자신의 때이른 죽음으로 아직 어지러워
그 광경을 제대로 포착하지 못한다. 그러나 그녀의 눈빛은
스핑크스의 왕관 테두리 뒤편에 있던 부엉이를 놀라게 한다. 그 부엉이는
풍요로운 곡선을 그리고 있는 거상(巨象)의 뺨을 따라
천천히 스치듯 날며
죽음에서 깨어난 지 얼마 되지 않은 아이의
새롭게 태어난 청각에, 마치
양쪽으로 펼친 책 위에 쓰듯이,
형언할 수 없는 소리의 윤곽을 새겨 넣는다.

그리고 더 높은 곳에는 별들. *2 새로운 별들, 슬픔의 나라의 별들.
'비탄'은 별들의 이름을 천천히 부른다. ―저기를 보렴.
저건 기수, 저건 지팡이, 그리고 좀더 큰 저 별자리의 이름은
열매의 화환이란다. 그리고 더 멀리, 북극성 가까이에는
요람, 길, 타오르는 책, 인형, 창문.
그렇지만 남쪽 하늘에는 성스러운 손바닥에 새겨진 듯 성스러운
대문자 'M'이 순수하고 환하게 빛나고 있어,
이것은 어머니들(Mütter)을 뜻하지…….

그러나 죽은 아이는 떠나야 한다. 나이 든 '비탄'은
말없이 그를 골짜기 앞까지 데리고 간다.

---

*2 릴케는 언제나 궁극적인 것은 별에 있다고 생각했다.

그곳에는 달빛에 은은히 빛나는,
기쁨의 샘물이 있다. 그녀는 깊은 경외심을 느끼며
그 이름을 부르고 이렇게 말한다. ―인간세계에서는
이것이 생명을 잉태하는 물결이지. ―

그들은 산기슭에서 걸음을 멈춘다.
그녀가 아이를 포옹한다, 눈물을 흘리며.

죽은 자는 홀로 올라간다, '태고의 슬픔'의 산을.
이윽고 소리 없는 운명의 발소리조차 들리지 않는다.

*

그러나 그들, 영원한 죽음에 이른 자들이 우리 안에서 하나의 상징을 일깨
운다면,
보라, 그것은 아마도 헐벗은 개암나무에 달린
겨울눈, 또는
봄날의 어두운 대지 위로 떨어지는 비이리라―

그리고 솟아오르는 기쁨만을
생각하는 우리는
떨어져 내리는 기쁨 앞에서
충격에 가까운 감정을 느끼리라.

Geschichten vom lieben Gott
하느님 이야기

내 친구여. 언젠가 저는 이 책을 당신의 손에 쥐여드렸습니다. 당신은 어느 누구보다도 이 책을 사랑해주셨습니다. 그 때문에 저는 이 책이 당신 것이라고 언젠가부터 생각하게 되었습니다. 그러니 가지고 계신 책뿐만 아니라 그동안 출판된 모든 제 책에 당신 이름을 써 넣는 것을 부디 허락해 주십시오. 저는 이렇게 쓰고 싶습니다.

《하느님 이야기》는 엘렌 케이의 것이다.

라이너 마리아 릴케
1904년 4월 로마에서

하느님의 손에 대한 이야기

바로 얼마 전 아침에 있었던 일입니다. 이웃에 사는 부인과 우연히 맞닥뜨려 인사를 나누었습니다.

"벌써 가을이네요." 조금 있다가 부인이 이렇게 말하며 하늘을 올려다보았습니다.

나도 따라 눈을 들었습니다. 10월치고는 활짝 갠 아침이었습니다. 문득 나도 그런 느낌이 들어, "완연한 가을이군요." 그렇게 말하며 두 손을 살짝 흔들어 보였습니다. 부인도 동감한다는 듯이 고개를 끄덕였습니다. 나는 그런 부인의 얼굴을 잠시 관찰했습니다. 부인의 상냥하고 건강한 얼굴이 사랑스럽게 위아래로 움직였습니다. 아주 밝고 명랑한 표정이었지만, 입술 언저리와 관자놀이에 많지는 않지만 잔주름이 깊게 새겨져 있었습니다. '왜 저런 주름이 생겼을까?' 그렇게 생각한 순간, 나는 불쑥 이렇게 물었습니다.

"그런데 댁의 따님들은……?"

부인의 얼굴에서 주름이 일순간 사라지나 싶더니 이내 전보다도 깊게 새겨졌습니다.

"덕분에 잘은 지내는데……." 여기까지 말하더니 부인은 걷기 시작했습니다. 나도 그에 맞추어 부인의 왼편에서 나란히 걸었습니다. "애들이 한창 이것저것 물어볼 나이잖아요. 종일이 뭐예요, 한밤중까지 그러는걸요."

"그렇군요. 한창 그럴 나이죠……." 나는 우물우물 말했습니다.

그러나 부인은 내가 끼어들 틈을 주지 않고 말을 이었습니다.

"어떤 걸 묻는 줄 아세요? 이 철도마차는 어디로 가느냐, 별은 전부 몇 개나 있느냐, '1만'은 '많이'보다 많으냐, 뭐 이런 종류의 질문이 아니랍니다. 하느님은 중국어를 할 줄 아느냐, 하느님은 어떻게 생겼느냐 그런 거예요. 그렇게 늘 하느님 질문만 한답니다. 그런 걸 세상에 누가 알겠어요?"

"그야 그렇지요." 나는 맞장구쳤습니다. "상상은 할 수 있겠지만……."

"하느님의 손에 관해 묻질 않나, 정말이지……."

나는 부인의 눈을 바라보며 "죄송합니다만" 하고 정중히 운을 뗐습니다.

"죄송합니다만 지금 '하느님의 손'이라고 하셨습니까?"

부인은 고개를 끄덕였지만, 어리둥절한 표정이었습니다. 나는 서둘러 말을 이었습니다. "실은 하느님의 손에 관해서는 저도 조금 들어 알고 있습니다. 어쩌다 우연히 들었지요." 나는 부인이 눈을 휘둥그레 뜨는 것을 보고 황급히 변명했습니다. "아주 우연히 말입니다. 언제였던가, 제가……." 이렇게까지 말하고 나니, 이제는 다른 도리가 없었습니다. "그럼 제가 아는 대로 이야기해 드리죠. 급한 일이 없으시다면, 댁까지 바래다 드리겠습니다. 도착하면 이야기가 딱 끝날 것 같군요."

"그러세요." 부인은 그렇게 대답하긴 했지만, 여전히 어리둥절한 표정이었습니다. "하지만 곧 시간을 내어 우리 아이들에게 직접 얘기해주시는 편이 좋지 않을까요?"

"저더러 따님들에게 직접 이야기하라고요? 부인, 그건 안 됩니다. 결단코 안 돼요. 저는 아이를 상대로 이야기하면 횡설수설하거든요. 그것뿐이라면 괜찮겠지만, 그런 모습을 보면 아이들은 제가 거짓말을 한다고 생각할 겁니다. 그러니까 부인께서 제 이야기를 대신 전해주세요. 제게 중요한 것은 제 이야기를 진실로 받아들여 주는 것이니까요. 또, 부인께서 들려주시는 편이 훨씬 이해가 잘 될 겁니다. 조리 있게 이야기하실 테고, 이야기에 살도 붙이실 테고요. 저라면 사실만을 아주 간결하게 전달할 뿐이겠지요. 제 말 이해하시겠습니까?"

"네, 알겠어요." 부인은 떨떠름하게 대답했습니다.

나는 잠시 생각에 잠긴 뒤 "먼저……"라고 운을 떼었다가 곧 말을 멈추었습니다. "부인, 아이에게 이야기하자면 하나하나 설명해야 할 일들도 부인이라면 이미 아시는 걸로 간주해도 되겠지요? 예를 들어, 천지창조라든가……."

잠시 대답이 없었습니다. 이윽고 "네, 그러니까 일곱 번째 날에……." 그렇게 대답한 부인의 목소리는 유난히 날카롭고 드높았습니다.

"잠깐만요." 나는 말을 잘랐습니다. "그 이전을, 다시 말해 일곱 번째 날 이전의 날들을 생각해보죠. 제가 할 이야기가 바로 그때에 대한 것이거든요. 아시다시피 하느님께서는 천지를 창조하셨습니다. 땅을 만들고, 땅과 물을 나누고, 빛이 있으라 명령하셨지요. 그런 다음 빠른 속도로 만물을 만드셨습니다. 물론 만물이란 우리가 보는 위대한 사물들이지요. 바위며 산들이며 나무 한 그루, 또 이것을 본뜬 수많은 나무를 만드셨습니다."

이렇게 말하는 동안에도 나는 아까부터 우리 뒤를 밟는 발소리를 듣고 있었습니다. 그 발소리는 우리를 앞지르지도 멀어지지도 않았습니다. 그것이 몹시 신경 쓰여서, 다음과 같이 말을 이었을 때 내 천지창조 이야기는 뒤죽박죽이 되고 말았습니다.

"이처럼 재빠르면서도 솜씨 좋게 창조할 수 있었던 것은, 하느님께서 오랫동안 숙고하신 끝에 이미 머릿속에 모든 계획이 완성되어 있었기 때문이라고 상상하지 않으면 도저히 이해하기 어렵습니다. 그 결과 하느님께서……."

그때 마침내 그 발소리가 우리 옆으로 다가왔습니다. 귀에 거슬리는 목소리가 우리에게 끈끈하게 들러붙었습니다.

"어머, 슈미트 씨에 대해서 이야기 중이신가 봐요? 아, 실례해요."

나는 우리를 쫓아온 부인을 달갑지 않은 눈으로 바라보았습니다. 이웃집 부인은 어쩔 줄 몰라 하며 "으흠" 하고 가볍게 헛기침하고는 말했습니다. "아니요…… 저, 그러니까…… 실은…… 우리가 하던 얘기는 그러니까……."

"화창한 가을 날씨네요." 상대편 부인이 불쑥 말했습니다. 아무 일도 없었다는 투였습니다. 그 작고 불그스레한 얼굴에서는 빛이 났습니다.

"네." 이웃집 부인이 대꾸하는 소리가 들렸습니다. "정말 그러네요, 휴펠 부인. 오랜만에 화창한 날씨에요."

그러고 나서야 두 부인은 헤어졌습니다. 휴펠 부인이 여전히 킥킥대며 말했습니다.

"그럼 따님들께도 안부 전해주세요."

착한 이웃집 부인은 그런 말투에 신경 쓰지 않았습니다. 오로지 내 이야기가 궁금한 눈치였습니다. 그러나 나는 퉁명스럽게 이렇게 말했습니다.

"이런, 어디까지 이야기했는지 잊어버렸군요."

"하느님의 머릿속이 어떻다는 이야기를 하시던 중이었어요. 그러니까……." 부인은 거기까지 말하더니 얼굴이 새빨개졌습니다.

나는 부인에게 크게 잘못한 기분이 들어서 얼른 말을 이었습니다.

"곧 이런 이야기입니다. 사물을 만드는 동안에 하느님은 딱히 지상을 지켜보실 필요가 없었습니다. 지상에서 별일이 일어날 가능성은 없었기 때문이죠. 물론 바람은 이미 산 위에서 불고 있었습니다. 바람이 보기에 산들은 오래전부터 익숙한 구름과 꼭 빼닮았으니까요. 그렇지만 나뭇가지는 아직 못미더운지 피해서 불었습니다. 하느님께서는 그 모습이 매우 만족스러웠습니다. 이런 것들을 만드실 때 하느님은 거의 꾸벅꾸벅 졸다시피 하셨지요. 그런데 짐승을 만들기 시작하자 재미가 붙었죠. 이제는 허리를 구부리고 짐승 만들기에 몰두해서, 굵은 눈썹을 추켜세우고 지상에 눈길을 주는 일도 없어졌습니다. 인간을 빚기 시작하자 지상 따위는 까맣게 잊으셨습니다. 그러던 때였습니다. 인체의 어떤 복잡한 부분을 빚으실 때인지는 모르겠으나, 가까이에서 요란한 날갯짓 소리가 들렸습니다. 한 천사가 '만물을 보시는 하느님……' 노래하면서 옆을 스치고 날아갔습니다.

하느님은 깜짝 놀라셨습니다. 하느님은 그 천사에게 벌을 내리셨죠. 그가 노래한 건 사실이 아니었기 때문입니다. 그런 뒤 얼른 지상을 내려다보셨습니다. 지상에서는 이미 돌이킬 수 없는 일이 벌어지고 난 뒤였습니다. 작은 새 한 마리가 불안하게 이리저리 날아다니고 있었지만, 하느님께서는 그 새를 둥지로 돌려보낼 수가 없었습니다. 그 불쌍한 동물이 어느 숲에서 날아왔는지 보지 못하셨기 때문입니다. 몹시 기분이 언짢아진 하느님께서 이렇게 말씀하셨습니다.

'새는 내가 처음에 놓아둔 곳에 계속 머물러야 한다.'

그때 문득 '지상에도 우리 같은 존재를 만들어 달라'는 천사들의 부탁에 당신께서 손수 새들에게 날개를 달아준 사실이 떠올랐습니다. 그 사실을 떠올리자 기분이 더욱 언짢아졌습니다. 그런 기분을 풀기에 일만큼 좋은 것은 없지요. 하느님께서는 인간을 빚는 일에 몰두하셨고, 금세 다시 즐거워지셨습니다. 천사의 눈을 거울삼아 눈앞에 두고 거기에 비친 당신의 형상에 따라 정성껏 무릎 위의 찰흙으로 최초의 얼굴을 빚으셨습니다. 이마는 반듯하게 빚어졌습니다. 어려운 일은 콧구멍을 좌우 대칭이 되게 뚫는 일이었습니다. 하느님께서는 몸을 더욱 수그리고 몰두하셨습니다. 그때였습니다. 다시 머리 위로 바람이 일었습니다. 눈을 들자 아까 그 천사가 주위를 맴돌고 있었습니다. 이번에는 노랫소리가 들리지 않았습니다. 거짓을 노래한 벌로 목소리를 빼앗겼기 때문입니다. 그러나 천사의 입 모양을 보신 하느님은 천사가 아직도 '만물을 보시는 하느님……'이라고 벙긋거리고 있음을 똑똑히 알 수 있었습니다.

그때, 하느님께서 특별히 아끼시는 성 니콜라우스가 곁으로 찾아와 위풍당당하게 수염을 쓰다듬으며 이렇게 말했습니다.

'당신께서 만드신 사자들이 모두 꼼짝 않고 앉아 있습니다. 게다가, 감히 말씀드리자면, 거만하기 짝이 없는 녀석들이지요. 그건 그렇고, 보십시오. 강아지 한 마리가 땅끝을 아슬아슬하게 뛰어다니고 있습니다. 보시다시피 테리어 견입니다. 저러다가 떨어지고 말겠습니다.'

아닌 게 아니라 뭔가 기운차고 새하얀 것이 작은 빛처럼 스칸디나비아 지방을 춤추듯이 왔다 갔다 하고 있었습니다. 그 주위는 지구가 동그랗게 밑으로 휘어지는 곳이었습니다. 하느님께서는 몹시 화가 나서 성 니콜라우스를 나무라셨습니다.

'내가 만든 사자가 정 마음에 안 든다면 네 손으로 다른 짐승을 만들어 보지 그러느냐.'

그러자 성 니콜라우스는 하늘나라에서 나가면서 문을 쾅 닫았습니다. 그 바람에 별 하나가 떨어졌는데, 그것이 운 나쁘게도 아까 그 테리어 머리에 맞았습니다. 불행 중의 불행이었습니다. 하느님은 하나부터 열까지 모두 당신 혼자만의 책임임을 남몰래 인정하지 않을 수 없었습니다. 그래서 이제부터는 결코 지상에서 눈을 떼지 않으리라 결심하셨습니다. 그리고 실제로 그렇게 하셨습니다. 일은 숙련된 두 손에 내맡긴 채, 인간이 어떤 모습으로 빚어졌는지 내심 못 견디게 궁금한 것도 꾹 참고서 한시도 쉬지 않고 저 아래 세상을 주의 깊게 지켜보셨습니다. 그러자 심술궂게도 지상에서는 잎사귀 하나 흔들리지 않는 것이었습니다.

이렇게 골치 아픈 일이 잇달아 일어난 뒤인지라 하느님께서는 자그마한 즐거움이라도 맛보고 싶어 하셨습니다. 그래서 두 손에게 인간이 완성되거든 생명을 불어넣기 전에 당신한테 먼저 보여달라고 명령하셨습니다. 그러고는 숨바꼭질하는 어린애처럼 시도 때도 없이 '다 되었느냐?' '다 되었느냐?' 물으셨습니다. 그러나 그때마다 대답은 들리지 않고, 그 대신 손이 뭔가를 빚는 소리만 들렸으므로 계속 기다리셨습니다.

그러는 사이에 많은 시간이 흘렀습니다. 그러던 어느 날 하느님은 갑자기 허공을 가르며 떨어지는 거무스름한 물체를 목격했습니다. 당신께서 계시는 곳 가까이에서 떨어진 것 같았습니다. 불길한 예감에 하느님께서는 손을 부르셨습니다. 두 손은 찰흙 범벅이 된 채 흥분으로 부들부들 떨며 나왔습니다.

'인간은 어디에 있느냐?' 하느님께서 큰 목소리로 물으셨습니다.

오른손이 왼손을 몰아세웠습니다. '네가 풀어줬잖아!'

왼손이 발끈해서 외쳤습니다. '무슨 소리야! 네가 혼자서 다 하려고 했잖아. 나는 입도 벙긋 못하게 하고.'

'인간을 꼭 붙드는 건 네 일이었어.'

이렇게 말하더니 오른손은 한 대 내려칠 듯이 손을 들어 올렸습니다. 그러나 다시 생각을 고쳐먹은 듯했습니다. 두 손은 앞다투어 이렇게 말했습니다.

'인간은 정말 성미가 급했어요. 처음부터 살아 움직이려고 안달이었죠. 도저히 말릴 수가 없었습니다. 우리 잘못이 아니에요.'

하느님은 진심으로 화가 났습니다. 두 손이 앞을 가려 하계(下界)가 보이지 않자, 물러가라고 명령하시고는 이렇게 말씀하셨습니다.

'앞으로는 너희를 보지 않겠다. 이제 뭘 만들든지 마음대로 해라.'

그 뒤 두 손은 자기들 힘으로 해보려고 애썼지만, 뭘 만들어도 시작뿐이었습니다. 하느님의 도움 없이는 완성할 수 없었으니까요. 그러는 사이에 손은 완전히 지쳐서, 지금은 종일 무릎 꿇고 참회만 한다고 합니다. 적어도 소문에는 그렇습니다. 그렇지만 우리가 받아들이기에는 하느님께서 여태 손에게 화가 나서서 일을 쉬고 계시는 걸로 보이지요. 그리하여 일곱 번째 날이 아직도 이어지는 셈입니다."

여기서 나는 잠시 입을 다물었습니다. 이웃집 부인이 기다렸다는 듯이 그 틈을 파고들어 말했습니다.

"손과 하느님이 화해하는 날이 오지 않으리라 생각하세요?"

나는 대답했습니다. "그럴 리가요. 적어도 희망은 걸고 있지요."

"언제 그날이 올까요?"

"글쎄요. 어쨌거나, 하느님께서 당신 뜻에 반해 놓쳐버린 인간이 대체 어떻게 생겼는지 아시기 전에는 무리겠지요."

이웃집 부인은 잠시 생각에 잠겼다가 갑자기 웃음을 터뜨렸습니다. "하지만 줄곧 밑을 내려다보셨으니 이미 아시지 않을까요?"

나는 부인의 말을 가로막으며 정중히 말했습니다.

"지금 그 말씀은 탁월한 고견이지만, 유감스럽게도 제 이야기는 아직 끝나지 않았습니다. 그렇게 손을 물리치고 하느님께서 다시 지상을 내려다보시는 사이에 실은 1분쯤 공백이 있었습니다. 아니면 1천 년이라 해도 좋습니다. 어느 쪽이건 그게 그거니까요. 그때 인간은 혼자가 아니라 이미 백만 명이나 있었습니다. 모두 옷을 걸치고 있었죠. 게다가 당시 유행하던 옷은 입은 사람의 생김새마저 흉하게 보이게 만들 정도로 끔찍했습니다. 그 때문에 하느님은 인간에 대해 아주 잘못된, (솔직히 말씀드리자면) 대단히 안 좋은 관념을 가지게 되었습니다."

"으흠." 부인은 가볍게 헛기침을 하고는 무슨 말인가를 하려고 했습니다. 나는 거기에 개의치 않고 다음과 같이 힘주어 말을 맺었습니다.

"따라서 하느님께서 인간의 참모습을 아시는 것은 아주 긴급한 일입니다. 다행히도 하느님께 인간의 참모습을 전하는 사람들이 있지요."

이웃집 부인은 그 정도로는 만족하지 못하는 듯이 물었습니다.

"어떤 사람들이죠?"

"바로 아이들이죠. 그리고 가끔은 그림을 그리거나, 시를 쓰거나, 건물을 짓는 사람들도요."

"건물을 짓다니, 뭘 말이죠? 교회 말인가요?"

"그렇습니다. 그리고 다른 것도요. 대개……."

이웃집 부인은 천천히 고개를 저었습니다. 석연치 않은 점이 많았던 거겠지요. 우리는 부인의 집을 지나친 지 오래였으므로, 이번에는 천천히 되돌아가기로 했습니다. 갑자기 부인이 쾌활하게 웃음을 터뜨렸습니다.

"하지만 그건 이상한 말인데요. 하느님은 전지전능하신 분 아니었던가요? 작은 새가 어디에서 날아왔는지쯤은 아셨을 텐데." 그렇게 말하더니 의기양양하게 내 얼굴을 바라봤습니다.

사실을 고백하자면, 그 시선에 나는 조금 당황했습니다. 그러나 이내 마음을 가다듬고, 어떻게든 사뭇 진지한 표정을 지을 수 있었습니다. 나는 부인을 깨우치듯이 말했습니다.

"부인, 이건 이야기에 불과합니다. 하지만 이렇게 말하면 그저 변명이라고 생각하실 테니(물론 이때 부인은 그렇지 않다는 뜻으로 격하게 손사래

쳤습니다) 아주 짧게 설명을 덧붙이겠습니다. 물론 하느님께서는 모든 능력을 갖추고 계십니다. 하지만 그것을 세상에—이른바—응용하시기 전까지는 그 모든 능력을 커다란 하나의 힘으로 생각하신 거지요. 제 생각이 분명히 전달되고 있는지 매우 염려스럽군요. 어쨌든 하느님의 능력은 여러 사물과 부딪히며 다양하게 세분화함과 동시에 어느 정도까지는 의무 비슷한 것으로 바뀌었습니다. 하느님께서는 모든 의무에 신경 쓰려고 노력하셨습니다. 거기서 여러 모순이 생겼지요. (참고로 말해두자면, 이런 말은 부인께만 드리는 말씀이니 따님들에게는 절대로 말하지 마십시오.)"

"그러지요." 부인은 맹세했습니다.

"천사가 '만물을 아시는 하느님' 그렇게 노래하며 날아갔더라면, 모든 일이 잘되었을지 모릅니다."

"그랬더라면 이 이야기도 나오지 않았겠군요?"

"그렇습니다." 나는 부인의 말에 동의했습니다. 그리고 이만 헤어지려 할 때였습니다.

"그런데 지금 하신 이야기는 모두 확실한 거겠죠?"

"그럼요." 나는 엄숙하기까지 한 말투로 대답했습니다.

"그럼 오늘 안으로 아이들에게 들려주겠어요."

"저도 듣고 싶군요. 그럼 안녕히 가십시오."

"안녕히 가세요." 부인이 대답했습니다. 그러나 부인은 되돌아오더니 이렇게 말했습니다. "그런데 그 왜 하필 그 천사는—"

"부인." 나는 말을 끊으며 끼어들었습니다. "이제 보니 댁의 따님들이 이것저것 캐묻는 이유는 그 애들이 어려서가 아니라—"

"그렇지 않다면 뭔가요?" 부인이 호기심 어린 얼굴로 물었습니다.

"그게 말입니다, 의사들이 말하기로는 유전이라는 것이 있는데—"

부인은 집게손가락을 들어 위협하는 시늉을 했습니다. 그래도 우리는 좋은 친구로 헤어졌습니다.

그 뒤('그 뒤'라고는 해도 꽤 시일이 지나서이지만) 이웃집 부인을 다시 만났을 때는 부인에게 동행이 있었으므로, 딸들에게 내 말을 전했는지, 반응은 어땠는지 물을 수가 없었습니다. 그러나 얼마 뒤에 받은 편지 한 통으로 나의 이 의문은 풀렸습니다. 보낸 이로부터 그 편지를 공개해도 좋다는 허락을 받지 않았기 때문에, 끝인사만 살짝 언급하는 데 그쳐야겠습니다. 하지만 그 부분만 읽어도, 그 편지가 누구에게서 온 것인지 금방 알아챌 것입니다. 편지는 이렇게 끝맺고 있었습니다.

"저와 다섯 아이 올림. 저도 그 자리에 있었으므로."

나는 편지를 받자마자 다음과 같이 답장을 썼습니다.

"여러분, 하느님의 손 이야기가 마음에 든 모양이군요. 나도 좋아하는 이야기랍니다. 하지만 애석하게도 나는 여러분을 찾아갈 수 없어요. 그렇다고 화내면 안 돼요. 여러분이 나를 좋아할지 어떨지도 모르잖아요. 내 코는 잘 생기지도 않았답니다. 게다가 내가 여러분을 찾아갔을 때, 코끝에 전에도 가끔 생겼던 새빨간 부스럼이 나 있다면, 여러분은 내내 그것만 바라보느라, 그 바로 밑에서 입이 열심히 하는 말에는 조금도 귀를 기울이지 않겠죠. 어쩌면 그 부스럼이 나오는 꿈까지 꿀지 모릅니다. 그것은 내게 전혀 반가운 일이 아니에요. 그래서 나는 다른 방법을 생각해냈어요. 우리에게는 (어머니 말고도) 공통의 친구가 많이 있지요. 물론 그들은 어린애가 아닙니다. 이렇게만 말해도 여러분은 그들이 누구인지 알아챘겠지요? 그들에게 내가 가끔 이야기해 놓겠습니다. 그러면 여러분은 같은 이야기라도 내 입으로 듣는 것보다 훨씬 멋지게 그들 입으로 전해들을 수가 있지요. 우리의 친구 가운데는 훌륭한 시인도 있으니까요. 이 편지에서는 그 이야기가 어떤 내용일지 알려주지 않을 거예요. 하지만 여러분에게 하느님 이야기만큼 흥미롭고 관심 있는 주제는 없을 테니, 틈나는 대로 내가 하느님에 관해 아는 이야기를 반드시 곁들이겠습니다. 그 가운데 틀린 내용이 있다면 다시 편지를 보내시던지 어머니를 통해 말씀하세요. 내가 그 아름다운 이야기들을 들은 것은 꽤 오래전 일이고, 그 뒤로는 그다지 아름답지 않은 이야기만 기억해야 했기 때문에, 어쩌면 이야기 중간에 나도 모르게 실수할 수도 있거든요. 으레 인생에는 그런 일이 따르기 마련이지요. 그래도 역시 인생은 멋진 것입니다. 언젠가 이 인생에 관해서도 다루도록 하지요. 그럼, 자매들에게도 안부 전해주세요. ―내가 보냅니다. 하지만 나도 여러분과 똑같으니, 그런 의미에서 친구 중 한 사람이 보냅니다."

낯선 사람

전혀 모르는 남자에게서 편지가 한 통 왔습니다. 그 편지는 유럽에 대한 것도, 모세에 대한 것도, 크고 작은 예언자들에 대한 것도 아니었습니다. 러시아 황제나 그 선조인 공포의 이반 뇌제(雷帝)에 대한 것도 아니었습니다. 시장님이나 이웃집 구두수선공에 대한 소문도 아니었고, 이웃 마을이나 먼 마을들 이야기도 아니었습니다. 물론 내가 아침마다 산책하는, 그 사슴이 많이 사는 숲에 대한 이야기도 편지에는 나오지 않았습니다. 그렇다고 자기 어머니에 대한 이야기나, 일찍 시집간 누이들에 대한 이야기를 전하는 것도 아니었습니다. 분명 그의 어머니는 돌아가셨을 겁니다. 4쪽에 걸친 편지 어디에도 어머니를 언급하지 않은 것을 보면 그렇게밖에 생각할 수 없습니다. 이 낯선 사람은 내게 실로 절대적인 믿음을 보내고 나를 형제처럼 생각하며, 자기의 고통스러운 마음을 호소했습니다.

저녁이 되자 그 낯선 사람이 나를 찾아왔습니다. 나는 일부러 등불도 켜지 않은 채로 있다가, 그 사람이 외투를 벗는 것을 도와주고 먼저 차를 권했습니다. 때마침 차 마시는 시간이었기 때문입니다. 이렇게 친근한 방문을 받았을 때는 서로 허물이 없어야 하는 법입니다. 어서 식탁에 앉으려는데, 손님이 몹시 안절부절못한다는 사실을 눈치챘습니다. 얼굴에는 불안감을 가득 담고, 두 손을 덜덜 떨고 있었습니다.

내가 말했습니다. "참, 이 편지를 당신에게 보낼 참이었습니다." 그러고서 나는 차를 따랐습니다. "설탕은 여기 있습니다. 레몬도 넣으시겠습니까? 러시아 여행 때, 차에 레몬을 넣어 마시는 법을 배웠지요. 한번 드셔 보실래요?"

그러고서 나는 등불을 켠 다음 방구석에 두었습니다. 조금 높은 위치에 두었기 때문에 방 안은 여전히 어두운 채였습니다. 다만 아까보다는 얼마간 따스한 붉은빛을 더했습니다. 생각 탓인지, 손님 표정도 한결 안정되고 온화해져 훨씬 친근감 있게 보였습니다. 나는 다시 환영 인사를 했습니다. "오래전부터 오시기를 기다렸습니다." 그러고서 낯선 사람이 놀랄 틈도 주지 않고, 그 이유를 설명했습니다. "실은 당신에게만 해드리고 싶은 말이 있거든요. 그 이유는 묻지 마십시오. 지금은 자리가 편한지, 차 맛은 어떤지, 제 이야기를 들을 마음이 있는지만 말씀해 주십시오."

이 말에 손님은 슬며시 미소를 띠며 흔쾌히 "좋다"라고 짧게 대답했습니다.

"세 가지 다 좋습니까?"

"네, 세 가지 다요."

우리는 동시에 의자 등받이에 몸을 기댔습니다. 그 때문에 우리 얼굴에 그늘이 졌습니다.

나는 식탁에 찻잔을 놓고, 홍차가 빛을 받아 황금색으로 반짝이는 모습을 잠시 즐겼습니다. 그러다 그 즐거움이 사그라지자 이런 질문을 했습니다.

"아직도 하느님을 기억합니까?"

낯선 사람은 곰곰이 생각에 잠겼습니다. 어둠 속으로 푹 꺼진 두 눈은 동공에 비친 작은 광채 때문에, 여름 햇볕을 한가득 받은 두 갈래로 나누어진 기다란 공원 가로수길처럼 보였습니다. 그 가로수길도 그 눈처럼 둥근 지붕으로 덮여 어두침침하게 시작해서 점점 좁아지는 어둠 속을 뻗어 가다가 마침내 저 멀리서 빛나는 한 점이 되는 것입니다. 그 점은 그 길 끝의 눈부신 햇볕이 쏟아지는 반대편 출구처럼 보였습니다. 그의 눈을 보며 이런 생각을 할 때였습니다.

손님이 자못 내키지 않는다는 말투로 망설이면서 입을 열었습니다. "네, 지금도 하느님을 기억합니다만."

"좋습니다." 내가 말했습니다. "실은 제가 할 이야기도 바로 하느님에 대한 것입니다. 그런데 그 전에 묻고 싶은 게 한 가지 있습니다. 가끔 아이들과 이야기하실 때가 있으신지요?"

"그럼요. 적어도 길에서 마주칠 때는."

"그럼 하느님의 두 손이 무엄하게도 명령을 어기는 바람에 하느님께서는 완성된 인간이 어떻게 생겼는지 아직 모르신다는 이야기도 아시겠군요?"

"그 이야기라면 어딘가에서 들은 적이 있습니다. 누구한테서 들었는지 기억나지는 않지만—" 손님이 대답했습니다. 그때, 어렴풋한 기억이 손님 이마 위를 스쳐 지나가는 듯이 보였습니다.

"그건 상관없습니다." 나는 그 말을 막고 말했습니다. "이야기를 계속 들으시지요. 오랫동안 하느님은 그 궁금함을 참으셨습니다. 누가 뭐래도 하느님의 인내심은 그 권력만큼이나 위대하니까요. 그러던 어느 날이었습니다. 하느님과 땅 사이에 짙은 구름이 여러 날 끼는 바람에, 하느님은 세상이며 인간이며 시간이며 모든 것이 당신의 꿈이 아니었나 하는 생각마저 들 만큼 헷갈리기 시작했습니다. 하느님은 자기 곁에서 쫓겨나 오랜 세월 조용히 허드렛일에 파묻혀 지내던 오른손을 부르셨습니다. 오른손은 냉큼 달려왔습니다. 드디어 용서받았다고 생각한 것입니다. 하느님도 여전히 아름답고 젊음과 힘에 넘치는 오른손을 보셨을 때는 이제 그만 용서해도 좋겠다는 마음으로 기울었습니다. 하지만 곧 마음을 돌이키고, 일부러 눈을 피한 채 이렇게 엄명을 내리셨습니다.

'지상으로 내려가, 네가 본 사람하고 똑같은 모습을 해라. 그리고 내가 자세히 볼 수 있도록 알몸으로 산꼭대기에 서라. 하계에 도착하는 즉시 젊은 여자를 찾아가, 살고 싶다고 속삭여라. 그러면 처음에는 작은 어둠이, 나중에는 큰 어둠이 너를 감쌀 것이다. 그 큰 어둠이 유년시절이라고 불리는 것이다. 이윽고 너는 어엿한 성인이 될 것이다. 그러면 내가 명령한 대로 산꼭대기로 가라. 지금 말한 모든 것을 하는 데는 한순간도 걸리지 않을 것이다. 그럼 건강히 다녀오너라.'

오른손은 왼손과 헤어지는 것을 아쉬워하며 별의별 애칭으로 왼손을 불렀습니다. 심지어 이때 오른손이 갑자기 왼손 앞에 머리를 숙이고 '그대는 성령이다'라고 말했다는 설이 있을 정도랍니다. 어쨌든 바로 성 바울이 나타나 하느님 몸에서 오른손을 떼어냈습니다. 그러자 대천사 가운데 하나가 그것을 받아들어 품 넓은 옷자락 아래에 넣어서 가지고 갔습니다. 한편 하느님은 별들 위로 튄 피가 슬픈 물방울이 되어 대지에 떨어지지 않도록 왼손에게 상처를 단단히 막으라고 지시하셨습니다. 그러고는 하계에서 일어나는 일들을 주의 깊게 모조리 관찰하셨습니다.

얼마쯤 지난 뒤, 철로 만든 옷을 입은 사람들이 숱하게 많은 산을 놔두고 유독 어느 산자락을 바쁘게 돌아다니는 모습에 시선이 멎었습니다. 하느님은 오른손이 산을 오르는 것인 줄 알고 기대하셨습니다. 그런데 산꼭대기에 나타난 것은 짙은 붉은색 외투를 걸친 한 사람이었습니다. 그는 비틀거리는 검은 물체를 끌고 올라왔습니다. 그 순간, 벌어진 상처를 막고 있던 하느님의 왼손이 안절부절못하더니 하느님이 말릴 틈도 없이 자기 위치를 벗어나 별들 사이를 미친 듯이 뛰어다니며 울부짖었습니다.

'오, 불쌍한 오른손. 하지만 내가 할 수 있는 일은 없구나.'

이렇게 외치면서도 왼손은 자신이 대롱대롱 매달려 있는 하느님의 왼팔을 힘껏 잡아당겨 어떻게든 몸을 떼어내려고 몸부림쳤습니다. 그 때문에 지상은 하느님의 피로 새빨갛게 물들었습니다. 어디에서 무슨 일이 벌어졌는지 알아볼 수도 없었습니다. 하느님은 하마터면 죽을 뻔했지요. 하느님은 마지막 안간힘을 다해서 오른손을 부르셨습니다. 오른손은 창백하게 질린 채 부들부들 떨면서 돌아와 제자리로 갔습니다. 병든 짐승 같은 모습이었습니다.

한편 왼손은 오른손이 지상으로 내려가 새빨간 외투를 입고 산을 오른 순간부터 그것이 오른손인 줄 간파했으며 이미 여러 일을 알고 있었지만, 그 뒤 그 산꼭대기에서 무슨 일이 벌어졌는지는 끝내 캐물을 수가 없었습니다. 어쨌거나 대단히 끔찍한 사건이었던 것은 분명합니다. 하느님의 오른손이 아직도 그때 상처에서 회복되지 못한 채 그 기억에 괴로워하는 것만 봐도 아시겠지요. 정말이지 그 기억은 옛날 하느님의 분노와 비교해 더하면 더했지 못하지는 않은 끔찍한 것이었습니다. 그렇습니다. 하느님은 아직도 두 손을 용서하지 않으셨습니다."

나는 여기서 잠시 말을 끊었습니다. 낯선 사람은 두 손으로 얼굴을 가리고 있었습니다. 한동안 그 상태가 이어졌습니다. 이윽고 낯선 사람은 낯익은 얼굴로 돌아와 말했습니다.

"왜 제게 그런 이야기를 하시는 겁니까?"

"그밖에 누가 내 말의 참뜻을 이해하겠습니까? 당신은 지위도 벼슬도 속세의 호칭도 없이, 심지어 이름도 없이 나를 찾아왔습니다. 당신이 방에 들어왔을 때는 이미 주위가 어둑어둑했습니다. 그렇지만 나는 당신 얼굴을 보고, 닮은 무언가를 생각해냈습니다."

낯선 사람은 캐묻듯이 눈을 들었습니다.

"그렇습니다." 나는 그의 조용한 눈빛에 고갯짓으로 답했습니다. "나는 가끔 생각했습니다. 아마 다시 하느님의 손이 지상으로 찾아올 거라고……."

아이들은 뒷날 이 이야기도 듣게 되었습니다. 물론 말한 사람은 아이들이 알아듣기 쉽게 이야기했을 것입니다. 아이들이 이 이야기를 좋아하게 되었으니까요.

하느님은 왜
이 세상에 가난한 사람들을 만드셨는가

　앞 이야기가 널리 퍼지자 선생님들은 벌레 씹은 표정으로 거리를 걸어 다닙니다. 그동안 무슨 일이 있었는지 짐작이 갑니다. 교사는 자신이 들려주지 않은 이야기를 뜻밖에 아이들이 알고 있는 것을 달가워하지 않습니다. 무릇 선생이란 판자 울타리에 생긴 유일한 구멍이어야 합니다. 그것을 통해서만 안쪽에 있는 과수원을 볼 수 있는 셈입니다. 다른 구멍이 많다면, 아이들은 날마다 차례차례 새 구멍 앞으로 몰려들었다가 결국에는 그 구멍들로 보이는 풍경에 질려버릴 것이 뻔합니다. 교사들이 듣기엔 썩 달가운 비유는 아닐지도 모릅니다. 모든 교사가 자신이 구멍이라는 데에 동의하리란 법은 없으니까요. 그렇지만 내 이웃이자, 내가 여기서 인용한 선생은(나는 이 선생에게 가장 먼저 이 비유를 들려주었습니다) 이 비유가 아주 적절하다고까지 평가해 주셨습니다. 이와 의견이 다른 사람이 있을지라도 나로서는 이 이웃 선생의 권위를 존중하고 싶습니다.

　선생은 내 앞에 멈춰 서더니, 자꾸만 흘러내리는 안경을 추어올리며 이렇게 말했습니다. "누가 아이들에게 그런 이야기를 했는지는 모르겠지만, 어쨌든 그런 황당무계한 상상을 무턱대고 강요해서 아이들의 상상력을 혹사하는 것은 좋지 않은 일입니다. 요컨대 그런 이야기는 동화나 다를 바 없어서—"

　"저도 우연히 그 이야기를 들었습니다." 나는 상대방의 말을 가로막았습니다. (그렇게 말해도 전혀 거짓말은 아닙니다. 아닌 게 아니라 그날 저녁 이후 이웃집 부인에게서 거꾸로 이 이야기를 들었으니까요.)

　"그러시겠죠." 선생은 혼자 고개를 주억거렸습니다. 당연히 들었을 것으로 생각하는 듯했습니다. "그런데 당신 의견은 어떻습니까?" 그 물음에 내가 대답을 망설이자 선생은 재빨리 말을 이었습니다. "먼저 종교상의, 특히 성서의 소재를 멋대로 왜곡해서 사용하는 것은 좋지 않은 일이죠. 교리 문답서에는 그 이상 잘 전달할 수 있을까 싶을 만큼 훌륭하게 모든 내용이 설명되어 있는데 말입니다."

나는 의견을 말하려고 했습니다. 그런데 그 순간, 선생이 "먼저"라는 단어를 쓴 것을 떠올렸습니다. 그러자 문법에 따라 문장을 완성하기 위해서라도 이번에는 선생 입에서 "다음은"이라는 단어가, 그다음에는 "그리고 마지막으로"라는 말이 뒤따라 나올 게 틀림없다는 생각이 들었습니다. 내 예상은 맞아떨어졌습니다. 선생의 문장은 그 방면의 전문가들이 아주 좋아할 정도로 한 점 흠잡을 곳이 없었습니다. 그러나 선생이 직접 그 문장을 다른 사람들에게도 전했을 것이고, 그 사람들도 분명히 나처럼 잊지 않고 기억하고 있으리라 생각됩니다. 그러니 여기서는 그가 "그리고 마지막으로"라는 저 아름다운 말에 이어 서곡의 마지막 장처럼 말한 한 구절만 적어두고자 합니다.

"그리고 마지막으로…… (지나치게 공상적인 면은 눈감아 주더라도) 나는 절대로 그 소재가 충분히 검토되었다고도, 여러 측면에 걸쳐 고려되었다고도 생각하지 않습니다. 내게 그런 이야기를 쓸 여유가 있었다면—"

"그 이야기에 부족한 면이 있다고 생각하시는군요?" 나는 끼어들지 않을 수가 없었습니다.

"네. 많이 부족하지요. 이른바 문학 비평의 관점에서 보더라도 말입니다. 당신을 동료로 생각해서 드리는 말씀입니다만……."

나는 그 말뜻을 이해할 수 없어서 조심스레 말했습니다. "친절한 말씀은 감사하지만, 저는 교직에 있었던 적이 없……."

거기까지 말하다가 문득 떠오르는 생각이 있었습니다. 내가 말을 중간에 끊자, 선생은 조금 새침한 말투로 다음과 같이 말을 이었습니다.

"예컨대, 하느님께서 (이야기의 뜻에는 그 정도로 동의한다고 치더라도) 하느님께서, 즉…… 그러니까…… 하느님께서 인간이 어떻게 생겼는지 보려는 시도를 그 뒤로 뚝 끊으셨다고는 도저히 생각되지 않습니다. 다시 말해—"

이렇게 되자 나도 선생의 마음을 다시 달래야겠다는 생각이 들었습니다. 나는 가볍게 고개를 까딱해 예를 표하고서 말했습니다.

"선생님께서 헌신적으로 (감히 말하자면, 사랑에 사랑으로 보답하시며) 사회 문제에 접근하신다는 사실은 잘 압니다." 선생은 미소를 지었습니다. "그렇다면 이제부터 제가 하려는 이야기도 선생님의 관심에서 크게 벗어나는 일은 아닐 겁니다. 무엇보다 방금 말씀하셨던 아주 예리한 고견과도 관련이 있고요."

선생은 놀란 표정으로 나를 바라봤습니다. "그렇다면 설마 하느님께서—"

"그렇습니다." 나는 그 말에 긍정하면서 말했습니다. "하느님께서는 지금 새로운 시도를 하고 계십니다."

"정말입니까?" 선생은 나를 다그쳤습니다. "권위자가 공식적으로 인정한 사실입니까?"

"그 점에 대해서는 분명한 말씀을 드릴 수 없군요." 나는 유감의 뜻을 표했습니다. "그런 사람들하고는 인연이 없어서요. 하지만 선생님께서 제 시시한 이야기라도 들어주시겠다면 기꺼이 말씀드리지요."

"들려주신다면 영광이지요."

그렇게 말하고 선생은 안경을 벗고, 훤히 드러난 눈을 수줍게 깜빡이면서 안경알을 꼼꼼히 닦았습니다. 나는 이야기를 시작했습니다.

"하느님께서 어느 대도시를 유심히 지켜보실 때였습니다. 여러 가지가 복잡하게 뒤엉킨 모습을 보느라 눈이 무척 피로해져서(거기에는 물론 그물처럼 엉킨 전선도 적잖이 한몫했을 겁니다) 하느님께서는 그 도시의 유일한 고층 아파트에 시선을 잠시 고정하기로 하셨습니다. 그러는 편이 훨씬 마음 편했기 때문이죠. 그때 문득, 살아 있는 인간을 꼭 한 번 보고 싶다는 오랜 소망이 떠올랐습니다. 그 소망을 이루기 위해 하느님의 시선은 아래에서 위로 차례차례 창문을 훑으며 올라갔습니다.

2층에 사는 사람들은(부유한 상인 가족이었습니다) 그들 자신이 옷 자체같아 보였습니다. 온갖 값비싼 직물들을 얼마나 겹겹이 온몸에 두르고 있었는지 옷 아래에 몸이 있기는 할까 의심스러울 정도였습니다. 3층 사람들도 별반 다르지 않았습니다. 4층에 사는 사람들은 확실히 그보다 껴입은 옷가지 수는 적었지만, 몹시 더러워서 하느님 눈에는 회색 주름밖에 보이지 않았습니다. 하느님께서 은혜를 베푸시어 저들이 부자가 되도록 하라고 명령하셨을 정도였습니다. 마지막으로, 천장이 기우뚱한 작은 다락방에서는 남루한 옷을 입은 한 남자가 진흙 반죽에 여념이 없었습니다.

'허허, 그것을 어디서 배웠느냐?' 하느님께서 그 남자에게 물으셨습니다.

남자는 입에 담뱃대를 문 채로 이렇게 중얼거렸습니다. '어디서 배웠는지

알게 뭐람. 이렇게 앉아 고생만 할 줄 알았다면 구두장이가 되는 건데.'

그러고는 하느님께서 무슨 질문을 해도 뚱한 표정으로 한마디도 대꾸하지 않았습니다. 바로 그날이었습니다. 남자는 그 도시의 시장에게서 장문의 편지를 받았습니다. 그제야 남자는 묻지도 않았는데 하느님께 모든 사정을 털어놓았습니다. 오랫동안 주문이 들어오지 않았는데, 지금 느닷없이 시립 공원에 세울 〈진실〉이라는 제목의 입상을 제작하게 되었다는 것이었습니다. 그 뒤 예술가는 외딴 작업실에 틀어박혀서 밤낮없이 제작에 몰두했습니다. 그 모습을 보자 하느님은 옛 기억이 새록새록 되살아났습니다. 하느님께서 당신 손에 여전히 화가 나 있지 않았더라면, 분명히 무언가 다른 작업을 시작하셨을 겁니다.

아무튼, 드디어 〈진실〉이라고 이름 붙여진 입상을 작업실에서 공원의 정해진 위치로 옮기는 날이 되었습니다. 계획대로 진행되었더라면 하느님께서도 완성된 모습을 보실 수 있었을 테지만, 그만 큰 소동이 일어나고 말았습니다. 시장 및 시의회 의원, 교사, 그밖에 유력인사들로 구성된 위원회가, 입상을 일반 시민에게 공개하기 전에 부분적으로 가리개를 덮어야 한다고 주장했기 때문입니다. 예술가는 고래고래 고함을 지르며 저주를 퍼부었습니다. 하느님은 영문을 알 수가 없었습니다. 정작 잘못은 그 예술가를 비난하는 시장과 시의회 의원, 교사, 그리고 그 밖의 다른 사람들에게 있었으니 말입니다. 하느님은 분명히 그 사람들에게…… 이런, 기침이 심한가 보군요."

"다 나았습니다." 선생은 짐짓 맑은 목소리로 대답했습니다.

"이야기가 조금 더 남았습니다. 하느님께서는 마치 낚싯바늘에 뭐가 걸렸는지 살펴보기 위해 낚싯대를 물에서 확 잡아챌 때처럼, 아까 그 아파트와 시립공원으로부터 획 하니 눈길을 돌리셨습니다. 그러자 정말로 뭔가 걸린 것이 있었습니다. 아담하고 누추한 오두막이었습니다. 작은 집에 여러 사람이 살고 있었습니다. 제대로 된 옷을 걸친 사람은 아무도 없었습니다. 그들은 몹시 가난했습니다.

'바로 저거다.' 하느님은 생각하셨습니다. '인간은 가난해야 한다. 저기 저 사람들은 지금도 틀림없는 가난뱅이지만, 아예 셔츠 한 장 입지 못할 정도로 가난하게 만들어야겠다.' 하느님은 그렇게 결심하셨습니다."

여기서 나는 내 이야기가 끝났음을 암시하기 위해 말을 마쳤습니다. 그러나 선생은 조금도 만족하지 않았습니다. 선생의 의견은 이 이야기도 먼젓번 이야기처럼 뚜렷한 결말 없이 흐지부지하다는 것이었습니다.

"그렇습니다." 그렇게 대답하고서 나는 곧 변명을 늘어놓았습니다. "그렇다면 이제 시인이 등장할 차례로군요. 시인이라면 이 이야기를 어떻게든 풍부한 상상력으로 끝맺어 줄 겁니다. 아닌 게 아니라 이 이야기는 아직 끝난 게 아니니까요."

"그건 또 어째서입니까?" 선생은 의아하다는 듯이 묻더니 내 얼굴을 빤히 바라보았습니다.

"이런, 선생님." 나는 그에게 상기시켰습니다. "건망증이 심하시군요. 선생님은 이 도시의 빈민구제협회 이사가 아니십니까?"

"네, 그렇습니다. 어림잡아 십 년쯤 했는데, 그게 어떻다는 겁니까?"

"바로 그겁니다. 선생님이나 선생님의 협회는 하느님께서 그 목적을 달성하시지 못하도록 아주 오래전부터 방해하고 있는 겁니다. 가난한 사람들에게 옷을 나눠 준다거나 해서요."

"잠깐만요." 선생이 조심스레 말했습니다. "그건 단순한 이웃사랑입니다. 그런 일이야말로 하느님의 뜻에 더없이 들어맞는 일이지요."

"흠, 그건 권위자에게 충분히 확인을 거친 주장입니까?" 나는 솔직하게 물었습니다.

"물론이죠. 빈민구제협회 이사로서 저는 여기저기서 많은 찬사를 들어왔습니다. 솔직히 말씀드리자면, 이번 승진 시기에는 그런 저의 활동이 인정받아……. 무슨 말인지 아시지요?" 선생은 쑥스럽다는 듯이 얼굴을 붉혔습니다.

"행운이 있기를 바랍니다." 나는 대답했습니다.

우리는 악수했고, 선생은 의기양양하게 침착한 발걸음으로 떠났습니다. 그 걸음걸이로 보아, 그는 학교에 지각했을 것이 분명합니다.

나중에 안 일인데, 이 이야기의 일부(아이들이 듣기에 적합한 선에서)가 아이들에게도 전해졌다고 합니다. 선생이 과연 이야기를 잘 마무리했을지 궁금합니다.

배신은 어떻게 러시아에 찾아왔나

우리 동네에 내 친구가 한 명 더 있습니다. 금발에 다리가 불편한 남자로, 여름 겨울 할 것 없이 언제나 창가에 의자를 바짝 붙이고 앉아 있습니다. 이따금 매우 젊어 보일 때가 있는데, 특히 그가 열심히 귀 기울일 때의 표정에는 어딘가 어린아이 같은 구석이 있습니다. 그런가 하면 묘하게 늙어 보이는 날도 있는데, 그럴 때면 몇 초가 몇 년처럼 그의 머리 위를 스쳐 지나갑니다. 그러면 그는 갑자기 노인이 되고, 그 흐리멍덩한 눈빛은 이미 생명줄을 놓아 버린 듯이 보입니다. 우리가 안 지는 꽤 오래 되었습니다. 처음에는 오며 가며 그저 얼굴을 마주치는 정도였지만, 나중에는 저도 모르게 미소를 나누게 되었으며, 1년쯤 지나고 나서는 서로 가볍게 인사말을 던졌습니다. 그러다가 언제부터인가 잡담을 나누는 사이가 되었습니다.

"안녕하세요." 지나가는데 그가 소리쳤습니다. 그 창문은 풍요롭고 고요한 가을을 향해 변함없이 활짝 열려 있었습니다. "오랜만이네요."

"에발트 씨, 안녕하세요." 그 앞을 지나가며 나는 여느 때처럼 창가로 다가갔습니다. "여행을 좀 다녀왔거든요."

"어디로요?" 그가 조바심 어린 눈빛으로 물었습니다.

"러시아요."

"그렇게 먼 데까지요?" 그러고는 의자 등받이에 몸을 기대더니 말을 이었습니다. "러시아는 어떤 나라인가요? 아주 크죠?"

"네." 나는 대답했습니다. "크기도 크지만, 또—"

"어리석은 질문이었나요?" 그렇게 말하고 에발트는 쓴웃음을 지으며 얼굴을 붉혔습니다.

"당치 않습니다, 에발트 씨. 그 반대예요. 당신이 지금 어떤 나라냐고 물어봐 주신 덕분에 여러 가지가 분명해졌거든요. 예를 들어, 러시아의 국경 같은 거요."

"동쪽 국경 말인가요?" 내 친구가 끼어들었습니다.

나는 조금 생각한 뒤 말했습니다. "아니요."

"그럼 북쪽 국경이요?" 다리 불편한 친구가 캐물었습니다.

"그러니까 말이죠……." 나는 문득 생각난 것을 말했습니다. "그저 지도를 외기만 하는 버릇이 사람들을 망쳤어요. 지도로 보면 모든 게 평평하지 않습니까. 그러니까 누구든 동서남북 방위기호만 그려 넣으면 그걸로 끝이라고 생각하죠. 하지만 나라란 지도가 아닙니다. 산도 있고 계곡도 있지요. 무슨 얘기냐 하면, 위쪽으로든 아래쪽으로든 뭔가와 접경을 이룬다는 거죠."

"흠……." 내 친구는 곰곰이 생각했습니다. "당신 말이 맞아요. 그렇다면 러시아는 위와 아래 중 어디와 경계를 이루지요?"

몸이 안 좋은 친구가 문득 아이처럼 보였습니다.

"당신도 알 텐데요." 나는 큰 목소리로 말했습니다.

"혹시 하느님과?"

"그렇습니다." 나는 대답을 확인해주었습니다. "하느님하고지요."

"그렇군요." 친구는 알겠다는 듯 고개를 주억거렸습니다. 그러다가 얼마 뒤 두세 가지 사소한 의문이 친구 가슴에 샘솟았습니다. "그럼 하느님은 하나의 나라인가요?"

"그렇진 않죠." 나는 대답했습니다. "하지만 원시 언어에서는 많은 것에 같은 명칭이 붙어 있어요. 이를테면 나라가 곧 하느님이기도 하죠. 이때, 나라를 다스리는 자 또한 하느님이라고 불립니다. 소박한 민족은 종종 자기들 나라와 제왕을 잘 구별하지 못하죠. 둘 다 위대하고 자비로우니까요. 둘 다 두렵고도 위대한 겁니다."

"무슨 말인지 알겠군요." 창가의 남자가 이해하겠다는 듯이 느릿느릿 말했다. "그럼 러시아 사람들은 그런 국경이 있다는 것을 느낍니까?"

"그럴 기회가 있을 때마다 수시로 분명히 느끼죠. 하느님의 권위와 위엄은 대단히 강력하니까요. 유럽에서 아무리 많은 물건을 가져와도, 국경을 넘는 순간 그것들은 돌이 되고 맙니다. 물론 가끔 값비싼 돌이 있기야 있지요. 하지만 그것들은 다 부자, 이른바 '교양인'에게만 필요한 겁니다. 한편, 백성이 먹는 빵은 저 멀리 다른 나라에서 들어오지요."

"그럼 백성이 먹고도 남을 만큼 많은 빵이 들어오겠군요?"

여기에는 나도 대답을 망설였습니다.

"아니요, 그렇지도 않습니다. 하느님 나라에서 수입해 오는 일이 몇몇 사정 때문에 녹록치 않게 되었거든요." 나는 친구를 그 생각에서 돌리려고 애썼습니다. "하지만 그 광활한 이웃 나라에서 많은 풍습이 들어왔어요. 이를테면 의식과 관련된 것은 다 그렇죠. 황제를 대할 때도 하느님을 대할 때와 같은 호칭을 쓸 정도니까요."

"그래요? 그렇다면 '폐하'라고 부르지 않습니까?"

"네, 그렇게 안 부릅니다. 둘 다 '아버지'라고 부르죠."

"그러면 그 앞에서도 마찬가지로 무릎을 꿇겠군요?"

"어느 쪽에 서든지 납작 엎드려 이마를 땅에 대고 울면서 이렇게 말하죠. '아버지, 죄 많은 이 몸을 부디 용서하소서.' 그 모습을 본 독일인은 정말이지 비천한 노예 같은 행동이라고 말했지만, 내 생각은 다릅니다. 무릎을 꿇는다는 게 무슨 뜻인가요? 그 행위는 상대방을 존경하고 우러르는 마음을 나타내기 위한 것입니다. 독일인들은 고작 그런 이유라면 모자만 벗으면 되지 않느냐고 말하겠지요. 물론 인사나 묵례도 존경의 표현이긴 합니다. 하지만 따지고 보면 그런 것들은 만백성이 언제든 땅에 엎드릴 만한 넉넉한 공간이 없는 한심한 나라들에서 생겨난 약식에 불과하죠. 그 약식이 이윽고 변해, 본디 의의를 의식하지 않은 채 기계적으로 쓰이게 된 겁니다. 따라서 지금도 시간과 공간이 넉넉한 곳에서는 약식을 쓰지 않는 편이 옳습니다. 다시 말해, 저 아름답고 엄숙한 '경외'라는 말을 줄임 없이 몸짓으로 그대로 표현해야 하는 거죠."

"그 말이 맞습니다. 나도 할 수만 있다면 무릎을 꿇어보고 싶네요." 다리 불편한 친구가 꿈꾸듯이 말했습니다.

나는 잠시 사이를 두었다가 말을 이었습니다. "그런데 러시아에는 그 밖에도 하느님에게서 온 것이 많이 있습니다. 일단 새로운 것은 모두 하느님 나라에서 수입했다고 봐도 무방하죠. 옷도 음식도 미덕도, 심지어 악덕마저도 세상에 통용하기 전에 하느님에게 허락받아야 한다는 의식을 모두가 품고 있을 정도니까요."

몸이 불편한 친구는 무척 놀란 눈빛으로 내 얼굴을 뚫어져라 바라봤습니다.

"내 이야기는 옛날이야기를 근거로 한 것일 뿐이에요." 나는 얼른 그를 안심시키려 했다. "'빌리나'라는 러시아 노래인데, 우리말로 직역하면 '옛날이 야기'라는 뜻이죠. 간단히 내용을 설명할까요. 주제는 '배신은 어째서 러시 아에 찾아왔나'입니다."

나는 창가에 어깨를 기댔습니다. 다리 불편한 친구는 눈을 감았습니다. 이 야기가 시작될 때면 그가 늘 하는 버릇이었습니다.

"이웃 제후들에게 공물을 요구하기로 한 이반 뇌제(1530~1584, 이반4세 바실리예비치, 차르라 는 호칭을 처음으로 사용한 모스크바의 대공) 는 당장 모스크바로 황금을 바치지 않으면 큰 전쟁을 일으키겠노라고 협박 했습니다. 제후들은 이마를 맞대고 회의한 끝에, 입을 모아 이렇게 대답했 습니다.

'먼저 저희가 폐하께 세 가지 수수께끼를 내겠습니다. 우리가 날짜를 지정 할 테니, 그날 우리가 모인 동방의 흰 바위로 와서 세 가지 답을 말씀하십시 오. 정답이면 요구대로 황금 열두 통을 드리겠습니다.'

처음에 이반 바실리예비치는 혼자 머리를 굴려봤지만, 모스크바의 수많은 종소리가 생각을 방해했습니다. 그러자 이반은 학자와 고문들을 불러 모았습 니다. 그리고 마침 황제 바실리(1415~1462, 모스크바의 대공)를 위해 건립 중이던 성당 앞 붉은 광장으로 수수께끼에 답하지 못한 사람을 모조리 끌어내 당장 목을 쳤습니 다. 그런 일에만 신경 쓰다 보니 어느덧 시간은 쏜살같이 흘러, 이반은 제후 들이 기다리는 동방의 흰 바위로 출발해야 했습니다. 이반은 세 가지 수수께 끼에 답할 길이 없었습니다. 그래도 말을 타고 한참을 가야 하는 만큼, 도중 에 현자를 만날 가능성은 아직 있었습니다. 그때만 해도 어느 나라 왕이든 상 대방이 현자라는 이름에 어울릴 만큼 현명하지 못하면 그 자리에서 목을 치 는 관습이 있었기 때문에, 도망 중인 현자들이 많았거든요. 물론 그런 인물은 끝내 이반 앞에 나타나지 않았습니다. 그러던 어느 날 아침이었습니다. 홀로 교회를 세우고 있는, 턱수염이 덥수룩한 늙은 농부가 눈에 들어왔습니다. 지 붕의 뼈대를 완성하고, 그 위에 작은 들보를 얹는 작업이 한창이었습니다. 그 런데 참으로 희한했습니다. 그 늙은 농부는 교회 지붕에서 몇 번이고 내려와 서는, 바닥에 쌓아 놓은 길고 가느다란 들보를 달랑 하나씩만 나르는 것이었 습니다. 기다란 카프탄(긴 남작 용 윗옷)에 둘둘 감아서 한꺼번에 많이 옮길 수도 있을 텐데 말이죠. 그 때문에 농부는 사다리를 수도 없이 오르락내리락해야 했습 니다. 그래서는 수백 개나 되는 들보를 어느 세월에 필요한 장소로 다 옮길지 짐작도 가지 않았습니다. 그 모습을 보고 황제는 조바심이 났습니다.

'이 멍청한 놈!' 황제는 냅다 소리 질렀지요(러시아에서는 농부들을 대개 그렇게 부른답니다). '들보를 한꺼번에 잔뜩 짊어지고 지붕으로 올라가면 좋지 않으냐! 그편이 훨씬 수월하다.'

마침 막 땅으로 내려온 농부가 멈춰 서서는 손으로 햇볕을 가리며 대꾸했습니다.

'이반 바실리예비치 황제님, 일은 소인에게 맡겨두시지요. 일은 전문가가 잘 아는 법이니까요. 그보다, 벌써 이곳을 지나게 되셨으니 세 가지 수수께끼의 답을 알려 드리겠습니다. 동방의 흰 바위도 이제 금방이고, 그곳에 도착하기 전까진 아셔야 할 테니까요.'

그러고서 농부는 세 가지 답을 황제의 마음에 새기듯이 차례대로 분명하게 가르쳐 주었습니다. 황제는 놀란 나머지 고맙다는 말조차 잊을 정도였습니다.

'대가로 뭘 바라느냐?' 마침내 황제가 물었습니다.

'바라는 건 없습니다.' 농부는 그렇게 대답하더니, 들보 하나를 집어 들고 다시 사다리를 타려고 했습니다.

'잠깐.' 황제가 명령했습니다. '그렇게는 할 수 없다. 어서 소원을 말해 봐라.'

'정 그러시다면, 아버지, 명령을 받들겠사옵니다. 동방에서 제후들한테 받을 황금 열두 통 가운데 한 통만 주십시오.'

'그래, 좋다.' 황제는 고개를 끄덕였습니다. '황금 한 통을 주마.' 그리고는 세 가지 답을 행여 잊어버릴까 봐 서둘러 말을 몰아 그곳을 떠났습니다.

그 뒤 황금 열두 통을 가지고 동방에서 모스크바로 돌아온 황제는 크렘린 궁에 달린 다섯 개의 문을 굳게 걸어 잠그고 그 안에 틀어박혔습니다. 그러고는 반들거리는 넓은 홀 바닥에서 황금 통을 차례차례 열었습니다. 그러자 말 그대로 바닥에 황금 산이 솟아 크고 검은 그림자를 던졌습니다. 신이 난 황제는 그만 열두 번째 통까지 열어버렸습니다. 다시 주워담으려 했지만, 그렇게 찬란하게 쌓여 있는 황금 더미에서 그 많은 황금을 덜어내려니 아까운 생각이 들었습니다. 밤이 되자 황제는 안뜰로 내려가, 통에 고운 모래를 담았습니다. 4분의 3 정도 채운 뒤 다시 궁전으로 돌아와 모래 위에다 황금을 었었습니다. 그러고는 날이 밝자마자 심부름꾼을 시켜, 늙은 농부가 혼자 교회를 짓고 있는 드넓은 러시아 땅 저편으로 그 통을 가지고 가게 했습니다.

농부는 심부름꾼이 오는 모습을 보더니, 아직 완성하려면 한참 남은 지붕 위에서 내려와 소리쳤습니다.

'가까이 오지 마시오. 그 통을 가지고 돌아가시오. 4분의 3이 모래이고, 겨우 4분의 1만 황금이 들어 있지 않소. 그런 것은 필요 없소. 가서 주인한테 전하시오. 오늘날까지 러시아에는 배신이 없었으며, 당신 주인이 앞으로 아무도 믿지 못하게 됐다는 사실을 깨달을 날이 오리니 그건 자업자득이라고. 배신이 어떤 것인지 방금 몸소 본보기를 보여주었으니까 말이오. 앞으로 세월이 흐르면서 온 러시아에 그와 똑같은 짓을 하는 수많은 흉내꾼들이 쏟아져 나올 거요. 나는 황금 따위 필요 없소. 황금 없이도 얼마든지 살 수 있거든. 나는 당신 주인한테 황금이 아니라 진심과 정직을 기대했소. 그런데 그런 나를 기만하다니. 가서 주인에게 전하시오. 양심 없는 마음을 가지고 황금 옷을 입고서 하얀 도시 모스크바에 편히 앉아 계신 뇌제 이반 바실리예비치에게 말이오.'

말을 타고 달리다가 사자가 뒤를 돌아보니 농부도 교회당도 흔적 하나 없이 사라져 버렸습니다. 잔뜩 쌓여 있던 들보도 보이지 않고, 주변은 온통 허허벌판이었습니다. 사자는 기겁하여 모스크바로 헐레벌떡 돌아와 황제 앞에 서서는 모든 일을 설명하고, 농부로 위장한 그 사람은 하느님이 틀림없다고 횡설수설 덧붙였습니다."

"사자의 의견이 옳았을까요?" 내 이야기가 여운을 남기며 끝나자, 친구가 나직이 물었습니다.

"아마도요." 내가 대답했다. "하지만 아시다시피 민중이란 미신을 잘 믿는 법이죠……. 그건 그렇고 에발트 씨, 그만 가 봐야겠습니다."

"아쉽군요." 다리 불편한 친구는 진심으로 그렇게 말했습니다. "조만간 다른 이야기를 들려주실래요?"

"물론이죠……. 그런데 한 가지 조건이 있어요." 나는 다시 창가로 다가갔습니다.

"조건이란 게 뭐죠?" 에발트는 놀란 표정이었습니다.

"기회가 있을 때마다 이웃 아이들에게 내 이야기를 다시 들려주세요." 나는 부탁했습니다.

"하지만 요새는 아이들이 나한테 잘 안 와요."

나는 그를 위로했습니다.

"앞으로 분명히 올 겁니다. 보자 하니 요즘은 당신이 아이들에게 이야기를 들려줄 마음이 없는 것 같던데요. 얘깃거리가 없었던지, 아니면 너무 많았던지. 진짜 이야기를 아는 사람이 언제까지고 그것을 마음에 담아 둘 것 같으세요? 당치도 않는 일이죠. 그 소문은 저절로 퍼져 나가는 법입니다. 더구나 아이들 사이에서는 더욱더 그러하지요."

"그럼 안녕히 계십시오."

그 말을 뒤로 나는 자리를 떠났습니다.

그리고 아이들은 그날 당장 그 이야기를 들었습니다.

노래 부르며 세상을 뜬 티모페이 영감

아아, 그건 그렇고, 다리를 못 쓰는 사람에게 이야기를 들려주는 것은 얼마나 즐거운 일인지! 몸이 성한 사람들은 도무지 한곳에 진득하니 붙어 있지를 않습니다. 사물을 볼 때도 이쪽에서 봤다가 금방 저쪽에서 봤다가 합니다. 그들과 함께 한 시간이라도 걸으려 치면, 조금 전까지 오른쪽에 있던 사람이 뜬금없이 왼쪽에서 대답하는 일도 허다합니다. 그러는 편이 예법에도 맞고, 세련된 교양을 드러내는 일이라는 쓸데없는 생각을 하는가 봅니다. 다리 불편한 사람을 상대하면 그런 걱정은 조금도 필요 없습니다. 뿌리를 내린 듯 움직이지 않는 모습은 자못 사물과 닮았습니다. 아닌 게 아니라 그들은 다양한 사물과 온갖 친밀한 관계를 맺고 있습니다. 이 부동성이 그들을 이른바 사물로 변하게 하는 것입니다. 게다가 다른 사물보다 월등히 뛰어난 존재로 말입니다. 다 같은 사물이라도 이 사물은 그저 묵묵히 듣기만 하는 것이 아닙니다. 부드럽고 경건한 감정에 좌우되면서, 이따금 조용하게 끼어들기도 하며 열심히 귀 기울여 줍니다.

내 이야기를 가장 잘 들어주는 사람은 바로 친구 에발트입니다. 그래서 오늘도 여느 때와 같이 창문에서 에발트가 "물어볼 게 있어요!" 소리쳤을 때, 나는 매우 기뻤습니다. 얼른 그에게 달려가 인사를 건넸습니다.

"지난번에 들려준 이야기는 어디에서 들은 거죠?" 마침내 에발트는 이 질문을 꺼냈습니다. "책에서 읽었나요?"

"네." 나는 한탄하듯이 다음과 같이 대답했습니다. "그 이야기는 죽어서 학자들 손에 매장되어 있었지요. 그렇다고 먼 옛날이야기는 아닙니다. 백 년 전만 해도 그 이야기는 숱한 사람의 입술 위에서 태평하게 잘 살고 있었어요. 그런데 오늘날 사람들이 사용하는 언어가 그 이야기에 적이 되었죠. 노래로 부르기에는 너무나 둔중해진 이 언어 때문에 그것을 노래하는 이들은 점점 줄어들다가 마침내는 완전히 사라지고 말았습니다. 과부가 얼마 되지도 않는 재산으로 연명하듯이, 그 노래는 그저 몇 사람의 메마른 입가에 매달려 목숨을 부지했었죠. 그러다가 자손도 남기지 못한 채 죽고 말았습니다. 그래서 아까 얘기했듯이, 동족이라 할 수 있는 여러 이야기가 이미 묻혀 있는 책 속에, 그 이야기도 매장된 겁니다."

"그렇다면 아주 늙어서 죽은 거군요?" 친구는 내 이야기에 장단을 맞추어 그렇게 물었습니다.

"4백 살에서 5백 살은 됐을 거예요." 나는 사실대로 알려주었습니다. "하지만 그 이야기와 친척 간인 다른 이야기들은 훨씬 오래까지 살았답니다."

"네? 그렇다면 책 속에서 영원히 잠든 게 아닌가요?" 에발트는 깜짝 놀랐습니다.

나는 설명했습니다. "내가 알기로 그 친척뻘인 이야기들은 쉴 새 없이 이 입에서 저 입으로 떠돌아다녔지요."

"그럼 한숨도 못 잤겠군요?"

"아니요. 시인의 입이 노래할 때는 이따금 어느 따뜻하고 어슴푸레한 마음 한구석에서 쉬기도 했답니다."

"역시 옛날 사람들은 노래를 가슴에 품고 편히 잠들 만큼 조용했나 보군요?" 에발트는 믿기지 않는다는 투였습니다.

"분명히 그랬을 겁니다. 속설에 옛날 사람들은 말수도 훨씬 적고, 춤도 나긋나긋 흔들리듯이 천천히 고조되는 춤만 추었다고 해요. 무엇보다 옛날 사람들은 요란스럽게 웃지 않았다는군요. 요즘은 교양 수준이 훨씬 높아졌음에도 빈번히 그런 웃음소리를 듣곤 하지만요."

에발트는 뭔가 더 물어보려다가 참고서 빙그레 웃으며 말했습니다. "자꾸만 묻게 되네요. ……그런데 어쩌면 내게 이야기를 들려주려던 건 아닌가요?" 그러고는 잔뜩 기대하는 눈빛으로 내 얼굴을 바라보았습니다.

"이야기요? 글쎄요. 다만 나는 그 노래들이 어떤 집안에서는 유산이었다는 것을 말하고 싶었습니다. 노래를 물려받은 사람이 다음 세대에 다시 전해주는 거죠. 물론, 손도 대지 않은 채 무작정 보관만 하는 게 아닙니다. 날마다 사용한 흔적을 남기는 거죠. 더구나 전혀 상하지 않게요. 오래된 성경책이 자손 대로 전해지는 것처럼 이 노래를 대대로 전수한 겁니다. 상속권을 빼앗긴 사람은 노래를 부를 수 없었다는 점에서 상속권을 받은 형제들과 확연히 구분되었죠. 부를 수 있다고 해도 아는 노래라고는 할아버지나 아버지에게서 전해들은 노래의 극히 일부분밖에 없었습니다. 다른 노래와 함께 영웅가인 '빌리나'나 '스카스키' 같은 러시아 민요가 국민 마음에 절절히 호소하는 그 수많은 체험을 모조리 잃은 것입니다.

일례를 말씀드리죠. 예고르 티모페예비치는 아버지 티모페이 영감의 반대를 무릅쓰고 어느 젊고 아름다운 여자와 결혼한 뒤 함께 키예프로 도망갔습니다. 키예프는 러시아 정교회에서 가장 위대한 순교자들의 무덤이 수없이 모여 있는 성스러운 도시이지요. 열흘 거리 반경에서 가장 뛰어난 음유 가수로 꼽혔던 아버지 티모페이는 아들을 저주하고, 그런 아들을 둔 적 없다는 말까지 이웃사람들에게 서슴지 않았습니다. 그렇지만 말은 그렇게 해도 역시 아버지인지라 원망과 슬픔에 점점 말을 잃어갔지요. 그렇게 먼지 쌓인 바이올린 안에 소리를 봉인하듯이, 노인은 수많은 노래를 자기 안에 가둬버렸습니다. 그리고 그 노래들을 상속 받으려고 오두막으로 구름처럼 몰려드는 젊은이들을 모두 매몰차게 내쳤습니다.

'아버지, 우리 아버지. 뭐든 좋으니 우리에게 노래 한 가지만 가르쳐 주세요. 그러면 그 노래를 가지고 우리끼리 마을을 돌겠습니다. 저녁이 되어 가축들이 외양간에서 잠들 무렵이면, 집집 마당마다 울려 퍼지는 노랫소리가 아버지 귀에 들려올 겁니다.'

아무리 그래도 노인은 밤낮으로 꼼짝 않고 난롯가에 앉아 고개만 가로저을 뿐이었습니다. 귀는 이미 꽤 어두워졌죠. 여전히 집 주위로 몰려들어 줄곧 귀를 쫑긋 세우고 있는 젊은이들이 노래를 달라고 계속 조르는지 아닌지조차 분간하지 못한 채 노인은 허연 머리를 내저으며 '안 돼'만 반복하다가 깜빡 잠이 들었습니다. 그러나 잠이 들어서도 한동안은 고개를 계속 젓는 것이었습니다. 가능하다면 티모페이도 젊은이들의 소원을 흔쾌히 들어주고 싶었겠죠. 노래들 위에 소리 없는 죽음과도 같은 먼지가 쌓일 것이 분명하고, 또 그런 날이 머지않았다고 생각하면 노인 또한 안타까운 마음이었습니다. 하지만 그 젊은이 가운데 누군가에게 노래를 가르쳐 준다면 분명히 사랑하는 예고르슈카가 기억날 것이고, 그러면…… 아아, …… 그러면 어떻게 되겠어요? 아무도 노인이 우는 모습을 보지 못한 것은 그가 입을 굳게 다물었기 때문이었습니다. 실은 한 마디 꺼낼 때마다 흐느낌이 뒤따랐지요. 그래서 노인은 언제나 조심스레 얼른 입을 다물곤 했습니다. 그러지 않으면 봇물 터지듯 흐느낌이 말과 함께 울컥 솟아나왔기 때문입니다.

티모페이 영감은 외아들 예고르가 꼬맹이였을 때부터 몇 가지 노래를 가르쳤습니다. 예고르가 열다섯 살 소년이 되자 그 동네는 물론이요 이웃 마을 청년들이 아는 것보다 많은 노래를 정확히 부를 수 있게 되었습니다. 그렇지만 노인은 명절 같은 때 조금 취기가 돌면 아들을 붙잡고서 이런 말을 하곤 했습니다.

'사랑하는 예고르슈카. 내 너한테 벌써 많은 노래를 가르쳤다. 빌리나도 많이 가르쳤고 성자전^(중세 유럽에서 기독교 신자를
위하여 율문으로 쓴 전기)도 가르쳤다. 날마다 한 편씩 가르친 것 같구나. 하지만 알다시피 나는 우리 지방에서 으뜸가는 명창이다. 네 할아버지는 온 러시아는 물론이요 타타르^(몽골 족 가운데 한 부족, 러시아 내의
튀르크계 여러 종족을 통틀어 이르는 말)의 이야기까지 다 아셨단다. 넌 아직 어리다. 그래서 빌리나 가운데서도 성화처럼 성스러운 말로 이루어져 일상어와는 비교도 안될 만큼 아름다운 빌리나는 아직 한 편도 가르쳐주지 않았다. 그리고 카자흐 병사든 농부든 한 자락만 들으면 눈물을 흘리지 않고는 배길 수 없는 노래들도 너는 아직 배운 적이 없다.'

티모페이는 이런 말을 일요일마다 또 러시아력에 있는 수많은 명절 때마다 아들에게 들려주었지요. 자주 반복해서 들려준 셈이지요. 그러던 어느 날 아들이 늙은 아버지와 격렬한 말다툼을 벌인 끝에 소작농의 아름다운 딸 우스챙카와 함께 자취를 감추고 만 것입니다.

그 사건이 있은 지 삼 년이 되던 해에 티모페이는 병이 들었습니다. 넓은 러시아 곳곳에서 키예프로 올라가는 순례행렬이 끊이지 않던 시기로, 그 지방에서도 한 무리가 키예프로 향하려던 참이었지요.

그때 옆집에 사는 오시프가 병자의 집에 찾아와 말했습니다. '티모페이 이바니치, 저도 순례를 떠납니다. 괜찮다면 한번 안아주세요.' 오시프는 노인과 친한 사이는 아니었지만, 먼 여행길을 앞두고 노인이 아버지처럼 사랑스럽게 여겨져, 꼭 작별인사를 해야겠다고 생각했던 것입니다. '그동안 제가 거슬리는 말도 많이 했죠?' 오시프는 훌쩍였습니다. '부디 용서해 주세요. 술김에 그랬던 거예요. 나쁜 뜻은 없었어요. 당신을 위해 기도하고 촛불도 켜겠어요. 그럼 티모페이 이바니치, 나의 아버지, 안녕히 계세요. 하느님의 은총으로 반드시 다시 건강해지실 거예요. 건강을 되찾으면 다시 노래를 불러주세

요, 당신 노래를 들은 지도 벌써 한참 됐네요, 정말로 멋진 노래였지요! 이
를테면 듀크 스테파노비치에 대한 노래요. 제가 그 노래를 잊었을 것 같으세
요? 어림없죠. 지금도 똑똑히 기억하는걸요. 물론 당신만큼은 아니지만…
…. 정말이지 당신은 노래에 탁월한 재주를 가졌어요. 하느님은 당신에게 노
래를 주시고, 다른 사람에게는 다른 것을 주셨죠. 이를테면 저한테는…….'

침대에 누워 있던 노인이 신음하며 몸을 뒤척이더니, 뭔가 말하려는 몸짓
을 했습니다. 희미하긴 하지만, 예고르라는 이름이 들린 듯도 싶었습니다.
아들에게 무슨 말을 전하려는 것 같았지요. 그러나 이웃 사람이 문간에서 뒤
를 돌아보고 '뭐라고 하셨어요, 티모페이 이바니치?'라고 묻자, 노인은 다시
꼼짝 않고 누운 채 백발 머리만 가만히 가로저을 뿐이었습니다. 그런데 어인
영문인지, 오시프가 떠난 지 일 년도 채 되지 않아 예고르가 아무런 예고도
없이 불쑥 돌아온 겁니다. 집 안은 이미 어두웠기 때문에 노인은 그가 예고
르인지 금방 알아보지 못했습니다. 늙은 눈은 낯선 모습을 마지못해 받아들
였을 뿐이니까요. 그러나 그 낯선 이의 목소리를 듣자 노인은 깜짝 놀라 침
상에서 펄쩍 뛰어 내려와, 휘청거리는 늙은 다리로 섰습니다. 예고르는 노인
을 부축했습니다. 아들은 아버지를 꼭 끌어안았답니다. 티모페이는 눈물을
흘렸습니다. 젊은 아들은 단숨에 물었지요.

'아버지, 오래 편찮으셨어요?'

노인은 어느 정도 안정을 되찾자 침대로 기어 돌아가더니 사뭇 다른 어조
로 엄하게 물었습니다. '네 안사람은?'

침묵이 이어졌습니다. 이윽고 예고르가 내뱉듯이 '애와 함께 떠나보냈어
요.' 말하더니 다시 한동안 입을 다물었습니다. 그러고는 말했습니다. '언젠
가 오시프가 저를 찾아왔어요. 오시프 니키포로비치냐고 물었더니 그렇다고
대답하지 않겠어요? 그가 이러더군요.

'예고르, 네 부친이 아프단다. 노래도 못 부르셔. 마을은 개미 새끼 한 마
리 없이 텅 비었어. 우리 마을이 말이야. 문을 두드리는 사람도 없고, 몸을
움직이는 사람도 없지. 이제 울려 해도 울 수 없고, 웃으려 해도 웃을 거리
가 없어.'

저는 곰곰이 생각했어요. 대체 어떻게 해야 하나? 그래서 아내를 불렀지요.

'우스첸카, 나는 고향으로 돌아가야겠어. 이제 마을엔 노래하는 사람이 없

대. 내가 불러야 할 차례가 됐어. 아버지가 편찮으셔.'

그러자 우스챙카가 그러라고 하더군요. 나는 당신을 데려가지는 못한다고 양해를 구하고 그 이유를 설명해 주었어요.〉

〈아버지가 당신을 싫어하시는 거 알잖아. 나도 일단 고향으로 돌아가 노래하게 되면 다시는 당신 곁으로 돌아오지 못할지도 몰라.〉

우스챙카는 제 말을 이해해 주었어요.〈그럼 건강하길 빌어요. 요즘엔 순례자가 많아서 동냥 받기는 수월할 거예요. 하느님이 반드시 도와주시리라 믿어요, 예고르.〉

그 말을 듣고 저도 맘 편히 떠나왔지요. 아버지, 아는 노래를 모두 가르쳐 주세요.'

예고르가 돌아왔으며, 티모페이 영감이 다시 노래하기 시작했다는 소문이 금세 세상에 퍼졌습니다. 하지만 그해 가을은 세찬 바람이 휘몰아쳤기 때문에, 티모페이의 집 옆을 지나는 사람도 거기서 정말로 노랫소리가 흘러나오는지 똑똑히 알아들을 수가 없었죠. 문도 굳게 닫힌 채로, 누가 두드려도 열리는 법이 없었습니다. 아버지와 아들은 단둘만 있고 싶었죠. 예고르는 아버지가 누운 침상 끝에 걸터앉아 가끔 노인의 입가에 귀를 갖다 댔습니다. 그러면 노인은 노래를 부르고 있었죠. 티모페이의 늙고 쉰 목소리는 다소 맥이 빠지고 떨리긴 했지만, 더없이 아름다운 노래들을 예고르에게 전해주었습니다. 그러면 예고르는 자기가 노래하는 듯이 머리를 주억거리거나 두 다리를 흔들거렸지요. 이렇게 여러 날이 흘렀습니다. 티모페이는 아무리 오랜 시간이 지나도 자기 기억 속에 아직 더 아름다운 노래가 남아 있음을 깨닫곤 했지요. 그럴 때면 밤에도 수시로 아들을 깨우고, 다 시들어빠진 떨리는 손으로 알 수 없는 손짓을 하며 짧은 노래 한 가락을 불러주었습니다. 노래가 끝나면 또 한 곡, 또 한 곡, 마침내는 겨울의 무거운 아침 하늘이 붉게 물들 때까지 계속 노래했지요. 그렇게 그 가운데서 가장 아름다운 노래를 마치자마자 노인은 곧 죽었습니다. 죽기 며칠 전부터 그는 시도 때도 없이 넋두리를 늘어놓았습니다. 아직 자기 안에 엄청나게 많은 노래가 잠들어 있는데 이제 아들에게 전수할 시간이 없다며 자못 분한 듯이 한탄했지요. 그럴 때면 이마에 주름을 새기며 진지하게 명상에 잠겼습니다. 노인의 입술은 기대감에 바르르 떨리곤 했습니다. 때로는 자리에서 일어나 앉아 잠시 머리를 끄덕이거나 입을 움직거렸습니다. 그러다 보면 희미한 노래가 이끌리듯 흘러나왔지만, 그 무렵 노인은 그가 가장 좋아하는 듀크 스테파노비치의 한 대목만 반복해서 불렀습니다. 아들은 어리둥절했지만, 노인의 심기를 건드리지 않으려고 그때마다 처음 듣는 척을 해야 했지요.

늙은 티모페이 이바니치가 세상을 뜨고 이제 예고르가 혼자 살게 된 집은 그 뒤로도 한동안 닫혀 있었습니다. 드디어 봄이 돌아오자, 예고르 티모페예비치는 꽤 길어진 수염을 휘날리며 집 밖으로 나왔습니다. 그리고 온 마을을 돌며 노래 부르기 시작했습니다. 나중에는 이웃 마을들까지도 두루 돌았습니다. 농부들은 예고르가 아버지 티모페이 못지않은 명창이 되었다고 속삭이곤 했지요. 장중하고 장엄한 노래들은 물론이요 카자흐 병사든 농부든 눈물 없이는 들을 수 없는 수많은 노래를 모조리 알고 있었을 뿐만 아니라, 여태껏 어느 명창에게서도 듣지 못한 부드럽고 애잔한 목소리를 지니고 있었기 때문입니다. 이런 그의 목소리로 부르는 후렴구는 듣는 이의 마음을 감동으로 뒤흔들었습니다. 여기까지가 제가 들은 이야기입니다."

"그럼 예고르는 그 목소리를 아버지한테서 배운 것이 아니군요?" 잠시 사이를 두었다가 친구 에발트가 말했습니다.

"그렇습니다." 내가 대답했습니다. "어디에서 그런 목소리가 나왔는지는 전혀 알 수 없답니다."

내가 창가를 떠난 뒤에도 다리 불편한 친구는 여전히 손을 흔들며, 돌아가는 내 등 뒤에 대고 소리쳤습니다.

"분명히 아내와 아이 생각을 했을 겁니다. 그건 그렇고, 아버지가 죽은 뒤에도 끝내 아내와 아이를 곁으로 불러들이지 않았나요?"

"네, 그런 것 같아요. 적어도 뒷날 예고르가 죽었을 때는 혼자였습니다."

정의의 노래

그 다음번에 에발트가 앉아 있는 창가를 지나는데, 그가 나를 보고 손짓하며 미소 지었습니다. "아이들과 무슨 특별한 약속이라도 한 건가요?"

"그게 무슨 소리죠?" 나는 어리둥절해서 눈을 휘둥그레 떴습니다.

"예고르 이야기를 해주었더니, 그 이야기에 하느님이 안 나온다면서 투덜대잖아요."

나는 깜짝 놀랐습니다. "아니, 이야기에 하느님이 안 나오다니요? 그럴리가요?" 말은 그렇게 하면서도 내용을 되새겨보았습니다. "정말 그렇군요. 다시 잘 생각해보니 그 이야기에는 하느님에 대한 말이 안 나오네요. 어쩌다가 그렇게 됐는지 모르겠군요. 누가 하느님이 나오지 않는 이야기를 해달라고 꼬집어 부탁했대도, 평생 머리를 쥐어짠들 결코 그러지 못했을 텐데—"

내가 그렇게 열심히 변명하는 것을 보고 친구는 은근히 위로하듯이 빙그레 웃으며 내 말을 끊었습니다.

"그렇다고 흥분할 건 없어요. 이야기가 끝나기 전에는 그 이야기에 하느님이 나오는지 아닌지 확실히 모른다고 봐야죠. 앞으로 한두 마디면 이야기가 끝나는 상황에서도, 아니, 이야기 결말에 이어지는 짧은 침묵만 남은 상황에서조차도 하느님이 나올 가능성은 충분히 있는 셈이니까요."

나는 고개를 끄덕였습니다. 다리 불편한 친구가 말투를 바꾸어 말했습니다. "전에 들려주었던 러시아 명창들에 관해 더 아는 이야기는 없나요?"

나는 대답을 망설였습니다. "있긴 하지만, 우리 하느님 이야기나 할까요, 에발트 씨?"

그는 고개를 가로저었습니다. "아니요, 저는 그 기인들 이야기가 더 듣고싶어요. 이유는 모르겠지만, 그런 사람이 내가 있는 이 방으로 들어올지도모른다고 늘 남몰래 상상한답니다……." 에발트는 눈을 돌려 방문을 한번 바라보더니 다시 내게로 눈을 돌렸습니다. 조금 당황한 기색이었습니다. "물론 불가능한 일이죠." 에발트는 얼른 말을 바로잡았습니다.

"왜 불가능하죠, 에발트 씨? 두 다리를 만족스럽게 쓰는 사람들은 경험하지 못할 일이 당신에게는 일어날 수 있습니다. 성한 사람들은 두 다리를 어설프게 움직이다가 수많은 것을 그냥 지나치거나 부리나케 피해서 가 버리거든요. 그렇지만 에발트 씨, 당신은 분주함 한가운데에 자리 잡은 정지된 점이 되도록 하느님께서 정해 주셨습니다. 모든 것이 당신을 중심으로 움직인다고 느껴지지 않습니까? 성한 사람들은 도망치는 날들을 줄곧 쫓아가죠. 겨우 그중 한 날이라도 따라잡았을 때는 숨이 차서, 힘들게 따라잡은 그날과 한마디도 나누지 못합니다. 그에 비해 당신은 이렇게 느긋하게 창가에 앉아 가만히 기다리지요. 기다리는 사람에게는 반드시 무언가가 찾아오게 마련입니다. 당신에게는 아주 특별한 운명이 찾아올 겁니다. 생각해 보세요. 모스크바에 있는 이베리아 성모조차도 안치된 예배당에서 나와야 하잖아요. 세례든 장례든 무슨 의식을 치르려는 사람이 있으면 검은 사두마차에 실려 힘들게 그 사람들에게 가야 하죠. 하지만 당신은 계속 앉아 있기만 해도 여러 가지가 찾아오지 않습니까."

"그래요." 에발트가 희미하게 냉소를 띠며 말했습니다. "나는 죽음을 맞이하러 갈 수도 없습니다. 많은 사람이 길에서 죽음과 마주치죠. 죽음은 일부러 사람들이 사는 집까지 찾아가기가 싫은 거겠죠. 집 안에 있는 사람들을 타향으로 불러, 전쟁, 우뚝 솟은 탑의 꼭대기, 흔들거리는 다리 밑으로 끌어냅니다. 적어도 대다수 사람은 문 밖 어딘가에서 죽음과 맞닥뜨리고는 그런 줄도 모른 채 죽음을 어깨에 짊어지고 집으로 돌아옵니다. 죽음이란 녀석은 게으르기 짝이 없거든요. 인간이 끊임없이 죽음을 툭툭 건드리기에 망정이지 그렇지 않다면 죽음은 잠들어 버릴지도 모르죠." 몸이 불편한 친구는 잠시 생각에 잠겼다가 이윽고 자랑스레 말을 이었습니다. "하지만 죽음이 나를 원한다면 직접 나를 찾아와야 해요. 꽃도 잘 시들지 않는 이 밝고 작은 방으로 들어와 낡은 양탄자를 밟으며 저 장롱 앞을 지나 침대 가장자리와 탁자 사이를 통과하여(그 사이를 빠져나가기란 보통 어려운 일이 아니죠), 내가 벌써 몇 해나 애용하는 넓은 의자까지 찾아와야 하죠. 그때는 나와 삶을 함께해 온 이 낡은 의자도 아마 나와 함께 죽을 겁니다. 내게 오려면 죽음은 아주 자연스럽게 행동해야 할 겁니다. 시끄러운 소리도 내지 말고, 물건들을 뒤엎지도 말고, 괜한 소란도 피우지 말고, 평범한 방문객을 가장해야 하죠. 그런 생각을 하면 이 방이 묘하게 친근하게 느껴진답니다. 만사가 요 비좁은 무대에서 벌어진다고 생각하면, 이 마지막 사건도 지금까지 이곳에서 벌어졌거나 앞으로 벌어질 사건들과 별반 다르지 않을 것만 같아요. 어릴 적부터 나는 어른들이 죽음을 이야기할 때면 다른 이야기를 할 때와 전혀 다른 말투가 되는 것이 늘 이상했어요. 자기가 죽은 뒤에 무슨 일이 일어날지에 대해서 말하고 싶지 않아서일 거라고 생각했지요. 하지만 죽은 사람이 오랜 세월 품은 의문을 진지하게 탐구하기 위해 세상을 등진 사람과 어디가 다르단 말입니까? 사람들 틈에 섞여 살다 보면 주기도문조차 잊어버리기 십상입니다. 기도문조차 잊어버리는데 어떻게 삶의 신비로움을 생각할 수 있겠습니까? 그러니까 아무도 접근하기 어려운 고요한 곳에 외따로 틀어박혀 지내야 하는 거겠죠. 죽은 자란 어쩌면 삶을 곰곰이 생각하려고 물러난 사람과 같을지도 모르죠."

잠시 침묵이 흘렀습니다. 나는 다음과 같은 말로 침묵을 깼습니다.

"그 말을 듣다 보니 어느 젊은 처녀가 생각나는군요. 그녀 생애의 첫 열일곱 해는 그저 보다가 다 지나갔다고 해도 과언이 아닐 겁니다. 그녀의 동그랗고 자신만만한 눈은 받아들인 모든 것을 혼자 다 소비해 버렸지요. 묘령의 몸에 깃든 생명은 그런 것과는 관계없이 내면의 순진한 속삭임의 보호를 받으며 스스로 자랐습니다. 그런데 그 시기가 끝날 무렵에 엄청난 사건이 일어났고, 그 바람에 서로 간섭할 일이 없던 이 내면과 외면의 이중생활은 뒤죽박죽되고 말았습니다. 말하자면, 눈이 내면을 향해 구멍을 뚫은 것입니다. 그러자 외부의 모든 무게가 눈을 통해 어두침침한 마음속으로 떨어졌습니다. 하루하루가 이러한 무게를 지닌 채 절벽처럼 깊고 험한 시선 속으로 떨어져서는, 그 무게를 이기지 못하고 좁은 가슴속에서 유리처럼 산산조각이 났습니다. 그 때문에 이 젊은 처녀는 핼쑥해지고 시름시름 앓다가 고독을 찾아 자꾸만 생각에 잠기게 되었죠. 그러다가 마침내는 생각에 방해받을 일 없는 저 고요함을 찾게 되었습니다."

"그 처녀는 어떻게 죽었죠?" 에발트는 조금 잠긴 목소리로 나직이 물었습니다.

"물에 빠져 죽었습니다. 깊고 한적한 연못에 몸을 던져서요. 그때 수면에는 겹겹이 물결이 일어 천천히 퍼졌죠. 수련의 밑동을 건드리자, 물에 뜬 흰 꽃들이 일제히 일렁였습니다."

"그것도 이야기인가요?" 내 말 뒤에 깊어지는 침묵에 눌리지 않으려는 듯 에발트가 입을 열었습니다.

"아니요." 내가 대답했습니다. "하나의 감정이지요."

"그렇다면 아이들에게 전달하기란 어려울까요? 그 감정 말이에요."

나는 곰곰이 생각했습니다. "전달할 수도 있죠……."

"어떻게요?"

"다른 이야기를 빌리면 됩니다." 그러고서 나는 이야기를 시작했습니다. "러시아 남부에서 해방전쟁이 일어났던 무렵의 일이죠."

"미안합니다만," 에발트가 끼어들었습니다. "그게 무슨 뜻입니까? 백성이 황제에게서 해방되기를 원했다는 뜻인가요? 그렇다면 내가 평소 러시아에 대해 품어온 생각과 맞지 않는데요. 당신이 지금껏 했던 이야기하고도 모순되고요. 차라리 그 이야기를 안 듣는 게 낫겠어요. 나는 지금까지 러시아에 대해 마음속에 그리던 이미지를 여전히 사랑하고, 앞으로도 고스란히 간직하고 싶으니까요."

나는 나도 모르게 미소를 지으며 그를 안심시켰습니다.

"흔히 판이라고 불리던 폴란드계 지주들이(먼저 이 이야기부터 하는 건데 그랬습니다) 러시아 남부와 우크라이나로 불리는 황량한 초원 지방의 지배자였죠. 그들은 가혹한 지배자였습니다. 이들 지주의 압제와, 교회 열쇠마저도 손아귀에 쥐고서 돈을 받고서야 넘겨주던 유대인의 탐욕이 키예프 부근은 물론 그 위쪽 드네프르 강 전 유역에 사는 젊은이들을 피폐하고 가난하게 만들었습니다. 키예프는 성지(聖地)라는 별칭과 400개나 되는 교회의 둥근 지붕으로 러시아에서 가장 자랑스레 여겨지던 도시였지만, 이제는 날로 분위기가 가라앉고 수차례에 걸쳐 화재가 발생하면서 점차 몰락의 길을 걷고 있었지요. 허황된 망상이 어두운 밤에 끝도 없이 펼쳐지는 것과 같았습니다.

물론 그 무렵 초원에 살던 사람들은 저 멀리서 무슨 일이 벌어지고 있는지 알 길이 없었습니다. 그러나 왠지 모를 불안감에 노인들은 밤마다 오두막에서 나와, 바람 한 점 없이 끝없이 높기만 한 하늘을 잠자코 올려다보았습니다. 낮이면 평평하게 펼쳐지는 풍경을 바탕으로 뭔가를 기다리듯이 얼굴을 쳐든 무덤 위에 사람들이 드문드문 나타나는 것이 자주 목격되었습니다. 바로 그들의 선조들이 묻힌 무덤입니다. 그 무덤들은 굽이굽이 밀려오다 한순간에 얼어붙어 그대로 잠들어버린 파도처럼 온 황야에 끝없이 이어져 있습니다. 무덤이 산을 이루는 그 지방에서는 인간이 바로 깊은 골짜기입니다. 그곳에 사는 사람은 누구나 깊고 어두우며 과묵하지요. 그들이 어쩌다 내뱉는 말도 이른바 그들의 진정한 존재 위에 걸쳐진 흔들리고 약한 다리에 불과합니다. 이따금 검은 새들이 무덤에서 날아오릅니다. 그런가 하면 새가 하늘에서 멀어져 가듯이, 거친 노랫소리가 가물거리는 사람들 마음속으로 흘러들어와 깊숙이 사라져 버립니다. 어디를 봐도 모든 것이 끝없어 보이죠. 집들조차도 그 무한함을 가로막지 못하죠. 작은 창문은 무한함을 가득 품고 있습니다. 다만 어두운 방구석에 하느님에게 가는 이정표처럼 낡은 성화가 걸려 있고, 길 잃은 아이가 별밤을 헤매듯 어렴풋한 불빛이 그 액자를 통해 흘러나올 따름이죠. 이 성화야말로 유일한 피난처요, 나그네가 유일하게 믿을 수 있는 표식입니다. 어느 가정도 성화 없이는 유지될 수 없답니다. 그래서 이런 성화가 끊임없이 필요해지지요. 오래되고 벌레 먹어 그 가운데 하나가 망가졌을 때는 물론이요, 누가 결혼해서 새 집을 지었을 때도 새 성화가 필요합니다. 그리고 늙은 아브라함처럼, 마주 잡은 두 손바닥 사이에 기적을 행하는 성 니콜라우스의 그림을 끼고서 떠나고 싶다는 간절한 유언을 남기고 세상을 떠난 사람이 있을 때도 성화가 필요하지요. 그 노인은 천국에 가자마자 그곳에 있는 많은 성자와 자기 손 안의 성화를 비교해 보고, 자기가 평소 특별히 숭배하던 분이 그 가운데 어디에 계신지 알아보고 싶었던 거겠죠.

본디 직업이 구두장이였던 페테르 아키모비치도 그런 이유에서 성화를 그리게 되었습니다. 페테르는 한쪽 일을 하다 싫증이 나면 성호를 3번 그은 다음 다른쪽 일로 넘어갔지요. 바느질하거나 망치질할 때도, 또 부지런히 붓을 놀릴 때도 늘 변함없이 경건한 마음을 지녔습니다. 페테르는 나이가 지긋했지만, 나이에 맞지 않게 정정했습니다. 장화 위로 잔뜩 구부렸던 등을 그림 앞에서는 곧추세웠습니다. 그렇게 바른 자세를 유지하면서, 어깨와 허리에 균형을 이루었지요. 페테르는 평생을 대부분 혼자 지냈습니다. 아내 아쿨리나가 줄줄이 자식을 낳았고 그 가운데에는 죽은 자식도, 결혼한 자식도 있었지만, 그런 번잡스런 일에는 아예 관심도 갖지 않았지요. 일흔을 앞두고서야 페테르는 집에 남아 있는 식구들과 대화를 나누게 되었습니다. 그 나이가 돼서야 새삼 식구들을 현실적 존재로 인식하게 된 것이죠. 남은 식구는 평생 아이들을 돌보느라 몸도 마음도 완전히 지쳐버린 말수 적은 아내 아퀼리나, 혼기를 넘긴 못생긴 노처녀 딸, 늦둥이로 태어나 겨우 17살이 된 아들 알료샤였습니다. 이 알료샤에게 그림을 가르치는 것이 페테르의 바람이었습니다. 머지않아 혼자 힘으로는 모든 작품 의뢰를 감당하기 힘들어지리란 것을 알았기 때문이죠. 그러나 페테르는 아들에게 그림 가르치기를 이내 포기하고 말았습니다. 알료샤도 성모 마리아를 그릴 줄은 알았지만, 완성된 그림이 워낙 서툴러 정확한 본보기와 아주 거리가 멀었을 뿐만 아니라 카자흐인 골로코피텐코의 딸 마리아나와 매우 비슷해 몹시 불경한 느낌이 들었기 때문입니다. 그래서 페테르 영감은 여러 번 성호를 그은 다음, 그 불경한 그림 위에 성 드미트리를 덧칠해버렸습니다. 이유는 모르지만, 그는 성 드미트리를 다른 성자보다 높이 추앙했기 때문입니다.

알료샤도 다시는 그림을 그리려 하지 않았습니다. 아버지가 후광에 금색을 칠하라고 명령할 때를 빼고는 대개 집은 내팽개치고 초원을 쏘다녔지요. 어디에서 무엇을 하는지 아무도 몰랐습니다. 그를 집에 잡아두는 사람도 없었지요. 어머니는 알료샤를 별난 사람 취급했습니다. 생판 모르는 사람이나 관리를 대할 때처럼 말을 섞기조차 꺼렸지요. 누나는 동생이 어렸을 적엔 회초리질을 하곤 했지만, 성인이 되고부터는 몹시 경멸하기 시작했습니다. 알료샤가 거꾸로 덤벼들지 않았기 때문입니다. 마을에도 이 젊은이에게 관심을 두는 사람은 없었습니다. 언젠가 알료샤가 카자흐 사람의 딸 마리아나에게 결혼하자고 고백했을 때도 그녀는 깔깔 웃기만 할 뿐 상대도 해주지 않았습니다. 그 뒤로 알료샤가 다른 처녀에게 자기를 신랑으로 맞이해 달라고 청하는 일은 없었습니다. 물론 그를 카자흐군이 주둔하는 본영으로 데리고 가려는 사람도 없었습니다. 누가 봐도 매우 허약한 체격인 데다 나이도 너무 어렸기 때문이었겠죠. 언젠가 견디지 못하고 가까운 수도원까지 다다른 적이 있었는데, 수도사들은 그를 받아주지 않았습니다. 결국, 알료샤에게 남은 것이라고는 파도치듯 굽이치는 드넓은 황야뿐이었습니다. 그러던 어느 날 하느님이 무슨 생각을 하셨는지 어느 사냥꾼이 그에게 낡은 총 한 자루를 선물했습니다. 알료샤는 그 총을 늘 메고 다녔지요. 하지만 쏜 적은 없었습니다. 무엇보다 총알이 아까웠고, 언제 쏴야 좋을지도 몰랐기 때문이죠.

　어느 따뜻하고 조용한 초여름 저녁이었습니다. 식구들은 모두 굵게 빻은 보리로 만든 죽이 한 그릇 놓인 식탁에 앉아 있었습니다. 페테르가 그 죽을 먹고 있었습니다. 다른 식구들은 그 모습을 지켜보며, 페테르가 먹다 남기기만을 기다렸지요. 그때 문득 노인이 손을 멈추고 숟가락을 허공에 쳐든 채, 훤히 벗어진 주름진 이마에 한 줄기 빛을 비추었습니다. 그 빛줄기는 문틈으로 들어와 식탁 위를 비스듬히 가로질러 어스름 속으로 뻗어 있었죠. 모두 하나같이 귀를 기울였습니다. 오두막 바깥벽에서 무슨 소리가 들렸습니다. 올빼미가 날개로 가볍게 들보를 스치는 소리 같았습니다. 그러나 해는 이제 막 저문 참이었고, 무엇보다 올빼미가 마을까지 날아오는 것도 좀처럼 없는 일이었습니다. 그때 이번에는 다른 소리가 들렸습니다. 커다란 짐승 같은 것이 집 주위를 어슬렁거리는 소리처럼 들렸습니다. 무언가를 찾는 듯한 발소리가 모든 벽에서 동시에 들리는 것 같았습니다. 알료샤는 자리에서 살그머니 일어났습니다. 그때였습니다, 문간이 덩치 큰 거무스레한 무언가에 가려 어두워진 것은. 순간 그 수상한 그림자가 저녁을 몰아내고 오두막 안으로 밤을 가지고 들어오며, 거대한 몸집에 비해 불안한 걸음걸이로 이쪽을 향해 다가왔습니다. '오스타프야!' 못생긴 누이가 쉰 목소리로 말했습니다. 이제 모두가 그를 알아보았습니다. 늙고 눈먼 음유시인이었습니다. 우크라이나 전통 악기인 열두 줄짜리 반두라를 들고 이 마을 저 마을을 돌아다니며 카자흐인의 위대한 영광과 용맹심과 충성심, 카자흐 대장 키르자가나 쿠쿠뱅코, 불바를 비롯한 여러 영웅을 노래하여 모두의 귀를 즐겁게 했던 노인이지요. 오스타프는 성화가 걸려 있을 법한 쪽으로 세 번 공손히 머리를 숙였습니다 (그가 짐작으로 절한 성화에는 성녀 츠나멘스카야가 그려져 있었습니다). 그러고는 난롯가에 앉더니 나직한 목소리로 물었지요. '내가 와 있는 곳이 누구의 집인가요?'

　'내 집입니다. 구두장이 페테르 아키모비치네 집이지요.' 페테르는 다정하게 대답했습니다. 평소 노래를 좋아하는 그였기에 이 뜻밖의 방문이 기뻤던 것이지요.

　'아, 페테르 아키모비치라면 성화를 그리시는 분이시군요.' 눈먼 노인도 친근감을 표현하고자 그렇게 말했습니다. 방 안에는 갑자기 적막이 흘렀습니다. 이윽고 반두라의 긴 여섯 현에서 화음이 시작되었습니다. 그 울림은 점점 빠르고 높아지다가, 짧고 잦아들듯이 본디대로 되돌아왔습니다. 이것이 점점 빠르게 반복되자, 듣는 이들은 그만 눈을 감고 말았습니다. 미친 듯이 빠르게 고조되는 선율이 어느 지점에 가서 급속도로 추락할 것만 같아 불안해졌기 때문이죠. 그때 연주가 뚝 끊기더니 대신 연주자의 아름답고 묵직한 목소리가 울려 퍼지기 시작했습니다. 이윽고 목소리는 집 안 가득 넘치며 이웃 사람들을 그리로 불러들였습니다. 사람들은 문간이며 창문 아래로 모여들었지요. 그런데 이번에는 영웅가가 아니었습니다. 이미 불바나 오스트라니차, 날리바이코의 명성이 굳건했기 때문이었을까요? 이미 카자흐 사람들의 충절이 영원히 꺼지지 않는 빛이 되었기 때문이었을까요? 그날은 굳이 이들의 공적을 노래하지 않았습니다. 그날 노래를 들은 사람들의 내면에는 춤에 대한 열망이 평소보다 깊게 잠들어 있는 것 같았습니다. 흥에 겨워 다리를 들썩이는 사람이나 손을 올려 흔드는 사람이 없었으니까요. 오스타프의 머리도, 다른 사람들의 머리도, 하나같이 깊게 수그러들었지요. 서글픈 노래에 그들의 머리는 더욱더 무거워졌습니다.

'이제 이 세상에 정의란 없다네. 정의, 아아, 정의를 어디에서 찾으리? 이제 이 세상에 정의란 없다네. 모든 정의는 부정한 법에 굴복했으니.

오늘날 정의는 사슬에 매인 채 감옥에 갇혔네. 우리가 보는 것은 곳곳에서 정의를 비웃는 부정. 부정은 지주와 한패가 되어 황금 의자에 거만하게 앉아 있네. 황금에 파묻혀 지주와 함께 거만하게 앉아 있네.

보라, 정의가 바닥에 엎드려 애원하는 모습을. 지주에게는 악랄한 부정이 언제나 귀한 손님. 지주는 환하게 웃으며 부정을 궁전으로 초대하여 술잔 가득 꿀술을 권하네.

오, 정의여. 그리운 내 어머니여. 독수리의 날개를 되찾아라. 희망을 버리지 말지어다. 정의롭고, 정의롭게 살고자 하는 사람이 곧 나타날지니. 신이시여, 그때가 오면 힘을 빌려주소서. 하느님만이 지니신 권능으로 정의로운 사람의 하루하루를 가볍게 하소서.'

모두 한참이 지나서야 힘겹게 얼굴을 들었습니다. 이마마다 경직된 침묵이 아로새겨져 있었지요. 말을 꺼내려던 사람도 그것을 알아보았습니다. 이내 엄숙한 고요가 깨지고, 다시 반두라 연주가 시작되었습니다. 이번에는 점점수가 불어가던 군중도 훨씬 잘 이해했지요. 오스타프는 정의의 노래를 세 번 불렀습니다. 그때마다 다른 방식으로 불렀죠. 처음에는 비탄이더니, 두 번째가 되자 비난으로 변했습니다. 그러다가 세 번째 차례가 되자 음유시인은 의기양양하게 이마를 쳐들고, 짧게 호령하듯 노래를 내질렀습니다. 그 떨리는 말소리에 실린 무서운 분노가 사람들의 마음을 사로잡아 열광과 불안이 뒤섞인 감격의 경지로 이끌어 갔지요.

'사람들이 어디에 모여 있죠?' 가인이 일어서자 한 젊은 농부가 물었습니다.

카자흐 동정에 밝았던 늙은 음유시인은 인근 마을의 이름을 일러주었습니다. 사나이들은 곧 흩어졌습니다. 짧은 외침이 들리고, 무기들이 손에서 손으로 바쁘게 오갔습니다. 여자들은 집 앞에 서서 울었어요. 그로부터 한 시간 뒤에는 무장한 농민들이 마을을 떠나 체르니고프로 진격했습니다.

페테르는 늙은 음유시인에게 과실주를 한 잔 대접했습니다. 더 많은 정보를 알아내고 싶었기 때문이지요. 노인은 앉아서 과실주를 마셨지만, 구두장이의 쉴 새 없는 질문공세에 짤막하게 대답할 뿐이었습니다. 이윽고 노인은 고맙다고 말하며 자리에서 일어났습니다. 알료샤가 눈먼 노인을 이끌어 집 밖으로 안내해 주었습니다.

두 사람이 어둠 속에서 마주보고 섰을 때 알료샤가 물었습니다. '누구나 전쟁에 나가도 되나요?'

'되고말고.' 그러고서 노인은 밤에는 눈이 보이기라도 하는 것처럼 성큼성큼 걸어서 금세 사라졌습니다.

모두가 깊이 잠들자, 옷을 입은 채로 누워 있던 알료샤는 몸을 일으켜 총을 들고 집을 빠져나왔습니다. 갑자기 그는 누군가가 자기를 끌어안고 머리카락에 부드럽게 입 맞추는 것을 느꼈습니다. 다음 순간, 달빛을 받으며 서둘러 집 쪽으로 총총 달려가는 아퀼리나를 알아보았죠. '앗, 어머니……!' 알료샤는 놀라 외쳤습니다. 야릇한 기분이었습니다. 한동안 그 자리에서 머뭇거렸습니다. 어딘가에 문이라도 열렸는지, 가까이에서 개가 짖었습니다. 그 소리가 신호인 것처럼, 알료샤는 총을 어깨에 둘러메고 힘찬 발걸음으로 성큼성큼 걸어갔습니다. 날이 밝기 전에, 먼저 출발한 청년들을 따라잡을 생각이었죠.

집에서는 모두 알료샤가 사라진 사실을 모르는 척했습니다. 그러나 식구들이 다시 식탁에 둘러앉았을 때, 페테르는 알료샤의 빈자리를 알아챘지요.
그는 자리에서 일어나 방구석으로 가서 초 한 자루를 켠 뒤 성녀 츠나멘스카
야에게 바쳤습니다. 아주 가느다란 초였습니다. 못생긴 딸은 괜스레 어깨를
으쓱했습니다.

그 무렵, 눈먼 노인 오스타프는 이웃 마을을 지나며 부드럽고 애절한 목소
리를 가다듬고는 구슬프게 정의의 노래를 다시 부르기 시작했습니다."

이야기는 끝났지만, 다리 불편한 친구는 잠시 뒷이야기를 기다렸습니다.
그러더니 어이없다는 듯이 나를 빤히 바라보며 말했습니다.

"왜 이야기를 마무리짓지 않죠? 배신 이야기 때와 똑같네요. 그 노인이
하느님이었던 거죠?"

"이런, 그런 줄은 몰랐군요." 이렇게 대답하면서도 나는 등골 오싹한 전율
을 느꼈습니다.

베네치아 유대인 마을에서 본 광경

집주인, 구청장, 자율소방대 명예대장, 그밖에도 많은 직함을 붙여야 하겠지만, 간단히 말해 바움 씨는 언젠가 나와 에발트의 대화를 엿들었던 것 같습니다. 그리 놀랄 일도 아닙니다. 그는 내 친구가 1층에 세들어 사는 건물의 주인이니까요. 바움 씨와 나는 꽤 오래전부터 서로 얼굴만 아는 사이였습니다. 그런데 바로 얼마 전 일입니다. 이 구청장께서 길을 가다가 문득 걸음을 멈추더니 모자를 살짝 들어 보였습니다. 모자 안에 작은 새라도 한 마리 들어 있었다면 분명히 이때다 하고 날아가 버렸을 겁니다.

구청장은 붙임성 있게 빙그레 웃으며, 서로 말을 꺼내기 쉬운 화제를 꺼냈습니다. "여행을 자주 가신다고요?"

"아, 예." 나는 다소 건성으로 대답했습니다. "그런 편인 것 같군요."

그가 더 스스럼 없이 말했습니다. "이 동네에서 이탈리아에 다녀온 사람은 우리 둘뿐인 것 같습니다만."

"그러게요." 나는 조금이라도 친절하게 굴려고 애썼습니다. "그렇다면 그 이야기를 함께 꼭 해봐야겠군요."

바움 씨가 껄껄 웃었습니다. "그래요. 이탈리아는 대단한 나라죠. 나는 늘 우리 집 애들한테 이야기를 들려준답니다. 이를테면 베네치아를 한 번 떠올려보세요!"

나는 걸음을 멈추었습니다. "베네치아를 기억하시는군요?"

"그야 당연히 기억하지요." 여기까지 말하고 그는 낑낑거렸습니다. 벌컥 화를 내기에는 너무 뚱뚱했기 때문이겠지요. "어떻게 기억하지 못할 수 있겠소? 단 한 번이라도 본 사람이라면…… 그 소광장을 말입니다…… 안 그래요?"

"물론이죠." 내가 대답했습니다. "저는 운하를 따라 배를 탔던 게 가장 기억에 남습니다. 과거가 죽 늘어선 강변을 소리도 없이 미끄러졌었지요."

"아, 프란케티 궁전!" 바움 씨도 그곳을 떠올렸습니다.

"황금의 집이지요!" 나도 맞받아쳤습니다.

"수산시장."

"벤드라민 궁전."

교양 있는 독일인임을 과시하려고 내 말을 받아 그가 얼른 덧붙였습니다. "그곳에서 리하르트 바그너가……."

나는 고개를 끄덕이며 물었습니다. "그 다리도 아시죠?"

바움 씨는 훤히 꿰뚫고 있다는 듯이 미소 지었습니다. "물론이죠. 박물관도요. 학술원도 잊어서는 안 되죠. 그곳에 티치아노의 그림 한 점이……."

이런 식으로 바움 씨는 일종의 시험을 치른 셈이었습니다. 그는 이 시험을 보느라 진땀을 뺐을 것이 분명했습니다. 시험관인 나는 이야기라도 해서 그 보상을 해주어야겠다는 생각에 바로 이야기를 시작했습니다.

"곤돌라를 타고, '폰테 디 리알토'라고 불리는 대교 밑을 지나 터키상인회관과 수산시장 옆을 지나면서 사공에게 '오른쪽으로!' 말하면 그는 좀 놀란 표정을 지으며 '어느 쪽이오?'라고 물을 겁니다. 그래도 끝까지 오른쪽으로 가라고 우겨야 합니다. 지저분한 소운하 가운데 하나에 들어서면 배에서 내려 사공과 뱃삯을 흥정한 뒤, 욕설을 내뱉으면서 오밀조밀한 골목과 검게 그을린 아케이드를 빠져나가면 텅 빈 광장이 나오죠. 이런 자잘한 이야기를 하는 까닭은 내 이야기의 무대가 바로 그 광장이기 때문입니다."

바움 씨가 내 팔뚝을 가볍게 잡고서 말했습니다. "죄송하지만 무슨 이야기인가요?" 조그만 그의 두 눈이 이리저리 불안스레 움직였습니다.

나는 그를 안심시켰습니다.

"이야기는 이야기입니다만, 특별히 이름을 붙일 만한 이야기는 아닙니다. 언제 있었던 일인지도 확실하지 않죠. 대충 알비제 모체니고 4세가 베네치아 총독을 맡던 시절이라 추측되지만, 어쩌면 그보다 조금 전이거나 뒤일 수도 있습니다. 당신도 보셨겠지만, 카르파초의 그림은 진홍색 벨벳 바탕에 그려져, 울창한 숲처럼 따사로운 기운이 화폭 한가득 배어 나오죠. 그림 속 은은한 빛 주위에는 조용히 귀 기울이듯 그림자들이 몰려들어 있고요. 조르조네는 광택 없는 낡은 황금색 바탕에다 그렸고, 티치아노는 검은 새틴에다 그렸습니다. 그런데 제가 말씀드리고자 하는 시대에는 비단 바탕에 색깔을 입힌 밝은 그림이 선호되었지요. 따라서 사람들이 언제나 입에 담던 이름—아름다운 입술이 공처럼 태양을 향해 던지면 바르르 떨며 떨어지는 것을 사랑스러운 귀가 얼른 받아서 간직하던 그 이름—은 바로 조반니 바티스타 티에폴로였습니다.

하지만 이런 것들은 제 이야기에 나오지 않습니다. 제 이야기에는 진짜 베네치아만 나오죠. 다시 말해, 궁전의 도시, 모험의 도시, 가면의 도시, 다른 밤에는 볼 수 없는 은밀한 로맨스를 풍기는 창백한 개펄이 있는 밤의 도시에 대한 내용입니다. 제가 말씀드리려는 베네치아의 한 구역에는 흔하디흔한 꼴사나운 소동이 있을 뿐이죠. 긴 세월이 하루처럼 생각될 만큼 하루하루가 똑같이 지나갑니다. 그곳에 들리는 노랫소리는 점점 비가로 자라나, 하늘에 오르지도 못하고 꾸역꾸역 껴 있는 짙은 연기처럼 길 위를 기어다니죠. 해질 녘이면 수많은 부랑자가 기다렸다는 듯이 어슬렁거리며 배회하기 시작합니다. 수많은 아이들이 아무 광장에서나 비좁고 썰렁한 현관문 주변에 터를 잡고 앉아, 알록달록한 유리 조각이며 쓰레기를 가지고 놀지요. 그 유리는 저 옛날 거장들이 산마르코 성당의 장엄한 모자이크를 만들 때 썼던 바로 그것이지요. 귀족이 이 유대인 마을에 들어오는 일은 거의 없습니다. 분숫가에 나온 유대인 처녀들이 외투로 몸을 감싸고 복면을 쓴 검은 사람 그림자를 어쩌다 보는 것이 고작이지요. 몇몇 주민은 그런 복장을 한 사람이 외투 안에 단도를 숨기고 다닌다는 사실을 경험으로 안답니다. 어떤 사람이 달빛에 비친 이 청년의 얼굴을 본 뒤로, 검은 옷차림의 이 호리호리한 이방인은 어용 상인 니콜로 프리울리와 그의 아름다운 아내 카타리나 미넬리 사이에서 태어난 마르크 안토니오 프리울리로 알려졌지요. 청년은 이삭 로소의 집 대문에 숨어 때를 엿보다가, 주위가 조용해지면 광장을 가로질러 멜키세덱 영감의 집으로 들어갔습니다. 멜키세덱 영감은 여러 아들과 일곱 딸 그리고 그 아들딸들이 낳은 많은 손주까지 거느린 부유한 금 세공사였습니다. 가장 어린 손녀딸 에스텔이 천장이 낮은 음침한 응접실에서 백발의 할아버지에게 기대어 청년을 기다렸지요. 그 방에서는 온갖 물건이 반짝반짝 빛나며 불타듯 광채를 내뿜었습니다. 형형색색의 그릇 위에는 황금빛으로 타오르는 불길을 끄려는 듯이 비단이며 벨벳이 살포시 덮여 있었지요.

그 방에서 마르크 안토니오는 은실로 수놓은 방석을 깔고 백발의 유대인 노인 발치에 앉아, 이 세상 어디서도 듣지 못할 동화라도 이야기하듯 베네치아 이야기를 들려주었습니다. 연극 이야기, 베네치아 군대가 벌였던 전투 이야기, 외국에서 온 귀한 손님 이야기, 성화와 조각상 이야기, 성모 승천일에 열리는 센사 축제 이야기, 사육제 이야기, 더 나아가서는 자기 어머니 카타리나 미넬리의 아름다움에 대한 이야기까지 끝이 없었지요. 청년에게는 그 모든 이야기가 마찬가지였습니다. 권력과 사랑과 삶을 저마다 다르게 표현했을 뿐이었던 것이죠. 그러나 이야기를 듣는 두 사람에게는 낯선 이야기였습니다. 그도 그럴 것이, 그 시대에 유대인은 어떤 모임에서든 엄격하게 배제되었으니까요. 부자 멜키세덱은 금세공사로서 모든 사람의 존경을 받는 몸인지라 그런 규제를 덜 받았지만, 그런 그조차도 대의회 직할구역에는 발을 들여놓은 적이 없었던 것입니다. 지금까지 오랜 세월을 살아오면서 노인은 자기를 아버지처럼 공경하는 동족을 위해 몇 번이고 발 벗고 나서서 의회로부터 여러 특혜를 얻어냈습니다. 그러나 그 뒤에는 어김없이 보복을 당했지요. 공화국에 재앙이 닥칠 때마다 분풀이 상대로 선택되는 것은 언제나 유대인이었습니다. 유대인과 비슷한 기질을 지닌 베네치아 사람들은 다른 고장 사람들처럼 유대인을 돈벌이 수단으로 이용했습니다. 조세 문제로 유대인을 괴롭히고 재산을 몰수한 것만이 아닙니다. 유대인 구역을 조금씩 좁혀 들어가자, 가난에 허덕이면서도 식구는 자꾸만 늘어가던 이들 유대인 가정에서는 하는 수 없이 집을 한 층 한 층 올려야 했습니다. 그리하여 본디 바다에 접해 있지 않던 유대인 마을은 다른 바다라도 찾는 것처럼 하늘을 향해 뻗어 올라갔지요. 마침내는 깎아지른 듯 가파른 건물들이 분수가 있는 광장을 어느 거대한 탑의 외벽처럼 에워싸고 우뚝 솟게 되었답니다.

부자 멜키세덱은 나이를 많이 먹어서인지, 이웃과 아들들, 손주들에게 희한한 부탁을 했습니다. 헤아리지 못할 만큼 층층이 올라가며 높이를 다투는 이 비좁은 건물들 가운데 가장 높은 집에 살고 싶다고 수시로 말하는 것이었습니다. 모두 기꺼이 노인의 이 희한한 소원을 들어주었습니다. 그렇지 않아도 아래층 벽이 무게를 얼마나 견딜지 미심쩍어, 위층은 바람이 벽을 알아차리지도 못할 만큼 되도록 가벼운 벽돌로 쌓았기 때문이었죠. 그리하여 노인은 1년에만 두세 번씩 이사했습니다. 노인을 혼자 두고 싶지 않았던 에스텔은 노인 옆에 꼭 붙어 있었습니다. 마침내 그들은 비좁은 방에서 나와 평평한 지붕 위에서 보면 딱 이마 높이에서 지상과는 전혀 다른 나라가 펼쳐질 만큼 높은 곳까지 오르게 되었습니다. 노인이 찬송가를 부르듯 알 수 없는 말로 다양한 풍습을 읊조리던 바로 그 나라였습니다. 이제 두 사람이 있는 곳은 지상에서 까마득한 높이였습니다. 다른 이의 삶을 몇이나 지나고, 미끄럽고 가파른 계단을 기어오르고, 시끄럽게 잔소리를 퍼붓던 아낙네들을 넘어, 마구 덤벼드는 굶주린 아이들을 헤치고 올라가야 했지요. 이렇게 거치적거리는 게 많다보니 이들을 찾아오는 사람도 없었습니다. 마르크 안토니오도 이제는 찾아오지 않았죠. 에스텔도 그가 찾아오지 않는 것을 그다지 서운해하지 않았습니다. 예전에 마르크 안토니오와 단둘이 있을 때면 눈을 크게 뜨고 오래오래 그의 얼굴을 질리지도 않고 바라보던 에스텔이었지만, 이제는 그가 자신의 검은 눈 속 깊이 떨어져 이미 죽은 것처럼 느껴졌습니다. 그뿐만 아니라 그가 기독교도로서 굳게 믿었던 새 영생이 이제는 자기 안에서 시작되는 것 같은 생각도 들었습니다. 이런 새로운 감정을 어린 몸속에 품은 채 에스텔은 온종일 지붕 위에 서서 바다를 찾았습니다. 그러나 아무리 높은 곳에 살더라도 눈에 보이는 것이라고는 포스카리 궁전의 합각지붕과 이런저런 탑들, 어느 교회의 둥근 지붕, 빛을 받고 얼어붙은 듯이 저 멀리 보이는 둥근 지붕, 습기를 머금고 바들바들 떠는 하늘이 끝나는 곳에서 보이는 돛대와 활대와 삿대가 만들어내는 격자 모양뿐이었지요.

　그해 여름이 끝나갈 무렵, 노인은 이미 계단을 오르내리기도 어려운 몸이었지만, 모두의 반대를 무릅쓰고 다시 이사했습니다. 작지만 마을에서 가장 높은 집이 새로 지어졌기 때문이었지요. 노인이 에스텔의 부축을 받으며 실로 오랜만에 다시 광장을 가로지르자 사람들이 주위로 우르르 몰려와, 더듬거리는 그의 두 손에 공손하게 입 맞추고는 온갖 일에 조언을 구했습니다. 그들에게는 노인이 한 번 죽었다가 때를 채우고 무덤에서 부활한 사람처럼 여겨졌던 거겠죠. 실제로 그렇게 보였는지도 모르겠습니다. 사람들은 베네치아에서 폭동이 일어나 귀족 계급이 위험에 처했으며, 머잖아 유대인 마을의 경계가 무너지고 만인이 평등한 자유를 누리게 되리라는 것을 알려주었습니다. 노인은 아무 대답도 하지 않고 고개만 끄덕였지요. 그런 일도 다른 여러 일과 함께 진작부터 알고 있었다는 듯한 태도였습니다. 노인은 이삭 로소의 집으로 들어갔습니다. 이번에 새로 이사한 집이 그 집 맨 위층에 있었던 것입니다. 노인은 한나절이나 걸려서 겨우 꼭대기에 도착했습니다.

그 높은 집에서 에스텔은 금발의 귀여운 아기를 낳았습니다. 몸이 회복되자 그녀는 아기를 안고 지붕 위로 올라가, 천진하게 뜬 아기의 두 눈에 처음으로 황금빛 하늘을 한껏 담아 주었습니다. 말로 다할 수 없이 맑은 가을 아침이었습니다. 만물은 아직 광채를 잃은 채 어둠 속에 잠겨 있었지요. 희미하게 새어 나온 몇 줄기 햇살이 커다란 꽃송이에 내려앉듯이 만물 위로 내려와서 잠시 쉬다가 황금빛 윤곽을 남기고 다시 하늘로 훨훨 날아갔습니다. 그렇게 이 빛줄기들이 정처 없이 흩어지는 근처에서, 유대인 마을에서는 지금껏 누구도 본 적 없는 것이 그 어마어마하게 높은 곳에서 바라다보였습니다. 고요한 은빛, 바로 바다였지요.

그 멋진 광경에 눈이 익고나서야 에스텔은 저 앞쪽 지붕 가장자리에 멜키세덱이 있는 것을 알아챘습니다. 노인은 두 팔을 활짝 벌린 채 똑바로 일어나, 천천히 펼쳐지는 하루를 침침한 눈으로 열심히 응시했습니다. 두 팔을 높이 쳐들고 머릿속에는 이루 말할 수 없이 찬란한 생각이 감돌았지요. 제물이라도 바치는 것 같은 모습이었습니다. 그러더니 몇 번이고 몸을 구부려, 각지고 거친 돌에 백발 머리를 짓이겼습니다. 한편 아래에서 사람들은 광장에 모여 위를 쳐다보고 있었습니다. 저마다 손짓하고 외치고 했지만, 혼자서 조용히 기도 올리는 노인에게까지는 닿지 않았죠. 사람들 눈에는 이 마을에서 가장 늙은 사람과 가장 어린 사람이 구름 사이에 있는 듯이 비쳤습니다. 노인은 위풍당당하게 몸을 일으켰다가 새로이 겸허함에 젖어 다시 털썩 엎드리는 동작을 계속했습니다. 그러는 사이에 사람은 점점 불어났지만, 노인에게서 눈을 떼는 사람은 없었습니다. 노인은 과연 바다를 본 걸까요? 아니면 영광을 두른 불멸의 하느님을 본 걸까요?"

바움 씨는 얼른 뭐라고 의견을 말하려고 조바심쳤지만, 그러지 못했습니다. 잠시 뒤 그는 무뚝뚝하게 "바다 아닐까요?"라고 말하고, "바다도 인상적인 광경이니까요." 그렇게 덧붙임으로써 자신이 남다른 지식인이며 분별력 있는 사람임을 보여주었습니다.

나는 서둘러 작별인사했습니다. 그러나 그의 등에 대고 떠밀듯이 이렇게 외치지 않을 수 없었습니다.

"이 이야기를 잊지 말고 아이들한테 들려주세요!"

그는 잠시 생각했습니다.

"아이들한테요? 그런데 그 젊은 귀족 말입니다. 안토니오인가 뭔가 하는
……. 그 사람 성품은 전혀 훌륭하지 않던데요. 그 아기 이야기도 좀 그렇고
……. 그런 이야기는 아무래도 우리 아이들한테는……."

"이런." 나는 그를 진정시켰습니다. "당신 같은 분이 하느님이 아기를 보
내주신다는 사실을 잊으시다니요. 에스텔이 하늘과 그렇게 가까운 곳에 살
았기 때문에 아기를 선물 받은 거라고 설명해도 아이들은 조금도 의심하지
않을 겁니다."

아이들은 이 이야기도 들었습니다. 늙은 유대인 멜키세덱이 황홀한 무아
지경에서 무엇을 본 것 같으냐고 아이들에게 물어보면 서슴없이 이렇게 대
답하니까요.

"그야 바다죠."

돌에 귀 기울이는 남자

나는 다리 불편한 친구네 집 앞을 다시 지나갔습니다. 친구가 특유의 미소를 지으며 말했습니다. "그런데 이탈리아 이야기는 조금도 들려주시지 않았군요."

"어서 만회해 보라는 뜻인가요?"

에발트는 고개를 끄덕이더니 어느새 눈을 감고 귀를 기울였습니다. 나는 이야기를 시작했습니다.

"우리가 봄이라고 느끼는 것도 하느님 눈에는 지상을 스치는 희미하고 어럼풋한 미소로밖에 비치지 않습니다. 대지는 뭔가를 추억하는 듯이 보이죠. 여름이 되면 아무에게나 그 추억을 이야기하다가 어느덧 가을의 위대한 침묵에 휩싸이면 한층 지혜로워집니다. 이 위대한 가을의 침묵에 힘입어 대지는 고독한 사람들에게 자기의 비밀을 털어놓습니다. 당신과 내가 지금까지 겪은 봄을 다 합쳐도 하느님의 단 1초도 못 채웁니다. 하느님 눈에 엄연한 봄으로 보이려면 봄을 나무들 사이나 초원 위에 그냥 머물게 두어서는 안 됩니다. 어떻게든 인간 내부에서 위대한 힘으로 거듭나야 하죠. 그래야 시간의 흐름에 아랑곳하지 않고, 오히려 하느님 앞에 영원히 반복되어 나타날 테니까요.

지금 말한 일이 실제로 일어났던 때의 일입니다. 하느님의 두 눈길은 검은 날개가 되어, 퍼덕이며 이탈리아 상공에 머물러 있었죠. 아래 세상은 환하게 비추어져 때로 황금처럼 반짝였습니다. 그런데 어두운 외길처럼 이 이탈리아 국토 위를 육중하고 검게 가로지르는 건장한 남자의 그림자가 보였습니다. 그 훨씬 앞쪽에는 남자의 창조적인 손이 그림자를 드리우고 있었죠. 그 손 그림자는 불안스레 움찔거리며 피사 위에 떨어졌다가, 나폴리를 뒤덮었다가, 바다에 떠서 일렁이는 파도를 맞고 흩어졌다가 했습니다. 하느님은 이 손 그림자에서 눈을 뗄 수가 없었습니다. 처음에는 기도라도 하는지 꼭 마주 잡은 것처럼 보였죠. 그러나 그렇게 생각할 틈도 없이, 두 손은 거기에서 터져 나오는 격렬한 기도 때문인지 반대편으로 멀리 떨어지고 말았습니다.

이내 하늘나라는 끝을 알 수 없는 정적에 잠겼습니다. 성자들은 한결같이 하느님의 눈길을 좇아, 이탈리아를 반쯤 뒤덮은 그림자를 하느님처럼 가만히 지켜보았지요. 천사들이 노래하는 찬송가는 그들의 입술에서 그대로 얼어붙었습니다. 무수한 별은 죄지은 것처럼 조마조마한 마음으로 바들바들 떨면서 하느님의 불호령을 얌전히 기다렸습니다. 하지만 우려하던 일은 일어나지 않았습니다. 하늘나라는 그 드넓은 땅을 이탈리아 위에 활짝 열었습니다. 그 장엄함에 로마에서는 라파엘이 무릎을 꿇었고, 이미 세상을 뜬 프라 안젤리코 다 피에솔레는 어느 구름 위에 서서 그 모습을 보고 기뻐했겠지요. 지상에서는 이미 수많은 기도가 올라왔습니다. 그러나 하느님은 딱 한 가지밖에 알아볼 수 없었지요. 바로 미켈란젤로의 힘이었습니다. 그의 힘이 포도밭에서 나는 향기처럼 하느님 계신 곳까지 올라왔던 것입니다. 하느님은 그 힘이 당신 마음을 가득 채울 때까지 참을성 있게 기다리셨죠. 하느님은 몸을 한껏 구부리고, 창조하는 그 사나이의 모습을 내려다보셨습니다. 그리고 사나이 어깨너머로, 돌을 더듬으며 무언가를 알아내려고 애쓰는 그의 두 손을 잠시 지켜보는데 불현듯 가슴이 덜컥 내려앉았습니다.

'돌 속에도 영혼이 들어 있단 말인가? 저 사나이는 왜 돌에 귀를 기울이는 거지?'

그때였습니다. 사나이의 두 손이 별안간 잠에서 깨어나더니 무덤을 파헤치듯이 돌을 마구 깨기 시작했습니다. 돌 속에서 당장에라도 숨이 끊어질 듯 가느다란 소리가 떨려 나왔습니다.

불안해진 하느님이 소리쳤습니다. '미켈란젤로! 돌 안에 누가 있느냐?'

미켈란젤로는 주의 깊게 귀 기울였습니다. 그의 두 손은 바르르 떨리고 있었지요. 이윽고 그가 서글픈 목소리로 대답했습니다.

'하느님, 바로 당신입니다. 하지만 저는 당신에게 가지 못합니다.'

그 순간 하느님은 자신이 돌 속에 들어가 있는 느낌이 들어 갑갑해졌습니다. 하늘나라 전체가 하나의 돌로 변한 것이었지요. 하느님은 그 한가운데에 갇혀, 자신을 해방시켜 줄 미켈란젤로의 손을 간절히 기다릴 뿐이었습니다. 그 손이 다가오는 소리가 하느님 귀에도 똑똑히 들렸지만, 아직 멀기만 했습니다.

거장은 다시 작업을 시작했습니다. 그는 줄곧 이렇게 생각했지요.

'당신은 그저 돌덩이에 불과합니다. 다른 사람 같으면 설마 당신 안에 인간이 숨어 있으리라고는 상상도 못했겠죠. 하지만 저는 여기쯤이 당신의 어깨라는 것을 느낍니다. 성 요셉의 어깨죠. 또 이 부분에는 마리아가 엎드려 있군요. 막 십자가에 못 박혀 죽은 우리 주 예수를 안은 마리아의 떨리는 손이 분명히 느껴집니다. 이 조그만 대리석 안에 이렇게 세 분이나 들어 있는데, 어찌 바윗덩이에서 잠든 일가를 끌어올리지 못하겠나이까?'

그러고는 바로 커다란 정을 휘둘러 돌 속에서 피에타의 세 조각상을 해방시켰습니다. 그러나 이 세 사람의 얼굴에서 돌 베일을 걷어내지는 않았지요. 그들의 깊은 비탄이 그대로 드러났다가는 격렬한 마비가 자신의 두 손을 덮칠지도 모른다고 걱정했기 때문일까요. 미켈란젤로는 도망치듯 다른 돌로 옮겨갔습니다. 하지만 이마를 반듯하게 다듬거나 어깨를 둥글게 깎을 단계마다 어김없이 주저하는 것이었습니다. 그가 여인상을 만들 때 여인의 입가에 미소를 새기지 않은 채로 완성한 것도 그녀의 아름다움이 숨김없이 드러나는 것을 꺼렸기 때문인지 모릅니다.

그즈음 미켈란젤로는 줄리아노 델라 로베레($^{1443\sim1543,}_{교황\ 율리우스\ 2세}$)를 위한 묘비를 구상 중이었습니다. 먼저 이 철의 교황을 내려다보는 산을 하나 만들 셈이었습니다. 그 산에 살 일족도 필요했죠. 그런 어렴풋한 상상들로 머리가 꽉 차자 그는 집에서 나와, 자주 가는 대리석 채석장으로 갔습니다. 어느 벽촌 너머에 그 험준한 산맥이 솟아 있었죠. 감람나무와 무너져 내린 바위에 에워싸인 채 방금 잘려나간 단면이 희끗희끗한 머리카락 아래로 엿보이는 커다랗고 창백한 얼굴 같았습니다. 미켈란젤로는 그 가려진 이마 앞에 오래도록 서 있었죠. 그러다 갑자기 그 이마 아래에서 두 개의 커다란 돌 눈이 가만히 자기를 바라보는 것을 발견했습니다. 그 눈빛에 감화되어 자기 몸이 자꾸만 불어나는 것을 느꼈습니다. 이제 그도 그 고장을 발밑에 밟고 우뚝 솟아났지요. 마치 먼 옛날부터 맞은편 돌산과 형제처럼 마주하고 있었던 듯한 착각이 들었습니다. 계곡은 산을 오를 때처럼 그의 뒤쪽으로 점점 물러나고, 사람들이 사는 오두막은 가축 떼처럼 옹기종기 모여 있었습니다. 그리고 이내 새하얀 돌 베일을 쓴 넓적한 바위 얼굴이 친근하게 바짝 다가왔습니다. 그 얼굴은 꼼짝 않고 있으면서도 당장에라도 움직일 기세를 보이며, 뭔가를 기다리는 표정을 띠고 있었죠.

미켈란젤로는 곰곰이 생각했습니다. '너를 쪼갤 수는 없다. 그래, 넌 계속 한 덩어리로 남아야 해.' 그는 소리 높여 외쳤습니다. '너를 완성하겠다. 너야말로 나의 과업이다.' 그러고는 피렌체 쪽을 돌아보았습니다. 별 하나와 대성당의 종탑이 보였습니다. 방향을 바꾼 그의 발치에는 저녁 어스름이 깔리고 있었습니다.

포르타 로마나라고 불리는 성문에 이르러 그는 갑자기 망설였습니다. 그러나 길 양쪽으로 늘어선 집들이 벌린 두 팔처럼 그에게 뻗어오는가 싶더니, 눈 깜짝할 새에 그를 붙잡아 재빨리 도시 안으로 끌고 들어갔습니다. 갈수록 길은 좁아지고 어두워졌습니다. 이윽고 집에 발을 들여놓을 때가 돼서야 미켈란젤로는 자신이 신비로운 손안에 들어 있으며, 거기서 벗어날 방도가 없음을 깨달았지요. 그는 응접실로 도망쳤다가 다시 서재로 도망쳤습니다. 서재는 두 발짝만 옮기면 맞은편 벽에 닿는 작고 낮은 방이었습니다. 사방 벽이 그를 덮쳐 왔습니다. 그의 커다란 덩치와 싸워서 그를 다시 예전의 조그만 형상 안에 가두려는 것이었을까요? 미켈란젤로는 그냥 가만히 있었습니다. 무릎을 꿇고 몸을 웅크린 채, 벽들이 하는 대로 내버려 두었지요. 그러자 일찍이 느껴본 적 없는 겸허한 마음이 솟아오르는 것을 느꼈습니다. 그는 도로 작아지고 싶다는 욕망마저 품게 되었지요.

그때 어디에선가 목소리가 들려왔습니다. '미켈란젤로야, 네 안에 누가 있느냐?'

비좁은 방에 웅크리고 있던 남자는 두 손에 이마를 깊숙이 파묻고 들릴 듯 말 듯 대답했습니다. '하느님, 바로 당신입니다.'

그러자 하느님의 주위가 순식간에 훤히 열렸습니다. 하느님은 이탈리아 위로 수그리고 있던 얼굴을 한껏 쳐들고서 주위를 둘러보았습니다. 외투를 입고 주교모를 쓴 성자들이 서 있었습니다. 천사들은 목마름에 신음하는 별들 사이를 누비며 반짝이는 맑은 물이 든 항아리를 나르듯이 연신 새 노래를 날랐죠. 하늘나라는 이제 끝없이 펼쳐져 있었습니다."

다리 불편한 친구는 눈을 들고, 그 눈길이 저녁 구름에 이끌려 함께 하늘을 흘러가도록 한동안 내버려 두었습니다.

"진짜로 하느님이 저편에 계실까요?" 에발트가 그런 질문을 했습니다.

나는 아무 말도 하지 않았습니다. 그러다가 그 쪽으로 몸을 구부리고 귀를 쫑긋 세우며 물었습니다.

"에발트 씨, 우리가 정말로 이곳에 있는 걸까요?"

우리는 진심을 담아 악수했습니다.

골무는 어떻게 하느님이 되었지

에발트네 창가를 떠나 큰길로 나와서 보니, 저녁 구름이 여전히 하늘에 걸려 있었습니다. 마치 무언가를 기다리고 있는 듯했습니다. '구름들에게도 이야기를 들려주어야 하나?' 나는 구름들에게 이야기를 들어보겠느냐고 제안했습니다. 그러나 구름에게는 내 말이 전혀 들리지 않았나 봅니다. 나는 내 존재를 알리는 동시에 우리 사이의 거리를 좁히려 큰 소리로 이렇게 외쳤습니다.

"나도 저녁 구름이에요!"

구름들이 하나같이 멈춰 섰습니다. 나를 바라보는 게 분명했습니다. 이윽고 구름들은 투명하고 여린 붉은 날개를 내게 내밀었습니다. 저녁 구름들이 자기들끼리 인사하는 방식입니다. 저녁 구름들은 내가 누군지 확실히 알아본 모양이었습니다.

"지금 우리는 대륙 위에 떠 있어요." 저녁 구름들이 설명했습니다. "더 정확히 말하자면 유럽 위죠. 당신은요?"

나는 우물쭈물했습니다. "육지인데……."

"어떻게 생겼는데요?" 구름들이 캐물었습니다.

"글쎄요." 내가 대답했습니다. "모든 게 저녁놀에 물들어 있죠……."

"그렇다면 유럽이잖아." 젊은 구름이 그렇게 말하고 웃었습니다.

"그럴지도 모르죠." 내가 말했습니다. "하지만 내가 여태 들은 바로는 유럽의 모든 것이 죽었다던데."

"왜 안 그렇겠어?" 다른 구름이 비꼬듯이 말했습니다. "살아 있는 거라곤 어리석음뿐인데."

"그렇지만," 나는 물러서지 않았습니다. "내 것은 죄다 살아 있어요. 그게 다른 점이죠. 내 것은 여러 가지가 될 수 있어요. 연필이나 난로로 태어났다고 해서 '이제 출세는 글렀구나.' 그렇게 절망할 필요는 없죠. 때에 따라 연필은 지팡이도 될 수 있고, 잘하면 돛대도 될 수 있으니까요. 난로는 적어도 성문쯤은 될 수 있고요."

"넌 아무것도 모르는 꼬맹이 저녁 구름이구나." 처음부터 무례하게 굴었던 젊은 구름이 말했습니다.

젊은 구름 때문에 마음 상했을까 봐 염려스러웠는지 늙수그레한 구름이 나에게 달래듯 말했습니다. "세상에는 많은 나라가 있으니까요. 언젠가 나는 독일에 있는 어느 공국 위를 지나간 적이 있는데, 그런 나라까지 유럽이라는 게 지금도 믿기지가 않아요."

나는 늙수그레한 구름에게 고마움을 표하고서 말했습니다. "여기까지는 서로 의견의 일치를 보기가 어려울 것 같네요. 그러니 괜찮으시다면 요새 이 아래 쪽에서 본 것을 짧게 이야기해 드리죠. 그러는 편이 가장 좋을 것 같군요."

"어서 해주시죠." 다른 구름들을 대표해서 그 현명한 늙은 구름이 내 제안에 동의해 주었습니다.

나는 이야기를 시작했습니다.

"많은 사람이 한 방에 모여 있었습니다. 물론 나는 아주 높은 곳에 있었다고 생각해 주세요. 자연히 내겐 그 사람들이 꼬마들처럼 작아 보였죠. 그러니 그들을 간단히 아이들이라고 부르기로 하죠. 다시 말해, 아이들이 한 방에 모여 있었습니다. 둘, 다섯, 여섯, 일곱, 모두 일곱 명의 아이였지요. 상대가 상대이니만큼 아이들 이름을 하나하나 묻고 다니려면 꽤 시간이 걸릴 것 같았습니다. 게다가 뭔가 열심히 토론을 벌이는 중인 것 같았거든요. 또 그런 상황에서라면 이름도 저절로 차례차례 알게 될 게 뻔했고요. 아이들은 꽤 오래전부터 그렇게 모여 있었던 것 같았습니다. 그 가운데 가장 나이 많은 아이(다른 아이들이 그를 한스라고 부르는 걸 나는 들었지요)가 결론을 내리듯이 이런 의견을 말한 걸 보면 말이죠.

'안 돼, 절대로 이 상태에 만족할 수는 없어. 내가 듣기론 예전에는 부모들이 밤마다, 적어도 예의 바르게 행동했던 날 밤에는 아이들이 잠들 때까지 이야기를 들려주었대. 요즘에 그런 집이 대체 어디 있니?' 잠시 침묵이 이어졌습니다. 한스가 직접 대답했지요. '없어. 어디에도 없다고. 나는 말이야, 나도 이제 자랄 만큼 자랐으니까, 엄마 아빠가 머리를 쥐어짜서 해주시는 그 한심한 용 이야기 따위에서 부모님을 기꺼이 해방시켜 드리고 싶어. 하지만 그건 그거고, 부모님께서 우리에게 이야기를 들려주는 건 어디까지나 당연

한 일이야. 물의 정령도, 난쟁이도, 왕자와 괴물도 있었다고 말이야.'

'우리 숙모는,' 조그만 소녀가 끼어들었습니다. '자주 이야기해 주시는데 —'

'맙소사, 어처구니가 없구나.' 말이 떨어지기가 무섭게 한스가 소녀의 말허리를 잘랐습니다. '숙모는 안 돼. 숙모들은 거짓말만 하거든.'

이 단호하고 반론의 여지가 없는 주장 앞에서 아이들은 몹시 주눅이 들었습니다. 한스가 말을 이었습니다.

'이 애 집에서 가장 큰 문제는 아무래도 부모야. 그런 식으로 우리를 가르칠 의무가 있는 건 뭐니 뭐니 해도 부모니까. 오히려 다른 사람은 지나치게 친절해서 탈이지. 다른 사람에게 그런 교육을 요구할 수는 없어. 그렇지만 우리 부모님은 어떻지? 우리 부모님은 뭘 해 주시냔 말이야. 뚱한 표정으로 돌아다니며 뭐든지 못마땅해하시지. 소리 지르고 야단만 치시잖아. 그러면서 또 얼마나 무신경한지, 아마 세상이 멸망해도 모르실걸. 부모들은 '이상'이라는 걸 데리고 다녀. 분명히 혼자 내버려 두어선 안 되고 성가시기만 한 쪼끄만 갓난아기 같은 걸 거야. 하지만 그럴 바엔 우릴 낳지 말았어야지.

아무튼, 애들아, 난 이렇게 생각해. 부모들이 우리를 내버려 두는 건 확실히 슬픈 일이야. 그게 어른들이 하나같이 바보가 되어간다는, 분명히 말해서 퇴화한다는 증거가 아니라면 우리도 그냥 만족해도 좋겠지. 하지만 우리 힘으로는 어른들의 타락을 막을 도리가 없어. 내내 어른들을 일깨우고 있을 수만은 없잖아. 우리는 학교에서 늦게 돌아오는 데다, 〈자, 여기 앉아서 뭔가 흥미롭고 유익한 이야기를 좀 해 보렴〉이라고 조르는 부모는 없어. 등잔 밑에서 몇 시간이고 묵묵히 앉아 공부하는 걸 좋아하는 사람이 있니? 그런데도 엄마들은 피타고라스 정리조차 알려 들지 않아.

이런 마당에 뭘 더 어쩌겠니? 어른들은 점점 바보가 되어갈 뿐이야……. 뭐, 그것도 좋아. 그렇다고 우리가 손해 보는 건 없으니까. 교양이 뭐냐고? 어른들은 마주치기만 하면 모자를 벗고 인사를 나누는데, 그때 난데없이 대머리라도 드러날라 치면 껄껄 웃어대는 게 교양이지. 말하자면, 어른들은 늘 웃는 거야. 우리가 요령 있게 가끔 응석 부리고 울어주니 망정이지 그렇지 않으면 세상은 균형이 잡히지 않을 거야. 게다가 어른들은 거만하기 짝이 없어. 황제는 무조건 어른이라고 주장할 정도니까. 언젠가 신문에서 읽었는데,

스페인 왕은 어린아이래. 그런데도 어느 나라 국왕이건 황제건 다 그렇다는 거야—할 말이 있거든 나중에 해. 그런데 어른들은 이런 쓸데없는 것들 말고도, 우리가 절대로 그냥 넘어갈 수 없는 것을 가지고 있어. 바로 하느님이지. 나는 어른들이 하느님과 함께 있는 장면을 본 적이 없어. 바로 그 점이 미심쩍은 구석이지. 나는 어른들이 깜빡 정신을 딴 데 팔거나 바빠서 허둥거리는 사이에 하느님을 어딘가에서 잃어버린 게 분명하다는 생각이 들었어. 하지만 하느님은 없어서는 안 될 분이지. 하느님이 안 계시면 여러 가지 일이 일어나지 못해. 먼저 해가 떠오르지 않겠지. 그리고 아이들이 태어나지 못해. 빵도 끊겨버릴 거야. 빵은 빵집에서 만들어져 나오지만, 지그시 앉아서 저 커다란 맷돌을 돌리는 건 하느님이거든. 하느님이 계시지 않으면 안 되는 이유는 그 말고도 얼마든지 들 수 있어. 하지만 어른들은 하느님에게 전혀 신경을 쓰질 않지. 그래, 그것만은 확실해. 그렇다면 우리 아이들이 신경 써야겠지. 이제부터 내 생각을 말할 테니 모두 잘 들어. 우리는 정확히 일곱 명이야. 저마다가 하느님을 하루씩 맡으면 하느님은 한주 내내 우리와 함께 계시게 되지. 더불어 하느님이 어디 계신지도 늘 알 수 있고 말이야.'

아이들은 모두 당황했죠. '대체 어떻게 해야 하는 거지? 정말로 하느님을 손에 쥐거나 호주머니에 넣을 수 있을까?'

모두가 쩔쩔매고 있을 때 한 키 작은 아이가 말했습니다.

'내가 혼자 방에 있을 때였어. 조그만 등잔이 바로 옆에 켜져 있었지. 나는 침대 위에 앉아서 밤 기도를 드리는 중이었지. 아주 큰 소리로 말이야. 그때 마주 잡은 두 손 안에서 뭔가가 꿈틀댔어. 부드럽고 따뜻한 작은 새 같은 게. 하지만 난 손을 펼 수가 없었어. 기도가 다 안 끝났거든. 하지만 너무나 보고 싶어서 참을 수가 없기에 기도를 후다닥 끝내버렸어. 마침내 '아멘' 하면서 이렇게 해 봤지(꼬마는 마주 잡은 손을 앞으로 내밀고 손가락을 펼쳤습니다). 그렇지만 아무것도 없었어.'

모두 그 광경이 훤하게 그려졌죠. 한스조차도 뭐라 할 말이 없었어요. 모두 한스만 빤히 바라봤습니다. 그때 한스가 별안간 말했어요.

'바보 같긴! 모든 것이 하느님이 될 수 있다니까. 하느님한테 그 사실만 알려드리면 돼.' 그러더니 바로 옆에 서 있던 붉은 머리 소년을 돌아보고 말했어요. '그런데 동물은 안 돼. 동물은 도망치니까. 하지만 물건은 움직이지 않으니까 괜찮아. 방에 들어가면 낮이고 밤이고 늘 그 자리에 있잖아. 그러니까 물건은 하느님이 될 수 있어.'

아이들도 점차 한스의 말에 수긍하게 되었지요.

'하지만 작은 물건이어야 해. 어디든지 지니고 다닐 수 있도록. 안 그러면 의미가 없어. 모두 호주머니에 있는 걸 털어놔 봐.'

별의별 물건이 다 나왔어요. 종잇조각, 주머니칼, 지우개, 펜대에 끼우는 깃털, 노끈, 조약돌, 나사못, 호루라기, 대팻밥, 그밖에 멀리서 보면 보이지도 않을 자잘한 것들과 나로서는 이름조차 모르는 것들이 쏟아져 나왔죠. 아이들 손바닥 위에서 나란히 놓인 그 잡동사니들은 자기들이 하느님이 될지도 모른다는 뜻밖의 가능성에 놀란 듯이 보였지요. 그 사이에서 조금이라도 반짝이는 것들은 한스의 마음에 들려고 기를 쓰고 빛을 뿜어냈습니다. 한참을 망설이던 한스는 마침내 어린 레지의 손에서 골무 하나를 발견했습니다. 언젠가 엄마에게서 슬쩍 가져온 것이었지요. 골무는 은으로 착각할 정도로 반짝반짝 빛났는데, 그 아름다움 덕분에 하느님이 된 거죠. 먼저 한스가 그것을 손가락에 꼈습니다. 키 순서대로 해도 한스가 첫 번째였으니까요. 아이들은 한스 뒤를 온종일 졸졸 따라다니며, 이 하느님을 매우 자랑스러워했지요. 그런데 내일은 누가 골무를 가질 건지 정할 때가 되자 의견이 뿔뿔이 갈려 도무지 결론이 나지 않았습니다. 그래서 한스는 싸움이 일어나지 않도록 신중함을 발휘해 일주일치 순서를 한꺼번에 정해 버렸지요.

그 방법은 여러 면에서 아주 적절했습니다. 하느님을 누가 가졌는지 한눈에 알아볼 수 있었거든요. 골무를 가진 아이는 몸을 꼿꼿이 펴고 짐짓 점잔을 빼며 걸어 다니고, 주일용 예복을 입었을 때와 같은 표정을 지었으니까요. 첫 사흘 동안은 모이기만 하면 하느님 얘기였습니다. 아이들은 온종일 틈만 나면 하느님을 보여달라고 졸랐지요. 정작 골무는 위대한 존엄을 띠게되고 나서도 무엇하나 변한 게 없었지만, 본디 골무가 지니는 속성은 본모습을 가린 소박한 겉옷 정도로밖에 보이지 않았습니다. 모든 게 순조롭게 진행되었습니다. 수요일에는 파울이, 목요일에는 어린 안나가 골무를 지녔어요. 토요일이 되었습니다. 아이들이 술래잡기하며 신나게 뛰어다닐 때였습니다. 갑자기 한스가 외쳤어요.

'지금 누가 하느님을 갖고 있지?'

모두 그 자리에 멈추었어요. 서로 얼굴만 멀뚱멀뚱 바라보았죠. 모두 이틀 전부터 하느님을 본 기억이 없었습니다. 한스는 누구 차례인지 헤아려보았습니다. 답이 나왔습니다. 어린 마리였죠. 모두 어린 마리에게 당장 하느님을 내놓으라고 야단했습니다. 마리가 어쨌겠습니까? 소녀는 호주머니를 샅샅이 뒤졌습니다. 그제야 마리는 아침까지는 하느님을 갖고 있었던 것이 기억났죠. 하지만 지금은 없었습니다. 술래잡기하다가 잃어버린 것 같았죠.

다른 아이들이 모두 집으로 돌아가고 나서도 소녀는 풀밭에 남아 골무를 찾았습니다. 풀은 매우 높이 자라 있었어요. 두 번인가, 지나가던 사람이 뭘 잃어버렸느냐고 물었습니다. 그때마다 아이는 '골무를요' 이렇게 짧게 대답하고는 계속해서 찾았지요. 지나가던 사람들도 한동안 함께 찾아주었지만, 곧 허리가 아파서 그만두었어요. 그 가운데 한 사람이 떠나가며 이렇게 권했습니다.

'그만 집으로 돌아가고 새 골무를 사려무나.'

그래도 마리는 고집스레 계속 찾았죠. 초원은 땅거미가 지면서 점차 을씨년스러워지고, 풀은 이슬을 맞아 축축해지기 시작했어요.

그때 한 남자가 다가왔습니다. 남자가 아이의 머리 위로 몸을 구부리고 물었습니다. '뭘 찾니?'

당장에라도 눈물을 쏟을 것 같던 마리는 그 말에 용기를 얻어 대답했습니다. '하느님이요.'

낯선 남자는 미소 짓더니 아이 손을 덥석 잡았습니다. 마리는 모든 일이 해결됐다고 생각했는지 남자 손에 이끌려 순순히 따라갔습니다. 도중에 낯선 남자가 말했습니다.

'자, 보렴, 오늘 나는 이렇게 예쁜 골무를 주웠단다.'"

저녁 구름들은 아까부터 안달이 나 있었습니다. 어느새 뭉실뭉실하게 살찐 하얗고 늙수그레한 구름이 내게 말했습니다. "미안합니다만, 그 나라가 어디인지 알려주실 수 있나요? 당신이 상공에서 봤다는—"

그러나 말이 끝나기도 전에 다른 구름들이 낄낄 웃으며 그 늙은 구름을 하늘 높은 곳으로 데리고 달려가버렸습니다.

죽음에 대한 동화와 이에 대한 낯선 추신

내가 시나브로 사라져 가는 노을을 질리지도 않고 황홀하게 쳐다보고 있으려니, 누가 불쑥 말을 걸었습니다.

"하늘나라에 관심이 많으신 모양이군요?"

내 시선은 화살에 맞아 떨어지는 새처럼 순식간에 땅으로 떨어졌습니다. 그제야 나는 내가 어느새 작은 묘지의 낮은 담장 옆에 와 있다는 것을 알아차렸습니다. 담장 너머 앞쪽에는 삽을 든 사나이가 서서 음침한 미소를 짓고 있었습니다.

"나는 아무래도 이 지상이 좋습니다." 사나이는 이렇게 덧붙이며, 축축하고 검은 땅을 가리켰습니다. 어느새 바람이 불었는지, 바스락거리며 휘날리는 무수한 메마른 낙엽 사이로 땅이 드문드문 드러나 보였습니다. 갑자기 격렬한 혐오감이 들어 나는 말했습니다.

"왜 그런 일을 하죠?"

무덤 파는 남자가 여전히 음침한 미소를 띤 채 말했습니다.

"이것도 먹고 살자고 하는 일 아니겠소. 다들 그러지 않소? 내가 여기에 사람을 묻듯이 사람들은 저곳에 하느님을 묻지요." 그러면서 하늘을 가리키더니 다시 내게 자신의 의견을 말했습니다. "저기도 틀림없는 넓은 묘지죠. 여름이면 저 위에도 야생 물망초가 꽃을 피우고—"

나는 그의 말을 끊었습니다. "사람이 하느님을 하늘에 묻은 시절이 있었던 것은 사실입니다만—"

"지금은 아니란 말인가요?" 사나이가 왠지 서글프게 물었습니다.

나는 말을 이었습니다. "예전에는 누구나 하느님 위에 하늘을 한 줌 흩뿌렸다더군요. 그건 사실이지만, 사실 그때 하느님은 그곳에 계시지 않았습니다. 계셨다 해도……." 거기까지 말하고 나는 머뭇거렸습니다.

"아시다시피," 나는 처음부터 다시 시작했습니다. "옛날 사람들은 이렇게 기도했지요." 나는 두 팔을 넓게 벌렸습니다. 나도 모르게 가슴이 넓어지는 것을 느꼈습니다. "그때는 하느님도 겸허함과 어둠으로 가득 찬 이 심연 구석구석에 스스로 몸을 던지셨죠. 그러고서는 은밀히 하늘나라를 지상으로 점차 끌어당기셨습니다. 그러다가 피치 못할 사정이 생기면 마지못해 하늘나라로 돌아가곤 하셨죠. 그런데 새로운 신앙이 생겨났습니다. 이 새로운 신앙은 자기네가 떠받드는 새로운 하느님과 옛 하느님이 어떻게 다른지를 사람들에게 이해시킬 수가 없었습니다(새로운 신앙이 새로운 하느님을 찬양하기 시작하자마자 사람들이 이 새로운 신앙에도 옛 하느님이 있다는 사실을 알아차렸기 때문이죠). 그러자 새로운 계율을 알리는 예언자는 기도 방식을 바꾸기로 했습니다. 손을 마주 잡는 법을 알려 주고, 이렇게 선포했지요.

'보라, 하느님의 뜻에 따르려면 이렇게 기도해야 한다. 우리 하느님은 너희가 이제까지 너희 품 안에 맞이할 수 있다고 믿었던 하느님과 전혀 다른 분이시다.'

사람들은 그 뜻을 이해했습니다. 두 팔을 활짝 벌린 자세는 이윽고 경멸스럽고 사악한 몸짓으로 여겨졌지요. 나중에는 그것이 고난과 죽음의 상징임을 보여 주기 위해 그 자세 그대로 십자가에 못 박아 버렸습니다.

다시 지상을 내려다보시던 하느님은 깜짝 놀라셨습니다. 수많은 손이 합장하고 있는데다가 수많은 고딕식 교회가 지어져 있었기 때문이죠. 그 손과 지붕들이 사방팔방에서 뾰족뾰족하게 솟은 채 하느님을 향해 뻗쳐 있는 모양새가 창을 빈틈없이 겨눈 적군처럼 보였죠. 하지만 하느님의 용기는 인간의 용기와는 차원이 다릅니다. 하느님은 하늘나라의 더 깊숙한 곳으로 되돌아가셨지요. 그래도 첨탑과 새로운 기도들이 계속해서 뒤를 쫓아 뻗어오는 것을 보시고는 하늘나라 반대편으로 빠져나가 그들의 추적을 무사히 피하셨습니다. 자신의 빛나는 고향을 완전히 가로질러 반대편으로 나가신 하느님은 그곳에 당신을 묵묵히 맞이해 주는 어둠이 펼쳐진 것을 보시고 놀라셨습니다. 형용할 수 없는 야릇한 느낌을 받으면서도 그 어스름 속을 계속해서 걸어가셨죠. 주변은 어쩐지 인간의 마음속을 연상시키듯 캄캄했습니다. 그때 문득 인간의 머릿속은 밝지만, 마음속은 그와 비슷한 어둠으로 가득 차 있다는 생각이 들었습니다. 그러자 인간의 맑고 차가운 이성 안으로는 두 번 다시 들지 않고 언제까지고 인간의 마음속에 깃들고 싶다는 생각이 엄습해

왔지요.

하느님은 가던 길을 계속해서 걸어가셨습니다. 주위 어둠은 더욱 짙어져 캄캄한 밤처럼 되었습니다. 이제 하느님은 무작정 앞으로 나아가고 계셨죠. 캄캄한 밤에서는 기름진 흙에서 피어오르는 향기로운 온기가 느껴졌습니다. 얼마 가지 않아 나무뿌리가 두 팔을 활짝 벌린 그립고도 아름다운 그 기도 자세로 팔을 펼치고 하느님을 맞이해 주었습니다. 빙 둘러가는 것보다 더 큰 지혜는 없습니다. 하늘나라에서 우리를 피해 달아나셨던 하느님은 이번에는 땅속에서 우리를 찾아오실 겁니다. 그러니 누가 알겠어요. 그렇게 땅을 파다 보면 당신이 그 문을 찾아내게 될지……."

삽을 든 사나이가 말했습니다. "그건 그냥 이야기잖아요."

나는 나직이 대답했습니다. "우리 입에서 나오는 것은 다 이야기지요. 고금을 막론하고 언제 우리 입으로 사건을 일으켰던 적이 있었습니까?"

사나이가 잠시 허공을 응시하다가 후다닥 겉옷을 걸쳐 입더니 물었습니다. "함께 걸어도 되겠습니까?"

나는 고개를 끄덕였습니다. "저는 집으로 가는 길인데, 아마 같은 방향일 겁니다. 그런데 이곳에서 살지 않으세요?"

무덤 파는 남자는 있으나 마나 한 격자문을 밀치고 나와, 삐걱거리는 돌쩌귀에 문짝을 도로 맞추고서 대답했습니다. "아니요."

몇 걸음 걷다가 사나이가 속에 있는 말을 털어놓았습니다.

"방금 하신 말씀은 옳습니다. 저기서 하는 일을 이 문 밖에서 공공연히 말하는 사람이 어디에도 없는 게 참 이상하죠. 전에는 그러지 않았는데, 나이를 먹다보니 이런저런 생각이 불쑥불쑥 떠올라요. 천국은 어떤 곳일까, 뭐 그런 괴상한 생각뿐이죠. 이를테면 죽음이요. 죽음에 대해 우리가 뭘 알죠? 겉으로는 다 아는 척하지만, 실제로는 아무것도 모르잖아요. 내가 일을 하고 있으면 아이들(어느 집 애들인지는 모르지만)이 와서 구경하곤 하죠. 바로 그럴 때, 지금 말한 생각들이 떠오른답니다. 그러면 나는 머리에서 기운을 모조리 빼내어 팔로 다 써버리려고 짐승처럼 흙을 파지요. 무덤은 규정보다 훨씬 깊게 파지고, 양옆에는 흙이 산더미처럼 쌓입니다. 아이들은 내 사나운 몸놀림을 보고서 줄행랑을 치지요. 화가 난 줄 아는 거겠죠." 그는 잠시 생각에 잠겼다가 말했습니다. "맞아요, 일종의 분노죠. 살다보면 감각이 무뎌져서 이제는 분노를 다 극복한 줄로 착각하지만요. 거기에 갑자기……. 말해 봐야 뭐하겠어요. 죽음은 이해하기 어렵고 두려운 것이니까요."

우리는 잎이 다 떨어진 과수원 안으로 난 긴 외길을 걸었습니다. 우리 왼편으로는 밤처럼 캄캄한 숲이 시작되고 있었습니다. 우리 머리 위에도 깊은 어둠이 깔렸습니다.

"짧은 이야기를 하나 들려드리죠. 마을에 도착할 무렵이면 끝나겠네요."

나는 그의 주의를 끌어 보았습니다. 사나이는 고개를 끄덕이고서, 짤막하고 낡은 담뱃대에 불을 붙였습니다. 나는 다음과 같은 이야기를 들려주었습니다.

"두 사람이 있었습니다. 남자와 여자였죠. 둘은 서로 사랑했습니다. 사랑이란 다른 데서는 아무것도 받지 않고 모든 것을 잊은 채, 그것들을 오직 한 사람에게서 받기를 원하죠. 이 두 사람도 그러기를 바랐습니다. 그러나 시간의 흐름 속에서 여러 사람과 부딪치며 정신없이 하루하루를 보내는 가운데 그런 사랑을 실행하기란 무척 어렵죠. 아직 둘 사이에 사랑을 위한 진실한 관계가 완성되지 않은 동안에는 더욱더요. 다양한 사건이 사방팔방에서 밀어닥치고, 언제 어디에서 재앙이 문을 열고 기다리고 있을지 알 수 없으니까요.

그래서 두 사람은 시간의 흐름에서 벗어나, 시계의 종소리도 도시의 소음도 들리지 않는 고독의 경계 안으로 들어가기로 했습니다. 둘은 그런 곳에다 정원이 딸린 집 한 채를 지었어요. 그 집에는 좌우로 하나씩 문이 있었죠. 오른쪽은 남자의 문이었습니다. 남자 것은 무엇이든 이 문을 통해서 들어가야 했죠. 왼쪽은 여자의 문이었습니다. 여자가 바라는 것은 모두 그 문을 통과해야 했죠. 규칙은 잘 지켜졌습니다. 아침에 먼저 일어나는 사람이 내려가서 자기 문을 열면, 집이 길가에 있는 것도 아닌데 별의별 것들이 밤늦게까지 들어왔습니다. 정성껏 대접할 줄 아는 사람의 집에는 풍경을 비롯해 빛, 향기를 머금은 바람 등 여러 가지가 들어오는 법이지요. 그런 것들과 더불어 온갖 과거며 추억이며 운명까지도 두 문을 통해 들어왔습니다. 들어오는 것들은 환대 속에 하나같이 소박한 대접을 받았죠. 손님들도 먼 옛날부터 이 황야의 집에서 살았던 듯한 느낌이 들 정도였습니다.

이렇게 긴 세월이 흘렀습니다. 두 사람은 아주 행복했지요. 왼쪽 문이 좀 더 자주 열렸지만, 오른쪽 문으로는 각양각색의 화려한 손님들이 들어왔습니다. 그러던 어느 아침이었습니다. 오른쪽 문 앞에서 기다리는 손님이 있었으니, 바로 죽음이었습니다. 그것을 눈치채자 남자는 얼른 문을 닫고 온종일 걸어 잠갔지요. 며칠이 지나자 죽음이 왼쪽 문에 나타났습니다. 여자는 벌벌 떨면서 문을 닫고 튼튼한 빗장을 질렀지요. 둘은 이 사건에 대해서 한마디도 나누지 않았지만, 양쪽 문이 열리는 날은 확연히 줄어들었습니다. 두 사람은 집 안에 있는 음식으로 연명했습니다. 생활도 이전보다 훨씬 궁색해졌음은 말할 필요도 없지요. 양식은 나날이 바닥을 드러냈고, 그때까지는 모르고 지냈던 걱정거리가 줄줄이 생겨났습니다. 둘 다 밤에도 편히 잠들지 못했습니다.

그렇게 뜬눈으로 기나긴 밤을 지새울 때였습니다. 갑자기 두 사람은 동시에 이상한 소리를 들었습니다. 발을 끄는가 싶더니 문을 두드리는 소리였습니다. 담장 밖에서 들려오는 소리였습니다. 양쪽 문에서는 꽤 떨어진 곳이었죠. 기분 탓인지, 누군가가 담장 한가운데에 새 문을 만들려고 돌벽을 깨는 소리처럼도 들렸습니다. 두 사람은 겁이 더럭 났지만, 아무 소리도 듣지 못한 척했습니다. 일부러 떠들기 시작하며, 어색할 정도로 크게 웃었죠. 그러다가 지칠 때쯤, 벽에 구멍을 뚫는 소리도 뚝 멎었습니다. 그 뒤로 문은 양쪽 모두 굳게 닫혔습니다. 둘은 죄수 같은 생활을 했습니다. 둘 다 허약해지고 비쩍 말랐으며, 괴상한 망상을 하게 되었지요. 그 이상한 소리가 이따금 되풀이될 때마다 불안해서 죽을 지경이었지만, 입으로는 깔깔대고 웃었습니다. 그럼에도 벽을 파는 소리가 점점 크고 또렷해져 가는 것을 깨닫자, 둘은 더욱 큰 소리로 떠들고 훨씬 공허하게 웃어젖혔지요."

나는 잠시 입을 다물었습니다.

"그래요, 그래." 옆에서 걷던 남자가 말했습니다. "맞습니다. 정말 진실한 이야기로군요."

"어느 오래된 책에서 읽은 이야기입니다만," 나는 덧붙였습니다. "그때 아주 희한한 경험을 했습니다. 죽음이 여자의 문 앞에도 나타났다는 대목이 쓰인 줄에 빛바랜 잉크로 작은 별모양이 하나 그려져 있었어요. 구름 사이로 보이듯이 낱말들 사이로 내다보였지요. 그 순간 나는 왠지 이런 생각을 했습니다. 거기에 인쇄된 단어들이 사라진다면, 맑게 갠 봄날 새벽 하늘처럼, 종이 한가득 별이 보일 텐데 하고요. 그 뒤로 그 사소한 일은 까맣게 잊고 말았죠. 그러다가 반들반들한 광택이 나는 책 뒤표지에서 같은 별모양을 발견한 겁니다. 아까의 그 별들이 호숫물에 비친 듯한 느낌이었지요. 그 별들 바로 밑에는 창백하게 빛나는 수면을 물결치듯 흐르는 우아한 글씨체가 시작되고 있었습니다. 지워진 곳이 몇 군데 있었지만, 그래도 전문을 읽는 데 어렵게 성공했지요. 대충 이런 내용이 적혀 있었습니다.

'나는 이 이야기를 수없이, 거의 날마다 읽고 또 읽었다. 이제는 내가 손수 펜을 들고 추억을 더듬어 이 이야기를 쓴 것 같은 기분이 들 정도이다. 그러나 나라면 그 뒷얘기를 이렇게 썼을 것이다.

여자는 죽음을 본 적이 없기에 천진난만하게 죽음을 집 안으로 들였다. 그러나 죽음은 양심 따위는 한 점도 없는 사람 같은 말투로 조바심치며 이렇게 말했다.

〈이걸 남편한테 주시오.〉 여자가 호기심 어린 눈빛으로 죽음을 빤히 바라보자 죽음은 서둘러 이렇게 덧붙였다. 〈이건 씨앗이오. 아주 좋은 씨앗이지.〉

그러고는 뒤도 돌아보지 않고 가버렸다. 여자는 죽음이 건네주고 간 조그만 자루를 끌러 보았다. 정말로 씨앗 비슷한 것이 들어 있었다. 단단하고 못생긴 알갱이였다. 여자는 생각했다.

〈씨앗이란 아직 덜 생긴 거지. 앞으로 자라서 뭐가 될지는 모를 일이야. 더구나 이렇게 못생긴 낟알을 남편한테 줄 수는 없어. 한눈에 봐도 선물처럼 보이지가 않잖아. 그냥 우리집 정원 화단에다 심어놓고, 뭐가 자라나는지 지켜봐야지. 그다음에 남편을 그 앞으로 데리고 가서, 그 식물이 자라난 경위를 설명해주면 돼.〉

여자는 그렇게 했다. 둘은 예전과 같은 생활을 계속했다. 남자는 처음에는 자기 문 앞에 죽음이 서 있던 모습이 잠시도 머리를 떠나지 않아 불안에 떨었다. 그러나 전과 다름없이 상냥하고 태평하게 지내는 여자를 보더니, 생명과 빛이 집 안으로 맘껏 들어올 수 있도록 이내 다시 자기 문을 활짝 열어젖혔다. 이듬해 봄, 화단 한가운데 가녀린 하늘나리 사이에서 작은 떨기나무가 한 그루 자라났다. 좁고 잎끝이 뾰족한 것이 월계수와도 비슷하고, 거무스름한 표면에는 범상치 않은 광채가 흘렀다. 남자는 날마다 그 식물이 어디서 났는지 물어보려다가도 번번이 생각을 접었다. 아내 또한 그런 식으로 하루하루 설명을 미루었다.

그렇게 한편에서는 억누른 질문 때문에, 다른 한편에서는 용감히 고백하지 못한 대답 때문에, 두 사람은 저도 모르게 자꾸만 이 떨기나무에 발걸음 했고 그 앞에서 얼굴을 마주쳤다. 거무스름하게 빛나는 이파리 때문에 나무 는 정원에서 한층 돋보였다. 다음 해 봄에도 두 사람은 다른 식물들과 마찬 가지로 이 떨기나무를 정성껏 돌봤다. 그러나 쑥쑥 자라는 꽃나무들 틈에서 그 나무만 지난해와 변함없는 모습이었다. 아무리 햇볕을 받아도 무덤덤한 얼굴로 묵묵히 서 있는 나무를 보면 두 사람은 몹시 슬퍼졌다. 입 밖으로는 내지 않았지만, 둘은 내년 봄에는 꼭 이 떨기나무에 온 신경을 쏟기로 마음 먹었다. 드디어 고대하던 세 번째 봄이 찾아왔다. 두 사람은 은밀히, 그러나 똑같이 저마다 했던 결심을 이행했다. 정원의 다른 곳은 황폐해졌다. 하늘나 리도 지난해보다 빛을 잃은 듯했다. 그러던 어느 날 흐리고 우중충한 밤이 지나고 조용히 반짝이는 아침 정원으로 두 사람이 발을 들여놓았을 때였다. 그 정체 모를 떨기나무의 검고 뾰족한 이파리 사이에서 한 떨기 푸르스름한 꽃이 얼굴을 내밀고 있는 것이 아닌가. 봉오리를 감싼 꽃잎이 터지기 일보 직전이었다. 두 사람은 말없이 나란히 서서 꽃을 바라보았다. 이제 와서 할 말은 없었다. 곧 죽음의 꽃이 필 것임을 알았기 때문이다. 두 사람은 이 어 린 꽃의 향기를 맡으려고 동시에 허리를 구부렸다. ─그날 아침 이후로 세 상은 완전히 달라져 버렸다.' 이것이 그 오래된 책 뒤표지에 적혀 있던 내용 입니다." 나는 말을 맺었습니다.

"누가 쓴 거죠?" 사나이가 대답을 재촉했습니다.

"글씨체로 보아 여자 같더군요." 내가 대답했습니다. "하지만 그걸 알아 뭐하겠어요? 글씨는 다 지워지고, 문체도 옛날 풍이더군요. 벌써 오래전에 죽은 사람이 남긴 거겠지요."

사나이는 깊은 생각에 잠겼습니다. 그러다가 마침내 이렇게 고백했습니 다. "그저 한 편의 이야기일 뿐인데도 왠지 상당히 감동적이군요."

"이야기를 자주 듣지 못해서 그럴 겁니다." 나는 그를 위로했습니다.

"그럴까요?"

그가 내게 손을 내밀었으므로 나는 그 손을 꽉 잡았습니다.

"그런데 그 이야기를 다른 이들에게도 들려주고 싶군요. 그래도 되겠죠?"

나는 고개를 끄덕였습니다. 그러자 그가 불현듯 생각난 듯이 말했습니다.

"그런데 나는 이야기할 상대가 없습니다. 대체 어디 가서 이야기해야 좋을까요?"

"그거라면 간단합니다. 당신 일을 구경하러 오는 아이들한테 들려주면 되죠. 그렇게 좋은 말벗도 없지 않습니까?"

아이들은 이 마지막 세 편의 이야기를 다 들었습니다. 물론 그 가운데는 저녁 구름들이 구구절절하게 되풀이한 이야기도 있지만, 내가 알아본 바가 정확하다면, 그것도 지극히 일부분에 지나지 않는 것 같습니다. 무엇보다 아이들은 키가 작아서 우리 어른들보다 저녁 구름에게서 훨씬 멀리 떨어져 있기 때문이죠. 그렇지만 그편이 이 이야기에는 오히려 유리합니다. 한스가 아무리 자상하게 설명을 늘어놓았다 해도 아이들은 그 문제가 너무 쉽다는 것을 알고서는 전문가의 입장에서 내 이야기를 비판적으로 관찰했을 것이니까요. 어쨌든 자기들이 쉽고 간단하게 겪는 일을 우리 어른은 얼마나 힘들고 서툴게 체험하는지 아이들이 미처 모르고 넘어간다는 것은 정말로 다행스러운 일입니다.

절박한 필요에서 이루어진 모임

우리 동네에도 예술가 모임이 있다는 사실을 나는 이제야 알았습니다. 이 모임은 누구나 쉽게 상상할 수 있는 아주 절박한 필요 때문에 얼마 전에야 만들어졌습니다. 듣자 하니 이 모임은 아주 '번창하고 있다'고 합니다. 본디 모임이란 무엇부터 시작해야 할지 전혀 모르는 동안에는 오히려 번창하는 법입니다. 명실상부하게 훌륭한 모임이 되기 위해서라도 어떤 사업만큼은 꼭 해야 한다는 의견이 속속 등장하기 때문이지요.

두말할 필요 없이 바움 씨는 이 모임의 명예회원, 창립자, 주관자, 그밖에 여러 직함을 동시에 지니고 그런 갖가지 명예직을 소화하느라 대단히 고생이 많습니다. 그는 내게 한 청년을 보내, 모임에서 주최하는 온갖 '저녁 행사'에 참석해 달라는 초대의 말을 전했습니다. 물론 나는 청년에게 매우 정중하게 고맙다고 말하고, 지난 5년 동안 내가 해온 활동은 방금 초대받은 행사와 정반대되는 것이었다고 덧붙였습니다.

"생각해 보세요." 나는 적당히 진지하게 변명했습니다. "그 뒤로 나는 하루가 멀다 하고 그런 모임에서 탈퇴했습니다. 그런데도 아직 나를 붙잡아 둔 모임이 잔뜩 있지요."

청년은 처음에는 놀라움을, 그다음에는 진심 어린 동정심을 드러내며 내 발치를 내려다보았습니다. 내 발을 보며 '탈퇴'라는 말의 의미를 깨달은 게 분명했습니다. 잘 이해하겠다는 듯이 고개를 끄덕였기 때문이지요. 나는 그 태도가 마음에 들었습니다. 나도 막 나가려던 참이었으므로, 중간까지 함께 가자고 제안했습니다. 그리하여 우리는 마을을 지나 기차역까지 걸어갔습니다. 사실 나는 교외에 볼일이 있었습니다. 우리는 두서없는 이야기를 나누었습니다. 그러는 사이에 나는 청년이 음악가라는 걸 알게 되었습니다. 청년은 그 사실을 겸손하게 밝혔습니다. 그러나 그에게서 음악가다운 면모를 찾아보기는 어려웠습니다. 풍성한 긴 머리 말고 다른 청년의 특징을 들자면, 용수철처럼 기운차게 남을 돕는다는 점입니다. 그리 멀지 않은 길을 걷는 동안 청년은 두 번이나 내 장갑을 주워주었고, 내가 호주머니를 뒤질 때는 우산을 들어주었으며, 수염에 뭐가 묻었다는 둥 코끝에 검댕이 묻었다는 둥 하며 얼굴을 붉히면서도 꼭 지적해 주었습니다. 그럴 때면 청년의 길고 야윈 손가락이 더욱 길게 뻗었는데, 손끝마저 도움을 주려고 내 얼굴로 다가오고 싶어 안달하는 것처럼 보였습니다. 그러다가 열의가 북받쳤는지, 뒤처지는 것도 아랑곳하지 않고, 떨기나무 가지에 대롱대롱 매달린 시든 나뭇잎을 뜯어내 자못 만족스럽게 내게 내밀곤 했습니다. 이렇게 자꾸만 머뭇대다가는(역까지 아직 거리가 꽤 남아 있었기에) 기차를 놓칠 것 같아서, 나는 그를 잠시 내 곁에 잡아두기 위해 이야기를 들려주기로 했습니다. 나는 곧바로 이야기를 시작했습니다.

"나는 당신네 모임처럼 필요에서 생긴 모임이 창립되기까지의 과정을 잘 압니다. 잘 들어보세요. 그리 멀지 않은 옛날, 세 화가가 우연히 어느 오래된 도시에서 만났습니다. 물론 세 화가는 예술 이야기는 꺼내지 않았어요. 적어도 옆에서 보기엔 그랬죠. 그들은 어느 낡은 여관 골방에 앉아, 여행 중에 겪었던 기이한 일들을 이야기하며 그날 저녁을 보냈습니다. 그러나 그 이야기도 점차 짧아지다가 어느새 그저 단어만 나열하는 따분한 것으로 바뀌었죠. 그러다가 마지막에는 두세 마디 신소리만 주고받는 자리로 변했어요. 오해할까 봐 덧붙여 두자면, 그들은 진정한 예술가였습니다. 이른바 타고난 예술가였죠. 우연히 예술가가 된 사람들이 아니었어요. 이 골방에서 보내는 따분한 저녁도 그들의 진가를 훼손하지는 못했습니다. 이런 의미에서 본다면, 그날 저녁이 그 뒤로 어떻게 전개될지 금방 눈치채실 겁니다. 아무튼, 그 여관에 다른 사람들이 들어왔습니다. 흔히 말하는 일반인이었죠. 화가들은 흥이 깨져서 곧 자리를 떴습니다. 그런데 문을 나서는 순간 그들은 전혀 다른 사람이 되었습니다. 세 사람은 서로 조금씩 떨어져 길 한복판을 나란히 걸었습니다. 그 얼굴에는 아직 웃음기가 남아 있었지요. 그 때문에 얼굴은 싱글벙글했지만, 눈은 진지한 빛을 띠고 날카롭게 주위를 관찰했습니다. 가운데에서 걷던 사람이 오른쪽 사람을 갑자기 툭 쳤습니다. 오른쪽 사람은 무슨 뜻인지 금세 알아들었지요.

그들 앞에는 은은하고 포근한 어스름으로 가득 찬 좁은 길이 완만한 오르막을 이루며 뻗어 있어 훌륭한 원근법 효과를 자아내고 있었습니다. 주위는 비범하게 신비로우면서도 어딘가 친근한 분위기였죠. 세 화가는 잠시 멈춰 서서, 그 정경이 주는 인상을 마음껏 감상했습니다. 아무도 말을 하지 않았습니다. 말로는 표현할 수 없다는 것을 잘 알기 때문이었죠. 그렇습니다. 말로 표현할 수 없는 것이 많기에 그들은 화가가 된 것이었습니다. 어디에선가 달이 떠오른 모양이었습니다. 갑자기 합각지붕 하나가 은빛 테를 두르고, 어느 뜰에서 노래가 시작되었지요.

'얄팍한 기교를 부리는군.' 가운데 사람이 못마땅한 듯 말했습니다.

세 사람은 다시 걸어갔습니다. 그들은 여전히 길을 다 차지하고 걸었지만, 아까보다는 조금 붙어서 갔지요. 그러다가 뜻하지 않게 어느 광장에 이르렀습니다. 이번에는 오른쪽 남자가 나머지 두 사람에게 알려주었습니다. 확실히 이 널따랗고 탁 트인 곳에서 달은 아무런 방해가 되지 않았습니다. 오히려 그 풍경에 꼭 필요한 것이었죠. 달은 광장을 더 넓어 보이게 하고 그것에 놀라운 생명력을 불어넣어서, 주위 집들마저 광장에 귀 기울이고 있는 듯했습니다. 분수와 분수가 던지는 묵직한 그림자가 달빛에 비친 포장길 한가운데를 사정없이 도려냈습니다. 무엇보다 그 대담한 구도에 화가들은 감동했습니다. 세 사람은 가까이 모여 서서, 이 정취의 젖가슴을 한껏 빨았습니다. 그러나 아쉽게도 그 감동은 금세 중단되고 말았습니다. 가벼운 발소리가 총총히 다가오는가 싶더니, 분수 뒤에서 웬 남자가 나타나 그 발소리와 그 발소리의 주인을 반갑게 맞이하며 끌어안은 것입니다. 아름답던 광장이 순식간에 추잡한 삼류 삽화가 되고 말았지요. 세 화가는 한꺼번에 얼굴을 돌려버렸습니다.

'이런 짜증 나는 소설적 요소와 만날 줄이야!' 오른쪽에 있던 화가가 분수대 곁의 연인들을 빗대어 전문 용어까지 써가며 소리쳤습니다.

하나같이 씩씩대며 세 화가는 한참 동안 시내를 정처 없이 돌아다녔습니다. 소재는 끊임없이 발견되었지만, 그때마다 저속한 사건으로 그 장면의 평온함과 소박함이 깨지는 바람에 그들은 또다시 화가 치밀었지요. 자정쯤에 세 사람은 여관으로 돌아와, 막내인 왼쪽 화가의 방에 모였습니다. 잘 생각은 추호도 없었어요. 한밤에 산책을 했더니 여러 아이디어와 착상이 떠올랐던 거죠. 게다가 함께 산책하는 동안, 세 사람 모두 똑같은 정신의 소유자라는 사실도 분명히 입증된 셈이었습니다. 그들은 열띤 의견교환을 시작했습니다. 물론 그들이 그곳에서 한 점 흠 잡을 곳 없는 명언을 쏟아냈다고는 결코 단언할 수 없습니다. 보통사람은 도저히 알아듣지 못할 말을 두세 마디 지껄일 뿐이었지요. 그래도 그들끼리는 충분히 의미가 통했습니다. 옆방에 묵었던 손님들이 새벽 네 시경까지 잠을 이루지 못했다는 사실이 그 증거지요.

어쨌든 서로 무릎을 맞대고 오래 앉아 있다 보니 실제로 눈에 보이는 성과가 있었습니다. 모임 비슷한 것이 만들어진 거죠. 다시 말해, 서로 생각과 목표가 매우 유사하다는 사실이 분명하게 입증된 덕분에 쉽사리 떨어질 수 없는 사이가 된 순간 이미 모임은 만들어진 거나 다름없었습니다. '모임'의 첫 번째 공동 결의는 곧바로 실행되었습니다. 그들은 세 시간쯤 떨어진 시골로 가서 농가 한 채를 공동으로 빌렸습니다. 도시에 머물러 봤자 아무런 의미도 없었으니까요. 그들은 먼저 교외에 나가 '스타일'을 습득하고 싶어 했습니다. 바꿔 말하자면 확고한 자신감, 안목, 기술, 그리고 이름이야 어떻건 그것 없이는 화가로서 살아갈 수도, 그림을 그려낼 수도 없는 온갖 것을 말이지요. 이런 모든 능력을 갖추는 데 도움이 됐던 것은 오로지 단결력이었습니다. 다시 말해 '모임'이었죠. 거기에 무엇보다 도움이 됐던 것은 그들이 그 모임의 명예회원으로 맞아들인 자연이었습니다. 이 '자연'이라는 단어에서 화가들은 하느님이 창조하신 것, 때에 따라서는 '창조하셨을 지도 모를' 모든 것을 이내 떠올렸습니다. 울타리, 집, 분수—이런 것들은 엄밀히 말해 대개 인간이 만들어낸 것이지요. 그렇지만 이것들도 특정한 시기와 풍경에 놓여 나무나 수풀과 같은 주변 환경에서 어떠한 속성을 받아들이면 이른바 하느님의 소유물로 귀속되고, 더 나아가서는 화가의 소유물이 됩니다. 하느님과 예술가는 같은 재산을 공유하며, 따라서 같은 빈곤도 공유하기 때문이죠.

어쨌든 세 사람이 공동생활하는 농가를 둘러싸고 사방으로 펼쳐진 자연에 뭔가 특별한 재산이 있을 거라고는 사실 하느님도 기대하지 않았습니다. 그러나 오래지 않아 화가들이 하느님의 무지를 일깨워 주었죠. 그곳은 평원이었습니다. 그건 부인하지 못할 사실이었죠. 하지만 그곳에 깃든 깊은 그림자와 높은 빛이 계곡과 봉우리를 만들어냈지요. 그 사이에 있는 무수한 중간 색조가 드넓은 초원과 기름진 들판을 색칠했죠. 그 때문에 그 지역은 실질적으로 산간 지대라 해도 좋았습니다. 나무는 몇 그루 없었습니다. 그마저도 식물학적 관점에서 보면 대부분 같은 종류였지요. 그럼에도 그 당당한 나무들이 표현하는 감정 때문에, 나뭇가지 하나하나에서 배어 나오는 동경 때문에, 또는 나무줄기에 깃든 온화한 경외심 때문에, 수많은 나무가 있는 것처럼 보였습니다. 몇몇 수양버들은 심오하고 다양한 성격으로 화가들에게 끊임없이 놀라움을 주는 하나의 인격이었지요. 작업을 하면서 서로 큰 감동과 일체감을 느꼈기에, 반년쯤 뒤에 세 사람이 저마다 자기 집으로 이사해서 나간 것은 서로 마음이 맞지 않아서가 아니었습니다. 집이 비좁아서 부득이하게 그렇게 한 것이었죠. 그런데 이사와 관련해서 그 이유와는 별개로 한 가지 이야기할 것이 있습니다. 화가들은 단기간에 그렇게 훌륭하고 많은 성과를 남긴 모임의 1주년을 특별히 축하하고 싶었습니다. 그를 위해 저마다 동료들의 집을 몰래 그리기로 한 거죠.

약속한 날이 되자 화가들은 각자 자기가 그린 그림을 가지고 모였습니다. 그런데 뜻하지 않게 대화의 방향은 집의 위치며 불편함 같은 그들의 임시 주거지에 대한 이야기로 흘러갔죠. 그 이야기에 너무 열을 내다보니, 세 사람 모두 자기가 가져온 유화는 까맣게 잊고 말았습니다. 그리고 끝내 이야기보따리를 끌어안은 채 밤이 늦어서야 집으로 돌아갔지요. 어쩌다 그런 일이 벌어졌는지 이해하기 어려웠습니다. 그러나 다음번에 만나서도 서로 그림은 보여주지 않았지요. 다른 사람 집을 방문해도(일이 많아지면서, 이렇게 서로 집을 방문하는 일도 점차 줄었지만), 친구의 이젤에는 세 사람이 공동으로 한 농가에서 살던 초창기에 그렸던 사생화 정도밖에 걸려 있지 않았습니다.

그러던 어느 날이었습니다. 오른쪽 남자(그는 지금도 오른쪽에 사니까 앞으로도 이렇게 부르기로 하죠)가, 앞서 내가 막내라고 부른 화가네 집에서, 기념 작품이라는 말만 붙었을 뿐 아직 공개하지 않은 그림 한 점을 발견했습니다. 오른쪽 남자는 잠시 생각에 잠긴 듯 그 그림을 찬찬히 들여다보다가 햇빛이 비치는 곳으로 들고 가서 보더니 갑자기 웃음을 터뜨렸습니다.

'맙소사, 놀랐는걸. 자네가 내 집을 이렇게나 멋지게 그려낼 줄은 꿈에도 몰랐어. 정말 재기 넘치는 캐리커처로군! 형태로 보나 색채로 보나 내 집 합각지붕이 이렇게 대담하게 강조될 줄이야. 물론 실제로도 조금 눈에 띄긴 하지만. 이 그림은 확실히 뭔가 특별해.'

막내는 왠지 자랑스러운 표정이 아니었습니다. 오히려 몹시 당황하며 가운데 남자네 집으로 허둥지둥 달려갔지요. 셋 중 가장 이성적인 가운데 남자에게 위로받고 싶었던 거죠. 이런 일을 당하면 왼쪽 남자는 금방 소심해져서 자신의 재능을 의심하는 버릇이 있었거든요. 공교롭게도 가운데 남자는 집에 없었습니다. 막내가 눈에 불을 켜고 작업실 안을 뒤지는데, 묘하게 눈에 거슬리는 그림 한 점에 곧 눈길이 멎었죠. 어느 집을 그린 것 같았습니다. 그러나 천하에 바보나 살 것 같은 집이었죠. 그 집의 정면은 건축에 대해 아무것도 모르는 사람이 자신의 빈약한 미술 실력을 건물에 응용해 지은 것으로밖에 보이지 않았습니다. 그러다 갑자기 막내는 손가락이 불에 덴 듯 화끈거려 그 그림을 밀쳤습니다. 그림 왼쪽 구석에 1주년 기념 날짜와 나란히 '우리 막내네 집'이라고 쓰여 있는 것을 보았기 때문입니다. 물론 그는 집주인을 기다리지 않고, 기분이 상해서 집으로 돌아갔습니다.

그 뒤 막내와 오른쪽 남자는 아주 조심스러워졌습니다. 둘은 되도록 서로 멀리 떨어진 곳으로 소재를 구하러 다니게 되었습니다. 물론 자기들에게 그렇게 유익한 모임의 2주년 기념 날짜가 다가와도 아무런 준비도 하지 않았죠. 한편 가운데 남자는 그런 사정은 전혀 모른 채, 오른쪽 남자 집 가까이에 있는 소재를 그리려고 작업에 더욱 열을 올렸습니다. 아무리 작업이라는 구실이라도, 남의 집을 그리기에는 어딘가 꺼림칙했기 때문이죠. 마침내 그림을 완성한 가운데 남자는 오른쪽에 사는 남자에게 그것을 가지고 갔습니다. 오른쪽 남자는 매우 조심스럽게 눈길만 한 번 주고는 무성의한 감상을 말했습니다. 그리고 조금 있다가 이렇게 말했습니다.

'요사이 자네가 이렇게 멀리까지 여행했는지 미처 몰랐네.'

'그게 무슨 소린가?' 가운데 남자는 한마디도 이해하지 못했습니다.

'여기 이렇게 훌륭하게 그렸지 않는가.' 오른쪽 남자가 대답했습니다. '네덜란드풍 소재가 분명한 것 같은데…….'

이성적인 가운데 남자가 큰 소리로 웃음을 터트렸습니다. '재미있군! 이 네덜란드풍 소재는 바로 자네 집 앞에 있는 걸세.' 그는 웃음을 그치지 않았습니다. 그러나 그의 모임 동료는 웃지 않았죠. 전혀 웃기지 않았습니다. 그는 억지로 미소를 지으며 말했습니다.

'농담 한번 잘하는군.'

'농담이 아니야. 대문을 한 번 열어보게. 내가 바로 보여줄 테니.' 그렇게 말하고 가운데 남자는 직접 문으로 걸어갔습니다.

'잠깐.' 집주인이 명령조로 말했습니다. '분명히 말하는데, 난 이 고장 풍경을 한 번도 본 적이 없으며 앞으로도 볼 생각이 없네. 내 눈에는 존재 가치도 없는 것이거든.'

'그렇지만 자네…….' 가운데 화가가 어이없다는 듯이 말을 끊었습니다.

오른쪽 화가는 거기에는 아랑곳하지 않고 발끈하며 말을 이었습니다. '계속 그렇게 나올 텐가? 좋네. 오늘 안에 떠나겠네. 자네가 나를 떠나게 한 거야. 이런 곳에서 더 이상은 살고 싶지 않네. 알겠나?'

그렇게 해서 그들의 우정은 끝났습니다. 그렇지만 모임은 다르죠. 오늘날까지도 회칙에 따라 정식으로 해체된 게 아니니까요. 아무도 해체까지 할 생각은 하지 않았던 겁니다. 그러니 이 모임이 전 세계에 퍼져 있다고 해도 절대로 틀린 말은 아닙니다."

"그렇군요." 아까부터 뭔가 말하고 싶은 듯이 계속 입술을 비죽 내밀고 있던 친절한 청년이 내 말을 자르며 말했습니다. "거기에도 모임이 만들어낸 위대한 성과가 있는 셈이에요. 수많은 걸출한 거장들이 그런 긴밀한 관계에서 태어난 것은 분명……"

"잠깐만요." 나는 그의 말을 끊었습니다. 그때 갑자기 청년이 내 소매에 묻은 먼지를 털었습니다. "지금까지 한 이야기는 서론에 불과합니다. 서론이 본론보다 복잡하긴 하지만요. 그럼 본론을 말씀드리죠. 나는 지금 그 모임이 전 세계에 퍼져 있다고 말했습니다. 이 말은 사실입니다. 세 회원은 그 일들로 두려움을 느끼고서 뿔뿔이 자취를 감추었습니다. 그러나 어디를 가도 마음은 편안하지 못했죠. 이렇게 멀리까지 온 보람도 없이 상대방이 자기 땅을 한 구획이라도 알아보고 저속한 표현으로 모독하지나 않을까 하는 의심이 점점 부풀어올랐기 때문이죠. 마침내 그들은 지구 반대편의 세 지점에 도달했습니다. 그러고도 그들은 자기가 성장에 성장을 거듭하며 힘들게 얻은 독창적 재능을 다른 두 사람도 얻었을지 모른다는 좌절감을 느꼈어요. 이 충격적인 순간에 그들은 동시에 이젤을 들고 뒷걸음질치기 시작했습니다. 다섯 걸음만 더 떼어놓았더라면 낭떠러지에서 무한을 향해 곤두박질쳐서, 지금쯤 어마어마한 속도로 이 지구와 태양 둘레를 왕복운동해야 했을 겁니다. 그러나 하느님이 직접 나서서 보살펴주신 덕분에 그런 비참한 운명을 피할 수 있었죠. 하느님은 위험을 알아채시고 절체절명의 순간에(그럴 때 나서지 않는다면 달리 어떤 때에 나서겠습니까?) 하늘 한가운데로 나오셨지요. 세 화가는 소스라치게 놀랐어요. 곧바로 이젤을 세우고 팔레트를 손에 끼웠지요. 그 기회를 놓칠 수는 없었습니다. 하느님은 날이면 날마다 나타나는 분도 아니고, 아무에게나 모습을 드러내는 분도 아니니까요. 그렇게 생각한 화가들은 하느님이 자기 앞에만 나타나신 걸로 굳게 믿었죠. 아무튼 이들은 이 흥미로운 작업에 점점 빠져들어 갔습니다. 그리고 하느님이 하늘나라로 돌아가시려고 할 때마다 성 누가가 나서서, 세 화가가 그림을 끝낼 때까지 하늘 밖에 좀 더 머물러 달라고 부탁하고 있지요."

"그렇다면 그분들은 벌써 그 그림들을 전시했겠네요. 아니면 팔아버렸나요?" 음악가가 아주 부드러운 말투로 물었습니다.

"어림없죠." 나는 그의 말에 퇴짜를 놓았습니다. "지금도 하느님을 그리고 있어요. 아마 죽을 때까지 그리겠지요. 그런데 (이런 일은 전혀 일어날 것 같지 않지만, 만약 일어난다면) 이들이 죽기 전에 다시 모여 그동안 그린 하느님의 모습을 서로 보여줄 기회가 있다면, 그 그림들을 서로 구별하기란 어렵지 않을까요?"

그렇게 말했을 때는 이미 역에 도착해 있었습니다. 아직 5분쯤 여유가 있었습니다. 나는 청년에게 동행해 주어서 고맙다고 말하고, 그가 멋지게 대변하는 신설 모임이 번창하기 바란다는 말을 덧붙였습니다. 청년은 조그만 대기실의 창턱에 두껍게 쌓인 먼지를 오른손 집게손가락으로 가만히 쓸었습니다. 그는 깊은 생각에 빠져 있었습니다. 솔직히 말해 나는 내 짧은 이야기가 이토록 청년을 진지하게 만들었다는 생각에 혼자서 우쭐했습니다. 헤어지면서 청년이 내 장갑에서 빨간 실 한 오라기를 뽑아 주었을 때 나는 감사의 뜻에서 이렇게 조언했습니다.

"들판을 가로질러 가는 게 더 나을 겁니다. 그편이 도로로 가는 것보다 훨씬 가까워요."

"죄송하지만," 친절한 청년이 허리를 굽혀 인사하고 말했습니다. "그냥 길을 따라 돌아가려고요. 어느 부근이었는지 생각해내려고 애쓰는 중인데, 실은 당신이 친절하게도 귀중한 이야기를 들려주실 때 밭에 허름한 옷을 입은 허수아비 하나가 서 있는 것을 본 것 같아요. 그 한쪽 소매가—아마 왼쪽이었던 것 같은데—말뚝에 걸려서 바람에 나부끼지도 못하고 있던데, 그것을 본디 상태로 되돌려 놔야겠다는 의무감을 느끼는 중입니다. 저는 저마다 뭔가를 해야 한다는 점에서 인간 사회도 일종의 모임이라고 생각하는데, 이 인간 사회의 공동 이익에 제 분수에 맞는 공헌을 조금이나마 하고 싶거든요."

청년은 상냥한 미소를 지으며 떠나갔고, 나는 하마터면 기차를 놓칠 뻔했습니다.

청년은 이 이야기의 몇몇 대목을 모임의 어느 '저녁 행사'에서 노래로 불렀습니다. 누가 그 이야기에 곡을 붙였는지는 모릅니다. 주최자인 바움 씨는 그 노래를 아이들에게 선물로 가지고 갔고, 아이들은 그 가운데 몇 자락을 기억했습니다.

거지와 사랑스러운 아가씨

뜻하지 않게 우리는—앞서 나온 선생과 나—다음 조그만 사건의 목격자가 되었습니다. 우리 마을 어귀의 숲가에 가끔 거지가 서 있는데, 오늘도 그랬습니다. 그러나 오늘은 평소보다 훨씬 궁색하고 초라해 보였습니다. 동정심이 마치 보호색처럼 작용한 걸까요? 거지가 기대 서 있는 썩은 판자 울타리는 그와 거의 구분이 안 될 지경이었습니다. 그때 아직 어린 소녀가 종종걸음으로 달려오더니 거지에게 동전 한 닢을 주었습니다. 그것만이라면 딱히 놀랄 일도 아니지요. 놀라운 것은 적선하는 소녀의 태도였습니다. 소녀는 아주 정중하게 무릎을 구부려 절한 다음, 누가 볼세라 얼른 동전을 늙은 거지에게 주더니 다시 무릎을 굽혀 인사하고는 눈 깜짝할 새에 사라졌습니다. 그 정중한 두 차례의 절은 적어도 황제나 받을 법한 것이었습니다. 뜻밖에 그것이 도리어 선생의 기분을 상하게 했습니다. 선생은 바로 거지에게 달려들어 그를 판자 울타리에서 쫓아낼 기세였습니다. 알다시피 선생은 빈민구제협회 이사를 지내며, 예전부터 길거리 구걸을 못마땅하게 생각해왔기 때문입니다. 나는 선생의 팔을 잡고 말렸습니다.

"저들은 우리에게서 원조를 받고 있습니다. 우리가 먹여 살린대도 틀리지 않단 말입니다." 선생은 씩씩거렸습니다. "그런데도 저렇게 길거리에까지 나와서 구걸하다니, 완전히 철면피 아닙니까."

"선생님." 나는 선생의 마음을 진정시키려고 애썼지만, 그는 막무가내로 나를 숲 언저리까지 질질 끌고 갔습니다. "선생님." 나는 애원했습니다. "이야기를 하나 해드려야 할 것 같군요."

"지금 이런 상황에서요?" 선생이 악의에 찬 눈길로 물었습니다.

나는 그의 말에 정면으로 응수했습니다. "예, 지금 당장이요. 우리가 방금 우연히 목격한 장면을 선생님이 잊으시기 전에요."

지난번에 이야기를 들려준 뒤로 선생은 나를 믿지 않는 눈치였습니다. 선생의 얼굴에서 그 낌새를 읽고 나는 그를 구슬렸습니다. "절대로 하느님 이야기가 아닙니다. 정말 아니에요. 하느님은 이번 이야기에는 나오지 않아요. 역사 이야기입니다."

이 마지막 말로 내가 이겼습니다. '역사'라고 한 마디만 하면 선생들은 누구나 귀가 활짝 열리죠. 역사란 아주 존경스럽고 유익하며, 이따금 교육에 써먹을 수도 있으니까요. 나는 선생이 다시금 안경알을 닦는 모습을 지켜보았습니다. 선생의 시력이 귀로 넘어갔다는 명백한 신호였습니다. 나는 이 절호의 기회를 놓치지 않고 곧바로 이야기를 시작했습니다.

"피렌체에서 있었던 이야기입니다. 로렌초 데 메디치가 아직 젊고, 권력을 쥐지 않았을 무렵이죠. 그는 〈바코와 아리안나의 승리〉라는 시를 썼습니다. 집집 정원마다 그 시가 크게 울려 퍼졌죠. 아직 그때에는 노래가 살아 있었습니다. 시인의 어두운 가슴속에서 솟아 나와 사람들 목소리에 끼어들어서는 은빛 나룻배를 타듯 목소리를 타고 용감하게 미지의 세계로 넘어가곤 했지요.

시인이 노래를 시작하면, 모든 사람이 함께 부르며 완성했습니다. 〈바코와 아리안나의 승리〉도 당시 대부분의 노래와 마찬가지로 생명을 찬양한 시였습니다. 생명이란 희미하게 노래하는 밝은 현과 그 어두운 배경, 이른바 물결치는 피를 지닌 바이올린이라고나 할까요. 길이가 들쑥날쑥한 소절들이 점점 고조되며, 황홀한 환희 속으로 빠져듭니다. 그러다가 환희가 최고조에 이르러 숨이 가빠질 무렵이면 짤막하고 소박한 후렴구가 반드시 나타나는데, 이 후렴구는 아찔하게 높은 산봉우리에서 몸을 내밀어 깊은 골짜기를 쳐다보다가 저도 모르게 눈을 질끈 감는 것과 같죠. 이를테면 다음과 같습니다.

우리가 누리는 청춘이 아무리 아름다워도
누가 붙잡을 수 있으리. 청춘은 달아나며 후회를 남길 뿐
그러니 즐기려거든 오늘 즐겨라
불확실한 세상은 내일을 모르니

이 시를 노래하던 사람들이 서둘러 오늘이라는 믿음직하고 유일한 반석 위에 온갖 미사여구를 쌓아올리려고 아등바등 노력한 것이 뭐가 이상하겠습

니까? 피렌체 화가들의 그림에 수많은 인물이 밀집해 있는 것도 실은 여기에서 비롯된 것이죠. 그들은 자기가 아는 모든 귀족과 부인과 친구를 한데 그려 넣으려고 했습니다. 붓놀림이 더뎠던 까닭에, 다음 작품을 그릴 무렵에도 모두가 지금과 변함없이 젊고 발랄하고 상냥할지 확신할 수 없었기 때문이죠.

이 초조한 마음이 젊은이들에게 가장 명백하게 나타났으리란 것은 누구나 이해할 겁니다. 그 가운데서도 가장 빛나는 젊은이들이 만찬을 마치고 스트로치 궁전 테라스에 모여 앉아, 곧 산타크로체 성당 마당에서 열릴 공연에 대해 이야기하고 있었습니다. 조금 떨어진 기둥 쪽에는 팔라 델리 알비치가 친구이자 화가인 토마소와 서 있었지요. 토론을 벌이던 둘은 점점 감정이 격해졌습니다.

토마소가 갑자기 이렇게 소리 질렀습니다. '넌 절대로 그렇게 못 해. 네가 할 수 있을 리 없지. 내기해도 좋아.'

그 말을 듣고 다른 사람들도 관심을 보였습니다. '왜들 그래?' 가에타노 스트로치가 이렇게 물으며 친구 몇 명과 함께 다가왔습니다.

토마소가 사정을 이야기했어요. '팔라가 이번 축제 날 저 콧대 높은 베아트리체 알티키에리 앞에 머리를 조아리고, 그 먼지투성이 옷자락에 입 맞추게 해달라고 빈다는 거야.'

그 말에 모두가 웃었습니다.

리카르디 가문의 리오나르도가 끼어들어 말했습니다. '팔라, 다시 생각해 보는 게 좋아. 어떤 절세미녀라도 자신을 위해서는 남에게 보이지 않는 미소를 준비해 뒀다는 사실을 너도 알고 있잖아.'

다른 사람도 거들었습니다. '게다가 베아트리체는 아직 어려. 입술에서 젖비린내가 풀풀 나고 지나치게 굳어 있다고. 미소를 짓기에는 한참 멀었지. 그러니까 그렇게 콧대 높아 보이는 것 아닌가.'

'아냐.' 팔라 델리 알비치가 격하게 응수했습니다. '물론 그녀는 콧대가 높지. 하지만 마냥 어리기 때문은 아니야. 그녀는 미켈란젤로의 손에 들린 돌덩이와도 같이, 성모 마리아 그림 속의 한 떨기 꽃과도 같이, 다이아몬드 위를 스치는 한 줄기 햇살과도 같이 당당하지.'

가에타노 스트로치가 단정 짓듯이 그의 말을 끊었습니다. '팔라 자네도 가끔 콧대가 높지 않나. 자네 말을 듣자 하니, 자네도 저녁 예배 시간에 산티시마 아눈치아타 대성당 앞뜰에 모여, 베아트리체 알티키에리가 얼굴을 옆으로 돌린 채 건네는 동전 한 닢을 받으려고 기다리는 거지들 사이에 끼고 싶어 하는 것 같은데.'

'그 정도도 못할 줄 알고!' 팔라는 눈을 반짝이며 그렇게 소리치더니 친구들을 밀치고 계단 쪽으로 사라졌습니다.

토마소가 뒤를 따라가려 하자 스트로치가 말렸습니다. '내버려 둬. 지금은 혼자 두는 게 좋아. 그래야 열도 금방 식지.'

젊은이들은 저마다 정원으로 흩어졌습니다.

그날 저녁도 산티시마 아눈치아타 대성당 앞뜰에는 스무 명 남짓한 남녀 거지들이 저녁 예배 시간이 되기만을 기다리고 있었어요. 베아트리체는 그 앞을 지날 때마다 작은 은화를 한 닢씩 빠짐없이 나눠주었습니다. 그녀는 거기 있는 거지들의 이름을 하나하나 꿰고 있었으며, 가끔은 포르타 산 니콜로 (현재까지 남아 있는 피렌체의 유일한 성문) 근처에 있는 그들의 허름한 집을 찾아가 아이들과 병자들을 만나기도 했습니다. 그날은 그녀가 조금 늦는 듯했습니다. 성당 종소리는 이미 정각을 알렸습니다. 희미하게 꼬리를 끄는 여운만이 저녁 어스름을 뚫고 솟은 탑 둘레를 맴돌 뿐이었지요. 그때 빈민들 틈에서 심상치 않은 동요가 일었습니다. 처음 보는 거지 하나가 성당 문의 그림자에 가만 숨어들더니 어느새 그들 틈에 끼어 있었기 때문이죠. 위기감을 느낀 거지들이 낯선 거지에게 달려들어 막 몰아내려는 참이었습니다. 젊디젊은 처녀가 수녀처럼 검은 옷을 입고 앞뜰에 나타났습니다. 그녀는 밀려오는 동정심에 좀처럼 걸음을 떼지 못하고, 몸종이 열어놓은 채로 들고 있는 지갑에서 동전 한 닢씩을 꺼내어 차례차례 나누어 주었습니다. 거지들은 납작 무릎 꿇고 흐느껴 울며, 고귀한 처녀의 부드러운 옷자락을 잠깐이라도 만지려고 그 앙상한 손가락을 내밀거나, 뭐라고 중얼거리며 젖은 입술을 옷자락에 갖다 댔습니다. 은화를 기다리던 줄이 끝났습니다. 베아트리체가 아는 빈민 가운데 은화를 못 받은 사람은 없었지요. 그때 대문 그림자에 누더기를 걸친 낯선 사람이 있는 것을 보고 베아트리체는 깜짝 놀랐습니다. 그녀는 혼란스러웠어요. 그곳에 있는 빈민들은 그녀가 어렸을 때부터 잘 아는 사람들이고, 그들에게 적선하는 것은 그녀에게 지극히 자연스러운 일이었습니다. 성당 입구에 놓여 있는 대리석 성수반에 신도들이 손가락을 담그는 것과 같은 행위였지요.* 베아트리체는 자기가 모르는 거지가 있을 줄은 꿈에도 생각하지 못했습니다.

〈아주 잠깐만 봤을 뿐, 그 사람이 진짜로 가난한지 아닌지 믿음이 가지 않을 때에도 적선을 해야 할까? 난생처음 보는 사람에게 적선하는 것은 말도 안 되는 월권행위가 아닐까?〉

이런 달갑지 않은 감정과 싸우면서도 소녀는 그 거지를 본체만체하고 그냥 지나쳐 천장 높고 서늘한 성당 안으로 총총히 들어갔습니다. 그러나 예배가 시작되어도 기도문이 조금도 생각나지 않았어요.

〈아아, 저녁 예배가 끝난 뒤에 그 불쌍한 남자가 문가에 없으면 어떡하지? 이제 곧 밤인데. 가난은 밤이 되면 낮보다 더 불안하고 서글프게 느껴지는 법인데, 끝내 그 남자의 고통을 가볍게 해주지 못하는 것 아닐까?〉

이루 말할 수 없는 불안이 베아트리체를 덮쳤습니다. 지갑을 들고 있던 몸종에게 신호를 보내 그녀와 함께 입구 쪽으로 돌아갔습니다. 어느새 그곳은 개미 새끼 한 마리 없이 조용했습니다. 그러나 그 낯선 남자는 기둥에 기댄 채 여전히 서 있었지요. 하늘나라에서 새어 나오는 소리가 아닐까 의심할 정도로 묘하게 멀리서 들리는, 성당에서 들려오는 찬송가에 조용히 귀 기울이는 모습이었습니다. 그는 문둥이처럼 얼굴이 보이지 않도록 꽁꽁 싸매고 있었습니다. 문둥이들은 곁에 선 누군가가 호의를 담아 말을 건넬 만큼 동정심과 불쾌감을 비슷하게 품고 있으리라는 확신이 들면 천천히 복면을 벗고 징그러운 흉터를 드러내죠. 베아트리체는 망설였습니다. 조그만 지갑은 손수 들고 있었지요. 지갑 안에는 동전 몇 닢밖에 느껴지지 않았어요. 하지만 순간 결심을 굳힌 그녀는 거지에게 척척 걸어갔습니다. 자꾸만 도망가려는 시선을 애써 붙들어 매고서, 긴장된 목소리로 더듬더듬 말했습니다.

〈저…… 당신을 모욕하려는 게 아니에요. 당신 이름은…… 당신 얼굴만 봐도 알 것 같아요. 전 당신한테 빚진 게 있어요. 당신 부친께서는 우리집 계단을 멋진 난간으로 장식해 주셨지요. 아시다시피 당신 아버지는 쇠를 잘 다루는 기술자였으니까요. 한참 뒤에…… 당신 아버지가 자주 작업실로 쓰시던 곳에서…… 지갑을 하나 찾았는데…… 그건 분명히…… 당신 부친 것

---

* 신자들은 성수반의 물을 손에 찍어 십자의 성호를 긋고 성당에 들어간다.

이에요.〉

당황해서 되는 대로 거짓말을 지껄인 소녀는 저도 모르게 낯선 거지 앞에 무릎 꿇고 말았습니다. 그녀는 수놓은 비단으로 만든 지갑을 외투 속에 꽁꽁 싸맨 그의 손에 억지로 쥐어주고는 더듬거리며 말했습니다. 〈용서하세요.〉

그 순간 베아트리체는 거지가 떨고 있음을 느꼈습니다. 이윽고 어쩔 줄 모르는 몸종을 데리고 성당 안으로 도망쳤지요. 그때, 아주 잠깐 열린 출입구에서는 짧은 환호성이 터져 나왔답니다.

이야기는 이걸로 끝입니다. 그 뒤 팔라 델리 알비치 씨는 누더기 차림으로 평생을 보냈죠. 전 재산을 남들에게 나누어주고, 맨발로 시골에 내려가서 가난하게 살았습니다. 늙어서는 수비아코 가까이에 살았다더군요."

"옛날 얘기군요. 오래전 이야기예요!" 선생이 말했습니다. "그게 어쨌다는 거요? 그냥 내버려뒀으면 그는 방탕하게 살았을 겁니다. 그런데 그 사건 때문에 떠돌며 괴짜가 된 거죠. 그뿐이란 말입니다. 오늘날 그런 사람을 누가 기억이나 하겠소?"

"그렇지 않습니다." 나는 조심스럽게 대답했습니다. "가톨릭교회에서 위령 기도가 열릴 때 그의 이름이 기도를 들어줄 사람으로 이따금 거론되지요. 성자가 되었으니까요"

아이들은 이 이야기도 들었습니다. 그리고 선생이 언짢아하는 것도 아랑곳하지 않고, 이 이야기 안에도 하느님이 나온다고 주장했습니다. 나 또한 그 주장을 듣고 조금은 놀랐습니다. 선생한테 이번에는 하느님이 나오지 않는 이야기를 들려주겠다고 약속했었으니까요. 물론 아이들도 그 사실은 충분히 알 테지만요.

어둠에게 들려준 이야기

나는 외투를 걸치고 친구 에발트에게 갈 생각이었습니다. 그러나 어떤 책을 읽느라—어차피 또 오래된 책이지만—깜박하고 말았지요. 정신을 차렸을 때는 이미 어두워져 있었습니다. 러시아에 봄이 찾아오듯 순식간이었지요. 조금 전까지만 해도 방 안은 구석구석까지 훤히 보였는데, 이제는 모든 사물이 어스름 말고는 아무것도 모른다는 시늉을 했습니다. 곳곳에 커다란 어스름한 꽃들이 피어나고, 그 벨벳 같은 꽃받침 둘레를 은은한 빛이 하루살이의 날개에 실려 오듯이 부드럽게 흘렀습니다.

다리 불편한 친구는 이미 창가에 없을 것이 분명했습니다. 그래서 나는 그냥 집에 머물기로 했습니다. '그런데 에발트에게 무슨 이야기를 들려줄 생각이었더라?' 나는 그것조차 잊어버리고 말았습니다. 그런데 잠시 뒤, 누군가가 그 잊어버린 이야기를 듣고 싶어 하는 듯한 기분이 들었습니다. '대체 누구지? 어느 머나먼 곳 어두운 방 창가에 선 외로운 사람일지도 몰라. 아니면 나와 그 외로운 사람과 만물을 감싸고 있는 이 어둠 자체일까?' 그리하여 나는 예기치 않게 어둠에게 이야기를 들려주게 되었습니다. 그러자 어둠도 내 쪽으로 더욱 가까이 몸을 기대왔으므로, 나는 이야기 분위기에 걸맞게 더욱 목소리를 낮출 수 있었습니다. 말해두는데, 내 이야기의 시점은 현재입니다. 그럼 시작할까요?

"게오르크 라스만 박사는 갑갑한 고향 마을로 오랜만에 돌아왔습니다. 고향이라고는 해도 박사에게 특별한 것이 남아 있는 곳은 아니었습니다. 지금은 누나 둘이 살고 있을 뿐이었지요. 누나들은 모두 결혼했으며, 결혼 생활은 원만한 것 같았습니다. 12년 만에 누나들과 재회하는 것이 이번 방문의 목적이었죠. 적어도 박사 자신은 그렇게 믿었습니다. 그러나 전날 밤 콩나물시루 같은 기차에서 잠을 이루지 못하다가, 그는 이번 방문이 사실은 그의 어린 시절을 떠올리기 위해서란 걸 분명하게 깨달았습니다. 그리운 골목을

걸으면 옛 추억을 발견할지도 모른다는 희망이 끓어올랐습니다. 도시 성문
이건 탑이건 분수건, 자신을 기쁨이나 슬픔으로 이끌어줄 실마리를 찾고 싶
었던 거겠죠. 그 같은 감정에 기대지 않으면 자신이라는 존재를 새삼 자각할
수 없었기 때문입니다. '그만큼 인간은 삶에 찌든 거다.' 그렇게 생각한 순
간, 여러 정경이 주마등처럼 머릿속을 스쳐 갔습니다. 대문에 반짝거리는 손
잡이가 달려 있고 어두운 마룻바닥이 깔려 있는, 하인리히 거리의 작은 집.
잘 손질된 가구들과 그 옆에 황송하게 서 있는 어느새 늙어버린 두 사람, 부
모님. 쫓기듯 정신없이 돌아가던 평일과 휑뎅그렁한 응접실처럼 느껴지던
일요일. 당혹감을 웃음으로 얼버무리며 맞이했던 뜻밖의 방문객들. 조율 안
된 피아노, 늙은 카나리아. 아무도 앉아서는 안 되는, 물려받은 팔걸이의자.
성명 축일_(자기와 이름이
같은 성자의 날). 함부르크에서 찾아온 숙부. 인형극. 손톱금. 죽마고우.
　그때 누군가가 '클라라' 부르는 소리가 들렸습니다. 깜박 잠이 들려던 참
이었습니다. 기차는 어느 역에 와 있었습니다. 불빛이 스치고 지나갔습니다.
고장이라도 났는지, 쇠망치가 귀 기울여가며 차례차례 바퀴를 두드렸습니
다. 그 소리가 클라라, 클라라 하는 소리로 들린 것입니다. 박사는 잠에서
번쩍 깨어나 생각에 잠겼습니다. '클라라가 누구였지?' 곧 어떤 얼굴 하나가
떠올랐습니다. 단정하게 빗질한 금발머리 소녀의 얼굴이었습니다. 물론 생
김새까지는 또렷하게 기억나지 않았지만, 조용하고 힘없이 순종적인 인상은
느껴졌습니다. 이를테면 하도 빨아서 깡똥해진 옷 때문에 더욱 움츠러들어
보이는 야윈 어깨 같은 인상이었죠. 박사는 그런 느낌에 어울리는 얼굴을 마
음속에 그려보기 시작했습니다. 그러면서도 한편으로는 그것이 쓸데없는 짓
임을 알고 있었습니다. 그 얼굴이 실제로 존재했기 때문이죠. 아니, 그때는
존재했었기 때문이죠.
　이렇게 해서 라스만 박사는 자신의 유일한 소꿉동무였던 클라라를 간신히
기억해냈습니다. 학교에 들어가던 열 살 무렵까지 그는 무슨 일이든 그녀와
함께했습니다. 대개 대수롭지 않은 일이었지만요(아니, 대단한 일이었는지
도 모르죠). 클라라에게는 형제자매가 없었습니다. 그 또한 없는 거나 마찬
가지였습니다. 누나들은 그를 전혀 보살피지 않았기 때문이죠. 어쨌든 그 무
렵부터 그는 아무한테도 그녀의 안부를 물은 적이 없었습니다. '왜 그렇게
돼버렸을까?' 박사는 의자 등받이에 몸을 기댔습니다. '클라라는 신앙심이

깊은 아이였지.' 박사는 계속 추억에 잠겼습니다. 그때 '그 뒤 클라라는 어떻게 됐을까?' 하는 생각이 문득 떠올랐습니다. 죽었을지도 모른다는 생각에 겁이 더럭 났습니다. 비좁고 붐비는 객실 안에서 이루 헤아릴 수 없는 불안이 박사를 덮쳤습니다. 잇달아 떠오르는 추억이 모두 이 불길한 추측을 뒷받침하는 것 같았습니다. '그녀는 허약했었지. 집도 딱히 화목하지 않았는지 자주 울었지. 그래, 그녀는 분명히 죽은 게 틀림없다.' 이렇게 생각하자 박사는 한시도 참을 수 없었습니다. 잠든 승객들을 줄줄이 깨우며 틈을 헤집고 객차 복도로 나가 차창을 활짝 열어젖히고, 불빛이 춤추는 어둠을 가만히 노려보았습니다. 그러자 마음이 조금 가라앉았죠. 잠시 뒤 객실로 돌아와서는 불편한 자세에서도 금방 잠들었습니다.

결혼한 두 누나와의 재회는 무척 어색했습니다. 세 남매가 피로 이어져 있음은 분명했지만, 그동안 서로 얼마나 멀리 떨어져 지냈는지를 완전히 망각하고서, 처음에는 어떻게든 남매처럼 대하려고 했던 것입니다. 그러나 시간이 지날수록, 세 사람 모두 암묵적으로 합의한 듯이 어떤 사교 자리에서도 통하도록 만들어져 온 정중한 중간 지대로 도망치고 말았습니다.

둘째 누나 집에 갔을 때였습니다. 남편은 운 좋게도 황실고문관이라는 칭호를 가진 공장주였습니다. 정찬의 네 번째 음식을 다 먹었을 때 박사가 물었습니다.

'그런데 조피 누나, 클라라는 어떻게 됐지?'

'어떤 클라라?'

'성은 기억이 안 나. 왜, 옆집에 살던 조그만 애 있잖아. 어릴 때 나하고 소꿉놀이하던.'

'아, 클라라 쾰너 말이구나?'

'쾰너, 맞아, 쾰너였어. 이제야 기억나네. 그 애 아버지는 아주 못된 노인네였지. 아무튼, 클라라는 어떻게 됐지?'

누나는 잠시 망설였습니다. '결혼했어. 어쨌든 지금은 아예 세상을 등졌어.'

'맞네.' 고문관이 맞장구쳤습니다. '완전히 인연을 끊고 살지.' 그가 든 나이프가 접시 위에서 미끄러지며 소름 끼치는 소리를 냈습니다.

'매형도 그녀를 아세요?' 박사는 매형을 바라보았습니다.

'으응, 그냥 대충. 이곳에서는 꽤 유명한 여자거든.'

남편과 아내는 무언의 눈빛을 교환했습니다. 박사는 그들이 그에 대한 이야기를 나누길 꺼린다는 사실을 알아채고 더는 묻지 않았습니다.

그런데 블랙커피를 마시는 남자들을 남겨두고 누나가 자리를 비우자, 고문관이 아까와는 딴판으로 그 화제에 큰 관심을 보였습니다.

'그 클라라라는 여자 말이야.' 그는 음흉한 미소를 지으며 물었습니다. 눈으로는 손에 든 엽궐련 끝에서 은제 재떨이로 떨어진 재를 바라보고 있었습니다. '어렸을 때는 그렇게 조용하고 못생긴 여자였다며?'

박사는 가만 있었습니다. 고문관이 더 은근하게 다가오며 속삭였습니다. '보통 사건이 아니었는데, 조금도 못 들었나?'

'아직 누구를 만나서 이야기할 시간이 없었으니까요.'

'이야기까지 할 것 있나.' 그렇게 말하며 고문관은 다시 음흉한 미소를 지었습니다. '신문에도 실렸을 정도인데.'

'뭐라고요?' 박사가 다급히 물었습니다.

'그러니까 그 여자가 남편을 버리고 애인과 도망친 거야.' 공장주는 자욱하게 담배 연기를 뿜어내고는 그 뒤를 쫓듯이 이 놀라운 말을 던졌습니다. 그리고 그 말의 효과가 나타나기를 아주 유쾌하다는 듯이 기다렸습니다. 그러나 반응이 탐탁지 않았는지 이번에는 갑자기 사무적인 표정이 되어 자세를 고쳐 앉더니 아까와는 전혀 다른 말투로 보고하듯이 이야기하기 시작했습니다. 얼마쯤 기분이 상한 것 같았습니다. 그는 먼저 헛기침을 하고 나서 이렇게 말했습니다. '그 여자는 토목감독관 레르 씨에게 시집갔었지. 자넨 그와 만날 기회가 없었겠지만, 아주 늙은 사람은 아니야. 내 연배니까. 재산도 있고, 행실도 바른 사람이었지. 아주 곧은 사람이었다고. 한편 여자는 돈도 한 푼 없고, 예쁘지도 않았어. 교육도 못 받았고 말이야. 본디 토목감독관은 대단한 숙녀를 원했던 게 아니야. 그저 현모양처이길 바랐지. 하지만 그 클라라라는 여자는 온갖 사교 모임에 불려다니고, 어디를 가든 극진한 대접을 받아—정말이네—모두 그렇게 대해줬지—그러니까 마음먹기에 따라서는 웬만한 지위쯤은 쉽게 쌓을 수 있었을 거야. 그런데 그런 클라라가 어느 날—결혼한 지 2년도 안 되어 도망가고 만 거야. 아, 글쎄 집을 나갔다니까. 어디로 갔느냐고? 이탈리아로 갔지. 바람 좀 쐬러 다녀오겠다고 하고서 말이야. 물론 혼자가 아니었지. 우리집에서는 이미 그 일이 있기 1년 전부터 그녀를 초대하지 않았었다네—선견지명이 있었던 거지. 토목감독관은 내 친구이자 훌륭한 신사고 또—'

'그래서 클라라는 어떻게 되었나요?' 박사는 그의 말을 끊으며 벌떡 일어났습니다.

'아, 그래. 그 여자는…… 천벌을 받았지. 무슨 말이냐 하면, 함께 도망쳤던 사내가—예술가였다던데—실은 바람둥이였던 거야. 재주라고는 바람 피는 것밖에 없는……. 결국 둘이 이탈리아에서 돌아오자마자 뮌헨에서 바로 헤어졌지. 그러고서 남자는 종적을 감췄지. 지금 그 여자는 아이를 키우며 산다네.'

라스만 박사는 안절부절못하고 이리저리 서성거렸습니다. '뮌헨에서 산다고요?'

'그래, 뮌헨.' 고문관은 그렇게 대답하고서 자기도 자리에서 일어났습니다. '어쨌든 아주 비참하게 산다더군.'

'어떻게 비참하다는 건가요?'

'글쎄.' 고문관이 손에 든 궐련을 지그시 바라보며 말했습니다. '금전적으로도 그렇고, 일반적으로도…… 그러니까 살아가는 꼴 자체가…….' 그러더니 갑자기 깨끗하게 다듬은 자기 손을 처남의 어깨 위에 얹었습니다. 만족감에 목젖이 울렸습니다. '자네 앞에서 말하긴 좀 그렇지만 사람들 말로는 그 여자가 먹고살기 위해—'

박사는 몸을 홱 돌려 방을 나가버렸습니다. 처남 어깨에서 떠난 손을 축 늘어뜨린 채 고문관은 멍하니 서 있었습니다. 10분쯤 있다가 겨우 정신을 추스르더니 아내가 있는 응접실로 가서 화를 내며 말했습니다.

'늘 하는 소리지만, 당신 동생은 괴짜야.'

졸고 있던 아내가 나른하게 하품하며 말했습니다. '누가 뭐래요?'

2주 만에 박사는 고향을 떠났습니다. 자신의 어린 시절은 다른 곳에서 찾아야 한다는 것을 문득 깨달았기 때문이죠. 뮌헨에 도착하자 그는 전화번호부에서 '클라라 죌너, 슈바빙 구, 무슨 마을 몇 번지'를 찾아냈습니다. 박사는 전화로 자신의 방문을 미리 알린 다음 자동차로 출발했습니다. 날씬한 부인이 빛과 선의로 가득한 방 안에 서서 박사에게 인사했습니다.

'게오르크죠? 날 기억하나요?'

박사는 놀라서 눈을 휘둥그레 떴습니다. 마침내 그가 말했습니다. '그럼 당신이 클라라인가요?'

그녀는 박사가 자신을 알아볼 때까지 시간을 주려는 듯, 반듯한 이마를 가진 차분한 얼굴로 한참 동안 그를 조용히 바라보았습니다. 꽤 오랜 시간이 흘렀습니다. 마침내 박사는 자기 앞에 서 있는 사람이 그리운 소꿉친구임을 똑똑히 증명해줄 뭔가를 발견했는지, 클라라의 손을 거듭 꼭 잡았습니다. 그런 다음 천천히 손을 놓고 방 안을 둘러보았습니다. 불필요한 것은 하나도 없어 보였습니다. 책이며 종이들이 놓인 책상이 창가에 있었습니다. 클라라가 조금 전까지 앉아 있었는지 의자가 뒤로 밀쳐져 있었습니다.

'뭔가 쓰고 있었나 보군요?'

그렇게 말한 뒤에 박사는 그 질문이 얼마나 바보 같았는지 깨달았습니다. 그러나 클라라는 전혀 개의치 않고 대답했습니다.

'예, 번역하는 중이에요.'

'출판할 건가요?'

'예.' 클라라가 꾸밈없이 말했습니다. '출판사에서 의뢰를 받았거든요.'

게오르크는 벽에 걸린 이탈리아에서 가져온 그림 몇 점을 발견했습니다. 그중에는 조르조네의 〈연주회〉도 있었습니다.

'저 그림을 좋아하시나요?' 그렇게 말하며 박사는 그 복제화 쪽으로 다가갔습니다.

'당신은요?'

'원화는 본 적이 없어요. 원화는 피렌체에 있죠?'

'피티 화랑에 있지요. 한번 꼭 가보세요.'

'이걸 보려고?'

'그걸 보려고.'

그녀에게는 자유로운데다 소박하고 쾌활한 면이 있었습니다. 박사가 의미심장하게 눈을 들었습니다.

'왜 그러죠, 게오르크? 자리에 앉지 않을래요?'

'내가 생각해도 한심하군요.' 그렇게 말한 채 박사는 머뭇거렸습니다. '내가 상상하기에는…… 그런데 당신은 전혀 비참한 모습이 아니군요.' 자기도 모르게 이런 말이 튀어나왔습니다.

클라라가 미소 지으며 말했습니다. ‘내 소문을 들으셨군요?’

‘예, 그러니까—’

박사의 이마가 어둡게 그늘지는 것을 보고 클라라가 얼른 그의 말을 끊었습니다. ‘아니요, 소문이 사실과 다른 건 결코 사람들 탓이 아니에요. 겪은 일을 말로 표현하기 어려울 때가 자주 있죠. 그것을 억지로 말하려다 보면 반드시 오류를 범하게 돼요.’

잠시 사이를 두었다가 박사가 물었습니다. ‘어떻게 그토록 너그러울 수 있지요?’

‘모든 것 덕분이지요.’ 클라라가 나직하고 따스하게 말했습니다. ‘그런데 왜 ‘너그럽다’라는 말을 쓰시죠?’

‘왜냐하면…… 원래는 차가운 사람이 되었어야 할 테니까요. 당신은 허약하고 힘없는 아이였어요. 그런 아이들은 결국 차가운 사람이 되거나, 아니면……’

‘아니면 죽는다, 그렇게 말하려고 하셨죠? 그래요, 난 죽었어요. 죽은 지 벌써 오래됐죠. 집에서 당신을 마지막으로 본 뒤로…….’ 그녀는 책상에서 무언가를 집어서 박사에게 내밀었습니다. ‘이것 좀 보세요. 그 사람 사진이에요. 실물보다 조금 잘 나왔죠. 그 사람 얼굴은 이렇게 환하지 않지만…… 인상이 좋고 소박한 느낌이죠. 조금 있다가 우리 아이도 보여 드릴게요. 지금 옆방에서 자고 있어요. 아들인데, 이름은 안젤로예요. 그 사람 이름과 같죠. 그이는 지금 이곳에 없어요. 여행을 떠났거든요. 아주 멀리로.’

‘그럼 지금은 혼자 지내나요?’ 박사는 여전히 사진에 정신을 빼앗긴 채 건성으로 물었습니다.

‘그래요. 나하고 아이뿐이죠. 그거면 되지 않나요? 어떻게 그리됐는지 말씀드리죠. 안젤로는 화가예요. 이름은 거의 알려지지 않았죠. 당신도 못 들어 봤을 거예요. 그이는 마지막까지 세상과는 물론이고 자기 계획, 그리고 자기 자신이며 나하고도 싸웠어요. 그래요. 나하고도 싸웠지요. 실은 1년쯤 전부터 내가 그이한테 여행을 떠나라고 권해왔거든요. 그이한테 여행이 얼마나 필요한지 나는 직감했어요. 언젠가 그이가 농담조로 말했어요. 〈내가 중요해, 아이가 중요해?〉 내가 아이라고 대답하자 그이는 미련 없이 여행을

떠났어요.'

'언제 돌아오나요?'

'아이가 자기 이름을 말할 줄 알게 되기 전에는 돌아오기로 약속했어요.' 박사는 무슨 말인가 하려 했습니다. 그러나 클라라가 웃으며 말했습니다. '하지만 아이 이름이 좀 어려워서 조금 시간이 걸릴 거예요. 안젤리노는 올 여름에 겨우 두 살이 되죠.'

'참 이상하군요.' 박사가 말했습니다.

'뭐가요, 게오르크?'

'당신이 인생을 그렇게까지 멋지게 이해한다는 것이. 얼마나 어른스러우면서도 아이 같은지. 당신은 대체 어디에다가 당신의 어린 시절을 버리고 왔죠? 우리는 둘 다 그토록…… 그토록 무기력한 아이였잖아요. 그것만큼은 이제 와서는 아무리 해도 바꿀 수 없는, 적어도 되돌릴 수 없는 사실 아닌가요?'

'그럼 당신 생각에는 우리가 그런 유년 시절을 겪었기 때문에 지금도 고통을 당해야 하고, 또 그것이 당연하다는 말인가요?'

'예, 바로 그겁니다. 우리 뒤를 따라다니며, 우리와 아직도 이렇게 불확실한 관계를 유지하는 이 무거운 어둠에 고통받아야 하죠. 그 어둠에는 한 시대가 있습니다. 우리의 첫 이삭을 우리는 그 안에 저장했습니다. 모든 단서, 모든 신뢰, 언젠가는 자라날 싹을 모두 저장했지요. 그런데 문득 깨닫고 보니, 그 모든 것이 어느 바다에 가라앉아 버린 겁니다. 언제 그렇게 됐는지도 정확히 알지 못하죠. 우리는 전혀 알아채지 못했습니다. 있는 돈을 다 털어 깃털 하나를 사서 모자에 꽂고 다니는 것과 같을지도 모르죠. 바람이라도 불면 휙 날아가 버리죠. 물론 집에 돌아와 보면 깃털은 흔적도 없습니다. 깃털이 언제 날아갔나 하고 아무리 머리를 굴려 봐야 때는 늦었죠.'

'그런 생각을 하나요, 게오르크?'

'이제는 안 해요. 포기했지요. 나는 열 살 되던 해 언젠가, 그러니까 내가 기도를 그만둔 시점부터 나만의 인생이 시작된 걸로 봅니다. 그 전의 인생은 내 것이 아니지요.'

'그럼 어떻게 나를 기억해내셨죠?'

'실은 그걸 알고 싶어서 찾아온 겁니다. 당신이 그 시절의 유일한 증인이니까요. 당신 안에서라면 이제 내 안에서는 찾을 수 없는 것을 재발견할 수 있으리라고 확신해 왔습니다. 어떤 몸짓이나 어떤 말, 뭔가를 연상시켜줄 이름이며 뭔가를 깨우쳐줄 만한 단서 말입니다.' 박사는 가늘게 떨리는 차가운 두 손에 얼굴을 묻었습니다.

클라라 부인은 곰곰이 생각했습니다. '지금은 나도 어린 시절이 거의 기억나지 않아요. 그동안 몇천 번이나 산 것처럼 말이에요. 그래도 당신이 그렇게까지 말하니까 생각나는 게 있네요. 어느 저녁이었죠. 당신이 불쑥 우리 집에 찾아왔어요. 당신 부모님이 연극인가를 보러 외출하셨다면서요. 우리 집은 대낮처럼 환하게 불을 밝혀놓았었어요. 아버지가 손님을 한 분 기다리고 있었거든요. 친척이었는데, 내 기억이 맞는다면 꽤 먼 친척으로 부자였어요. 그 손님은 어디더라, 글쎄 어딘지는 잊어버렸지만, 아무튼 먼 곳에서 오는 손님이었죠. 집에서는 벌써 두 시간 전부터 모두 모여 그를 기다렸어요. 문이란 문은 다 열어놓고, 등불은 구석구석 환하게 켜져 있었어요. 엄마는 생각난 듯이 가끔 소파로 달려가서는 소파 덮개의 주름을 반듯하게 펴셨고, 아빠는 창가에 서 계셨죠. 아무도 앉을 엄두를 못 냈어요. 의자 위치를 흐트러뜨리고 싶지 않았으니까요. 그런 참에 당신이 온 거예요. 당신도 우리와 함께 기다려 주었죠. 아이들은 문간에 서서 가만히 귀를 기울였어요. 그렇게 시간이 갈수록, 우리는 더욱더 멋진 손님이 올 걸로 생각했죠. 우리는 떨고 있었어요. 손님이 아직 오지 않는 동안에는 그 멋진 모습이 극에 달하기 전에 도착해버리면 어쩌나, 오로지 그게 걱정이었으니까요. 끝내 오시지 않으리라는 걱정은 조금도 품지 않았지요. 우리는 반드시 오시리라고 확신했어요. 그저 위대한 손님이 될 충분한 시간을 그분에게 드리고 싶었을 뿐이죠.'

갑자기 박사가 얼굴을 들고서 슬프게 말했습니다. '그러니까 지금도 우리 둘 다 그분이 오지 않았다는 사실을 아는 거군요……. 나도 그것만큼은 잊지 않았어요.'

'그래요.' 클라라가 박사의 말에 수긍하며 말했습니다. '그는 오지 않았어요…….' 그러더니 잠시 사이를 두었다가 말했습니다. '그래도 정말 즐거웠어요!'

'뭐가요?'

'그러니까…… 기다리는 거 말이에요. 수많은 등불, 고요함…… 축제날 같은 기분.'

그때 옆방에서 인기척이 났습니다. 클라라 부인이 잠시 실례하겠다고 양해를 구하고 자리를 뜨더니 곧 밝고 환한 얼굴로 돌아와서 말했습니다.

'이제 들어가 봐도 되겠어요. 애가 깨어나 방실방실 웃고 있거든요. 그런데 방금 뭐라고 말씀하시려 했죠?'

'당신이 어떻게 그렇게…… 그러니까 그렇게 차분한 자신의 모습을 찾았는지 궁금해하던 참입니다. 살다 보니 저절로 찾아진 건 아닐 테죠. 나한테는 없으면서 당신한테는 도움이 된 무언가가 있었을 겁니다.'

'그게 뭘까요, 게오르크?' 클라라가 박사 옆에 와서 앉았습니다.

'참으로 희한해요. 내가 처음 당신을 떠올렸을 때, 그러니까 3주 전 저녁에 여행을 하다가, 그때 문득 당신이 신앙심 깊은 아이였다는 사실이 뇌리를 스쳤습니다. 지금 이렇게 만나 본 바로 당신은 내가 생각했던 것과 완전히 다른 모습이긴 하지만—아니, 그렇기에 오히려 자신 있게 말해도 좋을지 모르지만—이렇게 말하고 싶군요. 모든 위험을 뚫고 당신을 인도한 것은 바로 당신의 경건함이라고요.'

'당신이 말하는 경건함이란 뭔가요?'

'말하자면 하느님과 당신의 관계, 하느님에 대한 사랑, 당신의 믿음이죠.'

클라라 부인은 눈을 감았습니다. '하느님에 대한 사랑이라고요? 잠시 생각 좀 할게요.'

박사는 긴장된 눈으로 그녀를 지켜보았습니다. 그녀는 생각이 떠오르는 대로 입 밖으로 내뱉는 것 같았습니다.

'어렸을 때…… 그때 내가 하느님을 사랑했던가요? 아뇨, 그럴 리 없어요. 나는 조금도 기억나지 않거든요. 내가 광기 어린 자만처럼—이 표현은 옳지 않군요. 다시 말하자면—가장 큰 죄처럼 생각하는 건 하느님이 계신다는 생각을 하는 일이었어요. 우스꽝스러울 정도로 팔이 길고 허약한 아이 안에, 청동처럼 보이게 마분지로 만든 벽걸이 접시며 값비싼 상표만 떼어 붙인 포도주병에 이르기까지 위선과 거짓으로 똘똘 뭉친 가난한 우리집 안에 제발 계셔 달라고 비는 것은 하나님에게 억지로 강요하는 기분이 들었거든요. 그리고……' 클라라 부인은 두 손으로 무언가를 내치는 시늉을 했습니다. 두 눈은 눈꺼풀 사이로 뭔가 무서운 것이라도 보일까 두려워하는 것처럼 더욱 꼭 감고 있었습니다. '아아, 그때 내 안에 하느님이 계셨다면 나는 하느님을 내 안에서 내쫓아야 했을 거예요. 하지만 나는 하느님을 전혀 느끼지 못했어요. 하느님을 완전히 잊고 지냈죠. 나는 모든 것을 잊고 지냈어요— 피렌체에 가서 난생처음 보고 듣고 느끼고 깨닫게 되고 그와 동시에 감사함을 배웠을 때에야 비로소 하느님을 다시 생각하게 되었지요. 그러자 어디를 가나 하느님의 흔적이 있었어요. 어떤 그림을 봐도 하느님의 온기가 느껴졌고, 종소리는 여전히 생생하게 하느님의 목소리를 전달하고 있었죠. 조각상에서도 하느님의 손자국이 뚜렷하게 보였어요.'

'그럼 하느님을 발견한 거로군요?'

클라라가 행복이 깃든 커다란 눈으로 박사를 물끄러미 바라보면서 대답했습니다. '아니요, 그저 하느님이 계셨었다는 사실을 느꼈지요. 언젠가는 분명히 계셨었다는 것을요. 왜 그 이상을 느껴야 하죠? 그것만으로도 충분한데요.'

박사는 자리에서 일어나 창가로 걸어갔습니다. 한 뙈기 밭에 이어 고풍스럽고 작은 슈바빙 교회가 보이고, 그곳을 덮은 하늘은 이미 노을에 물들어 있었습니다. 라스만 박사는 눈길을 창밖에 고정한 채 불쑥 물었습니다. '그러면 지금은요?' 대답이 돌아오지 않자, 발소리를 죽이고 아까 있던 자리로 조용히 돌아갔습니다.

'지금은……' 박사가 정면으로 와서 서자 클라라는 말하다 말고 머뭇거리면서 눈을 똑바로 뜨고 그를 올려다보았습니다. '지금은 하느님이 오실지도 모른다는 생각을 가끔 해요.'

박사는 그녀의 손을 잡고 잠시 그대로 먼 산을 응시했습니다.

'무슨 생각을 하세요, 게오르크?'

'그 시절 그 저녁 같다는 생각을 했어요. 지금도 당신은 그 멋진 분을, 그러니까 하느님을 기다리고 있는 거예요. 게다가 분명히 오시리라고 확신하고 있죠. 그 자리에 나도 우연히 있는 거고요.'

클라라 부인이 발랄하게 일어났습니다. 그녀는 아주 젊어 보였습니다. '그럼 이번에도 함께 기다려볼까요?'

그녀가 이 말을 무척 기쁘고 천진하게 했으므로, 박사는 미소가 절로 나왔습니다. 그녀는 박사를 아이가 있는 옆방으로 데리고 갔습니다."

이 이야기에 아이들이 알아서는 안 될 내용은 들어 있지 않습니다. 그럼에도 아이들은 이 이야기를 듣지 못했습니다. 어쩔 수 없는 일이지요. 나는 이 이야기를 어둠에게만 들려주고 다른 사람에게는 하지 않았는데, 아이들은 어둠을 무서워해서 그가 다가오면 도망쳐버리고, 어쩌다가 어둠 속에서 가만히 견뎌야 할 때도 눈을 꼭 감고 귀를 막아버리니까요. 그래도 언젠가는 아이들도 어둠을 좋아하게 될 때가 올 겁니다. 그러면 어둠에게서 내 이야기를 전해 듣겠죠. 또 그때가 되면 이 이야기의 의미를 훨씬 잘 이해할 겁니다.

Briefe an einen jungen Dichter

젊은 시인에게 보내는 편지

책머리에

1902년 늦가을이었다. 나는 빈 신시가지의 육군대학 교정에 있는 늙은 밤나무 아래에 앉아 책을 읽고 있었다. 얼마나 독서에 빠져 있었던지, 우리 학교 교수들 가운데 유일한 민간인이며 학문에 조예가 깊고 온화한 호라체크 교수님이 내 곁에 와서 앉는 것도 알아차리지 못했다. 교수님은 내 손에서 책을 거두어 표지를 들여다보더니 고개를 흔들었다. "라이너 마리아 릴케의 시집인가?" 그가 의미심장하게 물었다. 그러고는 책장을 넘기며 시를 두세 편 훑어본 다음 생각에 잠긴 눈길로 먼 하늘을 바라보았다. 그러더니 이윽고 고개를 끄덕이며 말했다. "그 기숙생 르네 릴케가 시인이 됐구먼."

그리하여 나는 15년 전쯤 부모님에게 떠밀려 장교가 되기 위해 상트 펠텐 육군유년학교에 들어갔던 그 가냘프고 창백한 얼굴의 소년 이야기를 듣게 되었다. 당시 호라체크 교수님은 학교 목사로 그곳에 근무하셨는데, 지금도 그 기숙생의 얼굴을 똑똑히 기억하신다고 했다. 교수님은 그를 조용하고 진지하며 똑똑한 학생으로 묘사했다. 그는 혼자 있기를 좋아했으며, 군대 같은 학교생활을 4년 동안 참을성 있게 견딘 뒤 다른 학생들과 마찬가지로 메리슈바이스키르헨에 있는 육군실업학교로 진학했다. 그 학교에 들어가고부터 그의 체질로는 군대에 적응하기 어렵다는 사실이 분명해졌으므로, 부모님의 허락을 받아 학교를 그만두고 고향 프라하에서 공부를 계속하기로 했다. 그 뒤 그가 어떤 삶을 살았는지 교수님은 모른다고 하셨다.

여기까지만 말해도, 내가 그 자리에서 내 습작 시를 라이너 마리아 릴케에게 보내 비평을 청하기로 마음먹은 것도 쉽게 이해가 갈 것이다. 그때 채 스무 살이 되지 않았던 나는 내 소질과는 정반대되는 직업을 구하려던 참이었고, 누군가의 이해를 구해야 한다면 《나의 축제를 위하여》를 쓴 시인에게 이해받기를 바랐던 것이다. 그리고 정말 그러기로 마음을 굳히기도 전에 나는 습작 시에 곁들여 편지를 쓰게 되었다. 그렇게 편지로 내 속내를 털어놓은 것은 전무후무한 일이었다.

몇 주가 지나서야 답장이 왔다. 파란 봉인이 된 그 편지에는 파리 소인이 찍혀 있었다. 들어보니 묵직했다. 겉봉에는 아름답고 단정한 필체로 보낸 이가 적혀 있었고, 본문도 첫째 줄부터 마지막 줄까지 그와 똑같은 필체로 채워져 있었다. 그때부터 나와 라이너 마리아 릴케 사이에는 규칙적으로 편지가 오갔다. 편지는 1908년까지 이어지다가 그 뒤 서서히 시들해져 갔다. 가슴을 뭉클하게 하는 따뜻하고 세심한 배려에서 시인이 애써 만류했던 그 영역으로 내 삶이 빠져들었기 때문이다.

하지만 그건 중요하지 않다. 중요한 것은 여기에 소개하는 10통의 편지이다. 이 편지들은 라이너 마리아 릴케의 삶과 그가 창작한 세계를 이해하는 데 중요할 뿐만 아니라, 자라나는 오늘과 내일의 많은 젊은이들을 위해서도 중요하다. 위대하고 유일무이한 인간이 말할 때 하찮은 사람이여 침묵해야 하리.

1929년 6월, 베를린에서
프란츠 크사버 카푸스

첫째 편지

파리에서
1903년 2월 17일

친애하는 카푸스 씨께,

보내 주신 편지는 며칠 전에야 받았습니다. 편지에서 보여주신 두터운 신뢰에 감사드립니다. 하지만 내가 드릴 수 있는 말은 이것뿐이군요. 내겐 당신 시의 본질을 분석할 능력이 없습니다. 나는 비평과는 너무나 거리가 먼 사람이기 때문입니다. 예술작품을 느끼는 데 있어서 비평만큼 쓸모없는 것도 없습니다. 비평은 언제나 많든 적든 그럴듯해 보이는 오해를 낳기 마련이니까요. 세상사란 흔히 믿는 것처럼 그렇게 쉽게 포착하거나 말할 수 있는 것이 아닙니다. 대부분의 사건은 말로는 표현할 수 없으며, 아직 그 어떤 낱말도 들어서지 못한 영역에서 일어나기 때문입니다. 하지만 그 가운데서도 더욱 표현이 불가능한 대상은, 우리의 덧없는 인생과 더불어 존속하는, 바로 저 비밀로 가득한 존재인 예술작품일 것입니다.

이렇게 운을 뗐으니 이제 다음과 같은 말을 할 수 있겠군요. 당신 시는 개성적이지 않지만, 개성으로 발전할 여지가 있는 싹을 조용히 품고 있습니다. 이런 느낌은 특히 당신의 마지막 시 〈나의 영혼〉을 읽을 때 가장 뚜렷해졌습니다. 이 시에는 개성이 시어와 운율로 나타나려 하고 있습니다. 그리고 〈레오파르디에게〉라는 아름다운 시에는 이 위대하고 고독한 인간과의 친근감 비슷한 것이 자라나고 있다고 느꼈습니다. 그럼에도 당신의 시는, 마지막 시와 레오파르디에게 부치는 그 시조차도, 아직 독자적이지 못하며, 그 자체로는 미완성에 불과합니다. 시와 함께 보내 주신 친절한 편지 덕분에 나는 당신의 시를 읽으면서 느꼈지만 무어라고 꼭 짚어낼 수는 없었던 여러 결함들을 비로소 분명하게 이해할 수 있게 되었습니다.

　당신은 당신이 쓴 시들이 어떠냐고 묻습니다. 지금은 내게 묻고 있습니다. 전에는 다른 사람들에게 물었겠지요. 당신은 잡지사에 시를 보냅니다. 그러고는 자꾸만 다른 이의 시와 당신의 시를 비교하면서, 혹시나 편집자가 당신이 애써서 쓴 작품을 거절하지나 않을지 걱정합니다. (내게 충고를 부탁했으니 감히 말씀드리건대) 이제 나는 그런 짓을 그만두라고 말하고 싶습니다. 당신은 외부로 눈을 돌리고 있습니다. 하지만 그런 바로 지금 무엇보다 해서는 안 되는 일입니다. 아무도 당신에게 조언하거나 당신을 도와줄 수 없습니다, 아무도요. 방법은 하나뿐입니다. 당신의 내면으로 들어가십시오. 당신이 글을 써야 하는 이유를 찾으십시오. 그리고 그 이유가 당신의 심장 가장 깊은 곳까지 뿌리를 내리고 있는지 살펴보십시오. 글쓰기를 그만둘 바에야 죽음을 택하겠는지 스스로에게 물어보십시오. 무엇보다 한밤의 가장 조용한 시간에 이렇게 물어보십시오. "나는 글을 꼭 써야 하는가?" 그 대답을 찾아 내부로 내부로 파고드십시오. 그 대답이 긍정이라면, 그 진지한 물음에 힘차고 짤막하게 "나는 반드시 써야만 한다"라고 대답할 수 있다면, 그때에는 이 필연성에 따라 삶을 만들어가십시오. 당신의 삶은 가장 무심하고 사소해 보이는 시간까지도 이런 충동의 징표 또는 증거가 되어야 합니다. 그런 다음에는 자연으로 다가가십시오. 인류 최초의 인간이 된 것처럼, 당신이 보고 체험하고 사랑하고 잃은 것을 표현해 보십시오. 사랑시는 쓰지 마세요. 너무 흔하고 평범한 형식은 피하십시오. 그런 형식이 가장 어려운 법입니다. 이미 전통적으로 훌륭하고 탁월한 작품들이 산더미처럼 쌓여 있는 영역에서 당신만의 개성적인 작품을 쓰기 위해서는 그만큼 더 위대하고 성숙한 힘이 필요합니다. 그러니 일반적인 주제는 피하고, 일상에서 주제를 찾으십시오. 당신의 슬픔과 소망, 스쳐 지나가는 생각, 아름다움에 대한 믿음을 그려 보십시오. 이 모든 것을 뜨겁고 차분하며 겸허한 솔직함으로 묘사하십시오. 그리고 자기 자신을 표현하는 데 있어서 주변 사물이나 꿈속에서 본 풍경, 또는 추억의 대상을 이용하십시오. 당신의 일상이 보잘것없어 보인다고 그 일상을 탓하지는 마십시오. 비난할 것은 당신 자신입니다. 아직 진정한 시인이 아니기에 일상의 풍요로움을 이끌어내지 못하는 거라고 스스로에게 말하십시오. 창작하는 사람에게 빈곤한 소재나 감흥을 주지 않는 장소라는 것은 있을 수 없기 때문입니다. 벽에 가로막혀 세상의 소리를 전혀 들을 수 없는 감옥에 갇혔다 할지라도, 당신에게는 어린 시절이라는 왕의 부와 맞먹는 소중한 기억의 보물창고가 있지 않습니까? 그곳으로 당신의 관심을 돌리십시오. 저 먼 과거의, 잃어버린 감각들을 되살리려 노력해보십시오. 그러면 당신의 개성은 확고해지고 당신의 고독은 더욱더 넓게 퍼져나가 세상 사람들의 소음마저 멀리 비껴가는 어스름한 거처가 될 것입니다. 이렇게 내면으로 눈을 돌려 자기만의 세계에 침잠하여 시를 쓰게 되면, 당신은 더 이상 다른 이에게 당신의 시가 훌륭한지 물어보려 하지 않을 것입니다. 잡지사에 시를 보내어 관심을 끌고자 하지도 않을 것입니다. 당신은 그 시 속에서 당신이 사랑하는 자연스러운 소유물을, 당신 삶의 한 조각을, 당신 삶의 한 가닥 목소리를 발견하게 될 것이기 때문입니다. 필연성에서 싹트는 예술 작품은 훌륭합니다. 이 기원의 문제야말로 예술작품을 판단하는 기준인 것입니다. 그 밖의 판단 기준은 존재하지 않습니다. 따라서 친애하는 카푸스 씨, 내가 당신에게 권할 수 있는 것은 하나뿐입니다. 내면으로 들어가 당신의 삶이 솟아나오는 깊은 근원을 살펴보라는 것입니다. 당신이 꼭 창작 활동을 해야 하는지에 대한 대답은 그 원천에서만 발견될 것입니다. 답이 나오면 그 의미를 따지지 말고 그대로 받아들이십시오. 아마도 당신이 예술가가 될 운명을 타고났다는 답이 나오겠지요. 그러면 그 운명을 받아들이고, 그 무거운 짐과 위대함을 짊어지십시오. 외부에서 올지도 모르는 보상을 바라지 마십시오. 창조자는 스스로 하나의 세계여야 하며, 그 자신과 그가 속한 자연 안에서 모든 것을 구할 수 있어야 하기 때문입니다.

어쩌면 당신의 내면으로, 당신의 고독 속으로 들어갔다 나온 뒤 시인이 되려는 생각을 포기해야 한다는 결론을 내릴지도 모릅니다. 이미 말씀드린 것처럼 시를 쓰지 않고도 살아갈 수 있다고 느낀다면 시를 써서는 안 됩니다. 하지만 그렇다고 해도 내가 당신에게 요구한 이러한 내면의 성찰이 그저 헛된 것만은 아니겠지요. 어찌되었든 이를 계기로 당신의 삶은 그 고유한 길을 찾게 될 것이기 때문입니다. 당신의 그 길이 훌륭하고 풍요로우며 드넓기를 성심을 다해 기원합니다.

이 이상 무슨 말씀을 더 드리겠습니까? 내가 할 수 있는 이야기는 모두 한 것 같습니다. 마지막으로 한 가지만 더 조언을 드린다면, 조용히 그리고 진지하게 당신의 성장의 길을 따르라는 것입니다. 생각을 외부세계로 향한 채, 그로부터 질문의 답을 얻기를 기대하는 것만큼 당신의 성장을 방해하는 것은 없습니다. 가장 고요한 시간에 당신의 내면 가장 깊은 곳에서 느껴지는 감정만이 그 물음에 답할 수 있을 것입니다.

당신이 보낸 편지에서 호라체크 교수님의 이름을 발견하고서 무척 기뻤습니다. 나는 그 경애할 만한 학자에게 큰 존경과 오래도록 변하지 않는 감사의 마음을 갖고 있습니다. 부디 나의 이 마음을 그분께 전해주세요. 교수님께서 아직도 나를 기억하신다니 정말 영광스럽고 고마운 일입니다.

보내주신 시들을 동봉해서 돌려드립니다. 내게 보여주신 크고 진지한 신뢰에 다시 한 번 감사드리는 바입니다. 보답의 뜻으로, 비록 당신에게 나는 생면부지의 사람이지만, 내가 아는 한 솔직하게 답변함으로써 그 신뢰에 조금이나마 어울리는 사람이 되고자 노력했습니다.

진심 어린 존경과 공감을 담아,
라이너 마리아 릴케

둘째 편지

이탈리아, 피사 근교의 비아레지오에서
1903년 4월 5일

친애하는 카푸스 씨, 당신이 보내주신 2월 24일자 편지에 오늘에서야 감사의 마음을 전하는 것을 용서해주시기 바랍니다. 그동안 몸이 좋지 않았습니다. 병에 걸렸다고 할 정도는 아니지만, 유행성 감기에 걸린 것처럼 무기력증에 빠져서 아무 일도 할 수가 없었습니다. 아무리 해도 몸 상태가 좋아지지 않기에 이 남쪽 바닷가를 찾게 되었습니다. 전에 한 번 이곳에 와서 몸이 회복된 적이 있거든요. 그렇지만 아직 건강을 되찾은 것은 아닙니다. 편지 쓰기도 힘겹게 느껴집니다. 따라서 그다지 길게는 못 쓰지만, 양해하고 읽어주시기 바랍니다.

물론 당신 편지는 언제나 즐겁게 읽고 있습니다. 이 점만은 알아주시기 바랍니다. 다만 답장은 한참 늦어질지도 모르지만, 부디 너그럽게 봐주십시오. 결국 근원적으로, 그리고 가장 심오하고 중요한 문제에 있어서 우리는 모두 이름도 없는 고독한 존재입니다. 따라서 누군가에게 조언하거나 심지어 그를 도우려면, 많은 일들이 일어나야 하고 또 많은 일들이 성공해야 하며 행복한 결과를 이루도록 전체적인 주변상황이 조화롭게 하나로 모아져야 합니다.

오늘은 두 가지만 말씀드리겠습니다. 첫 번째는 반어법(irony)입니다.

반어법에 지나치게 집착하지 마십시오. 특히 창조력이 빈약할 때는 더욱 그렇습니다. 창조력이 넘칠 때는 삶을 포착하는 수단의 하나로서 사용해 보십시오. 그 쓰임이 순수할 때면, 반어법 그 자체도 순수합니다. 그럴 때 반어법을 쓰는 것은 결코 부끄러운 일이 아닙니다. 만약 반어법이 너무 익숙하게 느껴진다거나 타성에 젖을까 봐 두렵다면, 그때는 위대하고 진지한 대상으로 눈을 돌리십시오. 그것들 앞에서 반어법은 하찮고 초라해질 테니까요. 사물의 깊이를 탐색하십시오. 반어법은 거기까지는 결코 도달하지 못합니다. —그리하여 위대함에 가까이 다가갔다면, 동시에 그런 이해의 형태가 당신 존재의 필연성에서 우러나온 것인지를 음미해보십시오. 만약 그것이 우연에 불과하다면, 엄숙한 사건들의 영향력 아래에서 그것은 곧 당신에게서 떨어져나갈 것입니다. 반대로 그것이 당신에게 속하고 선천적으로 내재한다면, 더욱더 강하게 성장하여 진지한 도구로써 당신의 예술을 이루는 데 필요한 수단의 하나로 자리잡을 것입니다.

오늘 당신한테 말씀드리고자 하는 두 번째 사항은 다음과 같습니다.

내가 가진 책 중에서 내게 꼭 필요한 책은 몇 권 되지 않습니다. 그 가운데서도 어디나 가지고 다니는 책은 딱 두 권이지요. 그 책들은 지금도 내 좌우에 놓여 있습니다. 하나는 성경이고, 다른 하나는 덴마크의 위대한 시인 옌스 페테르 야콥센이 쓴 책입니다. 당신도 그의 작품을 알고 있는지 궁금하군요. 그의 작품들은 쉽게 구할 수 있습니다. 일부가 훌륭하게 번역되어 레클람 출판사의 세계 문고로 나와 있으니까요. 야콥센의 소품집 《여섯 가지 이야기》와 소설 《닐스 뤼네》를 사십시오. 그리고 소품집에 첫 번째로 실린 〈모겐스〉라는 제목의 단편부터 읽어보십시오. 하나의 세계가, 행복과 풍요로움과 불가사의한 위대함이 당신을 감쌀 것입니다. 한동안 이 책들 속에 파묻혀 지내면서, 거기에서 배울 만하다고 여겨지는 가치들을 습득하십시오. 그리고 무엇보다 그 책들을 사랑하십시오. 당신이 어떤 인생행로를 걷든지, 그 사랑은 천 배 만 배가 되어 돌아올 것입니다. 장담하건대, 그것은 당신의 존재라는 옷감을 짜는 데 들어가는 경험, 좌절, 기쁨과 같은 모든 실타래 사이에서도 가장 중요한 실 가운데 하나가 될 것입니다.

나더러 창작의 본질과 그 깊이와 영원성에 대해 무언가 깨달음을 준 은인이 누구인지 물으신다면, 내가 말할 수 있는 이름은 단 둘뿐입니다. 바로 위대하고 위대한 시인 야콥센과 현존하는 모든 예술가 중 필적할 자가 없는 조각가 오귀스트 로댕입니다.

당신의 인생행로에 늘 성공이 있기를!

당신의,
라이너 마리아 릴케

셋째 편지

피사 근교의 비아레지오에서
1903년 4월 23일

부활절을 맞아 보내주신 편지, 아주 기쁘게 읽었습니다. 당신의 여러 면모를 엿볼 수 있어서 매우 좋았기 때문이죠. 또 야콥센의 위대하고 아름다운 예술에 대한 당신의 견해를 들으니, 이전 당신의 삶과 여러 문제들을 이 풍요로운 보물창고로 안내한 내가 틀리지 않았음을 깨달았기 때문입니다.

이번에는 《닐스 뤼네》를 펼쳐보십시오. 정말 찬란하고 심오한 책입니다. 읽으면 읽을수록, 인생에서 가장 은은한 향기로부터 가장 진한 열매의 풍부하고 위대한 맛에 이르기까지 모든 것이 들어 있는 듯 느껴지지요. 이 책에는 이해되지 않거나 파악되지 않거나 경험해보지 않은 것은 들어있지 않습니다. 떨려오는 추억의 여운으로 모든 걸 알아볼 수 있지요. 어떤 체험도 무의미하게 다루지 않으며, 아무리 보잘것없는 사건이라도 운명처럼 펼쳐집니다. 그리하여 운명 자체가 커다란 직물처럼 느껴집니다. 한 올 한 올이 한없이 다정한 손길로 짜여 다른 실 옆에 놓이고 마침내는 수백 올의 실과 엮이게 되는 경탄스러운 직물이지요. 당신은 비로소 이 책을 읽는 행복을 맛보게 될 것입니다. 진기한 꿈속에 있는 것처럼, 이 책이 주는 무수한 경이로움을 통과해 갈 것입니다. 나중에 이 책을 다시 읽어도 지금과 똑같은 경이감을 느끼리라는 점, 처음으로 이 책을 읽은 사람의 마음을 뒤흔든 그 놀라운 힘이며 옛날이야기와도 닮은 분위기가 사라지지 않으리라는 점을 자신 있게 말씀드릴 수 있습니다.

이 책의 독자는 시간이 흐를수록 더 큰 즐거움과 감사의 마음을 갖게 되고, 어떤 의미에서 사물을 보는 관점이 보다 좋아지고 단순해지며, 인생에 대한 믿음이 훨씬 깊어져 그 인생이 더욱 신성하고 위대해질 것입니다.

그다음에는 마리 그룹베의 운명과 동경을 그린 뛰어난 책과 야콥센의 서간집, 일기, 단상을 읽어야 합니다. 그리고 마지막으로, 비록 그저 그런 번역본이긴 하지만, 영원히 끝나지 않을 음악 속에 사는 듯한 그의 시를 읽으십시오. (이를 위해서라도 기회가 되면 이 모든 작품들이 수록되어 있는 아름다운 야콥센 전집을 구입하기를 권합니다. 라이프치히의 오이겐 디트리히 사에서 총 3권으로 출간되었는데 번역이 훌륭한데다 가격도 겨우 권당 5, 6 마르크 정도입니다.)

〈이곳에 장미가 피어있다면⋯⋯〉─그 섬세함과 형식은 독보적이지요─에 대한 당신의 견해는 그 책의 서문을 쓴 이와 비교해보더라도 의문의 여지 없이 옳습니다. 하지만 여기서 한 가지 분명히 당부 드리고 싶은 건, 가급적 미학 비평은 멀리 하라는 것입니다. 그런 글들은 생기 없는 완고한 사고에 갇혀 굳어버린 의미 없고 편파적인 견해거나, 오늘은 이 의견이 이겼다가 내일은 저 의견이 이기는 교묘한 말장난에 불과합니다. 예술 작품은 한없이 고독하기에, 비평에 의존하는 것만큼 거기에 다가가기 어려운 일도 없습니다. 오직 사랑만이 예술작품을 포착할 수 있고, 정당하게 다룰 수 있습니다. ─ 그런 논쟁의 글이나 비평, 해설을 대할 때면 당신 자신과 당신의 감정이 옳다고 생각하십시오. 당신이 틀렸더라도, 당신 안에 있는 생명의 자연스러운 성장이 세월과 함께 당신을 다른 인식으로 서서히 이끌 것입니다. 당신의 판단이 조용하고 흐트러짐 없는 발전을 이루도록 놓아두십시오. 모든 진보가 그렇듯이, 그 발전은 내면 깊은 곳에서 우러나와야 하는 것입니다. 강요한다거나 재촉한다고 되는 것이 아니지요. 달이 차기를 기다렸다가 분만하는 것이 전부입니다. 모든 인상과 모든 감정의 싹이 온전히 그 자체로, 어둠 속에서, 말로 표현할 수 없는 곳에서, 무의식 속에서, 이성이 도달하지 못하는 곳에서 완전히 자라나도록 내버려두십시오. 그러고 나서 깊은 겸허함과 인내심으로 새로운 명료함이 해산할 순간을 기다리십시오. 이것만이 예술가의 삶이라 불리는 것입니다. 예술작품을 이해할 때나 창작할 때나 마찬가지입니다.

여기서 시간성은 아무런 의미가 없습니다. 해(年)는 어떤 가치도 없습니다. 10년은 아무것도 아닙니다. 무릇 예술가란 재거나 헤아리지 말아야 합니다. 여름이 오지 않을까 전전긍긍하지 말고, 수액의 흐름을 억지로 재촉하지 않고 봄 폭풍 한가운데서도 의연하게 서 있는 나무처럼 성숙하십시오. 그러지 않아도 여름은 오니까요. 하지만 여름은 참을성 있게 기다리는 자들, 마치 눈앞에 영원이 펼쳐져 있기라도 한 것처럼 근심 없고 고요하며 마음이 탁 트인 자들에게만 옵니다. 나는 이 진리를 고통 속에서, 그리고 그 고통에 감사하면서 날마다 배웁니다. 인내야말로 모든 것입니다!

리하르트 데멜. 그의 책은(참고로 말하자면, 그 책에 관해서는 조금밖에 모릅니다. 그 사람 자체에 관해서도요) 아름다운 한 페이지를 만났나 싶으면 금세 다음 페이지에서 그 감정이 와르르 무너지는 책이지요. 매혹적인 것들을 보잘것없는 것들로 뒤덮어버리면 어쩌나 겁이 날 정도입니다. 당신은 '육감적인 삶과 시'라는 표현으로 그의 특징을 정확히 잘 잡아냈습니다. 실제로 예술적 체험은 그 고통과 열망에 있어서 믿을 수 없으리만치 성적(性的) 체험과 비슷합니다. 두 현상은 동일한 동경과 황홀감이 다른 형식으로 표출된 것에 불과하다고도 할 수 있습니다. '정열'이라는 말 대신에 성(性)을 넣는다면—넓고 순수한 의미에서, 곧 교회의 잘못 때문에 부정한 것으로 왜곡되기 이전 의미에서—데멜의 예술은 매우 위대하고 한없이 중요해질 것입니다. 그의 시가 가진 힘은 위대하며, 원초적 본능처럼 강력합니다. 그 안에는 자유로운 박자가 담겨 있으며, 그의 내부에서 화산이 폭발하듯 터져 나옵니다.

그러나 이 힘이 언제나 솔직하고 가식이 없다고는 할 수 없습니다. (그러나 이것 역시 창작자가 처하게 되는 가장 어려운 시련 중 하나입니다. 창작자는 자기가 지닌 최고의 미덕을 스스로 의식하거나 예감해서는 안 됩니다. 그 미덕의 순수성을 해치고 싶지 않다면요!) 이 힘이 그(데멜)의 본성을 소용돌이치다가 성적인 것으로 변했을 때, 그곳에서 그 힘은 자신에게 맞는 순진무구한 사람을 발견하지 못합니다. 거기에 진정으로 성숙하고 순수한 세계는 없습니다. 충분히 인간적이지 못하고 단순히 남성적인 성의 세계가 있을 뿐이죠. 욕정과 도취와 흥분에 지나지 않는, 남성이 일그러뜨린 사랑을 강제로 짊어진 낡은 선입관과 교만을 업은 세계입니다. 그가 남자로서만 사랑하고 인간으로서는 사랑하지 않는 탓에 그의 성 감각 안에는 무언가 편협하고, 거칠어 보이며, 악의적이고, 일시적이며, 영속적이지 않은 것이 있습니다. 바로 이것들이 그의 예술을 저속하고 모호하며 의심쩍게 만듭니다. 그러므로 그의 예술은 오점이 없다고 할 수 없지요. 그의 예술은 시간과 열정으로 특징지워지며, 따라서 그 가운데 오래 살아남을 만한 것은 거의 없습니다. (그러나 대부분의 예술이 그렇습니다!) 그렇다고는 하나, 그 안에 있는 위대함을 깊이 맛보고 즐겨도 무방합니다. 다만 그로 인해 타락하거나 데멜의 세계를 추종하지만 않으면 됩니다. 그것은 간통과 혼란으로 가득한 한없이 무시무시한 세계입니다. 또한 일시적인 고뇌 이상의 괴로움을 안겨주지만 동시에 더 많은 위대함으로 나아갈 기회와 영원을 추구할 용기를 가져다주는, 우리 인간의 참된 운명의 길에서 한참 멀리 떨어져 있는 세계이기도 합니다.

끝으로 내 책에 대해서 말씀드리겠습니다. 마음 같아서는 당신이 좋아하실 만한 책들을 다 보내드리고 싶습니다. 그러나 내 책들은 일단 출간되면 더는 내 소유물이 아니고, 나는 몹시 가난합니다. 나 자신조차 내 책들을 구매할 수 없는 형편이지요. 늘 그러고 싶다고 생각은 하면서도, 내 책을 받고 좋아할 것이 틀림없는 분들께조차 드리지 못하고 있답니다.

따라서 쪽지에다 최근에 출간된 내 책들(12~13권 정도 되는 책 가운데 최근 것만 적습니다)의 제목(그리고 출판사명)을 적어드릴 테니 기회가 닿는 대로 그중 몇 권을 주문하시라고 부탁드리는 수밖에 없겠네요.

내 책을 곁에 두어주신다면 감사하겠습니다. 안녕히 계십시오.

당신의,
라이너 마리아 릴케

넷째 편지

브레멘 근교의 보르프스베데에서
1903년 7월 16일

열흘 전쯤에 파리를 떠났습니다. 몸이 너무나 안 좋고 완전히 지쳤던 터라 드넓은 북부의 평야로 왔습니다. 이 광활함과 적막함과 하늘이 다시 건강을 되찾게 해주겠지요. 그런데 정작 나를 맞아준 건 긴 장마였습니다. 오늘에야 겨우, 쉬지 않고 몰아치던 폭풍우가 누그러지고 청명한 기운이 돌기 시작했습니다. 나는 이 첫 순간을 이용하여 당신에게 안부 편지를 쓰고 있는 것입니다.

친애하는 카푸스 씨, 나는 당신 편지에 답장도 하지 않고 오래도록 내버려 두었습니다. 답장 쓰기를 잊은 것은 결코 아닙니다. 오히려 그 반대이지요. 당신 편지는 다른 편지들 틈에서 눈에 띄면 또다시 읽게 되는 그런 것이었습니다. 읽다 보면 당신이 바로 가까이에서 느껴졌지요. 5월 2일 자 편지였는데, 당신도 물론 잘 기억하실 겁니다. 이렇게 도회지를 멀리 떠나 이 커다란 고요 속에서 당신 편지를 읽노라면, 삶에 대한 당신의 아름다운 근심에 감동하게 됩니다. 파리에서도 이미 느낀 바 있지만, 그보다 더욱 격렬한 감동이지요. 도시에서는 사물을 뒤흔드는 사나운 소음 때문에 모든 것이 음색을 잃고 사라지고 말거든요. 그런데 이곳, 광활한 땅 위로 바닷바람이 휘몰아치는 이곳에 있으니, 당신의 내면 깊숙이 자리 잡은, 나름의 생명을 지닌 질문과 느낌에 답할 수 있는 사람은 아무도 없으리라는 생각이 듭니다. 아무리 뛰어난 사람이라도 이처럼 너무나 섬세하고 거의 설명이 불가능한 의미를 전달하고자 할 때는 어김없이 잘못된 언어를 사용하기 마련이니까요. 그렇다고 당신이 평생 그 물음을 해결하지 못하리라는 것은 아닙니다. 지금 내 눈에 생기를 불어넣어주고 있는 사물과 비슷한 것들에 의지한다면 말이지요. 거의 눈에 띄지는 않지만, 뜻밖에도 위대함과 무한한 가치를 품고 있는 자연 속의 단순하고 소박한 존재들에게 다가간다면, 이런 하찮아 보이는 작은 것들에게 사랑을 품고서 마치 주인을 대하는 하인처럼 이들로부터 신뢰를 얻고자 노력한다면, 모든 것이 당신에게 좀더 쉽고 한결같으며 친근하게 느껴질 것입니다. 아마도 그런 일은 놀라서 뒤로 주춤 물러서는 이성이 아니라, 당신의 의식 가장 깊은 곳에 있는 각성과 앎에서 일어날 것입니다. 당신은 아직 젊습니다. 모든 시작을 앞에 두고 계시니, 되도록이면 이렇게 부탁드리고 싶습니다. 당신 마음속에 있는 풀리지 않은 모든 문제에 인내심을 가지고, 그 물음 자체를 굳게 닫힌 방이나 대단히 진기한 언어로 쓰인 책처럼 사랑하라는 것입니다. 곧바로 해답을 구하려 들지 마십시오. 지금은 구하지 못합니다. 아직 그 해답을 직접 체험하지 못했기 때문입니다. 모든 것을 겪어보는 것이 중요합니다. 그 물음에 직접 부딪히십시오. 그러면 당신도 모르는 사이에 먼 훗날 그 해답 안에서 살게 될 것입니다. 어쩌면 당신은 내면에 특별히 행복하고 순수한 삶의 형태를 빚어낼 가능성을 가졌는지도 모릅니다. 이를 위해 자신을 갈고닦으십시오. 당신에게 다가오는 것은 크나큰 신뢰로 맞으십시오. 그리고 그것이 당신 자신의 의지에서, 당신 내면의 요구에서 나온 것이라면, 그 자체로 받아들이고 아무것도 불평하지 마십시오. 성(性)이란 고통스러운 것입니다. 그렇습니다. 그러나 우리에게 짐 지워진 모든 것은 고통스럽습니다. 진지한 것은 대부분 고통스럽습니다. 그리고 모든 것은 진지합니다. 이 사실을 인식하고 당신 자신에게서, 당신의 기질과 본성에서, 당신의 경험이나 어린 시절이나 힘에서 (인습이나 관습에 영향 받지 않은) 완전히 고유한 성 관념을 얻게 된다면, 이제 자아를 잃거나 당신이 가진 가장 큰 재산에 스스로가 어울리지 않는다고 걱정할 필요가 없어집니다.

육체의 쾌락은 감각적인 체험으로서, 순수한 시각이나 입안을 가득 채우는 달콤한 과일의 순수한 미각과 다르지 않습니다. 그것은 우리에게 주어진 위대하고 무한한 경험이자, 세계에 대한 하나의 인식인 동시에 모든 인식의 성취요, 영광입니다. 쾌락을 맛보는 일이 나쁜 것은 아닙니다. 나쁜 것은 대부분의 사람이 그 경험을 남용하고 허비한다는 데 있으며, 또한 절정의 순간을 위해 아껴두어야 할 그런 경험을, 인생의 따분함으로부터 벗어나기 위한 여흥거리로 여긴다는 데 있습니다. 인간은 먹는 일조차 다른 것으로 변질시켜 버렸습니다. 한편에서는 궁핍이, 다른 한편에서는 과잉이 이 식욕의 해맑은 속성을 흐리게 만든 것입니다. 그리하여 삶에 활력을 불어넣어주는 모든 강하고 단순한 욕구마저 탁해지고 말았습니다. 그러나 개인은 그 욕구들을 스스로 맑게 만들어 깨끗한 삶을 살 수 있습니다(지나치게 의존적인 사람이면 몰라도 고독한 사람은 가능합니다). 고독한 사람은 동식물의 모든 아름다움이 사랑과 동경의 조용하고 영속적인 모습이라는 사실을 잘 떠올리며, 식물을 볼 때처럼 동물을 보기 때문입니다. 동물들이 참을성 있게 기다리다가 기꺼이 한몸이 되고 번식하고 성장해간다는 사실, 그것도 육체의 쾌락이나 고통에서가 아니라 필연에 따른 행동이라는 사실, 이 필연이야말로 쾌락이나 고통보다 위대하고 의지나 반항심보다 강력한 것임을 잘 알아보기 때문입니다. 아아, 이 지상에 있는 가장 하찮은 존재에 이르기까지 거기에 깃든 이 넘치는 비밀을 인간이 더 겸허하게 받아들이고 더 진지하게 품는다면, 그리하여 가볍게 생각하고 넘기는 대신 그 비밀이 얼마나 두렵고 중대한 것인가를 느끼고 견디게 된다면! 또한 인간의 생식능력이 정신과 육체 둘로 나뉜 것처럼 보여도 결국은 하나라는 사실을 깨닫고 겸허한 태도를 지닌다면! 왜냐하면 정신적인 창조도 육체적인 창조에서 비롯하는 것으로, 그 본질은 같기 때문입니다. 다만 정신적인 창조는 육체적 쾌락의 더욱 은밀하고 황홀하며 영속적인 반복일 따름입니다. "창조자가 되어 무언가를 낳고 만들려는 생각"은 이 세상에서 끊임없이 위대한 증거를 얻고 실제로 이뤄내지 않는 한 허황한 것이며, 사물과 동물의 세계에서 지속적인 동의를 보내주지 않는 한 아무것도 아닙니다. 창조를 즐기는 행위가 이루 말할 수 없이 아름답고 풍요로운 까닭은 바로 그것이 우리가 물려 받는 수백만 번의 잉태와 분만의 기억으로 가득 차 있기 때문입니다. 창조자의 머릿속에는 그동안 잊고 있던 숱한 사랑의 밤이 되살아나 그 생각을 숭고함과 고귀함으로 가득 채웁니다. 한편 한밤중에 하나가 되어 떨리는 쾌락 속에서 얼싸안은 연인들은 미래의 시인들이 부를, 형언할 길 없는 환희의 노래를 위해 달콤함과 깊이와 힘을 쌓아 올리는 진지한 작업을 하는 셈입니다. 그렇게 해서 그들은 이리로 미래를 불러내는 것입니다. 그들이 방황하고 사랑에 눈이 멀어 포옹하는 그 순간에도 미래는 찾아오고 새 생명은 탄생합니다. 명백히 우연의 영역인 듯한 곳에서도 법칙은 눈뜨며, 그 법칙에 따라, 저항력 있는 힘찬 정자가 그를 활짝 맞아들이는 난자를 향해 돌진하기 때문입니다. 겉모습에 현혹되지 마십시오. 저 밑바닥에서는 모든 것이 법칙이 됩니다. 그리고 이런 비밀을 경험하지 못한 사람들(이런 사람들이 매우 많습니다)은 갈피를 잡지 못하고, 그것이 마치 봉인된 편지인 양 자기도 모르게 남에게 넘겨주고 맙니다. 다양한 이름과 복잡한 현상에 현혹되지 마십시오. 그 모든 것 위에는 우리 모두가 그리워하는 위대한 모성이 존재할 테니까요. 처녀의 아름다움, (당신의 아름다운 표현을 빌리자면) "아직 아무것도 다하지 않은" 존재의 아름다움은 스스로 예감하고 준비하며 불안과 동경에 전율하는 모성입니다. 어머니의 아름다움은 섬기는 모성이며, 노파의 가슴속에서 그것은 위대한 추억이 됩니다. 남성에게도 모성이 있으며, 내게는 육체와 정신 두 측면으로 여겨집니다. 남성의 생식 작용도 일종의 분만이며, 내면의 풍요로움에서 비롯된 창조 또한 마찬가지입니다. 성이란 흔히 생각하는 것보다 훨씬 친근한 것이지요. 세계의 위대한 개혁은 남자와 여자가 모든 그릇된 감정과 혐오감에서 벗어나 서로를 대립하는 존재가 아닌 형제며 이웃으로 여기고, 자기에게 부과된 성이라는 무거운 짐을 소박하고 진지하며 끈기 있게 짊어지기 위해 인간으로서 함께 할 때 비로소 이루어집니다.

고독한 사람은 언젠가는 다른 이들도 생각해낼 모든 것을 벌써부터 준비하여 보다 실수 없는 손길로 만들어갑니다. 그러니 당신의 고독을 사랑하십시오. 그리고 그 고독이 아름다운 탄식의 소리를 자아내며 당신에게 맛보여 준 고통을 짊어지십시오. 당신은 가까이에 있는 사람들이 멀게 느껴진다고 말씀하셨는데, 그것이야말로 당신 주위가 넓어지기 시작했다는 증거입니다. 당신 가까이에 있는 것들이 그토록 멀어졌다면, 당신의 지평선은 별들 아래 어딘가에 이를 만큼 광대해져 있을 것입니다. 누구도 따를 수 없을 만큼 성장한 자신의 모습을 기뻐하십시오. 그리고 뒤처진 사람들에게 친절히 대하고, 그들 앞에서 태연하고 흐트러짐 없이 행동하십시오. 의심으로 그들을 괴롭히지 말고 그들이 이해 못할 확신이나 기쁨으로 그들을 놀라게 하지 마십시오. 그런 사람들과도 어떠한 형태로든 단순하고 친밀하게 결합하고자 노력하십시오. 당신만 차근차근 맞춰간다면, 굳이 그들과 똑같아질 필요가 없습니다. 비록 낯설지라도 그런 사람들의 삶을 사랑하고, 늙어가는 사람들에게는 너그럽게 대하십시오. 노인들은 당신이 믿는 고독을 두려워합니다. 부모와 자식 간에 벌어지는 상투적인 갈등에 논쟁거리를 제공하지 않도록 조심하십시오. 그러한 갈등은 자식의 기력을 크게 소모시키고, 비록 자식을 이해하지는 못해도 언제든 따뜻하게 품어줄 부모의 사랑마저도 좀먹게 합니다. 부모에게 조언을 구하지 말고, 이해도 기대하지 마십시오. 다만 당신에게 남겨줄 유산처럼 쌓아둔 그들의 사랑을 믿으십시오. 그 사랑 안에 아무리 멀리 가더라도 벗어나서는 안될 힘과 축복이 있음을 믿으십시오!

먼저 어떤 직업을 갖는 것은 좋은 일입니다. 직업은 당신을 독립시켜 모든 의미에서 완전히 홀로 서게 하니까요. 당신 안의 생명이 그 직업에 제약을 느끼는지 한번 참을성 있게 기다리며 지켜보십시오. 나는 직업이란 대단히 힘든 것이며, 인간에게 대단히 까다로운 요구를 한다고 생각합니다. 직업에는 거대한 인습이 짐 지워져 있으며, 그 문제점에 대해 개인의 견해가 받아들여질 여지는 거의 없기 때문입니다. 그렇지만 당신의 고독이 아주 낯선 상황 한복판에서도 당신이 의지할 곳과 고향이 되어 주겠지요. 당신은 바로 거기에서 당신의 모든 길을 발견하게 될 것입니다. 나의 모든 소망이 기꺼이 당신과 동행할 것이며, 나의 믿음이 당신과 함께할 것입니다.

당신의,
라이너 마리아 릴케

다섯째 편지

로마에서
1903년 10월 29일

친애하는 카푸스 씨,

8월 29일자 편지는 피렌체에서 받았습니다. 두 달이 지난 지금에야 그 사실을 알리는군요. 나의 게으름을 용서해주기 바랍니다. 하지만 나는 여행 중에 편지 쓰기를 좋아하지 않습니다. 편지를 쓰는 데 있어서 내게는 꼭 필요한 도구들 밖에도 약간의 정적과 고독과 너무 낯설지 않은 시간이 필요하기 때문입니다.

우리는 6주 전쯤 로마에 도착했는데, 그때 로마는 텅 비어 한산했고 열병이 속출할 만큼 무더웠습니다. 이런 상황에다가 이곳에 자리 잡기까지 수많은 현실적인 어려움이 겹치는 바람에, 우리를 둘러싼 불안은 도무지 그칠 것 같지 않았고 타향살이의 무게가 우리 마음을 무겁게 짓누르기만 했습니다. 게다가 로마는 (아직 익숙지 않은 사람에게는) 처음 며칠 동안 마음이 무거워지리만큼 서글픈 인상을 풍겼다는 점도 덧붙여야겠습니다. 이 도시가 내뿜는 무기력하고 우중충한 박물관 같은 분위기며, 발굴되고 애써 복원된 어마어마한 과거(그 덕분에 초라한 현재가 먹고사는 셈이지만)며, 학자나 문헌연구가들이 바람을 잡으면 널리고 널린 이탈리아 여행객들이 덮어놓고 맞장구치는, 온통 깨지고 허물어진 물건들을 둘러싼 끔찍한 과대평가가 이런 인상을 부추기는 원인입니다. 하지만 결국 그런 물건들은 우리 삶이 아니며 우리 것이어서도 안 되는 다른 시대, 다른 삶이 빚은 우연한 유물에 지나지 않습니다. 날마다 방어적인 태도로 몇 주를 보낸 뒤 우리는 아직 얼마간 혼란스러워하면서도 마침내 침착함을 되찾고 중얼거렸습니다. '그래, 여기에 다른 곳보다 많은 아름다움이 있는 건 아니야. 몇 세대에 걸쳐 끊임없이 칭송되고 수선공이 보수를 거듭해온 이 유물들은 아무 영혼도, 가치도 없는 껍데기일 뿐이야.' 하지만 이곳에는 아름다운 것도 잔뜩 있습니다. 어딜 가나 아름다운 것들 천지지요. 한없이 생기 넘치는 물줄기가 고대 수로를 따라 대도시로 흘러들어와, 수많은 광장마다 설치된 하얀 석조 분수대 위에서 춤추고 널따란 수반 안으로 넓게 번지며 떨어집니다. 물줄기는 낮에는 소곤소곤 이야기하고, 밤에는 목소리를 드높입니다. 이곳의 밤은 광활하고 별이 총총하며 감미로운 바람이 불어옵니다. 이곳에는 정원도 있고, 인상적인 가로수 길과 돌계단도 있습니다. 미켈란젤로가 고안한 이 돌계단은 미끄러지며 떨어지는 물줄기를 본뜬 것으로, 물결에서 물결이 생겨나듯이 앞으로 기울며 한 단 한 단 폭넓게 만들어졌습니다. 이런 인상들을 통해 인간은 마음을 차분히 가라앉히고, 수다스럽게 지껄여대는(실제로 어찌나 떠들기 좋아하는지 모릅니다!) 온갖 사물의 호소로부터 자기 자신을 되찾아올 수 있습니다. 그리고 사람들에게 사랑 받아 영원 속에 머무르며 조용히 누릴 수 있는 고독이 깃든 몇 안 되는 사물들을 발견하게 되지요.

현재 나는 시내 중심인 카피톨에서 지냅니다. 보존된 로마 예술품 가운데 가장 아름다운 기마상인 마르쿠스 아우렐리우스 상에서 그리 멀지 않은 곳이지요. 그렇지만 몇 주 안에 한적하고 아담한 곳으로 옮길 예정입니다. 커다란 공원 깊숙한 곳에 외딴 섬처럼 자리 잡은 집으로, 오래된 발코니가 딸린 방을 쓰게 될 겁니다. 도시의 소음과 소동으로부터 멀리 떨어진 곳이지요. 겨우내 그곳에서 지내며 위대한 고요를 즐길 생각입니다. 그 고요함이 훌륭하고 유익한 시간을 선물해주리라 기대하고 있습니다…….

그곳으로 옮기면 차분하게 지낼 수 있을 테니, 자세한 편지는 그때 다시 쓰도록 하지요. 당신 편지에 대해서도 다시 언급하겠습니다. 오늘은(진작 알리지 않은 점은 내 잘못입니다만) 당신이 편지에서 말씀하신 그 책을(당신이 무척 공들여 썼다고 했던) 내가 받아보지 못했다는 사실만 알려드려야 겠군요. 보르프스베데에서 당신에게 되돌아간 것 아닐까요?(외국으로는 소포를 보내지 못하게 되어 있으니.) 정말 그렇게 되었기를, 그리고 그것이 사실로 확인되기를 바랍니다. 분실되지는 않았을 겁니다. 유감스럽게도 이탈리아의 우편 사정으로는 분실도 드문 일이 아니지만요.

그 책이 배달되었더라면(당신의 소식을 대할 때면 늘 그래 왔듯이) 나는 기쁘게 받았을 것입니다. 그 사이에 쓴 시들도 (제게 보내주신다면) 언제든 성심성의껏 읽고 또 읽으며 음미하고 싶군요. 그럼 안녕히 계십시오.

당신의,
라이너 마리아 릴케

여섯째 편지

로마에서
1903년 12월 23일

친애하는 카푸스 씨,

성탄절을 앞두고 축제 분위기로 한창인 이런 때, 평소보다 더 큰 외로움을 느끼고 있을 당신에게 어찌 인사말 한마디 보내지 않을 수 있겠습니까. 하지만 고독의 위대함을 느꼈다면 그것을 기뻐하십시오. 위대하지 않은 고독이란 대체 무엇이란 말인가 하고 스스로에게 물어보아야만 합니다. 고독은 단 하나뿐이며, 위대하고 쉽게 짊어질 수 없는 것입니다. 그리고 아무리 흔한 관계라도 좋으니, 뜻하지 않게 맺어진 보잘것 없는 관계도 좋고 아무 가치 없는 표면적 관계라도 좋으니 될 수만 있다면 지금 이 고독과 맞바꾸고 싶다고 바라는 시기가 오기 마련입니다……. 그러나 바로 그때가 고독이 성장하는 시간입니다. 고독의 성장은 소년의 성장처럼 고통을 동반하며, 막 시작되는 봄처럼 서글프기 때문입니다. 그러나 여기에 현혹되지 마십시오. 결국, 필요한 것은 고독, 오로지 위대한 내면의 고독뿐입니다. 자신의 내면으로 들어가 몇 시간이고 아무하고도 만나지 않는 것—이는 누구나 해낼 수 있는 일입니다. 어린 시절, 어른들이 자못 중요하고 대단해 보이는 일들에—그 모습이 하도 바빠 보이는 데다, 어린 눈이 어른들의 일을 하나도 이해하지 못한 탓이겠지만—얽매여 우왕좌왕하는 모습을 바라보며 느꼈던 고독, 바로 그런 고독이 필요합니다.

그러다가 어른들의 일이란 것이 딱하기 짝이 없으며 그들의 직업이 그 자체로 굳어버려 삶과 아무런 관련을 맺지 못한다는 사실을 문득 간파하면, 왜 우리는 어린 시절에 그랬던 것과는 달리 그런 모습을 서먹한 눈으로 바라보지 않는 것일까요? 자기 세계의 밑바닥에서, 다시 말해 그 자체가 일이요 지위요 직업인 자기만의 고독 저 멀리에서 그 모습을 방관하지 않는 것일까요? 왜 어린아이의 현명한 몰이해를 거부와 경멸로 바꾸어놓으려 합니까? 몰이해는 고독을 의미하지만, 거부와 경멸은 일종의 관여입니다. 어떤 이들은 그런 수단을 써서 거기에서 멀어지려고도 하지만요.

부디 당신이 내부에 지니고 있는 세계를 생각하십시오. 그 생각을 뭐라고 부르든 그건 당신 마음입니다. 그 생각이 당신의 어린 시절에 대한 회상이든 미래에 대한 동경이든 상관없습니다. 그저 당신 내부에 떠오른 그 생각에 주의를 쏟으며, 그 생각을 당신 주변에서 보이는 모든 것 위에 놓으십시오. 당신의 가슴 깊은 곳에서 벌어지는 일은 당신의 전폭적인 사랑을 받을 만합니다. 어떻게든 당신은 그것과 관련된 일을 해야 합니다. 그리고 사람들에게 당신의 입장을 해명하느라고 지나치게 많은 시간과 용기를 들여서는 안 됩니다. 대체 어느 누가 당신더러 왜 그런 생각을 하느냐고 묻는단 말입니까? 나는 당신의 직업이 힘들고 당신과 반대되는 성향들로 가득 차 있음을 압니다. 더 나아가 당신이 언제, 어떤 불평을 늘어놓을지도 짐작했었습니다. 그게 현실이 되고 나니 나는 당신을 진정시킬 수가 없군요. 다만 내가 할 수 있는 조언은 직업이란 다 그렇다는 것을 생각해보라는 것입니다. 직업이란 본디 개개인에게 온갖 것을 요구하는 법이고, 늘 적대적이며, 입을 꾹 다문 채 뚱한 표정으로 무미건조한 의무를 수행하는 사람들의 증오로 물들어 있는 것이 아닌지 말입니다. 당신의 현재 직업이 다른 직업보다 인습과 편견과 오해를 잔뜩 짊어지고 있는 것은 절대로 아닙니다. 겉보기에 더 큰 자유를 누리는 직업이 있을지는 모릅니다. 그렇지만 그 자체 내에 드넓은 자유로운 공간을 갖고 진정한 삶을 구성하는 위대한 것들과 연결되어 있는 그런 직업은 없습니다. 고독한 개인만이 하나의 사물처럼 심오한 법칙 아래에 놓여 있습니다. 동틀 무렵의 아침 풍경 속을 걸어갈 때, 또는 사건들로 가득한 황혼을 바라볼 때, 그리고 거기에서 무슨 일이 일어나는지를 느낄 때, 모든 세속적 지위는 마치 죽은 사람에게서 떨어져 나가듯이 삶의 한복판에 서 있는 그에게서 떨어져 나갈 것입니다. 친애하는 카푸스 씨, 당신이 장교로서 지금 겪고 있는 일들은 다른 직업을 택했다 하더라도 비슷하게 겪었을 일들입니다. 심지어 어떤 직업도 갖지 않고 사회와는 단지 가볍고 독립적인 관계만을 맺는다 하더라도 그와 같은 구속감은 여전히 당신을 따라다닐 것입니다. 어디를 가도 마찬가지입니다. 그렇다고 해서 불안해하거나 슬퍼할 이유는 없습니다. 사람들 사이에서, 또는 당신 자신과의 관계에서 어떤 유대감을 기대하기 어렵다면 사물에 다가가 보십시오. 사물은 결코 당신을 버리지 않을 것입니다. 거기에는 아직 밤이 있습니다. 나무 사이를 누비고 수많은 땅 위를 지나가는 바람이 있습니다. 사물들과 동물들은 아직 당신이 관여할 만한 일들로 가득합니다. 그리고 어린아이들은 당신의 어린 시절 모습 그대로 슬프기도 하고 행복하기도 합니다. 그 아이들을 보고 당신의 어린 시절을 떠올릴 수 있다면, 다시 그 고독한 어린아이들 틈에서 살아가면 됩니다. 어른들은 아무것도 아닙니다. 그들의 존엄은 아무런 가치도 없습니다.

어린 시절에는 어디에나 등장했던 신을 더는 믿지 못하기 때문에, 어린 시절뿐만 아니라 그와 관련된 소박함과 적막감을 떠올리기가 두렵고 고통스러울지도 모릅니다. 그렇다면 친애하는 카푸스 씨, 당신이 정말로 신을 잃어버렸는지 자문해보십시오. 오히려 신을 소유한 적이 없다는 말이 더 맞지 않을까요? 대체 언제 신을 가졌었습니까? 어린아이가 신을 지닌다는 걸 믿습니까? 장정들조차 간신히 짊어져야 하는, 노인들은 숫제 깔아뭉개질 듯이 무거운 그 신을요? 정말로 당신은 신을 가진 사람이 돌멩이를 잃어버리듯이 그렇게 쉽게 신을 잃어버릴 수 있다고 생각하십니까? 또는 설사 신을 지녔던 사람이 있다 치더라도, 그가 신을 잃어버린 게 아니라 신이 그를 버린 거라고는 생각하지 않습니까? 당신의 어린 시절뿐만 아니라 그 이전에도 신이 없었음을 인정한다면, 그리스도는 그 자신의 동경이 만들어낸 환상이며 마호메트는 그 자신의 오만함이 만들어낸 속임수라고 느낀다면, 우리가 신에 관해 이야기하는 지금 이 순간에도 깜짝 놀라며 신이 없음을 느낀다면—그렇다면 도대체 왜 당신은 결코 존재한 적 없는 신을 과거에 있었던 사람처럼 그리워하고, 진짜로 잃어버린 것처럼 찾아다니는 것입니까?

왜 당신은 신을 앞으로 나타날 존재로 생각하지 않습니까? 왜 영원으로부터 이제 곧 출현하게 될 존재, 미래의 존재, 우리가 이파리로 달린 나무의 마지막 열매로 생각하지 않습니까? 무엇이 신의 탄생을 미래에 일어날 일로 생각지 못하도록 방해하고 있는 것입니까? 그리하여 당신의 생애를 위대한 잉태의 역사에 담긴 고통스럽고도 아름다운 하루처럼 살지 못하도록 하는 것입니까? 매 순간이 시작임을 왜 보지 않으십니까? 시작 자체가 그토록 아름다운데, 그것이 신의 시작이라고는 어째서 생각하지 않나요? 신이 완전하다면, 많고 많은 것들 사이에서 신이 선별할 수 있도록 먼저 신 앞에 하찮은 존재가 없어야 하지 않을까요? 만물을 그의 안에 품으려면 신은 마지막에 오는 존재여야 하지 않을까요? 우리가 그토록 바라는 존재가 이미 과거에 있었다면, 대체 우리에게 어떤 존재 의의가 있겠습니까?

꿀벌이 꿀을 모으듯, 우리도 만물 가운데서 가장 달콤한 것을 모아서 신을 만듭니다. 그리고 그것은 사랑에서 나온 작고 소박한 행동으로부터 시작됩니다. 일, 일에 이은 휴식, 침묵, 작고 고독한 기쁨, 함께하는 이나 따르는 이도 없이 혼자 하는 모든 일에서, 우리는 신을 만듭니다. 우리 조상이 우리를 경험해보지 못한 것처럼 우리 또한 신을 경험해보지 못했습니다. 그러나 우리의 조상은 이렇게나 오랜 세월 우리 안에 존재합니다. 오래 전에 세상을 떠난 그들은 우리 안에 여러 가능성으로, 우리의 운명에 지워진 짐처럼, 우리 안에 흐르는 피처럼, 시간의 심연으로부터 솟아오른 얼굴처럼 존재합니다.

그 무엇이 당신에게서 언젠가는 신 안에 머물 날이 오리라는, 가장 아득하고 궁극적인 존재인 신의 일부가 되리라는 희망을 앗아갈 수 있겠습니까?

카푸스 씨, 아마도 그 일을 시작하기 위해서는 당신의 삶에 이런 고뇌가 필요하리라 신께서 생각하시는 거라고 믿으십시오. 그런 경건한 마음으로 성탄절을 축하하십시오. 삶의 전환기를 맞고 있는 지금이야말로 당신 안의 모든 것들이 신을 위해 일하는 시기라고 할 수 있습니다. 어린 시절 당신이 그토록 숨 가쁘게 신에게 열중했듯이 말입니다. 인내심을 갖고, 불쾌한 기분일랑 떨쳐 버리십시오. 우리가 할 수 있는 일이라고는 고작해야 신의 도래를 방해하지 않는 것뿐입니다. 겨울이 끝날 무렵, 대지가 봄이 찾아오는 걸 막지 않듯이.

부디 기쁨과 희망을 잃지 마십시오.

당신의,
라이너 마리아 릴케

일곱째 편지

로마에서
1904년 5월 14일

친애하는 카푸스 씨,

지난번 편지를 받고 나서 꽤 많은 시간이 흘렀습니다. 나를 너무 원망하지 마십시오. 처음에는 일 때문에, 그다음에는 여러 가지가 거치적거려서, 마지막에는 몸이 좋지 않아서 답장을 쓰지 못했습니다. 차분하고 기분 좋은 날을 잡아 당신에게 이야기하고 싶었기 때문입니다. 이제야 기분이 조금 나아져서(이곳에서도 초봄 날씨가 심술궂고 변덕스러워서 고생을 좀 했지요) 이렇게 당신에게 안부도 묻고, 당신이 편지에 쓰셨던 질문들에 대해 내가 아는 범위 안에서 성심껏 답해드리고자 합니다.

보시면 아시겠지만, 당신이 보내주신 소네트를 내 필체로 옮겨 써보았습니다. 아름답고 소박하며 고요한 우아함이 느껴지는 형식미를 갖춘 시라고 생각했기 때문입니다. 내가 읽은 당신의 시 가운데서 가장 뛰어난 작품입니다. 이렇게 필사본을 동봉하는 이유는, 자기 작품을 남의 필체로 다시 읽는 것이 중요하고도 대단히 새로운 경험임을 알기 때문입니다. 남이 쓴 시라는 생각으로 읽어보십시오. 그러면 그 시가 얼마나 완벽하게 당신 고유의 것인지를 가슴 깊이 느끼게 될 테지요.

이 소네트와 당신의 편지를 반복해서 읽는 일은 즐거웠습니다. 그 두 가지에 감사드립니다.

당신 안에 고독에서 벗어나려는 소망이 있다고 해서 혼란스러워하지는 마십시오. 차분한 생각을 통해 그것을 일종의 도구로 사용할 수만 있다면 그 소망은 당신의 고독을 드넓은 들판 위로 펼치는 데 도움을 줄 것입니다. 하지만 분명한 것은 우리는 어려움에 천착해야 한다는 사실입니다. 살아있는 모든 것은 어려움에 부딪힙니다. 자연의 모든 존재는 성장하고 나름의 방식에 따라 스스로를 방어하며, 자신의 고유성을 지키기 위해 온갖 어려움에 맞서 온몸으로 싸웁니다. 비록 우리가 알고 있는 것은 많지 않지만, 어려움을 파고들어야 한다는 것만큼은 명백한 진실입니다. 고독은 좋은 것입니다. 고독은 어렵기 때문입니다. 어떤 일이 어렵다면, 그만큼 더 우리가 그 일을 해야 하는 이유가 늘어나는 셈입니다.

사랑도 좋은 일입니다. 사랑도 어렵기 때문입니다. 사람과 사람 사이의 사랑이야말로 우리에게 부과된 가장 어려운 궁극의 과제이자 마지막 시련입니다. 다른 일들은 사랑을 위한 준비 과정에 지나지 않습니다. 따라서 모든 일에 서툰 젊은이들은 아직 사랑할 수 없습니다. 그들은 사랑을 배워야 합니다. 혼신을 다해, 그들의 고독하고 수줍으며 높은 곳을 향해 고동치는 심장에 모인 힘을 모두 쏟아서, 사랑하는 법을 배워야 합니다. 그러나 무언가를 배우는 기간은 언제나 기나긴 은둔의 시간입니다. 따라서 삶 속으로 깊게 파고든 사랑은 오랫동안 고독할 수밖에 없습니다. 사랑할수록 고독은 더욱 커지고 깊어집니다. 이때의 사랑은 결코 결합이나 헌신이란 이름으로 불릴 수 없습니다. 정화되지 않은 존재, 준비되지 않은 존재, 독립적이지 못한 존재끼리의 결합이란 대체 무엇이겠습니까? 사랑은 상대방을 위해 자신을 성숙시키고, 스스로를 고유한 하나의 세계로 세우도록 만드는 고귀한 사건입니다. 사랑은 개인에게 부과된 위대하고도 가혹한 요구이며, 그를 머나먼 곳으로 이끄는 부름입니다. 젊은이들은 오직 이런 차원에서, 다시 말해서 스스로를 갈고닦아야 하는(밤낮으로 귀 기울이고 망치질해야 하는) 의무로서 그들에게 주어진 사랑을 이용해야 합니다. 헌신이나 희생, 결합으로서의 사랑은 앞으로도 오랫동안 힘을 모으고 비축해야 할 젊은이들을 위한 것이 아닙니다. 어쩌면 평생에 걸친 노력으로도 그런 사랑을 성취하기에는 부족할지도 모릅니다.

그럼에도 젊은이들은 너무나 쉽게 사랑에 뛰어들고, 또 너무나 쉽게 잘못된 길로 빠져들고 맙니다. 성급함은 젊은이들의 본성이라고 할 수도 있겠지요. 그래서 그들은 사랑이 다가오면 거기에 자신의 모든 걸 내맡김으로써 온갖 혼란과 무질서 속에서 헛되이 기력을 소모해버립니다. 그래서 그 뒤에는 어떻게 될까요? 이른바 그들이 결합이라고 부르는, 또는 그게 가능하다면,

기쁜 듯이 그들의 행복이라, 미래라 부를 그 반쯤 부서진 존재더미와 더불어 삶이 무엇을 할 수 있겠습니까? 그들은 상대방을 위한답시고 자기 자신을 잃고, 그다음엔 상대방을 잃고, 급기야는 미래에 찾아올 모든 인연을 잃고 맙니다. 뿐만 아니라 무한한 가능성의 지평을 잃고 조용히 왔다가 사라지는 예감으로 가득 찬 섬세함을 공허한 당혹감과 맞바꿉니다. 그리하여 이제 환멸과 절망과 빈곤만 남은 그들은 위험한 길목마다 설치되어 있는 공공대피소처럼 우리 인생에 무수히 많이 세워져 있는 관습 가운데 하나로 도피합니다. 인간 경험의 영역에 있어서 이만큼 관습이 잘 갖춰져 있는 영역은 다시 없을 것입니다. 여기에는 인간들이 고안해낸 온갖 구명대며 보트며 튜브 따위가 구비되어 있습니다. 사회는 이러한 온갖 종류의 피난처를 만들어낼 수 있었습니다. 사랑을 쾌락으로 받아들이는 경향 때문에, 사회는 그것을 다른 모든 대중오락과 마찬가지로 쉽고 값싸고 안전한 오락거리로 만들어야 했던 것입니다.

거짓된 사랑을 하는(다시 말해서, 자기 자신을 포기함으로써 더 이상 외롭지 않은) 젊은이들(평균적으로 사람들은 이런 수준에 머뭅니다) 또한 일종의 죄책감을 느끼며, 자신의 개성에 따라 삶을 영위할 수 있고 보람을 느낄 수 있는 그런 환경을 만들기를 바란다는 것은 사실입니다. 본성은 사랑의 문제가 그 밖의 다른 중요한 문제들과 달리, 관습과 같은 사회적인 해결책을 통해 쉽게 해결될 수 있는 문제가 아니며, 이처럼 인간과 인간 사이에서 벌어지는 내밀한 문제는 각 경우마다 새롭고 특수한 해결책이 요구된다는 사실을 알려주기 때문입니다. 그러나 이미 제 자신을 관계 속에 던져버린 사람, 자신과 상대방 사이에서 그 어떤 경계나 차이도 느끼지 못하는 사람, 그리하여 자신의 고유성을 전부 잃어버린 사람이 어떻게 자신의 자아로부터, 자신의 깊은 고독으로부터 빠져나올 탈출구를 찾을 수 있겠습니까?

그들은 하나같이 무력하기만 할 뿐입니다. 애써 (결혼과 같은) 눈에 빤히 보이는 관습을 거부한다 해도 그보다는 덜 대중적이지만 치명적인 것은 마찬가지인 또 다른 관습적인 해결책에 빠져들고 맙니다. 결국 그들을 둘러싸고 있는 모든 것이 관습이기 때문입니다. 섣불리 이루어진 잘못된 결합의 문제를 풀기 위한 모든 시도는 관습적인 것일 수밖에 없습니다. 혼란에서 비롯된 모든 상황은 그것이 아무리 비일상적인(다시 말해서 비도덕적인) 성격을 갖는다 해도 결국 일종의 관습인 것입니다. 그렇습니다. 그런 상황에서는 헤어짐조차도 관습적입니다. 무기력하고 아무런 결실도 얻을 수 없는, 몰개성적이고 우연한 결심에 지나지 않는 것입니다.

사물을 진지하게 바라보는 사람이라면 고통스러운 죽음과 마찬가지로 고통스러운 사랑에도 아무런 해명도 해법도 암시도 없음을 깨달을 것입니다. 우리가 봉인한 채 가지고 다니다가 다음 사람에게 넘겨주게 될 이 두 과제에 대해서 우리는 합의에 기초한 어떤 공통 법칙도 찾아낼 수 없을지 모릅니다. 그러나 우리가 개인으로서 삶을 시험에 들게 할수록 우리 개인은 이 위대한 두 과제를 더욱 가까운 곳에서 만나게 될 것입니다. 사랑이라는 어려운 일이 우리 성장 과정에 제시하는 요구들은 너무나도 버거운 것이어서, 우리 같은 초심자에게는 그것을 감당해낼 힘이 없습니다. 그러나 우리가 이것을 견디며 이 사랑을 무거운 짐으로서 또 수련으로서 받아들이고, 보통 사람들이 자기 존재에 가장 절실한 진지함을 피해서 숨어온 모든 값싸고 경박한 놀이에 빠져 자기 자신을 잃지 않는다면 먼 훗날의 후손들은 조금이나마 진보와 개선의 효과를 누릴 수 있을 것입니다. 그러므로 이는 결코 무가치한 일이 아닙니다.

사실상 우리는 개인 간의 관계를 객관적으로 편견 없이 바라보려 하는 단계에 도달한 최초의 인류입니다. 그래서 이런 시도에 참고할 만한 어떠한 본보기도 갖고 있지 못합니다. 하지만 시대 흐름에 따라 우리의 조심스러운 첫걸음에 도움을 줄 많은 것들이 이미 존재하고 있습니다.

새로운 자아를 찾는 과정에서 소녀와 부인들은 처음 잠깐 동안에는 남성의 좋은 면과 나쁜 면을 흉내 내고 남성과 똑같은 직업을 가지려 할 것입니다. 이러한 불안정한 과도기가 지나면, 여성들이 그처럼 (종종 우스꽝스러울 정도로) 수없이 변장하고 변해온 것이 단지 왜곡을 강요하는 남성의 영향 밑에서 그녀들의 본질을 정화하기 위한 것이었음을 알게 될 것입니다. 내면에 더욱 내밀하고 내실 있는 형태의 삶을 품고 있는 여성은 삶의 씨앗을 잉태하는 고통스러운 경험을 통해 삶의 표면 아래로 내려가 본 적이 없고, 오만하고 성급하게 자신이 사랑하고자 하는 대상을 평가절하 해버리는 천성적으로 경박한 남성보다 더 풍요롭고 더 이상적인 인간입니다. 그동안 고통과 수모를 받아 온 이러한 여성의 인간성은 신분변화와 오랜 사회적 관습의 변화와 더불어 마침내 빛을 보게 될 것입니다. 그리고 그날이 다가오고 있음을 아직도 깨닫지 못한 남성들은 그때 가서 뒤통수를 한 방 얻어맞고 깜짝 놀라게 될 것입니다. 언젠가(지금도 특히 북쪽 나라에서는 그렇게 믿을 만한 조짐들이 나타나고 있습니다) 여성이라는 명칭이 단순히 남성의 반대를 의미하기만 하는 것이 아니라 그 자체로서 독립된 어떤 것을 뜻하는 날이 올 겁니다. 그때는 여성을 생각하면 보충이나 한계 같은 단어 대신 생명, 존재 같은 단어를 떠올릴 수 있게 하는 그런 소녀와 부인들이 나타날 것입니다. 다시 말해서, 여성으로서의 '인간'이 나타날 것입니다.

이러한 진보는 처음엔 뒤처진 남성들의 강한 반대에 부닥칠 테지만, 결국 지금의 온갖 오류로 가득한 사랑의 경험을 근본적으로 변화시켜, 그것을 남성과 여성이 아닌, 인간과 인간 간의 관계로 바꿔놓을 것입니다. 이 더욱 인간적인 사랑(결합할 때든 헤어질 때든 한없이 사려 깊고 조용하게 선의로써 분명하게 행해질 사랑)은 우리가 뼈를 깎는 고통으로 준비하는 사랑, 곧 두 고독이 서로 지켜주고 서로 한계를 넘지 않으며 서로 인사함으로써 성립하는 사랑과 매우 흡사할 것입니다.

한 말씀만 더 드리겠습니다. 당신이 언젠가 소년이었을 때 부여받은 그 위대한 사랑이 사라져버렸다고는 생각하지 마십시오. 위대하고 훌륭한 소망이, 오늘날 삶의 기반인 의도가 그때 당신 안에서 성숙해 있지 않았다고 단언할 수 있습니까? 나는 그런 사랑이 당신 기억 속에 강하고 힘차게 남아 있으리라 믿습니다. 그 사랑이야말로 당신 최초의 깊은 고독이었고, 당신이 살면서 행했던 첫 내면의 작업이었으니까요. 친애하는 카푸스 씨, 모든 일이 뜻한 대로 이루어지기를 빕니다!

당신의,
라이너 마리아 릴케

SONETT

Durch mein Leben zittert ohne Klage,
ohne Seufzer ein tiefdunkles Weh.

Meiner Träume reiner Blütenschnee
ist die Weihe meiner stillsten Tage.

Öfter aber kreuzt die große Frage
meinen Pfad. Ich werde klein und geh
kalt vorüber wie an einem See,
dessen Flut ich nicht zu messen wage.

Und dann sinkt ein Leid auf mich, so trübe
wie das Grau glanzarmer Sommernächte,
die ein Stern durchflimmert—dann und wann—:

Meine Hände tasten dann nach Liebe,
weil ich gerne Laute beten möchte,
die mein heißer Mund nicht finden kann⋯⋯

Franz Kappus

소네트

내 인생 사이를 탄식도 없이
한숨도 없이 떨며 지나가는 어둡고도 어두운 고통.
내 꿈들의 청정무구한 눈보라는
내 조용하기 짝이 없는 날들의 봉헌식.

그러나 더 자주 커다란 물음이 내 길을
막아서네. 나는 움츠러들어
깊이를 알 수 없는 깊은 호숫가를
지나갈 때처럼 추위에 떨고 있다네.

그때 어떤 슬픔이
마치 별빛이—이따금—가물거리며 새어나오는
어슴푸레한 여름밤들의 잿빛과도 같이 흐릿하게 내 위로 가라앉는다네.

그러면 내 손은 사랑을 더듬어 찾네,
내 뜨거운 입이 찾아내지 못하는
소리를 기도처럼 읊조리고 싶어서……

프란츠 카푸스

여덟째 편지

스웨덴, 프레디 보레비 고르에서
1904년 8월 12일

친애하는 카푸스 씨, 내 얘기가 당신에게 얼마나 도움이 될지는 모르겠지만, 그래도 잠시 몇 말씀 드리겠습니다. 당신은 그동안 많은 큰 슬픔을 겪어 왔습니다. 그리고 당신 곁을 지나가는 그런 슬픔들이 힘겹고 마음을 불편하게 했다고 당신은 말합니다. 그렇지만 그 큰 슬픔들이 오히려 당신 한가운데를 꿰뚫고 지나간 것은 아닌지 잘 생각해 보십시오. 당신이 슬퍼하는 동안 당신 안에서 많은 것이 변하지 않았나요? 당신 존재의 어느 부분에서 변화가 일어나지 않았나요? 슬픔이 위험하고 나쁜 경우는 다른 사람들과 어울리는 것으로 슬픔을 억누르려 할 때뿐입니다. 그런 슬픔은 겉으로만 그럴싸하게 대충 치료받은 질병처럼 잠시 물러났다가 이내 더 무섭게 터져 나옵니다. 그러고는 인간 내부에 모여서, 삶을 부여받지 못한 채 모욕당하고 타락한 생물이 됩니다. 인간은 그것 때문에 죽을 수도 있습니다. 만약 우리가 지식의 한계와 예감의 외벽을 넘어 조금 더 멀리까지 내다볼 수 있다면, 우리는 기쁨보다도 슬픔을 더 큰 신뢰감으로 품을 수 있을 것입니다. 바로 그때가 새로운 미지의 무언가가 우리 안으로 들어오는 순간이기 때문입니다. 그 순간 우리의 감정은 수줍어 쭈뼛거리며 입을 다물고, 우리 내부의 모든 것이 뒷걸음질쳐 적막이 생겨납니다. 그러면 아무도 모르는 그 새로운 것이 그 적막 한가운데에 머물러 서서 침묵합니다.

우리가 느끼는 거의 모든 슬픔은 긴장의 순간이라고 나는 생각하는데, 우리는 이 순간을 마비라고 느낍니다. 이 순간 우리의 감정은 뒤로 물러선 채 더 이상 들리지 않기 때문입니다. 그리하여 우리는 내면으로 들어온 낯선 손님과 홀로 대면해야 합니다. 친근하고 익숙한 모든 것이 한순간에 떨어져나갑니다. 우리는 예전과는 더 이상 같은 곳에 머물 수 없는 변화의 한복판에 놓이게 됩니다. 그 슬픔 또한, 지나갑니다. 그 새로운 것은 심장 속으로 들어가 가장 안쪽의 심실을 관통하여 사라집니다. 벌써 피 속으로 들어간 것이지요. 그리하여 우리는 그것이 무엇이었는지 알지 못합니다. 아무 일도 일어나지 않았다고 쉽게 속일 수 있을 정도지요. 하지만 우리는 변했습니다. 손님이 들어오면 집안 분위기가 바뀌듯이. 누가 왔었는지는 말할 수 없습니다. 어쩌면 영원히 그 손님의 정체를 알 수 없을지도 모릅니다. 하지만 미래 또한 이와 마찬가지로 그것이 현실이 되기 훨씬 이전에 이미 우리 안으로 들어와 그 모습을 바꾼다는 것을 보여주는 여러 신호가 존재합니다. 따라서 슬플 때 고독하고 빈틈없이 지내는 것이 매우 중요합니다. 왜냐하면 미래가 우리 안으로 들어오는 순간은 언뜻 아무런 사건도 움직임도 일어나지 않는 것처럼 보이지만, 마치 외부에서 비롯된 사건인 양 느껴지는 그 순간이야말로 현실에서 일어나는 저 시끄럽고 우연한 순간들보다 훨씬 더 삶에 가깝기 때문입니다. 우리가 보다 참을성 있고 고요해질수록 우리 존재는 슬픔을 향해 더욱더 활짝 열릴 것입니다. 그리하여 새로운 것이 우리 안으로 깊숙하게, 왜곡 없이 들어올수록 그것은 보다 확실하게 우리의 것이 되고 또한 우리의 운명이 될 것입니다. 그리고 언젠가 그것이 일어날 때(말하자면, 그것이 우리로부터 나와 다른 이들에게로 전해질 때), 우리는 우리의 가장 깊은 곳에 있는 자신의 존재를 친밀하게 느낄 것입니다. 이는 꼭 필요한 일입니다. 이것이야말로 우리가 서서히 발전해가는 방향이며, 따라서 우리의 운명에서 맞닥뜨리는 모든 것은 어떤 낯선 것이 아니라 오래전부터 우리 안에 있어 왔던 어떤 것이어야 합니다. 우리는 이미 여러 과정들에 대한 개념을 수정해야만 했습니다. 또한 우리가 운명이라고 부르는 것은 인간 내면에서 비롯되는 것이지 외부에서 주어지는 어떤 것이 아님을 서서히 깨달아가겠지요. 그토록 많은 사람들이 자신에게서 나온 그것이 무엇인지 알아보지 못하는 까닭은 그들의 내면에 운명이 남아 있을 때 이를 흡수하여 자기 것으로 만들지 못했기 때문입니다. 그런 사람들은 막상 운명과 부닥쳤을 때 그 낯설음에 혼란스러워 하며 그것이 지금 막 자기에게로 온 것이라고 확신합니다. 왜냐하면 그들로서는 스스로의 내면에서 그와 비슷한 것조차 발견한 적이 없노라 맹세할 수도 있을 정도이기 때문입니다. 인류가 오랫동안 태양의 운동에 대해서 잘못 알아왔듯이, 그들 또한 운명의 운동을 오해하고 있는 것입니다. 카푸스 씨, 미래는 굳건히 서 있습니다. 하지만 우리는 무한한 공간 속을 움직이고 있습니다.

그러니 어찌 어려운 일이 아니겠습니까?

다시 고독에 관해서 말씀드리자면, 인간이 택하거나 버릴 수 있는 것은 사실 하찮은 것임이 점점 더 분명해지고 있습니다. 우리는 고독합니다. 고독을 얼버무리고 자못 그렇지 않은 듯이 행동할 수도 있습니다. 그러나 그뿐입니다. 그러는 대신, 우리가 고독한 존재임을 명확히 꿰뚫어 보고 차라리 거기에서부터 출발하는 편이 훨씬 현명합니다. 물론 그러다가 현기증을 느낄 수도 있습니다. 여느 때 우리의 눈이 머물며 쉬던 것들, 우리 가까이에 있던 낯익은 사물들이 사라지고 멀리 있던 것들은 더더욱 멀어 보이기 때문이지요. 자기 방에 있다가 아무런 준비도 없이 느닷없이 산꼭대기로 끌려간 사람이 느끼는 감정과 비슷할 것입니다. 극도의 불안감, 어떤 알 수 없는 힘에 내맡겨졌다는 두려움에 숨이 막혀 오겠지요. 마치 추락하고 있거나 공중에 내동댕이쳐진 듯한, 또는 온몸이 산산조각 난 듯한 기분일 것입니다. 이러한 감각의 상태에 적응하고, 또 이를 납득시키기 위해서 그의 뇌는 엄청난 거짓말을 꾸며내야 하겠지요. 이처럼 고독한 사람에게는 모든 거리감과 모든 척도가 변하게 됩니다. 이러한 변화의 상당수는 갑자기 일어나고, 그 산꼭대기에 놓인 남자처럼 견딜 수 있는 한도를 훨씬 벗어난 듯 보이는 괴상한 공상과 기이한 감각이 생겨납니다. 그러나 우리는 그것까지도 경험해야 합니다. 그것이 영향을 미치는 한 그 안에서 우리 존재를 받아들여야 합니다. 모든 것이, 전혀 생소한 것까지도 그 범위 안에서는 가능한 일입니다. 그것이야말로 진정으로 우리에게 요구되는 유일한 용기입니다. 우리가 마주칠지도 모르는 가장 이상한 것, 기이한 것, 불가사의한 것을 용기 있게 직면하십시오. 이런 측면에서 봤을 때 인류는 이제껏 겁쟁이에 지나지 않았으며, 이는 우리의 삶에 말할 수 없이 큰 해악을 끼쳐왔습니다. 사람들이 '기이한 현상'이라 부르는 경험들, 이른바 '영혼의 세계', 죽음 등, 우리의 삶과 너무나 밀접하게 연관되어 있는 이 모든 것들이 사람들의 자기방어로 인해 우리의 일상에서 완전히 배제되었으며, 그에 따라 이런 것들을 느끼던 인간의 감각능력마저 퇴화하고 만 것입니다. 그러니 신에 대해서는 더 말할 것도 없습니다. 그러나 불가사의한 것을 두려워하는 태도는 개개인의 존재를 빈약하게 만듭니다. 더구나 사람과 사람 사이의 관계에도 커다란 제약이 생겨납니다. 이는 마치 무한한 가능성의 강바닥에서 아무것도 없는 불모의 강기슭으로 끌어올려진 것과 같습니다. 인간관계가 이루 말할 수 없이 단조롭고 구태의연하게 똑같이 반복되는 것이 비단 게으름 때문만은 아닙니다. 새롭고 예측할 수 없는 체험을 덮어놓고 마다하는 두려움 때문이기도 합니다. 모든 것을 받아들일 준비가 되어 있는 사람, 아무리 수수께끼 같은 것일지라도 거부하지 않을 사람만이 다른 이들과 생동감 넘치는 관계를 맺을 수 있으며, 자기 존재의 맨 밑바닥까지 느낄 수 있는 것입니다. 이를테면 한 개인의 존재를 방에 비유하자면 대부분의 사람들은 그들 방의 창가 구석자리나 늘 오가는 동선에 해당하는 작은 공간만을 알고 있다고 할 수 있습니다. 그렇게 함으로써 그들은 일종의 안정감을 얻는 것입니다. 그렇지만 에드거 앨런 포의 소설에 등장하는 죄수들이 그들이 갇힌 무시무시한 감옥이 어떻게 생겼는지 그 말할 수 없는 공포감의 정체를 조금이라도 알고 싶어서 안절부절못하며 손으로 벽을 더듬는 그 위험 가득한 불안정함이 훨씬 인간적입니다. 그러나 우리는 죄수가 아닙니다. 우리 주위에는 함정도 덫도 없습니다. 우리를 겁주거나 괴롭힐 만한 것도 없습니다. 우리는 우리에게 가장 적합한 요소로서의 삶 속에 놓였습니다. 게다가 수천 년에 걸친 적응을 통해 이 삶과 아주 닮은 존재가 되었기에 뛰어난 보호색을 갖추게 되었습니다. 움직이지 않고 가만히 있으면, 우리를 둘러싼 모든 환경과 거의 구별되지 않을 정도이지요. 우리가 사는 이 세계를 불신할 아무런 이유가 없습니다. 세계는 우리에게 적대적이지 않기 때문입니다. 그곳에 공포가 있다면 그것은 우리의 공포요, 심연이 있다면 우리의 심연입니다. 또한 그곳에 위험이 있다면, 우리는 그것을 사랑하려고 노력해야 합니다. 늘 어려운 것에 천착하라는 원칙에 따라 살아간다면, 아무리 낯설던 것도 더없이 친숙하고 믿음직스러워 보일 것입니다. 모든 민족의 시초에서 발견되는 오랜 신화, 마지막 순간에 공주로 변하는 용의 신화를 어찌 잊겠습니까. 우리 삶의 모든 용들은 우리가 아름다움과 용기를 조금만 더 보여주기를 기다리는 공주일는지 모릅니다. 모든 공포는 그 가장 깊은 본질에서 보자면, 우리에게 도움을 바라는 무력한 존재인지도 모릅니다.

　그러므로 친애하는 카푸스 씨, 여태껏 본 적 없는 커다란 슬픔이 당신 앞길을 가로막더라도 놀라지 마십시오. 불안감이 빛처럼, 구름이 드리운 그림 자처럼 당신 손 위를, 그리고 당신의 모든 행동 위를 지나가더라도 놀라지 마십시오. 이렇게 생각하십시오. 내면에서 무슨 일인가가 일어났으며, 삶은 결코 당신을 잊지 않았고, 당신은 삶의 손바닥 위에 놓여 있다고. 삶은 당신을 떨어뜨리지 않을 것입니다. 왜 당신은 불안함과 슬픔과 우울함이 당신에게 어떤 작용을 하는지도 모르면서 그것들을 당신 삶에서 쫓아내려 하십니까? 왜 그 모든 것이 어디서 왔으며 어디로 갈 것인지를 물으며 스스로를 괴롭히려 합니까? 당신은 지금 과도기에 있으며, 이런 때에 당신이 바랄 수 있는 건 오직 스스로 변화하는 것뿐임을 잘 알지 않습니까. 당신 삶의 어떤 부분이 병들어 있다 해도, 병이란 유기체가 이물질을 제거하기 위해 취하는 하나의 수단이라는 사실을 명심하십시오. 그런 때는 유기체가 병에 걸리도록 도와주고, 완전히 병을 앓고 나면 이번에는 병에서 빠져나오도록 도와주는 수밖에 없습니다. 결국 병은 유기체의 성장 수단인 것입니다. 카푸스 씨, 당신 안에서는 지금 대단히 많은 일들이 벌어지고 있습니다. 당신은 투병 중인 환자처럼 끈기 있고, 회복기 환자처럼 확고한 믿음을 가져야 합니다. 현재 당신 상태는 양쪽 모두에 해당하기 때문입니다. 나아가 당신은 자기 몸 상태를 감시해야 하는 의사이기도 합니다. 그러나 어떤 병이든 의사마저도 때를 기다리는 것 말고는 아무것도 할 수 없는 그런 날들이 있는 법입니다. 당신이 자기 몸을 돌보는 의사로서 지금 가장 먼저 해야 할 일은 바로 이렇게 기다리는 일입니다.

자신을 너무 꼼꼼히 관찰하지 마십시오. 당신에게 일어나고 있는 일에 대해서 너무 성급한 결론을 내리지 마십시오. 무슨 일이 일어나든지 그냥 내버려 두십시오. 그렇지 않으면 지금 당신이 마주치는 모든 일에 얽힌 당신의 과거를 비난의 눈으로(다시 말해, 도덕적인 관점에서) 바라보게 될지도 모릅니다. 그렇지만 당신이 소년 시절에 저지른 잘못과 소망과 동경 가운데 지금 당신 내면에 작용하고 있는 것은 당신이 기억해내거나 판단을 내릴 수 있는 성질의 것이 아닙니다. 고독하고 무력한 유년시절이라는 특수한 상황은 대단히 어렵고 복잡 미묘하며, 많은 영향을 받는 동시에 모든 실제 생활관계와 동떨어져 있습니다. 따라서 악덕 하나가 그 안으로 침투했다고 해서 그것을 덮어놓고 '악'이라고 부를 수는 없습니다. 대체로 명칭은 조심해서 다루어야 합니다. 한 사람의 인생을 망치는 것도 어떤 범죄의 이름이지 이름 붙일 수 없는 개인의 행동 그 자체가 아닙니다. 어쩌면 그런 행동은 인생의 필연성에서 비롯한 것으로, 그 인생이 어려움 없이 받아들인 것일지도 모릅니다. 그리고 당신이 힘의 소모를 그토록 크게 느끼는 것은 승리를 지나치게 중요하게 생각하기 때문입니다. 당신이 그렇게 느끼는 것도 당연하기는 하지만, 승리는 당신이 이루어냈다고 생각하는 '위업'이 아닙니다. 당신이 기만 대신 그 자리에 놓을 수 있었던 어떤 것, 이른바 참되고 알찬 어떤 것이 이미 그 자리에 있었다는 사실이 바로 위업이지요. 그것이 없었더라면 당신의 승리는 그저 의미 없는 도의적인 반응에 지나지 않았을 것입니다. 그러나 이제 승리는 당신의 인생에 한 획을 그었습니다. 친애하는 카푸스 씨, 내가 언제나 잘되기를 기도하는 당신 인생에 말입니다. 당신이 어린아이에서 '어른'이 되기를 얼마나 열망했었는지 기억하시겠습니까? 나는 이제 그 인생이 더 위대한 사람이 되기를 동경한다는 사실을 압니다. 그러기에 삶은 계속 험난할 것입니다. 또한 그러기에 삶은 성장하기를 멈추지 않을 것입니다.

또 한 가지 말씀드릴 것이 있다면, 다음과 같습니다. 당신을 위로하려 애쓰는 이 사람이 당신에게 가끔 위안이 되는 소박하고 조용한 말이나 하면서 쉽게 인생을 산다고는 생각하지 말라는 것입니다. 이 사람의 인생 또한 어려움과 슬픔으로 가득 차 있으며, 당신보다 훨씬 뒤처져 있습니다. 그렇지 않았다면 당신에게 이런 글을 쓸 수도 없었겠지요.

당신의,
라이너 마리아 릴케

아홉째 편지

스웨덴, 욘세레드 푸루보리에서
1904년 11월 4일

친애하는 카푸스 씨,

그동안 편지 한 통 쓰지 못하고 보냈습니다. 한편으로는 여행을 했기 때문이고, 다른 한편으로는 일이 바빴기 때문입니다. 오늘도 편지를 쓰는 일이 힘겹게 느껴집니다. 벌써 여러 통을 써야 했거든요. 손이 몹시 피곤합니다. 누군가에게 받아쓰게 할 수 있다면 많은 이야기를 할 텐데 그럴 수는 없으니, 당신의 긴 편지에 얼마 되지 않는 말로나마 답장하는 것을 부디 이해해주시기 바랍니다.

친애하는 카푸스 씨, 나는 오로지 당신이 잘되기를 기도하며 당신을 생각하곤 하는데, 실은 이것이 당신에게 가장 의미 있고 힘이 되는 일일 것입니다. 내 편지가 과연 도움 될지는 종종 의심스럽습니다. 그렇다고 도움이 된다고 말하지는 마세요. 그저 내 편지를 덤덤하게 받아주세요. 그리고 지나치게 고마워하지 마십시오. 그냥 어떤 결과가 나올지 기다려봅시다.

이제 당신이 한 말들에 대해 하나하나 언급하는 것은 별로 소용이 없을 것 같습니다. 당신이 어떤 회의를 품고 있는지, 외부와 내부를 조화시킬 수 없다고 말씀하셨던 것, 그밖에 당신을 괴롭히는 모든 일에 대해 내가 할 수 있는 말은 이제껏 했던 말과 똑같을 테니까요. 괴로움을 묵묵히 참고 견딜 충분한 인내심을 갖기를, 어려움 속에서도 나날이 더 큰 자신감을 얻을 수 있음을 믿으며 다른 사람들 사이에서 느끼는 당신의 고독을 신뢰할 수 있는 내면의 단순성을 발견하기를 바란다는 것입니다. 그런 건 제쳐두더라도, 인생을 그냥 내버려두십시오. 부디 내 말을 믿으세요. 인생은 어떤 상황에서든 옳습니다.

이제 감정이라는 것에 대해서 말해보겠습니다. 당신의 존재 전체를 온전히 이해하고 고양하는 모든 감정은 순수합니다. 반대로 당신 존재의 일부만을 이해하고 당신을 일그러뜨리는 모든 감정은 불순합니다. 당신이 어린 시절을 떠올리며 생각하는 모든 것은 좋습니다. 당신을 예전 가장 좋았던 순간의 당신보다 더 나은 사람으로 만들어주는 모든 것은 옳습니다. 그것이 당신의 존재 전체에 퍼지는 것이라면, 그리고 도취나 혼탁함이 아니라 그 바닥을 투명하게 들여다볼 수 있는 많은 기쁨과 같은 것이라면, 당신을 고양하는 모든 것은 다 옳습니다. 제 말을 이해하시겠습니까?

당신의 의심도 잘만 다스리면 좋은 자질이 될 수 있습니다. 의심은 지식과 비판적 정신의 힘을 아울러 갖추어야 합니다. 의심하는 마음이 당신 안의 무언가를 파괴하려 들 때마다 왜 그래야 하는지 물어보십시오. 의심에게 증거를 요구하고, 그것을 시험해 보십시오. 그러면 당신은 의심하는 마음이 당황하여 어쩔 줄 몰라 하는 것을, 심지어는 발끈하는 모습을 보게 될 것입니다. 그러나 그에 굴하지 말고, 논쟁을 끝까지 끌고 가십시오. 그런 식으로 번번이 신중하고 철저한 태도로 일관한다면 언젠가 의심이 파괴자로부터 당신의 가장 훌륭한 일꾼이—아마도 당신 인생을 만들어가는 모든 것 가운데 가장 현명한 일꾼이 되는 날이 올 것입니다.

친애하는 카푸스 씨, 오늘 당신에게 드릴 수 있는 말은 이것이 전부입니다. 이번에 프라하에서 발행된 〈독일 연구〉라는 잡지에 실린 저의 짧은 시의 별쇄본을 동봉합니다. 이 시는 삶과 죽음에 대해서, 삶과 죽음이 얼마나 위대하고 강력한 것인지에 대해서 좀더 깊은 이야기를 하고 있습니다.

당신의,
라이너 마리아 릴케

열째 편지

파리에서
1908년 성탄절 다음 날에

친애하는 카푸스 씨,

당신에게 멋진 편지를 받고서 내가 얼마나 기뻤는지 알아주셨으면 좋겠습니다. 다시 한 번 이렇게 손에 잡힐 듯 실감 나는 당신의 근황을 전해 듣고서, 참 잘된 일이라고 생각했습니다. 생각하면 할수록 정말 좋은 소식인 듯합니다. 사실 이 편지는 성탄절 전날 밤에 쓰고 싶었습니다. 하지만 이번 겨울 유난히 많고 끊이질 않는 일에 파묻혀 지내다 보니 이 전통 축제가 어느새 코앞에 와 있더군요. 꼭 필요한 일들을 처리할 시간조차 거의 없었을 정도입니다. 편지 쓰기는 말할 것도 없고요.

하지만 이 성탄절 축제의 며칠 동안 나는 자주 당신을 생각했습니다. 그리고 거센 남풍이 산들을 송두리째 집어삼킬 듯이 휘몰아치는 광활한 산속의 외로운 요새에서 당신이 얼마나 조용히 지내고 있을지를 상상했습니다.

그런 소리와 움직임을 품은 고요함은 참으로 거대할 것입니다. 게다가 그 고요에 먼 바다가 선사시대의 그토록 조화롭고 깊은 음색을 더하고 있음을 생각하면, 이제 내가 당신에게 바랄 수 있는 건, 다만 그 거대한 고독이 굳은 믿음과 인내로 당신에게 작용할 수 있도록 내버려두라는 것뿐입니다. 그 고독은 영원히 당신의 삶과 함께 할 것입니다. 그것은 앞으로 당신이 겪고 행할 모든 일에 숨어서 영향을 끼치며 당신의 삶에서 중요하고 결정적인 역할을 하게 될 것입니다. 우리 안에 영원히 살아 있는 조상의 피가 우리의 피와 뒤섞여 다시는 반복되지 않을 고유한 요소가 된 것처럼, 그리고 그것이 우리가 삶의 중대한 변화를 맞을 때마다 그 영향력을 발휘하는 것처럼 말입니다.

그렇습니다, 나는 당신이 그런 고립된 환경에서 얼마 되지 않는 동료들과 함께 그토록 구체적이고 확고한 존재로 직책과 제복과 직무를 갖게 된 것이 기쁩니다. 그런 환경에서라면 이 모든 것들은 진지함과 필연성을 띠게 되며, 자칫 놀이나 시간 때우기가 되기 십상인 군복무는 주의 깊고 독립적인 의식을 유지하는 데 방해가 되지 않을뿐더러 오히려 그것을 훈련하는 데 도움을 줄 것입니다. 우리의 내면에 작용하고, 때때로 위대한 자연과 대면하도록 이끄는 이런 환경조건이야말로 우리가 필요로 하는 전부입니다.

　예술은 단지 삶의 한 가지 형태일 뿐입니다. 그리고 어떤 직업을 가지고 있든지 간에, 그 생활이 알게 모르게 예술을 위해 스스로를 준비시키는 기간이 되기도 하는 것입니다. 예술과 가까운 척하는 저널리즘과 대부분의 비평들, 그리고 스스로 문학이라 불리고자 하는 온갖 가짜들과 같이 현실생활과 동떨어진 어정쩡한 직업보다는 현실생활에 밀착된 직업이 오히려 예술과 더 가까운 법입니다. 한마디로 말해서, 나는 당신이 그런 겉만 번지르르한 직업의 유혹에 빠지지 않고 그처럼 험한 현실 속에서 고독하고 용기·있게 살아가기를 선택한 것이 기쁩니다. 다가오는 새해에도 그와 같은 생활을 유지하여 더욱더 강건해지시기를 기원합니다.

당신의,
라이너 마리아 릴케

Briefe an eine junge Frau

젊은 여인에게 보내는 편지

첫째 편지

스위스, 그라우뷘덴 솔리오에서
1919년 8월 2일

　친애하는 부인, 당신으로 하여금 그런 편지를 쓰도록 만든 충동을 내가 얼마나 잘 이해하고 있는지를 말씀드리는 것이야말로 보내주신 편지에 대한 가장 적절한 답장이 되리라 생각합니다. 예술작품은 그 무엇을 변화시키지도 개선시키지도 못합니다. 그것은 창조되는 순간부터 자연과 비슷한 성격을 띕니다. 자기 충족적이며, (분수의 물줄기가 그러하듯이) 스스로에게 사로잡힌 존재—원한다면, '무심한' 존재라고 부를 수도 있을 것입니다. 하지만 우리는 (그것을 완성시킨 의지에 따라 제한된) 이 제2의 자연이라 할 수 있는 예술작품이 그럼에도 결국은 인간의 깊은 고통과 기쁨으로부터 태어난 것임을 알고 있습니다. 바로 여기에 예술작품이 우리에게, 특히 고독한 사람에게 주는 그 한결같은 위안의 보고(寶庫)로 다가갈 열쇠가 놓여 있습니다. 살다보면 누구나 가장 가까운 이들과 함께 있을 때조차 한없이 외로움을 느끼고, 그렇게 외롭다는 얘기를 사심 없이 솔직하게 토로한다 해도 아무도 이해해줄 것 같지 않은 그런 나날들을 아니, 그렇게 고독한 몇 년인가를 보낼 때가 있다는 걸 압니다. 자연은 스스로 먼저 우리에게 다가올 능력이 없습니다. 따라서 우리에게는 자연을 우리 편으로 만들 수 있는, 다시 말해서, 자연의 언어를 인간의 언어로 옮기고, 아주 작은 부분이나마 자연과 관계를 맺을 수 있는 힘이 필요합니다. 하지만 이는 극단적인 고독에 시달리는 사람이 할 수 있는 일은 아닙니다. 그런 사람은 스스로 어떤 노력도 하지 않으면서 그저 모든 것이 바뀌기만을 바랍니다. 이는 기력이 다한 병자가 눈앞에 음식이 있어도 입을 벌릴 힘조차 없는 것과 마찬가지입니다. 하지만 그가 해야 하는 일은 바로 그 자연을 단단히 움켜쥐는 것입니다. 어떻게든 자신의 존재를 붙들고서 제 안의 결함의 원자를 자기헌신으로 변화시키기를 자신의 유일한 목표로 삼은 사람처럼 말입니다. 하지만 엄밀히 말하자면, 그런다 해도 실제로 변하는 것은 아무것도 없습니다. 또한 예술작품이 우리를 도울 수 있으리라 믿는 건 너무나 오만한 생각입니다. 예술 작품은 인간 내부에서 일어나는 긴장을 밖으로 돌리지 않고 안에 담아둡니다. 따라서 외부로 유출되지 않는 이 강력한 긴장은 그 존재 자체만으로 무언가를 추구한다든가 요청이나 구애를 한다든가 열렬한 사랑을 한다든가 혼란을 불러일으킨다든가 하늘이 내린 사명을 짊어졌다든가 하는 식으로 인간을 종종 착각에 빠뜨리는데, 이 착각이야말로 예술작품이 본디 가진 좋은 속성입니다(직분은 아닙니다). 나아가 예술품과 고독한 사람 사이에서 일어나는 이 기만은 창세 이래 신의 업적을 찬양하기 위해 성직자들이 써먹어온 기만과 일맥상통합니다.

두서없이 길어졌군요. 당신 편지는 어쩌다 수신인에 내 이름을 쓴 것일 뿐 실제로는 누가 받아도 상관없는 편지가 아니라, 정확히 나를 위해서만 쓴 편지였습니다. 그래서 나도 그에 못지않게 정확히 당신을 생각하며, 틀에 박힌 내용이 아니라 영혼이 마주친 실제 체험을 말하고자 합니다.

편지 끝머리에 자녀분에 관한 이야기가 나와서 갑자기 당신 편지가 친근하게 느껴졌습니다. 저도 그런 친밀감을 받아들이기에 충분한 마음의 준비가 되었음을 말씀드립니다. 괜찮으시다면 자녀분과 당신 이야기를 들려주세요. 몇 장이라도 상관없습니다. 나는 아직도 편지를 교제의 한 수단, 가장 아름답고 알찬 수단의 하나라고 생각하는 구식 인간이거든요. 물론 이런 주의이다 보니 써야 할 편지 수가 불어서 버거울 때가 있다는 사실을 미리 밝혀둡니다. 더불어—종종 몇 달씩이나—일까지 겹쳐서 이따금 (전쟁 때 그랬던 것처럼) 극복하기 어려운 '영혼의 고갈'이 나를 오래도록 침묵케 한다는 사실도 고백합니다. 하지만 그 대신 나는 인간관계도 줄곧 계산속만 내세우는 쩨쩨한 삶의 척도가 아니라 자연의 척도로 잽니다.

괜찮으시다면 이것을 앞으로 우리 사이의 합의 사항으로 삼았으면 합니다. 오래도록 소식이 닿지 않을지도 모릅니다. 하지만 상관없으시다면 언제든 당신 곁으로 돌아가서 모든 사정을 나눔으로써 한마음이 되고 싶습니다.

오늘이 바로 그 첫 번째 기회였던 것처럼.

라이너 마리아 릴케

＊편지를 주고받은 대상은 리자 하이제라는 여성이다. 젊어서 집을 나와 산전수전을 겪은 끝에 한 남자의 아이를 낳았지만, 그에게 배신당하고 어린 아들과 단둘이서 산다. 이런 처지에서 릴케의 《형상시집》을 읽고 감동하여, 미지의 시인에게 그 감동을 짧은 편지로 써서 보냈다. 그에 대한 릴케의 답신이 이것으로, 이 편지를 계기로 서신 왕래가 시작된다. 릴케의 이 첫 번째 답장을 보면, 하이제가 편지에서 주로 어떤 내용을 다루었는지 다음과 같이 추측된다. "마음속에 있는 풀기 어려운 물음이나 불확실한 답이 완전히 해소될 수는 없겠지만, 어린 아들과 함께 살면서 맛본 깊은 고독은 당신 예술의 순수한 도움을 받아 훨씬 누그러지고 견디기 쉬워졌습니다."

둘째 편지

솔리오(그라우뷘덴 베르겔)에서
1919년 8월 30일

친애하는 부인,

먼저 양해를 구할 일이 있습니다. 당신 편지를 받아서 물론 기쁘기는 하지
만, 그런 내용이라면 딱히 금방 답장해야 한다는 의무감을 느끼지 않습니다.
안심하시라는 뜻에서 말씀드리자면, 당신의 경험과 그 먼 곳에서 내게 전달
해주시는 심정으로 이루어진 편지 내용은 본디 '답장한다'는 행위가 닿는 영
역 밖에 있습니다. 당신의 물음*1은 우리의 가장 고유한 삶의 본성이 묻어
있기 때문입니다. 누가 그런 물음에 답할 수 있겠습니까. 행복이나 재앙이나
예측할 수 없는 순간적인 감정이 갑자기 대답을 들고 우리를 찾아오는 일이
있을 겁니다. 어떤 때는 대답이 우리 내부에서 보이지 않을 만큼 천천히 완
성될 겁니다. 또 어떤 때는 누군가 그 대답을 우리 눈앞에 펼쳐보이겠지요.
그럴 때면 그 대답은 그 사람 눈빛에 가득 차 있습니다. 그 사람 마음의 어
느 새로운 페이지에 적혀 있지요. 그렇지만 정작 그는 그 사실을 모르기 때
문에 우리가 대신 읽어주어야 합니다. 그런데 당신이 그것을 읽어주었다고
가정해봅시다.

그래도 물음은 물음으로 남지 않겠습니까? 인간의 체험과 인간에 관련한
발언을 막론하고, 궁극적으로 물음이라는 야트막한 언덕꼭대기로 올라가 더
높은 곳을 향해 몸을 던지지 않는 것이 있나요? 그렇다면 누구를 향해 그런
물음을 던져야 할까요? 바로 하늘입니다.

---

*1 하이제는 두 번째 편지에서 자신의 불행한 처지를 에둘러 고백했다. 자신의 불행했던 연애
담을 언급하면서 그녀는 "남녀관계에서 정의가 불완전한 이상, 세상의 구원을 아무리 외쳐
봤자 모두 뜬구름 잡는 소리 아닙니까?"라는 물음을 던졌다.

여성의 운명이 충족되고 안정되고 늘 분명한 답이 나오는 것이기를 바랍니다. 여성의 운명이 물음인 채로 있기란 부자연스럽습니다. 그러나 잊지 마십시오. 남성은 그런 여성들에게 맞서 있다는 사실을. 우리 한 사람 한 사람이 자연에 맞서는 것과 같지요. 인간은 자연이 지닌 무한정한 것을 받아들일 능력이 없어서, 가져다가 한두 번 들이쉬고는 곧바로 풀어줘버립니다. 자연에서 눈을 돌려 도회지나 책에 힘을 다 써 버리고, 자연을 떠나 존재의 틈으로 추락합니다. 그리하여 잘 때도 깰 때도, 어떤 습관에 대해서도 자연을 부정하거나 배척하게 되지요. 그러나 마침내는 성난 파도, 밀려오는 환멸과 피로, 어떤 결정적인 고통을 계기로 도로 자연의 품으로 던져집니다. 실존으로서의 자연이 소멸하기 일보 직전이던 우리를 구해주는 것입니다. 모든 요소를 자기 안에 결집하고 휴식하며 자급자족하는 자연은 우리가 떠나버려도 아랑곳하지 않습니다. 우리 마음이 가까이 다가가거나 멀어져도 전혀 개의치 않고, 늘 우리를 손아귀에 쥐고 있는 거지요. 자연은 고독을 괴롭다고 생각하지 않습니다. 바꿔 말하면, 자연은 하나의 완전체로서 고독합니다. 완벽하기에 고독한 것입니다. 그리고 그렇게 고독한 상태를 극한까지 몰고 가지 않고, 따뜻하고 완전무결한 중심으로 들어가 친밀감을 품고 살아갑니다. 이와 똑같이 고독한 존재인 여성도 자기 안에 살기 위해, 곧 되돌아온 본성을 그 집중적인 순환 속에서 회복시키기 위해 자연과 같은 은신처를 가져야 하지 않을까요? 여성이 자연인 한 이따금 성공도 할 것입니다. 하지만 결국은 여성을 구성하는 요소 가운데 그와 정반대 성향의 요소가 여성에게 복수합니다. 그런 요소가 있기 때문에 여성은 자연인 동시에 인간으로, 다시 말해 무한한 존재인 동시에 소진되는 존재라는 이중생활을 강요받습니다. 여성이 힘을 다 써버리기 때문이 아닙니다. 아무리 여성이라 해도 한없이 주고 한없이 나아갈 수는 없기 때문입니다. 내부에서 요청하는 헌신이 지극히 풍요로운 여성의 마음에도 짐처럼 느껴지기 때문입니다. 아침에 눈뜰 때나 아직 따뜻한 잠에 빠져 있을 때도 이루 말할 수 없이 충족시킬 수 있으리란 자유분방하고 행복한 기대가 이미 없기 때문입니다. 그렇습니다. 이럴 때 여성은 꽃을 피우려 하지 않는 자연과 같은 상태에 있습니다. 어린 토끼도 새들도 다 도망가버리고 다시는 둥지로 돌아오려 하지 않는 자연과 마찬가지입니다. 그래도 여성은 자연이기를 고집하며 돌보고 요구를 들어주고 터무니없이 너그럽게 베풀기를 자신들의 권리로 간주하겠지요. 하지만 이윽고 자신이 제공하는 보호가 그토록 확실한 것인가, 베푼다는 행위가 그토록 무한한 것인가 하는 인간적인 물음에 당황하는 자기 자신을 깨닫게 되지 않겠습니까? 자연에는 없는 수용이라는 간계가 여성에게는 그 배후에 숨어 있지 않은지요? 게다가 여성은 대개 위험에 노출된 불안정한 존재 아닌가요? 아무리 여성이라도 한 인간이기에 언제 마음이 메마를지 모르고, 뼛속까지 좀먹힌 듯한 비참함을 느낄지 모르며, 달콤한 입김을 썩게 하고 눈빛을 흐리는 병에 걸릴지도 모르는데, 어째서 여성이 미래를 약속한단 말입니까? 물론 나도 여성이라는 존재가 지니는 이 이중구조가 여성보다 순수한 남성의 사랑으로 견고하게 바뀌리라고 확신해 왔습니다. 그러나 현실적으로 남성은 연인의 현실과 사랑에 동참하면서 기껏해야 허술한 사랑의 윤곽만을 더듬는 데에 불과합니다. 구애하는 남성은 놀라고 미심쩍어하면서 자기를 이해하려 하는 소녀에게 자연의 온 힘을 과장스레 떠벌리지만, 일단 손에 넣은 다음에는 이내 그녀를 배반하는 첫 번째 남자가 되어, 남자보다 훨씬 우월한 피조물인 여성의 나약함과 무기력함을 모른 척하고 불평합니다. 바로 여기에서 남성의 사랑이 몹시 무능력하다는 사실이 드러납니다. 남성의 사랑은 단 하루의 축제를 위한 호흡과 하룻밤의 헤아릴 수 없는 선물을 위한 마음가짐밖에 가지고 있지 않습니다. 그뿐만이 아닙니다. 남성의 사랑은 이 선물을 완전히 자기 안으로 흡수하고 남김 없이 변형시킨 다음, 그 사랑의 비밀을 다른 곳에 흘리지 않는 과정조차 만족스럽게 해내지 못합니다. 이 과정이 없다면, 연인이 함께 살아가는 데 꼭 필요한 순결함이 회복될 리도 없습니다. 이렇게 여성과 비교해보면, 남성은 잘못된 사랑만 하는 것처럼 보입니다. 사랑에 허세만 부릴 뿐, 연애학의 기본에서 한 발자국도 나오지 못한 채, 연인은 온갖 비유와 음률을 구사할 지식을 갖추었는데도 자신은 기초 시학 이론만 가지고도 시를 완성할 수 있다는 착각에 빠져 있는 것입니다. 하지만 이것이 남성의 숙명이라고 본다면, 남성도 얼마간은 감동적이지 않습니까? 여자 곁을 스쳐 지나가는 남자. 지나쳐버린 다음에는 나 몰라라 하는 남자. 남자는 맹목적입니다. 전 세계를 돌겠다며 느닷없이 내달리지만, 실제로는 마음 하나조차 제대로 돌아본 적이 없지요.

이상으로 당신의 하룻밤을 위해 써보았습니다. 참 이상하지만, 당신이 말하는 '견디기 어려운 심연'을 지닌 밤은 우리 인간이 위험하다는 것을 알면서도 계속해서 바라는 바로 그 밤입니다. 그런 밤이야말로 인간의 마음에서 가장 많은 것을 이끌어내는 밤, 곧 우리에게 내적 요구를 가장 많이 품게 하는 밤입니다. 그렇게 견딜 수 없는 밤에서 빠져 나오려면 결국 그 밤을 예술적 창작으로 바꾸어가는 수밖에 없기 때문입니다. 내면적으로도 외면적으로도 그런 상황이 충족되지 못한 탓에, 우리는 벌써 얼마나 오랫동안 그런 밤을 만나지 못했는지요. 당신의 조용하고 아름답고 오래된 집이 내게는 아주 은혜롭게 생각됩니다. 당신은 내가 보낸 단 한 통의 편지가, 엄숙하게 열린 댁의 모든 방의 기대를 충족했다고 말씀하셨습니다. 정말로 그랬다면,*² 정처 없는 내 삶에 그 사실이 잠깐이나마 얼마나 큰 위안이 되는지 모릅니다.

라이너 마리아 릴케

＊2 두 번째 편지 첫머리에서 하이제는 뜻하지 않게 시인에게서 답장을 받아 감동했다고 말하며, 자기 집 방과 그 안의 모든 것이 오래전부터 커다란 기대에 조용히 긴장하고 있다가 "그때 당신이 오셔서 긴장이 현실로 바뀌고, 따뜻한 행복감 속에서 경직 상태로부터 풀려났다"라고 썼다.

셋째 편지

스위스, 로카르노(테신)에서
1920년 1월 19일

친애하는 부인, 이것은 정식 편지가 아닙니다. 당신 상태가 걱정되어 안부를 좀 물으려는 것뿐입니다. 9월 28일 자 편지에서 여러 불안정한 상황과 변화를 암시하는 투로 끝을 맺으신 데다*¹ 그 뒤로 통 소식도 없어, 아무래도 무슨 일이라도 벌어진 게 아닌지 걱정스럽습니다. *² 내가 안심할 만한 소식을 전해 주신다면 고맙겠습니다. 제가 오랫동안 편지를 쓰지 못한 것은 처음에 말씀드렸던 사정 그대로입니다. 그러니 부디 당신에게 무관심해서라거나 당신을 잊었기 때문이라고 생각하지 말아주십시오. 요즘 들어 줄곧, 편지를 쓰려 펜만 들어도 몸서리가 쳐지는 정신적 경직 상태에 있었습니다. 게다가 나는 워낙 환경 변화에 민감해서 뭐든 규칙적으로 하지 못합니다.

지금 오로지 바라는 것은 일을 위해, 집중이 더 잘 되는 좋은 조건들만 모인 나무랄 데 없는 훌륭한 장소를 찾는 일입니다. 이 바람이 이뤄진다면, 나도 그런 점을 개선하고 더욱더 열심히 일하는 듬직한 사람이 되리라고 생각합니다. 하지만 현재로서는 어림도 없습니다. 전쟁 때문에 이곳저곳을 전전하는 떠돌이로 전락했는데, 아무래도 이 생활에 끝이 보이지 않습니다. 나뭇가지에 머문 새 같은 나날이지요. 게다가 내가 앉은 가지는 다 썩어서 맘 놓

＊1 하이제의 편지에는 아주 조금 언급되어 있을 뿐이지만, 그녀가 어떤 사정 때문에 집을 팔아야 했으며, 음악(특히 바이올린)과 자수를 배울 제자도 구하지 못해 생활고에 시달렸다고 추측된다.

＊2 이다음 편지에서 하이제가 보고하기를 그녀는 '창고' 같은 방과 손바닥만 한 마당밖에 없는 집으로 부득이 이사했으며, 두 모자는 생활에 고충을 겪었다. 미하엘이라는 이름의 어린 아들은 끈질기게 "집으로 돌아가자"며 조른다. 그녀는 아들에게 고향으로 삼기에 적당한 땅과 작은 농원이 갖고 싶다고 말한다.

고 머무를 수도 없습니다. 지난번 당신 편지를 받았을 때도, 솔리노에 있는 은신처를 포기해야 하는 상황이었습니다. 그 뒤로 정처 없이 호텔을 전전하는 생활이 시작되었는데, 언제나 그렇지만 호텔은 편지를 쓸 환경이 못 됩니다. 그 이유 가운데 하나는, 호텔이란 아무리 일급 호텔이라 하더라도 글쓰기에 적절한 곳이 없다는 것입니다. 고작해야 떠돌이 상인에게나 걸맞은 곳이지요. 또 하나는, 호텔에서는 반드시 여러 개인적인 만남이 생겨 말할 기회도 자연히 늘기 때문에 모든 정력을 그쪽으로 쏟아야 한다는 것입니다. 게다가 5주 동안이나 일종의 순회공연을 하러 다녔습니다. 무슨 말이냐 하면, 전국 공개낭독회가 열려 이 마을 저 마을로 끌려다닌 것이지요. 짐작하시겠지만, 이런 때에는 사람들과 직접 대화 나눌 일이 더 많아질 수밖에 없습니다. 개인 사정을 늘어놓아 당신을 더 골치 아프게 하려는 것은 아닙니다―이런 이야기는 되도록 빨리 잊어 주십시오―오랫동안 편지를 쓰지 못해서 미안하다는 말과 그 변명을 하고 싶었을 따름입니다. 당신이 한창 혼란스러워할 시기에 내가 격려의 말을 건넸더라면 분명히 기뻐하셨으리라는 생각이 들기 때문이지요. 하지만 어쩌면 당신은 그 시기를 내 편지 한 통이 가져다주는 미미한 도움 따위는 필요 없을 만큼 매우 활동적으로 많이 결심하고 행동하며 보냈을지도 모르겠군요.

　귀여운 아드님을 위해 좋은 거처를 찾으셨습니까? 나는 종종 혼자서 이런 질문을 하는데, 특히 크리스마스 무렵에는 몇 번이나 그랬습니다.

　요전 편지 끝 부분에서 제자들을 언급하셨는데, 정확히 무엇을 가르치시는지는 밝히지 않으셨지요? 이사하고 나서도 새로 제자들을 가르치십니까?*3 잘하고 계시나요? 아마도 즐겁게 하고 계시겠지요. 오랫동안 살았던 조용한 집을 떠난다는 것이 당신에게 얼마나 고통스러운 일이었을지, 고향도 집도 없는 고통을 뼈저리게 맛보고 있는 나로서는 충분히 이해가 갑니다. 끔찍한 전쟁 기간에 그 전쟁을 견딜 만한 적당한 내 집이 있었더라면, 그 전쟁조차도 전혀 딴판으로 보였으리라는 생각이 들 정도랍니다.

　당신이 그 고상한 편지에서 던지신 '물음' 말씀입니다만,*4 대체 어디서부터 시작해야 좋을까요. 중요한 것은 언제나 '전체'이니까요. 그러나 때로 전체는

---

*3 이사하고 나서, 음악과 자수를 배울 제자를 다시 모집하기 시작했다고 다음 편지에서 대답했다.

마음속에서 행복이나 순수한 의지가 고양하는 순간에 집중적으로 포착되기도 하지만, 실제로는 온갖 오류, 실수, 결함, 악의, 절망, 우울함 때문에, 그뿐 아니라 평소 우리에게 일어나는 모든 일 때문에 방해 받습니다.

저마다의 내면에 뿌리내린 자기만의 것으로 착각하기 쉬운 사랑의 순간이 실은 개인을 넘어 미래(태어날 아이)에 좌지우지되거나 반대로 과거에 좌지우지될지 모른다는 생각은 무서운 인식입니다. 하지만 그렇다 하더라도, 이 사랑의 순간에는 이루 말할 수 없는 심연이 자기 내부에 도피처로서 여전히 남아 있을 겁니다. 나는 그렇게 믿고 싶습니다. 이 생각은 우리의 가장 심오한 황홀함이라는 견줄 데 없는 존재가 '얼마나 오래 유지되었는가', '얼마나 많이 경험했는가'하고는 전혀 무관하다는 경험과도 일치합니다. 그 황홀함은 죽음이 그러하듯이 삶의 방향과 수직으로 마주하고 있습니다. 그것은 우리 생명력의 다른 목표들이나 운동들보다 죽음과 훨씬 공통점이 많습니다. 죽음이라는 측면에서만(죽음을 파멸이 아니라 우리를 완전히 능가하는 강력함으로 여긴다면), 곧 죽음이라는 측면에서 판단할 때만 사랑을 공정한 시각으로 볼 수 있습니다. 하지만 이때 마침 통속적인 견해가 사랑의 숭고한 힘을 방해하며 우리의 판단력을 흐려놓습니다. 우리 전통은 인간을 인도하는 능력을 잃었습니다. 이른바 양분을 빨아들이는 뿌리의 힘을 잃어버린 메마른 나뭇가지에 불과합니다. 여기에 남성의 방만함, 일탈, 조급함을 염두에 두고, 또 여기에 여성이 여러 가지를 펴주는 것은 아주 드물게 행복한 관계에 있을 때만이라는 사실, 그리고 이렇게 양극으로 찢어져 동요하는 두 사람 곁에 있던 아이가 다음 세대를 짊어질 의무를 띠고 부모를 앞질러 가다가 결국은 마찬가지로 갈 길을 잃는 점을 생각하면—정말이지 우리 인생이 고통으로 가득 차 있다는 사실을 겸허한 마음으로 인정하지 않을 수 없습니다.

우리 사이에 있는 모든 문제를 당신도 편지를 주고받으며 계속 너그러이 생각해보시기 바랍니다.

라이너 마리아 릴케

---

*4 릴케가 문제 삼은 9월 28일 자 하이제의 편지를 보면 대부분 이런 물음으로 가득 차 있다. "우리는 성숙하기 위해서 고독하고 고통스럽게 살아야 하나요? 세월을 초월해서 계속 살아가는 사랑이란 없나요? 남자는 늘 변덕스럽고 못 미더운 존재인가요? ……"

넷째 편지

스위스 칸톤 주 취리히 이르헬 베르크 성관에서
1921년 3월 7일

　때로 하찮은 사실이 호들갑스러운 약속보다 많은 것을 증명한다면, 내가 당신을 생각하는 마음이 조금도 변하지 않았음을 증명하기 위해 내가 어떤 사소한 행동을 했는지 말씀드리는 편이 좋겠습니다. 당신 편지를 받자마자 나는 주소록을 펼치고 당신의 새 주소를 정성껏 옮겨 적었답니다. 명세컨대, 어느새 당신 이름을 정성껏 적고 있었던 것입니다. "완벽하게 안정된 생활"의 장소를 적는 손이 어찌 기쁨을 느끼지 않았겠습니까. [*1]
　먼저 나는 당신의 훌륭한 편지를 이해하기 어렵다는 점을 고백해야겠습니다. 이렇게만 말하면 부정확한 표현이 되겠군요. 이해 자체가 어렵다는 것이 아니라, 내 이해 방법 내지는 이해했다는 사실을 당신에게 증명하기 어렵다는 뜻입니다. 당신 체험에서 우러나온 모든 이야기를 증명할 수 있는 사람은 결국 당신뿐이니까요. 그것을 누군가 아무리 신중하게 증명하려 해도, 글로는 설명하기 어려운 변용을 거듭하는 삶의 어느 한 시점에 당신을 고정하고 말 것입니다. 그리하여 당신은 새로운 국면이 얽힌 가능성을 모든 방향에서 측정하게끔 하는 무의식적인 자유를 빼앗길 위험에 처하겠지요. 고독한 사람에게라면 더 많은 말을 써도 상관없습니다. 고독한 사람은 타인의 통찰력을 빌려 광활한 공간에 일정한 구획을 짓기 때문이지요. 그런 돌파구라도 없다면 고독한 사람은 광활한 내면 공간을 대할 때도 무례한 사람을 대할 때처럼 아무런 관계도 맺지 못합니다. 하지만 행복한 상호 작용 속에서 자아를 경험하는 사람에게 삶의 공간은 실재감으로 가득 차 있지요. [*2] 그런 사람은

[*1] 하이제는 편지에서 전년인 1920년 여름 바이마르 지방의 어느 시골에 조그마한 땅과 집을 빌려 흙을 상대로 새 삶을 살게 되었다고 썼다.

발견 하나에 집착하지 않으며, 잠자코 다음 발견을 준비합니다. 그런 사람은 고독한 사람과 정반대로 원심력으로 움직이며, 거기에 작용하는 중력은 헤아릴 수 없습니다.

그러므로 편지를 잘 이해했다고 말하는 것은 적절하지 않을 것 같지만, 당신의 새 경험을 설명하는 단어 하나하나가 내 마음에 특별한 기쁨을 불러일으켰다고 말하는 것이 딱히 당신의 마음을 어지럽힐 것 같지는 않습니다. 그건 차치하고, 당신을 받아들일 장소가 발견된 것은 당연한 흐름이 틀림없습니다. 하지만 그 과정이 이토록 너그럽고 풍요롭게 이루어진 것을 보면, 당신에게 그 현실이 꼭 필요했으며 당신이 그 현실을 완벽한 형태로 실현하기에 적합한 사람이었음을 알 수 있습니다. 아아, 고독하다는 이유로 모든 친숙한 것에서 떨어져야 하는 사태에 처했던 그때에, 이제는 당신에게 쉽게 할 수 있는 위로의 말을 다소나마 건넸었더라면 얼마나 좋았을까요. 행복한 순간이나 무엇을 성취한 순간에 더 진지하게 자신을 인식하는 사람은 드뭅니다. 대부분은 그보다 앞선 고독한 시기에 얻은 성과를 우울한 오류로 치부해 버리지요. 그런 사람들은 눈부신 행복에 빠져들어, 자기 내부 세계의 윤곽을 잊거나 부정하게 됩니다. 하지만 당신은 훨씬 주도면밀하게 마음의 준비를 했습니다. 당신은 그곳에서 인식한 것을 현실에서도 하나도 버리지 않았습니다. 오히려 이제야말로 가난하고 고독했던 시기에 얻은 모든 통찰이, 빛을 받아들였다가 도로 내뱉는 위대한 영광 한복판에 들어섰음을 알 수 있습니다. 그렇게 함으로써 비로소 당신의 행복은 진실로 순수한 권리와 확신을 가지고 깊은 안정성을 얻게 되었습니다(당신 안에서 마침내 자신을 "불멸의 존재"로 인식한 것입니다). 당신은 새롭게 정화된 삶 속에 힘차고 성실하게 많은 사람이 아주 중요하게 생각하는 지참금을 얻은 것입니다.

이 커다란 기쁨과 더불어 나는 당신 편지에서 몇 가지 부수적인 기쁨을 더 발견했습니다. 그동안 정든 마당이 없어져서 서운해하던 미하엘 군도 지금은 보상을 얻어 만족스러워하고 있겠지요. 걸음을 재촉하는 계절을 따라잡으려고 정원 일에 힘을 쏟는 것이 당신과 미하엘 군에게는 얼마나 즐거운 일

＊2 새 땅에서 새 삶을 시작할 때 하이제에게는 자기보다 열 살 많은 여성과 친구가 되어 그녀와 함께 살며 농원일도 함께 했다. 편지로 이 사실을 안 릴케는 그녀를 "고독한 사람"이 아니라 "행복한 상호 작용 속에서 자아를 경험해가는 사람"으로 표현한 것이다.

이겠습니까.

　나에 관해서 말씀드리자면, 지금은 이 낡고 조그만 성관에서 지냅니다. 베르크라는 이름의 외딴 성관으로, 조용한 창밖에는 정원과 분수가 있습니다. 이로써 드디어 스위스에 온 이래 내내 바라던, 마음으로 글쓰기에 적합한 은신처를 발견한 셈입니다. 하지만 이런 축복 받은 조건 아래에서도 진심으로 작업을 시작하기에는 한참 멀었는지 진척 속도는 더디기만 합니다.

라이너 마리아 릴케

다섯째 편지

스위스 발레 주 시에르 뮈조트 성관
1921년 12월 27일

　사랑을 가득 담은 당신의 편지 덕분에, 성탄절을 앞두고 나도 모르게 고조되던 막연한 기대감이 뜬금없는 것이 아니었음을 알았습니다. 편지는 딱 성탄절 전날 도착했습니다. 가장 훌륭했던 점은 모든 내용이 성탄절 기간 특유의 고요함에 어울리는 것이어서 성탄절 분위기를 한층 더해주었다는 점입니다. 당신이 말씀하신 모든 내용이 그랬습니다. 그렇습니다. (편지를 받은 이래로 나는 자문하고 있습니다만) 당신은 그 내용들이 얼마나 대단한지 자각하십니까? 일하고 우정을 나누는 이 시기가 뒷날 (삶이 아무리 틀에 박혀가도) 모든 인간적이고 세속적인 것 사이에서 얼마나 가치 있는 것으로 남을지 충분히 짐작이 가십니까? 아아, 부디 내 말을 믿어주세요. 그것은 대단한 일입니다. 인간이 누릴 수 있는 가장 큰 축복입니다. 구체적인 일에 몰두하고 결실을 이뤄가는 것, 사랑과 이해로 뜻을 같이하는 우정[*1]이 끊임없이 확증되는 것, 장난치며 노는 사이에 자연의 많은 식물을 확실한 본보기 삼아 무럭무럭 자라나는 아이의 모습. 이 정도로도 이해하기에 부족함이 없으시다면, 당신의 맑은 눈빛을 당신의 강한 마음과 풍요로움과 형용할 수 없는 올바름의 증거로 들고 싶습니다. 당신은 대도시의 무질서와 바이올린의 질서 있는 울림을 동시에 체험하시지 않았습니까. 그리고 바로 뒤에는 바다라는 한없이 질서 있는 존재를 체험하시지 않았습니까.[*2] 잠시 인간계에 내려온 천사가 체험하듯이 말입니다. 이렇게나 강조하는 것은 당신 편지가 성탄절에 얼마나 어울리는 내용인지 알아주셨으면 하는 바람에서입니다. 나를

---

*1 앞 편지.

위해 겪은 바를 써주신 점에 충분한 감사를 표하려면 당신의 그 체험을 드높인 깊은 거울에 비추어 당신에게 보여드리는 수밖에 없으니까요. 편지 내용이 "너무 개인적"이라고 말씀하시지 마십시오. 거기서 한 발짝만 더 나아가면 다시 보편적인 것, 궁극적으로 타당한 것, 인생의 근본적인 것이 됩니다. 바꿔 말하자면, 인생의 근본 색조를 쫓는 것이 되며, 마침내는 그 모든 색조가 녹아든 무한한 빛으로 나아가는 것이 됩니다.

　작은 사진 몇 장이 편지를 "너무 개인적"인 것으로 만들지는 않습니다. 나는 그 사진들을 통해 당신 모자(母子)는 물론 꽃들까지도 볼 수 있어 무척 기뻤습니다. 여러분에게도 진실한 내 모습을 보여드리고 싶어서 몸가짐도 얌전하게 바로 했답니다. 당신이 씨름하고 계신 그 토지는 천사를 상대로 한 야곱의 싸움과도 같이 꽃처럼 순종적이고 천진하게 저항하는 게 아닐까요? 사진을 바라보노라면, 인가도 드문 광활한 대지가 머리에 떠오릅니다. 사람들로 빽빽한 바이마르 지방에서 어떻게 그런 땅을 발견하셨는지요. 이제 당신은 하늘과 나무와 경작지라는 3요소를 일상생활에서 친숙하게 접하고 계시군요. 그것들의 침묵과 힘찬 개방 모두를 말입니다. 게다가 내면세계를 위해서, 그 세 가지에 바다라는 4차원의 세계까지 체험하심으로써 거의 흠잡을 데 없을 만큼 존재의 균형이 완벽하게 이뤄지지 않았는지요?

　이제 내가 당신 편지에 얼마나 기뻐하고 진심으로 감동했는지 아시겠지요? 그리고 이 답장이 그 사실을 새삼 떠올려준다면, 내 편지는 매년 성탄절과 새해 사이에 당신의 소중하고 자그마한 현관을 장식하기에 걸맞으리라 생각합니다. 이토록 당신을 깊이 이해한다는 것 자체가 당신이 기쁜 새해를 맞이하기를 바라는 저의 소망입니다. 이건 여담입니다만, 내 작업실에서 꿈꾸듯 겨울을 보내는, 빨간 바탕에 검은 반점이 있는 '행운의 딱정벌레' 한 마리가 편지지 위를 지나가고 있습니다.

　마지막으로 제 이야기를 잠깐 하겠습니다. 내 주소가 바뀐 건 알아차리셨

＊2 하이제는 편지에서 모처럼 여행한 이야기를 썼다. 베를린, 독일 북부, 바다 등 모두 그녀가 처음 방문한 곳이었다. 베를린은 아무래도 낯설었던 모양이다. 바이올린 연주회에 가던 도중 우연히, 교회에 사는 사람들의 비참한 현실을 목격하고는 충격을 받아, 그 뒤 바이올린의 청아한 울림을 들으며 "주체할 수 없는 감정에 울고 말았습니다"라고 썼다. 바다도 "웅대한 무관심"으로 그녀를 압도했다. 그녀는 "새로운 것들이 내 삶으로 들어왔습니다"라고 썼다.

겠지요? 겨우내 나를 따뜻하게 지켜주었던 정든 베르크 성관을 5월까지 떠나야 하는 사정이 생겼습니다. 나는 다시금 아주 불안한 상황에 놓여 몹시 동요했습니다. 베르크 성관에서 열심히 몰두하려던 일이 거의 진척되지 않은 상태였기 때문입니다. 이리하여 겨울을 어떻게 보내야 할지 당황하고 초조해하는 사이에 여름이 갔습니다. 올해 겨울도 작년처럼, 나를 지켜줄 조용하고 고독한 환경을 만나게 해달라고 기도했지요. 그러나 (당신 말을 빌리자면) "온 세상이 불타고 있는데" 어찌 그런 환경을 찾겠습니까! 한때는 스위스를 떠날까 싶었습니다. 그랬더라면 정처 없는 삶이 끝끝내 제 운명이 되었을 겁니다. 스위스를 떠났더라면, "어디로 가느냐" 하는 물음이 유령처럼 따라와 나를 혼란에 빠뜨렸을 테니까요. 나는 그저 내 생애에서 가장 아쉽게 느껴질 이 이별을 만끽하려 발리스 지방을 여행했습니다. 스위스에서 가장 경치가 수려한 곳으로(제 느낌에는 거의 스위스라고 느껴지지 않았지만), 1년 전 처음으로 이곳을 발견하곤 한동안 잊고 있던 광활한 세계를 떠올렸습니다. 강렬하면서도 견줄 데 없이 우아한 이 지방의 풍경은 프로방스를 연상시켰고, 심지어는 스페인을 떠올리게까지 했습니다. 그런데 아주 이상한 우연 덕분에, 나는 이곳에서 벌써 몇백 년이나 아무도 살지 않은 성관 하나를 발견했습니다. 그때부터 이 튼튼하고 오래된 탑을 얻기 위한 기나긴 싸움이 시작되었고, 마침내 그 싸움은 (바로 얼마 전 일입니다만) 저의 승리로 끝났습니다. 아무튼, 지금 이렇게 그 성관에서 겨우내 틀어박혀 지내게 되었다는 뜻입니다. 하지만 뮈조트를 '길들이기'란 쉽지 않았습니다. 스위스에 사는 친구가 도와주지 않았더라면, 해결하기 어려운 문제들에 부딪혀 정복은 다시금 실패로 끝났을 겁니다. 보시다시피 내 거주지는 (물론 가정부가 한 명 있긴 하지만, 나는 혼자 지냅니다) 당신 집보다 크지 않습니다. 동봉한 조그만 사진은 지금의 뮈조트하고는 조금 느낌이 다릅니다. 이 사진은 1900년 이전에 찍은 게 분명합니다. 그때 집주인이 바뀌어서 이 낡은 성관을 완전히 수리했거든요. 하지만 다행히도 전체 모양이 크게 바뀌지 않았고, 무엇 하나 손상되지도 않았습니다. 점점 낡아 못 쓰게 되어가는 곳을 보수한 정도에 그친 거지요. 그리고 그때 작은 정원이 만들어졌습니다. 정취가 배인 정원이 건물 벽을 둘러싸고 있으며, 지금은 완전히 주위와 동화되었습니다. 내가 가장 놀랍고 기쁘게 생각한 것은 지방색이 잘 묻어난 납석 난로를 발견한 일입니다. 게다가 거기에는 1656년 제작이라는 글씨까지 새겨져 있답니다. 같은 시대에 만들어진 각재 천장, 세월이 느껴지는 훌륭한 책상과 궤짝과 의자도 발견했습니다. 모두 평판 높은 17세기 날짜가 새겨져 있습니다. 이것은(어렸을 때부터 사물이 세월을 견디며 한 시대에서 다른 시대로 전해 내려가는 모습을 마음에 깊이 새기며 소중하게 생각해온 나 같은 사람에게는) 어쨌거나 대단한 사건입니다. 그래도 아직 부족하다는 듯이, 여기에 이 근방의 광활한 론 계곡의 풍광이 더해집니다. 언덕이 있고, 산이 있고, 성이 있고, 예배당이 있고, 한 그루 한 그루가 적절한 위치에 느낌표처럼 서 있는 미루나무가 있고, 비단 리본처럼 부드럽게 물결치며 포도밭의 비탈을 가로지르는 길도 있지요. 어릴 적 풍경화를 볼 때면 먼저 세상의 광활함과 자유로움에 매혹되고, 그다음에는 세상으로 나가고 싶다는 욕망에 사로잡히곤 했습니다. 이 지방의 풍광은 바로 그런 풍경화를 연상케 합니다.

　당신이 이곳에 계신다면(지금 막 그런 생각이 떠올랐습니다) 당신 눈에 이 풍경들이 얼마나 멋지고 순수하게 비칠까요!

　이 말을 인사 대신 드립니다.

　　　　　　　　　　　　　　　　　　　　　라이너 마리아 릴케

여섯째 편지

스위스 시에르(발레 주) 뮈조트 성관
1922년 5월 19일

4월에 받은 당신의 편지는 정말이지 아름답고 당신 마음을 그대로 들려주는 것이었습니다. 그런데 편지 끄트머리에서 그 편지를 "우정으로" 받아달라고 쓰신 것을 보니, 편지는 내 마음에 직접 와 닿는 데에 비해 당신은 내 마음에서 한참 물러난 곳에 계신 것 같군요. 더 진실에 가깝게 표현하려면, "기쁘게" 받아달라고, 게다가 그 부분을 대문자로 쓰셨어야 합니다. 당신은 당신이 얼마나 좋은 소식을 알려주고 있는지, 얼마나 멋진 내용을 쓰고 있는지 충분히 알고 계십니까? 아마도 때로는 현실이라는 순수하고 딱딱한 금속에 부딪힐 겁니다. 하지만 당신이 그렇게 성실하고 확고하게 현실과 맞부딪힐 때, 여기 있는 나에게는 그 울림이, 그 종소리가 들립니다. 그리고 나는 그 소리가 공간 안에서 넓고 자유롭게 퍼져나가는 것을 경험하고 있습니다.

힘겨운 노동으로 가혹했던 당신의 겨울은 얼어붙은 기쁨과도 같았을 겁니다. 하지만 그것은 순수하고 힘찬 미래입니다. 이제는 녹아(그러기를 바랍니다) 물줄기가 되어 봄의 품으로 졸졸 흘러들어 갈 것입니다. 지금 당신의 정원과 내 정원은 인사를 나누고 있습니다. 내 정원에는 (물론 나는 배운 적도 없고 요령도 없어서 직접 손질하는 일은 거의 없지만) 백 송이가 넘는 장미를 옮겨 심었습니다. 내가 돕는 일이라고는 저녁마다 물을 주는 것 정도입니다. 그리 변화가 없는 일이지요. 고루 물을 주도록 마음 쓰는 것이 고작입니다. 하지만 뭐든 어떻게 하느냐가 중요한 법이지요. 조용히 물 주는 일이라도 정성껏 하다 보면, 한없이 받아들이는 풀과 꽃들 안에 조심스럽게 자신을 쏟아붓게 됩니다.

내가 놀라고 감동한 것은 지극히 괴로운 상황에서도 씩씩하게 자기 땅에 적응하는 당신의 강하고 유연한 힘입니다. 나는 정원 일에 재능도 없거니와 손에 익지도 않았습니다. 가끔은 나도 시도해보지만, 그만 조급증을 내고 말지요. 하지만 서두르거나 조급해하는 것만큼 원예 일과 모순되는 건 없습니다. 그런데 정신의 일에서 손의 일로 옮기면 얼마나 큰 기쁨과 신선함을 느끼는지요. 정신과 손 모두에 기술과 확실성과 경험과 솜씨, 한마디로 말해 능력이 있다면, 한쪽이 다른 한쪽에서 많은 것을 배워 탁월함을 이끌어낼 수 있습니다. 어쩌면 나는 이윽고 내면의 원예는 포기하고, 다른 한쪽만 구경하게 될지 모릅니다. 당신의 꽃과 편지(둘 다 같은 신념에서 싹틉니다)를 바라보듯, 더욱 깊이 지켜보게 되는 것이지요.

올겨울 나는 내면의 정원을 멋지게 가꾸었습니다. 깊게 갈아엎은 흙에 갑자기 건강을 되찾고 눈뜬 의식이 정신의 위대한 계절을 불러와, 오랫동안 잊고 있던 정신의 강렬한 빛줄기를 보내주었습니다. 내가 가장 아끼는 (1912년 장대한 고독 속에서 시작하여 1914년 이래 거의 중단했었던) 작품《두이노의 비가》를 다시 집필하게 되었고, 밤낮으로 힘을 쏟은 결과 드디어 완성하였습니다. 그와 더불어, 지류라고 불러도 좋을 간단한 작업이 거의 뜻밖에 잘 진행되었습니다. 50편이 넘는 소네트 시집으로《오르페우스에게 보내는 소네트》라고 이름 붙였으며, 요절한 한 소녀에게 바치는 묘비명으로서 쓴 것입니다. (그 가운데 7편을 당신을 위해 작은 수첩에 적어 동봉합니다) 더 많은 시를 발췌하거나 다른 주요 작품을 보여드린다면, 당신은 우리 둘의 겨우내 수확이 얼마나 닮았는지를 여러 군데서 발견하실 겁니다. 당신은 어떻게 순간순간에 충실할지, 내부 존재가 넘쳐흐르는지를 언급하셨습니다. (똑바로 바라본다면) 나중에 닥칠지 모를 모든 결핍과 손실을 미리 앞질러 거부해버리는 소유 방법에 관해서도 쓰셨지요. 그것은 긴긴 겨우내 일에 몰두하며 내가 경험한 것과 똑같습니다. 그 경험은 기존의 내 지식을 훨씬 뛰어넘는 강렬한 것으로, 내 안에 지울 수 없을 만큼 깊이 새겨졌습니다. 요컨대 뒷날 어떤 빈곤이 찾아오더라도 인생은 기준을 능가하는 풍요로움 덕분에 그 빈곤을 훨씬 압도합니다. 이 사실을 알면 어떤 것도 두렵지 않을 겁니다. 그저 이 사실을 잊어버릴지 모른다는 것이겠지요. 하지만 우리 안팎으로 이 사실을 상기시켜 줄 것들이 많이 있을 겁니다!

라이너 마리아 릴케

일곱째 편지

스위스 시에르(발레 주) 뮈조트 성관
1923년 2월 2일

　당신을 괴롭히는 것과 같은 불안과 이루 말할 수 없는 초조함이 나를 더욱 침묵케 합니다. 당신에게서 온 감동적인 지지난번 편지에 답장하려고 몇 번이나 시도했지만, 그때마다 더 적절한 때를 기다리려고 뒤로 미뤄왔습니다. 그 편지(커다란 네잎클로버가 들어 있던)를 받고 내가 얼마나 기뻤는가를 당신에게 똑똑히 알리고 싶었기 때문입니다. 하지만 지난 여름에는 온갖 불안이 끊이질 않았습니다(가을은 더 그랬지만). 그리고 지금은 오래된 성관에 홀로 틀어박힌 채, 멋졌던 작년 겨울과 되도록 비슷하게 올겨울을 나려하고 있습니다만, 여간 어려운 일이 아닙니다. 건강이 나빠진 탓도 있지만, 다시 나빠지기만 하는 주변 정세 때문에 무슨 일을 시작하건 (전쟁 중에 그랬듯이!) 여러 장애 요소가 집요하게 나를 좌절시키는 탓도 있습니다. 이런 상태를 표현하기에는 당신이 쓰셨던 문장 대부분을 그대로 빌려 써도 좋을 정도입니다. 이를테면 "낮에 내 마음에 떠오른 생각의 절반은 이미 내 것이 아니며, 밤은 열병과도 같은 환상으로 가득합니다"라는 구절 등……. 실은 나도 그와 조금도 다를 바 없는 상태입니다. 대체 무슨 일이 일어난 걸까요? 이런 현상 안에 있는 우리는 대체 누구일까요? 전쟁 때와 마찬가지로, 이 상황은 우리를 귀찮게 괴롭히면서도 실은 우리와 관계가 없습니다. 말하자면 남의 불행에 휘말린 꼴이지요. 당신도 단숨에 이런 상황을 뛰어넘을 수 있을 듯한 기분이 가끔 들지 않습니까? 여름 풀밭을 거닐 때 조용히 핀 꽃에 손을 대면 꽃이 향기로 답해주듯이, 마음속에 숨어 있던 위안이 억눌렸던 풍요 속에서 넘쳐흐르듯 금세 전해져오곤 하지요. 당신 편지도 그런 놀라움과 그런 순수한 마음의 향기로 가득한데, 그런 것들은 완전한 마음의 빈곤을 빠져나온 사람만이 아는 것이지요.

　뭐든지 내 방식대로 관찰하고 체험할 수밖에 없는 나 같은 사람이 보자면, 독일이라는 나라야말로 자신을 올바로 인식하지 못한 탓에 세계의 진보를 방해하는 장본인이라는 사실을 의심할 수 없습니다. 복잡한 내 핏줄과 오랜 세월에 걸친 훈련이 나로 하여금 그 사실을 꿰뚫어볼 거리를 유지하게끔 해주었습니다. 독일은 1918년 붕괴 당시 깊은 성의와 뉘우침으로 전 세계를 부끄럽게 하고 감동하게 할 수도 있었습니다. 그릇된 발전에서 비롯한 번영을 단호히 단념하여 그렇게 할 수 있었습니다. 한마디로 말하자면, 독일의 궁극적 본질이며 독일 존엄의 근본을 이루는 겸양을 기치로 내세움으로써 가능했을 겁니다. 처음부터 그 겸양을 토대로 행동했다면, 부득이 강요받은 겸양(굴복)을 방지할 수도 있었겠지요. 패전 당시 독일은 이상하게 편파성을 띠고 유유낙낙한 얼굴을 했지만, 일찍이 뒤러의 소묘 안에 구성 요소로 떠올랐던 겸양을 그 얼굴에 다시 새겼어야 했습니다―그렇게 되기를 나는 한참 동안 희망했습니다. 나 말고도 이렇게 느끼며, 독일이 올바른 길로 나아가기를 바라고 확신한 사람들이 있었을 겁니다. 하지만 그렇게 바로잡히지 않으리란 게 분명해지기 시작했고, 그 결과 대가를 치르게 되었습니다. 모든 것을 중용으로 바꾸어주는 중요한 요소가 빠졌던 겁니다. 독일은 가장 오래된 기초 위에 가장 순수하고 가장 뛰어난 중용을 재건하기를 게을리했습니다. 독일은 근본부터 다시 태어나지 않았고, 그 얼굴을 완전히 바꾸지 않았습니다. 가장 깊숙한 곳에 있는 겸양 정신에 뿌리내린 존엄을 만들어내지 않은 채, 그저 표면적이고 성급한 사상과 의심과 이해관계만으로 목숨을 연명하기에 급급했습니다. 가장 은밀한 성정에 따라 견디고 또 견디며 스스로 기적을 일으킬 준비를 하는 대신, 행동 하나로 곤경을 벗어나고자 아둥바둥했습니다. 자신을 개혁하는 대신 낡은 틀을 고집했습니다. 그기에 지금 이렇게 느껴지는 것입니다―무언가가 부족하다고. 버팀목이 되어 주었을 날짜가 빠진 것입니다. 사다리의 한 단이 빠진 것입니다. 그리하여 이루 말할 수 없는 걱정, 불안, "불현듯 격렬한 붕괴가 찾아올지 모른다는 예감"이 생겨납니다. ……그렇다면 어찌해야 좋을까요? 우리는 모두 아직 조용하고, 아직 믿음직한 작은 인생의 섬을 가지고 있습니다. 그러므로 우리는 저마다 자기 섬에서 해야 할 바를 다하고 자기 운명을 견디며 느껴야 합니다. 내 섬이 당신의 섬보다 안정되고 확실한 것은 아닙니다―당신이 소작인이라면 나는 손님입니다. 그건 그렇고, 토지 임대기간이 정말로 가을에 끝납니까? 꼬박 3년 동안 지주를 위해 일하고, 잠들었던 땅을 눈뜨게 하고 길러왔는데도? 지주의 생각을 되돌릴 여지는 없습니까? 지금 같은 시대에 그런 땅을 다시 발견하기가 얼마나 어려울지 나도 상상이 가질 않습니다. 아무래도 아르헨티나행은 친숙하고 어떤 형태로든 마음이 통하는 땅과 함께하고 싶다는 당신의 바람과 요구에 걸맞지 않은 것 같습니다. 게다가 이제는 옛날과 사정이 달라서, 남미도 용기와 힘을 주는 땅이 아닐 겁니다.

바이마르에서 지냈던 세월을 돌이켜보십시오. 얼마나 훌륭한 성과와 풍요로운 열매를 거두었습니까. 너무도 뚜렷한 수확이어서, 당신이 굳이 편지 세 번째 장 중간에서 밑줄을 그어가며 총계를 암시하지 않았더라도―불안에 떠는 행간에서조차―과수원에서 받침대 사이로 열매를 따듯이, 나는 몸에 좋고 맛도 좋은 열매를 발견했을 겁니다.

이렇게 생각하면 나는 당신이 행복하기를 앞으로도 변함없이 바라마지않을 수 없습니다. 나는 당신의 행복을 기원해왔고, 이제 당신은 행복을 누릴 마음의 준비가 되어 있으니까요.

R.M.R.

---

* 1923년 1월 30일 자 편지를 보면, 하이제는 생활이 다시 불안정해졌다. 1920년 여름 바이마르 지방으로 이사해 황량한 땅을 가꾸기를 3년, 드디어 안정을 찾나 싶은 찰나에 지주에게서 가을까지 떠나달라는 통고를 받자, 그녀와 함께 살던 연상의 친구가 아르헨티나행을 제안했다.

여덟째 편지

스위스 시에르(발레 주) 뮈조트 성관
1924년 1월 27일(일요일)

우리는 서로 상대방의 침묵을 걱정하며 지켜보고 있었던 셈이군요! 편지를 받고서 내가 가장 먼저 한 일은 뒷면을 보는 것이었습니다—그리고 주소가 그대로인 걸 확인한 순간 내 걱정이 기우였음을 깨달았습니다. 하지만 어쩐지 괜한 걱정이 아니었군요! 그렇습니다, 당신 편지는 사태가 당신에게 얼마나 어렵게 돌아가는지를 보여주었습니다. 당신이 설명한 정황을 나는 언뜻 이해할 수 없었습니다. 이해심이 모자라 그런 것은 아닙니다. 당신이 곤란에 빠진 것도, 지친 것도, 당신 마음속의 깊고 순수한 환멸도 나는 잘 이해합니다. 그토록 오랫동안 진실한 노력을 쏟아부었음에도 조금의 성과도 맛보지 못하는 데에 환멸을 느끼시는 거겠지요. 이루 말할 수 없을 정도로 나는 당신의 그러한 노력과 흙과의 성실한 분투가 보상받기에 마땅하다고 당신만큼이나 굳게 믿어왔습니다. 지금 다시 자문해보아도 나는 여전히 그 확신을 버리지 않습니다. 천천히 생각해볼 여유는 없는 겁니까? 당신은 허둥지둥 여러 계획을 세웠다고 쓰셨는데, 지나치게 많은 계획을 세운 건 아닌지요? 그렇게 멀리 떠나겠다는 원대한 계획보다 더 현실적인 묘안이 있지 않을까요? 당신 말투로 판단컨대, 당신은 큰 결심을 하기에 적합한 상태가 아닌 것 같습니다. 모든 수단을 생각하되 아직 마지막 결정은 내리지 마시라고 충고하고 싶습니다. 아무런 성과도 없었던 것처럼 처음부터 다시 시작해야 한다 쳐도, 어쨌든 당신은 한숨 돌리며 좀 쉬어야 합니다. 짧으나마 일상의 고단함을 모두 잊고 휴양해야 합니다. 그런 다음 새 땅에서 다시 시작하십시오. 하지만 꼭 신대륙에서 재출발할 필요는 없지 않습니까? 독일에 계속 머물 땅을 하나도 찾지 못하셨습니까? 그렇지만 상황이 그렇다고 당신이 단언하는 지금 이런 질문은 아무런 소용없겠지요. 다만 당신이 "허둥지둥"이라는 표현을 쓰신 이상, 친구로서 나는 이런 때일수록 서두르다가는 일을 그르치기 쉽다는 충고를 드리지 않을 수 없습니다. 그리고 "조용하고 믿을 만한 것"이 필요하다고 말씀하셨을 때, 친구로서 나는 진심으로 당신의 마음을 이해하지 않을 수 없었습니다…… 사람들 사이에서 그런 영향력이 미치지 않는 어딘가가 있을 겁니다. 더 혼란스럽지 않은 세계에서라면 내적 상태의 균형을 회복하기 위해 '운명의 손'이 작용할 테지만, 지금으로서는 그런 기미가 보이지 않음을 우리 모두가 거듭 느낍니다—'섭리'가 없는 겁니다. 어떤 일을 마쳤을 때 반드시 받아야 할 보상이 지금은 없습니다. '유희'가 없습니다. 우리가 마지못해 맞아들인 여러 가능성과 변화와 사명을 어느새 다른 것으로 바꾸어버리는 모든 관계의 훌륭하고 악의없는 유희가 지금은 없습니다. 운명이 가져다주는 조용한 대답도 없습니다. 어떤 진실한 물음이—우리가 때로 이 물음을 거의 의식하지 못하기도 했지만—우리 내부에서 자라자마자 운명이 던졌던 조용한 응답이 지금은 없습니다. 당연한 보수를 받지 못해 곤경에 빠진 사람을 나는 몇 명 압니다. 탐욕이나 절망 때문에 안정을 잃어버린 사람들만이 앞으로 걸음을 옮기며 앞길에 보수가 없다는 사실에 놀라지 않습니다. 그들 마음속에는 다시 돌아올 곳이 없기 때문입니다. 여기까지 생각하면, 당신과 함께 있는 기분입니다. 당신이 헤어 나와야 할 곤경을 이해하려고 노력합니다. 당신 마음속으로 들어가기도 어렵게 느껴지지 않습니다. 하지만 뾰족한 수가 없습니다! 당신이 부당한 일을 당했다는 것은 잘 압니다. 그렇지만 전쟁이 일어난 이래로 부당한 일은 구석구석으로 침투해왔습니다. 거기에서 몸을 보호하려면 마음속의 마지막 거점에 틀어박히는 수밖에 없습니다. 하지만 그 거점에서 당신이 몇 년 동안 애쓴 덕분에 웬만한 공격에는 꿈쩍도 하지 않는 강한 존재가 되었습니다. 지금 바로 수긍할 수는 없겠지만, 이를 의심해서는 안 됩니다. 피로와 환멸과 언제 끝날지 모르는 불안한 생활 때문에 당신은 올바로 처신할 능력을 잃기 쉽습니다. 모든 정든 것에서 떨어져버린 기분도 들겠지요. 상상해 보세요. 나는 당신에게 비가를 보내려다가 번번이 생각을 고쳤습니다. 다른 일로 머리가 복잡한 당신에게 그렇게 길고 난해한 시를 읽으라고 권할 때가 아니라고 판단했기 때문입니다. 나도 거듭 건강이 나빠져 만사가 여의치 않았고요. 얼마 전에도 몸이 좀 안 좋아져서 (여름에도 그랬지만) 의사에게 진찰받는 지경에 이르렀다가 일주일 전에야 겨우 해방되었답니다. 23년 동안 여러 나라 여러 환경에서 나는 몸이 아프면 늘 알아서 치료했습니다. 나와 내 몸은 전체적으로 매우 긴밀한 관계에 있어서, 오히려 의사는 우리가 이루는 통일체의 밀접한 조직으로 박혀 들어온 쐐기처럼 느껴집니다. 돕겠답시고 쳐들어온 침입자라고나 할까요! 그렇지만 운이 좋았는지, 금방 마음을 터놓고 친구처럼 이야기할 수 있는 조력자를 만났습니다. 우리는 되도록 의약을 쓰지 말고, 수십 년간 내게 호의를 보여주다가 지금은 명백히 새로운 균형을 향해 나아가는 과도기에 있는 자연에 가볍게 손을 빌려주자는 데에 의견이 일치했습니다. 나는 육체와 정신과 영혼 사이에 엄밀한 경계선을 그은 적이 없습니다. 저마다 서로 다른 것에 봉사하며 영향을 주고받아 왔지요. 세 가지 모두 내게는 훌륭하고 귀중한 것이었습니다. 그러기에 늙어서 툭하면 병에 걸리는 몸뚱이보다 정신이 우위에 있다는 이야기는 무척 새롭고 낯설었습니다. 그런 태도에 대한 혐오감과 무능력함 때문에 나는 남들보다 많은 육체적 불편함을 느끼게 되었습니다. 그 증거로 지금까지 내가 이뤄낸 모든 통찰이 나라는 인간을 구성하는 공동의 요소와 하나같이 활발하게 움직이고 조화를 이루던 시기에 태어났음을 들 수 있습니다.

이만하면 충분할 것 같군요. 이런 이야기는 별로 하고 싶지 않습니다. 몸이 아플 때는 주위에 누가 있는 것을 견디기 어려운 법이지요. 이런 때면, 아무도 모르는 곳으로 조용히 숨어들고 싶다는 동물적 소망이 내 모든 행동을 결정합니다. 그럼에도 오늘은 (예외로) 이렇게 긴 편지를 썼습니다. 간결한 암시만으로는 내가 기꺼이 당신 곁에 있고자 하는 감정을 제대로 전달하지 못할까 염려되었기 때문입니다.

아무튼 이 괴로운 나날 속에서 당신 가슴으로 밀려드는 생각과 소망과 두려움을 나를 위해 꼭 편지해주시기 바랍니다. 반드시 답장을 드리겠다고는 약속할 수 없지만요. (내가 집을 비우거나 일에서 손을 놓은 동안에 일거리와 편지가 산더미처럼 쌓이리란 것은 당신도 상상하실 수 있을 겁니다) 하지만 당신이 계속해서 편지를 보내주신다면, 당신 사정을 더욱 잘 이해하게 되겠지요. 그렇게 당신 상태를 이해하면 할수록 내 편지는, 어느 정도 간격을 두고 전달되기는 하겠지만, 점점 실질적이고 친밀하게 변해갈 겁니다.

R.M.R.

＊ 하이제는 지주에게서 나가라는 통고를 받고 더욱 궁지에 몰린다. 딱히 갈 곳이 없는 그녀는 영국인 친구가 사는 캐나다로 건너가는 것이 유일한 해결책이라고 생각하기에 이르렀다. 이러한 상황을 시인에게 보고하는 편지(1924년 1월 24일 자)는 이렇게 시작된다. "당장 당신 곁으로 갈 수 있다면 조금도 망설이지 않을 텐데, 헤어 나올 수 없는 덤불 같은 일상이 당신에게 향하는 길을 더욱 가로막습니다."

아홉째 편지

스위스 시에르(발레 주) 뮈조트 성관
1924년 2월 11일

지지난번 편지 뒤에 받은 이번 편지[1]는 작고 유쾌한 거울이 잔뜩 박혀 있는 듯, 그사이에 뜬 별을 모두 비추는 것처럼 보였기 때문에 나도 기적을 느끼지 않을 수 없었습니다. [2] 이 별들이 새로운 창공에 단단히 박힌 것처럼 보여서 나는 그 별들이 어떻게 운행할까, 더 높고 맑은 세계로 어떻게 올라갈까 하는 문제는 거의 생각도 하지 않을 정도입니다. 하지만 나는 날마다 당신을 생각합니다. 당신이 그 별들의 영향을 올바로 계속 받고, 새로운 창공에서 보내는 신호에 정확하게 따라가는 능력을 잃지 않았으면 좋겠다고요. 그리고 조금 다른 이야기이지만, 평소 한 운명의 형태를 받아들이고 완성된 미래의 뜻밖에 열린 형식 안으로 흘러들어 가려는 유동적인 마음가짐을 자각한다면, 그 마음이 너무 순종적이라고는 생각하지 마십시오. 이 순종이 지닌 극도의 가능성 뒤에, 마음에서 우러나오는 소심하면서도 대담한 복종의 '상수(常數)'가 있음을 당신은 점점 느끼시지는 않습니까?

한 형식을 충족시키려는 이 대담한 시도가 인생이 아니라면 대체 무엇이겠습니까? 하지만 이 형식도 언젠가 그 사람의 새 어깨에 부딪혀 안에서부터 깨지게 되고, 그는 새롭게 변신하며, 같은 세계로 초대하는 마법에 이끌려온 모든 존재와 친해집니다. 그처럼 소박하고 가치 있는 일을 한 뒤 겸허하게, 그러나 동시에 어떤 의미에서든 인정받고 싶다는 순수한 기대를 품고

---

[1] 캐나다로 건너갈 결심까지 했을 때 쓴 편지. 앞 편지 각주 참조.
[2] 사태는 뜻밖의 전개로 흘러갔다. 국영 주택에 들어갈 가능성도 보였고, 친절하게 상담에 응해주는 건축사와도 알게 되었으며, 이웃의 지주가 외국으로 나가면서 그 땅을 받을 가능성도 생긴 것이다.

서 계신 당신에게 허위가 말을 걸거나 접촉해올 리 없습니다—전 그런 생각이 듭니다. *3 당신을 부르는 목소리는 분명히 믿을 만합니다. 당신의 고상한 마음으로 들으셔도 좋습니다. 기뻐하셔도 좋습니다.

R.

---

*3 갑자기 나타난 여러 가능성을 다 믿어도 좋을지, 릴케는 조심스러운 태도이다.

릴케의 생애 문학 사상

릴케의 생애 문학 사상

I. 동서양을 뛰어넘은 피안으로

신의 탐구자 릴케

20세기에 독일에서는 뛰어난 시인이 많이 출현했다. 그중에서도 가장 세계적으로 널리 읽히는 것은 릴케의 시다.

왜일까? 릴케의 시가 갖는 세계적 의미란 대체 무엇일까? 수많은 국경을 넘어 세계 사람들의 마음에 스며드는 그 시의 힘은 어디에서 올까? 시인의 생애나 작품의 자취를 더듬기 전에 이 본질적인 문제를 조명해 보는 것은 릴케를 올바로 이해하는 데 빼놓을 수 없는 중요한 대목일 것이다.

릴케는 1875년에 태어나 1926년에 죽었다. 향년 쉰한 살이었으니, 현대인과 비교하자면 그리 오래 산 편은 아니었다.

릴케가 살았던 시대는 사회적 동요가 줄을 이었다. 19세기 후반에는 근대화의 물결이 유럽을 휩쓸었다. 도시는 급속도로 변모했다. 물동이로 물을 푸던 시대는 가고, 수도가 등장했다. 램프는 가스등이 되었다가 이윽고 전등으로 바뀌었다.

정신적인 면에서도 변화가 이어졌다. 그리스도교가 쇠퇴했다. 종교는 위선을 감추는 수단으로 격하되었다. 니체(1844~1900)의 "신은 죽었다"는 외침이 대변하는 이런 가치관의 전복은 유럽에 커다란 충격과 혼란을 몰고 왔다.

마르크스주의는 아직 사회적 실천력을 갖지 못하고, 자본가와 노동자는 격렬하게 대립했다. 급속도로 발전한 후진국 독일은 시장 획득을 위해 20세기에 들어서자 제1차 세계대전으로 돌진했다. 패전 후 사회 질서 회복은 쉽지 않았다. 이런 때에 미국에서 '대량 생산'이 도입되어 인간은 기계에 압도당하게 되었다.

이렇게 불안정한 시대에 살면서 시인 릴케는 인간 존재의 본질을 진지하게 규명해 나갔다. 그리고 그것을 시로 표현하는 것이 그의 문학 명제가 되었다.

인간에게 변하지 않는 근원적인 것을 추구하는 일 자체가 그에게는 인간 존재 본질에 대한 탐구였다. 인간 존재의 근원을 깊이 암시하는 상징적인 것을 다양한 시각에서 좇아가는 것이 그의 시였다. 그리고 그 탐구 대상을 그는 신이라고 불렀다. 이런 의미에서 그는 평생 신의 탐구자였다. 릴케의 이러한 시세계는 나이를 먹으면서 풍부한 변모를 거듭하여 만년의 두 시집 《두이노의 비가》와 《오르페우스에게 바치는 소네트》에서 궁극의 경지에 도달했다.

릴케 시의 출발점

아무리 위대한 시인이라도 습작 시절에는 평범한 작품을 남기는 예가 적지 않다. 릴케도 소년 시절에 모방적인 연애 시를 썼던 것을 몹시 부끄러워하며 생전 그 시들의 간행을 다시 허락하지 않았다. 그가 고유의 시풍을 확립하기 시작한 것은 여섯 번째 시집 《나의 축일에 *Mir zur Feier*》(1899)에서였다. 제목으로 보아도, 시인은 은근히 기대하는 바가 있었던 것 같다. 편집을 마친 뒤 존경하는 선배 슈테판 게오르게에게 보내는 편지에 "이번 시집을 최초의 진지하고 엄숙한 시집이라 여기고 쓸 생각입니다"(1899년 4월 7일)라고 썼다.

이 시집 곳곳에는 릴케의 시인으로서의 기본적인 정서가 담겨 있다. 릴케 만년의 시상은 얼핏 훨씬 복잡 난해해 보인다. 그러나 이 출발점에 있는 시적 정서를 곰곰이 음미해 본다면, 그 양자 사이에 매우 깊은 연관성이 숨어 있음을 저절로 깨닫게 될 것이다.

예를 들어, 이 시집에 들어 있는 다음 작품을 살펴보자.

> 내게 말해 줄 수 있는 이가 있을까,
> 내 목숨이 어디에 도달하는지를.
> 나는 폭풍우 속에서도 떠돌아다니며
> 연못을 거처로 삼는 물결이 아니던가.
> 또는 창백하고 아련하게 얼어붙은
> 초봄의 자작나무가 아니던가.

1898년 1월 11일, 당시 베를린 근교 빌메스도프에서 지은 시이다. 갓 스물두 살이 되었을 때로, 이 무렵부터 고유의 시풍이 확립되었다고 볼 수 있다.

이 시는 제목 없는 여섯 줄짜리 시에 불과하지만, 릴케의 본질을 훌륭하게 표현해 준다. 시인은 자연에 몸을 던져 자연과 하나가 되려고 한다. 시인은 자연에 몰입하여 삼라만상과 교감한다. 자연과 하나가 되어 사물과 하나가 되고자 하는 심경의 표현이다. 여기에 릴케 시의 출발점이 있다. 그의 주요 주제인

릴케(1875~1926)
헬무트 베스트호프가 1901년에 그린 릴케의 초상화.

신과 사물과 공간의 모든 개념, 즉 릴케 문학의 주요 주제는 모두 이 기본적인 시상에서 출발한다.

"내 목숨이 어디에 도달하는지는 아무도 모른다. 나는 연못에 사는 물결일지도 모르고, 초봄의 자작나무일지도 모른다……"라는 시인의 예감은 그의 인생에 그대로 스며들었다. 좁은 독일은 그를 속박할 수 없었다. 북으로는 러시아와 스웨덴, 남으로는 이탈리아, 에스파냐, 이집트에 이르기까지, 그는 평생 정처 없는 여행을 계속했다. 그의 본질 속에는 슬라브적 요소와 프랑스적 요소가 공존하고 있었다.

세상 사람들과의 교감

이러한 시적 발상은 서유럽에서는 매우 드물다. 그리스, 로마, 히브리 문화를 전통으로 하는 서유럽에서는 자연을 보는 눈이 늘 인간 중심적이다. 신은 자신의 모습과 비슷하게 인간을 만들고, 그 인간이 신이 만든 자연과 그곳에 사는 동식물들을 자유롭게 이용할 수 있게 허락했다. 말하자면 자연은 인간이 정복해야 할 대상인 것이다. 따라서 자연과의 합일을 통해서 신성을

느낀다는 발상은 이교적인 것이라 할 수 있었다.

릴케의 시가 비단 유럽뿐만 아니라 다른 문화권에서도 큰 호소력을 발휘할 수 있었던 것은 그의 신(神) 관념에 잠재되어 있는 이러한 이교적 요소에 기인한 바 크다.

'세계문학'이라는 개념과 용어를 처음 사용한 사람은 괴테이다. 그는 외국문학을 창조적으로 수용하지 않는 자국문학은 쇠퇴할 수밖에 없다고 주장했다. 그의 견해에 따르면, 어느 나라에나 그 나라 고유의 삶과 문학이 있으며, 이런 고유성이 곧 보편성으로 통하므로 폭넓게 다른 나라 문학을 배워야 한다는 것이다.

이러한 괴테의 세계문학 이념은 오늘날에는 거의 상식처럼 여겨지지만, 19세기 초엽에는 결코 널리 이해받지 못했다. 당시 유럽인은 자신들이 세계를 이끈다는 자부심이 강했다. 그리스·로마 문화에는 깊은 경의를 표했지만, 서유럽 문학 이외의 문학에 대한 관심은 전무했다. 따라서 괴테가 중세 페르시아 시를 읽고 1819년에 《서동시집》을 출간했을 때도 여론은 이교도 문학이 유럽인을 가르칠 수 있을 리 없다며 매우 냉담했다. 그러나 시간이 흐르면서 《서동시집》이 독일 서정시에 풍부한 열매를 맺게 해 주었음을 사람들도 똑똑히 깨닫게 되었다. 독일의 시 세계가 그만큼 넓어진 것이다. 이 시집은 오늘날에도 전세계에 큰 감동을 주고 있다. 괴테의 시가 여전히 널리 읽히는 가장 큰 이유는 그의 시가 틀에 박힌 서유럽적 세계에서 벗어나 이교적 공간까지 초연히 바라보기 때문이다.

중국인의 정교한 붓처럼

세계문학 이념의 측면에서 릴케의 시를 생각해 보면 어떨까? 그의 시에는 그리스·로마 문화 외에 이교적 요소가 섞여 있어, 그로부터 기존 유럽에서는 볼 수 없었던 것이 태어난다. 그것이 다른 나라 독자에게도 신선한 매력을 준다.

릴케는 19세기 말엽 스물세 살 때 볼프스베데라는 화가 마을을 방문했다. 독일 북부의 광활한 평원 지대로, 거기에는 젊은 화가 몇몇이 자연 속에 살며 그 신비로움과 깊이를 그리고 있었다. 릴케는 그 당시 인상을 서술한 《볼프스베데 Worpswede》(1903)라는 화가론을 썼다. 그는 거기서 다음과 같이 말했다.

"자연은 하늘의 뜻을 담고 있다. 결코 우연이 아니다. 낙엽 한 잎조차 우주의 가장 큰 법칙에 따라 떨어진다."

자연에 숨은 신비로운 힘을 느끼게 해 주는 이 말에서도 릴케의 시인으로서의 기본 정서를 엿볼 수 있다.

평생 자신의 신을 찾으며 릴케가 도달한 곳은 《오르페우스에게 바치는 소네트 Die Sonette an Orpheus》의 세계였다. 제1부 제3편 마지막 연에 다음과 같은 시구가 있다.

드높게 외쳤던 사랑은 잊어라.
그것은 공허하게 사라지리니.
진실한 노래는 다른 차원의 숨결이다.
무(無)를 둘러싼 숨결, 신(神) 안의 흔들림, 한 줄기 바람.

'무를 둘러싼 숨결', '신 안의 흔들림', '한 줄기 바람'. 이 세계야말로 릴케가 그 인식의 북극에서 응시한 신의 모습이다.

릴케로부터 《오르페우스에게 바치는 소네트》를 선물받은 호프만스탈(1874~1929)은 감사편지에서 릴케 시에 대한 시인다운 뛰어난 관찰을 보여주고 있다.

"거의 표현하기 어려운 영역에 다시금 표현의 세계를 펼쳤다는 것이 이 시들의 놀라운 점이라고 생각합니다. 중국인의 놀랍고 정교한 붓처럼 미묘한 사상을 훌륭하게 묘사해낸 그 아름다움과 확실함에 나는 몇 번이나 감탄했습니다. 예지와 운율의 미가 혼연일체가 되어 있습니다."(1923년 5월 25일)

릴케의 공간적인 표현 방식을 중국의 묵필에 비유한 것은 호프만스탈의 탁견이라 해야 할 것이다.

세 천재 시인

19세기 말부터 20세기 초에 걸쳐 활동한 세 천재 시인, 게오르게, 호프만스탈, 릴케는 독일 서정시를 세계적 수준으로 끌어올렸다는 평가를 받는다.

슈테판 게오르게(1868~1933)는 호프만스탈보다 여섯 살 많고, 릴케는 호프만스탈보다 한 살 어리다. 그러나 시단에서 세 사람이 차지하는 위치에는 크나큰 차이가 있다.

게오르게는 우뚝 솟은 거탑처럼 시단을 내려다보는 존재였다. 그에게는 카리스마적 자질과 풍모가 있었으며, 그 고답적 시풍은 한 세대를 풍미하는 면이 있었다. 단순한 시인이라기보다는 예언자·예지자로서 높은 국민적 존경을 받았다. 스스로 스승을 자처하며, 주위에 몰려드는 시인들을 제자라고 불렀다. 그야말로 시단에 군림하는 왕자였다. 이러한 모습은 서구에서는 매우 보기 드문 것이었다.

호프만스탈은 게오르게보다 여섯 살이나 어렸지만, 조숙한 천재였던 그는 처음부터 게오르게와 대등한 독립적 시인이라는 자부심을 지니고 있었다. 그는 게오르게나 릴케처럼 많은 시를 짓지 않았으며 일찌감치 극작으로 전향했다. 따라서 대표 시는 거의 10대 때 지은 것이다. 그럼에도 시인으로서 게오르게나 릴케와 어깨를 나란히 하는 데는 이유가 있다. 감성과 지성, 또 형상과 관념이 풍부하게 조응하는 단정한 시풍은 독자에게 신선한 정취를 주었다. 여유롭고 상쾌한 리듬에서는 기존 독일 시에서는 볼 수 없는 로마네스크 세계가 엿보였다. 그는 곧 '젊은 빈 파'의 대표 작가가 되었으며, 와일드 (1854~1900), 마테를링크(1862~1949)와 같이 유럽 문단의 별이 되었다.

호프만스탈보다 한 살 아래인 릴케도 어려서부터 시를 썼지만, 시단에서 그의 지위는 두 사람과 천양지차였다. 호프만스탈의 시는 그리 많지 않으므로 릴케와 비교하는 것은 무의미할지도 모른다. 그러나 평생 서정 시인으로서 추앙받은 게오르게와 릴케에 대한 평가가 어떻게 변모했나 비교하는 것은 릴케의 시가 왜 오늘날 전세계에 널리 읽히게 되었는지 그 의문을 푸는 데 하나의 해답이 될 것이다.

릴케와 게오르게

1897년 12월 초 갓 스물두 살이 된 릴케는 게오르게의 낭독회에 초대되어 참석한 뒤 그 감동을 게오르게에게 이렇게 써서 보냈다.

'회원들이 선정하는 《예술초지》의 한정된 독자가 된 것은 제가 바라마지 않던 특권입니다.' 그야말로 스승에 대한 예의바른 태도이다.

게오르게는 평생 릴케의 스승이자 선배격으로 존재했다. 그리고 게오르게를 추앙하는 사람들에게서 릴케는 오랫동안 무시당했다. 릴케 문학이 그를 아는 몇몇 사람의 범위를 넘어 넓은 비평계에 등장하게 된 것은 1930년대에 들어서부터이다. 즉, 릴케가 죽고 난 뒤이다.

게오르게의 시세계가 예술지상주의에서 종교적 세계관으로, 더 나아가 민족주의로 성숙해 가는 동안, 릴케는 차근차근 자신의 신을 탐구해 갔다. 그들은 다른 두 봉우리처럼 저절로 나뉘어 우뚝 서게 되었다. 게오르게가 릴케에게 미친 영향은 거의 없었다. 이는 알프레토 셰어(1874~1953)에게 보낸 편지(1924년 2월 26일)와 헤르만 퐁구스(1889~1979)에게 보낸 편지(1924년 8월 17일)에 토로한 만년의 릴케의 고백에서도 확인할 수 있다.

릴케가 게오르게와 동격으로 평가받게 된 것은 죽은 뒤 1930년대에 들어서인데, 제2차 세계대전을 겪은 오늘날에 그들에 대한 시적 평가는 크게 역전했다. 그 이유는 어디에 있을까?

게오르게는 예술지상주의를 표방함으로써, 산업발전과 더불어 갈수록 외면적 행복과 아름다움만을 좇던 당시의 경박한 사회풍조에 통렬하게 도전했다. 수많은 시인과 학자들이 그에게 호응했다. 인간의 존엄과 품위를 현대에 부활시키고자 하는 시인의 의지가 뜻있는 사람들의 공감을 불러일으켰던 것이다.

그러나 게오르게의 시가 지향하는 것은 다분히 천주교, 남유럽, 백인 중심의 자존적, 고답적 세계였다. 그에 비해 릴케의 시는 보다 근원적이고 풍요로운 시각에서 인간 보편의 진실을 추구했다. 이것이야말로 오늘날 릴케 시가 게오르게 시보다 훨씬 많은 사람들의 마음에 호소력 있게 다가가는 이유일 것이다.

Ⅱ. 젊은 날의 릴케

릴케의 고향

고도 프라하

라이너 마리아 릴케(Rainer Maria Rilke)는 1875년 12월 4일 프라하에서 태어났다. 오늘날 체코의 수도이다. 당시 체코와 슬로바키아는 오스트리아—헝가리 제국령이었다.

프라하는 유서깊은 도시이다. 보헤미아 평원에 흐르는 몰다우 강을 끼고 천 년을 넘는 오랜 역사를 자랑한다. 젊은 시절 릴케는 그 인상을 이렇게 노래했다.

낡은 집안, 커다란 원을 그리며
눈앞에 프라하가 펼쳐진다.
훨씬 아래쪽을, 소리도 없이 조용한 발걸음을 옮기며
황혼의 '시간'이 지나간다.

벌써 멀리 곳곳에 등불이 깜빡이기 시작한다.
복잡하고 소란스러운 거리에서
'아멘' 소리가 들려오는 듯하다.

그러나 릴케가 결혼했을 무렵에는 그런 풍경도 사라지고 말았다. 1907년 가을 프라하로 여행을 떠난 그는 아내에게 이렇게 편지를 썼다.

"지금은 옛 정취가 완전히 사라졌소. 마을은 오랫동안 폭력을 휘두르다가 제풀에 꺾인 남자처럼 내 앞에서 황송한 듯이 부끄러운 기색으로 스스로를 낮추고 있소…… 내 소년 시절과 함께 이 마을도 사라져 버린 건지도 모르오."

경제적 근대화가 한창인 도시 풍경이 시인의 눈에는 삭막하게 비쳤으리라. 릴케는 프라하를 좋아하지 않았지만 보헤미아의 자연과 풍물은 깊이 사랑했다. 시인은 보헤미아 민요를 떠올리며 이렇게 노래하기도 했다.

나를 뒤흔드는
보헤미아 민요의 곡조.
그 곡조가 은밀히 다가오면
나는 눈물이 솟구친다.

감자를 캐면서

어린아이가 조용히 그것을 부르면
밤의 무서운 꿈속에도
그 곡조는 울려 퍼진다.

나라를 넘어
멀리 여행했을 때도
몇 해가 지난 뒤에도
언제나 언제나 생각난다.

릴케의 부모

릴케의 집은 유서 깊은 귀족 집안으로, 슬라브의 피가 섞여 있다는 것이 일반적인 믿음이었다. 시인도 조상에 지대한 관심이 있었다. 소년 시절부터 여러모로 계보를 그려 볼 정도였다. 그러나 시인이 죽은 뒤 1932년에 요제프 플라이슈만이 릴케의 조상이 순수한 독일 농민 출신이라는 자료를 발견했다. 이 사실을 알 리 없었던 릴케는 묘비명에 쾰튼의 명문 릴케 가문의 문장을 새기라는 유서를 남겼다.

시인의 아버지 요제프 릴케(1838~1906)는 군인이었다. 1859년에는 이탈리아 전쟁에 출정해 무공을 세웠다. 그러나 병 때문에 이른 나이에 퇴역하고, 프라하 철도회사에서 근무하게 되었다. 얼핏 보기에 갑갑할 정도로 꼼꼼한 사람이었으나, 사려 깊고 순진무구한 성품이었다. 릴케는 아버지를 진심으로 사랑했다.

1873년 5월, 요제프는 추밀고문관 칼 엔츠의 딸 소피 엔츠(1851~1931)와 결혼했다. 결혼한 지 얼마 안 되어 여자아이가 태어났으나 안타깝게도 곧 죽고 말았다. 이어 외아들 릴케가 태어났다. 릴케는 유년 시절의 기억을 뒷날 엘렌 케이 여사에게 다음과 같이 말했다.

"내가 태어났을 때 이미 부모님의 결혼생활은 삐걱대고 있었습니다. 결국 내가 아홉 살 때 어머니는 아버지를 떠났습니다. 어머니는 인생에서 꿈같은 것을 찾아 헤매셨습니다. 사실 지금도 그렇게 살고 계시죠. 어린 시절 기억은 분명하지 않지만, 학교에 갈 나이가 되기 전까지 계집아이 옷을 입었던 건 기억납니다. 어머니는 나를 마치 아이들이 가지고 노는 커다란 인형처럼 대하셨지요. 어머니는 사람들이 당신을 아가씨라고 부르는 걸 좋아하셨습니다. 사람들의 눈에 당신이 젊고 불행한 여인으로 비치기를 바라셨죠. 사실 어머니는 불행했습니다. 우리 모두 불행했지요."(1903년 4월 3일)

고뇌의 나날

릴케는 1886년 9월 아버지의 오랜 방침대로 장크트 푈텐의 육군유년학교에 입학했다. 당시 릴케는 열 살이었다. 온실 속의 화초처럼 자란 릴케는 개구쟁이 소년들 틈에 던져져 어쩔 줄을 몰랐다. 허약한 체질인 데다 시적 상상력이 풍부한 그에게는 하루하루가 고난의 연속이었다. 성실한 그는 모두에게 경멸당하면서도 4년간 견딘 끝에 유년학교를 졸업하고, 1890년 9월 바이스키르헨에 있는 사관학교로 진학했다.

그러나 결국 인내의 한계가 찾아왔다. 1891년 6월, 릴케는 아버지의 허락을 얻어 병을 핑계로 사관학교를 중퇴했다.

사관학교를 중퇴한 릴케는 잠시 프라하에 머물렀지만, 이윽고 도나우 강변 린츠에 있는 상과대학에 입학했다. 그러나 상업학교도 군대처럼 그의 성격과는 맞지 않았고, 그는 이번에도 1년도 안 되어 자퇴하고 말았다. 군무소에 다니는 장래 모습이 그려져 견딜 수 없었기 때문이다.

이처럼 학업과 관련하여 속을 썩이기는 했지만, 릴케의 가족과 친척들은 여전히 그를 아끼고 사랑했다. 특히 귀족 칭호를 가진 큰아버지 야로슬라프는 뒷날 그가 김나지움과 대학에 진학할 때 편의를 봐 주고 자금을 대주기도 했다.

릴케는 특별 개인 청강생 자격으로 프라하─노예슈타트 김나지움에 입학했다. 그리고 부지런히 공부한 끝에 김나지움 전 과정을 3년 만에 마쳤다. 김나지움을 다니기에는 많이 늦은 나이였던 열일곱 살의 릴케는 큰아버지의 호의로 개인교수를 받을 수 있었다. 덕분에 6년 과정의 초급 라틴어를 1년 만에 마친 릴케는 1895년 졸업시험을 빼어난 성적으로 통과했다.

그러나 은인인 큰아버지는 릴케의 졸업을 보지 못하고 세상을 떠났다. 큰아버지의 죽음은 그에게 큰 충격을 주었다. 릴케는 김나지움을 졸업한 해 가을에 프라하 대학에 입학하여 문학부에서 철학과 독일 문학사, 미술사 강의를 들었다. 이듬해 여름학기에는 법학부로 옮겼다가 9월에는 뮌헨 대학으로 옮겨갔다. 그러나 이미 김나지움 시절부터 문학, 특히 시작(詩作)에 관심을 갖기 시작한 릴케에게 대학 강의는 그다지 큰 의미를 갖지 못했다.

초기 시작 활동

김나지움 재학 시절 릴케는 '발리'라는 이름의 한 살 연상의 여인과 사랑에 빠졌다. 오스트리아 포병 장교의 딸로 릴케의 외가와 친분이 있었다. 두 사람의 교제는 1893년부터 95년에 걸쳐 3년 동안 이어졌다.

발리는 개성이 강한 여성이었다. 나폴레옹 1세 시절에 유행한 붉은 옷을 걸치고, 양치기들이 쓰는 끝이 구부러진 흰 지팡이를 들고 다녔다. 그녀는 예술가로서 화병에 그림을 그리고 소설을 썼다. 릴케는 그녀에게 부지런히 편지를 쓰며 수많은 사랑의 시를 바쳤다. 1894년에 간행된 릴케의 첫 시집 《생명과 노래 Leben und Lieder》는 이렇게 탄생했다.

다음은 릴케가 발리에게 바친 어느 시의 한 구절이다.

그대는 맑은 눈
하얀 치아—
붉은 입술, 고수머리
작고 귀여운 손
은방울 같은 웃음소리—
그대는 하늘을 날며 승리를 노래하는 사람!
아무리 길게 칭송하여도
한없이 부족하리.
악마처럼 어여쁜 그대
그런 그대를 무어라 불러야 좋으랴.
그런 선택이 내게 허락되어 있으랴.
이상적인 모습!

유치하고 낯간지러운 내용이다. 릴케는 이런 시를 백 편도 넘게 썼다. 후년에 그는 이 시집을 부끄럽게 여겨, 생전에 재출판을 절대로 허락하지 않았다. 어떤 위대한 시인이라도 처음에는 남의 흉내를 낸 습작에서 시작하는 법이다. 괴테도 소년 시절에 이런 시를 많이 썼다.

대학 시절 릴케는 매달 잡지에 작품을 발표했다. 〈황혼〉이라는 시로 입선하여 상금을 받기도 했다. 1896년 뮌헨으로 옮기고 난 뒤로는 어느 정도 문단에서 이름이 알려지기 시작했다. 그해에 릴케에 관한 평론이 아홉 편이나 쏟아졌을 정도였다.

1895년 12월, 프라하 도미니크스 서점에서 시집 《가신(家神)에게 바치는 제물 Larenopfer》을 간행했다. 초기 시 90편이 수록되었다. 책 제목은 시집 내용이 고향의 풍물을 노래한 데서 유래한 것이다. 앞서 인용한 보헤미아 민요에 대한 시도 이 시집에 들어 있다.

뮌헨 체재 시절

뮌헨으로 이사하고부터 릴케는 뮌헨 문단과 활발하게 교류하며 많은 자극을 받았다. 뮌헨은 독일 남부 문학의 중심지로서, 특히 19세기 중반부터 70년대까지 문예활동이 왕성했다. 이곳에서 릴케는 야코프 바서만(1873~1934)의 소개로 투르게네프의 문학을 접하고 러시아 문학에 눈을 뜨게 되었다. 또한 그의 삶과 예술에 커다란 영향을 끼친 루 안드레아스 살로메(1861~1937)를 알게 된 것도 이 시기 뮌헨에서였다.

1897년 릴케는 라이프치히에 있는 프리젠한 서점에서 시집 《꿈의 왕관을 쓰고 Traumgekrönt》를 출간했다. 본문 64쪽짜리 소책자이지만, 시인 릴케의 발자취를 나름대로 엿볼 수 있다. 그 가운데 한 편을 보자.

> 널리 세상을 떠도는 이여
> 평온한 마음으로 떠돌아라…….
> 인간의 고뇌를 그대만큼
> 아는 이는 없으리니…….
>
> 눈부신 빛을 가지고
> 그대가 그 걸음을 시작할 때
> 슬픔은 흔들리는 눈동자를 열고
> 그대를 우러러본다.

이 유랑의 노래는 아직 유치함을 완전히 벗지는 못했으나, 영원한 떠돌이였던 릴케 자신의 시임을 생각하면 고개가 끄덕여지는 면이 있다. 그는 《말테의 수기》에서 "나는 외톨이고, 아무것도 갖고 있지 않다. 여행 가방 한 개와 서궤 하나만 들고서 세계를 떠돌아다닌다"고 썼는데, 이는 바로 릴케 자신의 모습이다. "평온한 마음으로 떠돌아라……"라는 시인의 말이 우리 가슴에 스며드는 것도 그의 성품을 생각해 볼 때 그것이 당시 그의 간절한 부르짖음임을 이해할 수 있기 때문이다.

뮌헨 체재 시절 릴케는 독일 시단의 장로 릴리엔크론과 데멜(1863~1920)에게 깊은 경의를 표하며 그들과 가까이 지내려 애썼고, 덴마크의 위대한 시인 야콥센에게 큰 영향을 받았다. 또한, 게오르게에게는 미숙한 초기 다작에 대해 훈계받았다. 이렇게 그는 한 걸음씩 고유의 길을 묵묵히 걷는 시인으로 성장해 갔다.

최초의 책 《나의 축일에》

1899년 4월 7일, 릴케는 슈테판 게오르게에게 보내는 편지에 "내년에 출판할 시집을 한 권 준비 중입니다. 기존 작품은 없던 것으로 치고, 이번 시집을 최초의 진지하고 엄숙한 시집이라 여기고 쓸 생각입니다. 꼼꼼히 편집했습니다"라고 썼다. 《나의 축일에 *Mir zur Feier*》라는 제목을 직접 붙인 것만 봐도 그 의미를 충분히 짐작할 수 있다. 그는 엘렌 케이에게 이 시집을 "본디 의미에서 내 첫 번째 책"이라고 썼다. 시집은 1899년 말에 베를린 게오르크 하인리히 마이어 서점에서 간행되었다. 발행 부수는 800부. 본문 119쪽짜리 시집이었다. 1909년에 재판되었지만, 그때는 제목이 《구(舊)시집 *Die Frühen Gedichte*》으로 바뀌었으며, 내용도 많이 개정되었다. 오늘날 시중에 돌아다니는 것은 모두 이 《구시집》이다.

그 가운데 한 편을 읽어보자.

동경이란 일렁이는 물결을 거처로 삼고,
'시간' 속에 고향을 갖지 않는 것.
소망이란 날마다 '시간'의
'영원함'과 나누는 은밀한 대화.

삶이란 어제부터
극심한 고독에 빠진 '시간'이 떠올라
다른 '자매'와 다른 미소를 띠면서
'영원함'을 조용히 맞이하는 것.

……곁을 스쳐 지나가는 모든 운율 속으로
와들와들 떨면서 내 몸을 나는 맡긴다.

깊고 깊은 내 생명의 밑바닥이여
듣기만 하고 침묵하라.
흔들리는 자작나무보다도 빨리
바람의 목소리를 들으려면.

한 번 침묵의 말을 들으면
네 마음을 내던져라.
어떤 미풍에도 네 몸을 내맡겨라.
너를 사랑하는 바람이 흔들어 주리니.

프라하의 추억 《두 편의 프라하 이야기》

시집 《나의 축일에》 출간 이후 러시아 여행을 앞두고서 릴케는 1899년 4월 소설 《두 편의 프라하 이야기》를 출간했다. 〈보흐쉬 왕(König Bohusch)〉과 〈남매(Die Geschwister)〉라는 두 편의 단편으로 구성된 이 소설집은 민족주의 운동이 싹트기 시작한 당시 프라하의 분위기를 그려내고 있다.

문학사가로 유명한 오스카 발제르(1864~1944)는 "이 소설은 체코인의 정신에 깊이 침투한 작품으로, 초기 서정시보다 특이하고 근원적인 힘을 지닌다"고 평했다. 체코에도 문인은 있었지만, 그들은 파리 문단의 풍조를 좇기만 할 뿐 누구 하나 체코의 모습을 노래하지 않았다. 릴케는 〈가신에게 바치는 제물〉에서 체코인이 사랑하는 플란틴 언덕과 몰다우 강과 풍요로운 역사가 깃든 오래된 성당과 같은 프라하의 다양한 풍물을 노래했다. 체코인들도 릴케를 고향이 낳은 시인으로 추앙했다.

1899년 2월, 베를린 근교 임시 거처에서 릴케는 이 소설집에 다음과 같은 머리말을 썼다.

"이 책은 순수하게 과거의 책입니다. 고향과 소년 시절―둘 다 벌써 아득한 옛날 일입니다―이 이 책의 배경입니다. 지금이라면 이런 식으로 쓰지 않았을 것입니다. 아니, 처음부터 이런 소설은 쓰지 않았을 것입니다. 그러나 당시에는 이 소설을 쓸 수밖에 없었습니다. 이 소설은 거의 잊었던 그리운 추억을 회상하게 해 주었습니다. 과거 중에서 우리가 소유할 수 있는 것은 우리가 그립게 생각하는 것뿐이니까."

말하자면 이 작품은 프라하에 대한 추억의 기념탑이자 결별사였다.

러시아 여행과 시짓기의 토대

루 살로메

릴케의 러시아 여행은 그의 생애에 획기적인 의의가 있다. 러시아 여행을 체험하고 나서야 그는 독일 문학사에서 특이한 존재로 인정받는 시인이 되었다.

릴케가 러시아 여행을 마음먹은 것은 뮌헨에서 알게 된 루 살로메의 감화와 종용 때문이었다. 만년에 헤르만 퐁구스의 질문에 대답한 편지에서 그는 이렇게 말했다. "천성에 러시아를 품은 어떤 새로운 인물을 통해, 러시아로 여행을 떠나기 2년 전에 저는 러시아의 영향을 더욱 많이 받게 되었습니다. 그리고 그럼으로써, 당신도 올바로 인식하셨듯이, 본연의 제 모습으로 전향하는 준비가 갖추어졌습니다." 천성에 러시아를 품은 인물이란 두말할 것 없이 살로메 여사였다.

릴케는 러시아를 두 번 여행했다. 첫 번째는 1899년 4월 하순부터 6월 중순에 걸쳐서이고, 두 번째는 이듬해인 1900년 5월 7일부터 8월 24일에 걸쳐서였다. 첫 번째 여행에는 루 부부가 동행했고, 두 번째에는 루만 동행했다.

그를 러시아로 안내한 루 살로메는 어떤 여성이었을까? 릴케 생애에 지대한 영향을 끼친 그녀는 독일·프랑스계 피를 물려받은 러시아 장군의 딸로서 1861년에 페테르부르크에서 태어났다. 이 러시아 아가씨는 키 크고 날씬한 미인이었다. 잿빛 도는 금발, 맑고 푸른 눈, 오뚝한 코, 다부진 입매. 친구들은 그녀가 방에 들어오면 태양이 떠오르는 것 같다고 말했다고 한다. 성품도 완전무결하여, 적당히 타협하는 법이 없었다. 니체는 그녀에게 차인 뒤 "그녀는 독수리처럼 날카롭고, 사자처럼 날쌔다. 결국은 귀여운 소녀이지만" 하고 한탄했다. 이 스캔들은 즉시 온 유럽을 들썩이게 했다.

그녀는 스물여섯 살 때 동양학자 칼 안드레아스(1846~1930)와 결혼했다. 릴케와 함께 러시아를 여행한 1899년 봄에 그녀는 이미 유럽의 저명한 여류작가였다.

톨스토이 방문

모스크바에 도착하고 얼마 안 있어 릴케는 루 부부와 함께 톨스토이를 방문했다. 세 사람은 차 마시는 시간에 초대되었다. 당시 톨스토이는 일흔한 살이었다. 그는 국가와 교회의 권위를 부정하고, 오로지 원시 그리스도교의 가르침 속에서 구원을 찾고자 했다. 그는 국가로부터 책의 발행을 금지당했으며, 교회로부터도 파문당할 위기에 있었다. 그러나 귀족으로 사는 생활을 아직 청산하지 않았던 그는 자신의 주장과 삶 사이의 모순을 공격받았으며, 그 자신도 그것 때문에 고민했다. 모든 사유재산을 내던지려는 그의 생각 때문에 가족들과도 불화가 끊이지 않았다. 1897년에는 《예술이란 무엇인가》라는 제목의 논문을 발표하여 예술과도 절연했다. 릴케는 톨스토이의 주장에 다 찬성하지는 않았지만, 그의 인간으로서의 위대함과 아름다움에 강하게 이끌렸다. 그는 톨스토이에게서 '영원한 러시아인'을 느꼈다.

부활제가 열리던 때였지만, 톨스토이는 미신적이고 국가적인 행사에 가까운 부활제를 절대로 축하해서는 안 된다고 세 손님에게 충고했다. 그러나 러시아 평원의 오랜 수도에서 열리는 부활제는 릴케에게 예술혼을 일깨우는 힘으로 느껴졌다. "그 감명은 평생 잊지 못할 것입니다. 그 모스크바의 밤에 내 사명이 스멀스멀 고개를 쳐들고 내 핏속으로, 내 심장 속으로까지 스며든 것은 정말 신기한 일입니다." 릴케는 후년(1904년 3월 31일)에 루에게 이렇게 썼다.

창작의욕을 불태웠던 시기

러시아에서 여러 뛰어난 시인
및 예술가와 친밀한 교류를 나눈
뒤 릴케는 9월 중순에 베를린 교
외 슈마르겐도르프에 있는 임시
거처로 돌아왔다. 9월 20일, 가
을비가 개고 오랜만에 저녁 해가
슈마르겐도르프의 숲을 비추었을
때, 지팡이를 짚고 산책을 하던
릴케의 입술에서 이런 시구가 흘
러나왔다.

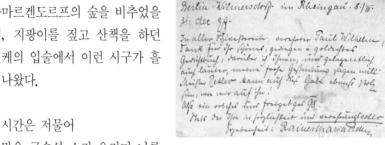

릴케가 루 안드레아스 살로메에게 보낸 엽서

시간은 저물어
맑은 금속성 소리 울리며 나를
만지고,
나의 감각기관들은 전율한다. 나는 느낀다, 나는 할 수 있음을.
그리하여 조소(彫塑)의 하루를 움켜쥔다.

Da neigt sich die Stunde und rührt mich an
mit klarem, metallenem Schlag:
mir zittern die Sinne. Ich fühle : ich kann-
und ich fasse den plastischen Tag.

기존 독일 서정시에서 볼 수 없었던 독창적인 운율이었다. 이 일련의 '기
도' 시는 이날부터 10월 14일까지 3주에 걸쳐 한 편의 시집으로 완성되었다.
이것이 뒷날 《시간시집 Das Stunden-Buch》 제1권 〈수도원 생활 Das Buch
vom mönchischen Leben〉〉이 되었다.

그 해 가을은 그의 생애에서 가장 창작의욕에 불탔던 시기였다. 불과 열흘
사이에 《하느님 이야기》를 쓰고, 하룻밤 만에 《기수 크리스토프 릴케의 사랑
과 죽음의 노래》를 완성했다. 또 한편으로는 러시아어 공부에도 매진하여 러

시아 소설과 시를 원어로 읽고 독일어로 번역을 시도하기도 했다.

"러시아의 은혜입니다"

두 번째 러시아 여행에 나선 릴케는 1900년 5월 9일에 모스크바에 도착했
다. 이때 동행자는 루 여사 한 사람이었다. 이 여행에서도 그들은 톨스토이
를 만날 수 있었다. 그와의 재회는 릴케에게 잊을 수 없는 추억으로 남았다.
두 사람은 미리 연락을 취해, 6월 1일 토요일 정오경 야스나야 폴랴나에 있
는 그의 저택에 도착했다. 장남이 유리문을 열어 주었다. 그러자 두 사람 앞
에 늙은 톨스토이가 서 있었다. 작년에 만났을 때보다 왜소해지고 허리가 굽
고 백발도 눈에 띄게 늘어 있었다. 그는 반갑게 맞이해 주었으나, 잠깐 일이
있으니 2시에 만나자고 했다. 장남이 2층 응접실로 안내해 주었다. 커피를
마시며 책장의 책이며 창 밖 풍경을 감상하고 있는데, 톨스토이 부부가 언쟁
하는 소리가 들렸다. 이윽고 무슨 일인지 젊은 여자가 와락 울음을 터뜨리는
소리와 이를 달래는 백작의 목소리가 들려왔다.

신앙으로 귀족 생활을 청산하려는 톨스토이의 방식이 늘 가정에 풍파를
일으켰다. 두 사람은 이런 비극이 일어난 때에 방문한 것이었다. 약속 시각
이 되어 조용히 나타난 톨스토이는 숲을 산책하자고 제안했다. 아주 화창한
봄날이었다. 톨스토이는 러시아어로 이야기했지만, 바람이 방해하지 않는
한 릴케는 한 마디 한 마디 똑똑히 이해할 수 있었다. 그때 톨스토이와 나눈
이야기에 대해서 그는 이렇게 묘사했다. "화제는 여러 주제에 미쳤습니다.

그러나 수박 겉핥기식이 아니라 모든 주제의 배경에 숨은 세계에까지 파고들었습니다. 그의 말 한 마디 한 마디가 지니는 깊은 가치는 빛 속에 떠도는 색채가 아니라 우리가 살아 있는 환경에 존재하는 신비롭고 불가사의한 세계에서 오는 감동입니다."

릴케는 야콥센이나 로댕에게서 많은 예술적 가르침을 받았다. 그런 의미에서 그들은 릴케의 예술 스승이었다. 그러나 톨스토이의 예술관은 릴케와 상반된 것이었다. 그럼에도 톨스토이의 존재는 그에게 커다란

1910년 9월 23일, 톨스토이 부부의 48회 결혼기념일 때 찍은 마지막 사진. 이때 이들 부부는 완전히 틀어져 있었다. 릴케가 두 번째로 톨스토이를 방문했을 때도 그들 부부는 언쟁을 하고 있었다. 톨스토이는 1910년 10월 28일 아내에게 작별 편지를 남기고 가출, 11월 7일 여든둘의 나이로 객사한다.

의미가 있었다. 1910년 11월, 톨스토이가 어느 한촌의 역에서 급사했다는 소식을 로댕에게 전해 들은 릴케는 파리의 호텔에서 아내 클라라에게 편지를 보내 깊은 애도의 뜻을 표한 뒤 이렇게 썼다. "그는 역시 시인으로서 완성되었소. 이것이야말로 그 본연의 모습이오. 그는 시인의 가장 큰 의미와 시인의 가장 깊은 충동과 숙명의 의미를 완성한 사람이었소." 톨스토이에 대한 깊은 경애를 느낄 수 있다.

톨스토이를 만난 뒤 그는 수많은 명승지를 방문하고, 많은 친구를 만났다. 수많은 예술 작품을 감상하고, 볼가 강을 여행하고, 푸르고 드넓은 대평원의

침묵에 잠겼다.

어떤 의미에서 릴케의 러시아 여행은 괴테의 이탈리아 여행에 견줄 수 있다. 러시아를 여행한 릴케는 시인으로서도 인간으로서도 크게 성숙했다. 뒷날 그는 친구에게 이렇게 고백했다. "내가 오늘날 살아 있는 건 러시아의 은혜입니다. 내 내면세계는 거기에서 출발했습니다. 내 본성의 모든 고향과 내근원의 모든 것이 그곳에 있습니다."(1920년 1월 21일, 레오폴드 폰 슐레처에게 보낸 편지)

화가마을 볼프스베데

두 번째 러시아 여행에 앞서서 릴케는 1898년 4월부터 5월에 걸쳐 이탈리아를 여행했다. 그때 청년 화가 하인리히 포겔러(1872~1942)를 만났다. 그와의 우정은 시인에게 새로운 운명의 문을 여는 계기가 되었다.

당시 포겔러는 독일 북부에 있는 한 벽촌에 살며 그림에 몰두하고 있었다. 그곳은 전등도 없고 수도도 없었다. 보이는 거라고는 광활한 평원뿐이었다. 두 번째 러시아 여행에서 돌아온 릴케는 1900년 8월 27일 포겔러의 초대로 이 한촌을 방문했다. 그는 이 조용한 환경에서 러시아에 대한 인상을 정리하고 세 번째 러시아 여행을 준비할 생각이었지만, 이 마을의 강렬한 인상은 그에게 새로운 한 걸음을 내딛게 하는 계기가 되었다.

릴케는 포겔러의 집 근처에 있는 작은 농가를 빌려서 거기에 머물렀다. 일요일 밤마다 그는 이른바 그 '하얀 응접실'로 친구들을 불러 모았다. 포겔러, 오토 모더존(1865~1943) 등 젊은 화가를 비롯해 여류 화가 파울라 베커(1876~1907, 뒷날 모더존과 결혼), 여류 조각가 클라라 베스트호프 등이 젊은 시인의 다정함에 깊은 인상을 받았다. 이곳에서 만난 클라라 베스트호프가 그의 인생의 반려자가 되었음을 생각하면, 그가 직접 말했듯이, 이 평원에서 보낸 나날들은 릴케의 인생에서 가장 풍요롭고 행복한 시기였다고 할 수 있다.

두 예술가의 결혼

릴케는 1901년 4월 말 여류 조각가 클라라 베스트호프와 결혼했다. 신혼집은 볼프스베데의 옆 마을인 베스터베데에 꾸렸다. 넝쿨이 무성하게 자란 낡은 초가였다. 그는 친구에게 이렇게 전했다. "이웃집도 없고 도로와도 접하지 않은 늪 속의 외딴집으로, 멋진 은거지입니다. 이곳에서 살다 보면 언젠가 눈에 보이지 않는 보호색에 녹아들어, 미래를 상상할 때도 과거를 회고할 때도 조용하고 차분한 마음으로 살아갈 수 있을 것 같습니다."

릴케의 서재는 조용한 외딴방이었고, 클라라의 작업실은 마루를 연장해 별채처럼 만든 곳이었다. 그는 결혼과 동시에 화가들과의 교류를 거의 끊고, 오로지 이 평원에 있는 아담한 집에서 아내와 자신의 길에 갇혀 지냈다.

그가 그곳에서 가정을 꾸렸다는 사실이 러시아와의 절연을 의미하는 것은 결코 아니다. 볼프스베데의 자연이 러시아의 대자연을 대신해 그의 시상을 자극한 것이다. 그는 이 집에서 러시아 여행에 대한 기념사라고도 할 수 있는 《시간시집》 제2부 〈순례〉를 완성했다. 1901년 9월 18일부터 25일에 이르는 8일 동안 단숨에 써 내려간 시였다.

이해 12월 12일, 외동딸 루트가 태어났다. 그러나 이 행복한 집에도 이윽고 심각한 고뇌가 찾아왔다. 아버지에게 받던 보조금이 끊기자 생활고가 그들을 덮친 것이다. 아내도 빵을 위해 제자를 받아 조각을 가르쳤다. 그는 저명한 편집자와 교수들에게 가난을 호소하며 일감을 알선해 달라고 빌었다. 그 결과 화가론 《볼프스베데》와 《로댕론 *Auguste Rodin*》(1903)을 집필할 기회를 잡았다.

화가론의 집필을 약속하자마자 1902년 5월부터 글쓰기에만 전념했다. 식사도 창을 통해 방으로 넣어 주어야 할 정도로 밤낮없이 화가론 집필에 매달렸다. 《볼프스베데》는 그곳에 사는 화가들의 전기인 동시에 훌륭한 회화론이다.

《로댕론》을 집필하면서 그는 결국 가정을 해체하기로 마음먹었다. 물론 쉬운 일이 아니었다. 사랑하는 아내와 귀여운 어린 딸 루트와 헤어져야 하는 깊은 슬픔을 몇 번이나 호소하며, 이 두 사람을 부양하지 못하는 자신의 무능력함을 진심으로 한탄했다. 먹고살려면 일을 해야 했고, 괜찮은 일을 하려면 가정을 버려야 했다. 그것은 그가 걸어야 할 숙명이었다. 그는 루트를 처가에 맡기고 파리로 나와 《로댕론》을 쓰기로 결심하기에 이르렀다.

릴케의 생애에서 오붓하게 가족끼리 산 기간은 이 신혼 초 1년 3개월이 고작이다. 시의 완성을 위해 유럽의 끝에서 끝까지 떠돌아다니는 그의 바람 같은 일생은 이때부터 시작되었다. 그의 아내도 일을 위해 고독을 추구하는 것을 이해하는 예술가였기에 가능했던 일이다. 평범한 결혼 생활이었다면 그들의 결혼은 당연히 파국을 맞이했을 것이다.

릴케는 1902년 8월 26일에 단신으로 출발해 28일 파리 튈르리 변두리에 있는 하숙집에 여장을 풀었다. 가난한 그는 석유 등 냄새가 진동하는 방으로 만족해야 했다. 아내는 한 달 늦은 10월 초순에 파리에 도착했다. 가난한 두 사람은 학생처럼 따로 숙소를 잡고, 아내는 종일 작업실에서 일하고 그는 종일 하숙집에 틀어박혀 또는 도서관에 다니며 《로댕론》에 몰두했다. 이에 앞서 9월 1일, 그는 대학가 182번지에 있는 로댕의 작업실을 처음으로 방문했다. 로댕을 흠모했던 릴케는 이후 그와 친밀한 관계를 맺으며 예술적인 측면에서 커다란 영향을 받았다.

단시(短詩)의 집성 《형상시집》

이 시기를 대표하는 작품으로 《형상시집》과 《시간시집》이 있다. 《시간시집》 3권은 각각 1899년 가을, 1901년 가을, 1903년 봄에 단숨에 쓰였다. 한편 《형상시집》은 단편적으로 태어난 단시의 집성이다.

《형상시집 Das Buch der Bilder》의 초판본은 1902년 베를린의 악셀 융커 서점에서 간행되었다. 그 가운데 릴케의 하느님에 대한 사상이 엿보이는 작품 한 편을 읽어 보자.

〈가을〉

나뭇잎이 진다, 저 멀리에서 떨어지듯이.
아득한 하늘의 정원이 시들어 가듯이.
휘휘 고개를 저으면서 떨어진다.

그리고 밤이면 모든 별에서 무거운 토양이
고요한 허공으로 떨어진다.
우리도 모두 떨어진다. 여기 있는 이 손도 떨어진다.
타인을 유심히 바라보라. 모든 사람이 떨어진다.

하지만 한 존재가 있다. 이 모든 낙하를
한없이 너그러이 두 손으로 받아 주는 존재가.

3부 구성의 《시간시집》

《시간시집 *Das Stunden-Buch*》은 1905년 라이프치히의 잉겔 서점에서 출판되었다. 이 시집은 3부로 구성되어 있다. 제1부 〈수도원 생활(Erstes Buch : Das Buch vom mönchischen Leben)〉, 제2부 〈순례(Zweites Buch : Das Buch von der Pilgerschaft)〉, 제3부 〈가난과 죽음(Drittes Buch : Das Buch von der Armut und vom Tode)〉이다.

1908년 8월 26일, 릴케는 저명한 철학자 게오르그 짐멜(1858~1918)에게 보내는 편지에서 《시간시집》에 대해 이렇게 썼다.

"이 작품은 기존 작품군 중 부정할 수 없는 유일한 것입니다. 이 작품은 힘차고 조용한 장을 만들어 주었으며, 앞으로도 저를 계속 도와 줄 것입니다. 그러나 나보다 훨씬 이전부터 존재했으며, 나라는 일개 존재보다 커다란 의미를 지닙니다."

릴케가 자기 작품의 출발점을 《시간시집》에 두었음이 이 말로도 확인된다. 이 시집은 표현과 내용 면에서 독일 서정시에 새로운 양식을 제시했다고 할 수 있다.

제1부 〈수도원 생활〉은 화가 겸 수도사가 주인공이다. 러시아 여행에서 강렬한 인상을 받고 쓴 작품인 만큼, 볼가 강변에서 견학한 수도원의 인상이 강하게 반영된 것으로 보인다. 여기서 노래한 자유분방한 신의 개념은 그가 평생 추구했던 '신'에의 이정표를 나타낸다고도 하겠다.

우리가 의식하지 않을 때도
하느님은 성숙하신다.

하느님, 당신은 위대하십니다.
그 곁으로 다가가기만 해도
내 존재가 소멸할 만큼 당신은 위대하십니다.

이렇게 노래하는가 하면

하느님, 내가 죽으면 어떻게 하시겠습니까?
나는 당신의 단지요 (만약 내가 깨지면)
나는 당신의 술입니다. (만약 내가 썩으면)
나는 당신의 옷이요 생업입니다.
내가 없어지면 당신의 의미도 사라집니다.

하고 노래하는 그도 있다.
　제2부 〈순례〉는 1901년 9월 18일부터 25일까지 8일 동안 쓰였다. 이른바 신혼집에서 태어난 일련의 '기도' 시이다.

　나는 수도복을 걸치고 당신 앞에 무릎 꿇었습니다.
　지금도 그와 똑같은 인간입니다.

　이렇게 노래하듯이, 〈수도원 생활〉의 주인공이 여기에서도 주인공으로 등장한다.

　제3부 〈가난과 죽음〉이 쓰인 것은 1903년 4월 13일부터 20일에 이르는 8일간이다. 제2부를 집필한 때로부터 약 1년 반의 세월이 흘렀다.

　오, 주여, 각자에게 각자의 죽음을 주소서.
　각자의 사랑과 의미와 고난을 가진
　그 생명에서 나오는 죽음을 주소서.

　O HERR, gieb jedem seinen eigenen Tod.
　Das Sterben, das aus jenem Leben geht,
　darin er Liebe hatte, Sinn und Not.

　우리는 그저 껍데기요 이파리에 지나지 않으니

각자 안에 숨어 있는 위대한 죽음이야말로
모든 것이 그 주위를 돌고 있는 열매이다.

DENN wir sind nur die Schale und das Blatt.
Der groβe Tod, den jeder in sich hat,
das ist Frucht, um die sich alles dreht.

가난은 내면에서 우러나오는 위대한 광채이니……

DENN Armut ist ein groβer Glanz aus Innen……

'가난'이란 무엇인가. 빈곤하다는 뜻이 아니다. 불필요한 것을 떨쳐 버린
내면에서 우러나온 빛을 뜻한다. 아시시의 성자 프란체스코(1182?~1226)
를 진심으로 존경했던 릴케는 〈가난과 죽음〉의 마지막을 그에게 바치는 장
편의 시로 끝맺었다. 속세의 재산을 버리고 완전한 청빈 생활을 보내기로 맹
세한 뒤, 거지 수도사라는 비아냥을 들으면서도 한 수도원에 안주하지 않고
초라한 몰골로 각지를 동냥하고 다니며 병자와 빈자를 위해 봉사한 프란체
스코의 '가난의 빛' 안에서 릴케는 자신의 시가 가야 할 곳을 찾은 것이다.
《시간시집》이 그의 시작(詩作)의 토대가 된 까닭이다.

Ⅲ. 로댕과의 만남

최초의 파리 체재

《로댕론》의 완성

1902년 여름, 외동딸 루트를 처가에 맡기고 파리로 나온 릴케 부부는 가
난 때문에 같이 살지 못하고, 남편은 《로댕론》을 완성하기 위해 도서관을 드
나들며 고된 집필을 계속하고, 아내는 로댕에게 사사하며 조각 공부에 힘썼
다. 그리고 그해 말에 《로댕론》이 탈고되기에 이르렀다. 건강을 해쳤을 만큼

고된 작업이었다.

러시아를 여행한 뒤 릴케는 개성적인 시풍을 확립했다. 그러나 그는 더욱 멈출 수 없는 충동에 쫓겨 더 큰 성숙을 위해 외길을 걸었다. 그의 중년 이후의 삶은 그 한 걸음 한 걸음이 쌓인 흔적이었다. "나는 시를 수백 편 썼다. 아, 그러나 어려서 시를 쓰는 것만큼 무의미한 일은 없다. 시는 지그시 기다려야 한다. 우리는 생애를 들여, 그것도 되도록 긴 생애를 들여 의미의 꿀을 모아야 한다. 그러면 마지막에야 겨우 열 줄쯤 되는 훌륭한 시를 쓸 수 있을 것이다." 《말테의 수기》에 나오는 주인공의 이 고백만큼 시에 관한 릴케의 생각을 적확하게 나타내는 말은 달리 없을 것이다.

그는 로댕을 알고 나서 예술의 한없는 어려움을 새삼 절감했다. 《말테의 수기》에서 토로한 시에 관한 생각도 로댕의 예술을 접함으로써 얻은 깨달음의 소산일 것이다. 《두이노의 비가》나 《오르페우스에게 바치는 소네트》도, 로댕을 체험하지 않았더라면 도달하지 못했을 경지였다. 그 체험의 핵심을 그의 《로댕론》에서 찾아보자.

"로댕은 명성을 얻기까지는 고독했다. 그러나 명성을 얻고 나서는 더욱 고독해졌을 것이다. 명성이란 결국 새로운 이름 주위로 몰려드는 모든 오해의 종합에 지나지 않으니까……

그는 멀리 찾는다. 첫 번째 인상을 옳다고 여기지 않고, 두 번째 인상도 옳다고 여기지 않으며, 그 뒤에 이어지는 인상도 옳다고 여기지 않는다. 그는 관찰하고 기록한다. 말할 가치도 없는 운동, 회전, 반회전, 마흔의 경련과 여든의 옆얼굴을 기록한다. 모델의 습관적인 행동과 우연한 행동을 재빨리 포착함으로써, 드디어 표정이 탄생하려 할 때의 모델을, 또는 피곤해하거나 긴장했을 때의 모델을 파악하려고 한다. 그는 모델의 미소가 어디에서 왔다가 어디로 사라지는지 그 표정 변화를 모두 알고 있다. 그는 직접 오르는 무대처럼 사람의 얼굴을 체험한다. 이른바 그 한복판에 서 있는 것이다. 거기서 일어나는 것은 무의미한 것이 하나도 없으며, 모두 놓치지 말고 봐야 한다. 그는 당사자에게 아무 말도 하지 않는다. 직접 보는 것 외에는 아무것도 알려고 하지 않는다. 그러나 그는 모든 것을 보고 있다."

바로 여기에 예술가 로댕의 참모습이 있다. 릴케는 시의 천박한 서정성을 불식하고 대상에 침투하는 확실성을 로댕의 조각에서 배운 것이다. 끔찍하

로댕 미술관 전시실
조각가인 아내 클라라가 로댕의 제자였으므로 릴케는 로댕과 친하게 지내면서 《로댕론》을 집필했다. 또 나중에는 그의 저택에 머물면서 사설 비서 역할도 했다. 《신시집》에 수록된 일련의 '사물시(事物詩)'에는 예술 작품의 조소성(彫塑性)을 중시하는 로댕의 영향이 강하게 드러나 있다.

게 고독한 삶과 지나친 공부는 그의 건강을 눈에 띄게 약화시켰다. 그리하여 이듬해 3월 하순, 릴케는 남국의 따뜻한 햇볕을 찾아 이탈리아로 다시 여행을 떠났다. 그러나 체재비를 아버지에게서 받는 처지였던 가난한 그는 5월 1일에 파리로 되돌아왔다. 그곳에서 새로운 일을 시작할 셈이었지만, 답답한 파리의 공기는 그것을 허락하지 않았다. 그는 아내와 함께 고향으로 돌아가 딸 루트와 오붓하게 지내며 요양에 힘썼다. 그러나 가족과 함께 하는 단란한 생활은 그것으로 마지막이었다. 그 뒤로 정처 없는 고독한 나그네의 인생이 시작됐던 것이다.

예술적 진실의 길 《신시집》

로댕의 영향을 받은 뒤 고독과 방랑 생활에서 태어난 시 가운데 대표적인 것으로는 《신시집 *Neue Gedichte*》(1907)과 《신시집 별권 *Der Neuen Gedichte Teil*》(1908)이 있다. 이들 시집은 릴케를 대표하는 후기 시로 가는 가교 역할을 한다고 볼 수 있다.

《신시집》에서 가장 유명한 시 가운데 하나인 '표범'은 시집의 전체적인 특징이 잘 드러나 있는 작품이기도 하다.

〈표범〉

스쳐 지나가는 창살에 지쳐 표범의 눈은
이제 아무것도 보이지 않는다.
수천 개의 창살만이 존재하고,
그 너머에 세계는 존재하지 않는 것 같다.
작은 원을 그리며 반복되는
유연하고도 강인한 소리 없는 걸음은
큰 의지가 마비되어 서 있는
하나의 중심을 도는 힘의 무도와도 같다.

다만 때때로 동공의 장막이
소리 없이 열리면 한 형상의 모습이 뛰어 들어와
조용한 사지의 긴장을 뚫고
마음속으로 빨려 들어가 사라진다.

이 시는 1903년 파리 식물원에서 쓴 것이다. 이 시가 탄생한 날, 우연히 시인을 방문한 젊은 여류 조각가 도라 하이드리히(1884~1963)는 다음과 같이 말했다.

"카세트 거리에 있는 조그맣고 깔끔한 호텔. 좁은 계단을 다 오르면 왼쪽으로 보이는 첫 번째 문. 노크한다. 작은 방으로 들어간다. 창가 책상에서 일어나 라이너 마리아 릴케가 맞이하러 나온다. 그는 기쁜 듯이 내 눈을 들여다본다. '오늘은 좋은 글을 썼습니다. 들어 주시겠습니까?' 방구석에 앉아 조용히 귀 기울인다. 깊은 정적 속에서 목소리가 울린다. 그것이 어떤 형상이 되어 눈부시게 빛나다가 사멸한다……. 낭독자는 그 체험의 감동에 젖어 낭독을 중지한다. 〈식물원의 표범〉은 그날 오후에 태어났다."

표범을 가만히 관찰하면서 작가 자신은 표범과 하나가 되었다. 그러나 표범 자체는 아니다. 거기에는 인간으로서의 관찰자의 눈이 작동한다. 그가 이 시에 얼마나 심혈을 기울였는지는 도라 하이드리히의 말로 명확히 알 수 있다.

릴케 자신도 이 시가 자신에게 새로운 길을 개척해 주었다고 서술한다.

"파리는 내 창작 의욕의 바탕이 되었습니다. 그것은 로댕의 위대한 영향에서 비롯했습니다. 그는 감상적이고 천박한 것이나 움직임만 요란하고 발전은 없는 감정에서 나오는 안이하고 허구적인 요소를 극복하라고 가르쳐 주었습니다. 즉, 화가나 조각가처럼 대상을 철저하게 관찰하고 이해하여, 이를 바탕으로 작업하는 것을 의무로 여기는 것입니다. 이 엄격하고 훌륭한 수련의 첫 성과가 파리 식물원에서 지은 〈표범〉입니다. 이 시를 보시면 그 유래를 알 수 있을 것입니다."(1926년 3월 17일 젊은

파울로 모더존 베커가 그린 릴케의 초상화 (1906)

여자 친구에게.) 이 말은《신시집》출판 당시의 "나는 되도록 예술적 진실의 길을 걷고자 합니다. 그것이 나의 길입니다. 그 길이 일찍이 나를 〈표범〉으로 이끌어 주었습니다"(1907년 9월 16일, 마농 백작부인에게 쓴 편지)라는 확신이 만년에 이르기까지 변하지 않았음을 말해 준다.

릴케는《신시집》에서 기존의 감상적 서정의 유동성을 불식하고 '사물의 시'를 쓰고자 했다. 이때, 언어는 마치 조각가의 손에 들린 끌과 망치처럼 대상 자체의 본질을 드러내는 도구가 된다.

로댕에게 바친《신시집 별권》

《신시집 별권》은 시풍의 유사성이나 수록 작품의 완성시기가 비슷하다는 점을 감안할 때,《신시집》의 자매편이라고 할 수 있다. 릴케는 이 시집을 은사 로댕에게 바쳤다. 헌사로 A mon grand Ami Auguste Rodin이라는 프랑스어를 고른 것도 외국어를 읽지 못하는 로댕에 대한 배려에서였다.

릴케는 로댕에게 보내는 편지에《별권》에 대해 이렇게 썼다. "이 시집에는 경건한 마음으로 자연에 따라 써내려간 작품이 담겨 있습니다. 선생님의 훌륭한 작품과 범례를 통해 제가 얼마나 철저하게 진보했는지를 알아봐 주시기를 바랍니다."(1907년 12월 30일) 로댕에게 보내는 감사의 마음이 엿보인다.

《말테의 수기》 원고
릴케는 1904년 로마에서 집필에 착수하여 6년만인 1910년 라이프치히에서 탈고하였다.

《말테의 수기》—획기적인 창작

중년기의 기념탑

《말테의 수기》의 정확한 표제는 《말테 라우리스 브리게의 수기 *Die Aufzeichnungen des Malte Laurids Brigge*》이다. 이 작품은 릴케 중년기의 일대 기념탑이다. 릴케는 이 300쪽도 되지 않는 수기를 쓰는 데 6년을 썼다. 그가 이 소설을 쓰는 데 얼마나 심혈을 기울였는지는 "이 작업이 끝나면 죽어도 좋다는 생각마저 이따금 할 정도입니다"라고 출판사 사장 안톤 키펜베르크(1874~1950)에게 보낸 편지에서 가장 명확히 알 수 있다.

정확히 말하자면, 이 수기를 쓰기 위해 펜을 든 것은 1904년 2월 8일이고 펜을 놓은 것은 1910년 1월 27일이었다. 그는 로마 포르타 델 포포로의 대정원 한 귀퉁이에 있는 조그만 건물에서 혼자 자취 생활을 하며 이 소설을 쓰기 시작했다. 그리고 그의 《말테의 수기》라는 긴 여정이 종지부를 찍은 것은 라이프치히에 있는 잉겔 서점의 옥탑방에서였다.

릴케가 처음으로 파리에 온 것은 1902년 8월 28일이었다. 그는 튈르리 거리 11번지에 있는 라탱이라는 하숙집에 여장을 풀었다. 릴케는 상실과 폐허, 불안의 분위기가 풍기는 대도시 파리의 모습에 충격을 받았다. 이곳에서는 모두들 살기 위해 몸부림치지만 아무도 자신의 삶을 살고 있는 것 같지 않았다. 대도시의 고립된 생활 속에 던져진 시인은 고독과 밑바닥 생활의 두려움 속에서 인간과 삶의 본질에 대해 생각했다.

《말테의 수기》는 이처럼 파리라는 도시에서 받은 인상과 삶에 대한 성찰을 바탕으로 탄생했다. 로댕의 예술기법을 문학적으로 적용시켰다고 볼 수 있는 이 작품에는 대상을 응시하는 시인의 집요하고 견고한 시선이 살아 있다.

첫 도입부를 읽어 보자.

"9월 11일 튈르리 거리에서

사람들은 살기 위해서 이 도시로 모여 들지만 난 오히려 이곳에서는 모두들 죽어가고 있다는 생각밖에 들지 않는다. 나는 지금 막 거리에서 돌아왔다. 내 눈에 띈 것은 이상하게도 병원뿐이었다. 한 사람이 비틀거리다가 쓰러지는 것을 보았다. 그 주위로 금방 사람들이 몰려 들었기 때문에 그 뒤에 어떻게 되었는지는 모른다. 잠시 뒤에는 배가 부른 한 여자를 보았다. 그 여자는 힘겨운 걸음으로 햇빛이 비치는 높은 담길을 따라 걷고 있었다. 가끔 손을 뻗어 담벼락을 더듬었다. 마치 그 벽이 아직 더 계속되

《말테의 수기》(1910)

는지 확인하려는 듯이 보였다. 담벼락은 끝없이 이어지고 있었다. 이 담 안에는 무엇이 있는지 지도를 꺼내 찾아보았다. 시립 산부인과 병원이었다. 아, 그렇구나. 여자는 아이를 낳으러 가는 모양이다. 산부인과로."

《말테의 수기》의 구성

이 소설은 보통 의미의 소설은 아니다. 일정한 이야기가 시간의 흐름에 따라 전개되는 것이 아니라 총 65개의 에피소드로 구성된 단편적인 수기이다. 각 에피소드들은 겉보기에는 개별적이고 독립적으로 보이지만 인간과 삶의 본질에 대한 물음이라는 공통된 주제 아래 하나로 모인다.

이 작품의 주인공은 실제인물을 모델로 했다. 시뵤른 옵스트펠더(1866~1900)라는 노르웨이 작가이다. 이 작가는 1900년 서른세 살의 나이로 세상을 떠났다. 우연히 그의 책을 발견한 릴케는 읽으면 읽을수록 그가 자신의 분신처럼 느껴졌다. 그의 《어느 목사의 일기》라는 작품은 신에게 다가가려는 엄청난 노력에도 신에게서 더욱 멀어지다가 결국에는 열병 같은 정신질환에 걸려 죽고 만다는 이야기이다. 끊임없이 예술적 진실을 신에게 구하면서 가

혹한 운명과 싸우던 당시의 릴케에게는 이 노르웨이 작가가 친근하게 느껴졌을 것이다.

65개 에피소드의 줄거리를 모두 설명하기란 불가능하다. 여기서는 작품의 핵심을 이루는 몇 가지 항목을 들어 설명하는 것으로 독자의 이해를 돕고자 한다.

〈파리 생활〉 앞에서도 말했듯이, 대도시에서 받은 강렬한 인상이 이 수기의 발단을 이룬다. 대도시에 강한 반발을 느꼈던 그는 파리가 품은 무관심과 고독에 이끌려 어느새 파리를 사랑하게 되었다. 그리고 파리의 밑바닥 생활에서 인간 존재의 뒷면을 보려고 했다.

〈죽음〉 죽음은 《말테의 수기》의 주요 주제 중 하나이다. 가장 엄숙하고 신성한 사건이라고 할 수 있는 죽음마저도 대도시에서는 대량생산되는 기성품을 연상시킨다. 사람들은 개성 없는 삶을 살고 개성 없는 죽음을 맞는다. 릴케는 이러한 죽음의 성찰을 통해 현대인의 소외된 삶을 날카롭게 응시한다.

〈고독〉 말테는 고독한 인간이다. 고독은 예술가의 본질적인 조건이다. 말테는 외부세계로부터 내면으로 눈을 돌려 그곳에서 참된 세계를 발견해야 한다고 주장한다.

〈소년시절의 추억〉 말테의 소년 시절 추억은 작품 전체에서 큰 비중을 차지한다. 브리게 시종의 죽음. 크리스티네 유령 이야기. 잉게보르크와 마틸데 이야기. 에릭의 추억. 어린 시절 병에 걸렸던 이야기. 어머니와 할머니의 관계. 아벨로네. 브라헤 백작 이야기 등등. 이 일련의 이야기들은 작품에서 가장 소설적인 성격을 띠며, 이야기 작가로서의 릴케의 면모를 드러낸다.

〈사랑〉 사랑은 이 소설에서 가장 중요한 주제인 동시에 릴케 생애의 문제이기도 했다. 그가 강조하고 찬미한 것은 상대편의 행동에 수동적으로 반응하는 것이 아닌 자기충족적인 사랑, 사랑의 대상으로부터 자유로운 사랑이었다. 진정한 사랑은 사랑의 대상을 초월하여 무한을 향한다고 릴케는 주장한다. 《말테의 수기》에서 그런 사랑의 본보기로 제시된 인물들이 바로 가스파라 스탐파, 포르투갈 수녀 마리아나 알코포라도 같은 여인들이었다.

〈신〉 릴케의 일생은 어떤 의미에서 신의 탐구이자 창조였다. 릴케는 평생 신에 대해 생각했다. 그의 신은 기성 종교의 신과는 관련이 없다. 릴케에

20세기 초의 파리 몽마르트르 거리의 활기찬 시장. 이 대도시에서 죽음과 슬픔을 강하게 느낀 말테는 수기 첫머리에 다음과 같이 적었다. "사람들은 살기 위해 이곳으로 온다. 그러나 내 생각엔 이곳에서는 모든 것이 죽어 버린다."

게 있어서 신은 아직 실현되지 않은 미래의 존재이다. 내면적 성숙을 통해 신에게 가까이 다가가려는 인간의 노력 가운데서 그것은 나타난다. 말하자면 신은 인간이 도달해야 할 정신의 궁극적인 차원을 가리키는 은유적 상징에 가깝다.

〈돌아온 탕아〉 《말테의 수기》 마지막을 장식하는 에피소드로서, 성서에 등장하는 돌아온 탕아 이야기를 독자적으로 재해석했다. 릴케가 묘사하는 탕아는 '길 잃은 양'으로서의 탕아가 아니라 삶의 진리를 추구하는 예술가적이고 구도자적인 존재로서, 이는 작가 자신의 내면이 투사된 것이라고 할 수 있다. 릴케는 속물적 세계를 등지고 고독한 내면의 길을 평생 걸어간 작가이다. 결국 탕아가 가족의 사랑을 거부한 행동에는 참된 예술의 길을 걷기 위해 속세와 타협하지 않으려 했던 릴케 자신의 의지가 담겨 있다고 볼 수 있을 것이다.

《말테의 수기》의 의미

어떤 의미에서 말테의 수기는 인간성의 부활과 그 존엄함에 대해서 이야기하는 작품이라고 할 수 있다. "나는 말테와 함께 절망의 밑바닥에서 모든 것의 배후에까지 철저하게 파고들었습니다. 어떤 의미에서는 죽음의 배후에까지 파고들었기에 이 이상 가능한 일은 무엇하나 없게 되었습니다." 릴케는 《말테의 수기》를 완성한 뒤, 탁시스 후작부인에게 이런 편지를 썼다. 인생의 밑바닥을 그린 것은 단순히 절망 때문이 아니라, 거기에서 진정한 빛을 발견하는 출발점으로 삼고 싶었기 때문이었다.

그는 젊은 독자들에게 다음과 같이 설명한다. "말테에 너무 심취하지 마십시오……. 가난한 말테가 파멸한 것은 그 개인의 문제이므로 우리가 마음 쓸 필요는 없습니다. 다만 중요한 것은 매우 위대한 힘이 우리와 깊은 관계를 맺고 있다는 점입니다. 이것이야말로 이 책의 모럴이자 말테 존재의 근거입니다. 이 수기는 극단의 고통을 그리면서 동시에 그에 상응하는 위대한 힘의 존재를 충실히 그려냄으로써 우리의 내면이 얼마나 드높은 환희에 이를 수 있는지를 보여 줍니다."

《말테의 수기》가 보여 주는 내면세계에 대한 개성적인 관점은 독일문학 가운데서도 보기 드문 것이다. 릴케도 거듭 말했듯이, 이 작품은 그의 창작 생활에 있어서 중요한 분수령이었다.

Ⅳ.《말테의 수기》그 뒤

방랑 여행

정처 없는 여행

《말테의 수기》는 인생의 커다란 고개였다. 이 작품을 완성한 뒤 릴케는 일종의 허탈감에 빠졌다. 6년간 집필에만 몰두했으니 건강에도 상당히 무리가 갔을 것이다.

작품의 출판을 위해 귀국한 그는 한동안 아내와 딸이 있는 베를린에서 지냈다. 그러나 시를 추구할 수밖에 없는 시인의 운명 탓에 어느새 방랑자가 되었다. 그는 가족을 떠나 이탈리아로 향했다. 1910년 3월 19일, 로마에 도착하여, 그곳에서 한 달간 머물렀다. 그 뒤 마리 폰 투른 운트 탁시스 호엔

귀부인과 일각수 파리 클뤼니 미술관에 있는 벽걸이. 15~16세기 작품. 오감 가운데 '시각'을 상징한 그림이다. 말테는 첫사랑인 숙모 아벨로네를 사모하는 감정을 이 그림에 담았다. "여인이 들고 있는 것은 거울이다. 일각수에게 그 모습을 비춰서 보여 주고 있다."

로에 후작부인(1855~1934, 이하 탁시스 후작부인으로 함)의 초대로 두이노 성관(城館)의 객이 되었다. 이곳에서 일주일 남짓 머무는 와중에 루돌프 카스너와 만날 기회가 생겼다. 카스너는 시인을 가장 깊게 이해한 철학자였다. 시인이 필생의 대작에 《두이노의 비가 *Duineser Elegien*》라는 제목을 붙인 것을 보면, 이 시기가 시인에게 얼마나 깊은 의미가 있었는지 알 수 있다.

5월 중순에 그는 파리로 돌아왔다. 그 뒤 곧 《말테의 수기》 신판이 배달되었다. 그는 오랜 세월 고락을 함께한 분신을 만난 듯한 기쁨을 느꼈다. 그렇지만 새로운 창작을 위해 다시 칩거에 들어가기에는 시인의 마음이 너무 붕 떠 있었다. 이곳저곳을 전전하는 방랑 여행에 심취했던 것이다.

아프리카 여행 계획도 그 연장선상이었다. 두이노 성관에서 알게 된 카스너와 허물없는 친구가 된 시인은 카스너의 소개로 프랑스의 작가 앙드레 지드(1869~1951)와도 친해져 평생 교분을 이어갔다. 《릴케·지드 서간문》의 편집자 르네 랭은 릴케의 아프리카 여행에 관해 이렇게 말했다. "앙드레 지드는 릴케가 여정을 짜는 것을 도와 주고 조언하고, 어쩌면 추천장까지 써 주었을지도 모른다(일찍이 카스너나 그밖의 친구들에게도 그랬듯이)."

1893년에 알제리에 잠깐 머물렀던 앙드레 지드는 그곳에 상당한 호감을 느끼고 있었다. 사실 그는 릴케의 요청에 "알제리 여행을 하다니, 정말 부럽습니다. 원하신다면, 제가 아는 모든 정보를 드리겠습니다. 오테유로 오시면, 알제리의 아름다운 사진을 보여 드리지요"라고 대답했다. 오테유란 지드의 집이 있는 파리의 지명이다.

1910년 10월 18일에 아내에게 보낸 편지에서 시인은 이렇게 말했다. "다음 주 초에 알제리로 떠나는 것이 드디어 거의 확실해졌소. 미슐레 거리에 있는 생 조르주 호텔이오. 나는 멋진 여행을 함께하자는 초대를 받았소. 튀니지를 거쳐 이집트 쪽으로 갈 것 같소. 여행하면서 짬짬이 소식을 보내겠소." 그러나 여행 상대가 누구였는지는 불분명하다.

1910년 11월 말부터 4월까지 계속된 이집트 여행은 표면적으로는 완전히 실패한 여행이었다. 그는 이 여행에 관해 이렇게 말했다. "나는 늦겨울에 알제리, 튀니지, 이집트 등을 여행하고 왔습니다. 유감스럽게도 흐트러진 자세로 말을 타고 가다가, 말에서 떨어져 등자에 발이 낀 채로 여기저기 끌려다니는 꼴이 되고 말았습니다. 한심한 몰골이었습니다."(1911년 12월 28일, 루 안드레아스 살로메에게 보낸 편지)

그다지 성공적이지 못했던 이집트 여행이었지만, 그렇다고 성과가 없는 건 아니었다. "이집트 조소에 관한 매우 중대하고 결정적인 제언은 파리로 돌아가서 쓰겠습니다. ……최고의 의미에서 그것을 실현할 수 있다면 얼마나 멋질까요."(1914년 3월 18일, 안톤 키펜베르크에게 보낸 편지) 시인의 절친한 친구 중 하나인 카타리나 키펜베르크는 그의 저서 《라이너 마리아 릴케》(1948)에서 이렇게 썼다. "그도 몇 번이고 말했듯이, 릴케는 다시 이집트로 여행을 떠나고 싶어했다. 그는 이집트 사람들은 세계 최고의 조소가들이라고 말했다. 릴케는 이집트의 기둥과 궁전과 스핑크스를 비가의 천사로 표현했다."

마음의 고향 파리

릴케가 아프리카 여행에서 파리로 돌아온 것은 1911년 4월 6일이었다. 라일락 꽃도 어느새 절정이 지나고, 산사나무는 붉은 꽃을 흐드러지게 피우고, 밤나무의 신록이 마을과 탑을 뒤덮었다. 릴케에게는 "늘 뜻하지 않은 때에 돌아오는, 늘 그리운 파리"였다. 대도시 속의 고독. 정신적 고향이라는 말이 허용된다면, 파리는 이미 그의 고향이 되어 있었다. 여행에서 돌아왔다가 다시 여행을 떠나는 곳, 그곳은 언제나 파리였다. 그는 이 도시에서 머문 석 달 사이에 보헤미아와 두이노를 여행하고 돌아왔다. 오랜 여행으로 피곤했지만, 마음만은 의욕으로 넘쳤다. 모리스 드 겔랑(1810~39)의 유작 《켄타우로스》를 비롯한 여러 책을 번역한 것도 이 시기였다.

두이노 성

멀리 아드리아 해를 바라보며, 해발 200피트 절벽 위에 고독하게 서 있는 두이노 성. 이탈리아 건축양식의 영향이 짙게 배어 있는 이 성은 당시 호엔로에 후작 가문의 소유였다. 릴케는 이 성을 네 차례 방문했는데, 그 시기는 다음과 같다.

1910년 4월 20~27일
1911년 10월 22일~1912년 5월 9일
1912년 9월 11일~10월 9일
1914년 4월 21일~5월 초순

특히 두 번째 방문한 기간은 그의 필생의 작품인 비가가 태동한 시기이다. 《두이노의 비가》라는 명칭도 이 지명에서 따왔다. 릴케는 탁시스 후작부인에게 초대받았을 때, 이곳을 비아레조와 비슷한 곳일 거라고 상상했다. 작가에게 마음의 평안을 주었던 곳. 《시간시집》의 수많은 시구들이 탄생한 곳. 험준한 암석으로 둘러싸인 두이노 해안은 꽃이 만발한 지중해 연안과는 전혀 다른 분위기였지만, 릴케는 이곳에서 새로운 예술세계로의 비약을 준비할 수 있었다.

두 번째 방문 기간이었던 1911년 겨울, 후작부인은 빈으로 떠나고 릴케는 두 하인과 함께 넓은 저택에 남겨졌다. 음울하고 변덕스러운 겨울 날씨가 릴케의 예민한 신경을 날카롭게 곤두서게 했다. 우울과 초조감으로 인해 그는 점점 더 내면의 고독 속으로 침잠해갔다. 그러던 어느 날, 불현듯 새로운 시가 태어났다. 파트모스 섬에서 신의 목소리를 들은 성 요하네처럼 불현듯 감동의 폭풍우가 시인을 덮친 것이다. 〈제1비가〉와 〈제2비가〉의 완성. 제3 및 〈제10비가〉의 일부. 그밖의 단편. 그러나 이 대작은 단숨에 완성될 수 있는 것이 아니었다. 《두이노의 비가》가 완성되기까지는 10년에 이르는 세월이 걸렸다.

괴테 시에 느낀 친근감

이 무렵 릴케는 괴테의 시에 깊이 이끌렸다. 괴테 연구가이기도 한 안톤 키펜베르크가 낭독해 준 괴테 만년의 시 〈대지의 공간에 부유하는 정령〉은 릴케를 크게 감동시켰다.

낮에는 아득한
푸른 산들이 마음을 이끌고,
밤에는 무수한 별이
아름답게 우리 머리 위에서 빛난다—
모든 낮과 밤을
인간의 명운과 함께 칭송하자.
곰곰이 자기 자신을 고찰할 때,
인간은 영원히 아름답고 위대하다.

괴테를 그다지 좋아하지 않았던 릴케도 이 시만큼은 말할 수 없이 친근하게 느껴졌다. 괴테의 이 만년 시는 릴케 만년의 시와 매우 흡사하다. "지상에 있다는 것은 멋진 일이다"(〈제7비가〉)와 "칭송하라!"(《오르페우스에게 바치는 소네트》 제1부 제7장) 이 시구들과 괴테의 시상 사이에 얼마나 차이가 있으랴? 릴케가 이 시구에 집착한 것은 그것이 그만큼 자신이 노래하고자 했던 시적 진실과 닮아 있었기 때문일 것이다.

친구 카스너

릴케의 생애에 가장 큰 영향을 준 친구는 루돌프 카스너이다. 릴케가 카스너를 처음 안 것은 1907년 가을이었다. 첫 만남은 호프만스탈의 소개로, 빈에 있는 그의 집에서 이루어졌다. 카스너는 첫 만남의 인상을 이렇게 말했다. "첫 인사가 끝나고 내가 놀란 점은 오스트리아 태생인 그가 빈을 다른 나라 수도 말하듯 말하고……극장이며 오페라를 완전히 무시하는 듯한 모습이었다. 그에게 의미 있는 것은 로댕과 파리, 러시아와 독일 북부의 마을 두세 곳이었다……."(《릴케와 마리 탁시스와의 왕복 편지》에서. 1951)

여기에도 정처 없는 나그네의 면모가 두드러져 있다. 두 사람은 금세 친해졌다.

그들의 교제가 가장 긴밀했던 시기는 1910년부터 1914년 무렵이었다. 그들은 빈번히 만나 다양한 토론을 했으며, 그 결과 서로를 더욱 깊게 이해하게 되었다. 카스너는 재야 철학자로서 자신만의 세계를 갖고 있었다. 그는 소아마비를 앓아 어릴 때부터 다리가 불편했다. 이 사실이 그를 대단히 내향적으로 만들고, 공간을 중시하는 철학을 전개시켰다. 그의 사상은 릴케의 비가나 그밖의 만년 시에도 큰 영향을 미쳤다. 카스너는 《회상》(1954)에서 이렇게 썼다. "1914년 6월, 우리 두 사람은 저 아드리아 해안의 성 두이노의 객이었다……우연히 정원을 둘이서 걷고 있을 때, 어쩌다 보니 이야기가 그리스도 쪽으로 흘렀다. 복음서에 나오는 수난자로서의 그리스도보다는 신과 인간의 중개자로서의 그리스도에 대한 이야기였다. 그때 릴케가 내게 한 말은 그에게도 의미심장한 말 같았다. 그는 자기와 신 사이에 중개자가 존재한다는 개념은 받아들이기 어려우며, 그런 면에서 그리스도는 신과의 관계, 신과의 소통을 방해하는 존재라고 말했다. ……"

카스너는 《회상》《교우록》《릴케와 마리 탁시스와의 왕복 편지》 등에서 간단한 릴케론을 썼는데, 모두 시인의 특질을 적확히 파악한 뛰어난 글이다. 그는 《회상》에서 이렇게 썼다. "릴케 문학의 귀착점은 어디인가? 그것은 공간에 대한 그의 감각이다. 모든 것을 공간 안에 두고 공간적인 것으로 변모시키는 그의 기법이다. 공간에 시점을 두고 그의 시를 처음부터 다시 읽어 보라. 그러한 공간 비유로 곧 모든 페이지를 채울 수 있을 것이다. 릴케의 정신에 개념이 있었다고 한다면, 또는 있을 수 있었다고 한다면, 그것은 바로 공간이었다. 투시자의 공간, 신이 '창조자의 손'으로 사물을 그 안에 두는 공간, 변해가는 신화적 공간, 그것은 동시에 신과 아이의 세계이기도 했다. 릴케의 정신에 대한 개념이란 전체를 포착하는 것, 이해하면서 이해되는 것, 전체를 포함하는 것, 세계의 울타리와 같은 것이다."

릴케와 카스너는 평생 마음을 나눈 친구였다. 카스너는 시인이 친구로서 깊이 신뢰한 거의 유일한 사람이라고 해도 과언이 아닐 것이다.

술로아가를 통해

에스파냐 여행은 릴케의 인생 후반부에 막대한 영향을 미쳤다. 그는 어떤 계기로 에스파냐 여행을 하게 되었을까?

1902년 가을 로댕의 집을 방문한 릴케는 예전부터 흠모하던 에스파냐 화가 이그나시오 술로아가(1870~1945)가 파리에 체류 중이라는 소식을 듣는다. 이를 계기로 술로아가와 친분을 맺게 된 릴케는 술로아가의 예술을 넘어 에스파냐 전반에 대한 관심을 키워 갔다.

술로아가 예술에 대한 흠모는 《술로아가론(論)》을 쓰고자 하는 열망으로 이어졌다. 로댕과 더불어 술로아가는 릴케에게 가장 강렬한 인상을 준 예술가였다. 술로아가에게 보낸 다음과 같은 편지에서, 그에 대한 릴케의 마음을 짐작할 수 있다. "내게는 이제 고향이란 것이 없습니다. 나는 조촐한 가정마저 버렸습니다. 일에 더욱 매진하기 위해서였습니다. 그리고 그 일 중 처음부터 다른 것보다 훨씬 내가 사랑해 온 것이 있습니다. 언젠가 온 힘을 기울여 해내려고 생각하는 일이 있습니다. 바로 당신의 예술에 관한 책을 쓰는 일입니다."(1903년 4월 9일) 이 희망은 한동안 릴케의 마음을 붙잡고 놓지 않았다.

그러나 에스파냐 여행은 실현되지 못했으며 《술로아가론》도 쓰지 못했다. 북유럽 여행 후 로댕의 집에서 기거하며 《신시집》, 《말테의 수기》 등을 집필하게 되자 더 이상 계획한 길로만 나아갈 수가 없게 되었다. 그러나 술로아가와의 교류를 이어가는 한편 엘 그레코의 그림을 알게 되면서 더욱더 에스파냐에 대한 동경을 품게 되었다.

에스파냐 여행

그레코에 심취한 릴케는 마침내 에스파냐 여행을 결심하기에 이르렀다. 그는 1912년 11월 1일, 동경하던 톨레도에 도착했다. "……이제야 말할 수 있게 되었습니다. '이것이 톨레도다'라고……내가 톨레도에 대해 품었던 믿음은 조금도 손상되지 않고 순수하고 완전한 상태로 남아 있습니다. 사실 나는 그것에 내 모든 희망을 걸고 있습니다."(1912년 11월 4일, 안톤 키펜베르크에게 보낸 편지) 직접 본 톨레도는 그가 꿈꾸던 모습과 다르지 않았다. 그는 설레는 마음으로 톨레도의 좁은 골목을 걷고, 신비롭고 이국적인 다리를 감상했다. 톨레도는 그가 비가의 세계를 설정하는 데 필요한 심적 풍경의 현실적인 모습이었다. 그곳은 '하늘과 땅의 마을'이었다. "톨레도는 실제로 하늘과 땅 사이에 걸쳐서 존재하며, 모든 존재를 관통합니다. ……톨레도는 죽은 사람들의 눈에도, 살아 있는 사람의 눈에도, 또 천사들의 눈에도 똑같이 존재합니다."(1912년 11월 13일, 탁시스 후작부인에게 보낸 편지) 그는 일찍이 그레코의 〈폭풍우 치는 톨레도〉 앞에 섰을 때의 감동을 실제 현실의 톨레도에서 한층 절실하게 체험할 수 있었다. 《비가》의 천사처럼 천상과 지상이 공존하는 세계를 눈앞에서 목격한 것이다. 톨레도는 릴케가 꿈꾸던 내적 풍경 그 자체였다.

그러나 그곳에서 《비가》를 완성하려던 그의 야심은 이루어지지 못했다. 12월에 접어들자 북서풍이 휘몰아치는 추운 날씨를 그의 건강이 견딜 수 있을 것 같지 않았다. 어쩔 수 없이 톨레도를 떠나 더 남쪽으로 가야 했다. 그는 12월 10일 론다에 도착하여, 이듬해인 1913년 2월 18일까지 머물다 마드리드를 거쳐 2월 27일에 파리의 새집으로 돌아갔다.

러시아 여행에서 돌아온 뒤에는 새 작품이 줄줄이 탄생했지만, 톨레도에서 강렬한 인상을 받고 돌아왔음에도 그런 결실이 없었다. 시상이 아직 충분히 무르익지 않은데다가, 건강도 좋지 않았기 때문이다. 게다가 뒤이어 제1차 세계대전이 발발하면서 이 여행의 열매는 시인의 마음속 과수원에서 오랫동안 조용히 숙성의 시간을 거쳐야 했다. 《비가》의 완성은 그의 비원이었다. 그는 이 꿈을 품고서 전쟁의 시련을 묵묵히 견뎠던 것이다. 그러나 에스파냐 여행이 《비가》를 완성하는 데 중요한 역할을 했음을 잊어서는 안 된다. 에스파냐 여행의 근본 의의는 《비가》의 배경을 이루는 것들을 체험했다는 데 있었다. 에스파냐 체재 중 〈코란〉을 탐독함으로써 그리스도교와는 전혀 다른, 이슬람교에 가까운 천사의 개념을 만들어 낸 것도 이때의 수확이라 하겠다.

슬픈 만남—벤베누타

한 통의 편지

1914년 1월 26일 아침, 릴케는 파리 하숙집에서 편지를 한 통 받았다. 수신인은 잉겔 서점으로 되어 있었다. 출판사를 거쳐서 온 것이었다. 편지는 22일에 빈에서 보내진 것이었다. 발신인은 낯선 여성이었다. 편지 내용은 다음과 같았다.

"사랑하는 벗에게. 느닷없이 편지를 보내는 게 어리석은 짓은 아닌지 걱정스럽습니다. 게다가 인사말부터 무척 무례하니까요. 전 지금껏 아주 짧은 순간이라도 남이 되고 싶다는 생각을 해 본 적이 없습니다. 그런데 며칠 전 《하느님 이야기》를 읽었을 때는 '잠시라도 좋으니 엘렌 케이가 된다면 얼마나 멋질까' 생각했습니다. 그 누구보다도 제가 《하느님 이야기》를 사랑한다는 사실을 당신이 알아주셨으면 좋겠다고 생각했기 때문입니다. 이런 어리석은 말을 해도 당신은 웃지 않으시겠지요? 전 당신에게 더 말하고 싶습니다. 얼마나 진심으로 당신에게 감사하는지를, 그리고 당신이 제 음악에 얼마나 많은 선물을 주었는지를. 제 음악은 오랫동안 방안에 틀어박혀 지냈지만, 이제 세상 속으로 나오려고 합니다. 제 음악을 통해 사람들에게 빛과 온기와 행복을 전하려 합니다. 세상으로 나오려는 최초의 커다란 날갯짓 속에서 수많은 밝고 친절한 눈과 너그러운 마음을 만났습니다. 뜻하지 않던 기쁨에 가슴이 벅차오릅니다. 저의 길을 발견하게 도와주신 선량한 분들께 감사하고 싶습니다. 아름다운 영혼을 지닌 당신에게도 이런 의미에서 감사를 드려야 합니다. 흘러넘치는 이 감사의 마음을 어떻게 전해야 할지 모르겠습니다. 제 인생에 행운이 찾아와 언젠가 세상 어딘가에서 당신을 뵙게 된다면, 베토벤이나 저 위대한 바흐의 음악이 저를 대신하여 제 마음을 표현해 줄 것입니다. ─당신은 음악 애호가니까요. 전 당신의 손을 꼭 잡겠습니다─

마그다 폰 하팅베르크"

음악 세계에의 동경

이 예술적 직관으로 가득한 편지는 릴케의 마음을 뒤흔들었다. 앙드레 지드의 《탕아 돌아오다》를 번역하여 잉겔 문고에서 출판할 계획이던 릴케는 상의를 위해 그날 저자를 방문하기로 되어 있었다. 뜻하지 않게 바로 이날이 시인의 생애에 가장 잊지 못할 날이 되었다. 편지지가 다 떨어져, 일단 그는 원고지에 답장을 썼다.

"친애하는 벗에게. 그 풍부한 곡조가 제 것이 되게 해 주십시오. 그 곡조는 당신의 편지 덕분에 저의 본성이 되었습니다. 편지를 받고 얼마나 기뻤는지 모릅니다.

하지만 그 뒤 제가 쓴 글들은 아마 당신이 보더라도 별로라고 생각할 시시한 것뿐입니다. 지금 저는 완전히 모호해져 버린 그 청년의 주소로 당신의 따뜻한 편지를 보내야 하는 걸까요? 아득하게만 느껴지는 저 옛날의 《하느님 이야기》를 쓴 청년에게? 솔직히 말하자면, 그에게는 그럴 필요가 없습니다. 별로 이 은총을 베풀고 싶지 않습니다. 그는 당시 그저 가벼운 마음으로 자기 겉마음에 색을 입힌 데 지나지 않는다고 저는 생각합니다. 당신은 그가 짊어지기에 과분한 것을 그에게 주려고 하십니다. 아, 나는 그에 대해 당신에게 드릴 말씀이 없습니다. 그가 마땅히 받아야 할 것을 주신 건지도 모릅니다. 어떻든 간에 당신이 어떤 식으로 그의 비위를 맞추더라도 그는 당신의 음악을 절대로 듣지 않겠지만, 저는 그것을 들을 특권이 있습니다. 여행 중이시던 작년 겨울에 어째서 에스파냐 남부를 지나지 않으셨는지요? 그곳에 오셨더라면 당신을 열렬히 환영했을 텐데. 내 마음은 당신을 위해 개선문을 수도 없이 세웠을 것입니다. 그리고 당신은 당신의 음악이 쉴 새 없이 그 문들을 지나는 모습을 보셨을 겁니다. 당신의 음악은 나도 아직 가본 적 없는 내 마음의 가장 깊은 곳에 이르지 않는 한 멈추지 않았을 테니까요. ……"

그의 펜은 어느새 열띠게 에스파냐 여행으로 옮아가 톨레도와 론다를 이야기했다. 릴케의 음악적 감각은 그 회화적 감각에 비해 현저하게 뒤떨어졌다. 그의 절친한 친구 카스너는 릴케를 음치라고 평가했을 정도였다. 그런 그가 한 여류 음악가를 통해 음악 세계를 동경했다는 사실은 결코 가볍게 넘길 수 없다. "나는 지금 파리에서……수많은 내적 고뇌에 시달리면서 음악 없이 살고 있습니다. ……그러나 당신의 음악이, 언젠가 찾아올 계절처럼 내 앞에 서 있습니다. 앞으로 어디서든 당신의 음악이 내게 다가오지 않는다면, 내가 그 뒤를 쫓아가겠습니다. 북쪽에서 봄을 기다리다 지쳐 시실리로 건너오는 사람처럼……. 부디 당신의 새로운 불꽃을 꺼뜨리지 말아 주세요. 당신에게 호의와 감사를 보냅니다.

라이너 마리아 릴케"

두 사람의 왕복 편지

두 사람은 이렇게 맺어졌다. 마그다 폰 하팅베르크는 어떤 여성이었을까? 그녀는 1943년에 《릴케와 벤베누타―감사》라는 글을 발표하고 1954년에 《릴케와 벤베누타의 왕복 편지》를 출판하여 두 사람의 관계를 밝혔다. 그녀는 이탈리아의 유명 음악가 페루치오 부조니(1866~1924) 문하의 여류 피아니스트였다. 그녀는 릴케에게 보낸 편지에서 "제 생애에는 글로는 다할 수 없는 수많은 슬픔과 고뇌가 있고, 지금도 수많은 고난과 먹구름이 제 일상을 뒤덮고 있습니다"라고 썼다. 그 무렵 기나긴 고뇌 끝에 이별이라는 비운에 울던 그녀는 그 한없는 사랑의 슬픔을 예술로 극복하려고 했다. 그럴 때 우연히 릴케의 《하느님 이야기》를 읽고, 감동한 나머지 저자에게 감사 편지를 보낸 것이다.

두 사람의 서간집이 세상에 나오게 된 사정을 쿠르트 레온하르트는 이렇게 설명했다. "시인이 죽고 25년 뒤, 마그다 폰 하팅베르크는 베른의 주립 도서관으로부터 소포를 받았다. 그 위에는 릴케의 친필로 '마그다 폰 하팅베르크 부인(벤베누타)의 소유물. 1914년 7월 10일 봉인'이라고 쓰여 있었다. 소포 안에는 일찍이 벤베누타가 미지의 위대한 친구에게 보낸 편지가 고스란히 들어 있었다. 그 소포는 스위스의 한 부인이 릴케의 유고 중에서 골라 베른 주립도서관에 기증한 것이었다. 그것이 원소유자에게로 돌아간 것에 대해 우리는 도서관장에게 감사해야 한다. 그 덕분에 이 편지들은 제1차 세계대전을 거치면서도 온전히 보존될 수 있었다. (……) 그녀에게 보낸 릴케의 마지막 편지도 그 안에 들어 있었다."

마그다 폰 하팅베르크(1883~1959)와 알게 된 시인은 목마른 사람처럼 그녀에게 빠져들었다. 그는 끊임없이 편지를 썼다. 그렇게 자신의 소년 시절과 청년 시절에 대해서, 여행과 내면의 고뇌에 대해서, 희망과 꿈에 대해서, 그리고 온갖 소소한 일상들에 대해서 고백했다.

"친구여, 아름다운 마음이여. 내 마음이 얼마나 얼마나 당신을 향해 흘러가는지—몇 년이 걸려야 겨우 쓸 법한 모든 편지를 나는 단숨에 써 내려가고 싶습니다. 당신은 아십니까, 새파랗게 펼쳐진 바닷가의 아침을. 파도가 한꺼번에 밀려와서 멈춥니다. 태양은 눈부시게 빛나고 또 빛납니다. 이제 밀려오는 파도도 없습니다. 우리 사이에 있는 것은 환희뿐입니다. 그것은 맑디맑은 기쁨입니다."(2월 4일) "내게 말해 주소서, 언젠가 이 모든 것을 글로 다 적는 날에—내 목숨의 유무를. 이것이야말로 과거의, 또 미래의 내 전 재산입니다. 굽이치는 파도처럼 펜을 움직여 당신 마음과 함께 항해할 수 있는 나는 대체 누구인가요?"(2월 18일)

릴케는 2월 8일자 편지에서 처음으로 마그다를 벤베누타라는 애칭으로 부르고 Du를 붙였다. 이후 시인은 두 사람만의 애칭을 계속 사용한다. 커다란 슬픔을 맛본 뒤 시인을 알게 된 마그다는 자신의 한없는 고뇌를 고백한 뒤에 "그렇지만 당신이 내게 주시는 커다란 기쁨은 그 어떤 슬픔 못지않게 불멸의 재산으로 내 마음속에 간직되어 있습니다. 그 기쁨은 목숨이 붙어 있는 한 내 안의 기쁨도 죽지 않으리라는 것을 가르쳐 줍니다"라고 썼다.

베를린에서 만남

1914년 2월 26일, 두 사람은 베를린에서 처음으로 만났다. 마그다는 자신의 회상록 《릴케와 벤베누타》에서 그 만남을 이렇게 말했다.

"나는 문을 두드렸다. 심장이 쿵쾅거렸다. 이윽고 '……네?' 하는, 묻는 것 같기도 하고 겁먹은 것 같기도 한 목소리가 들렸다. 아주 오래 전부터 들어왔던 것처럼 친숙하게 느껴지는 목소리였다. 오랫동안 기다려온 그 목소리였다—나는 안으로 들어갔다. ……내 앞에 릴케가 서 있었다. 깡마르고 어둡고 감동적인 그 시인의 모습이. 푸른 눈동자가 나를 바라보았다. 그토록 눈부시고 정결한 얼굴을 난 일찍이 본 적이 없었다. '벤베누타—드디어, 드디어 오셨군요.' 그가 말했다. —눈만 감으면 언제든 마음속으로 이 애정에 가득 찬 목소리를 들을 수 있으리라고 나는 생각했다. 그러고서 우리는 작은 녹색 벨벳 소파에 손을 잡고 앉았다. 우리는 서로 바라보며 웃고 울었다."

모든 것이 밝고 명랑하고 신성했다. 두 사람의 대화는 한없이 이어졌다.

그들은 3월 10일까지 베를린에 머물렀다. 일요일에는 나란히 부조니의 집에 초대되어 예술가들끼리 시간을 즐겼다. 마그다는 회상록에서 이렇게 썼다. "베를린에 머물던 이 시기가 릴케 생애에서 가장 행복한 때가 아니었나 싶다. 이 평화로운 몇 주일 동안 그는 과거나 미래에 시달리지 않고 정말 느긋하게 시간을 보냈던 것 같다."

그들은 3월 10일에 베를린을 떠나 뮌헨, 인스부르크, 스위스를 거쳐 3월 26일 파리에 도착했다. 이곳에서 마그다는 4월 20일까지 머물렀다. 릴케는 그녀를 위해 볼테르 강변에 숙소를 잡아 주었다. 늙은 자매가 경영하는 품위 있고 자그마한 호텔이었다. 프랑스의 시골 귀족이나 중산계층이 주로 묵는 곳이었다. 마그다는 매일 오후나 저녁때 릴케를 위해 자그마한 연주회를 여는 것이 일과 중 하나였다.

파리 생활

파리에서도 즐거운 나날이 계속되었다. 그들은 음악을 듣고, 단눈치오 (1863~1938)의 초대를 받아 노트르담 대미사나 아르메니아의 작은 교회 미사에 참석했다. 함께 생 클루 공원을 산책하기도 했다. 그러던 어느 날 마침내 릴케는 벤베누타에게 청혼했다. 그러나 애정 문제로 수년을 고통받아 온 그녀에게 그의 청혼은 결코 쉽게 받아들일 수 있는 문제가 아니었다. 날카로운 예술가적 감성으로 릴케의 본질을 꿰뚫어 본 그녀에게 그의 청혼은 새로운 고통의 과제로 다가왔다. 그녀는 여동생에게 이야기하는 형식을 빌려 이 정신적 고통을 이렇게 고백했다.

"—라이너는 내가…… 우리가 평생 함께 살아갈 마음이 있는지 없는지 내게 물어 봤어. —평소에는 믿을 게 못 된다며 피했던 '영원히'라는 단어를 확신과 경건함을 담아 정열적으로 말한 거야. 나는 그 정열에 압도되었어. 내 얼굴은 그때 틀림없이 창백했을 거야. 온몸의 피가 심장으로 역류했으니까.

사랑하는 마리아, 넌 내가 왜 이렇게 혼란스러워하는지 절대로 절대로 이해하지 못하겠지. 하지만 나는 그 시점에서 나 자신에게 질문하지 않을 수 없었어. '나는 과연 한 여자가 자기 인생을 맡기려는 대상으로서 그를 사랑하는 것일까?' '그의 아이의 어머니가 되고 싶다는 마음으로 그를 사랑하는 것일까?'라고 말이야.

그리고 '아니'라고 대답할 수밖에 없었어. 그는 내게 신의 목소리, 불멸의 영혼, 프라 안젤리코와 같은 속세를 초월한 고귀한 존재이지. 결코 이 세상의 평범한 인간이 아니야. 그에 대한 내 뿌리 깊은 감정들을 인간화하는 데에 나는 말할 수 없는 불안감을 느껴. 그런 감정은 세속적인 틀에 갇힌 일상생활을 만나면, 끊임없이 자아를 부정하지 않는 한 오래 가지 못할 게 분명해. 다른 사정도 있어. 두말할 것도 없이, 그의 소유인 한 여성과 한 아이가 이 세상에 생존해 있다는 거지. 이 두 사람의 특권에 무자비하게 파고들어가서 그들의 권리를 내게 달라고 요구하는 것을 너는 상상이나 할 수 있겠니?"《릴케와 벤베누타》）

서로 상대편을 진심으로 이해하고 그 본질을 깊이 아는 사이면서도, 결별의 때가 무자비하게 다가오고 있음을 두 사람은 의식하지 않을 수 없었다. 마그다가 "슬픈 만남"이라고 말한 사랑의 결말이 다가온 것이다. 그리고 7월 14일, 벤베누타의 편지를 모아 "마그다 폰 하팅베르크 부인(벤베누타)의 소유물. 1914년 7월 10일 봉인"이라고 썼을 때는 릴케도 그 사랑이 끝났음을 확인했을 것이다.

마지막 편지

1914년 7월 28일 제1차 세계대전이 발발했다. 전쟁은 두 사람을 멀리 떨어뜨렸다. 릴케가 죽고 나서 한참 뒤, 벤베누타가 시인에게 보냈던 편지를 어느 낯선 사람이 되돌려 보냈다. 그녀는 그 편지들을 작은 여행 가방에 넣고 자물쇠를 채우려다가 길쭉한 봉투 하나를 발견했다. 그 위에는 릴케의 필체로—dernière letter à B(B에게 보내는 마지막 편지)라는 프랑스어가 쓰여 있었다.

"……언젠가 당신은 어렸을 때 당신을 울렸다는 짧은 노래를 적어 준 적이 있지요. 기억하십니까, 벤베누타. 그것은 이런 노래였습니다.

너를 찾아 사방팔방 헤매고 다녔지.
숲과 들판과 덤불속까지도—
너는 어디에도 없었어. 분명 너는
내 마음 깊은 곳에 있을 거야.

'너를 찾아 사방팔방 헤매고 다녔지.' ……그렇습니다. 보십시오. 나는 그곳에 서 있었습니다. 거기에 서서 내 영혼을, 내 육체를, 허무해진 내 탐색을 믿을 수 없게 되었습니다—나는 펜을 쥘 수도 없었습니다. 거기 있는 것은 당신에 대한 너무나도 무거운 마음이었기에. ……

내 성좌에 있는 벤베누타여. 당신은 내 전장과 승리를 비춰 주려 했습니다. 하지만 나는 여호수아가 아니었습니다. 내게 그런 힘이 있으리라고 생각한 적도 없었습니다.

나는 그런 일을 할 수 없었지만, 신은 나를 산꼭대기로 인도해 당신을 보여 주셨습니다. 당신을, 벤베누타여! 내가 본 것을 그 누가 내게서 빼앗을 수 있겠습니까! 죽음도 그것을 내 안에 가둬둘 수 있을 뿐입니다. ……"

릴케는 1926년 12월 29일에 죽었다. 그는 죽기 직전에 이 마지막 편지를 썼던 것이다.

V. 만년의 릴케

제1차 세계대전 중의 릴케

전쟁의 발발

1914년 7월 20일, 그는 파리에서 출발했다. 두 달 남짓 예정으로 독일로 떠난 것이다. 그에게는 가벼운 여행이었다. 여름용 속옷 등 아주 간단한 소지품만 챙겨 갔다. 그러나 출발 뒤 곧 제1차 세계대전이 발발하여 다시 파리로 돌아와야 했다. 거리는 전쟁 이야기로 들끓었다. 그러나 릴케는 실제 전쟁이 벌어졌다는 사실이 믿기지 않았다. 그의 마음에 그토록 친밀하게 다가오는 두 나라, 프랑스와 독일 사람들이 서로 싸운다는 것이 그로서는 도저히 불가능한 일처럼 느껴졌기 때문이다. 세상 물정에 어두운 릴케의 순진한 면모가 드러나는 대목이다.

제1차 세계대전은 1914년 7월 28일, 오스트리아가 세르비아에 선전포고를 하면서 시작되었다. 릴케는 라이프치히에 있는 키펜베르크 부부를 찾아가 《비가》를 낭독하고 진척 상황을 설명했다. 사태의 급박함은 그의 시상마저 앗아갔다. 유럽의 한 지방에서 시작된 전쟁은 곧 유럽 열강들의 전면전으로 확대되어 갔다.

릴케의 재산 처분

전쟁을 전혀 예상하지 못한 릴케는 모든 가재 동산, 장서, 편지류, 원고 등이 가득 든 여행 가방 몇 개 등을 모두 파리에 둔 채 독일로 여행을 떠났었다. 그의 재산은 이듬해 적성(敵性) 재산으로서 경매에 부쳐져 뿔뿔이 흩어지고 말았다. 이 사실을 안 릴케는 탁시스 후작부인에게 이렇게 보고했다. "파리에 있던 내 전 재산을 잃은 사실을 어제 처음으로 알았습니다. 내 집에 있던 모든 물건이 올해 4월에 경매에 부쳐진 겁니다! 알아주시리라 믿지만, 나는 그 물건들이 소중하다고는 전혀 생각하지 않습니다. 1912년 말 파리에서 모은 모든 것은 아주 옛날부터 말테 라우리스 브리게의 유품이라고 생각해 왔으니까요. 하지만 친애하는 벗이여, 당신이니까 털어놓는 말이지만, 파리에서 이 소식을 들은 뒤로 나는 이상한 감정에 사로잡혀 삽니다. 어딘가에서 넘어졌다가 아무런 고통 없이 벌떡 일어나긴 했지만, 나중에 갑자기 내장이 아파 절규하는 게 아닌가 하는 불안감에서 헤어나지 못하는 사람처럼 말입니다."(1915년 9월 6일)

그의 재산 처분 소식을 들은 슈테판 츠바이크(1881~1942)가 릴케에게 도움의 손길을 뻗었다. 1915년 말 군대 소집 명령을 받은 릴케는 빈으로 향했다. 그곳에서 오랜 벗 슈테판 츠바이크와 만나 담담하게 재산 압류 사건을 이야기했다. 츠바이크는 재빨리 로맹 롤랑에게 편지를 썼다. "어제 소집에 응해 빈으로 온 릴케를 만났습니다. 그에게서 최근 10년간 쓴 원고며 편지 등 파리에 있는 전 재산이 그가 집을 비운 사이 경매에 부쳐져 영원히 그의 손을 떠났다는 소식을 들었습니다. 그중에는 그가 평생 수도사처럼 조용하게 살며 공들여 완성한 작품도 있습니다. 그에게는 비할 데 없이 소중한 노트고 원고이며 독일 예술계에도 둘도 없이 귀중한 재산입니다. 그의 인생의 일부가 물거품으로 돌아가고, 창작에 몰두했던 몇 년의 세월이 사라진 것입니다. 게다가 이런 경험은 금전으로 따질 수 없는 엄청난 손실입니다. 그 엄청난 가치를 지닌 정신적 재산을 잃은 것에 대해 내가 얼마나 큰 동정심과 비통함을 느끼는지 이해하시리라 믿습니다. 그것들은 돈 몇 푼에 식료품점

에 팔려 설탕이나 채소를 포장하는 데 쓰일 것입니다."(1915년 12월 30일)

　국가주의를 강력히 반대했던 로맹 롤랑은 당시 제네바 국제적십자사에서 근무하고 있었다. 그는 이 편지를 받자마자 츠바이크에게 답장을 썼다. "12월 30일자 편지를 보았습니다. 릴케 소식에 가슴이 찢어지는 것 같았습니다. 어째서, 어째서 빨리 알려주시지 않았습니까. 평소 그를 크게 칭찬했던 코포와 지드에게 오늘 중으로 편지를 쓰겠습니다. 그들이 난파선의 표류물을 조금이라도 건져 올릴 수 있도록 말입니다. 하지만 아, 너무 늦었을 테지요. 모두 사라졌을 게 분명합니다. 이것은 내가 들은 것 가운데 가장 치욕스러운 소식입니다. 릴케에게 제 진심 어린 유감의 뜻을 전해 주세요."(1916년 1월 7일)

지드의 동분서주

　이 일로 로맹 롤랑이 자크 코포(1879~1949)에게 보낸 편지는 국적을 뛰어 넘은 그의 숭고한 우정을 유감없이 보여 준다. "나는 가슴 아픈 편지를 받았습니다. 당신도 지드처럼 거기에 동조해 주리라 믿습니다. 파리 캄파뉴 프르미에르 거리 17번지에 살던 그 착하고 무고한 릴케가 원고며 편지류 등 모든 재산을 느닷없이 경매로 잃었다는 소식을 들었습니다. 이는 돌이킬 수 없는 손실이자 온량한 사상가 겸 시인에게 가해진 무법적이고 잔혹한 처사입니다. 릴케뿐만이 아니라 프랑스가 처한 상황을 생각하면 마음이 아픕니다. 그 난파선의 잔존물을 건져 올릴 가능성이 조금이라도 남았는지 아닌지 가능한 한 빨리 알아봐 주시지 않겠습니까? 프랑스의 명예를 위해 당신이 할 수 있는 모든 일을 해 주세요!"(1월 7일) 프랑스의 명예를 위해 전력을 기울여 달라는 부탁을 교전 상대국의 친구를 위해 한 것이다.

　로맹 롤랑의 편지를 받은 지드는 곧바로 적절한 조치를 취했다. "편지를 받고 코포와 함께 즉시 캄파뉴 프르미에르 거리를 다녀왔습니다. 모든 물품이 거의 1년 전에 팔려 버렸다(전부 뿔뿔이 흩어져 버린 걸까요?)는 게 사실이라고 관리인이 말하더군요. ─그녀는 훌륭한 부인으로, 이 사실을 우리에게 알리며 눈물을 흘렸습니다. 그녀는 경매를 면한 편지와 원고, 서류 등을 여행 가방에 보관하고 있었습니다. ……저는 희망을 잃지 않으려고 합니다. 그것에 관해서는 조만간 다시 편지 드리겠습니다."(1월 25일)

지드와 코포가 동분서주했음에도 결과는 좋지 않았다. 지드는 수기에서 다음과 같이 썼다. "내가 할 수 있는 일은 개인 서류, 편지류, 초고 등이 들어 있는 여행 가방 두 개를 갈리마르 서점 지하실에 보관하는 것뿐이었다. 이 물건들은 릴케가 살던 건물의 정직하고 정의로운 여자 관리인이 '가치 있는 물건'이라며 다른 이들의 눈을 피해 감춰둔 것이었다."

지드의 노력은 결국 실패로 끝났다. 그러나 릴케는 자신의 프랑스 친구들의 두터운 우정에 깊이 감동했다.

가방은 1925년에야 비로소 릴케의 손에 돌아왔다. 그동안 압류되어 있다가 몇 사람의 손을 거친 통에 가방에 든 내용물 가운데 절반 가량이 사라지고 없었다. 릴케는 다시 찾은 가방 안에 그다지 중요한 물건은 들어 있지 않았다고 고백했다.

징집

전쟁 국면은 확대되어, 허약한 릴케마저 보충병으로 소집되는 날이 찾아왔다. 그는 1915년 12월에 소집을 받고 이듬해 1월 4일에 빈 부대에 입대했다. 남이 입던 다 떨어진 군복을 입고 3주 동안 임시 건물에 처박혀 훈련을 받았다. 군 생활은 릴케에게 너무나도 가혹했다. 당시 그의 모습을 전해 주는 몇 가지 기록을 소개하겠다.

"릴케가 오늘 (군복 차림으로) 나를 찾아왔습니다. 그는 당신의 동정에 감동하고 있지만, 계속 이어지는 심신 쇠약 탓에 편지 쓸 형편이 아닙니다. ……원고를 잃은 건 그의 운명을 휘감은 잔혹한 사슬 중 한 고리에 불과합니다. 이처럼 몹시 힘들어하는 그의 모습은 그를 아끼고 사랑하는 우리 모두에게 한없는 슬픔입니다."(슈테판 츠바이크가 로맹 롤랑에게 보낸 편지, 1916년 1월 17일)

또한, 휴가를 이용해 탁시스 후작부인을 방문했을 때의 인상이 다음과 같이 기록되어 있다. "릴케는 지급받은 누더기 군복 안에 파묻힌 것처럼 한눈에도 비참한 몰골이었습니다. 어두컴컴한 복도에서 마주쳤지만, 부인은 그를 알아보지 못하고 부랑인이라고 생각했습니다. 그러자 그가 물에 빠진 사람처럼 외쳤습니다. '후작부인, 접니다. 이 안에 있는 게 접니다. 이 밑에 있는 게 저란 말입니다!' 그는 얼마나 우스꽝스러운 병사를 연기해야 했을까

요?"(루 알베르 라자르 《릴케와 함께》, 1952)

그는 야전에 도움이 되는 병사가 아니었다. 오늘날 몇 장 남아 있는 징집 중 시인의 사진이 이를 여실히 보여 준다.

그는 곧 육군성 문서과로 전근을 명받고 1월 말부터 근무했다. 시인은 당시 상황을 이렇게 설명했다. "이곳에서 내 생활은 겉으로는 (근무 시간은 9시부터 3시까지입니다) 편하고 좋아졌습니다. 그러나 기계적인 필사나 기록일만 하게 되지 않는 한 이곳에 오래 있지는 못할 것입니다. 나와 같은 문필가들이 1년 반 이상이나 해 온 문학 봉사를 도저히 할 수 없으니까요. 나는 그런 봉사를 위해 펜을 들고 싶지 않습니다. 그것은 참으로 비참하고 옳지 않은 일입니다. 이런 일그러지고 무책임한 문학 활동을 하느니 모든 정신 활동을 중지하는 편이 훨씬 낫습니다. 문필가들은 그 일을 '영웅들의 화장'이라고 부릅니다. 그들은 오랫동안 그것을 두려워했지만, 이제는 익숙해져서 아무런 죄책감 없이 하고 있습니다."(1916년 2월 15일 안톤 키펜베르크에게 보낸 편지) 릴케와 같은 문필가 출신에게 부과된 일은 전선에서 싸우는 병사들의 행동을 영웅 이야기처럼 꾸며 신속하게 국민에게 선전하는 일이었다. 그러나 릴케는 도저히 그 일을 할 수 없었다. 그것은 마지막 남은 시인으로서의 자존감을 지키기 위한 저항이었다.

'이상적인 환경'

그가 이 궁지에서 빠져 나올 수 있었던 것은 이해심 깊은 상관 베르체 대령 덕분이었다. 당시 릴케와 함께 근무했던 오스트리아의 저술가 게조 질베라(필명 질 바라, 1876~1938)의 기록을 살펴보자.

"우리는 매우 너그러운 성품을 지닌 베르체 대령 밑에 있었다. 우리의 주요 임무는 즉석에서 전쟁기사를 쓰는 일이었다. ……어느 날 아침, 베르체 대령이 들어왔다. 대령은—어느 모로 보나 군인이라고는 할 수 없는—마르고 허약해 보이는 젊은 신사 한 명을 데리고 왔다. 그는 보병이 입는 깔끔한 제복을 입고 있었다. 그들은 내 책상 옆으로 다가왔다. '라이너 마리아 릴케를 데리고 왔소. 여기서 근무하게 됐으니 일을 가르쳐 주시오.' 대령이 말했다."

릴케는 도저히 '영웅의 화장'을 할 수 없었다. 썼다가 찢고, 썼다가 찢고만 반복했다. 그 모습을 대령에게 보고하자, 이튿날 아침 대령이 커다란 두

루마리 종이와 기다란 자를 가지고 찾아왔다.

"그는 그것을 릴케의 책상 위에 놓고 말했다. '릴케 씨, 계산을 하려면 괘선지가 필요합니다. 가지고 온 견본을 참고해서 이 종이에 선을 그려 주시오.' 그러면서 나를 흘끔 보더니, 몹시 겸연쩍다는 듯이 재빨리 방을 나갔다.

이리하여 릴케는 우리의 격리된 방에 앉아 종이에 괘선을 그리게 되었다. 그가 전쟁에 이바지한 것은 그뿐이었다. 그는 몇 시간 동안 쉬지 않고 열심히 수직선과 수평선을 그었다. 선과 선 사이가 2밀리미터 정도 벌어지기도 했지만, 그는 확실한 적성을 발휘해 그 일을 아주 정확하게 수행했다. ……"

릴케 같은 시인이 괘선긋기로 세월을 보낸 것은 비극이었지만, 적어도 군대 선전에 동원되는 것보다는 나았을 것이다.

그 뒤 여러 저명인사들의 청원서 덕분에 릴케는 1916년 6월 9일 마침내 소집을 해제받고 일곱 달 반에 걸친 군 생활에서 해방되었다.

스위스로 탈출

1918년 11월 11일, 제1차 세계대전이 끝났다. 패전국의 삶은 비참했다. 릴케도 그 비참함을 뼈저리게 체험해야 했다. 릴케의 예술은 전쟁으로 인해 그 흐름이 끊기고 말았다. 하지만 《비가》를 완성시키고자 하는 그의 열망은 나날이 커져갔다. 그때 스위스에서 초대장이 날아왔다. 스위스는 미지의 나라였기에 처음에는 내심 망설였으나, 거듭되는 예술 애호가들의 요청을 받고 자작 낭독회에 참석하기로 결심했다.

1919년 6월 11일 새벽, 그는 뮌헨을 떠났다. 몇몇 친구가 그를 배웅했다. 한때는 여행에 익숙했던 릴케였지만, 이제는 관세나 국경을 넘는 일에도 불안해하는 겁 많은 여행자가 되어 있었다. 이 뜻밖의 스위스 여행이 방랑의 종착점이 될 줄은 시인도 상상하지 못했을 것이다.

뮈조트 성관과 《두이노의 비가》

'영주'의 우정

전쟁에 지쳐 스위스로 건너 온 릴케 앞에는 막막한 현실이 기다리고 있었다. 그에겐 돈도 친구도 없었다. 그러나 스위스의 차분한 환경과 현지 교양인들과의 만남이 그에게 힘을 주었다. 릴케는 그의 마지막 거처인 뮈조트 성관에서, 마침내 숙원의 대작 《두이노의 비가》와 《오르페우스에게 바치는 소네트》를 완성하게 된 것이다.

스위스에 도착한 시인은 줄곧 《비가》를 완성하겠다는 일념으로 창작에 집중할 수 있는 조용한 거처를 찾아다녔다. 그러던 어느 날 우연히 뮈조트 성관에 대해 알게 된 릴케는 그 기쁨을 지인에게 편지로 알렸다. "그날도 다 지나가려 하고 있었습니다. 그런데 저녁에 기적이 나타났습니다……! 호텔 베르뷔 바로 옆에 있는 날마다 들르는 이발소 쇼윈도 안에서 13세기의 성, 즉 귀족의 별장이 찍힌 사진을 발견한 것입니다……거기에 '매매 또는 임대'라고 쓰여 있는 게 아니겠습니까? 친구여, 아마도 그곳이 내 스위스 거주지가 될 것입니다." 이 편지는 1921년 7월 4일 여행에서 돌아오는 도중에 로잔의 한 카페에서 연필로 갈겨 쓴 것이다. 그 광고를 본 다음 날 릴케는 함께 발레 지방을 여행했던 여류화가 메를린과 함께 뮈조트 성관을 보러 갔다.

시에르에서 20분 남짓 꽤 급한 경사를 올라가면 완만한 초원이 좌우로 펼쳐졌다. 그곳에서 멀리 보이는 회벽 건물이 뮈조트 성관이라 불리는 낡은 저택이었다. 작고 사랑스러운 정원으로 둘러싸여 있으며, 주변 경치도 훌륭했다. 산지로 둘러싸여 있었지만 물이 풍부하여 척박하지 않고 목가적인 분위기가 물씬 풍겼다. 멀리 계곡과 산의 구불구불한 윤곽이 바라다보이고, 포도밭 근처에는 전원풍의 작고 하얀 교회가 서 있었다. 모든 것이 놀랍도록 조화로웠다.

옛 모습을 그대로 간직한 중세 귀족의 성관을 릴케는 경탄의 눈으로 바라보았다. 성관 위아래 층은 모두 세 개의 방으로 나뉘어 있었다. 17세기의 상징인 수수한 가구도 있었다. 물론, 불필요한 물건이 아예 없지는 않았다. 오전에 성관 2층으로 올라간 릴케와 메를린은 그 집이 벌써 자기 집이 된 양 "계획을 세우고, 가구를 정리하고, 감탄하고, 기뻐했다." 시인은 되도록 그곳에서 살고 싶었다. 그러나 그가 감당하기에는 집세가 너무 비쌌고, 전기와 수도가 없어서 생활에도 불편이 클 것이었다. 그럼에도 그는 뮈조트 성관을 포기하고 싶지 않았다. 《비가》를 완성하기에는 더없이 완벽한 조건을 갖춘 곳이라고 생각했기 때문이다.

이런 상황에서 릴케가 성관에 살 수 있게 된 것은 빈터투어에 사는 베르너

뮈조트 저택
친구의 알선으로 릴케는 1921년에 스위스 남부 발레 지방의 조그만 저택으로 이사했다. 그는 이곳에서 《두이노의 비가》 《오르페우스에게 바치는 소네트》 등 만년의 대작을 완성했다.

라인하르트(1884~1951)의 너그러운 우정의 선물 덕분이었다. 라인하르트는 릴케를 대신해 그곳을 빌렸고, 나중에는 아예 사들여서 릴케가 그곳에 거주할 수 있게 배려했던 것이다. 릴케는 익살스럽게 그를 '영주'라는 애칭으로 불렀으며, 뒷날 번역한 폴 발레리의 시를 비롯하여 자신의 작품 여러 편을 그에게 헌정했다. 시인이 라인하르트의 우정에 얼마나 고마워했는지 알 수 있는 대목이다.

딸 루트의 결혼

어느덧 여름이 지나고, 11월 초 딸 루트가 약혼을 발표했다. 그와 관련한 번거로운 일들이 닥쳐왔다. 그러나 그것은 아버지로서 마땅히 해야 할 의무였다. 시인의 운명을 타고난 그는 결혼한 이듬해 가정을 떠나 파리로 나온 이래, 세상에서 말하는 아버지다운 삶을 산 적이 없었다. 훌륭한 예술가인 아내 클라라도 조각으로써 자신의 예술 세계를 펼치고자 했다. 그런 의미에서 그녀도 예술에 평생을 바치려는 사람이었다. 그들의 결혼 생활은 예술가끼리 맺어져 예술가로서 살아가면서 유지되었다. 릴케가 어린 딸을 두고 창작을 위해 파리로 떠나는 데 흔쾌히 동의한 클라라였지만, 인생의 갈림길 앞에서 적지 않은 고뇌를 했던 것이 사실이다. 로댕과의 불화로 힘겨워할 때 릴케를 지탱해 준 것은 이런 클라라의 애정이었다. 외로운 타향 파리에서 릴케는 클라라에게 끊임없이 편지로 마음을 털어놓았다. 그러나 각자 자신의 일에 몰두하며 살아가다보니 자연스럽게 부부 사이는 소원해져갔다. 클라라는 평생 가정을 버려두고 떠돌아다니기만 하는 남편이 원망스러웠으리라. 둘 사이의 편지왕래는 점차 뜸해졌고, 클라라는 남편의 편지에 짧고 사무적인 답장으로만 일관했다. 전쟁으로 인해 릴케가 독일로 돌아왔을 때도, 두 사람은 따로 살았다. 릴케가 다양한 여성들과 우정을 나누었던 건 이런 소원해진 부부관계와 무관치 않을 것이다. 1912년 이후 부부는 사실상 이혼한 것이나 다름없었다. 전쟁 발발 이전에도 이혼을 고려했었던 릴케는 스위스에서 생활하게 되면서 결심을 굳혔다. 키펜베르크의 만류로 그 실행을 미루고 있었을 뿐이었다. 그런 상황에서 루트가 약혼을 발표한 것이다.

번잡한 가정사에서 벗어나고 싶어하던 그였지만, 딸의 지참금을 마련하기 위해서 릴케는 출판사 사장 안톤 키펜베르크에게 돈을 빌려달라는 편지를 썼다. 당시 독일 마르크화의 통화가치는 폭락을 거듭하고 있었기에, 릴케는 자신의 외국 체류 비용을 마련하는 데 있어서도 상당부분 키펜베르크의 우정에 기대고 있던 터였다.

루트는 외가 쪽 친척뻘인 칼 지버(1897~1945)와 결혼했는데, 릴케는 결혼식에도 참석하지 않고 모든 걸 아내에게 맡겼다. 친척들은 부모답지 않은 그의 행동을 강하게 비난했다. 그는 평생 사위와 만날 기회가 없었으며, 손주들과도 만나지 않았다. 이렇듯 릴케는 가정에 충실한 가장의 길과 고독 속에서 내면을 응시하는 예술가의 길을 동시에 걸을 수는 없었다.

《비가》의 완성

1921년 11월 8일, 메를린은 베를린에서 겨울을 보내러 뮈조트를 떠났다. 릴케는 점차 그의 '마지막 염원'을 이룰 정신적인 준비를 갖춰가고 있었다. 그동안 릴케는 발레리의 시를 번역하고, 게르트루드 아우커머 크노프(1870~1967) 부인이 죽은 딸 베라의 병고를 기록한 수기를 읽었다. 이들은 각각 《두이노의 비가》와 《오르페우스에게 바치는 소네트》를 완성하는 데 정신적인 밑거름이 되었다.

조용한 겨울날이 이어졌다. 찾아오는 이도 없었다. 고요 속에서 시인의 명상은 깊어갔다. 먼 산들은 은백색으로 빛나고, 론 계곡은 고독에 잠겨 있었다. 영혼의 집중을 방해하는 것은 아무것도 없었다. 그는 오랫동안 신문을

읽지 않았다. 편지도 거의 쓰지 않
았다. 정진의 날들이 이어졌다. 깊
은 침묵이 시인의 영혼을 둘러쌌다.
그리고 1922년 2월, 마침내《두이노
의 비가》가 완성되었다.

그는 완성의 기쁨을 안톤 키펜베
르크에게 이렇게 전했다.

"친애하는 벗이여……드디어 비가
를 완성했습니다! 올해 중에 출판할
수 있으리라 생각합니다……방금 차
가운 달빛 속을 산책하고 돌아왔습니
다. ……제목은《두이노의 비가》라고

만년의 릴케

붙일 생각입니다."(1922년 2월 9일 심야)

릴케는 또 다른 은인 마리 폰 투른 운트 탁시스 후작부인에게 잊지 않고
환희와 감사로 가득한 편지를 보냈다. "1922년 2월 11일, 토요일 저녁. 후
작부인, 드디어 축복받은 날이―제가 믿는 한―비가의 완결을 짓는 멋지고
축복받은 날이 찾아왔습니다. 10편! 11일 토요일 오후 6시에 마지막 시가
완성되었습니다!"

〈제1비가〉

《두이노의 비가》를 완성함으로써 릴케는 평생의 무거운 짐을 벗은 듯한 기
쁨과 안도감을 느꼈다. 그만큼《비가》는 예술가로서 그가 스스로에게 부과한
가장 중요한 사명이었던 것이다.

일찍이 수년에 걸쳐 완성된《말테의 수기》는 비관적 세계인식으로부터 완
전히 자유롭지 못했다. 차라리 그것은 릴케 자신의 표현을 빌자면 '철저한
절망의 서(序)'라고 할 수 있었다. 반면《비가》에서 릴케는 유한성과 무한성
의 경계를 초월한 '열린 세계'를 노래했다. 그리고 이는 평생에 걸친 탐구와
내적 성찰을 통해 그가 도달한 궁극적인 세계인식에 다름 아니었다.

1912년 1월 아드리아 해변에 있는 두이노 성에서 단숨에 써 내려간 〈제1
비가〉는 서가(序歌)의 역할을 한다. 여기에는 나머지 비가들의 주제와 관련된 모든 존재들이 등장한다. 천사, 동물, 그리고 그 둘 사이에 끼여 있는 존재인 인간, 영웅, 사랑의 여인 등. 이들은 《두이노의 비가》가 노래하는 전일(全一)의 세계에서 어떤 위상을 갖는 걸까?

시인은 천사를 지고의 존재로 노래한다. 그는 《두이노의 비가》의 천사에 대해 이렇게 설명한 바 있다.

"내 시에 등장하는 죽음, 저승, 영원 따위의 개념들을 그리스도교적 관점에서 해석해서는 안 됩니다. 이는 출발점부터 초점이 어긋난 것과 같습니다. ……《비가》의 천사는 그리스도교의 천사와 아무런 관계도 없습니다. 가시적인 것을 비가시적인 것으로 바꾸려는 우리의 간절한 행위가 철저하게 구현된 것, 그것이 《비가》의 천사입니다."(1925년 11월 13일, 비톨트 폰 프레비치에게 보낸 편지)

릴케가 노래하는 전일의 세계는 가시적인 것과 비가시적인 것, 이승과 저승, 산 자와 죽은 자가 하나로 녹아드는 공간이다. 인간의 유한성은 전일의 세계 안에서 무한성과 하나로 녹아든다. 이때 천사는 무한성의 표상이면서, 동시에 인간의 유한성과 천상의 무한성을 연결하는 매개적 존재이다. 천사는 삶과 죽음을 구분하지 않는다. 천사는 두 세계 모두에 살기 때문이다.

"삶과 죽음은 《비가》에서 하나로 설명됩니다. ……죽음은 우리와 등을 맞대고 있는, 우리에게 한 번도 모습을 드러낸 적 없는 삶의 일면입니다. ……진실한 생명의 형태는 이 두 영역에 걸쳐 있습니다. 우리는 이 두 세계에서 다 퍼 올리지 못할 만큼 많은 양분을 흡수하는 우리 존재에 대한 가장 큰 의식을 규명하도록 노력해야 합니다. ……이승도 저승도 없습니다. 있는 것은 위대한 하나의 통일체입니다. 그곳에는 우리를 능가하는 강력한 천사들이 삽니다."(1925년 11월 10일, 비톨트 폰 프레비치에게 보낸 편지)

릴케는 〈제1비가〉에서 앞으로 노래할 주제들을 전체적으로 아우르면서 《말테의 수기》의 부정성으로부터 《오르페우스에게 바치는 소네트》의 절대적인 삶의 긍정으로 변모해 갈 찬란한 정신의 궤적을 예비한다.

〈제2비가〉와 〈제3비가〉

〈제2비가〉는 〈제1비가〉에 이어 1912년 초 두이노 성관에서 완성되었다. 〈제2비가〉에서는 천사가 다시금 노래한다. 덧없는 인간 존재에 비해 영원한 세계에 사는 천사에게 보내는 찬미가 다양한 형태로 노래한다.

〈제3비가〉는 1912년 초 두이노 성관에서 쓰이기 시작해 이듬해인 1913년 파리에서 완성되었다. 이 《비가》에서 노래하는 것은 청년의 숙명적인 사랑이다. 초개인적, 근원적, 폭력적인 성 충동 등 본능적인 일면과 깨끗하고 수동적이고 진실한 여성 본질에 대한 동경이 청년을 둘러싸고 갈등한다. 릴케는 결코 공허한 관념론자가 아니었다. 《비가》에 등장하는 청년은 바로 그 자신이었다. 자신의 체험을 숨김없이 노래한 것이다.

여성에게는 별에서 유래하는 밝고 청순한 힘이 깃들어 있다. 결코 신적인 것은 아니나, 위에서 작용하는 빛으로 규정되는 힘이다. 이 힘이 암흑의 강렬한 본능적 힘과 청년이라는 한 존재의 장을 둘러싸고 갈등한다. 이 시의 비가적 기조에도 결말에서 가느다란 희망이 한 줄기 빛을 던진다. 연약한 여성의 사랑이야말로 광란의 심연에서 남성을 구원한다는 사실을 노래했다. 릴케만큼 여성에게 경도된 시인도 드물 것이다. 청년의 운명을 노래한 이 시도 뒤집어 보면 여성을 예찬하는 시라고도 할 수 있다.

〈제4비가〉

〈제4비가〉는 제1차 세계대전이 발발한 이듬해인 1915년 11월 말에 완성되었다. 징집되기 직전의 일이다. 시는 지극히 난해하지만, 이 시의 결론은 '전일의 세계'와 연결돼야만 인간 존재의 지속성이 유지된다는 것이다. 〈제4비가〉와 제1, 제2, 〈제3비가〉 사이에는 세계대전 발발과 벤베누타와의 만남과 헤어짐이라는 사건이 끼어 있다. 이는 시인에게 중대한 경험들이었다.

인간은 늘 만남과 이별을 체험한다. 삶 안에서 죽음이 자라듯이, 이별은 인생의 자연스러운 일면이다. '멀리서 다가오는 것이 보이는 이별'은 평생 시인의 뇌리를 떠나지 않은 명제였다. 이별은 늘 우리가 맡는 꽃향기이다. "그렇게 우리는 살고 있다, 언제나 작별을 고하려는 모습으로."(〈제8비가〉 마지막 행) 인간은 죽음을 품은 채 태어난다. 죽음은, 죽음의 현존은 신비이다. 끊임없이 변하는 인간 세계에서 '변하지 않는' 세계로 들어가는 길은 결국 죽음에 대한 적의 없는 걸음을 계속하는 것이다.

〈제5비가〉

〈제5비가〉는 1922년 2월 14일 뮈조트에서 탄생했다. 제1차 세계대전이 발발한 지 2년이 지난 1915년 6월, 살던 집을 비워 줘야 하는 처지에 놓인 릴케에게 친구인 여류 작가 헤르타 쾨니히(1884~1976)는 잠시 비는 자신의 집을 빌려 주었다. 그 집에는 피카소(1881~1973)가 그린 〈어릿광대〉(1905)라는 그림이 걸려 있었다.

파리에 살 무렵 릴케는 길거리에서 연기하는 곡예사 가족을 만나 그 연기와 삶의 의미를 깊이 생각한 적이 있었다. 피카소가 그린 〈어릿광대〉와 릴케가 자주 보던 곡예사 가족이 얼마나 유사성을 가졌는지는 확실치 않지만, 그 무렵 파리 길거리에서 이런 예능인들이 연기를 했던 것은 사실이었다. 어쨌거나 이 피카소의 그림을 본 것이 〈제5비가〉를 쓰는 계기가 되었다.

길거리에서 구경꾼들에게 갈채를 받는 어릿광대의 연기에 시인은 일종의 허무함을 느꼈다. 그들의 삶에 깊은 동정을 표현하면서도, 그들의 직업을 시인은 '순수의 과소', '공허의 과다'라고 평가하지 않을 수 없었다. 어릿광대와 같은 공허한 모습은 세계 어느 광장에서나 발견된다. 그들의 삶과 유행을 좇는 파리 광장의 삶은 외형은 다를지언정 '맹목적인 의지'에 농락당하는 껍데기뿐인 삶이라는 점에서는 다를 바가 없다. 〈제5비가〉의 마지막 연은 다음과 같다.

천사여! 우리가 모르는 장소가 있다면, 그곳에서는
연인들이 말로 표현할 수 없는 양탄자 위에서,
이곳에서는 결코 조절할 수 없을, 그 심장의
드높고 대담한 박동을 드러내리라.
그들의 욕망의 탑들, 오래 전부터
바닥없는 곳에 서로 기대어 떠는
사다리들을. 그리고 그들은 저 구경꾼들,
셀 수 없이 많은 소리 없는 망자들 앞에서
이 모두를 능숙하게 다루리라.
그리하면 망자들은 마지막까지 아껴서 품속에 숨겨둔,
우리가 알지 못하는 영원히 통용될 행복의 동전을

이제 고요해진 양탄자 위에서
진실로 미소짓고 있는 연인들의 발치에
던져 주지 않으랴?

여기서 시인은 곡예사의 피상적이고 허무한 삶과 대비되는 참된 존재로서
'진실로 미소짓고 있는 연인들'을 제시한다. 이들 연인들이 보여 주는 곡예
는 드높고 대담하게 고동치는 '심장'에서, '바닥없는' 허공에서 비롯되는 열
린 세계의 현존으로서의 곡예이다.

〈제6비가〉

〈제6비가〉는 1912년 2월부터 3월에 걸쳐 지어졌다. 그 뒤 짧은 시구가
더해져 1922년 2월 9일 밤 뮈조트 성관에서 최종 완성되었다.

이 시는 흔히 '영웅의 비가'라 불리는 작품이다. 릴케가 노래하는 영웅은
생성과 소멸의 굴레에 매인 보통사람과 달리 영원히 현존하는 불멸의 존재
이다. 영웅에게는 죽음조차 끝이 아닌 마지막 탄생이다.

영웅은 기이하게도 젊어서 죽은 자들과 닮았다. 영웅은
영속성 따위에 관심이 없다. 그에게는 현존이 곧 상승이다. 그는
끊임없이 위험천만한 뒤바뀐 별자리로
걸음을 옮긴다. 그곳에서 그를 알아볼 사람은 거의 없다. 그러나
우리를 어두운 곳에 숨겨 두던 운명은 갑작스럽게 고양되어
끝없는 폭풍우의 세계로 들어서는 그를 노래한다.
나는 지금껏 그와 같은 목소리를 들어본 적 없나니, 흘러가는
공기에 실려 오는 그의 어두운 음성이 나를 꿰뚫고 지나간다.

영웅은 영원한 현재에 살기에 영속성에는 관심이 없다. 영웅은 우리처럼
분열되어 있지 않다. 끊임없는 생성, 그것이 영웅이 걸어가는 길이다. 그는
'언제나 뒤에는 자신이 지나온 길을 두고 그 앞에는 신을' 두는 짐승(〈제8비
가〉)과 마찬가지로, 전일(全一)한 세계에 속한 존재이기 때문이다.

〈제7비가〉

〈제7비가〉는 1922년 2월 7일, 뮈조트 성관에서 완성되었다. 최종적으로 퇴고한 것은 2월 26일이었다. 〈제6비가〉에서는 영웅의 운명이 칭송되었다. 그러나 영웅은 예외적 존재이다. 평범한 인간의 존재 의미는 어디에 있을까? 〈제1비가〉 이래 인간 존재의 유한성을 탄식하던 시인은 〈제7비가〉에 와서 처음으로 '이 세상에서 사는 것이 얼마나 멋진지'를 노래했다. 열린 세계가 언제나 인간을 향해 그 영원의 빛을 비추고 있기에, 인간은 유한성 가운데서도 무한성을 감각하고, 호흡하는 존재다. 그리고 그 열린 세계의 빛은 바로 인간의 내면에서 비쳐드는 것이다. 시인은 '세계는 우리의 마음속 말고는 어디에도 없다'고 노래한다. 인간의 내면에는 〈제6비가〉에서 노래한, 영원한 생성 가운데 존재하는 영웅이 잠들어 있는 것이다. 이러한 통찰은 인간이 덧없는 삶 속에서 이룩한 위대한 창조물들에 대한 찬탄으로 이어진다. 이들 창조물이야말로 인간의 유한성이 이룬 초월적 순간의 상징이라 할 수 있기 때문이다. 그리하여 시인은 '오, 천사여, 경탄하라, 이것이 바로 우리다,/오, 그들에게 말해다오, 그대 위대한 존재여, 우리가 이것을 이루었노라고. 이것을/ 찬미하기에는 나의 호흡이 너무나 가쁘나니'라고 노래할 수 있는 것이다.

〈제8비가〉

〈제8비가〉는 1922년 2월 7일부터 8일까지 뮈조트 성관에서 단숨에 써 내려갔다.

릴케는 이 시를 친구 루돌프 카스너에게 헌정했다. 이 시의 주제가 지난날 친구와 나눈 대화에서 비롯된 것이었기 때문이다. 카스너는 《회상록》에서 이렇게 말했다. "나는 지금도 똑똑히 기억한다. 이 《비가》가 쓰이기 훨씬 전에 우리는 두이노 성의 동물원을 거닐며 중개자로서의 그리스도에 관해 이야기 했었는데, 그때 릴케는 모기의 깊은 내면적 행복에 대해 이야기했다. 이 《비가》가 내게 헌정된 이유 중 하나는 그것일 것이다."

릴케는 이 시에서 해석된 세계만을 아는 인간과 해석의 울타리 바깥의 열린 세계에 존재하는 동물을 대비시킨다. 인간은 유한성의 울타리에 둘러싸여 살기에 언제나 분리된 세계에 머문다. 인간이 그런 세계로부터 느끼는 것

은 허무와 고독의 감
정이다. 릴케는 이런
인간의 심리를 다음
과 같이 절묘하게 노
래하고 있다.

그 누가 우리의 방향
을 이렇게 돌려놓았
기에,
무슨 일을 하건 우리

프랑스 파리 로댕 박물관에 있는 릴케의 추모석

는 항상 떠나는 자의
모습을 갖게 되었는가? 계곡이 한눈에 내려다보이는
마지막 언덕 위에서, 다시 한 번 돌아보며 머뭇거리는 사람처럼,
그렇게 우리는 살고 있다, 언제나 작별을 고하려는 모습으로.

인간은 언제든 의미의 울타리를 둘러침으로써 현존으로부터, 열린 세계로
부터 작별을 고할 준비가 되어 있는 것이다.

〈제9비가〉
〈제9비가〉는 1922년 2월 9일에 완성되었다. 단, 처음 6행과 마지막 3행
은 1912년 3월 두이노에서 지어졌다.
서정적인 운율과 안정감이 돋보이는 이 시에서 릴케는 지상의 존재로서의
인간의 삶을 열정적으로 노래한다. '운명을 피하는 동시에 갈구하는' 비참하
고 왜소한 존재로부터 벗어나 단 한 번뿐인 삶 속에서 대지의 부름에 따르는
참된 현존재가 되어야 한다고 역설한다. 인간의 한계 안에서, '말로 표현할
수 없는 세상이 아닌', 이 지상의 소박한 사물들 곁에서, 삶이라는 끊임없는
생성과 변화의 과정에 참여하는 것. 그 가운데서 비로소 인간은 무한의 세계
와 만난다. 절대적인 생의 찬미의 목소리와 만난다. 또한 그것은 죽음의 영
원성과도 통하는 것. 눈부신 현존 가운데서 삶과 죽음은 비로소 하나가 되는
것이다.

대지여, 그대가 원하는 것이 바로 이것 아닌가? 우리 안에서
보이지 않게 솟아오르는 것—언젠가는 보이지 않게 되는 것,
그것이 그대가 꿈꾸던 것 아니던가? —대지! 보이지 않는 대지!
변신이 아니라면 다른 그 무엇이 그대의 절박한 명령이랴?
사랑하는 대지여, 내가 그렇게 하리라. 오, 나를 믿으라, 나를
얻기 위해서 또 다른 봄날을 준비할 필요는 없다, 단 한 번,
아, 단 한 번의 봄만으로도 내 피에겐 너무나 벅차나니.
무어라 설명할 수 없을 만큼, 나는 처음부터 그대의 것이었다.
그대는 언제나 옳았다. 그리고 그대의 가장 신성한 영감은
저 친숙한 죽음이다.

보라, 나는 살고 있다. 무엇으로? 어린 시절도 미래도
조금도 줄지 않았다…… 넘쳐 오르는 현존이
내 가슴 속에서 샘물처럼 솟아나기에.

〈제10비가〉

〈제10비가〉는 1912년 초 두이노에서 처음 집필되고, 이듬해 늦가을 파리에서 가필을 거쳐, 그해 말 초고가 완성되었다. 그러나 1922년 2월, 릴케는 초고를 거의 다 뜯어고쳐 완전히 새로운 형태의 시로 완성시켰다.

시인은 이 마지막 시에서 다시금 죽음을 응시한다. 이 시가 그리고 있는 '죽은 아이'와 '비탄'의 여정은 삶의 슬픔, 궁극적으로는 죽음을 삶의 일부로 받아들이는 통과의례의 신비적 색채를 띤다. 그들의 시선 속에서 죽음은 영원의 별자리로 화한다. 마침내 삶과 죽음은 우주적 합일을 이룬다. 삶 속에 죽음이, 죽음 속에 삶이 깃들여 있음을 릴케는 다음과 같이 간명하고 아름다운 언어로 노래하고 있다.

그러나 그들, 영원한 죽음에 이른 자들이 우리 안에서 하나의 상징을 일
깨운다면,
보라, 그것은 아마도 헐벗은 개암나무에 달린
겨울눈, 또는

봄날의 어두운 대지 위로 떨어
지는 비—

그리고 솟아오르는 기쁨만을
생각하는 우리는
떨어져 내리는 기쁨 앞에서
거의 충격에 가까운 감정을 느
끼리라.

그리하여 마침내, 헐벗은 나무
에 매달린 조그만 생명의 눈처
럼, 어두운 대지를 일깨우는 비
처럼, 죽음 속에 움트는 생명을
볼 수 있게 된 자는 이처럼 '솟
아오르는 기쁨만이 아닌, 떨어져
내리는 기쁨'을 느낄 수 있게 된

릴케의 무덤
묘비명으로는 자작 삼행시가 적혀 있다. "장미여, 순수
한 모순이여/그리도 많은 눈꺼풀에 감싸여 있건만/누
구의 것도 아닌 잠이 되는 기쁨이여" 스위스, 론 계곡
에 있는 라론 교회 묘지.

다. 그것은 삶에 대한 절대적 자각의 순간, 가슴이 무너지는 듯한 충격으로
다가오는 열림의 순간이다.

　이처럼 절망적이고 비참한 인간 조건에 대한 성찰로부터 시작하여 절대적
인 삶의 긍정에 이르는 눈부신 의식의 변모를 뛰어난 통찰력과 상상력으로
그려낸 《두이노의 비가》는 삶과 죽음, 정신과 육체, 종교와 이성의 경계를
초월한 릴케 미학의 완성이며, 나아가 현대시문학에 독보적인 위치를 차지
하는 거대한 원형이라고 할 수 있다.

스물아홉 편의 소네트

　뮈조트 성관에서의 고독한 생활은 시인에게 새로운 예술적 결실을 이루는
계기가 되었다. 《오르페우스에게 바치는 소네트》는 《두이노의 비가》라는 드
높은 산맥의 능선을 따라 자연스럽게 만개한 꽃이라 할 수 있다.

　1921년 12월, 시인은 게르트루트 아우커머크노프 부인이 딸 베라의 죽음
에 대해 기록한 수기를 읽었다. 릴케는 임종 직전 죽음과 소통하는 소녀를

묘사한 대목에서 깊은 감명을 받았고 이 경험이 그로 하여금 단숨에 스물아홉 편에 이르는 소네트를 쓰게 했다.

1922년 2월, 《오르페우스에게 바치는 소네트》는 이렇게 탄생했다. 릴케의 오르페우스는 끊임없는 생성의 신, 디오니소스적인 신비를 거느린 릴케 자신의 신이었다.

> 기념석을 세우지 마라. 다만 해마다
> 장미꽃을 피우라, 오르페우스를 위해.
> 장미꽃은 곧 오르페우스이니. 그 변모는
> 모든 것 안에 나타난다. 묘비명에만
> 집착해선 안 된다. 노래의 곡조가 있는 곳,
> 그곳에 오르페우스는 존재한다.

결국 오르페우스는 생명의 또 다른 이름, 만물에 깃든 생성과 변모의 음악에 다름 아닌 것이다.

시로서 사색하고 명상했던 사람

릴케는 다재다능한 작가는 아니었다. 그의 본질은 오로지 시인이었다. 그의 유일한 장편 소설로 간주되는 《말테의 수기》조차 엄밀히 따지면 소설이라 할 수 없었다. 젊어서 쓴 희곡은 모두 습작의 영역을 벗어나지 못했다. 자신에게 허락된 시인이라는 유일한 길을 철저히 걸어간 릴케는 인간내면의 탐구에 집중했다.

스스로 밝힌 바 있듯이, 릴케는 철학을 좋아하지 않았다. 철학서라고 해봐야 칸트와 쇼펜하우어를 조금 읽은 것이 전부였다. 그는 철학적 체계 안에서 인간존재를 고찰하기를 거부했다. 그는 시를 통해서만 사색할 수 있는 사람이었다. 그는 비가의 탄생을 brausen, klingen, anheulen 등의 단어로 표현했다. 다시 말해서, 그의 사유는 바람처럼 쏴쏴 소리내고(brausen), 바이올린 현처럼 울리며(klingen), 개처럼 짖어댈(anheulen) 때 탄생한다.

안젤로스의 책 《라이너 마리아 릴케》(1936)에 따르면, 일찍이 하이데거는 "내 철학은 릴케가 시로 표현한 것을 사색적으로 전개시킨 것에 불과하다"

고 말했다. 하이데거의 전기 철학을 대표하는 《존재와 시간》은 릴케 사후인 1927년에 출간되었다. 실존철학과 릴케 시의 깊은 연관성은 릴케가 곧 존재의 철학자였음을 보여 준다. 이성을 뛰어넘은 침묵으로, 사유와 분석이 아닌 고독의 심연에서 길어 올린 영혼의 응시로, 릴케는 그만의 깊고 눈부신 존재론을 완성한 것이다. 클로드의 인생관과 세계관을 보여 주는 작품이다.

릴케 연보

1875년   12월 4일, 프라하에서 태어남. 아명은 르네(René). 아버지 요제프는 철도회사에 근무하는 소시민이고, 어머니 소피아는 부잣집 딸로 이상할 정도로 허영심이 강한 특이한 여성이었다. 여자아이를 낳았다가 먼저 저세상으로 보낸 경험이 있는 어머니는 다시 여자아이를 키우고 싶어 르네를 다섯 살 때까지 여자아이처럼 키웠다.

1882년(7세)   프라하 피아리스트회 초등학교에 입학.

1884년(9세)   어머니 소파아가 집을 비우는 일이 잦아짐.

1886년(11세)   9월, 장크트 푈텐 육군유년학교에 입학. 군인의 꿈을 이루지 못했던 아버지 요제프가 자신의 꿈을 아들이 대신 이뤄 주기를 바랐던 것. 뒷날 릴케는 이때 생활이 '공포 입문서'였다고 회상한다.

1890년(15세)   9월, 메리쉬 바이스키르헨 육군고등실과학교로 진학.

1891년(16세)   7월, 건강상 이유로 중퇴. 이로써 군인 교육은 끝남. 9월, 린츠 상업전문학교에 입학.

1892년(17세)   5월, 작은 불상사를 일으켜 이 학교도 자퇴. 아버지를 몹시 실망시킴. 큰아버지 야로슬라프 릴케가 그를 직접 가르치겠다고 나서자, 그는 큰아버지 집에서 고등학교 과정 수료 자격을 얻기 위해 개인교습을 받기 시작한다. 이 무렵부터 잡지에 시를 발표하기 시작.

1894년(19세)   처녀 시집 《삶과 노래 *Leben und Lieder*》 발표.

1895년(20세)   7월, 프라하 국립고등학교 수료자격 시험에 우수한 성적으로 합격. 겨울 학기부터 프라하 대학에 입학. 문학부에서 철학과 독일 문학사, 미술사 강의를 들음. 11월, 시집 《가신에게 바치는 제물 *Larenopfer*》을 발표.

1896년(21세) 《기다림 *Wegwarten*》이라는 제목의 개인잡지를 3권까지 냄.
그중 2권으로 발표한 《현재 그리고 죽음의 시간에》라는 희곡
이 8월에 프라하 독일국민극장에서 상연되었다. 이 해 여름
학기에 프라하 대학 법학부로 옮겼다가 9월에 뮌헨 대학으로
이적. 야코프 바서만이나 빌헬름 폰 숄츠 등 당시 활약했던
독일 문학가들과 알게 됨. 바서만을 통해 야콥센의 문학을
알게 되어 깊은 감명을 받음. 12월, 시집《꿈의 면류관을 쓰
고 *Traumgekrönt*》을 라이프치히 프리젠한 서점에서 출판. 이
해부터 이듬해까지 시, 짧은 산문, 수필 등을 활발하게 발표
하며 독일 문단에 꽤 이름을 알리게 된다.

1897년(22세) 그에게 대학은 거의 무용지물로 변한다. 5월, 뮌헨에 체재
중이던 루 안드레아스 살로메와 알게 되어 강하게 이끌린다.
그녀와 교제하면서 청년 릴케는 크게 성숙한다. 이 무렵부터
아명인 르네를 버리고 라이너라는 이름을 쓴다. 10월, 베를
린 자택으로 돌아간 루 안드레아스 살로메를 뒤쫓듯이 릴케
도 베를린으로 이사하고, 짐멜이나 미술사 강의를 들을 때만
대학을 방문한다. 11월, 게오르게의 자작 낭독을 접한다. 12
월, 시집《강림절 *Advent*》을 프리젠한 서점에서 출판.

1898년(23세) 3월~5월. 이탈리아 여행. 특히 피렌체에 매료된다. 르네상
스 회화를 감상하러 다니다가 특히 보티첼리에게 감동하여
《피렌체 일기 *Florenzer Tagebuch*》를 루에게 쓰는 편지 형식
으로 집필한다. 7월, 베를린 교외 슈마르겐도르프에 있는 루
의 집 근처로 이사한다. 이탈리아에서 알게 된 화가 하인리
히 포겔러의 초대로 볼프스베데파 예술가인 콜로니를 방문한
다. 이 해 단편집 《삶을 스치며 *Am Leben hin*》를 슈투트가
르트 아돌프 본츠 서점에서 출판.

1899년(24세) 4월, 소설집《두 편의 프라하 이야기 *Zwei Prager Geschichten*》
를 본츠 서점에서 출판. 4월~6월, 첫 번째 러시아 여행. 안
드레아스 부부와 동행한다. 모스크바에서 부활제를 구경하

고, 당시 일흔한 살이던 톨스토이를 방문한다. 페테르부르크에서는 한 달 반 동안 머물며, 화가 레오니드 파스테르나크(《닥터 지바고》를 쓴 보리스 파스테르나크의 아버지) 등과 알게 된다. 7월~9월, 마이닝겐에 있는 루의 친구 프리다 폰 뷰러의 집에서 머물며 루와 함께 러시아 연구에 몰두한다. 9월 12일~10월 14일, 베를린 슈마르겐도르프에서 《시간시집 Das Stundenbuch》의 제1부인 〈수도생활의 서〉를 완성한다. 11월 중순, 《하느님 이야기 Geschichten vom Lieben Gott》를 집필. 가을에는 《기수 크리스토프 릴케의 사랑과 죽음의 노래 Die Weise von Liebe und Tod des Cornets Christoph Rilke》를 폭풍우 치는 밤에 단숨에 완성한다. 12월, 시집 《나의 축일에 Mir zur Feier》를 베를린 하인리히 마이어 서점에서 출판.

1900년(25세) 5월~8월, 두 번째 러시아 여행. 이번에는 루와 둘만의 여행이었다. 모스크바에서 성당 견학―야스나야 폴랴나에서 톨스토이와 재회―키예프―볼가―다시 모스크바―농민 시인 드로신 방문―페테르부르크. 7월, 시극 《백의의 귀부인 Die weisse Fürstin》을 발표. 러시아 여행에서 돌아온 뒤 8월 말 볼프스베데로 이사. 여류 화가 파울라 베커와 여류 조각가 클라라 베스트호프와 친밀한 교우를 맺는다. 12월, 단편집 《하느님과 그밖에 이야기》를 잉겔 서점에서 출판.

1901년(26세) 4월, 클라라 베스트호프와 브레멘에서 결혼. 신혼집은 브레멘 근교 베스터베데로 정함. 9월, 《시간시집》의 제2부 〈순례의 서〉를 집필. 12월, 딸 루트 태어남. 같은 달, 베를린에서 희곡 《일상다반사 Das tägliche Leben》가 상연되지만 실패로 끝나자 그 뒤 희곡은 포기한다.

1902년(27세) 아버지로부터 받던 보조금이 끊기자 결혼생활은 경제적 난국을 맞이한다. 《브레멘 일보》 등에 서평이나 극평을 기고하면서 어렵게 생계를 유지해 간다. 5월, 브레멘 미술관장의 의뢰로 수필 《볼프스베데의 화가들 Worpswede》를 집필. 6월, 친구 칼로라트 전하의 초대로 홀슈타인 하젤도르프에 체재.

7월, 《형상시집 *Das Buch der Bilder*》을 베를린 융커 서점에서 출판. 리하르트 무터가 편집자로 있는 화가·조각가 연구 시리즈에 《로댕론》을 써 달라는 의뢰를 받고, 이를 계기로 파리로 이주하기로 결심한다. 8월말, 베스터베데의 집을 정리하고, 딸을 오버노일란트에 있는 클라라의 친정에 맡긴 뒤, 시인 릴케와 조각가 클라라는 파리에서 각자의 생활을 시작한다. 릴케는 8월 28일에 파리 도착. 9월 1일, 로댕의 집을 처음으로 방문. 그 뒤로 로댕의 집을 자주 방문하고, 미술관과 도서관을 드나들며 진지하게 자신의 길을 모색하기 시작한다. 12월, 《로댕론 *Auguste Rodin*》 제1부 완성. 이해 단편집 《마지막 사람들 *Die Letzten*》을 융커 서점에서 출판.

1903년 (28세) 3월~4월, 파리를 떠나 비아레조에서 휴양. 이곳에서 《시간시집》 제3부 〈가난과 죽음의 서〉를 완성. 7월, 클라라와 함께 딸을 보러 오버노일란트를 방문. 그 뒤 부부가 함께 로마에서 잠시 체재.

1904년 (29세) 2월 8일, 로마에서 《말테의 수기 *Die Aufzeichnungen des Malte Laurids Brigge*》의 초고 집필. 덴마크어를 배워 야콥센과 키에르케고르를 원어로 읽음. 6월~12월, 엘렌 케이의 권유와 소개로 덴마크와 스웨덴을 여행. 12월, 아내와 딸이 있는 오버노일란트로 돌아옴.

1905년 (30세) 8월까지 독일 각지를 전전. 잉겔 서점의 사주 안톤 키펜베르크와 긴밀한 관계가 형성됨. 4월~5월, 볼프스베데에서 《시간시집》의 원고를 마지막으로 손질. 9월, 로댕의 제안으로 파리로 돌아와, 뫼동에 있는 로댕의 저택에서 머물며 비서 일을 함. 10월 하순, 첫 번째 강연 여행. 독일 각지와 프라하에서 로댕을 따라다니며 강연함. 11월, 베르하렌을 방문. 12월, 볼프스베데에서 아내와 딸과 함께 크리스마스를 맞이함. 같은 달, 《시간시집》이 잉겔 서점에서 출판됨. 뜻밖에 판매가 잘 돼 증판하게 됨.

1906년 (31세) 1월이 되자마자 파리로 돌아옴. 1월 하순, 로댕 부부와 샤틀을 견학. 3월, 두 번째 강연 여행(베를린, 함부르크, 브레멘). 여행 도중, 아버지의 부고를 받고 즉시 프라하로 떠남. 5월, 사소한 일로 로댕의 분노를 사 로댕 저택을 떠나게 됨. 6월, 《기수 크리스토프 릴케의 사랑과 죽음의 노래》를 개작, 12월 융커 서점에서 간행. 《형상시집》에 신작 시를 추가하여 융커 서점에서 출판. 12월, 카프리 섬 체재.

1907년(32세) 4월, 카프리 섬에서 엘리자베스 발레트 브라우닝의 《포르투갈 소네트집》을 번역. 5월, 파리 귀환. 7월, 《신시집 Neue Gedichte》과 《로댕론》제2부의 원고를 완성. 10월, 살롱 도톤에서 세잔을 보고 감동함. 11월, 프라하, 브레스라우, 빈에서 낭독회 개최. 빈에서는 호프먼스탈을 방문. 11월 늦가을, 베네치아에서 체재. 12월, 오버노일란트에서 아내와 딸과 함께 보냄. 같은 달, 《신시집》을 잉겔 서점에서 출판.

1908년(33세) 8월, 《신시집 별권 Der Neuen Gedichte anderer Teil》의 원고 완성. 11월, 파울로 모더존 베커의 죽음을 기려 진혼가를 씀. 자살한 젊은 시인 칼크로이트를 위해서도 진혼가를 씀. 같은 달, 《신시집 별권》이 잉겔 서점에서 출판됨.

1909(34세) 5월, 《진혼가 Requiem》와 《나의 축일》을 개작한 《초기 시집 Die frühen Gedichte》을 잉겔 서점에서 출판. 5월 하순, 프랑스 남부 프로방스 지방으로 여행. 9월~10월, 다시 프랑스 남부의 아비뇽, 오랑주, 보오 지방 여행. 《말테의 수기》가 완성 단계에 이름. 12월, 마리 폰 투른 운트 탁시스 호엔로에 후작부인과 시인 이와이유 부인과 알게 됨.

1910년(35세) 1월말, 《말테의 수기》 완성. 4월, 탁시스 부인의 추대로 안드리아 해안에 있는 두이노 성관을 처음으로 방문. 이곳에서 루돌프 카스너와 만남. 6월, 《말테의 수기》가 잉겔 서점에서 간행됨. 같은 달, 앙드레 지드와 처음으로 만남. 11월, 북아프리카로 여행을 떠남. 알제리, 튀니지에 체재.

1911년(36세) 1월, 나폴리로 돌아온 뒤 다시 아프리카로 떠나 이집트를 여행함. 4월, 파리로 귀환. 모리스 드 게렝의 《켄타우로스》와 루이스 라베의 소네트 시편 및 《막달레나의 사랑》을 번역. 7월부터 다시 여행을 떠남. 전년부터 이 해에 걸쳐 《말테의 수기》 완성 후에 찾아온 허탈감에 괴로워함. 10월 하순, 두이노 성관에 정착. 탁시스 부인과 함께 단테의 《신생》을 번역.

1912년(37세) 1월, 《두이노의 비가》의 영감을 처음으로 얻어 〈제1비가〉 및 〈제2비가〉 완성. 단편 몇 편도 추가로 완성. 같은 달, 연시(聯詩) 《마리아의 생애 *Das Marien-Leben*》도 완성. 5월 초순, 베네치아에서 체재. 엘레오노라 두세와 친분을 쌓음. 10월말, 그레코의 그림 〈톨레도〉를 보고 감동하여 에스파냐로 여행을 떠남. 톨레도, 코르도바, 세비야, 론다, 마드리드 등 각지에서 강렬한 인상을 받음. 여행 중 코란을 읽음.

1913년(38세) 2월말, 에스파냐 여행에서 파리로 돌아옴. 3월, 로맹 롤랑과 알게 됨. 7월, 루 안드레아스 살로메와 독일에서 재회하여 몇 달 간 함께 여행함. 10월, 파리로 귀환. 〈제3비가〉 완성. 그밖에, 에스파냐 여행이 좋은 자극제가 되어 많은 시를 썼다. 또한, 《가신에게 바치는 제물》, 《꿈의 면류관을 쓰고》, 《강림절》 등 시집 세 권을 합쳐 《제1시집 *Erste Gedichte*》라는 제목으로 잉겔 서점에서 출판. 이밖에 《마리아의 생애》와 번역서 《포르투갈 이야기》가 출판됨.

1914년(39세) 1월, 지드의 《돌아온 탕아》의 번역을 맡아 원작자를 방문함. 지드의 추천으로 프루스트를 읽고서 열렬한 팬이 됨. 2월, 베를린 여행. 이곳에서 여류 피아니스트 마그다 폰 하팅베르크와 알게 됨. 자신이 벤베누타라는 애칭으로 부르는 이 여성과 함께 뮌헨, 파리, 베네치아 등 각지를 여행. 둘 사이는 급속도로 가까워지지만, 결국 이별을 결심한다. 7월, 라이프치히에 사는 키펜베르크 부부를 방문. 이곳에서 제1차 세계대전 발발 소식을 듣는다. 8월초, 뮌헨으로 떠남. 이곳에서 여류 화가 르 알베르 라자르와 친분을 맺음.

1915년(40세) 4월, 파리에 남기고 온 소유물이 경매에 부쳐짐. 8월이 되어서야 이 사실을 안다. 6월, 포화로 두이노 성관이 파괴되었다는 사실을 알게 됨. 7월, 게오르크 트라클의 시를 읽고 깊은 감명을 받음. 피카소의 그림 〈살탄방크〉와 클레의 카이로 우안 화첩을 즐겨 감상함. 또한, 몇 년 전부터 휠덜린과 클롭슈토크의 시에도 깊은 관심을 보임. 11월, 〈제4비가〉 완성. 같은 달, 뮌헨에서 신체검사를 받고 12월 입대를 위해 빈으로 떠남.

1918년(41세) 1월, 3주간 군사훈련에 동원. 재검사를 받고 육군 문서과에서 근무하게 됨. 6월, 카타리나 키펜베르크를 비롯한 친구들의 노력이 결실을 맺어 병역이 해제됨. 군무 등으로 심신의 피로가 극에 달해 시는 거의 쓰지 못함.

1918년(43세) 뮌헨에서 정신 경직상태에 괴로워하면서 사태의 호전을 기다림. 번역서 《리옹의 규수 시인 루이스 라베의 소네트집》을 출판. 이 해에도 시는 쓰지 못함.

1919년(44세) 3월~6월, 루 안드레아스 살로메가 뮌헨에서 체재. 이때가 루와 만나는 마지막 기회가 되었다. 6월, 뮌헨을 떠나 스위스 솔리오에서 체재. 오랜만에 안정을 되찾음. 이곳에서 산문 《원시음 Ur Geräusch》을 집필. 10월부터 스위스 각지에서 낭독회 개최. 취리히에서 나니 분더리 폴카르트 부인과 알게 됨. 빈터투어에서는 베르나 라인하르트와 알게 됨. 적당한 안식처를 찾아 스위스 각지를 돌아다님.

1920년(45세) 6월~7월, 베네치아에서 체재. 탁시스 부인과 재회. 8월, 스위스로 돌아와 주네브에 정착. 이곳에서 여류 화가 발라딘 클로소프스카(애칭 메를린)과 친분을 쌓음. 10월, 발레 지방을 처음으로 방문함. 10월 하순, 오랜만에 파리 체재. 11월, 스위스로 돌아와 이르헬에 있는 베르크 성관에서 머뭄. 《C. W. 백작의 유고에서 Aus dem Nachlass des Grafen C.W.》라는 연작이 탄생.

1921년(46세) 5월, 베르크 성관을 떠나 레만 호반 에투와로 이주. 발레리의 시를 읽고 큰 감동을 받음. 6월, 메를린과 함께 발레 지방을 여행하던 중, 시에르 근교에서 뮈조트라는 낡은 성관을 발견. 7월, 베르나 라인하르트가 뮈조트 성관을 대신 빌려 릴케에게 무상으로 제공함. 7월말, 뮈조트 성관으로 이사. '에스파냐와 프로방스를 섞어 놓은 듯한' 장관 속에서 고독에 잠긴 채 차츰 다시 시를 쓰기 시작함. 〈해변의 묘지〉 등 발레리의 시를 번역함.

1922년(47세) 2월 2일~5일, 《오르페우스에게 바치는 소네트 *Die Sonette an Orpheus*》 제1부를 완성. 2월 7일~14일, 〈제7비가〉, 〈제8비가〉, 〈제6비가〉, 〈제9비가〉, 〈제10비가〉, 마지막으로 〈제5비가〉 순으로 《두이노의 비가》를 완성. 2월 15일~23일, 《오르페우스에게 바치는 소네트》 제2부 완성. 5월, 딸 루트가 칼 지버와 결혼. 그러나 릴케는 뮈조트를 떠나지 않았다. 6월에는 탁시스 부인, 7월에는 키펜베르크 부인이 뮈조트를 방문. 그 뒤 건강을 해쳐 겨우내 뮈조트에 틀어박혀 발레리를 읽고, 그 번역에 힘 쏟음.

1923년(48세) 3월에는 《오르페우스에게 바치는 소네트》, 6월에는 《두이노의 비가》가 잉겔 서점에서 출판됨. 8월, 건강 상태가 나빠져 베켄리드로 요양을 떠남. 그 뒤 기분전환을 위해 스위스 각지를 돌다가 11월 뮈조트로 돌아옴. 12월, 루트가 딸을 낳음. 12월, 건강 상태가 나빠져, 레만 호반에 있는 발몽 요양소로 들어감.

1924년(49세) 1월, 뮈조트로 돌아옴. 4월, 발레리가 여행 중 뮈조트를 들름. 5월, 아내 클라라가 뮈조트를 방문. 7월, 탁시스 부인과 함께 요양지 라가츠로 떠남. 가을, 발레리가 주재하는 잡지 〈코멜스〉에 프랑스어 시를 몇 편 기고. 11월, 다시 발몽 요양소로 들어감. 이 해는 프랑스어 시에 도전해, 시집 《과수원 *Vergers*》, 《발레의 사행시 *Quatrains Valaisans*》 등을 출판. 한편, 독일어 시도 질과 양 모두에서 최고의 열매를 맺은 해였다.

1925년(50세) 1월~8월, 마지막 파리 체재. 지드, 이와이유 부인 등 오랜 친구들과 재회. 샤를 듀 보스, 에드몽 잘루 등 새 친구를 사권. 《말테의 수기》를 프랑스어로 번역 중이던 모리스 베츠를 자주 방문하여 많은 것을 시사함. 파리를 떠난 뒤 라가츠에서 휴양. 10월, 뮈조트로 돌아옴. 유서를 적어 분더리 폴카르트 부인에게 보냄. 12월 4일, 만 50세 생일을 맞이해 세계 각지에서 축하 인사가 도착. 프랑스의 잡지 《카이에 듀 모아》가 특집호 〈릴케에게 바치는 감사〉를 내기로 기획하고 이듬 해 발간함. 12월, 발몽 요양소로 들어감.

1926년(51세) 4월말, 발몽 요양소를 나와 로잔으로 가서 에드몽 잘루를 만남. 6월, 뮈조트로 돌아옴. 발레리의 〈나르시스 단장〉을 번역함. 9월, 레만 호반에 체재하던 발레리를 만나러 감. 10월, 뮈조트로 돌아옴. 장미를 꺾으려다 가시에 손가락이 찔려 화농하여 급성 백혈병 증세 나타남. 11월, 위독한 상태에서 발몽 요양소로 들어감. 12월 29일 새벽 세상을 떠남.

1927년 1월 2일, 뮈조트에서 멀지 않은 라론 교회 묘지에 묻힘.

옮긴이 백정승(白正承)

중앙대학교 문예창작학과졸업. 중앙대대학원 문예창작학과졸업. 독일 빌레펠트대학교 문예
학(Literaturwissenschaft) 박사과정 수료. 빌레펠트대학교에서 독일문학 강의. 온라인 사이
버교육에서 독일어 강의. 중앙일보 중앙신인문학상 소설부문 수상. 옮긴책에 라이너 마리
아 릴케《하느님 이야기》《두이노의 비가》《젊은 여인에게 보내는 편지》등이 있다.

World Book
208

Rainer Maria Rilke
DIE AUFZEICHNUNGEN DES MALTE LAURIDS BRIGGE
BRIEFE AN EINEN JUNGEN DICHTER
말테의 수기/젊은 시인에게 보내는 편지
라이너 마리아 릴케/백정승 옮김
1판 1쇄 발행/2014. 1. 29
발행인 고정일
발행처 동서문화사
창업 1956. 12. 12. 등록 16-3799
서울 강남구 도산대로 163(신사동)
☎546-0331~6 (FAX) 545-0331
www.dongsuhbook.com
잘못 만들어진 책은 바꾸어 드립니다.

＊

＊
사업자등록번호 211-87-75330
ISBN 978-89-497-0856-0 04080
ISBN 978-89-497-0382-4 (세트)